史记

原著◎西汉·司马迁

文白对照版

主编◎赖咏

卷一

细说数千年兴衰 成就前四史精华

《史记》是中国的一部纪传体通史，被人们称为信史，由西汉武帝时期的司马迁花十三年的时间所写成的。全书共一百三十卷，约五十二万六千五百字，有十表、八书、十二本纪、三十世家、七十列传，记载了上起中国上古传说中的黄帝时代（约公元前三千年）下至汉武帝元狩元年（公元前122年）共三千多年的历史。

中国书店

中华典籍

史记
【文白对照版】

图书在版编目 (CIP) 数据

　史记：文白对照版 / 赖咏主编. —— 北京：中国书
店, 2013.7
　ISBN 978-7-5149-0866-4

　Ⅰ. ①史… Ⅱ. ①赖… Ⅲ. ①中国历史 – 古代史 – 纪
传体②《史记》– 译文 Ⅳ. ①K204.2

　中国版本图书馆CIP数据核字(2013)第166653号

史记（文白对照版）

责任编辑：钟　书
封面设计：郭英英
出版发行：中国书店
地　　址：北京市宣武区琉璃厂东街115号
邮　　编：100050
总 经 销：全国新华书店
印　　刷：北京楠萍印刷有限公司
开　　本：787 × 1092 毫米　1/16
印　　张：161
字　　数：4833千字
版　　次：2013 年 8 月第 1 版 第 1 次印刷
书　　号：ISBN 978-7-5149-0866-4
定　　价：1560.00元（全6卷）

ISBN 978-7-5149-0866-4

9 787514 908664 >

●《史记》的成书背景和作者简介

司马迁（公元前145年~公元前90年），字子长，左冯翊夏阳人。司马迁的父亲司马谈在西汉中央政府做太史令，负责管理皇家图书和收集史料，研究天文历法。司马谈打算编写一部通史，愿望没有实现就死去了。临死的时候，嘱咐司马迁完成他未竟的事业。

司马迁幼年时就很刻苦，十岁开始学习当时的古文，后来跟着董仲舒、孔安国学过《公羊春秋》、《古文尚书》。汉武帝元朔三年，司马迁二十岁，满怀求知的欲望，游遍了祖国的名山大川，到处考察古迹，采集传说。通过对历史遗迹和西汉建国前后的史实的实地调查，司马迁开阔了胸襟，增长了知识，为后来编写《史记》作了很好的准备。司马谈死后，司马迁承袭父职，做了太史令，有条件看到大量的图书文献和国家档案，这对司马迁编写《史记》是一个不可缺少的条件。

李陵之祸后，司马迁更加发奋写作《史记》。大约在征和二年，基本上完成了编撰工作。司马迁死后许多年，他的外孙杨恽才把这部五十二万多字的不朽名著公诸于世。

司马迁的父亲司马谈

《史记》作者司马迁

梁启超赞为"千古绝作" 鲁迅誉之为"无韵离骚"

●《史记》对后世的三大学术贡献

《史记》对中国古代史学和文学的发展，有三大伟大的学术贡献：

1.开创了杰出的通史体裁。

《史记》作为中国史学史上第一部贯通古今、网罗百代的纪传体通史，代表了中国古代史学的最高成就，它开启了纪传体通史的先例，树立了"国之正史"的范本榜样。

2.奠定了史学独立地位。

《史记》之前，史学多含在经学范围内，没有自己的独立地位，史书都是附在《春秋》之后的，晋朝荀勖开始把历代典籍分为甲乙丙丁四部，其中丙部专记史记皇览，从而史学一门才在中国学术领域里取得了独立地位，饮水思源，这一功绩当归司马迁和他的《史记》。

3.建立了传记文学传统。

司马迁文学修养深厚，艺术手段高妙，纪传体文字生动，笔力洗练，使人"呼之击节，不自知其所以然。"（《容斋随笔》）因此，《史记》不但是传记文学的集大成者，而且对后来的魏晋小说、唐宋诗文、甚至宋元词曲、明清戏曲等，都有很大影响，成为中国古代文学重要的活水源头。

《史记·孔子世家》之孔子像

《史记》之"霸王别姬"

●《史记》传世的四大思想价值

《史记》中最为闪光的人文思想主要有四点：

1.表现出了进步的民族观。

《史记》将春秋战国时代广大边塞地区的国家和民族都视为黄帝子孙，这对于中国多民族大家庭的形成与稳定，起了难以估量的作用。

2.表现出了进步的经济观。

《史记》文章，强调发展经济，提倡"工、农、商、虞"并重，反对歧视工商业者，认为经济是国家强大的基础。

3.表现出了强烈的民主观。

《史记》集先秦文化之大成，继承和发扬了先秦士大夫优秀的思想人格，突出地显示了作者追求的政治思想和社会理想，并对现实政治、社会敢于批判，终"成一家之言"。

4.表现出了豪迈的人生观。

《史记》中歌颂的几乎都是有理想、有抱负、有追求、勇于进取、勇于建功立业的英雄，这是司马迁给后人的一笔不小的精神财富。

《史记》之"越王勾践卧薪藏胆"

《史记》之"苏秦刺股读书"

五大纪传体 究天人之际 通古今之变 成一家之言

● 《史记》纪传体通史的体例特色

1.纪传五大分类。

《史记》共分"本纪、表、书、世家、列传"五大部分，加上最后的"太史公自序"共130篇。其中"本纪"12篇，说的是天下统治者的事迹；"表"10篇，是以表格的形式排列整理历史事件次序和历史动态；"书"8篇，内容是历史典章制度；"世家"30篇，主要描述历史上影响深远的族系或贵族事迹；"列传"70篇，展现的是历史上各类风流人物的历史表现与社会的种种状况。

2.文章两大内容。

《史记》文章的内容，大致可以分为两个部分：前面的正文是人物的生平描述，这部分皆以代表性事件或逸事衔接交杂而成；正文的后面则是司马迁的史家评论或感想，通常以"太史公曰"起头，内容或是作者的个人经历，或是对人物的评价，或是收集资料过程的介绍、但仍以评论人物的性格和行事为主，这也呼应了司马迁"究天人之际，通古今之变，成一家之言"的写作目标。

3.古今十大名篇。

《史记》中最为精华的部分，是近人梁启超所指定的十大名篇，即《太史公自序》、《项羽本纪》、《信陵君列传》、《廉颇蔺相如列传》、《鲁仲连邹阳列传》、《淮阴侯列传》、《魏其武安侯列传》、《李将军列传》、《匈奴列传》、《货殖列传》。

《史记》之"峰火戏诸候"

史圣司马迁祠

从抄本残卷到《二十四史》武英殿刻本

● 《史记》从民间抄本到皇家刻本的版本流传

《史记》现存最早的版本为南北朝时期的抄本残卷，最早的刻本为北宋时期的《史记集解》单刻本。南宋的黄善夫刊本为最早的三家注合刻本。宋代以前的刻本都已失传。

现存的南宋黄善夫刻本、明嘉靖万历年间南北监刻的《二十一史》本、毛氏汲古阁刻的《十七史》本、清乾隆年间武英殿刻的《二十四史》本、清同治年间金陵书局刊行的《史记集解索隐正义合刻本》都汇刻了三家注，有别于其它各种单刻本，是流传至今较好的版本。

南宋黄善夫家塾刻本《史记》

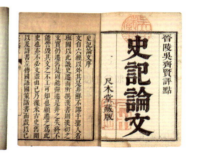

明万历二十六年(1598)刊　崇祯六年(1633)重修本

清康熙丁卯年（1687）尺木堂刊本

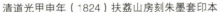

清道光甲申年（1824）扶荔山房刻朱墨套印本

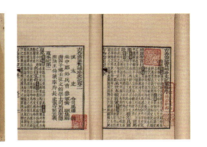

清乾隆十三年(1748)武英殿刊巾箱本

存足本原貌 汇三家评注 以善本为底 为白话今译

● 《史记》（文白对照版）的三大优点

本书的编排特色主要体现在以下三个方面：

1.查漏补缺，足本原貌。

本书编者为力求呈现《史记》原貌，多方收集、整理《史记》所佚10篇文章及后人各种补书，力求还原《史记》足本真迹。

2.参考评注，首推三家。

本书编者所参考的注本，主要以"三家注"本为主，权威评注，史家公认。

3.善本为底，白话今译。

本书是编者以商务印书馆影印百衲本为底本，并参考中华书局1959年版校勘本，整理编辑而成。全书文白对照，白话今译，简体横排，更加符合现代阅读习惯，方便广大读者研习参考。

清同治金陵书局刊《史记》

古香斋《史记》(清刻本)

《史记集解》

《史记菁华录》

校正版《史记评林》

民国七年版《史记评点本》

史记

一

原著◎西汉·司马迁

文白对照版

主编◎赖咏

中国书店

二十四史开篇之作　历朝正史体裁之源

——《史记》（文白对照版）·序

　　从人类的文明史来看，一个民族的文化、历史、精神、价值都存在于该民族的经典中，古今中外概莫能外。比如，英、美、德、法等民族的文化、历史、精神、价值存在于基督教的新约《圣经》中；犹太民族的文化、历史、精神、价值存在于犹太教的经典中；穆斯林民族的文化、历史、精神、价值存在于伊斯兰教的《可兰经》中；而中华民族的文化、历史、精神、价值则存在于中华典籍中。没有了经典就没有了民族的文化、历史、精神与价值，也就没有了一个民族赖以生存的根基。

　　中华民族是最重文化的民族，当代中国的最大问题就是不能"去文化"的问题，当前社会上存在的信仰危机、道德滑坡、腐败丛生都是"去文化"的直接结果。而"去文化"最致命的因素就是"去经典"，有媒体曾报道有个别中国学生不知《易》为何物，可见，"去经典"则一切文化均没有了根基，没有了源头，成了无根无源的文化。

　　从人类历史来看，每一次文化的复兴都是从经典的复兴开始。比如说，中世纪西方文化的源泉——希腊文化在欧洲失传了、衰亡了，但在阿拉伯人中则保存下来，阿拉伯人一直在研究古希腊的各种经典，所谓的"文艺复兴"，就是西方人从阿拉伯人手中重新找回失传的经典，重新研究、阐释、宏扬这些经典，最后产生了西方的近代文明。所以，所谓"文艺复兴"实际上就是"经典复兴"，西方的近代文明是从"经典复兴"开始的。

　　再如中国宋代，中国文化面临着印度文化的严峻挑战，宋儒出来回应，首先是从复兴中国文化经典开始。周子、程子、张子、朱子重新解释《易经》，孙复、胡瑗、刘敞、胡安国重新解释《春秋经》，吕祖谦、蔡沈重新解释《书经》，朱子遍注群经而特别推崇《论》、《孟》、《学》、《庸》。可以说，为回应佛教的挑战，

1

宋代形成了一个持久而浩大的中国文化经典复兴运动（其成果主要表现在《通志堂经解》），最后成功回应了佛教的挑战，建立了以"理学"为代表的中国文化，使中国文化能够发扬光大，重新展现出旺盛的生命力。

中华民族进入文明社会的历史可以上溯五千余年，中国的学术发展如从西周"学在官府"算起，也有三千年以上的历史。这三千年的学术传统，宛如滔滔长江，源远流长而接续不断；犹似浩瀚大海，汇集百川而兼容并蓄。因历史的悠久和强大的兼容力，使我国的学术文化博大精深，集中反映我国学术文化的典籍也浩如烟海。继春秋战国学术繁荣发展之后，汉代刘向、刘歆曾将古代典籍概括为六艺、诸子、诗赋、兵书、术数、方技等"六略"。此后，学术文化典籍的分类历经各种新的组合与分化，逐步形成了以经、史、子、集四部为主导的分类体系。数千年学术文化与典籍大致可以归纳为经学、史学、文学、佛教、道教、兵家、科技、小学、类书、丛书等十个方面。

"21 世纪是世界大变革、大转折、大发展的时代，中华民族迎来了千载难逢的大好机遇，正处在伟大复兴的历史新起点。伟大的复兴需要伟大的文化。作为中华儿女，中华文化是我们共同的骄傲，共同的身份，是抹不去的生命"痕迹"。我们都是中华文化的承载者、传播者，有义务、有责任大力弘扬中华民族优秀文化，使烛照中华数千年的人文之光薪火相传、熠熠生辉，成为中华民族在新世纪实现伟大复兴的强大精神力量。"（刘延东：《人民日报》2005 年 10 月 13 日第九版）

在中国特色社会主义道路上实现中华民族的伟大复兴，这是历史和时代赋予我们的庄严使命。保存我国优秀古代典籍，培育中华文化的传人，使文明薪火代代相传，复兴经典要做的事很多。而出版文白对照版的中国古代史学经典名著《史记》，就显得意义重大而深远了。

作为中国历史上第一部纪传体通史，《史记》无疑是历朝正史的体裁之源，也是后来《二十四史》的开篇之作，《史记》是西汉"东方史家之父"司马迁的不朽名著。《史记》之后的历朝正史，大都以此为体裁撰写。作为《二十四史》之首的开篇之作，《史记》不仅在中国史学史上拥有无法撼动的地位，而且在中国文学史上也堪称是一座开创了古代传记文学先河的不可逾越的里程碑。

本书为《史记》的文白对照、简体横排版本，书中所选篇目无一语不耐人寻味，无一篇不睿人智慧。作为史学经典的普及本，本书更能方便当代读者阅读，以便帮助其更好地理解原著。

中华民族的祖先曾追求这样一种境界——"为天地立心，为生民立命，为往圣继绝学，为万世开太平。"今天人类正处在社会急剧大变革的时代，回溯历史的源头，传承文化的命脉，相互学习，开拓创新，是我们弘扬本民族优秀文化的明智选择。让我们共同以智慧和力量去推动人类文明的进步和发展，我们的成功将承继先贤、泽被后世。这样我们的子孙就能生活在一个更加和平、安定和繁荣的世界里，我们坚信这样一个无限光明、无限美好的明天必将到来。

《史记》（文白对照版）编委会

史家之绝唱　无韵之离骚

《史记》（文白对照版）·前言

　　约公元前91年间，诞生了中国历史上第一部贯穿古今的纪传体通史。作者是西汉时期的太史公司马迁。这位著名的历史学家，在这部被后人梁启超称赞为"千古之绝作"的巨著中，记载了中国古代从上古传说中的黄帝到汉武帝元狩元年共三千多年的历史。这部书就是流芳百世的《史记》。

成书缘起

　　司马迁的父亲是西汉的太史令司马谈。司马迁从小受到良好的教育，20岁时，便从长安出发到各地游历，足迹遍及江淮流域和中原、巴蜀地区，所到之处考察风俗，采集传说。汉武帝元封三年（前108年），其父去世，司马迁承袭父职，任太史令，同时也继承父亲遗志，准备撰写一部通史。汉武帝太初元年（前104年），司马迁与唐都等共创"太初历"，此后司马迁便修心养性，潜心著述，开始了《史记》的写作。

　　汉武帝天汉三年（前98年），司马迁为因兵败降匈的李陵辩护，触怒武帝，被投入牢狱并施以腐刑，对此他曾长叹"祸莫憯于欲利，悲莫痛于伤心，行莫愧于辱先，而诟莫大于宫刑。刑馀之人，无所比数，非一世也"，其意味深长。出狱后，司马迁任中书令，发愤撰写史书，终于完成了《太史公书》，后世称为《史记》。

　　成书伊始，并无固定书名，司马迁曾将这部巨著给当时的大学者东方朔过目，东方朔看后对其非常钦佩，就在书上加了"太史公"三字。这部空前绝后的名著也就被称为《太史公书》或《太史公记》，简称《太史公》。而《史记》原本是古代史书的通称，大约从东汉时期开始，《史记》则由通称逐渐成为《太史公书》的专名。书成之后，司马迁知道该书不被当世所容，故预先将副本存之名山，流传后世。《史记》成书直至司马迁去世之后，均未立刻流行，被人重视。到汉宣帝时，司马迁外孙等人开始把《史记》部分内容向外流传，而西汉皇室却始终把《史记》作为宫廷秘籍收藏，并阻止该书内容外传，即使诸侯东平王要求朝廷赐书都遭拒绝，所以直到东汉《史记》才开始流传。

原著三大价值

《史记》的诞生，是中国文化史上的一件大事。这部纵横古今数千年的巨著，就后世史学和文学的具体发展而言，贡献巨大。郑樵称："六经之后，唯有此作"。赵翼说："自此例一定，历代作史者，遂不能出其范围，信史家之极则也。"总结起来，《史记》对后世的影响和价值主要体现在它的"三大贡献"和"四大思想"等几个方面：

其一，《史记》的三大贡献。

《史记》对中国史学发展，有其三大贡献：一，建立了杰出的通史体裁。《史记》作为中国史学史上第一部贯通古今、网罗百代的纪传体通史，代表了古代中国史学的最高成就，它开启了纪传体通史的先例，树立了范本榜样，后世史家效仿不绝，通史家风，一直影响着近现代的史学研究与写作。二，建立了史学独立地位。《史记》之前，史学多含在经学范围内，没有自己的独立地位，史书都是附在《春秋》之后的，晋朝荀勖开始把历代典籍分为甲乙丙丁四部，其中丙部专记史记皇览，从而史学一门才在中国学术领域里取得了独立地位。饮水思源，这一功绩当归司马迁和他的《史记》。三，建立了纪传文学传统。司马迁文学修养深厚，艺术手段高妙，纪传体文字生动，笔力洗练，使人"呼之击节，不自知其所以然。"（《容斋随笔》）因此，《史记》不但是纪传文学的集大成者，而且对后来的魏晋小说、唐宋诗文、甚至宋元词曲、明清戏曲等，都有很大影响，成为中国古代文学重要的活水源头。

其二，《史记》的四大思想。

《史记》中最为闪光的人文思想主要有四点：一是表现出了进步的民族观。《史记》将春秋战国时代广大边塞地区的国家和民族都视为黄帝子孙，这对于中国多民族大家庭的形成与稳定，起到了难以估量的作用。二是表现出了进步的经济观。《史记》文章，强调发展经济，提倡"工、农、商、虞"并重，反对歧视工商业者，认为经济是国家强大的基础。三是表现出了强烈的民主观。《史记》集先秦文化之大成，继承和发扬了先秦士大夫优秀的思想人格，突出地显示了作者追求的政治理想和社会理想，并对现实政治、社会敢于批判，终"成一家之言"，两千年来，每每令人常读常新。四是表现出了豪迈的人生观。《史记》中歌颂的几乎都是有理想、有抱负、有追求、勇于进取、勇于建功立业的英雄。在著名的《报任安书》中，司马迁写道："人固有一死，或重于泰山，或轻于鸿毛"，而其奋斗一生的经历所昭示出来的精神，更是司马迁留给后人的一份宝贵财富。

其三，《史记》的世界影响。

说到《史记》的传播和影响，它作为中国古代第一部通史和第一部传记文学，确立的史学及文学地位，同时是具有世界意义的。过去欧洲称古希腊的普鲁塔克为"世界传记之王"。普鲁塔克大约生于公元46年，死于公元120年。生前著有《列传》，今译《希腊罗马名人传》50篇，是欧洲传记文学的开端。如果我们把普鲁塔克放到中国古代史的长河里来比较一下的话，可以发现，普鲁塔克比班固（公元32年至公元92年）还要晚生14年，若和司马迁相比，则要晚生191年了。司马迁的《史记》要比普鲁塔克的《列传》早产生几乎两个世纪。

体例三大特色

其一，纪传五大分类。

《史记》共分"本纪、表、书、世家、列传"五大部分，加上最后的"太史公自序"共130篇。其中"本纪"12篇，说的是天下统治者的事迹，"网罗天下放失旧闻，王迹所兴，原始察终，见盛观衰"；"表"10篇，是以表格的形式排列整理历史事件次序和历史动态；"书"8篇，内容是历史典章制度；"世家"30篇，主要描述历史影响深远的家族或贵族事迹；"列传"70篇，展现的是历史上各类风流人物的历史表现与社会的种种状况。司马迁《太史公书》"参酌古今，发凡起例，创为全史。本纪以序帝王，世家以记侯国，十表以系时事，八书以详制度，列传以志人物，然后一代君臣政事贤否得失，总汇与一编之中。"（赵翼《廿二史·记》）

其二，文章两大内容。

至于《史记》文章的内容，大致可以分为两个部分：前面的正文是人物的生平描述，这部分皆以代表性事件或逸事衔接交杂而成；正文的后面则是司马迁的史家评论或感想，通常以"太史公曰"起头，内容或是作者的个人经历，或是对人物的评价，或是收集资料过程的介绍，但仍以评论题材人物的性格与行事为主，这也呼应了司马迁"究天人之际，通古今之变，成一家之言"的写作目标。

其三，古今十大名篇。

《史记》中最为精华的部分，是近人梁启超所指定的十大名篇，即《太史公自序》、《项羽本纪》、《信陵君列传》、《廉颇蔺相如列传》、《鲁仲连邹阳列传》、《淮阴侯列传》、《魏其武安侯列传》、《李将军列传》、《匈奴列传》、《货殖列传》。

本书三大优点

比较《史记》传世的多种版本而言，本书的编排特色主要体现在以下三个方面：

其一，查漏补缺。足本原貌。

《史记》成书时，全文130篇，自司马迁死后，有10篇散失。西汉元帝、成帝时的博士褚少孙补写过《史记》，今本《史记》中的"褚先生曰"就是他的补作。《史记》中有些文章也可能更有后人补书。此外，还有唐人司马贞补有《三皇本纪》。本书编者力求呈现《史记》原貌，多方收集、整理各种补书，力求还原《史记》足本真迹。

其二，参考评注，首推三家。

历代对《史记》的评注具有代表性的主要有三家，即南朝宋裴骃的《史记集解》和唐朝司马贞的《史记索隐》以及唐人张守节的《史记正义》。这三家都是对史记的总结性评注。比较而言，裴注本是现存最早的旧注本，司马注本有很多新颖见地，张注本在旧注诸本中成就较高。而近代则有日本学者泷川资言的《史记会注考证》较为著名。本书编者所参考的注本，主要以"三家注"本为主，权威评注，史家公认。

其三，善本为底。白话今译。

《史记》现存早期的版本之一为南宋黄善夫家塾刻本，被公认为善本，经商务印书馆影印收入百衲本《二十四史》。此外，明《二十一史》本，清武英殿《二十四史》刻本及清同治金陵书局刻本，都有较高的参考价值。1959 年中华书局出版了重新校勘本《史记》，有简体和繁体包括"三家注"多种版本，其再版的版本是当今公认的比较好的版本之一。本书文白对照、白话今译、简体横排，是《史记》较好的普及本和优质排印本，本书更加符合现代阅读习惯，方便广大读者研习参考，以帮助其更好地理解原著。

司马迁以其"究天人之际，通古今之变，成一家之言"的史识，使《史记》成为中国历史上第一部，也是最著名的通史，并首创纪传体编史方法为后来历代"正史"所传承，对后世史学和文学的发展都产生了深远的影响。鲁迅称其为"史家之绝唱，无韵之离骚"。

《史记》（文白对照版）主编　赖咏

目　　录

史记卷一

五帝本纪第一[1]

黄帝者,[2]少典之子,[3]姓公孙,[4]名曰轩辕。[5]生而神灵,[6]弱而能言,[7]幼而徇齐,[8]长而敦敏,[9]成而聪明。[10]

【注释】[1]《五帝本纪》,本篇是司马迁对我国夏代以前先民历史的概述。迄今为止,我们对古人盛传的夏代的认识,仍然停留在零星的传说上。目前,我国的考古工作者正在根据古代传说中夏人活动的中心地带晋南、豫西,寻找揭示夏人社会面貌的遗址、遗物。在未获得足够的实证之前,对夏代的历史尚无法得出确定的结论。传说在夏以前的"五帝"时期同样如此。人们把人类有确切文字记载以前的历史称为"史前史"。我国史学家则把没有确切文字记载,而由口耳传说构成的历史,称为"中国古史的传说时代"。《五帝本纪》记述的就是这个时期的历史。司马迁在本篇中的记述,前三帝黄帝、颛顼、帝喾,全据《五帝德》(载于《大戴礼记》),补充以《帝系》(司马迁称为《帝系姓》,出《世本》,亦载于《大戴礼记》);后二帝唐尧、虞舜全据《尚书·尧典》,都是照抄原文,《尧典》之外,再补充以《帝系》、《五帝德》之说及《世本》。这里所称的"帝"是后世的称呼,当时中国尚处在氏族社会,所谓"五帝"不过是部落联盟首领中的佼佼者。这个时期,氏族如林,每个氏族及其联盟都有自己漫长的发展史。他们在各自发展的每个阶段上,在生产和生活方面总有种种的发明和创造,同时,经常出现氏族间的生存斗争。由于种种原因,这些往古史迹在传说过程中,常把不同人、不同时期的事迹归集到少数神话化了的人物身上。在古代传说中,古帝名本来是很多的。但是,自从战国后期流行五行说以后,什么都要配成"五",于是就要在许多古帝中拉出"五个"来抵充"五帝",因而先后出现过四种"五帝"说:第一,前期五帝说。此说五帝为黄帝、颛顼、喾、尧、舜。今见于《大戴礼记·五帝德》、《帝系》、《吕氏春秋·古乐》、《尊师》、《史记》。最早《国语·鲁语》载此五帝资料,唯未明称"五帝"。第二,后期五帝说。此说五帝为伏羲、神农、黄帝、尧、舜。今见于《战国策·赵策》、《易·系辞》、《庄子·缮性》、《淮南子·俶真》、《三统历》。第三,战国末提出的五帝说。此说五帝为太昊、炎帝、黄帝、少昊、颛顼。今见于《吕氏春秋·十二纪》、《礼记·月令》、《淮南子·天文训》、《时则训》。第四,汉、晋编定五帝说。此说五帝为少昊、颛顼、喾、尧、舜。今见于《世经》、伪《孔安国古文尚书序》,自晋皇甫谧《帝王世纪》至清代,一直承用此五帝说。司马迁在这篇《本纪》中采用的是第一种五帝说。 [2]"黄帝",传说时代姬姓部族神化了的始祖,被当作我国古史传说时代最早的一位宗祖神。华夏族形成后,公认他为全族的始祖。大抵黄帝族原生息于黄河上游西北广大地区,《国语·晋语》曰:"黄帝以姬水(今陕甘的渭、湟之间)成,炎帝以姜水(经岐山、扶风,武功入渭之岐水)成,故黄帝为姬,炎帝为姜。"黄帝之被称为姬姓,炎帝之被称为姜姓,反映了他们原为周代姬、姜两族的远祖。几十年来,考古工作者在传说中的姬、姜两族生活的区域(湟、渭流域)内,陆续发现了新石器时代仰韶时期、龙山时期先民活动的大量遗址、遗物。著名的如:甘肃秦安大地湾(距今六七千年)、陕西西安半坡(距今六千年)、宝鸡北首领(距今六千年)、甘肃临洮马家窑(距今四、五千年)、广河齐家(距今三四千年)、陕西西安客省庄(距今四千年)。在上述地区还发现了距今四千年前后的原始铜器(参见中国社会科学院考古研究所编著的《新中国考古发现与研究》、《考古学报》一九八一年第三期《中国早期铜器的初步研究》等),说明了这个地区是中华文明起源的重要发祥地。传说中的炎、黄时期应已进入父系氏族社会,大体相当于新石器时代的龙山前期。在姬姓建立的周王朝统治的数百年间，人们纷纷把古代的蚕桑、衣裳、医药、井臼、舟车、弓矢、宫室、文字、历法等重大发明全都归属于黄帝及其大臣。然而，考古发现还告诉我们，在浙江余姚河姆渡出土的距今七千年的先民遗物中，就有人工栽培的水稻、纺轮和木桨，说明长江流域也同黄河流域一样，是中华古代文明的发祥地之一，原始农业、纺织、舟楫等并非姬姓黄帝一族的发明。不仅如此，在黄河下游的山东地区的大汶口文化(距今五六千年)、龙山文化(距今四千年)、长江中游地区的大溪文化(距今五六千年)、屈家岭文化(距今四五千年)，长城外大、小凌河的红山文化(距今六七千年)，都有着与黄河中上游大体相同的发展进程，也有种种发明，共同创造着古代文明。随着历史的发展，炎、黄两族在漫长的时期中，同上述地区的先民逐渐融合成统一的民族。在春秋、战国之世，反映这一统一需要的就是要把各不同部族统说成是出于同一血缘的兄弟族，于是把各族不同的宗祖神编排成一个世系的创作就出现了。以黄帝为始祖的包括所有东西南北各族的大谱牒《帝系》编成了。接着在《五帝德》里，就把黄帝和颛顼、帝喾、尧、舜编为"五帝"。 〔3〕"少典"，古氏族名。〔4〕"公孙"，清崔述《补上古考信录》指出："公孙是公之孙，上古时无此(公孙)称。"〔5〕"轩辕"，音 xuān yuán。晋皇甫谧云黄帝"居轩辕之丘，因以为名，又以为号"。《山海经·西次三经》云："玉山，是西王母所居也。""又西四百八十里，曰轩辕之丘，无草木，洵水出焉，南流注于黑水。"郭璞注："黄帝居此丘，娶西陵氏女，因号轩辕丘。"而西王母所居，据《山海经·大荒西经》说居于昆仑之丘。《后汉书·明帝纪》称甘肃敦煌附近山为"昆仑"。《山海经·西山经》称黑水出于昆仑之丘。《庄子·至乐篇》称"昆仑之墟，黄帝之所休"，《在宥篇》说黄帝见广成子于空同之上。《山海经·海外西经》又说轩辕之国在穷山之际，据郭璞注，穷山在岷山一带。传说虽不尽相合，但都不离陕、甘一带。与黄帝族长期世通婚姻的炎帝族为姜姓部族。姜族即古分布于今甘、青地区的古羌族的分支。"羌"字从羊从人，"姜"字从羊从女，羌族、姜族应为与游牧相关的部族。由此亦可知黄帝族应原在邻近甘、青的地区。 〔6〕"神灵"，聪慧超群，非凡人可比。 〔7〕"弱"，幼弱。〔8〕"徇"，通"恂"，温顺恭谨。"齐"，勤敬守礼。〔9〕"敦"，诚朴宽厚。"敏"，聪慧勤勉。 〔10〕"成"，年二十为成人。"聪"，听觉灵敏。"明"，视觉灵敏。"聪明"，谓明辨事理。

【译文】黄帝是少典氏的后代，姓公孙，名轩辕。他生下来就神奇灵异，在襁褓中就会言语，幼小时就很伶俐懂礼，稍大即纯朴敏慧，成年后睿智而练达。

轩辕之时，神农氏世衰。〔1〕诸侯相侵伐，暴虐百姓，而神农氏弗能征。于是轩辕乃习用干戈，〔2〕以征不享，〔3〕诸侯咸来宾从。而蚩尤最为暴，〔4〕莫能伐。炎帝欲侵陵诸侯，〔5〕诸侯咸归轩辕。〔6〕轩辕乃修德振兵，〔7〕治五气，〔8〕蓻五种，〔9〕抚万民，度四方，〔10〕教熊罴貔貅貙虎，〔11〕以与炎帝战于阪泉之野。〔12〕三战，然后得其志。〔13〕蚩尤作乱，不用帝命。于是黄帝乃征师诸侯，与蚩尤战于涿鹿之野，〔14〕遂禽杀蚩尤。〔15〕而诸侯咸尊轩辕为天子，代神农氏，是为黄帝。天下有不顺者，黄帝从而征之，平者去之，〔16〕披山通道，〔17〕未尝宁居。

【注释】〔1〕"神农氏"，传说时代部族名，以善耕植懂医药著称。西汉末《世经》以后将神农与炎帝合二而一，先秦古籍则将神农与炎帝并列。〔2〕"干"，盾，古时作战用以护身抵御敌兵的武器。"戈"，古时作战用的勾兵，是先秦时期主要的兵器之一。 〔3〕"享"，祭献，进献。这里指被征服者向征服者敬献之礼。 〔4〕"蚩尤"，音 chī yóu，传说时代部族首领名，旧说为东方九黎部落酋长。有关传说多在今山东省西部地区。可参阅徐旭生著《中国古史的传说时代》。 〔5〕"炎帝"，传说时代姜姓部族的宗祖神。据《国语·晋语》知该族生息在今陕西省渭水流域，是生息在今甘、青地区的羌族的分支。以炎帝为宗祖神的姜族与以黄帝为宗祖神的姬族世通婚姻。本书《周本纪》记述姬姓周部族的先祖曰："周后稷，名弃，其母有邰氏女，曰姜原。"《说文》云："邰，炎帝之后，姜姓，封邰，周弃外家。"著名的周太王古公亶父之妃太姜，也是姜姓部族的女子。在周武王伐纣之战中指挥大军、灭殷后第一个受封并负责镇守东方的是姜姓的师尚父，以及有周一代，周王及姬姓贵族不断同姜姓联姻，都反映了自远古以来姬、姜两族亲密的关系。尊奉炎帝、黄帝为华夏全族的始祖，实属周人对自己母系远祖炎帝、父系远祖黄帝的独尊和神化。"陵"，通"凌"，欺凌。 〔6〕"咸"，全，都。"归"，归顺。 〔7〕"修德"，讲求道德、施行德政。"振兵"，整治军队。

〔8〕"五气"，即战国时人所称的"五行之气"，被当作生养万物之原。此处指仁、义、礼、智、信五种基本道德观念。这里是司马迁用后世观念讲述古人。〔9〕"蓻"，古"艺"字，种植。"五种"，即五谷，指黍、稷、菽、麦、稻，实泛指诸农作物。 〔10〕"度"，音duó，忖度。 〔11〕"罴"，音pí，熊属猛兽。"貔貅"，音pí xiū，豹属猛兽。"䝙虎"，似貍猛兽。"䝙"，音chū。此句谓训练像猛兽一般的勇士。古人作战亦用绘有猛兽的旌旗指引军士，故亦用此兽名代指军伍。 〔12〕"阪泉"，音bǎn quán，古地名，其今地有数说：一说在今河北涿鹿东南，一说在今山西运城盐池附近。黄帝族与九黎三苗族首领蚩尤之争，在《尚书·吕刑》已有反映，是一由来已久的历史传说，当有史实为背景。至于黄帝与赤帝有阪泉之战，始见于《五帝德》。到《五帝本纪》中改赤帝为炎帝，以炎为南方赤，是阴阳五行说盛行以后事，可见这一传说之后起甚明。炎、黄（即姜与姬）是互通婚姻之族，同自西北发展到中原，患难与共，无自相火并之理，正如周之姬与姜、辽之耶律氏与审密氏，阪泉之战只能是涿鹿之战一事在传说中的分化。清梁玉绳《史记志疑》已指出："阪泉之战即涿鹿之战，是轩辕勤王之师，而非有两事，故《逸周书·史记解》称蚩尤曰阪泉氏，斯为确证。"按《水经·漯水注》："涿水出涿鹿山"，"又东北与阪泉合"，《魏土地记》曰："下洛城东南六十里有涿鹿城，城东一里有阪泉，泉上有黄帝祠。'"下洛即今涿鹿。是阪泉与涿鹿实即一地，而蚩尤又有阪泉氏之称，都可证阪泉之战即涿鹿之战。 〔13〕"志"，志向，目的。此指击败炎帝。 〔14〕"涿鹿"，即今河北涿鹿。黄帝与蚩尤涿鹿之战为传说时代最著名的战事之一。 〔15〕"禽"，通"擒"。 〔16〕"平者"，谓平服者。 〔17〕"披"，劈开。

【译文】轩辕的时候，神农氏的势力已经衰微。诸侯互相侵伐，残害百姓，而神农氏无力征讨。于是轩辕便操练士卒，用来征讨那些不来朝贡的诸侯，四方诸侯全都前来俯首称臣。蚩尤最为残暴，没有谁能征服他。炎帝想要欺凌诸侯，诸侯便都归属轩辕。轩辕于是便实行德政，整治军队，研究气候，种植五谷，安抚百姓，测量四方的土地，训练出像熊罴、貔貅、䝙虎一样凶猛的军队，率领他们同炎帝在阪泉的野外交战。经过三次交战，终于取得了胜利。蚩尤作乱，不听从黄帝的命令。于是黄帝便征集各地诸侯的军队，与蚩尤在涿鹿的野外交战，活捉了蚩尤，并把他杀死。各地诸侯便都尊奉轩辕为天子，取代了神农氏，这就是黄帝。天下若有不

顺从的，黄帝便去征讨他，直至平服后才离去。黄帝开山通路，不曾有过安闲的时候。

东至于海，登丸山，〔1〕及岱宗。〔2〕西至于空桐，〔3〕登鸡头。〔4〕南至于江，〔5〕登熊、湘。〔6〕北逐荤粥，〔7〕合符釜山，〔8〕而邑于涿鹿之阿。〔9〕迁徙往来无常处，以师兵为营卫。官名皆以云命，为云师。〔10〕置左右大监，〔11〕监于万国。〔12〕万国和，而鬼神山川封禅与为多焉。〔13〕获宝鼎，迎日推策。〔14〕举风后、力牧、常先、大鸿以治民，〔15〕顺天地之纪，〔16〕幽明之占，〔17〕死生之说，〔18〕存亡之难。〔19〕时播百谷草木，〔20〕淳化鸟兽虫蛾，〔21〕旁罗日月星辰，〔22〕水波土石金玉，〔23〕劳勤心力耳目，节用水火材物。〔24〕有土德之瑞，故号黄帝。〔25〕

【注释】〔1〕"丸山"，相传在今山东省临朐县境。 〔2〕"岱宗"，泰山别名岱，古人以泰山为众山之宗，故称岱宗。 〔3〕"空桐"，山名，又作"崆峒"，在今甘肃省平凉市西，属六盘山。 〔4〕"鸡头"，山名，在空桐。 〔5〕"江"，指今长江。 〔6〕"熊"，熊耳山，本书《封禅书》《索隐》引《荆州记》"顺阳、益阳二县东北有熊耳山"，在今湖南益阳境。"湘"，亦山名，在益阳境。 〔7〕"荤粥"，音xūn yù，又作"荤允"、"熏鬻"，我国古代北方部族。唐司马贞说：荤粥，尧、舜以上称"山戎"或"熏粥"，夏代称"淳维"，殷代称"鬼方"，汉代称"匈奴"。 〔8〕"合符"，朝会诸侯时合验表明身份的符契。"釜山"，传说在今河北涿鹿一带。〔9〕"而邑于涿鹿之阿"，相传黄帝曾在此筑城建都。"阿"，山下广平之地。 〔10〕"官名皆以云名，为云师"，相传黄帝受命时，天呈祥云，故黄帝以云为所属官吏和军队命名。 〔11〕"监"，音jiān，官名，司职监察。 〔12〕"监"，音jiàn，动词，监督稽查。 〔13〕"封禅"，古代祭祀天地神灵的礼仪，祈求降福祛灾。古代只有功业盛大的受命帝王，有了符瑞，才有资格到最神圣的山泰山，去祭祀最高的天帝。"封"，在泰山祭天。"禅"，在泰山下梁父山祭地。 〔14〕"迎日推策"，指观象授时，即根据多年观察天象所掌握的规律，推算即将到来的季节时日。"策"，策算。 〔15〕"风后、力牧、常先、大鸿"，传说中黄帝任用的大臣。 〔16〕"顺"，遵循。"纪"，法则。 〔17〕"幽"，指"阴"。"明"，指"阳"。"占"，"故"字之残，《大戴礼记》《孔

子家语》均作"故",可证。古人把日月、明暗、天地、寒暖、男女、生死等事物的对立和变化统称为阴阳之变,用此概括宇宙万物的变化。〔18〕"说",缘由。〔19〕"难",音 nàn,变故。〔20〕"时",通"蒔",栽种。〔21〕"淳",温和顺从。此指驯化野兽为家畜。"蛾",一本作"豸"。《尔雅·释虫》:"有足曰虫,无足曰豸。"〔22〕"旁罗",《大戴礼记·五帝德》作"历离"。此言广泛追寻日月星辰的踪迹,以求观象授时。〔23〕"水波",《大戴礼记·五帝德》作"极畋"。"极",罗致。"畋",取用。此句"水波"与上下文"时播"、"淳化"、"旁罗"、"劳勤"、"节用"相对举,皆为动词。"水波"于此句义不可解,当为传写之误。〔24〕"节",节制,适度。〔25〕"有土德之瑞,故号黄帝",战国时期邹衍创五德终始说,以黄帝为土德,色尚黄。以后各古帝的"德"或有变动,而黄帝的土德始终没有变。也有可能由于黄帝部族居陕北受黄土之恩惠,故崇奉土德,并以为号。后来邹衍因之以成其说。

【译文】 他向东到达大海,登上丸山和泰山,西边到达崆峒,登上鸡头山,南边到达长江,登上熊山、湘山,北边驱逐荤粥,在釜山与诸侯核验符契,在涿鹿山下宽广平坦的地方建设城邑。迁徙往来,没有固定的居处,用兵营围绕来防卫。百官都用云来命名,军队也称云师。设立左右大监,监察各方诸国。各方诸国和顺,在祭祀天地神灵的封禅大典中,参加黄帝主持盛典的非常多。黄帝获得了宝鼎,推算日辰历数。他任用风后、力牧、常先、大鸿来治理人民。顺应天地的法则、阴阳的变化,奉行养生送死的制度,研究国家存亡的道理。按时种植百谷草木,驯化鸟兽昆虫,广泛研究日月星辰的行踪变化以及水流、土石、金玉的状况,勤思考,勤实践,多倾听,多观察,节用水火材物。因为享有土德的祥瑞,所以以号为黄帝。

黄帝二十五子,〔1〕其得姓者十四人。〔2〕

【注释】〔1〕"二十五子",此说采自《国语·晋语》胥臣语。"二十五子"晋语作"二十五宗",疑是黄帝部族中的二十五支。〔2〕"其得姓者十四人",《国语·晋语》谓十四人实有十二姓,即姬、酉、祁、己、滕、葴、任、荀、僖、姞、儇、衣。其中青阳与夷鼓同为己姓,玄嚣与苍林同为姬姓。

【译文】 黄帝共有二十五个儿子,其中得姓的

有十四人。

黄帝居轩辕之丘,〔1〕而娶于西陵之女,〔2〕是为嫘祖。〔3〕嫘祖为黄帝正妃,〔4〕生二子,其后皆有天下:其一曰玄嚣,〔5〕是为青阳,青阳降居江水;〔6〕其二曰昌意,降居若水。〔7〕昌意娶蜀山氏女,〔8〕曰昌仆,生高阳,高阳有圣德焉。黄帝崩,〔9〕葬桥山。〔10〕其孙昌意之子高阳立,是为帝颛顼也。〔11〕

【注释】〔1〕"轩辕之丘",郦道元《水经·渭水注》说:"南安姚瞻以为黄帝生于天水,在上邽城东七十里轩辕谷。"上邽城在今甘肃天水南。在有关轩辕丘的各种记述中,以此距《国语·晋语》所说黄帝生于姬水、炎帝生于姜水(即岐水)处最近。近年在甘肃秦安大地湾发现了令人惊叹的距今六七千年的新石器时代遗址。在该遗址一座被有的考古学家称做殿堂式的房址中,只出礼器而不出生活用器,说明这个地区是古代文明发展较早且较发达的中心区域之一。而秦安正位于天水北不到五十公里处,与文献记载的姬姓黄帝部族活动的区域相吻合。〔2〕"西陵",《太平御览》引《史记》、《大戴礼·帝系篇》并作"西陵氏",古氏族名。顾名思义,该部族当生活在西部山陵地区,与黄帝族相邻近。〔3〕"嫘祖",《大戴礼·帝系篇》云:"黄帝娶于西陵氏之子谓之累祖,产青阳及昌意。"累祖即嫘祖,传说为蚕桑丝织的发明者。"嫘",音 léi。〔4〕"嫘祖为黄帝正妃",《汉书·古今人表》云:"方雷氏,黄帝妃,生玄嚣,是为青阳。絫祖(即嫘祖),黄帝妃,生昌意。肜鱼氏,黄帝妃,生夷鼓。"《帝王世纪》云:"元妃西陵氏女曰嫘祖,生昌意。次妃方雷氏女曰女节,生青阳。次妃肜鱼氏女生夷鼓,一曰苍林。次妃嫫母,班在三人之下。"〔5〕"嚣",音 xiāo。〔6〕"江水",唐张守节《正义》以为即《汉书·地理志》所载古江国所在,即今河南息县。〔7〕"若水",旧说江水、若水均在蜀(今四川西部),似不足信。〔8〕"蜀山氏",古氏族名。《路史·国名纪》云:"蜀山,昌意取蜀山氏,益土也。今济有蜀山,或其分也。"《新定九域志》卷一《古迹》济州称:"蜀山,《尔雅》云'蜀'者,'独'也。"此蜀山在今山东汶上。〔9〕"崩",古称帝王死为"崩"。〔10〕"桥山",《汉书·地理志》等书均以为在汉阳周县,即今陕西子长、绥德西。〔11〕"颛顼",音 zhuān xū,古帝名。颛顼应非一人之专名,乃其部族及其首领之代名。据《国语·楚语》,颛顼继少昊之后主政,又《山海经·大荒

东经》神话中说少昊孺(育)颛顼于东海,可知他原是东夷少昊之后一个部族的首领。又《左传》昭公十七年载:"卫,颛顼之虚也,故为帝丘。"帝丘即今河南濮阳。可知颛顼族生息在今豫东一带。后因和周围及西方的禹夏、后稷等族融合成华夏族,遂被编排入黄帝世系之中。在《山海经》群神世系中,他已是黄帝系下昌意之孙,而南方楚的宗祖神祝融、重、黎及苗民等成了他的子孙。到战国末《帝系篇》所编古帝世系中,他却是昌意之子,成了黄帝之孙,而虞、夏、秦、楚都成了他的子孙(《左传》昭公八年已说颛顼为舜的远祖),扩大了他的亲系,成了黄帝系下与帝喾并列两系中最大的一系。说明了他这一族在民族融合中联系东西南北诸族所起的巨大作用。到"五帝说"出现,除了第二次"五帝说"中没有他外,其余三次"五帝说"中都有他。原来《左传》文公十八年明载高阳氏与颛顼为不同的两族,到《大戴礼记·五帝德》《帝系》却说高阳即是颛顼,以后史籍遂承用此说不变。

【译文】黄帝住在轩辕之丘,娶了西陵氏的女子为妻,这就是嫘祖。嫘祖是黄帝的正妃,生了两个儿子,他们的后代都曾据有天下:其中一个叫玄嚣,就是青阳,青阳居住在江水;其中第二个叫昌意,昌意居住在若水。昌意娶了蜀山氏的女子,名叫昌仆,生了高阳,高阳有高尚的道德。黄帝死后,葬在桥山。他的孙子,也就是昌意的儿子高阳,继承帝位,这就是帝颛顼。

帝颛顼高阳者,黄帝之孙而昌意之子也。静渊以有谋,疏通而知事;养材以任地,[1]载时以象天,[2]依鬼神以制义,[3]治气以教化,[4]絜诚以祭祀。[5]北至于幽陵,[6]南至于交阯,[7]西至于流沙,[8]东至于蟠木,[9]动静之物,[10]大小之神,日月所照,莫不砥属。[11]

【注释】[1]"材",指百谷草木。"任地",因地制宜。 [2]"载时以象天",《五帝德》作"履时以象天"。"载",行,与"履"义同。"象",法。此句谓行四时以象天。 [3]"依",依据,依照。"鬼",指祖宗的亡灵。"神",指天地神灵。"义",指必须遵照执行的准则。 [4]"气",指"五行之气",即仁、义、礼、智、信五种道德观念。 [5]"絜",通"洁"。 [6]"幽陵",古地名,即古幽州,在今河北省北部及辽宁省西部一带。 [7]"交阯",又作"交趾",在今

越南北部。战国时因海上交通已知其地,《墨子》、《韩非子》、《吕氏春秋》、《楚辞·大招》都提到过它,古人视为南方最远之地。 [8]"流沙",古地名。沙漠被风吹而流动,故以流沙指称沙漠地区。《汉书·地理志》张掖郡居延县东北居延泽,古称流沙。古人亦常以流沙称不熟悉的西北广大沙漠地区。 [9]"蟠木",又作"扶木",即"扶桑",传说为神木,太阳出于其下,故扶桑又指日出之地。 [10]"动静之物",动物指鸟兽之类,静物指草木之类。 [11]"砥",通"祇",恭敬。"属",归属臣服。

【译文】帝颛顼高阳是黄帝的孙子、昌意的儿子。他文静渊深而有智谋,明白通达而知事理;杂植各种作物,以尽地力,按时行事,顺应自然,尊奉鬼神,制定礼仪,调理五行之气,教化民众,洁净虔诚地进行祭祀。往北到达幽陵,往南到达交阯,往西到达流沙,往东到达蟠木,无论有生命的和没有生命的,无论是大山大河还是小山小河之神,凡是日月所能照临的地方,没有不服从他、归附他的。

帝颛顼生子曰穷蝉。颛顼崩,[1]而玄嚣之孙高辛立,是为帝喾。[2]

【注释】[1]"颛顼崩",《皇览》称颛顼葬于濮阳顿丘城门外之广阳里,在今河南濮阳县境。 [2]"喾",音 kù,帝喾之名初见于春秋时史料中。《礼记·祭法》云"殷人禘喾",而《国语·鲁语》则云"商人禘舜",三国韦昭认为"舜"当为"喾"字之误。可参阅《山海经》郭璞注、郝懿行《笺疏》、毕沅《新校正》、王国维《殷先公先王考》、郭沫若《古代社会研究》、袁珂《山海经校注》。其后唯"喾"与"舜"进入历史文献中。喾保持了其东方鸟夷商远祖地位,大都说他与简狄因玄鸟生契。舜除《国语》(韦昭已改为喾)中仍保持其为商族始祖神地位外,其余文献皆与尧并举,成为"三王"前的二帝,失去商祖身份。后因与禹夏、后稷等全境诸族融合成华夏族,帝喾便被编排入黄帝世系中(见《大戴礼记·帝系篇》)为玄枵之孙,成为与颛顼并列两系中重要的一系,而且把他编排为尧、挚、契、稷之父,即尧族、商族、周族都成了他的子孙。因为此世系编成于周代,所以把周稷列为长子,商契列为次子,就把这原来对立的主要的东、西两族融合成亲兄弟了。可见帝喾在民族融合中被安排的地位相当重要。到《五帝德》提出第一种"五帝说",他便为五帝之一;第二种、第三种"五帝说"没有他;第四种"五帝说"又有他。至

于他与高辛氏的关系,正如颛顼和高阳氏的关系一样,也是到《五帝德》《帝系》中才合而为一的。以后遂成了历史的定说。

【译文】帝颛顼生的儿子名叫穷蝉。颛顼死后,玄嚣的孙子高辛继承帝位,这就是帝喾。

帝喾高辛者,黄帝之曾孙也。高辛父曰蟜极,[1]蟜极父曰玄嚣,玄嚣父曰黄帝。自玄嚣与蟜极皆不得在位,至高辛即帝位。高辛于颛顼为族子。[2]

【注释】[1]"蟜",音 jiǎo。 [2]"子",本篇所谓"子"多不能以儿子之"子"看待。上古世系全靠口耳相传,年久易乱,少有完整系列者,故每数世相接即越数百年。本篇所称"子",当看作某部族的支族或后裔。

【译文】帝喾高辛是黄帝的曾孙。高辛的父亲叫蟜极,蟜极的父亲叫玄嚣,玄嚣的父亲叫黄帝。自玄嚣到蟜极都没有得到帝位,到高辛才即帝位。高辛对于颛顼来说是同族兄弟之子。

高辛生而神灵,[1]自言其名。[2]普施利物,不于其身。聪以知远,明以察微。顺天之义,知民之急。[3]仁而威,惠而信,修身而天下服。[4]取地之财而节用之,[5]抚教万民而利海之,[6]历日月而迎送之,[7]明鬼神而敬事之。[8]其色郁郁,[9]其德嶷嶷。[10]其动也时,[11]其服也士。[12]帝喾溉执中而遍天下,[13]日月所照,风雨所至,莫不从服。

【注释】[1]"神灵",指超越世人的智力。[2]"自言其名",《初学记》卷九引《帝王世纪》云,帝喾"生而神灵,自言其名"。 [3]"急",危急,急需。[4]"修身",指自我培养高尚品德。[5]"财",通"材",指可供人类享用的自然材物。[6]"诲",音 huì,教育开导。[7]"历日月而迎送之",谓记录日影的长短、月亮圆缺的周期,行迎送日月之礼。[8]"明鬼神而敬事之",古人以鬼神为宇宙万物的主宰,礼拜敬事之即可获福祛灾。[9]"郁郁",穆穆,肃穆虔敬的样子。 [10]"嶷嶷",音 yí yí,高峻的样子,此指品德高尚。[11]"时",适合时宜。

[12]"服",行事。"士",品德高尚者。 [13]"溉"通"既"。

【译文】高辛刚生下来就神奇灵异,自己说出了自己的名字。他广施恩泽,利及万物,却毫不为己。他明辨是非,能洞察远方;察事细微,能烛照隐幽。他顺应天帝的旨意,了解百姓的疾苦。他仁厚而威严,慈惠而守信,自我修身,而天下归服。他获取大地材物而节制使用,抚育教导百姓,让他们知道利益之所在,用历法来掌握日月节气变化的规律,尊显鬼神,恭敬地奉事。他面容谦恭,品德高尚,举止适时,穿着朴素。帝喾恩德不偏不倚,宛如水灌溉土地一样,遍及天下,凡日月所临、风雨所及的地方,没有不来归顺的。

帝喾娶陈锋氏女,[1]生放勋。[2]娶娵訾氏女,[3]生挚。[4]帝喾崩,而挚代立。帝挚立,不善,[5]而弟放勋立,是为帝尧。[6]

【注释】[1]"陈锋氏",古氏族名。《索隐》引《世本》作"陈酆氏"。《世本》又云:"帝喾卜其四妃之子,皆有天下。上妃有邰氏之女,曰姜嫄,而生后稷;次妃有娀氏之女,曰简狄,而生契;次妃陈锋氏之女,曰庆都,生帝尧;下妃娵訾氏之女,曰常仪,生挚。"这是战国时期民族融合的反映,把不同部族都归到一个血缘系统中了。 [2]"放勋",帝尧名。旧注家以为可仿效发扬前代功业,故名。若然,则此名为后人所加。 [3]"娵訾氏",古氏族名。"娵",音 jū。"訾",音 zī。 [4]"挚",音 zhì。[5]"不善",指执政不善。 [6]"帝尧",始见于《国语》、《左传》、《天问》等书。《山海经》神话中出"帝尧"一词,是群神之一,而非帝王。至儒、墨两家文籍中始盛称尧与舜为古代伟大先王。儒家以《尧典》一篇宣扬尧、舜盛德大业,作为古代帝王,故称"帝尧",改变了古代"帝"字称上帝群神的原意。此时尚不说与陶唐有关。《吕氏春秋·古乐篇》列举了古帝名次,也列陶唐氏在黄帝前,而尧则在黄帝后第三位,二者是列在同一古帝系统中的前后二人。但至战国末西汉初出现的《世本》、《帝系》则称"帝尧为陶唐氏"。顾颉刚先生以为尧、陶一音,可能有关,而尧与唐则是战国人撮合到一起的。"五帝说"出现后,尧和舜被排在一起了除第三种"五帝说"没有他两人以外,其余三种"五帝说"都有他两人。大抵尧当是古时居今山东省定陶县一带的称为陶的部族的宗祖神。这神也可能是该族一个杰出首领神化的结果。加上后来种种传说，或说尧曾居唐（臣瓒等说），或说封于唐（《世经》引《帝系》），唐遂与陶发生联系。其族与舜族相邻，大概都属于东方鸟夷集团。当结成部落联盟时，尧和舜相继担任联盟的军事首长。其事迹流传到儒、墨者流，就被美化为实行禅让的圣主了。尧部族与舜部族的关系，如同炎帝部族与黄帝部族的关系，是世通婚姻之族。传说的尧嫁女与舜，不过是这一历史关系的故事化的写照罢了。犹如姬、姜人奉其远祖炎、黄为至尊一样，作为商人后裔的孔子尊奉其父系先祖舜及母系先祖尧为圣主，也就不足为奇了。本书《孟荀列传》称墨翟为宋人（商人后裔），或非无据，所以墨翟极力推尊尧、舜。

【译文】帝喾娶陈锋氏的女子，生放勋；娶娵訾氏的女子，生挚。帝喾去世后，由挚继承帝位。帝挚在位，治理的不好，他的弟弟放勋继位，这就是帝尧。

帝尧者，[1]放勋。其仁如天，[2]其知如神。[3]就之如日，[4]望之如云。[5]富而不骄，贵而不舒。[6]黄收纯衣，[7]彤车乘白马，[8]能明驯德，[9]以亲九族。[10]九族既睦，便章百姓。[11]百姓昭明，[12]合和万国。[13]

【注释】〔1〕"帝尧"，自帝尧与陶唐氏合一以后，又称帝尧为"唐尧"。旧注家皆以陶、唐为地名，因地为号。《汉书·地理志》中山唐县《注》："应劭曰：故尧国，唐水在西。"此唐在今河北省定县一带。古书有称帝尧姓伊耆氏（或伊祁氏）的。〔2〕"仁"，仁慈，恩惠。〔3〕"知"，音 zhì，同"智"，智慧。〔4〕"就"，趋向，靠近。"就之如日"，谓追求犹如葵花向太阳一般。〔5〕"云"，此指能带来甘霖之祥云。"望之如云"，谓百姓期待帝尧如同久旱翘望祥云一般。〔6〕"舒"，简慢。〔7〕"收"，古代冠冕。"纯"，读为"缁"，黑色。"黄收纯衣"，《五帝德》作"黄黼黻衣"，古代黄黑色的礼服。〔8〕"彤"，朱红色。"乘"，音 shèng，古代四匹马拉一车称"一乘"。〔9〕"能明驯德"，本篇自此句起录《尚书·尧典》全文。此句《尧典》今文本作"克明峻德"，古文本"峻"作"俊"，"驯"与"峻"、"俊"音近通假，义为高大。〔10〕"九族"，汉代今文家释为"父族四、母族三、妻族二"，即有血缘婚姻关系的氏族。汉古文家释为"自高祖至玄孙凡九族，皆同姓"。这是针对封建王朝族刑而发，可以缩小杀戮范围。本篇所谓

"九族"，当指氏族时期的同部族的各支族。〔11〕"便章"，《尚书·尧典》古文本作"平章"，"平"，《白虎通》作"采"。《说文》："采，辨别也。""采"实为"审"字古文。《尧典》古文本之"平"当为"采"之讹。又"审"有辨义，故《尚书·尧典》今文本作"辨章"，"辨"与"便"古音相通。此处"便"实"辨"之假借字。"章"，彰明。"百姓"，指百官。〔12〕"昭明"，指政绩昭彰。〔13〕"万国"，指异姓部族。《左传》哀公七年说"执玉帛者万国"，可知古时习以"万国"指众多的部族。

【译文】帝尧就是放勋。他的仁德像天（那样浩大无边），他的智慧像神（那样高深莫测）。人们追随他如同追随太阳那样，人们期待他如同渴望祥云那样。他富有而不骄纵，显贵而不傲慢。他头戴黄色的冠冕，身穿黑色的士服，乘坐红色的车子，驾着白色的马。他能发扬光大高尚的德操，把各部族团结得亲密无间。各部族已经亲密无间，再明确百官的职责，表彰百官中政绩卓著的。百官的政绩卓著，天下万国无不融洽和睦。

乃命羲、和，[1]敬顺昊天，[2]数法日月星辰，[3]敬授民时。[4]分命羲仲，[5]居郁夷，[6]曰旸谷。[7]敬道日出，[8]便程东作。[9]日中，[10]星鸟，[11]以殷中春。[12]其民析，鸟兽字微。[13]申命羲叔，[14]居南交。[15]便程南为，[16]敬致。[17]日永，[18]星火，[19]以正中夏。[20]其民因，鸟兽希革。[21]申命和仲，[22]居西土，[23]曰昧谷。[24]敬道日入，[25]便程西成。[26]夜中，[27]星虚，[28]以正中秋。[29]其民夷易，鸟兽毛毨。[30]申命和叔，[31]居北方，曰幽都。[32]便在伏物。[33]日短，[34]星昴，[35]以正中冬。[36]其民燠，鸟兽氄毛。[37]岁三百六十六日，以闰月正四时。[38]信饬百官，[39]众功皆兴。[40]

【注释】〔1〕"羲、和"，隋、唐以前注疏家释为羲氏、和氏两家，为重、黎之后。其实重黎是楚民族古神话中的宗神，与羲和不相干。原始的羲和在《山海经》神话中是上帝的妻子，生太阳的女神。到《楚辞》中演化为太阳的驾车者，到《吕氏春秋·勿躬》等篇中，她和另一生月亮的女神常仪演化为黄帝手下司日、司月的两位男性官员。到《尧典》中羲、和演化成了天文官四人（羲仲、羲叔、和仲、和

叔,此为今文家说)或六人(羲氏、和氏及两仲、叔,此为古文家说)。到本书《夏本纪》所录《胤征序》中又变为夏仲康手下天文历法官员一人。总之,有关"羲、和"的传说皆与日月历法相关,这是我国原始农业兴起的必然反映。农业生产离开对四时变化规律的认识是无法进行的,而掌握四时变化的规律,又须通过对日月运行的严密观测来推算。这一精微细致的工作没有专人负责是做不成的。伴随原始农业的兴起,原始的天文学必然产生,而专门司理此职的天文官也随之而置。这就是有关羲、和传说的历史背景。在相当长的时期里,羲和一词成了天文历法官员的代称。王莽复古,又以此名官。 〔2〕"昊",音 hào,广大无边。"昊天",指深邃莫测的宇宙。先民畏惧大自然的风雨雷电、干旱洪涝,不能不恭敬而顺从之。 〔3〕"数法日月星辰",《尧典》原作"历象日月星辰"。"数",历数,日月星辰运行的时数方位及规律。"法",法象。此句包含了对日月星辰出没时数方位的观测、记录、推算和预测。 〔4〕"敬授民时",是说由职掌天文历法的官员,根据星象察定时令早晚,向黎民百姓颁布农时,以便据以进行农业生产活动。 〔5〕"分",通"颁",颁布命令。"羲仲",掌管东方之官,亦称春官。 〔6〕"郁夷",指东方海隅迎日出之地。 〔7〕"旸谷",又作"汤谷",传说为日出的地方。"旸",音 yáng。 〔8〕"道",通"导",导引。"敬道日出",《尧典》作"寅宾出日"。"寅"通"𡖖",敬。殷墟甲骨卜辞有由商王亲自祭日的"宾日"祭礼,又有对"出日"、"入日"的专用祭名叫"又"(即侑)。可参阅胡厚宣《甲骨学商史论丛初集》第二册《殷代之天神崇拜》一文。《尧典》援引古材料稍失原意,对"出日"用了"宾"这一祭名,同时又将宗教活动改成了历法活动,以致"宾"字不得不改成了"引导"之义,《史记》遂径改为"道(导)"。 〔9〕"便",与前文"便章百姓"之"便"同,通"辨"。"程",日程。"东作",指春耕生产。 〔10〕"日中",指春分这一天,白昼与黑夜的时间长短相等。一年之中,夏至白昼时间最长,冬至白昼时间最短,春分白昼时间恰好是夏至和冬至白昼时间长短之中,故称"日中"。 〔11〕"星",在这里专指"中星",是傍晚在南方天空正中的星,即后代球面天文学所说的在子午线上的星,而且指该星的"上中天"。我国先民凭这种按一定时日于黄昏时出现在南方正中的"中星"来辨别季节,定其"四仲"(即仲春、仲夏、仲秋、仲冬,也就是二分二至,即春分、夏至、秋分、冬至),所以称为"四仲中星"。"鸟",定春分的中星是鸟星。到殷代后期至西周初年制定二十八宿后,古代所称的鸟星(亦见于甲骨

文)就成为朱鸟七宿的中间那一座叫"七星"的宿。七星的距星即西方天文学的长蛇座 α。朱鸟七宿是:井、鬼、柳、星(即七星)、张、翼、轸。朱鸟一词当即由古代鸟星牵合"南方朱雀"的概念而成。 〔12〕"殷",正,定。"中",同"仲",下文"中夏"、"中秋"、"中冬"之"中"同。"仲春",指春分日。"以殷中春",谓先民根据"日中"和"星鸟"确定春分时节。 〔13〕"其民析,鸟兽字微",《尧典》原作"厥民析,鸟兽孳尾"。"其"、"厥"同义。"字微"与"孳尾"同音通假。按:殷墟甲骨卜辞中记有四方神名和四方风名,胡厚宣《甲骨文四方风名考证》(载《甲骨学商史论丛初集》)等文引《山海经》所记基本与之相合,并证以《国语》、《夏小正》所载,予以阐释,杨树达、于省吾二先生续有文助为论析,而后此古代神话中四方神名和风名的原意大明。《尧典》作者搜集古代资料,将神话改作历史记载,又不懂其原意,遂致弄成大错。东方神名和东方风名,在甲骨卜辞中原语为:"东方曰析,凤曰劦。""凤"通"风"。"劦"通"协",与《国语》作"协风"。《尧典》作者得此不懂其原意的资料,遂将东方神名"析"写成"厥民析",将风名原语"凤曰劦"之"凤"错解为鸟兽,而"协"有调和义,错解为调和阴阳,遂谓鸟兽交尾繁殖,成了不知所云的妄语。后来各注疏家皆望文生义。但为保持《史记》所录《尧典》原貌,仍按其错误原文与错误注释今译。依此,本句"析"谓破土耕种。"鸟兽字微"谓春天鸟兽交尾繁殖。此二事皆人类和动物在春天到来时的主要活动。鸟兽的动向与畜牧田猎相关,故加特别记述。 〔14〕"申",继而。"羲叔",掌管南方之官,亦称夏官。 〔15〕"南交",指古交阯。《韩非子·十过篇》说:"尧治天下,南抚交阯。" 〔16〕"南为",指夏日耕耘之事。 〔17〕"致",致日。古有迎日、送日之礼,于每年夏至、冬至对日举行祭奠之礼,以示对日神的恭敬和祈祷福祐。 〔18〕"永",长。"日永",白昼最长的一天。指夏至。古人用日圭的影长记录阳历一年的周期,圭影最短的一天即夏至日。 〔19〕"星",中星。"火",定夏至的中星,是我国古代对一恒星的名称(非指今九大行星中的火星),古籍中又称大火,因是商代的辰星,故又称商星。《左传》、《国语》都记古代设有"火正"官,专门观察大火的昏见和负责对它的祭祀。它是夏季南方天空很明亮的一颗星,一般认为是指二十八宿中青龙七宿的心宿二(心宿的第二星),即西方天文学星座中的天蝎星座 α,较广点说,也可及心宿全部兼房、尾二宿的一部分。青龙七宿是:角、亢、氐、房、心、尾、箕。 〔20〕"正",通"定"。"中夏",即仲夏,指夏至。 〔21〕"其民

因，鸟兽希革"，此二句《尧典》"其"作"厥"，余同。二句本义可参见本节注〔13〕。南方神名和南方风名。《尧典》作者录此材料又误将南方神名写成"厥民因"，风名"微"写成"鸟兽希革"（"希"通"稀"，义与"微"同），注疏家只好牵强释云："因在田之丁壮以助农。"即夏天耘田去草之类。又释云："夏时鸟兽毛羽稀少。"皆甚妄。　〔22〕"和仲"，掌管西方之官，亦称秋官。　〔23〕"西土"，指西方太阳下落之处。　〔24〕"昧谷"，郑玄读作"卯谷"，同音相假为"昧谷"，《淮南子·天文训》作"蒙谷"，《天问》作"蒙汜"，《尔雅·释地》作"大蒙"。为神话中太阳落下和止息的地方。　〔25〕"敬道日入"，《尧典》作"寅饯纳日"。《尧典》既在"寅宾出日"句误失"宾"字原祭名之义，改用引导出日之义，此句遂创一"饯"字，以示饯送入日之义。但《史记》仍依"寅（通'夤'）宾"译作"敬道"，未用饯送义。"纳日"即"入日"。西周金文中"内"、"入"通用，到文籍中"纳"、"入"同用。"纳日"或"入日"，即今语"落日"。　〔26〕"西成"，秋天收成。　〔27〕"夜中"，指秋分，这一天黑夜与白昼的时间相等。　〔28〕"星"，中星。"虚"，定秋分的中星，秋天傍晚出现在南方天空正中，在二十八宿中，为玄武七宿的中间那一宿，亦即西名宝瓶座β和小马座α两星。玄武七宿是：斗、牛、女、虚、危、室、壁。　〔29〕"中秋"，即仲秋，指秋分。〔30〕"其民夷易，鸟兽毛毨"，《尧典》上句作"厥民夷"，下句与此同。原意参见本节注〔13〕。西方神名和西方风名在殷墟甲骨卜辞中原语为："西方曰夷，凤曰彝"。《山海经·大荒西经》作"西方曰石夷，来风曰韦"。《尧典》作者又将西方神名改成不通的"厥民夷"，西方风名改成不通的"鸟兽毛毨"。注疏家于是释上句为"夷，平也，老壮在田与夏正也"，《史记》则意译为"夷易"，近人更有寻"夷"义为"刈"者；下句则释为鸟兽毛更生齐整鲜洁。皆力图为《尧典》讲通其义。"毨"，音xiǎn，鸟兽毛羽齐整鲜洁貌。此言秋季鸟兽皆更换越冬羽毛。　〔31〕"和叔"，掌管北方之官，亦称冬官。　〔32〕"幽"，阴。"都"，聚集。"幽都"，阴冷所聚之处，即古幽州，今河北北部辽宁西部一带。　〔33〕"便在伏物"，《尧典》作"平在朔易"。"平"即"审"古文"采"之讹。"审"有辨义，"便"、"辨"古音相通。"在"，通"察"。"伏物"，藏物，指冬日贮藏食物。　〔34〕"日短"，指冬至，这一天是一年之中白昼最短的一天。　〔35〕"星"，中星。"昴"，音 máo，定冬至的中星，又称旄头，汉代称留星，后代俗呼为七姐妹星。冬天夜间看到南方天空有一簇不太明显的密集的星团，肉眼可看到六颗或七颗。在二十八宿中，为白虎七宿的

中间那一宿，即西名金牛座 η 星。白虎七宿为：奎、娄、胃、昴、毕、觜、参。　〔36〕"中冬"，仲冬，即冬至。　〔37〕"其民燠，鸟兽氄毛"，此二句《尧典》"其"作"厥"，"燠"作"隩"，余同。原意参见本节注〔13〕。北方神名和北方风名。《尧典》作者又将北方神名写成不通的"厥民隩"，风名写成不通的"鸟兽氄毛"。注疏家为解通其义，释"隩"为室内，即冬天不外出；释"氄毛"为鸟兽长出细软的毛以自温。"燠"，音 yù，暖。"氄"，音 rǒng，细软绒毛。　〔38〕"岁三百六十六日，以闰月正四时"，此二句是据《尧典》原文"期三百有六旬有六日，以闰月定四时成岁"所作的简化。"岁三百六十六日"是古代一早期所知一年的日数，是四分历出现以前的认识。周代用圭表测日至，始知一年为三百六十五日又四分之一日，才创造了四分历。这是一种纯阳历年。"以闰月定四时成岁"，则是进一步以阴阳历并用。由于月亮绕地球与地球绕日两个周期不能相配，月亮绕地球十二周比地球绕日一周少十一天多，因此就三年设一闰月来补足，以使阴历与阳历相配，因而叫"以闰月成岁"。由殷墟甲骨卜辞知殷代已设闰月。当时置闰尚不能全与年相合，每闰还差三天多，到春秋中叶知道十九年七闰，就可使阴阳历基本相调（参见钱宝琮《东汉以前月日纪法的研究》、竺可桢《中国古代在天文学上的伟大贡献》）。可知此所载历法资料是较古的，当在周代以前。其中纯阳历资料又在阴阳历并用资料以前。至于"以闰月正四时"，与以四中星定四时不相合。闰月置于无中气之月，并使月与季候相合，为春秋时用四分法以后之事，可知《尧典》作者反映古代历法知识还较疏阔。　〔39〕"信"，通"伸"。"饬"，治理。　〔40〕"众功"，指当时社会生产的各个方面。农业是古代社会的经济命脉，农时掌握的准确与否对原始农业至关重要，因此，测定农时是古代社会管理的一个重要方面。农业取得了好收成，古代社会的诸多方面即可繁荣昌盛。根据四仲中星来定季令，是正式历法产生以前的所谓"观象授时"时代最行之有效的办法，是我们先民在长期生产实践中特出的发明。

【译文】于是命令羲氏、和氏，恭敬地顺应上天。依据日月星辰的行迹制定历法，把时令谨慎地传授给各地百姓。发布命令派遣羲仲住在叫旸谷的郁夷之地，恭敬地迎接朝阳的升起，审慎地预报春季耕种的时日。白天同夜晚的时间一样长、黄昏鸟星在正南方上空出现时，根据这种景象来确定春分的日子。这时，人们分散到田野里破土耕种，鸟

兽交尾生育。又命令羲叔住在南交，审慎地预报夏季耕耘的时日。恭敬地迎接夏至的到来。一年中白天时间最长、黄昏火星在正南方上空出现时，根据这种景象来确定夏至的日子。这时，人们忙着在田里除草，鸟兽的羽毛变得稀疏了。又命令和仲住在叫昧谷的西方，恭敬地送别太阳离去，审慎地预报收获的日子。夜晚同白天的时间一样长、黄昏虚星在正南方上空出现时，根据这种景象来确定秋分的日子。这时，人们都忙着收割庄稼，鸟兽更换了羽毛。又命令和叔住在叫幽都的北方，审慎地预报储藏谷物的时日。一年中白天时间最短、黄昏昴星在正南方上空出现时，根据这种景象来确定冬至的日子。这时，人们留在屋里取暖，鸟兽的羽毛变得又厚又密。一年有三百六十六天，用置闰月来把四季调整准确。整顿百官，各项事业就无不兴旺发达。

尧曰："谁可顺此事?"[1]放齐曰:[2]"嗣子丹朱开明。"[3]尧曰："吁!"[4]顽凶，不用。"尧又曰："谁可者?"讙兜曰:[5]"共工旁聚布功，[6]可用。"尧曰："共工善言，其用僻，[7]似恭漫天，[8]不可。"尧又曰："嗟，四岳，[9]汤汤洪水滔天，[10]浩浩怀山襄陵，[11]下民其忧，有能使治者?"皆曰鲧可。[12]尧曰："鲧负命毁族，[13]不可。"岳曰："异哉，[14]试不可用而已。"尧于是听岳用鲧。九岁，功用不成。

【注释】[1]"顺"，顺应，顺理。此谓顺应时势掌管好庶务。　[2]"放齐"，传说为帝尧之臣。[3]"嗣子"，嫡子。"丹朱"，帝尧之子，母为散宜氏之女(名女皇)。"开明"，通达明理。　[4]"吁"，音 xū，发语辞，有嫌恶之意。　[5]"讙兜"，音 huān dōu，传说为帝尧之臣，为颛顼后裔。[6]"共工"，音 gōng gōng，传说时代颇为强悍的一个部族。《国语·鲁语》说它(共工氏)曾霸九州。《淮南子·天文训》说："昔者共工与颛顼争为帝，怒而触不周之山，天柱折，地维绝。"《原道训》说它又曾与高辛相争。《荀子·议兵》和《山海经·海外北经》、《大荒西经》等又说它曾与禹相攻伐。从其与颛顼族(生活在今河南濮阳一带)、禹夏族(生活在今豫西、晋南一带)争斗来看，徐说大体可信。极可能在黄淮之间。[7]"僻"，邪僻。　[8]"漫"，通"慢"，简慢，傲慢。"天"，此处兼含上帝与君主。　[9]"四岳"，四方诸

侯之长。　[10]"汤汤"，音 shāng shāng，水势浩大湍急的样子。　[11]"怀山"，吞没山岭。"襄"，通"攘"，攘除。[12]"鲧"，音 gǔn，传说为禹父，又称崇伯，传说因治水失败被舜杀于羽山。崇即今河南嵩山，夏部族生活在嵩山周围地区，因而鲧称崇伯。[13]"负"，违背。"族"族类。　[14]"异哉"，不是这样啊! 此谓四岳认为鲧并不像尧说的那样坏。

【译文】尧说："哪一位能理顺国家大事?"放齐说："太子丹朱聪明通达。"尧说："唉! 他不讲道德，又好争讼，不能用!"尧又说："哪一位可以当此重任呢?"讙兜说："共工广泛地聚集民众，做了不少事情，可以任用。"尧说："共工会说漂亮话，实际行动却违背正道，对神明貌似恭敬，实际上却极为轻慢。不可重用。"尧又说："唉! 各位首领，滚滚洪水漫天而来，浩浩荡荡，包围了群山，淹没了丘陵，百姓忧心忡忡，有谁能受命去治理呢?"(首领们)都说鲧可以受命。尧说："鲧常违反命令，危害同族，不可任用。"首领们说："恐怕不至于这样吧! 试用不行，再罢免他。"于是尧听从首领们的意见，任用鲧来治水。鲧治水九年，毫无成效。

尧曰："嗟! 四岳: 朕在位七十载，[1]汝能庸命，[2]践朕位?"[3]岳应曰："鄙德忝帝位。"[4]尧曰："悉举贵戚及疏远隐匿者。"[5]众皆言于尧曰："有矜在民间，[6]曰虞舜。"[7]尧曰："然，朕闻之。其何如?"岳曰："盲者子。父顽，[8]母嚚，[9]弟傲，[10]能和以孝，[11]烝烝治，[12]不至奸。"[13]尧曰："吾其试哉。"于是尧妻之二女，[14]观其德于二女。[15]舜饬下二女于妫汭，[16]如妇礼。尧善之，乃使舜慎和五典，[17]五典能从。乃遍入百官，百官时序。宾于四门，[18]四门穆穆，[19]诸侯远方宾客皆敬。尧使舜入山林川泽，暴风雷雨，舜行不迷。尧以为圣，召舜曰："女谋事至而言可绩，[20]三年矣。女登帝位。"舜让于德不怿。[21]正月上日，[22]舜受终于文祖。[23]文祖者，尧大祖也。[24]

【注释】[1]"朕"，音 zhèn，古人自称之词，从秦始皇起，限于皇帝方可用为自称。　[2]"汝"，你。"庸"，通"用"。　[3]"践"，帝王即位称"践位"。[4]"鄙"，自称谦词。"忝"，音 tiǎn，辱，有愧于，常用作谦词。此言我的德行有辱于帝位，意谓愧不能胜

任。〔5〕"悉",全部。"举",举荐。〔6〕"矜",音guān,无妻之人。"有矜",《尧典》作"有鳏","矜"、"鳏"义同。〔7〕"虞舜",舜在《天问》神话中是商族的始祖神,与商代甲骨卜辞中高祖夒相当。古今学者多考定"俊"即"舜"。不过俊始终在神话中,舜则活跃在历史文献中。《国语·鲁语》中舜仍为商族始祖神,与神话合。《孟子·离娄下》中说:"舜生于诸冯(传说在今山东菏泽),迁于负夏(又作负瑕,今山东曲阜西),卒于鸣条,东夷之人也。"本篇《正义》引周处《风土记》云"舜,东夷之人,生姚丘(又称姚墟)",《括地志》说:"姚墟在濮州雷泽县东十三里。"古舜为东方鸟夷族商人始祖神应是可信的。在儒、墨两家学说中,尧、舜、禹成了道德勋业最盛的相继禅让的三个圣王。文献中对于舜尤有很多奇丽的传说,尤其突出他的孝行。《楚辞·天问》、《左传》还说他姓姚,《楚辞·离骚》、《惜诵》且以重华为其名。而《国语·鲁语》中又说他也是有虞氏的宗神。《尚书·尧典》遂称他为"虞舜"。大抵舜是东方鸟夷集团中商族的远祖,而鸟夷中的有虞部族亦特奉他为宗神,历史化的结果,遂为有虞部族的首领,即是有虞氏一位杰出的首领以宗神的化身出现。有虞氏之地在今河南东部邻接山东的虞城附近,与《墨子》、《孟子》、《韩非子》等称他的活动地区历山、雷泽、寿丘、负夏等今山东西境诸地相近,与尧族相邻。两族结成部落联盟。尧、舜两族人相继任联盟的军事首长。在故事流传中,经过儒、墨的加工,尧、舜遂成了禅让的圣王。〔8〕"顽",顽固而又愚蠢。传说舜父极为险恶。〔9〕"嚚",音yín,奸诈,不守忠信。〔10〕"傲",傲慢无礼,恣意欺人。〔11〕"和",和睦,和谐。〔12〕"烝烝",音zhēng zhēng,淳厚朴实的样子。"治",维持。此言舜用恭敬的态度、淳厚的感情对待父母兄弟,使之感化。〔13〕"奸",奸恶。"不至奸",谓不堕入奸恶之道。〔14〕"尧妻之二女",尧把女儿嫁给舜的故事流传很广,不少文献均有记戴,这当是尧族与舜族世通婚姻的写照。"二女",长曰娥皇,次曰女英。〔15〕"观其德于二女",谓观察舜对自己女儿的态度,考察其品德之高下。〔16〕"饬",饬令,告诫。"下",此指下放。"妫汭",音guī ruì,旧说在今山西省永济县境,不足据。相传舜住在妫地妫水旁,舜的后代因而姓妫。而虞地在今河南东部虞城一带,作为舜的后代妫满所封陈国,在虞城西南,则妫水亦当在今河南东部。"汭",河水相入处。〔17〕"慎",慎重。"和",调和。"五典",五教:父义、母慈、兄友、弟恭、子孝。〔18〕"宾",宾迎,以礼相接。"四门",四方之门。〔19〕"穆穆",恭敬有礼。〔20〕

"女",通"汝",你。"绩",成功。此言你考虑问题进言可以建立功业。〔21〕"让",谦让,辞让。"怿",音yì,快乐。"不怿",不安乐。〔22〕"正月",一年的首月。正,音zhēng。"上日",上旬吉日。〔23〕"受终",此指继位受权。"文祖",先祖,周人习语。此指文祖之庙。古人凡遇国之大事(如继位、出征等)必于祖庙内举行仪式,以求祖宗神灵准许和保祐。尧禅位于舜亦需求得先祖的认可和保祐。〔24〕"大祖",即太祖。

【译文】尧说:"唉! 各位首领,我在位已七十年了,你们哪一位能按天命行事,接替我的职位?"首领们答道:"我们的德行卑下,会玷辱帝位的。"尧说:"(只要是真正贤能的人,)无论是达官贵人,至亲至友,还是被疏远和隐居的人,全都要向我举荐。"大家异口同声地对尧说:"在百姓中有位尚未娶妻的人,名叫虞舜。"尧说:"是的,我听说过这个人,他究竟怎样?"首领们说:"他是个盲人的儿子,父亲心地险恶,母亲愚悍奸诈,弟弟骄纵不法,舜能用孝行与他们和睦相亲,使他们的心向善免于邪恶。"尧说:"那么我还是试试看吧!"于是尧把两个女儿嫁给舜,通过他对待妻子的态度来观察他的品德。舜把二妻子安置在妫水入河处,让她们遵守作媳妇的礼节。尧对此十分满意,便让舜负责推行五教,(使百姓)能按五教行事。又让他按五教整饬百官,使百官都能遵章守法。又让他在国门招待各方使者,国门充满了肃穆的气氛,各方诸侯和远道来的宾客都十分钦敬。尧又让舜进入山林川泽,遇到暴风雷雨,舜仍能前进,不迷失方向。尧认为舜是伟大的。召见舜说:"你谋虑周全,说了之后,便可以建立功业,已经过了三年,你登上帝位吧!"舜一再推让,认为自己的德行不足以胜任帝位,心中十分不安。正月初一,舜在文祖庙前受命登位。文祖就是尧的太祖。

于是帝尧老,命舜摄行天子之政,〔1〕以观天命。〔2〕舜乃在璇玑玉衡,〔3〕以齐七政。〔4〕遂类于上帝,〔5〕禋于六宗,〔6〕望于山川,〔7〕辩于群神。〔8〕揖五瑞,〔9〕择吉月日,见四岳诸牧,〔10〕班瑞。〔11〕岁二月,东巡狩,〔12〕至于岱宗,柴,〔13〕望秩于山川。〔14〕遂见东方君长,合时月正日,〔15〕同律度量衡,〔16〕修五礼五玉三帛二生一死为挚,〔17〕如五器,〔18〕卒乃复。〔19〕五月,南巡狩;八月,西巡狩;十一月,北巡狩:皆如初。归,至于祖祢庙,〔20〕用特牛礼。〔21〕五岁一巡狩,群后四朝。〔22〕遍告以言,明试以功,〔23〕车服以庸。〔24〕肇十有二州,〔25〕决川。〔26〕象以典刑,〔27〕流宥五刑,〔28〕鞭作官刑,扑作教刑,〔29〕金作赎刑。〔30〕眚灾过赦;〔31〕怙终贼刑。〔32〕钦哉,钦哉,〔33〕惟刑之静哉!〔34〕

【注释】〔1〕"摄",代理。 〔2〕"以观天命",古人以为君权天授,此谓尧欲禅位于舜,不知是否符合天意,使其代行天子之政,以观天意如何。〔3〕"在",通"察",观察。"璇玑玉衡","璇玑",《尧典》今文本作"旋机"。北斗七星自斗魁顺数,其第二星名天璇,第三星名天玑,故斗魁亦称"璇玑"。第五星在斗柄,名玉衡。"璇玑玉衡",即北斗。一说璇玑指北极,玉衡指北斗,恐不确。古文家误释此为浑天仪,是全错的。浑天仪汉代洛下闳等始创制,自非《尧典》时所有。夏鼐先生有文阐述"璇玑玉衡"非天文仪器,可信从(参见《考古学报》一九八四年第四期《所谓玉璇玑不会是天文仪器》)。〔4〕"齐",整齐。"七政",指日月五星(太阳系的金、水、木、火、土五行星)。 〔5〕"类",通"禷",祭名,以事类祭告天神。 〔6〕"禋",祭名,将牲置于柴上焚烧,借助烟火升腾于天,供神享用。"六宗",一说指天地四时,一说指东西南北天地。 〔7〕"望",望祭,遥祭山川之祭名。 〔8〕"辩",《尧典》作"遍",此谓遍祭群神。 〔9〕"揖",敛。"五瑞",五种玉制礼器,诸侯执以为信符。《周礼·春官·典瑞》称:"公执桓圭,侯执信圭,伯执躬圭,子执谷璧,男执蒲璧。"圭、璧即其所谓"瑞"。 〔10〕"诸牧",各地方的首领。 〔11〕"班",《说文》谓"分瑞玉"。古人以瑞玉为各地方首领地位身份的表征。此谓舜代行天子之政时,除遍祭群神祈求佑助外,还向各部落首领班授瑞玉,以显示自己部落联盟首领的独尊地位。 〔12〕"巡狩",《尧典》作"巡守",天子巡行四方视察地方官吏的职守。 〔13〕"柴",音 chái,烧柴焚燎以祭天神。 〔14〕"秩",秩序。"望秩于山川",谓依次遥祭群山大川。 〔15〕"合时月正日",调和各地的四时、月份,确定历日。 〔16〕"同",统一。"律",乐律。"度",长度。"量",容量。"衡",重量。 〔17〕"五礼",吉礼、凶礼、军礼、宾礼、嘉礼,即祭祀、丧葬、军旅、宾客、婚冠(男子成年)等礼仪。"五玉",珪(用作信质)、璧(用作聘问)、琮(用作兴土功)、璜(用作征召)、璋(用作发兵)五种玉制礼器。"三帛",三种不同色质的丝织品,不同的色

质代表不同的身份地位。"二生",汉代郑玄谓指羔(小羊)与雁,卿执羔,大夫执雁,羔取其不失群类,雁取其候时而行。"一死",汉代马融谓指雉,士所执,取其死不失节。"挚",通"贽",初见面时相赠之礼。以上是司马迁用后世国家的礼制附会为尧、舜时事。然而新石器时代的龙山时期考古确有不少玉制礼器出土,说明这个时期反映等级、贫富的礼制已普遍出现,只是不如后来殷、周那样繁缛罢了。〔18〕"五器",五种玉制礼器。 〔19〕"卒",指礼毕。"复",归还。此谓礼毕五种玉器仍归还原主。〔20〕"祖",先祖。"祢",音 nǐ,先父。 〔21〕"特牛",公牛。用公牛作祭牲是古代最隆重的典礼。〔22〕"后",上古天子诸侯皆称"后"。"群后",指各地诸侯。"群后四朝",舜五年巡狩一次,未巡狩的四年间,各地诸侯先后朝拜天子。 〔23〕"试",检验考察。"功",功绩,功效。 〔24〕"车",指车驾的装饰。"服",指服饰。"庸",功勋。古代车饰和服饰是拥有者身份地位的重要标志,因而也作为帝王赏赐功绩卓著的大臣和战将的荣誉。西周金文有大量这方面赏赐的记载。 〔25〕"肇",启,开创。古称尧时疆域分为冀、兖、青、徐、荆、扬、豫、梁、雍九州。舜以冀州之北广大,分建并州;燕、齐辽远,分燕建幽州,分齐建营州,共为十二州。 〔26〕"决",疏通。"决川",疏通河道。 〔27〕"象",示,古人识字者少,用形象的东西告诫人民,故有"象刑"之称。"典",主,常。 〔28〕"流",流放。"宥",宽宥。"五刑":墨(刺面)、劓(音 yì,割鼻)、剕(音 fèi,断足)、宫(毁坏生殖器)、大辟(死刑)。 〔29〕"扑",古代学校体罚的刑具。 〔30〕"金",古称铜及铜制品为"金",此非指黄金。 〔31〕"眚",音 shěng,过失。 〔32〕"怙",音 hù,仗恃,此言恃恶。"贼",从"则"声,通"则"。"怙终贼刑",谓恃恶到底不思悔改者,则施之刑法。 〔33〕"钦",谨慎,忧惧。 〔34〕"静",《尧典》作"恤",慎重。

【译文】这时,帝尧已经年迈,让舜代行天子之政,以便观察天帝的意愿。舜就观察璇玑玉衡,调整对日月五星的测算。然后又举行禷礼祭祀上天,举行禋礼遥祭上下四方,举行望礼遥祭名山大川,遍祭群神。准备齐全了玉制的五种礼器,选择吉利的月份和时日,召见四方诸侯君长,向他们颁赐玉制的礼器。这年的二月,舜到东方巡察,到达泰山,烧柴祭天,又举行望礼遥祭名山大川。然后又接见东方各诸侯国的君长,(校正历法,)同他们核对季节、月份和时日,统一音律和度、量、衡,制定了五种礼仪,以及五种玉制礼器、三种彩缯、二种活

牲、一种死禽分别作为诸侯、卿大夫、士相见的礼品。朝觐礼毕，五种玉器全都归还各方诸侯。五月，舜到南方巡察；八月，到西方巡察；十一月，到北方巡察。每到一方都像对东方那样，（接见当地的诸侯君长，统一一行政制度。）回来后，到了祖庙父庙，举行最隆重的特牲之礼，（祭祀列祖列宗。）舜每五年巡察天下一次，各地诸侯则每四年朝见一次。向天下宣告自己的政令，察明各地的政绩，根据功绩的大小赏赐车马服饰。舜开始设立十二州，疏导各地的河流。他用图画的方式公布刑法，用流放的办法来减免五刑，用鞭子作为官府的刑罚，学校用扑楚作为处罚，罪犯可以用金钱来赎刑。对因偶然过失犯罪的予以赦免，对怙恶不悛的施以重刑。慎重啊，慎重啊，对于施行刑罚，一定要小心谨慎啊！

讙兜进言共工，尧曰不可而试之工师，[1]共工果淫辟。[2]四岳举鲧治鸿水。[3]尧以为不可，岳强请试之。[4]试之而无功，故百姓不便。三苗在江淮、荆州数为乱。[5]于是舜归而言于帝，请流共工于幽陵，[6]以变北狄；[7]放讙兜于崇山，[8]以变南蛮；[9]迁三苗于三危，[10]以变西戎；[11]殛鲧于羽山，[12]以变东夷：[13]四辠而天下咸服。[14]

【注释】〔1〕"工师"，统领百工制作的官。〔2〕"辟"，通"僻"，邪僻。"淫辟"，放纵作恶。〔3〕"鸿水"，即洪水。〔4〕"强"，强求。〔5〕"三苗"，古部族名，当时分布在今洞庭湖、鄱阳湖一带。"淮"，一说读为"汇"，指鄱阳湖，古称彭蠡。"荆州"，指今湖北荆山以南，南至湖南衡山之阳，以华夏族发展所及之境为界。〔6〕"幽陵"，《尧典》作"幽州"，传说舜时十二州之一，在今河北北部及辽宁西部地区。传说今北京密云为共工流放之地。〔7〕"北狄"，古代中原地区称周围部族为戎、夷、狄，后渐专称北方部族为北狄，西方为戎，东方为夷。〔8〕"崇山"，古崇山有多处，传说此崇山在今湖南大庸西南。〔9〕"南蛮"，古代中原地区对南方部族的称名。〔10〕"三危"，三危山，传说在今甘肃敦煌。〔11〕"西戎"，古代中原地区对西方部族的称名。〔12〕"殛"，音 jí，杀。一说"殛"通"极"，此用作动词，意谓流放。"羽山"，传说在今山东省郯城县东北，一说在山东省蓬莱县东南。〔13〕"东夷"，古代中原地区对东方部族的称名。〔14〕"辠"，古"罪"字。《说文》说秦以"辠"字像"皇"字，改书为"罪"。"四辠"，传说讙兜为浑沌、共工为穷

奇、鲧为梼杌、三苗为饕餮，四者皆古人心目中之极凶恶之野兽。

【译文】讙兜推荐共工，尧说："不行。"便试用他为工师，共工果然放纵作恶。四方诸侯首领举荐鲧来治理洪水，尧认为不行，首领们一再恳请试用鲧，经过试用以后，不见成效，百姓依然深受其苦。三苗部族在长江、淮河、荆州一带一再作乱。这时，舜巡视回来，便向帝尧报告，请求把共工放逐到幽陵，变为北狄；把讙兜放逐到崇山，变为南蛮；把三苗迁徙到三危，变为西戎，把鲧放逐到羽山，变为东夷。惩办了这四个罪犯，天下人都心悦诚服。

尧立七十年得舜，二十年而老，令舜摄行天子之政，荐之于天。尧辟位凡二十八年而崩。[1]百姓悲哀，如丧父母。三年，[2]四方莫举乐，[3]以思尧。尧知子丹朱之不肖，[4]不足授天下，于是乃权授舜。[5]授舜，则天下得其利而丹朱病；[6]授丹朱，则天下病而丹朱得其利。尧曰："终不以天下之病而利一人。"而卒授舜以天下。尧崩，三年之丧毕，舜让辟丹朱于南河之南。[7]诸侯朝觐者不之丹朱而之舜，[8]狱讼者不之丹朱而之舜，讴歌者不讴歌丹朱而讴歌舜。舜曰："天也。"夫而后之中国践天子位焉，是为帝舜。

【注释】〔1〕"辟"，通"避"，"辟位"，让位。传说尧冢在汉城阳县，即今山东省菏泽县，与传说尧族世居地山东定陶县相邻。〔2〕"三年"，为天子和父母守丧三年，是中国起源颇早沿习最久的丧服礼俗。〔3〕"四方莫举乐"，四方皆无奏乐歌舞者，以示对死者的哀思。〔4〕"不肖"，不似，意指子不似父之贤能。〔5〕"权"，权变，变通。〔6〕"病"，原意伤病，此为引申义，困苦，忧患。〔7〕"南河"，古称黄河自潼关东流以后，进入豫境之河道为南河。以在冀州（潼关东黄河以北地区）之南，故名。〔8〕"朝觐"，古称诸侯春天朝拜天子曰"朝"，秋天朝拜天子曰"觐"。"觐"，音 jìn。

【译文】尧登帝位七十年而得到舜，又过了二十年而告老，让舜代行天子的职务，向上天举荐舜。尧让位二十八年后就去世了。百姓很悲哀，如同丧失了亲生父母一样。尧死后的三年中，天下都停止

奏乐,以表示对帝尧的哀思。尧知道儿子丹朱不贤,不能授予他治理天下的责任,于是便破例把帝位传授给了舜。把帝位传授给舜,天下将得到好处,而丹朱一人忧愁;把帝位传授给丹朱,天下都将受苦,而丹朱一人得利。尧说:"总不能让天下人受苦,而仅让一人得利。"尧终于把帝位传授给了舜。帝尧去世,三年的丧期结束后,舜把帝位让给丹朱,自己躲避到南河的南岸。朝见天子的诸侯不到丹朱那里,而去朝拜舜。争讼告状的不到丹朱那里,而却去找舜。赞美人的不讴歌丹朱,而是歌颂舜。舜说:"这是天意吧。"从这以后,舜才来到国中,登上天子之位,这就是帝舜。

虞舜者,[1]名曰重华。重华父曰瞽叟,[2]瞽叟父曰桥牛,[3]桥牛父曰句望,[4]句望父曰敬康,敬康父曰穷蝉,穷蝉父曰帝颛顼,颛顼父曰昌意:以至舜七世矣。自从穷蝉以至帝舜,皆微为庶人。[5]

【注释】〔1〕"虞舜",舜又称有虞氏,因为他是有虞氏部族著名首领。 〔2〕"瞽",音 gǔ,无目之人谓之"瞽"。 〔3〕"桥",音 jiào。 〔4〕"句望",音 gōu wàng。 〔5〕"微",贫贱。"庶人",无官爵之人。

【译文】虞舜,名叫重华。重华的父亲叫瞽叟,瞽叟的父亲叫桥牛,桥牛的父亲叫句望,句望的父亲叫敬康,敬康的父亲叫穷蝉,穷蝉的父亲叫颛顼,颛顼的父亲叫昌意。从昌意到舜已是七代。从穷蝉到帝舜,都是不知名的普通平民。

舜父瞽叟盲,而舜母死,瞽叟更娶妻而生象,象傲。瞽叟爱后妻子,常欲杀舜,舜避逃;及有小过,则受罪。顺事父及后母与弟,日以笃谨,[1]匪有解。[2]

【注释】〔1〕"笃",音 dǔ,忠厚诚实。"谨",谨慎小心。 〔2〕"匪",通"非"。"解",通"懈"。

【译文】舜的父亲瞽叟是个盲人,舜的母亲死后,瞽叟就另外娶妻生了象。象骄纵不法。瞽叟溺爱后妻的儿子,时常盘算杀害舜。舜都设法逃避了。遇到有小过失,便接受处罚。舜恭顺地事奉父亲、后母和弟弟,天天真诚如一,谨小慎微,没有一时一刻松懈怠慢。

舜,冀州之人也。[1]舜耕历山,[2]渔雷泽,[3]陶河滨,[4]作什器于寿丘,[5]就时于负夏。[6]舜父瞽叟顽,母嚚,弟象傲,皆欲杀舜。舜顺适不失子道,兄弟孝慈。欲杀,不可得;即求,尝在侧。

【注释】〔1〕"冀州",古九州之一,约包括今河南、山西间黄河以北和山东西北、河北东南部等地区。 〔2〕"历山",舜耕之历山传说有数地,主要的有河东说和濮州说两种。前者指今山西南部之中条山,后者指今河南濮阳县至山东西部地区。传说在今山西永济县及山东历城县皆有历山和舜井。观下文雷泽、河滨、寿丘、负夏皆在濮州一带,加以舜为东夷人之说,当以濮州说为可信。此外传有舜井之地广及四方,殆为舜部族发明了先进的掘井技术,各地争相仿用,故均称"舜井"。 〔3〕"雷泽",《汉书·地理志》(济阴郡成阳)、《水经·瓠子水注》并言成阳、濮阳间有雷泽,《水经注》明言舜渔处。〔4〕"陶",制作陶器。"河",黄河。"滨",水边。〔5〕"什",杂。"什器",指各种日常生活用器。"寿丘",在今山东曲阜县东。 〔6〕"就时于负夏",《孟子》作"迁于负夏"。《尚书大传》曰:"贩于顿丘,就时负夏。""负夏",又作"负瑕",在今山东曲阜县西。

【译文】舜是冀州人,曾经在历山种过田,在雷泽捕过鱼,在黄河边上烧制过陶器,在寿丘制作过各种生产工具和生活用具,在负夏做过生意。舜的父亲瞽叟心地险恶,母亲愚悍奸诈,弟弟象骄纵不法,都想杀害舜。舜仍然恭顺,不失为子之道,待弟弟亲爱友善。父母兄弟想杀他,却总也无法实现。如果有事找他,却常常在身边。

舜年二十以孝闻。三十而帝尧问可用者,[1]四岳咸荐虞舜,曰可。于是尧乃以二女妻舜以观其内,[2]使九男与处以观其外。[3]舜居妫汭,内行弥谨。[4]尧二女不敢以贵骄事舜亲戚,甚有妇道。尧九男皆益笃。[5]舜耕历山,历山之人皆让畔;[6]渔雷泽,雷泽上人皆让居;陶河滨,河滨器皆不苦窳。[7]一年而所居成聚,[8]二年成邑,[9]三年成都。[10]尧乃赐舜絺衣,[11]与琴,为筑仓廪,予牛羊。瞽叟尚复欲杀之,使舜上涂廪,瞽叟从下纵火焚廪。舜乃以两笠自扞而下,去,得不死。后瞽叟又使舜穿井,舜穿井为匿空旁出。〔12〕舜既入深,瞽叟与象共下土实井,舜从匿空出,去。瞽叟、象喜,以舜为已死。象曰:"本谋者象。"象与其父母分,于是曰:"舜妻尧二女,与琴,象取之。牛羊仓廪予父母。"象乃止舜宫居,鼓其琴。舜往见之。象鄂不怿,〔13〕曰:"我思舜正郁陶!"〔14〕舜曰:"然,尔其庶矣!"舜复事瞽叟爱弟弥谨。于是尧乃试舜五典百官,皆治。

【注释】〔1〕"可用者",可用为天子者。〔2〕"观其内",观察他对家内关系的态度和处理事情的能力。〔3〕"九男",九个儿子。"观其外",观察舜对家外关系的态度和处理事情的能力。〔4〕"内行",指在族内家内的操行。"弥",更加,愈益。〔5〕"益",更加。"笃",淳朴厚道。〔6〕"畔",田界。"让畔",据《韩非子·难一》记载,历山农人为抢占耕田相争,舜在历山耕田一年后,历山农人皆相互谦让,不再为占田而相争夺。〔7〕"河滨器皆不苦窳",《韩非子·难一》载"东夷之陶者,器苦窳,舜往陶焉,期年而器牢。"苦",愁苦,苦恼。"窳",音yǔ,器物粗劣。《韩非子》既称"东夷之陶者",本句之"河滨"显然是指河南与山东交界一带之黄河之滨,非如旧说指河东(今山西)之黄河之滨。〔8〕"聚",村落。〔9〕"邑",城邑。近年在河南淮阳平粮台,发现了四千年前的古城遗址,城墙、城门、地下排水陶管遗迹均清晰可辨。舜时筑邑应属可信。〔10〕"都",部落联盟首领所在之大城。〔11〕"绤",音chī,细葛布。为当时的上等衣料。〔12〕"匿",藏匿。"空",空洞。"舜穿井为匿空旁出",舜知将受害,在掘井时预先在井壁挖一空洞藏身,并从旁侧逃出。〔13〕"鄂",通"愕",惊愕。〔14〕"郁陶",忧伤愁闷。

【译文】舜二十岁时,因为孝顺闻名于世。三十岁时,帝尧询问可以重用的人,四方诸侯首领全都推荐虞舜,说他可用。于是帝尧便把两个女儿嫁给他,观察他怎样治家。又让九个儿子与他相处,观察他在外怎样待人接物。舜居住在妫汭之滨,在家中愈益谨慎,尧的两个女儿也不敢因为出身高贵,而以傲慢的态度对待舜的亲戚,非常懂得作媳妇的规矩。尧的九个儿子更加纯朴厚道。舜在历山种田,历山地区的人在划分田界时,都懂得互相谦让;在雷泽捕鱼时,雷泽一带的人都谦让自己的居处;在黄河边制作陶器时,黄河边出产的陶器全没有粗制滥造的。他住过一年的地方,便形成了村

落,住过二年的地方,便形成了城镇,住过三年的地方,便形成了都市。于是尧便赏赐舜细葛布做的衣服,赠给琴,为他建筑容纳粮食的仓廪,送给他牛羊。瞽叟又想杀死舜。指使舜登到仓廪上面去涂泥,然后从下面放火焚烧仓廪。舜就用两个斗笠护住身体跳下仓廪逃走,得免于死。后来瞽叟又指使舜去挖井。舜挖井时,在井壁挖了一个通向外面的隐蔽通道,舜下到井的深处,瞽叟同象一起往井下填土,把井填实。舜从隐蔽的通道出来,逃走了。瞽叟和象非常高兴,以为舜已经死去,象说:"这主意原是我出的。"象同父母一起瓜分舜的遗产,这时他说:"舜的两个妻子,也就是尧的女儿,与那把瑶琴,我收取了。牛羊和仓廪给父母。"象就跑到舜的居室住下来,弹着舜的琴。舜去见象。象愕然不快,说:"我思念你,正难过伤心呢!"舜说:"是这样,(对于兄弟友悌情谊,)你还真差不多呢!"舜事奉瞽叟,爱护弟弟,更加勤谨。于是尧便试着让舜掌管五种礼教,担任各种官职,舜都做得很出色。

昔高阳氏有才子八人,〔1〕世得其利,谓之"八恺"。〔2〕高辛氏有才子八人,〔3〕世谓之"八元"。〔4〕此十六族者,世济其美,不陨其名。至于尧,尧未能举。〔5〕舜举八恺,使主后土,〔6〕以揆百事,〔7〕莫不时序。举八元,使布五教于四方,父义,母慈,兄友,弟恭,子孝,内平外成。〔8〕

【注释】〔1〕"昔高阳氏有才子八人",实为高阳部族的八个支族。此八族皆无可考。〔2〕"恺",音kǎi,和乐。"八恺",《左传》文公十八年称高阳氏才子八人"齐(中正)、圣(通达)、广(宽宏)、渊(深远)、明(明智)、允(信守)、笃(厚道)、诚(诚实)",则"八恺"是对高阳氏才子八人的美誉。〔3〕"昔高辛氏有才子八人",实为高辛部族的八个支族。《左传》文公十八年载高辛氏才子八人为伯奋、仲堪、叔献、季仲、伯虎、仲熊、叔豹、季狸。此八族亦无可考。〔4〕"元",善之长。"八元",《左传》文公十八年称高辛氏才子八人"忠(忠诚)、肃(恭敬)、共(勤谨)、懿(端美)、宣(周密)、慈(慈祥)、惠(仁爱)、和(宽和)",则"八元"是对高辛氏才子八人的美誉。〔5〕"举",举用。〔6〕"后",君。"后土",掌管土地,即指掌管农业生产。〔7〕"揆",管理。〔8〕"内",指族内。"平",平和安定。"外",族外。"成",和睦。

【译文】从前，高阳氏有八个很有才干的儿子，天下人都受到他们的恩惠，称他们为"八恺"。高辛氏也有八个很有才干的儿子，世人称他们为"八元"。这十六支宗族，世世代代都能增益他们的美德，从未毁损过他们先人的声誉。到了尧时，尧没有任用他们的首领。舜任用了"八恺"的后人，指派他们负责管理农业生产，总揽各项事务，所有事情都处理得非常及时，井然有序。还任用了"八元"的后人，指派他们到四方传布五教，于是，父亲威严、母亲慈爱、哥哥友善、弟弟恭敬、儿子孝顺，国内太平，域外向化。

昔帝鸿氏有不才子，[1]掩义隐贼，好行凶慝，[2]天下谓之浑沌。[3]少皞氏有不才子，[4]毁信恶忠，崇饰恶言，天下谓之穷奇。[5]颛顼氏有不才子，不可教训，不知话言，天下谓之梼杌。[6]此三族世忧之。至于尧，尧未能去。缙云氏有不才子，[7]贪于饮食，冒于货贿，天下谓之饕餮。[8]天下恶之，比之三凶。舜宾于四门，[9]乃流四凶族，迁于四裔，[10]以御螭魅，[11]于是四门辟，[12]言毋凶人也。[13]

【注释】〔1〕"帝鸿氏"，传说时代古部族名。〔2〕"慝"，音 tè，邪恶。〔3〕"浑沌"，《左传》文公十八年作"浑敦"，传说中恶兽名。〔4〕"少皞氏"，传说时代著名的东夷部族名，西汉末《世经》始称其为金天氏。世传其居今山东曲阜一带。"皞"，古籍又作"少昊"。皞，音 hào。〔5〕"穷奇"，传说中恶兽名。〔6〕"梼杌"，音 táo wù，传说中恶兽名。〔7〕"缙云氏"，传说时代部族名。〔8〕"饕餮"，音 tāo tiè，传说中贪婪残忍的凶兽名。〔9〕"宾于四门"，于四门敬迎友好来宾。〔10〕"四裔"，四方偏远荒凉之地。〔11〕"御"，抵御。"螭魅"，音 chī mèi，传说中山林里害人的妖怪。〔12〕"辟"，开启。〔13〕"毋"，通"无"。

【译文】从前，帝鸿氏有不成器的儿子，不行仁义，阴毒残忍，专好行凶作恶，天下人称他为"浑沌"。少皞氏也有不成器的儿子，专门诽谤诚实的人，憎恶忠直的人，推崇和粉饰邪恶的言论，天下人称他为"穷奇"。颛顼氏也有不成器的儿子，不接受任何教育，不懂得好话坏话，天下人称他为"梼杌"。这三个部族，使世人感到忧虑。到尧时，也没有除

掉他们。缙云氏有不成器的儿子，贪吃贪喝，谋取财物，天下人称他为"饕餮"。世人没有不憎恶他的，把他与浑沌、穷奇、梼杌这三个凶恶的人并列。舜在国都四门接待宾客时，流放了这四个凶恶的家族，把他们迁徙到四方最偏远的地方，让他们去抵御妖魔鬼怪。于是国都四门大开，都说没有凶恶的人了。

舜入于大麓，[1]烈风雷雨不迷，尧乃知舜之足授天下。尧老，使舜摄行天子政，巡狩。舜得举用事二十年，而尧使摄政。摄政八年而尧崩。三年丧毕，让丹朱，天下归舜。而禹、[2]皋陶、[3]契、[4]后稷、[5]伯夷、[6]夔、[7]龙、[8]倕、[9]益、[10]彭祖自尧时而皆举用，[11]未有分职。[12]于是舜乃至于文祖，谋于四岳，辟四门，明通四方耳目，命十二牧论帝德，[13]行厚德，远佞人，[14]则蛮夷率服。[15]舜谓四岳曰："有能奋庸美尧之事者，[16]使居官相事？"皆曰："伯禹为司空，[17]可美帝功。"舜曰："嗟，然！禹，汝平水土，维是勉哉！"禹拜稽首，[18]让于稷、契与皋陶。舜曰："然，往矣。"舜曰："弃，黎民始饥，[19]汝后稷播时百谷。"[20]舜曰："契，百姓不亲，五品不驯，[21]汝为司徒，[22]而敬敷五教，[23]在宽。"[24]舜曰："皋陶，蛮夷猾夏，[25]寇贼奸轨，[26]汝作士，[27]五刑有服，五服三就；[28]五流有度，[29]五度三居：[30]维明能信。"[31]舜曰："谁能驯予工？"[32]皆曰垂可。于是以垂为共工。[33]舜曰："谁能驯予上下草木鸟兽？"[34]皆曰益可。于是以益为朕虞。[35]益拜稽首，让于诸臣朱虎、熊罴。[36]舜曰："往矣，汝谐。"[37]遂以朱虎、熊罴为佐。舜曰："嗟！四岳，有能典朕三礼？"[38]皆曰伯夷可。舜曰："嗟！伯夷，以汝为秩宗，[39]夙夜维敬，直哉维静絜。"[40]伯夷让夔、龙。舜曰："然。以夔为典乐，教稚子，[41]直而温，宽而栗，[42]刚而毋虐，简而毋傲；[43]诗言意，歌长言，声依永，律和声，八音能谐，毋相夺伦，[44]神人以和。"夔曰："於！予击石拊石，[45]百兽率舞。"舜曰："龙，朕畏忌谗说殄伪，[46]振惊朕众，命汝为纳言，[47]夙夜出入朕命，惟信。"[48]舜曰：

"嗟！女二十有二人，[49]敬哉，惟时相天事。"三岁一考功，三考绌陟，[50]远近众功咸兴。分北三苗。[51]

【注释】 [1]"麓"，高山下之大林。[2] "禹"，姒姓，传说时代夏后氏族首领。较早的传说中，禹为敷布土地的天神。《国语·周语》则说他因治水之功，上帝赐以姒姓，亦称有夏氏。这实际反映了禹是古代有夏氏部族神化了的首领。《天问》神话中禹是从鲧腹中出来的，因而文籍中鲧、禹为父子。传说中禹治洪水，敷土地，甸山川，划九州。儒、墨两家把禹和尧、舜推崇为最伟大的实行禅让的三个圣王，称誉禹治水之功。[3]"皋陶"，音 gāo yáo，传说时代偃姓部族首领。相传为舜掌刑狱之官，其后裔为春秋时期的英、六诸国，地在今安徽六安县一带。掌狱之说未必可信，然而同虞舜部族有部落联盟关系则极为可能。[4]"契"，传说为商人始祖帝喾的儿子，曾助禹治水有功，赐姓子氏，任为司徒，封于商，地在今河南东南。[5]"后稷"，传说时代姬姓部族的先祖，名弃，传说为舜掌农事之官。[6]"伯夷"，传说舜时主礼之官。[7]"夔"，音 kuí，传说舜时主乐之官。[8]"龙"，传说舜时主进谏之官。[9]"倕"，音 chuí，传说舜时主工之官。[10]"益"，即伯益，又作"伯翳"，嬴姓族先祖，传说为舜时掌管山林之官，曾助禹治水有功。相传战国时的秦、赵为其后裔。[11]"彭祖"，传说为颛顼之玄孙陆终氏的第三子，尧时封于彭城，即今江苏徐州境。[12]"自尧时而皆举用，未有分职"，用后世国家的职官给尧、舜时的部族首领分职，显然是不符合当时的氏族社会的历史事实的。虽然如此，我们从这些传说中看出，当时的社会已进入了一个更高级的历史阶段。即由部族间单纯的生存斗争关系转为既有部分生存斗争关系，更有相互联合、相互融汇的关系。大禹治水有多个部族首领协助，这是关于他们相互联合的传说。而这一部族善农（如后稷），那一部族善工（如倕），则是反映他们相互融汇、相互取长补短的传说。当时的社会进入了部落之间大联盟的历史时期。经过尧、舜、禹相互禅让联盟首领的阶段以后，终于走上了传说中的世袭王朝（夏王朝）的新时期。[13]"十二牧"，古称地方长官为"牧"，此"十二牧"泛指群臣诸侯。[14]"佞人"，巧言媚上的人。[15]"蛮夷"，泛指中原以外的少数部族。[16]"奋"，振奋、发扬。"庸"，功绩。[17]"司空"，西周金文作"司工"，掌管土木工程的官名。[18]"拜"，古代男子所行跪拜礼。礼时，双膝跪地，两手拱合，俯首至手与心平，而不至地。"稽首"，九拜礼中最恭敬者，即行跪拜礼时，叩头至地。[19]"黎民"，众民。"黎"，通"黧"，黑色。《韩非子·外储》："手足胼胝，面目黧黑，劳有功者也。"农耕劳作之人，久经日晒，面目黧黑，故呼劳作之民众为"黧（黎）民"。[20]"时"，通"莳"，栽种。[21]"五品"，指君臣、父子、夫妇、长幼、朋友之间的品德。"驯"，通"顺"。[22]"司徒"，西周金文多作"司土"，掌管土地和民众之官。[23]"敷"，布，施。"五教"，五品之教。[24]"宽"，宽缓，宽容。"在宽"，谓用宽缓手段实现教化的目的。[25]"猾"，音 huá，侵扰。"夏"，华夏，古代中原部族自称"华"或"夏"，后又称"华夏"。[26]"寇"，抢掠。"贼"，杀人。"奸"，内乱。"轨"，通"宄"，外患。[27]"士"，掌管刑狱之官。[28]"就"，就刑之处。"三就"，古所谓大刑就于原野，次刑就于朝市，同族就于甸师氏。[29]"五流"，刑有五种，故减刑亦有五种，用流放的方式来减五刑，故有五流。"度"，《尧典》古文本作"宅"，居处。[30]"三居"，指四裔之外，九州之外，中国之外。[31]"维"，通"唯"。"明"，判罚分明。"信"，使人信服。[32]"驯"，通"顺"，理顺。"工"，制作工匠之事。[33]"共工"，官名，总理百工。[34]"上"，指山陵。"下"，指原隰。[35]"虞"，官名，掌管山泽渔猎。[36]"朱虎、熊罴"，二臣名。[37]"谐"，和谐。此义为适合。[38]"典"，主管。"三礼"祭祀天神、地祇、人鬼之礼。[39]"秩宗"，官名，掌管礼仪。[40]"絜"，通"洁"。"静絜"，谓心地纯净虔诚。[41]"稚子"，幼子，此指贵族子弟。[42]"栗"，战栗。此义为警惧。[43]"简"，简约。[44]"伦"，条理顺序。[45]"石"，石磬等石制乐器。"拊"，轻击。[46]"殄"，音 tiǎn，绝灭。"伪"，欺诈。[47]"纳言"，负责采纳良言之官。[48]"信"，诚信。[49]"女"，通"汝"，你、你们。"二十有二人"，清崔适谓禹、皋陶、契、后稷、伯夷、夔、龙、倕、益、彭祖及十二牧，共二十二人。[50]"绌"，通"黜"，贬。"陟"，升。"绌陟"，指据官员政绩的优劣，或升迁或罢黜。[51]"北"，通"背"，背离。"分北三苗"，传说三苗流放后，继续作恶，此谓再进一步将其分离，从而做到分而治之。

【译文】 舜进入高山下的深林，遇到暴风雷雨而不迷失方向，尧由此知道舜是足以托付天下的。尧告老时，让舜代理天子的政事，巡视天下。舜被举用做了二十年的工作，尧便让他代理政事。代理政事八年而尧去世。三年服丧结束后，舜让位给丹朱，天下人却都归向舜。禹、皋陶、契、后稷、伯夷、夔、龙、倕、益、彭祖这些人，尧在世时就都得到了任用，只是没有封邑和任命适当的官职。于是舜来到文祖庙，同四方诸侯首领们商议，大开四面国门，畅通言路，命令十二个地域长官评议天子的品德，(他们认为)广施恩德，疏远诸佞之人，那么，偏远的部族都会前来归顺。舜对四方诸侯首领说："哪一位能奋力做出成绩，发扬光大帝尧的功业，我将任命他官职，辅佐我治理天下？"首领们都说："伯禹出任司空，可以发扬光大帝尧的功业。"舜对禹说："嗯，对！禹，你来平定水土，你可要努力做好这件事啊！"禹跪拜叩头，要推让给稷、契和皋陶。舜说："虽说如此，还是你去吧！"舜说："弃！百姓开始闹饥荒了，你掌管农事，负责种植各种谷物。"舜说："契！老百姓之间不相亲睦，君臣、父子、夫妇、长幼、朋友五者相处，应有的道德得不到信守，你来担任司徒，细心地推行五教，宽厚待人。"舜说："皋陶，野蛮的边民经常到中原来进行骚扰，内外贼寇猖獗，现在任命你担任士，触犯了五刑的要执法，五刑分别在市、朝、野三处执行。五种流放之刑各有居处，五种流放地分别在三个范围之外，只有刑法严明才能取信于民。"舜说："谁能管理好我的各种工匠？"大家都说："倕可以胜任。"于是任命倕为共工。舜又说道："谁能管理好各地的山林原野、草木鸟兽？"大家都说："益可以胜任。"于是任命益为(主管山林原野)的虞官。益跪拜叩头，想推让给大臣朱虎、熊罴。舜说："还是你去吧，你很适合。"便派朱虎、熊罴为辅佐。舜说道："喂，诸侯首领们，谁适合为我主持三大祭典？"大家都说："伯夷可以。"舜说："喂，伯夷，任命你担任秩宗，每天从早到晚，都要恭谨，内心要安静、洁白、公正无私！"伯夷要推让给夔、龙。舜说："好吧，任命夔掌管音乐，教育少年。要正直而温和，宽宏而谨慎，刚强而不暴虐，办事干练而不傲慢失礼。诗是表达思想的，歌能加长诗的音节，声调要依据歌咏，音律要使声调和谐。八种乐器的声音都能和谐，就不会伦理错乱，神灵和世人都将安宁和睦。"夔说："啊！我敲打起石制的乐器，各种兽类都随着我的节拍载歌载舞。"舜说："龙，我最憎恶谗言和暴行，惊扰我的人民，任命你担任纳言，不论早晚负责颁发我的政令，坚守信用。"舜说："啊！你们二十二人，要恭谨啊，每时都要辅佐上天交给我的事业。"舜每三年考核一次大家的政绩，考核三次以后，决定升迁或罢免。因此，无论远近，各项事业都兴盛起来。把三苗部族分别隔离开来。

此二十二人咸成厥功：[1]皋陶为大理，[2]平，民各伏得其实；[3]伯夷主礼，上下咸让；垂主工师，[4]百工致功；益主虞，山泽辟；[5]弃主稷，百谷时茂；契主司徒，百姓亲和；龙主宾客，远人至；十二牧行而九州莫敢辟违；[6]唯禹之功为大，披九山，[7]通九泽，决九河，定九州，各以其职来贡，不失厥宜。方五千里，至于荒服。[8]南抚交阯、北发，[9]西戎、析枝、[10]渠庾、[11]氐、羌、[12]北山戎、[13]发、[14]息慎，[15]东长、鸟夷，[16]四海之内咸戴帝舜之功。于是禹乃兴《九招》之乐，[17]致异物，凤皇来翔。[18]天下明德皆自虞帝始。

【注释】[1]"厥"，其。[2]"大理"，《大戴礼记·五帝德》及本书《夏本纪》均作"皋陶作士"，是"大"实"士"之讹，"理"则应属下。《夏本纪》作"理民"。[3]"伏"，服罪。[4]"工师"，主管工匠之官。[5]"辟"，开辟。[6]"辟"，通"避"，回避、逃避。[7]"披"，劈开。"九山"，泛指天下各大山。下文"九泽"、"九河"亦系泛指。"九"，言其多，并非确实之数。[8]"荒服"，最荒远处。古人将天下分为甸服、侯服、绥服、要服、荒服，依次围绕王畿(都城)每五百里为一服。荒服距王畿最远。[9]"北发"，即北户，传说南方最远处。[10]"析枝"，《五帝德》作"鲜支"，在古河关西，即今甘肃兰州市以西。[11]"渠庾"，又作"渠搜"，亦在河关西。[12]"氐、羌"，居住在今甘肃、青海、四川交界处的古部族。[13]"山戎"，古代北方部族名。[14]"发"，北方古国名。[15]"息慎"，又作"肃慎"，分布在今黑龙江、松花江一带的古部族。[16]"长、鸟夷"，我国东部近海地区古部族名。[17]《九招》，又作《九韶》，相传为舜所制古乐名。[18]"凤皇"，又作"凤凰"，传说中的吉祥鸟。"凤皇来翔"，谓舜时政治开明，天下太平富庶，吉祥鸟也来飞舞庆贺。

【译文】这二十二人都成功地完成了他们的工作。皋陶担任法官，执法公平，实事求是，百姓信服，办案平正允当。伯夷掌管礼仪，上上下下都谦恭礼让。倕统领工师，各种工匠都做出了成绩。益管理山泽，山林湖泽都开发利用起来。弃主管农业，各种谷物都生长得苗壮茂盛。契作司徒，百姓亲密和谐。龙主管接待宾客，远方的部族都来归附。十二个地区的长官出巡，九州百姓没有哪一个敢躲避和违抗的。他们当中惟有禹的功绩最大。他开通九座山脉，疏通了九个湖泊，治理了九条江河；划定了九州的疆界，各州都以当地的特产前来进贡，没有不符合规定的。疆域方圆五千里，伸延到了遥远的不毛之地。南方安抚了交阯、北发，西方安抚了戎、析枝、渠廋、氐、羌，北方安抚了山戎、发、息慎，东方安抚了长夷、鸟夷，四海之内，无不感戴帝舜的功德。于是，禹创作了《九招》乐曲，招来珍奇异物，凤凰飞翔。天下的文明德政都始自虞帝时代。

舜年二十以孝闻，年三十尧举之，年五十摄行天子事，年五十八尧崩，年六十一代尧践帝位。践帝位三十九年，南巡狩，崩于苍梧之野，[1]葬于江南九疑，[2]是为零陵。[3]舜之践帝位，载天子旗，往朝父瞽叟，夔夔唯谨，[4]如子道。封弟象为诸侯。[5]舜子商均亦不肖，[6]舜乃豫荐禹于天。[7]十七年而崩。三年丧毕，禹亦乃让舜子，如舜让尧子。诸侯归之，然后禹践天子位。尧子丹朱，舜子商均，皆有疆土，[8]以奉先祀。服其服，礼乐如之。以客见天子，天子弗臣，示不敢专也。

【注释】[1]"苍梧"，古地名，在今湖南宁远县。[2]"九疑"，山名，又作"九嶷"，在今湖南宁远县境。[3]"零陵"，古地名，在今湖南宁远县境。[4]"夔夔"，恐惧的样子。"夔夔唯谨"，谓舜为天子后见到父亲仍小心翼翼，惟恐侍候不周有失孝道。[5]"封弟象为诸侯"，《孟子·万章》谓象封于有庳。[6]"商均"，相传为女英所生，因封于商故称商均，商即今河南虞城县。[7]"豫"，通"预"，事先。[8]"尧子丹朱，舜子商均，皆有疆土"，《括地志》云尧后封于定州唐县(今河北定县北之唐县)，舜后封于宋州虞城县(今河南虞城县)。

【译文】舜二十岁时即以孝顺闻名，三十岁时尧举用了他，五十岁代理天子政务，五十八岁时尧去世，六十一岁时继承尧登上帝位。登上帝位三十九年，到南方巡视，死在苍梧的乡间。安葬在长江南面的九嶷山，这就是零陵。舜登上帝位，车子上竖立着天子的旗帜，去朝见父亲瞽叟，态度和悦恭谨，保持着做儿子的规矩。封弟弟象为诸侯。舜的

儿子商均也是个不成器的人，舜在自己死前就把禹推荐给天帝。过了十七年，舜去世了。服丧三年后，禹也把帝位让给舜的儿子，就像舜让尧的儿子继承帝位一样。然而诸侯全都归顺禹，后来禹才登上帝位。尧的儿子丹朱、舜的儿子商均，都有自己的封地，用来供奉自己的祖先。他们的服饰都保持着本部族的传统，礼乐制度也照旧。他们以宾客的身份进见天子，天子也不把他们当臣下看待，表示不敢独自占有天下。

自黄帝至舜、禹，皆同姓而异其国号，[1]以章明德。[2]故黄帝为有熊，帝颛顼为高阳，帝喾为高辛，帝尧为陶唐，帝舜为有虞。帝禹为夏后而别氏，姓姒氏。契为商，姓子氏。弃为周，姓姬氏。

【注释】[1]"自黄帝至舜、禹，皆同姓而异其国号"，我国古代(秦以前)"女子称姓，男子称氏"，"氏"表示地位的高低贵贱和所任职官或封地，"姓"则表示出生的血缘族属以别婚姻(古人同姓不相婚配)。远古由母系氏族社会发展而来，故"姓"皆从母系。本篇所述自"黄帝至舜、禹"的历史，相当于考古学的新石器时代的后期，我国称为龙山时期，属于父系氏族社会时期。考古类型学的研究告诉我们，前述各部族所生息的地区的考古文化内涵之间，有着明显的差异，他们不会都源于同一个母系血缘集团，因而也不可能都是同一"姓"的部族集团。迄今为止，这个时期的历史没有直接文字可资稽考，只有口耳相传的传说。而这些传说又难免被人们添改和删节。司马迁撰写这篇《五帝本纪》所依据的材料，主要是战国时期遗留的文献，而战国时人出于当时政治斗争的需要，往往恣意篡改历史为其所用。因此，从黄帝至舜、禹这些源自不同母系的部族便都成了同"姓"者。古人重"姓"以别婚，本是我们探索他们不同血缘族属的重要依据，但是经过人为地篡改以后，使我们在使用这些"姓"源材料时，不得不先详加考证，以去伪存真。[2]"章"，通"彰"，显扬。

【译文】从黄帝到舜、禹，都是同姓，只是国号不同，以此来显示各人的美德。所以黄帝号有熊，帝颛顼号高阳，帝喾号高辛，帝尧号陶唐，帝舜号有虞。帝禹称夏后，用不同的氏来区别，姓姒氏。契是商的祖先，姓子氏。弃是周的祖先，姓姬氏。

太史公曰:〔1〕学者多称五帝,尚矣。〔2〕然《尚书》独载尧以来;〔3〕而百家言黄帝,其文不雅驯,〔4〕荐绅先生难言之。〔5〕孔子所传《宰予问五帝德》及《帝系姓》,〔6〕儒者或不传。余尝西至空桐,北过涿鹿,东渐于海,南浮江淮矣,至长老皆各往往称黄帝、尧、舜之处,风教固殊焉,总之不离古文者近是。予观《春秋》、《国语》,其发明《五帝德》、《帝系姓》章矣,顾弟弗深考,其所表见皆不虚。《书》缺有间矣,其轶乃时时见于他说。〔7〕非好学深思,心知其意,固难为浅见寡闻道也。余并论次,择其言尤雅者,故著为本纪书首。

【注释】〔1〕"太史公",司马迁的父亲司马谈任职太史令,司马谈去世后司马迁继任。汉时太史令又称太史公,故此处司马迁自称太史公。按太史令系秦、汉所设,源自西周、春秋时的太史一官。太史本来掌管起草文书,策命诸侯卿大夫,记载史事,编写史书,兼管国家典籍、天文历法、祭祀等。秦、汉以后太史令地位渐低。司马迁任太史令即主要掌管天文历法和修史。〔2〕"尚",上,久远。〔3〕"《尚书》",又称《书》、《书经》,我国现存最早的上古残存文献汇编。其中包括商、周若干重要历史文献和后代追述古代事迹的著作。西汉初存二十八篇,后世称为《今文尚书》。相传汉武帝时孔子住宅壁中发现用古文书写的《尚书》,后世称之为《古文尚书》。另有东晋梅赜献的《尚书》,后人称为《伪古文尚书》。〔4〕"雅",典雅。"驯",通"训",法则。"其文不雅驯",指诸家述说黄帝事迹的文字,不规范,难以信据。〔5〕"荐绅",即"搢

绅",谓插笏于带。这是古时官吏的装束,故用来代指做官有地位的人。〔6〕"孔子",春秋末鲁国人,名丘,字仲尼,其先祖为宋国贵族。自孔子开始,私人授徒讲学,传说有弟子三千人,是开创儒家学派的宗师。"《宰予问五帝德》",保存在《大戴礼记》中。"《帝系姓》",写成于战国末,原收在《世本》中,也保存在《大戴礼记》中(称《帝系》),是华夏族形成后大一统要求下的产物,把所有各种神话人物和古代各族祖先神灵,都变为历史人物,编成一个统一的以黄帝为始祖的具有血缘关系的古史世系。《五帝德》、《帝系》两篇,汉代儒者以其非正经,多不传习,但是却和另一篇儒家所编的《尧典》都是司马迁写这篇《本纪》的依据。〔7〕"轶",散失。"他说",其他各种著述。

【译文】太史公说:学者很多人都讨论五帝。但他们距离我们太遥远了。《尚书》只记载尧以来的事迹,各家述说黄帝事迹的文字都不典雅,有学问的人也难以说明白。孔子所传授的《宰予问五帝德》和《帝系姓》,有的儒生也不传习。我曾往西到达空桐山,往北经过涿鹿,往东到达海边,往南渡过长江、淮河。所到之处,长老们常常谈论到黄帝、尧、舜,风俗教化实在是迥然不同。总而言之,以不悖于古文记载的那些说法较为可信。我读《春秋》、《国语》,觉得能阐明《五帝德》、《帝系姓》的地方还是很清楚的,只是没有进行深入考证研究,其实,它们的看法都不虚妄。《尚书》残缺脱落已有很长时间了,散佚的部分,时常在别的著作中见到。不是好学深思,心领神会,是很难就此与浅见寡闻的人讨论的。我综合了各家的著述,进行研究编排,选择文辞最为典雅可信的,写成这篇本纪,做为本书的第一篇。

史记卷二

夏本纪第二

夏禹,[1]名曰文命。[2]禹之父曰鲧,[3]鲧之父曰帝颛顼,[4]颛顼之父曰昌意,[5]昌意之父曰黄帝。禹者,黄帝之玄孙而帝颛顼之孙也。禹之曾大父昌意及父鲧皆不得在帝位,为人臣。

【注释】[1]"夏禹",此处记载禹为夏代第一位君主,故称为夏禹。按古代神话中说禹是上帝派到下界来铺设土地的神,故称神禹。说土地上的山川都是他奠定的,故被奉为土地之神——社神。古代又有洪水的传说,神话结合到传说里,禹就成了治理洪水、疏导山川、划分九州的大圣人,故称大禹。而禹在古代的部族里,被西边的羌戎族奉为宗神(宗祖神),故称戎禹。羌戎族中有一支发展了高度的文化,居地在崇山,故称崇禹,其族称为夏,禹就成为夏族的宗神。又有以四岳为宗神的姜氏之戎,即羌戎的另一支,文化也较发达,加入了夏的部落联盟。还有奉其他一些神的氏族也属这一联盟。经过各族融合,这一联盟继续扩大并以华夏为其有名的族名后,宗神又上推到黄帝,姜氏之戎也上推其宗神为炎帝。华夏族的黄帝成为诸神共祖,而各族宗神实际即是各氏族祖先。古代部落中特别杰出的首领往往以宗神的化身出现,而且往往袭用其名,所以华夏族的部落联盟中,曾有过杰出的首领黄帝、鲧、禹等。同盟部落中有炎帝,后来由东方融合来的又有颛顼、帝喾、尧、舜、皋陶等。有关他们先神的神话和其本人的传说完全净化为历史后,便被司马迁采录入本篇,禹被称为伯禹,禹就成了奉舜命治水成功,继舜为天子的夏代第一位君主夏后("后"与"君"同义)。[2]"文命",古代史料中,赞尧的德行为"放勋",赞舜的德行"重华协于帝",赞禹的德行"文命敷于四海"。《孟子》以放勋称尧,

《离骚》以重华称舜,《史记》皆承用之,故又以文命为禹名。其实它原是史料中赞颂之词而非人名。[3]"鲧",音 gǔn。传说中禹的父亲。据《楚辞·天问》,天地开辟之后最早的神是鲧和禹。鲧原是夏部落联盟中姜姓族宗神,转为全部落共奉之宗神,于是由姜姓族祖先,成为夏部落杰出首领的名字。鲧居地在崇(山西襄汾、翼城、曲沃之间的崇山),称崇伯。传说中成为禹父,当由于同是夏族的宗神而鲧在禹前之故,神话中遂有鲧被殛死后,从他腹中剖出了禹的传说。[4]"颛顼",音 zhuān xū。据《国语·楚语》,颛顼继东方鸟夷族少皞氏之后主政,可知原亦是东方某一部落的宗神,演而为该部落的首领名。后因民族融合成华夏族后,便被编排入黄帝亲系中,成为黄帝之孙,禹之祖。[5]"昌意",据《世本》及《大戴记》,黄帝后裔分玄嚣、昌意二系。玄嚣传至帝喾,产尧、契(商祖)、稷(周祖)、挚等。昌意传至颛顼,产鲧、禹,另有裔孙舜、重黎、吴回(楚祖)等。据《山海经》则黄帝之后裔分为五系,昌意为最大的一系,其孙颛顼之孙有祝融、重、黎、苗氏及其他多族(禹则另属骆明一系)。可知在纷歧的神话中,昌意原亦古代重要的一族宗神,而且起了联系西方黄帝族与东方颛顼族的作用,但关于他的资料特少,缺乏传说事迹。

【译文】夏禹,名叫文命。他的父亲叫鲧,鲧的父亲叫帝颛顼,颛顼的父亲叫昌意,昌意的父亲叫黄帝。禹就是黄帝的玄孙和颛顼的孙子。只有禹的曾祖父昌意和父亲鲧都不曾登过帝位,而是做臣子。

当帝尧之时,鸿水滔天,[1]浩浩怀山襄陵,[2]下民其忧。尧求能治水者,群臣、四岳皆曰鲧可。[3]尧曰:"鲧为人负命毁族,[4]

不可。”四岳曰：“等之未有贤于鲧者，[5]愿帝试之。”于是尧听四岳，用鲧治水。九年而水不息，功用不成。于是帝尧乃求人，更得舜。舜登用，摄行天子之政，[6]巡狩，[7]行视鲧之治水无状，[8]乃殛鲧于羽山以死。[9]天下皆以舜之诛为是。于是舜举鲧子禹，而使续鲧之业。

【注释】[1]“鸿”，通“洪”。洪水传说在世界各民族的古代都曾有过，《楚辞·天问》、《尚书·洪范》、《国语·周语》、《墨子·兼爱》中、《孟子·滕文公》上下等，都有我国古代洪水传说及鲧、禹治水的较早资料。《尚书·尧典》叙述洪水之患和派鲧治水失败的故事，并涉及禹治水之事。此处自本句起，直至“功用不成”句，译录《尧典》原文。其下文至“女其往视尔事矣”句，摘录《尧典》大意。[2]“怀山襄陵”，伪《孔传》：“怀”，包。“襄”，上。是说洪水包围了大山，漫溢越过了丘陵。 [3]“四岳”，原是姜戎氏及姜姓族的宗神（见《左传》襄公十四年及《国语·周语》），亦写作大岳（见《左传》隐公十一年、庄公二十二年）。因篆文形近，“四”讹为“大”。采入《尧典》后，注疏家遂就字面译为四方诸侯，或主管四方诸侯的方伯，意为四人，但在多数历史文献中，四岳实为一人之名。 [4]“负命毁族”，《尧典》原文作“方命圯族”，司马迁译用其意。“负命”，违背命令。“毁族”，毁害同族类的人。[5]“等之”，和鲧同等辈的人。“之”为指示代词，指鲧。[6]“摄行”，代理执行。 [7]“巡狩”，《孟子·梁惠王》下云：“天子适诸侯曰巡狩。巡狩者，巡所守也。”《尧典》遂作“巡守”，意为巡行视察诸侯为天子所守的疆土。“狩”，音 shòu。 [8]“无状”，办事不像样子，事情办坏无成绩。[9]“殛”，音 jí，杀。“羽山”，神话说殛鲧于羽山，入于羽渊。神话的地点很难实指，《太平寰宇记》说山东蓬莱有羽山，为殛鲧处。《泊宅编》说登州海中有岛五所，即羽山。《禹贡》徐州有羽山，注疏家及地理书都说在江苏赣榆西南，也说是殛鲧处。但其西南不在海上，宜作东南，当指以云台山为主峰伸入海中的余脉。这些皆可附会于神话，而难实定。

【译文】当帝尧的时候，滔滔的洪水，浩浩荡荡地包围了山岳，漫没了丘陵，老百姓陷在愁苦中。尧急着要找到能治水的人，群臣、四岳都说鲧可以。尧说：“鲧是个违背上命、败坏同族的人，不可用。”四岳：“这一辈人员中没有比鲧更能干的了，希望

陛下试试。”于是尧采纳了四岳的意见，用鲧治水。费了九年功夫，洪水之患没有平息，治水无功。于是帝尧就再设法寻求人才，另外得到了舜。舜被提拔重用，代理执行天子的职务，按时巡行视察各地诸侯所守的疆土。于巡行中发现鲧治水太不像话，就在羽山海边诛杀了鲧。天下的人都认为舜处理得当。这时舜选拔了鲧的儿子禹，任命他继续从事鲧的治水事业。

尧崩，帝舜问四岳曰：“有能成美尧之事者使居官？”皆曰：“伯禹为司空，[1]可成美尧之功。”舜曰：“嗟，然！”命禹：“女平水土，维是勉之。”禹拜稽首，让于契、[2]后稷、[3]皋陶。[4]舜曰：“女其往视尔事矣。”

【注释】[1]“司空”，古官名。在西周金文中作“司工”，为级别次于卿事寮的三事大夫之一（余二者为司徒、司马）。而殷代甲骨文中未见此官。至成于春秋战国时的《周礼》中始列为第一级的六官之末，主要担任管理土木营建、器物制造之责。此处以后代官名编舜禹时故事。 [2]“契”，商代始祖，有天命玄鸟降生的神话。详下《殷本纪》。[3]“后稷”，周代始祖，有其母履上帝的脚印因而怀孕生下的神话。周族托为发展农业的宗神。详下《周本纪》。 [4]“皋陶”，音 gāo yáo，亦作“咎繇”，读音同。实系“阿尧”的谐音。传说中分化成为东方部族的一个宗神而成为历史人名。其“皋”字亦与东方的太皞、少皞的“皞”有关，并由同一姓衍出。（少皞嬴姓，皋陶偃姓，段玉裁谓偃、嬴语之转，皋陶之子伯益复姓嬴。）

【译文】尧崩逝后，帝舜问四岳说：“有能够很好地完成尧的事业、可以担任官职的人吗？”都说：“如果让伯禹做司空，一定能很好地完成尧的勋业。”帝舜说：“啊！就这样吧！”因此就任命禹说：“你去平定水土，要好好地干啊！”禹下拜叩头，推让给契、后稷、皋陶等人。舜说：“还是你去担负起你这一任务吧！”

禹为人敏给克勤；其德不违，其仁可亲，其言可信；声为律，[1]身为度，[2]称以出；[3]亹亹穆穆，[4]为纲为纪。[5]

【注释】[1]“声为律”，其声就是律吕，意谓禹

讲话的声音自然应于音律。"律"最初为定音律的管子，古人用十二个长度不同的竹管吹出十二个确定乐音高低的标准音，遂称为律，故有十二律。其中六个奇数的为阳律，称为"律"；六个偶数的为阴律，称为"吕"；合称"律吕"。有时总称"律"，亦称"六律"，实际是音乐中定调的音。〔2〕"身为度"，以身作为法度。度的本义为计算长度。因有一定规范，故称法度。此句是说禹的动作举止都可成为法度。《史记索隐》说唐时巫师作法时的动作犹称"禹步"，即由传说中的动作有一定法度程式来的。〔3〕"称以出"，《史记集解》云："出"一作"士"，《索隐》并引《大戴礼》作"士"为证。但引又一说以为上文声与身为律度，则权衡亦出其身，故云"称以出"，意谓律、度、量、衡都以禹为标准准出。〔4〕"亹亹"，音 wěi，勤勉不倦。"穆穆"，肃敬。〔5〕"纲"，网的大绳，引申为提挈众务的总纲。"纪"，散乱之丝理之使有统绪。《诗·棫朴》"纲纪四方"《笺》："以网罟喻为政，张之为纲，理之为纪。""为纲为纪"，为天下维系的大纲和治理的统绪。

【译文】禹的为人，办事敏捷而又勤奋，他的品德不违正道，他仁爱之怀人人可亲，他讲的话诚实可信，发出来的声音自然地如同音律，动作举止自然地可为法度，乃至重要规范准则都可从他身上得出。他勤勉肃敬，可作为人所共遵的纲纪。

禹乃遂与益，〔1〕后稷奉帝命，命诸侯百姓兴人徒以傅土，〔2〕行山表木，〔3〕定高山大川。〔4〕禹伤先人父鲧功之不成受诛，乃劳身焦思，居外十三年，〔5〕过家门不敢入。薄衣食，致孝于鬼神。卑宫室，致费于沟淢。〔6〕陆行乘车，水行乘船，泥行乘橇，〔7〕山行乘檋。〔8〕左准绳，〔9〕右规矩，〔10〕载四时，以开九州，〔11〕通九道，陂九泽，度九山。令益予众庶稻，可种卑湿。命后稷予众庶难得之食。食少，调有余相给，以均诸侯。禹乃行相地宜所有以贡，〔12〕及山川之便利。

【注释】〔1〕"益"，即伯益，传说为皋陶之子。〔2〕"傅土"，此据今本《禹贡》，古文本则作"敷土"。"傅"、"敷"通用，其义为"布"。旧注根据神话资料，释为禹布下了大地。然变为史事记载后，一些注疏遂改释"敷"为"分"，说禹划分土地。《史记》加工写成"兴人徒以傅土"句，则是叙禹治水，故《索

隐》释"傅"为"付"，解为"付功属役之事"，意治水中组织人力安排各项土木工程之事。〔3〕"行山表木"，今本《禹贡》作"随山刊木"。"刊"，有两种解释：一为在山林中刊去木皮使其白色多，做行道的高下表识。一为随着山岭的形势，斩木通道，以便治水。《史记》用前一解释，故径译用"行"字、"表"字。按，自此句至"食少，调有余相给"一段，基本据《尚书·皋陶谟》文句写成，重见于下文所引录的《皋陶谟》文中，该处此句又作"行山刊木"。〔4〕"定"，《禹贡》作"奠"，此译用其义。自"傅土"至此句，录自《禹贡》篇首三句。〔5〕"居外十三年"，《河渠书》及《汉书·沟洫志》与此同，《孟子·滕文公》上作八年，《尸子》作十年（《御览》八十二引），《吴越春秋》作七年。此原为故事传说，出现纷歧不足异，不用去考定哪一说正确。〔6〕"淢"，音 xù，同"洫"，田间水道。《集解》引包氏释为："沟广深四尺，淢广深八尺。"是淢大于沟，此实系《考工记·匠人》所载沟洫之制。此处泛指水利沟渠工程，不必拘泥其尺寸。〔7〕"橇"，今音 qiāo。古代行于泥路上的木制乘具，形如船而短小，两头微起，人曲一脚于其上以进。《史记正义》谓唐时杭州、温州海边尚有之。其作用当略如今寒带由狗、鹿等拉行于冰雪上的雪橇。〔8〕"檋"，音 jú，又读 jù。《河渠书》此字作"桥"，《汉书·沟洫志》则作"梮"（音亦 jú）。《集解》引如淳云："檋车，谓以铁如锥头，长半寸，施之履下，以上山不蹉跌也。"《正义》云："上山前齿短，后齿长；下山前齿长，后齿短也。"〔9〕"准"为测定平面的工具，"绳"为测定直线的工具。〔10〕"规"为画出或校正圆形的工具，"矩"为画出或校正方形的工具。〔11〕"开九州"，禹开九州，是据见于《禹贡》而为先秦流行的禹"画为九州"（《左传》）、"均定九州"（《山海经》）之说来的。此"九"字尚为实指。下面接叙九道、九泽、九山，显然这些不止于九，则其"九"只是虚指，即泛指九州的道路山川。〔12〕"相"，视。"相地宜所有"，看该地所特宜有的物产。

【译文】禹就和伯益、后稷一起奉帝舜之命，命令诸侯百官征集民夫，展开平治水土工作。随着山势树立标识，确定那些高山大川。禹伤痛父亲鲧治水无功被杀，因此劳身苦思，在外十三年，经过自己家门也不敢进。自己吃穿都很简朴，但对祖先神明的祭祀却很丰厚尽礼。自己居住的房屋很简陋，但不惜耗巨资于修渠挖沟等水利工程。他赶旱路坐车，走水路坐船，走泥泞的路坐橇，走山路用履底有齿的檋。经常随身离不开的东西，就是测定平直

的水准和绳墨,划定图式的圆规和方矩,四时都带着他们,用以从事于开划九州,辟通九州道路,修筑九州湖泽堤障,计度九州山岳脉络。同时叫伯益发放稻种,教群众在卑湿地方种植。叫后稷当群众在难于得到食物时发给食物。缺粮少食的地方,便调有余地方粮食来补其不足,务使各诸侯境内丰歉均一。禹又巡视各地所特有的物产以定其贡赋,还视察了各地山川的便利情况。

禹行自冀州始。[1]冀州:既载壶口,[2]治梁及岐。[3]既修太原,[4]至于岳阳。[5]覃怀致功,[6]至于衡漳。[7]其土白壤,[8]赋上上错,[9]田中中。[10]常、卫既从,[11]大陆既为。[12]鸟夷皮服,[13]夹右碣石,[14]入于海。[15]

【注释】[1]"冀州",旧释东河(兖河)之西、西河(雍河)之东、南河(豫河)之北是冀州境,传说中的尧、舜、禹帝都所在。其境相当今山西全省(其西为雍州)、河南省的黄河以北(其南为豫州)、天津静海、河北省的文安、献县、冀县、南宫、巨鹿、曲周、魏县一线的古黄河以西(其东为兖州)和内蒙古阴山以南,西达托克托,东及辽宁省辽河以西的大部(其东为青州)。这是《禹贡》作者假想的王畿,即天子的直辖地。自此句起,直至"以告成功于天下"句止,转录汉今文本《尚书》的《禹贡》全文。[2]"载",事,作动词为从事之意。"既载",已经从事治水。"壶口",山名,在今山西吉县西南黄河河道上,是一有名险要处,有惊涛骇浪奔泻而成的瀑布。[3]"梁",山名,临黄河河道,即今山西河津之西、陕西韩城东北九十里的龙门山的南山。"岐",山名,临黄河河道,在今山西永济之北、临晋镇之西、陕西合阳之东。[4]"太原",地名,指中条山以北、太岳山和吕梁山南麓以南、横卧在晋西南的运城盆地和临汾盆地。[5]"岳阳",汉古文本《禹贡》作"岳阳",地名,指山西太岳山以南的大片地区。[6]"覃怀致功","覃",古音 tán,清人寻其义音 qín 或 qìn。"覃怀"即汉河内郡怀县境,在孟津东北、太行山之南、沁水之东、淇水之西,当即今武陟、沁阳、修武一带。"致功",《禹贡》作"底绩",《史记》译其义。[7]"衡漳",水名,即横漳("衡"与"横"古同音通用),亦即浊漳。浊漳水出今山西长子西南,东经襄垣、黎城等县,自西向东横行,至林县、涉县间之交漳口,与发源于山西昔阳自北南来的清漳水合,出太行山东行。原亦称降水,周时在今河北肥乡、曲

周二县间注入古黄河。其后迭经入河入海的变迁,今漳水至河北大名合于卫河以通运河。[8]"白壤",柔土为壤。近代治土壤者以砂质盐渍之土为白壤(见陈恩凤《中国土壤地理》)。《汉书·沟洫志》载战国时漳水溉邺,民歌"终古舄卤兮生稻粱"。舄卤即盐渍土,亦即冀州白壤。中国科学院土壤研究所《中国土壤图》此地区主要为褐土,当由数千年耕作的影响。宋儒指出,《禹贡》所记土壤,只是各州代表性的主要土壤。[9]"赋",王朝向人民征取税物之名。"上上",第一等。"错",杂出。是说岁有丰凶,可以杂出次等赋。按,《禹贡》所记经济资料,大抵为东周一些实际情况的反映。冀州田第五,何以赋为第一,旧皆不得其解。其实当由于此州除田亩生产外其他经济较发达,故赋敛特多。各州赋入的高低,即由各地总的经济繁荣程度所决定。[10]"田中中",田为第五等。《禹贡》中各州田亩等次自一至九的顺序是:雍、徐、青、豫、冀、兖、梁、荆、扬,旧注疏寻其故亦不能得。其实从这一顺序中大体可看出,它反映了从事农业经济的周代,在华夏这块大地上,由于各地开发先后的不同所表现出来的农艺生产水平的差异。又按,各州皆按土、田、赋为顺序,独此处"田"错在"赋"下,应移"赋"上。原文暂不动,译文移正。[11]"常",水名,《禹贡》原作"恒",二字意义同,《史记》避汉文帝讳改。恒水出今河北曲阳县,东入发源于山西浑源县的滱水,滱水遂亦称恒水,原至文安县注入古黄河。今名唐河,经唐县、定县、清苑,至安新汇于西淀(白洋淀)。"卫",水名,出今河北灵寿县,南入发源于山西繁峙的滹沱河,滹沱河遂亦称卫水,原也在文安入河,今经正定、藁城、深泽等地,过献县合滏阳河为子牙河,至天津合北运河入渤海。它与源出辉县入于运河的卫河并非一水。"常、卫既从",或释从其故道,或释从黄河走,总之是说已流泄了。[12]"大陆",古湖泽名,又称巨鹿泽,亦有广阿、大麓、沃川等名,以其地古代有巨大森林区得名。据近年地下水探测,今巨鹿、南宫、冀县、束鹿、宁晋、隆尧、任县间有一古大湖泽遗迹,即其址。秦以后渐缩为二泊:北为宁晋泊,受洨河、泜河诸水;南泊仍名大陆,受洺河、沙河、滏阳河诸水。今皆淤,诸水大抵汇成滏阳河,东北合滹沱河为子牙河以入海。"大",音 tài。"既为",已耕作。"为",《禹贡》作"作",义同。按,"常、卫既从,大陆既为"二句为错简,应在"至于衡漳"下,"其土白壤"上。现原文不动,译文移正。[13]"鸟夷",我国古代东北少数民族称为鸟夷,是由于他们祖先原尊奉鸟图腾。今山东、河北两省也是古鸟夷居地,发展到淮水流域

的称淮夷、南淮夷。"皮服",指鸟夷所贡供贵族服用的珍禽异兽的皮毛。按,《禹贡》九州皆有贡,独冀州贡文脱失,只残存其中"鸟夷皮服"四字,伪古文又误"鸟"为"岛"。 〔14〕"夹右碣石",鸟夷入贡,沿辽东湾西岸海上向南航行,至当时尚在海滨的今河北省乐亭县境南,便右转向西航行于渤海北岸之下,最后入于河。碣石是在航行道上正右拐时作为转航标志的乐亭海边特立之石,故说"夹右碣石"。(后来几个帝王登临以"观沧海"的碣石,是乐亭、昌黎以北的碣石山。) 〔15〕"海",《禹贡》作"河",《史记》转录原文必亦作"河",传刻误为"海"。《禹贡》各州贡道最后都达于河,即达于帝都冀州。

【译文】禹督导治水的行程从冀州开始。冀州:已治理了壶口,接着治理梁山和岐山。已修整了太原之后,接着修整到岳阳地区。覃怀地区也完工了,就到了衡漳水一带。常水(恒水)、卫水也都随河道流畅了,大陆泽周围土地都可耕作了(按这两句原错简在"田赋"下,今译文移正)。这一州的土壤是白壤,田地列在第五等(按此句原错在"赋"下,今译文移正),赋税第一等,不过随年的丰歉杂出第二等。东北的鸟夷族贡纳供贵族服用的珍奇异兽皮毛。他们遵海路入贡,在沿海岸(辽东湾西岸)向南航行的航道上,看到右拐角处的碣石便据以转而向西航驶,直驶入黄河航道。

济、河维沇州:〔1〕九河既道,〔2〕雷夏既泽,〔3〕雍、沮会同,〔4〕桑土既蚕,于是民得下丘居土。〔5〕其土黑坟,〔6〕草繇木条。〔7〕田中下,赋贞,〔8〕作十有三年乃同。〔9〕其贡漆丝,〔10〕其篚织文。〔11〕浮于济、漯,〔12〕通于河。〔13〕

【注释】〔1〕"济",《汉书·地理志》(下简称《汉志》)作"沛"(见注〔12〕)。"沇",《禹贡》作"兖"。此句说济水以北和古黄河以东是沇州。其州境包括今河北省黑龙港地区及其以南,即自今天津、静海、文安、献县、冀县、南宫、巨鹿、曲周、魏县一线以东(其西与北为冀州),南至古济水以北的今山东北部、西部,即今小清河以北和黄河西北(其南为青州),还有河南省自封丘、延津、浚县、内黄以东的东北一角(其西南为豫州),其东则为渤海。 〔2〕"九河既道",九河既通。古黄河自今浚县大伾山北注大陆泽,然后自泽东北出,分播为九条河以入海。《尔雅》载有此九条河名,但汉代对"九河"已不清

楚,历代寻究亦不能得,近代学者皆以为九是虚数,不必实指。但近年河北省勘测地下水,探明黑龙港地区即古大陆泽之东与北,直至海滨,有九条古河道带掩于地下。详《河北平原黑龙港地区古河道图》。探测中发现不少地下古河道在垂直方向上重叠,说明河流虽有移徙变化,而此地区地形客观地存在着九条河道带,能为古河水播为九道入海之路,足证古九河是存在过的。(惟《尔雅》九河不足信,其河道多与此不合。) 〔3〕"雷夏",古湖泽名,在今山东省菏泽县东北六十里。宋时已涸。 〔4〕"雍、沮",二水名,都出于山东省鄄城、菏泽二县间的古沮洳地,注入雷夏泽,至宋代亦涸。"雍",《禹贡》作"灉"。"会同",是说二水都同入于泽中。 〔5〕"于是民得下丘居土",《禹贡》作"是降丘宅土"。"宅",居。此译其义。伪《孔传》承此释云:"大水去,民下丘居平土,就桑蚕。" 〔6〕"坟",膏肥的土壤。"黑坟",当是一种含有黑色植物腐质肥料的灰棕壤。《中国土壤图》中此地区今为潮土,大致是古黑坟经耕种熟化形成的土壤,或即与潮土中的砂姜黑土相近。 〔7〕"繇",音 yáo,抽也。此指植物萌长繁茂。"条",长条修畅之意。孔颖达释云:"繇是茂之貌,条是长之体,言草茂而木长也。" 〔8〕"贞",为"下下"二字之误。因"下下"古篆作重文"下=",写误为"正"再讹为"贞"。按,九州所列赋之等第,此州本为"下下"。 〔9〕"作十有三年乃同",治理耕作兖州十三年然后同于其他各州。(有一说谓治水十三年,误。)"年",《禹贡》作"载"。 〔10〕"其贡漆丝",兖州在周时擅名特产是漆和丝,故作为贡品。 〔11〕"篚",音 fěi,筐。"织文",有文采的丝织物。 〔12〕"浮",不经过陆路,以船循水道转入另一水道而行称为浮。"济",古水名,字本作"沛"(音 jǐ),亦作"沇"(音 yǎn,变而为"兖",或作"衍")。此水出王屋山称沇水,至温县称济水,即于此入黄河。河自此处对岸荥阳南出一支津,古人误以为济水横过黄河,东北流经今山东省入渤海。古时以其与江、河、淮为独立入海的四大河流,称"四渎"。王莽时济水涸,隋唐时合菏泽水、汶水入济故渎,称为清河,亦沿旧称为济水。今济水已不存,其故渎自历城以上现为黄河下游河道,历城以下则为小清河(详下"道九川"一节)。"漯",音 tà,原作"湿"(亦音 tà)。古大河自今浚县大伾山折而北流,在此分出它的最大支津漯水(别称武水、会水、土河、源河),历今濮阳入山东境,经今范县、高唐、济阳、高青等县至马常坑(今利津南的古海岸线边)入海。在今茌平东之四渎津以小支津与济水相通。汉元光三年河水从濮阳北的顿丘东徙,入占漯川,

至范县北的委粟津离开漯水东南流,数百里后,复折而北至高唐东,横绝漯水北去,直至渤海郡入海,分出一部分水由漯水旧河道下游入海。至北魏时漯水渐辍流,至北宋全涸。今范县以下至济阳间的徒骇河和济阳以下至利津间的黄河为漯水故道。〔13〕"通",《禹贡》作"达"。"河",指古黄河。在春秋以前,河自今浚县大伾山折而北行。其主河道过大陆泽后歧为九河东北至今天津南北入海(详下"道九川"一节)。兖州贡物可由济水运至今荥阳境入河,也可由漯水运至今浚县境入河。也可由济入漯再入河。

【译文】济水和黄河之间是兖州。黄河下游的九条河道已畅通了,雷夏洼地已汇聚成湖泽了,雍水、沮水也都会同流到了雷夏泽中,能种桑的土地上已经在养蚕,于是人民得以从躲避洪水迁居的高地下到平地居住。这一州的土壤是黑坟,它上面披盖着茂盛的长林丰草。田地列在第六等,赋税则为第九等。这一州经过十三年的农作耕耘,才赶上其他各州。这一州的贡物是漆和丝,还有装在筐子里进贡的文彩美丽的丝织品。它的进贡道路是由船运经济水、漯水,直达黄河。

海岱维青州:〔1〕堣夷既略,〔2〕潍、淄其道。〔3〕其土白坟,〔4〕海滨广潟,厥田斥卤。〔5〕田上下,赋中上。厥贡盐、絺,〔6〕海物维错,〔7〕岱畎丝、枲、铅、松、怪石,〔8〕莱夷为牧,〔9〕其篚檿丝。〔10〕浮于汶,〔11〕通于济。〔12〕

【注释】〔1〕"海",指今渤海、黄海。"岱",为古时对泰山的称呼,亦称"岱宗"。汉公孙度据辽东称青州刺史,可知青州地跨渤海,西南直至泰山之间,凡渤海东北的辽东和泰山以东的山东半岛,都是青州。其东面旧释皆以为及于朝鲜境,然据周代肃慎所之地,知州境东面当以鸭绿江与朝鲜分界,南面则以泰沂山脉与汶水与徐州分界,西面南段以古济水(即今黄河和小清河)与兖州分界,西面北段以辽水与冀州分界,北面则随堣夷(主要指肃慎族)所至之境为境。〔2〕"堣夷",古代东方"九夷"总的称呼。大抵以诸族自己图腾遗习称鸟夷,以其居东方海堣称堣夷,以其族属名称九夷。此处所叙的是指居住在辽东的那一部分少数民族。"堣",音 yú,《五帝本纪》作"郁"。"略",封略,即划定疆界。此句说已给青州境内堣夷划定疆界,使之安定居住。〔3〕"潍",水名。《说文》云:"潍水出

琅邪箕屋山。"即今山东莒县潍山。水自潍山东至诸城县北流,历高密、安丘、潍县,至昌邑东北入海。"淄",水名,出今山东益都县西南的原泉,北过临淄后,至博兴之东入济水。东汉时因济水流向改变,三国时所见淄水在广饶北入巨淀泊,自泊北出后,时水会渑水来注,折而东北,由马车渎(今高家港)入渤海。晋时济水仍至博昌(今博兴东)入渤海,则淄又与济会。隋唐至北宋或入海或入济无定说。金代济水下游合时水为小清河,淄水遂于今寿光西境过清水泊(即汉巨淀泊)入小清河,迄于近世未变。〔4〕"白坟",色较浅的膏肥土壤。按今土壤学者与地理学者都说山东省土壤系温带森林土类,主要是棕壤,鲁中南的西北部则为淋溶褐土,鲁西北则为浅色草甸土。"白坟"当指其中之一,因古人往往称浅色为白。亦有土壤学者以为,此地今虽多棕壤,然古多森林,所积腐植质因沿海湿润而较丰,但为酸性,成为灰壤,或即白坟(见《中国土壤地理》第七章)。〔5〕"海滨广潟,厥田斥卤",此两句《禹贡》作"海滨广斥"。"斥",在各不同本或作"潟"、"泽"、"广"、"鸟",义皆为咸卤。《史记》用"潟"字。段玉裁指出,"厥田斥卤"四字为衍文。"斥卤"系"潟"字之注,误为正文,后又有人据《禹贡》增"厥田"字足之,而与《史记》"厥"皆改作"其"之例不合。段说是。林之奇指出,此州之土其平地皆白坟,海滨则弥望皆斥卤。旧皆以为此句指盐场,现代土壤学者则谓指盐渍土。结合下文贡物首为盐,释为盐场似更合。〔6〕"絺",音 chī,精细的葛织物。〔7〕"维",与、及。"错",磨玉的砺石。〔8〕"畎",音 quǎn,沟、谷。"岱畎",泰山的沟谷。"枲",音 xǐ,麻。细分则麻的雄株为枲,雌株为苴。"怪石",似玉之石。侯马晋都遗址发现铜、陶、石、骨各器作坊,其石圭作坊遗址达五千多平方米,内有制成的石圭及刀,又有磨砺石等工具;更有五百平方米堆积厚达四十厘米的页岩石料。所制石圭供贵族盟书之用。可知《禹贡》此项贡石当即供此类需要。《尔雅·释地》说,东方之美者,有医巫闾之珣、玗、琪。医巫闾山在辽东,界于冀、青间,说明辽东以玉石擅美,故此州以之为贡。〔9〕"莱夷",周代以前即已住在山东半岛的少数民族。今山东境内以"莱"命名之地甚多,即其遗迹。"为牧",《禹贡》作"作牧",义同,在此为"献进"之意。"为牧"旧释有放牧、耕作兼放牧、以畜为贡献、献贿贡丝诸说,一二两说牵于字面,四说原多附会,按《禹贡》不在叙各民族生活情况而重贡物,自以第三说以畜为贡之义正确。〔10〕"檿",音 yǎn,山桑,柘属。山桑上有野蚕食桑成茧,莱人称为山茧。至今山东犹盛

产柞蚕丝，即此。

〔11〕"汶"，音 wèn，水名。源出今山东莱芜东北原山，向西合诸支流称"五汶"，至大汶口又受源出新泰县之小汶，西过宁阳北，再西至东平县安山入济水。汉时济湮，《通典》载汶水合菏泽水入济之故渎大清河。元明两代先后筑堽城、戴村两坝尽遏汶水以济漕运，遂全泯入济故道，汶水乃成为沟通南北大运河中段的主要水源。清咸丰间河决铜瓦厢，挟汶水复循大清河入海。今大汶河即基本依古汶水流径，惟向西先流入东平湖，再汇入黄河。〔12〕"通于济"，根据上文兖州的济通于河，青州贡物由汶水通济水以入河。

【译文】地跨东边的海，直至西边的泰山，这一地域是青州。已经给居住在东北的堣夷族划定疆界，使获安居；又疏通潍水、淄水，使这一地区也获得治理。这一州的土壤是白坟，海滨则是咸卤盐场。田地列在第三等，赋税则为第四等。这一州的贡物是盐、精细的葛布、海产品以及磨玉的砺石，并有泰山山谷里出的丝、麻、铅、松、似玉之石和莱夷族所献的畜产，还有装在筐子里进贡的山桑蚕丝。它的进贡道路是由汶水船运直达济水。

海岱及淮维徐州：〔1〕淮、沂其治，〔2〕蒙、羽其薮，〔3〕大野既都，〔4〕东原底平。〔5〕其土赤埴坟，〔6〕草木渐包。〔7〕其田上中，赋中中。贡维土五色，〔8〕羽畎夏狄，〔9〕峄阳孤桐，〔10〕泗滨浮磬，〔11〕淮夷蠙珠暨鱼，〔12〕其筐玄纤、缟。〔13〕浮于淮、泗，通于菏。〔14〕

【注释】〔1〕"淮"，水名，古为四渎之一。源出今河南桐柏县西北胎簪山，东过桐柏大复山，经今信阳至淮滨入安徽境，东过五河入江苏境，经盱眙、淮阴至涟水（古淮浦县，在海滨）入海。为羽状水系，南北两侧所入支流甚多。唐以后渐言其多灾。宋熙宁间河水一部由泗水入淮，金明昌中河水夺泗入淮，元至正后河水全部夺淮入海，历明代，河入淮之处逐渐下移，而灾亦不绝。由于明代洪泽湖形成，淮水入洪泽湖，北出清江口分为东入海南入运两道，黄河夺其东入海之道。清咸丰间河北徙，于是为黄河所夺之道遂淤湮，惟余南入运河水道。新中国虽在淮阴以下修浚新淮河东入海，但淮水主流仍由洪泽湖经"三河引洪道"过高邮湖随运河南入长江。此外可利用新开苏北灌溉总渠及淮沭新河以泄洪。"徐州"，是古代淮夷中的徐人居住地区。

早就有称为徐州的城邑三处：一在渤海西岸的东平舒（今河北大城县）境，一在渤海南岸（今山东临淄以东）附近，这是徐人西周初年以前居地的遗墟，分属《禹贡》兖州、青州。一在薛（今山东滕县东南），则是周初徐人南迁后立国之地。后又迁国邑于泗水徐城县（今泗水县东南），直至春秋时为吴所灭。这两地在《禹贡》徐州境内，州名即据此。州境包括泰沂山脉以南和汶水以南并以今巨野、金乡一线为西境的鲁南地区（其北为青州，西为兖州），以砀山、宿县、怀远一线为西境的皖东北地区（其西为豫州），以及淮水以北的苏北地区（其南为扬州），其东临黄海。汉徐州刺史部治郯，三国迁彭城，即今徐州市。又由州域名变回为城邑名。〔2〕"沂"，音 yí，水名。出今山东沂源县，南经沂水、临沂、郯城等县，至江苏邳县入泗水。金明昌间黄河夺泗入淮，沂随之入河淮水道。元至元间泗水在兖被遏入洸西南流，沂离泗自邳县独入运河，历明至清不合泗，而在泗水东面南行至宿迁境汇为骆马湖，再南入运河。清前期又移至骆马湖北入运河。新中国治理淮河水系，以沂水沿骆马湖之东继续向东流，与沭水相会后，再向东开新沂河入海。〔3〕"蒙"，山名。在今山东平邑县之东，蒙阴县之南，费县之北，自西北向东南绵亘百余里。"羽"，山名。在今江苏赣榆县东南，据说可产雉羽得名。"薮"，孳乳为"埶"、"蓻"、"艺"等体，义为种植。〔4〕"大野"，湖泽名，古又名巨野泽，在今山东巨野县北，嘉祥县西北，梁山县南。全泽最大时纵三百余里，横百余里，古时济水入此。其北部至宋时称梁山泊，东部则为南旺湖。五代后河水徙经巨野。元末黄河全部南徙入淮，大野泽区域淤积泥沙干涸成陆。"都"，《禹贡》作"猪"，亦作"潴"，皆音 zhū，为聚集之意。此处指水所潴聚。〔5〕"东原"，地名，在今山东肥河以南的东平、汶上、宁阳诸县境，亦即古大野泽东北，今东平湖东南，汶水自北向南的下游两侧地。"底"，音 zhǐ，致。"底平"，水去后其地已致平复。〔6〕"埴"，音 zhí，《尚书》汉代本作"戠"，读音同，粘土。"赤埴坟"，赤色粘性肥土。《中国土壤地理》谓指粘质丘陵土壤。徐境丘陵地为发育于第四纪洪积红色粘土层之棕壤，当即赤埴坟。《中国土壤图》亦载此地区有棕壤，惟稍南则有褐土及砂姜黑土。《禹贡》所载当指其棕壤。〔7〕"包"，《尚书》古文本作"苞"，丛生之意。"渐包"，草木逐渐滋长至繁茂丛生。〔8〕"土五色"，古代封国必建社以"示有土"，常以青、赤、白、黑、黄五色土按东南西北中五方建立社坛。《逸周书·作雒》已有此记载（惟黑作骊），系以某一方之土焘以黄土，苴以白茅，以为该方封国之社。据长沙出土战国缯书，以五色与五方相配，但还没有配五行，与《管子·幼官》等篇同，可知这是在"五行说"形成以前的事。《禹贡》载徐州贡五色土，汉以后历代王朝一直遵行，唐《元和志》、宋《寰宇记》犹载徐州有此贡，一直至今北京所见清代社坛仍存五色土遗迹。〔9〕"羽畎夏狄"，"狄"，《禹贡》作"翟"，此处"狄"同音假借为"翟"。"翟"，雉鸟的总名。古人以雉鸟羽毛供旌旄舞饰之用。"夏"，五色五采。"夏翟"，雉鸟羽毛的总称，指五色雉羽。"羽畎夏狄"，羽山谷中所出的五色雉羽。〔10〕"峄"，通常音 yì，山名。"峄阳"，一说峄山之阳，一说山名峄阳。其山所在地，一说在今江苏省邳县西，名葛峄山，简称邳峄；一说在今山东省邹县东南；与凫山并立，秦始皇刻峄山碑即此，简称邹峄。注疏家多主邳峄说，地理书多主邹峄说。其实，自邹县峄山起，山脉向东南络绎于邹县、滕县、薛城一线之东，至旧峄县（地当邳县西北）而成余脉，邹峄、邳峄原迤逦相连。正如太岳山南称岳阳，邳峄之境自可称峄阳。习称既久，则又称峄阳山。"孤"，特。文献中多说峄山之阳岩上特产名桐为造琴良材，用为贡物。〔11〕"泗"，水名，自北而南纵贯《禹贡》徐州全境。源出今山东泗水县东陪尾山，经曲阜、兖州西南至汉方与（今鱼台县东）会菏水，折而东南过江苏徐州市、邳县，至泗阳县南入淮水。隋唐时自开封引汴水东出至徐州入泗。宋时称泗水为南清河。金明昌间河大入大野泽以南入泗以趋淮。元时河行汴梁至徐州夺泗入淮。另于兖州筑闸遏泗水上游至今济宁为济州河以供漕运。明代起，济宁以南泗水故道因两侧低山丘陵下泻水日益积潴，出现独山、南阳、昭阳等湖，清代又出现微山湖，鱼台以南至徐州原泗水皆沦入此诸湖中，其自徐州市以南至洪泽湖的废黄河则为古泗水下游故道。现存泗水过兖州市后流入南阳湖东之运河，合其全程只是汉方与以东的古泗水上游。"浮磬"，一种可以为磬的石头，古人称它为浮磬，专产于泗水吕梁洪及下邳磬石山一带，后亦采近境灵璧之石，皆称"泗滨浮磬"，为此州特贡。至唐时一度改用陕西华原磬石，至宋代复用灵璧磬石，供王朝庙堂乐队作编磬之用。〔12〕"淮夷"，甲骨文中作"隹夷"，是我国古代属于东方鸟夷族的少数民族。早先主要居今山东潍水一带渤海南岸，并及渤海西岸。商时已有一部分迁今淮水流域。大部至周初犹居山东境，被周公东征击败后，始迁淮水流域建立三十余国，称南淮夷，余邾、莒、滕、薛等小国在鲁境。淮夷中徐国最强大，带领诸国抗周，势力不敌时则屈服。文献及金文有向周献贡资料，为《禹贡》

所记淮夷贡物之历史根据。"蠙"，音 pín，又音 bì，蚌的别名，又叫真珠贝。"蠙珠"即蚌珠，通常叫珍珠。《鲁颂·泮水》云："憬彼淮夷，来献其琛。"可知淮夷以珍珠名物为贡，历史已久。"臮"，音 jì，及，与。《禹贡》作"暨"，此《史记》稍讹变。〔13〕"玄"，赤黑色。"纤"，黑色经纱白色纬纱织成的细织物，古亦称细缯。"缟"，素色丝织物。"玄纤、缟"，赤黑色的细缯和白色的绸帛，自古至唐宋时代皆为徐州名产。〔14〕"菏"，原误作"河"，今本《禹贡》亦误，《说文》及《水经注》所引《禹贡》原文作"菏"。"菏"，水名。出今山东定陶西南境，合济水至定陶东北汇于菏泽，复自菏泽东出。经金乡、鲁台入于泗水。徐州贡道依次由淮、泗、菏、济、漯以通于黄河。菏泽至北宋已涸，菏水至金、元时渐湮废，明初因其故道复浚使入泗，大致即今万福河河道。（《汉书·地理志》除载出自卞县之泗水外，并误称此水为泗水。）

【译文】东边沿海，北边至泰山，南边至淮水之间的地域是徐州。淮水和沂水都已经治理，蒙山、羽山地方也都可耕种，大野泽也已汇积成湖，东原地区的水潦已去，地已平复。这一州的土壤是赤埴坟，它上面的草木繁茂丛生。田地列在第二等，赋税则为第五等。这一州的贡物是五色土，羽山谷中所出的五色雉羽，峄山之阳特产的制琴良材名桐，泗水滨的浮磬石，和淮夷族所献的珍珠贝及鱼产，还有装在筐子里进贡的赤黑色细缯和白色绸帛。它进贡道路由淮水船运入泗，再通于菏水。（再由菏入济以通河。）

淮海维扬州：〔1〕彭蠡既都，〔2〕阳鸟所居，〔3〕三江既入，〔4〕震泽致定，〔5〕竹箭既布，〔6〕其草惟夭，〔7〕其木惟乔，〔8〕其土涂泥，〔9〕田下下，赋下上上杂，〔10〕贡金三品，〔11〕瑶、琨、竹箭，〔12〕齿、革、羽、旄，〔13〕岛夷卉服，〔14〕其筐织贝，〔15〕其包橘、柚锡贡，〔16〕均江、海，〔17〕通淮、泗。

【注释】〔1〕"淮海维扬州"，北起淮河，东南到海是扬州。据晋以后历唐至清的研究，再断以《禹贡》本文，扬州之境包括淮水以南的今江苏、安徽两省境，江西、浙江、福建三省全境，及粤东一角和岛夷所居海上以台湾为主的大小岛屿。其东南临海，其北以怀远以东之淮水与徐州分界，其西北以怀远以西之淮水再循皖西边界南下至霍山西境与豫州分界，其西则沿霍山以南皖省西界，再循江西省西界南下，至粤东潮阳一线与荆州分界。〔2〕"彭蠡"，泽名。旧释以为今都阳湖，则在长江以南，与下文"道九川"所说"东汇泽为彭蠡"的方向不合。按《史记·孝武本纪》及《封禅书》说汉武帝"自寻阳出枞阳，过彭蠡"，则正居长江之北，今安庆、宿松、广济之间的源湖、龙湖等五六湖即其地，而《水经·赣水注》说"赣水总纳十川，同臻一渎，俱注于彭蠡，而北入于江"，则又知今江西境内诸水总汇为赣江，北注彭蠡。似此彭蠡当时主要在江北，但其范围亦及于江南以承受赣水，直至西汉尚如此。其逐步向南发展，当在入东汉以后。"蠡"，音 lǐ。〔3〕"阳鸟"，雁，是一种候鸟。古人见鸿雁九月南飞，正月北飞，随太阳进退，故称阳鸟。"所居"，指彭蠡泽为阳鸟所居。《书集传》说阳鸟"惟彭蠡洲渚之间，千百为群"，是古人观察到雁群入秋栖于彭蠡湖一带。宋林之奇以为阳鸟可能为地名，然此两句言阳鸟居彭蠡，意甚明。〔4〕"三江"，自汉以来对"三江"解释最纷乱，依北江、中江、南江顺序举出的不同三江之说约计有十一种。而对此三江流经之分合复有二说，一说由彭蠡分而为三以入震泽，再分为三入海（《书疏》释伪《孔传》）。一说由彭蠡分而为三以入海，不入震泽（郑玄）。凡此争议，无一正确。由于《禹贡》作者为西北人，对西北各水（除出自神话者外）虽较次要者尚能正确记载，对于东南山水过于隔膜，遂多捕风捉影，如说汉水与江水平行入海，即其大谬。其实当如《河渠书》、《货殖列传》所说"三江五湖"，皆概指，非实数，自不能对原来都不准确的说法，去寻求其中某说为准确。大抵"三江"只是泛指彭蠡泽以东长江及其支流诸水。〔5〕"震泽"，即今太湖。《左传》称笠泽，《汉志》称具区。〔6〕"竹箭"，《尔雅·释地》说："东南之美者，有会稽之竹箭。"长江流域皆盛产竹，东南尤以竹擅称，故《禹贡》特记为扬州名产。"竹箭既布"，此州水已平，遍地布满丛生的竹子。〔7〕"夭"，花草少艾美盛貌。〔8〕"乔"，高，指树木高大。〔9〕"涂泥"，指水湿泥淖地的泥土，《中国土壤地理》释为湿土。《中国土壤图》自淮水以南至于浙江大片土地以及福建一些地区都是总称水稻土的各种泥土，即此涂泥。〔10〕"杂"，《禹贡》作"错"，与冀州同。"下上"，第七等，但可浮动杂出为第六等。此反映出这一后来生产发达的有名鱼米之乡，在《禹贡》时期生产水平还低。〔11〕"金"，古代以铜为金。孔颖达引郑玄释"金三品"为铜三色，其说正确。其他注疏家皆释为金、银、铜，不合古代实际。〔12〕"瑶、琨"，或以为二物，一释瑶，玉之美者；琨，石之美者

（《说文》）。一释瑶、琨皆美玉（伪《孔传》）。或以为一物，瑶琨，美石似玉者（《书疏》引王肃说）。此处与竹箭一物并称，似二字为一物。〔13〕"齿"，即牙。"革"，皮革。古代齿革连举，往往指象牙、犀革等珍贵之物，供贵族器物之用。"羽"，珍禽之羽，古人往往用孔雀、翠鸟、雉鸟之羽。"旄"，旄牛之尾。二者用为舞饰和旌旗之饰。自"金三品"至此二物，皆扬州有名贡品。（"旄"《禹贡》误作"毛"，其下又多"惟木"二字。）〔14〕"岛夷"，东南海中大小岛屿上的少数民族。"卉"，音 huì，各种草的总名。"卉服"，旧皆释为"草服葛越"。"葛越"，古时南方布名，用葛织成。南朝时有"蕉葛升越，弱于罗纨"之语，是一种被誉为比丝织品更柔弱的织物，当是用葛麻之类的纤维织成的织品，与北方鸟夷的皮服各适合于其环境。古人夏葛冬裘，此适于夏季服用，作为一种地方特产而为贡物。〔15〕"织贝"，《诗·巷伯》"成是贝锦"《毛传》："贝锦，锦文也。"郑玄释"锦文"云文如贝文。又释《禹贡》此句亦云："贝，锦名。"并云："凡为织者，先染其丝，乃织之，则文成矣。"意谓丝织品上仿织贝的花纹，称为"织贝"，发展成为后世美丽的锦缎。这是通常的解释。今知台湾高山族有切贝壳至薄，成小圆片，钻孔用线串为饰物，古《穆天子传》赐物亦有"贝带"，似此又可认为是"织贝"。今译文暂从旧释。由卉服、织贝，可以看出古时东南海上岛民与中央王朝的经济联系。〔16〕"锡"，一般释为"命"、"赐"。旧皆释"锡贡"为待赐命乃贡，意谓为了避免扰民，橘柚不作常贡，待王朝命贡才贡。此望文解释，不合统治者赋敛常情。古代动词主动被动不分，"锡"字上对下，下对上通用。荆州"九江入锡大龟"，即是纳贡大龟，此"锡贡"亦同，只是说橘柚易坏，把它包好进贡。〔17〕"均"，《禹贡》作"沿"，《史记》译用"均"字，其义同"沿"。

【译文】北起淮河，东南到海之地是扬州。彭蠡之域已汇集众水成湖，作为每年雁阵南飞息冬之地。彭蠡以东诸江水已入于海，太湖水域也就安定了。于是遍地长满丛生的竹林，到处尽见美盛的芳草、葱翠的乔木。这一州的土壤是涂泥，田地列在第九等，赋税则为第七等，有时杂出为第六等。这一州的贡物是三种成色的铜，以及瑶琨美玉、竹材、象牙、异兽之革、珍禽之羽、旄牛之尾，和岛夷族所献的一种称为"卉服"的细葛布，还有装在筐子里进贡的绚丽的贝锦，和妥加包装进贡的橘子、柚子。它的进贡道路是沿着江路入海，再沿海通于淮水和泗水。（然后再沿徐州贡道入于河。）

荆及衡阳维荆州：[1]江、汉朝宗于海。[2]九江甚中，[3]沱、涔已道，[4]云梦土为治。[5]其土涂泥。[6]田下中，赋上下。贡：羽、旄、齿、革，金三品，杶、干、栝、柏，[7]砺、砥、砮、丹，[8]维箘簬、楛，[9]三国致贡，[10]其名[11]包匦菁茅，[12]其篚玄纁玑组，[13]九江入赐大龟。[14]浮于江、沱、涔、汉，逾于雒，[15]至于南河。[16]

【注释】[1]"荆"，山名。据《汉志》《禹贡》南条荆山在南郡临沮县东北，即今湖北南漳县西境，为大巴山东段的东端大山，迤逦于鄂西山地之最东，形成与鄂东丘陵的分界。在《禹贡》中为荆豫两州的分界。下文雍州有与岐山并举的荆山，乃北条荆山，与此非一山。但人类有将旧居地名称移称新居地的习惯，此南条荆山之名当是由北条荆山移来。"衡阳"，衡山之南。衡山在今湖南省衡山县境，一称岣嵝山。汉武帝始定"五岳"，所定南岳系今安徽霍山而非衡山，至汉宣帝犹沿之。然《史记·封禅书》中衡山已为南岳，相沿至今。（文献中另有以九嶷山或武夷山为衡山，亦有据《山海经》以今河南省南阳县的雉衡山为南岳，皆据传说比附。）"荆州"，州以荆山得名。即楚国被称为荆，亦因居于荆山之故。荆州地境包括荆山以南的今湖北省境和湖南全省，南及广东之地。北面以荆山与豫州分界，大抵自今竹溪、房县、南漳、襄樊、随县、红安、麻城一线为与豫州的分界线。东面沿麻城以南鄂皖省界再循江西北界、西界，南下至广东潮阳之线与扬州分界。西面当以今湖北、湖南两省西界与梁州分界。南面则凡衡山之阳，随华夏族发展所及之境为境，故晋以后史籍皆以《禹贡》荆州州域及于南海。虽清儒辨之，然《禹贡》本意在划当时所理解的天下为九州，大致按自然地域分州境，其浑言"衡阳"，正表示未说明止于何地，自然当以衡山以南自然地域所及之境为境。[2]"江"，指长江。《禹贡》作者以发源于岷山（本文作汶山）的今岷江为长江上游。下文"道九川"说"汶山导江"即指此。《汉志》"蜀郡湔氐道"（今松潘）云："《禹贡》岷山在西徼外，江水所出。"至徐霞客始考定长江的真正上游是金沙江。（《汉志》越巂郡载有源远流长的绳水，即金沙江，也知它注入长江，但还不明确它是江源。）"汉"，指汉水。初称漾水，发源于《禹贡》所称之嶓冢山（见下文"道九川"）。但《汉志》只说漾水出氐道（今甘肃清水县西南）而不说其地有嶓冢山。其水东南流至武都（今甘肃成县西）称汉水，一称沔水，又名沮水，

则以出东狼谷（今陕西留坝县西）至沮县（今略阳东、勉县西）合于漾水之沮水得名。漾沮合流称为汉水或沔水后，再东南远流至江夏郡（今鄂东）称夏水入江。古时自氐道至武都之漾水，似即今甘肃成县黑峪江河道，再东过陕西略阳后，即合沮水而为汉水。但后世漾、沮二水不相接，《禹贡班义述》寻其故，以为后因氐道漾水之流绝，沔汉遂只以沮水为源，因而今之汉水其北源遂出陕西留坝县西境，另有南源出宁强县，二源至勉县（古沔阳、沔县）合流为沔水，亦即汉水。"朝宗于海"，江水、汉水作为荆州境内两大河流，在此会合后东入于海，把它们同古代诸侯朝所共宗的天子一样，故称为朝宗于海。[3]"九江"，旧释甚纷歧，主要有三说：一、汉庐江郡寻阳县南之诸水（今鄂东长江北岸广济境）；二、汉豫章郡诸县入湖汉水之诸水（湖汉水即今赣江）；三、今洞庭湖，包括入该湖之诸水。以上分别当今鄂、赣、湘三省。下文言九江贡大龟，据褚少孙补《龟策列传》庐江郡出大龟，《通典》广济出大龟，知第一说合《禹贡》原意，是九江在今鄂东广济地区。但不必说九条水，而是指那一带的大江与有关之水。（程大昌《禹贡论》："江本无九，九江即寻阳之大江。"又今珠江支流甚多，在顺德县境最大一支流即叫九江，以一江而称九，亦可为证。）"甚中"，《禹贡》作"孔殷"，《史记》译用其意，以长江到此有诸流汇合，甚得地势之中。（郑玄释"殷"为众，朱熹释为壮盛，可能较确。但此处司马迁译意甚明，当从其译。）[4]"沱、涔已道"，《禹贡》作"沱、潜既道"，《汉志》"潜"作"灊"，涔、潜、灊通用。下文"道江东别为沱"，因此旧释皆以自江分出之水称为"沱"，自汉分出之水称为"潜"，因而梁荆两州皆有沱水、潜水。由此可知沱、潜原不是专指某一水。但确也有水称为沱、潜，大抵是与江、汉相关的某一水，如梁州的郫水（今四川沱江）、荆州的夷水（今湖北清江）及江陵、华容间的夏水都称沱水。梁州绵谷之水（今四川广元县境）、汉中安阳灊谷之水（今陕西洋县、城固北境）、荆州芦洑河（今湖北潜江至沔阳东荆河之水）都称潜水。《楚辞·九歌》有"涔阳"，王逸注："江碕名，附近郢"，为枝江至公安之水，亦是潜水。但这些都难指实为《禹贡》之水。[5]"云梦土"，通行本《史记》原如此，点校本改作"云土梦"，不可从。此三字争议太多，《尚书》流传本原作"云梦土"，与《史记》《汉书》引用同。《唐石经》改作"云土梦"。（《梦溪笔谈》谓太宗皇帝发现古本照改，段玉裁谓系宋太宗。然《唐石经》已改，故仍从胡渭等说为唐太宗。）自从各种解释蜂起，说云土、梦为二泽，云土在江北，梦在江南，云土即汉云杜

县，等等。其实楚方言称湖泽为"梦"，"云梦"即是称云泽。及与中夏语言融合，在其下重加"泽"字，遂成"云梦泽"（正如后来洪泽湖名称之形成一样），仍是指今湖北境内江汉平原的湖沼群。这与各种历史文献中常出现的云梦泽亦一致，不应强分为二。（《汉志》说云梦在华容南，则南达洞庭湖边亦可称云梦。）〔6〕"其土涂泥"，此州所载土壤与扬州同。《中国土壤图》今湖北绝大部分及洞庭湖周围的湖南境，亦全为各种水稻土，确与扬州同。惟鄂东南及湖南东部与南部为红壤。《禹贡》各州所记为代表该州的主要土壤，此与今科学观察所得相合。〔7〕"杶"，音 chūn，是一种能作车辕的坚木。"干"，干木，即柘木，亦坚实可作车辕。"栝"，音 guā，即桧，柏叶松身，木质坚劲。〔8〕"砺"、"砥"，都是磨刀石，粗的叫砺，精的叫砥。"砮"，音 nǔ，可以做矢镞的一种石头，因此石镞也称为砮。"丹"，朱砂。今湖南沅陵县（古辰州）尚以产朱砂擅名，称辰砂，《元和志》载唐时辰州亦以此为贡。《禹贡》以此为荆州之贡物，则知古已开采此物。〔9〕"箘簬"，音 jūn lù。一说箘、簬是两种竹，一说箘簬是一种竹，是细长无节而坚劲的小竹，可以做箭杆。似单称为箘或簬，合称则为箘簬。"楛"，音 kǔ，木名，坚可作箭。《释文》引陆玑云："楛形似荆而赤，其叶如蓍。"古代楛矢是有名的箭，东北的肃慎族贡此物，荆州亦产此。〔10〕"三国"，此"三国"与"九江"皆指荆州境内一些地区，"三"与"九"古代皆用以约指多数。《禹贡》作者为西北人，亦只能这样约略指称。郑玄说箘、簬、楛三物皆出云梦之泽，则当是近泽诸国致此贡。〔11〕"其名"，此二字今从郑玄连下读，意即有名之物。〔12〕"包"，包裹。"匦"，音 guǐ，一般释为匣，郑玄释为缠结，从"九"取义，通"纠"，即捆扎。"菁茅"，郑玄释云："茅有毛刺者，给宗庙缩酒。"古代统治者宗庙祭礼，捆菁茅于祭前，酒祭酒于其上，酒渗下去，就认为神已饮了酒，称为缩酒。《管子·轻重篇》说菁茅产于"江淮之间"，今湖北安陆县以东迄于麻城、红安等县皆属此区，《括地志》："辰州卢溪县西南三百五十里有包茅山。"《武陵记》云："山际出包茅，有刺而三脊，因名包茅山。"知此为荆州有名特产，早在西周初就规定楚国入贡。到东周初，楚不贡此，齐桓公兴师责问："尔贡包茅不入，王祭不供，无以缩酒。"（见《左传》僖公四年）可知此确为荆州长期的贡物。〔13〕"玄纁"，玄是赤黑色，纁是黄赤色织物。作为贡品自是丝织品，"玄纁"是赤黑色和黄赤色的丝织物。"玑"，珠类，不圆的珠。"组"，古人用以佩饰物的宽绶带，有三种：佩玉的组，冠缨的组，带纽的组。只

有佩玉的组上缀以珠玑，因而也称玑组。（王引之《经义述闻》谓玑为暨的假借，言玄纁及组。可供参考。）〔14〕"入"，《禹贡》作"纳"，同义。"入赐"，即纳贡。九江地区以特产大龟入贡。〔15〕"浮"，水路以舟径通。"逾"，越过，指水路不通须越过陆地才能到达。江、沱、潜、汉四水可径以舟通，四水与雒不通，故须逾陆地始能达。"雒"，水名，是河南境内洛水的本名，它源出今陕西洛南县，东至河南巩县入河，与陕西境内入渭之洛水非一水，"雒""洛"二字判然有别。至魏黄初元年以五行说改"雒"为"洛"，二水遂同用一名至今。〔16〕"南河"，周代称今山西与河南分界的河为南河（一称豫河），山西与陕西分界的河称西河（一称雍河），又当时自大伾山（今浚县境）北折至今天津附近入海的河称东河（一称兖河）。这都是以冀州为主体所称的。

【译文】 由荆山一线直到衡山以南的广阔地域是荆州。江水、汉水至此会合奔流入海，至九江地区得地势之中。两水的支津沱、涔诸水都已疏浚通畅，云梦泽水域也已获得治理。这一州的土壤也是涂泥，田地列在第八等，赋税则为第三等。这一州的贡物是珍禽之羽、旄牛之尾、象牙、异兽皮革，三种成色的铜，杶木、干（柘）木、栝（桧）木、柏木，精、粗两种磨刀石，砮镞石、朱砂，和云梦泽边三国所献的制箭良材箘竹、簬竹、楛木，以及有名的捆扎起来专供宗庙缩酒之用的菁茅。还有装在筐子里进贡的赤黑色与黄赤色的丝织物和用以佩玉的饰有玑珠称为"玑组"的绶带，更有九江贡纳的大龟。它的进贡道路是用船运经由江水及各支津沱、涔等通于汉水，然后经过陆路运至雒水，再进入南河（冀州以南的黄河）。

荆河惟豫州：〔1〕伊、雒、瀍、涧既入于河，〔2〕荥播既都，〔3〕道荷泽，〔4〕被明都。〔5〕其土壤，下土坟垆。〔6〕田中上，赋杂上中。〔7〕贡：漆、丝、絺、纻，〔8〕其篚纤纩，〔9〕锡贡磬错。浮于雒，达于河。

【注释】 〔1〕"荆河惟豫州"，荆山和大河之间是豫州。州境主要是今河南省，南及荆山以北的鄂北，即西起竹溪，中经南漳，东及随县、麻城一线以北的湖北境，亦即以此线南与荆州分界；北则以西起潼关、东及浚县的黄河与冀州分界；东北以内黄、浚县、延津、封丘、曹县一线与兖州分界；东面北段以商丘、夏邑、永城、蒙城为境与徐州分界；东面南

段以怀远以西之淮水及淮水以南之豫皖边界与扬州分界；西面北段以河雒之间的豫陕边界与雍州分界；西面南段以雒水以南的豫蜀边界延至鄂西竹溪之线与梁州分界。由于豫州处在九州之中心，除青州为兖、徐所隔外，与其七州都接界。〔2〕"伊"，水名，在雒水南，发源于今河南卢氏县熊耳山闷顿岭，向东南流，折而东北经嵩县、伊川等县至偃师入于雒水。"瀍"，水名，发源于今河南孟津县西北谷城山，东南过洛阳市，入于雒水。"涧"，水名，发源于今河南渑池县白石山，南流合谷水，因而又称谷水。东经新安县，穿过洛阳市，东南入雒水。"入于河"，伊、瀍、涧三水俱入雒水，然后同入于河。〔3〕"荥播既都"，《禹贡》作"荥波既猪"。"荥"，指古荥泽，故址在今河南荥阳县境。"播"，一本作"潘"，与"波"皆同音通用。《管子·五辅篇》"决潘渚"注："溢也。"是水溢成泽叫潘渚。是荥播、荥潘、荥波即荥泽。郑玄说汉末已成平地，但当时荥阳人仍称其地为荥播。〔4〕"荷泽"，《禹贡》作"菏泽"，是。古济水自定陶西南合小流菏水，流至定陶东北，于济水之东汇成菏泽。菏水复自菏泽东出。至北宋时菏泽已涸。〔5〕"被"，音 pī，覆。"明都"，《禹贡》作"孟诸"，古泽名。原在汉睢阳县东，即今河南商丘县东，唐时尚周围五十里，至宋已涸。其地北距菏泽一百四十里，当水盛时，使菏泽水向南泄入明都泽。〔6〕"其土壤，下土坟垆"，据冀州"其土白壤"，雍州"其土黄壤"，此处"壤"上当脱一字。姑依原句释此州一般的土是无块柔土，低下之处是坟垆土。"垆"，《说文》释为黑刚土。按垆从卢，其义为黑。"坟垆"，肥的黑色土。〔7〕"赋杂上中"，《禹贡》作"赋错上中"。伪《孔传》："赋第二，又杂出第一。"此处未明言杂出第一，不如释为杂用第二等，可上下浮动。〔8〕"丝"，《禹贡》作"枲"。"纻"，纻麻。〔9〕"纤絮"，细的丝绵。

【译文】荆山和黄河之间是豫州。伊水、雒水、瀍水、涧水都已疏浚入于黄河，荥播地域横溢之水也已汇积成湖，当水盛时，疏导菏泽之水向南泄入明都泽。这一州的土壤是无块柔土，低下之处是坟垆，田地列在第四等，赋税则杂用第二等，有时可上下浮动。这一州的贡物是漆、丝、精细葛布、纻麻，还有装在筐子里进贡的细丝绵，并进贡磨磐的砺石。它的进贡道路是由雒水船运至黄河。

华阳黑水惟梁州：〔1〕汶、嶓既藪，〔2〕沱、涔既道，〔3〕蔡、蒙旅平，〔4〕和夷底绩。〔5〕其土青骊。〔6〕田下上，赋下中三错。贡璆、铁、银、镂、砮、磬，〔7〕熊、罴、狐、狸织皮。〔8〕西倾因桓是来。〔9〕浮于潜，〔10〕逾于沔，〔11〕入于渭，〔12〕乱于河。〔13〕

【注释】〔1〕"华阳"，华山之南。华山在今陕西华阴县南，为三州分界点，其东边是豫州，北边是雍州，南边是梁州。"黑水"，此处是作为梁州边界的一条水。有关黑水的问题太多，而被附会为此水的不下十条，计在西北的有伊吾、肃州等处六七条，在四川及西南的有丽水、西洱河等七八条。下文"道九川"中的黑水西起甘陇，流经西南，注入南海，实际上并无这样一条水，《禹贡》作者受《山海经》、《天问》等神话影响采入，但必是秦开巴蜀通西南夷后知有横断山脉诸水的反映。若找一条作为梁州西南边界而入于南海之水，自惟有澜沧江或怒江可当之。宋以来学者则论定是诸葛亮度泸之泸水，因泸之义为黑（汉时滇池县亦有黑水祠）。其实黑水究属何水，是颇难论定的。"华阳黑水惟梁州"，华山以南迄于黑水是梁州。此州由全境地势高、多山梁而得名。州境大抵包括渭水以南的陕甘两省境，南及四川全境，以及滇黔等省古西南夷居住地区。东面北段以雒水以南至竹溪的豫、鄂西界与豫州分界，东面南段以竹溪以南的鄂、湘西界与荆州分界，北面以华山向西沿秦岭山脉与雍州分界，西面、南面边界不明确，当以当时所约略知道的边疆少数民族所及之境为境，所以能南及滇池一带。〔2〕"汶"，《禹贡》古文作"嶓"，通行本作"岷"，王逸注作"汶"。由于"汶"古读重唇，与"岷"同声并同古韵十三部，所以同音通用。下文"道九川"说"汶山道江"，指汶山为江水之源。据《汉志》，岷山在蜀郡湔氐道（今四川松潘县），岷水所出，是《禹贡》即以此岷水为长江上源。薛季宣谓岷、洮以南蜀西之山皆可称岷，则是指岷山山脉。"嶓"，音 bō，即嶓冢山。下文"道九川"叙明为汉水上游漾水所出，而《汉志》嶓冢在陇西郡西县（今甘肃天水境），说为西汉水（即嘉陵江）所出，而所载漾水发源之氐道（今甘肃清水县西南）不云有嶓冢，显然与《禹贡》不合。依《禹贡》之意，嶓冢自当在汉水源头，则原来氐道之山应称嶓冢。据地形图，西县嶓冢即蜿蜒为氐道嶓冢，故《水经·漾水注》说漾水出陇西氐道县嶓冢山，并云："东西两川俱出嶓冢，而同为汉水。"但其地属雍州非梁州，而后世氐道漾水又不至沮县连汉水，汉水遂只有略阳以东的留坝、宁强南北二源，则嶓冢自当在此，乃能属梁州。北魏正始中析沔阳（今陕西勉县)置嶓冢县,《魏书·地形志》华阳郡嶓冢县云:"有嶓冢山,汉水出焉。"这是汉水源头有此山见于记载之始。(以后嶓冢县名迭变,至明清两代名宁羌,即今宁强。)唐时《通典》并载今天水、宁强(唐名金牛县)两嶓冢山。而天水之嶓冢属雍州,故清以来学者皆主宁强之嶓冢,为其在梁州,今亦只能用宁强嶓冢说。〔3〕"沱、涔既道",已见前39页注〔4〕,惟此处"既"字未改为"已"。〔4〕"蔡",山名,旧注不知其所在,宋儒三四家始以为在雅州严道县(今四川雅安县),谓诸葛亮征蛮至此而梦周公,更名周公山。清人胡渭则以为可能即峨嵋山。确址不详,总之为四川省境内一山。"蒙",山名,一般皆以为在今四川雅安、名山、芦山三县之间。"旅平",旧误释"旅"为祭山之礼,王引之《经义述闻》云:"《禹贡》不纪祭山川之事……旅,道也。'蔡蒙旅平'者,言二山之道已平治也。"下文"已旅"、"刊旅"亦同。〔5〕"和夷",和水(《说文》作"浅水",今大渡河)以南的西南夷。〔6〕"青骊",《禹贡》作"青黎"。骊、黎,皆黑色。《中国土壤地理》以为是无石灰性冲积土。据《中国土壤图》则四川绝大部分为紫色土,成都平原及沿江流域为水稻土各种紫泥田、青泥田,秦岭以南则大都为黄棕壤、棕壤。此处显然指四川青泥田等土壤。〔7〕"璆",音 qiú,郭璞《注》云:"璆即紫磨金。"(《水经注》:"俗谓上金为紫磨金。")上文"金三品"之金,是古人对铜的称呼,此处璆则指黄金。旧注因璆字从玉,误释为玉名。由左思《蜀都赋》盛称"金沙银砾"及《后汉书》谓"益州金银之所出",又《华阳国志》、《通典》、《元和志》等所载,知金是梁州特产(金沙江即由产金得名)。"镂",音 lòu,《说文》:"刚铁,可以刻镂。"据《梦溪笔谈》,刚铁似即钢。〔8〕"罴",音 pí,躯体很大的一种熊,也称人熊。"狸",比狐小,也称野猫。"织皮",各种野兽的皮和它的毛织物。据颜师古《汉书注》和苏轼《书传》,诸兽皮制为裘,诸兽毛织为罽(音 jì)。《说文》:"罽,西胡毡布也。"如今日西藏之氆氇。是罽为兽毛粗织成的织物,因而称为"织",制裘的就称为"皮"。〔9〕"西倾",山名,《汉志》作"西顷",在陇西郡临洮县(今甘肃省岷县)西,又名强台山、西强山,洮水出其东北,桓水出其东南,即青海湖东南羌人所称的罗插普喇山,在今青海省东部的黄南藏族自治州南部。(旧释此为雍州山,大可不必如此拘泥。)其地在渭水一线之南,依《禹贡》所叙自可列为梁州之山。"桓",水名,《汉志》及《水经注》称为白水,即今白龙江。出今甘肃岷县西南迭部之西,东南经宕曲、武都至广元南的昭化境入嘉陵江。"西倾因桓是来"一句与上文"和

夷"句同叙少数民族。错简在此,应移"和夷"句下,"其土"句上。现原文暂不动,译文移正。〔10〕"潜",《夏本纪》将《禹贡》"潜"皆改为"涔",独此处未改(或谓后人改回)。潜水,指与汉水相通的一条水,此处当指当时运输上便利的一条汉水的支流或支津。〔11〕"逾",按《禹贡》文例,凡两水不相通而须经陆路者用"逾"字。此处潜、沔相通,而沔、渭不通,故金履祥《书经注》以为,此处两句是"入于沔、逾于渭"之误,其说是。"沔",音 miǎn,水名。据《汉志》武都县(今甘肃成县西)所载,知沔水即是以漾水为源的汉水。又据《汉志》武都郡沮县(今陕西勉县西)及《说文》"沔"字,知沔水亦名沮水。《禹贡班义述》以为沔水原以出自氐道的漾水为源,而发源于东狼谷的沮水至沮县来注。后来出自氐道之漾水流绝,遂以沮水为源,《说文》遂谓沔水出东狼谷。而沔水由此亦称沮水,《说文》遂亦谓沮水至沙羡(今汉口)入江。沔水与汉水实为一水的异名,并非旧释所谓上段为沔水,下段为汉水。故上游之地有沔阳(今勉县)、汉中、汉阴等,下游之地亦有沔阳、汉阳、汉口等。到末段入江夏郡(今安陆以南之鄂东)则另称为夏水。〔12〕"渭",水名,出今甘肃渭源县西南鸟鼠山,东经陇西、甘谷、天水诸县入陕西省境,自宝鸡横贯全省,东至潼关北之风陵渡入河。〔13〕"乱于河",《尔雅·释水》:"正绝流为乱。"郭璞注:"直横渡也。"就是正面横渡黄河。

【译文】华山之南和黑水之间是梁州。汶山和嶓冢山已可种植了,江汉两水的支津沱涔等水都已疏浚了,蔡山和蒙山的山道也都已平治了,浅水以南的和夷族等西南夷民的安定也已获致成功了。西倾山一带的西北羌民也沿着桓水来相交往了(此句原错简在"贡物"下,今译文移正)。这一州的土壤是青骊,田地列在第七等,赋税则为第八等,还可作上下三种浮动。这一州的贡物是黄金、铁、银、镂钢、砮镞石、磬石,和熊、罴、狐、狸,以及诸兽之毛织的毳布与用以制裘的兽皮。它的进贡道路是先用船运经由支津潜水入于沔水,再起岸由陆路运至渭水,再由渭水横渡黄河送达冀州。

黑水西河惟雍州:〔1〕弱水既西,〔2〕泾属渭汭。〔3〕漆、沮既从,〔4〕沣水所同。〔5〕荆、岐已旅,〔6〕终南、敦物至于鸟鼠。〔7〕原隰底绩,〔8〕至于都野。〔9〕三危既度,〔10〕三苗大序。〔11〕其土黄壤。〔12〕田上上,赋中下。贡璆、琳、琅玕。〔13〕浮于积石,〔14〕至于龙门西

河，〔15〕会于渭汭。〔16〕织皮，昆仑、析支、渠搜，〔17〕西戎即序。〔18〕

【注释】〔1〕"黑水"，见前梁州注，这里为雍州西界。郑玄引《地说》云："三危山，黑水出其南。"《括地志》则似据杜林、杜预之说，以三危山在沙州敦煌县东南三十里。今敦煌东南有三危山，其西南之水为党河，或可当作此黑水。古文献中作为黑水而地在西北者，尚有伊吾（哈密）、肃州（酒泉）、张掖三处之河与青海大通河等。据《禹贡》原文意，雍梁二州俱以黑水为西界。亦有释为雍梁二州之分界线者，此诸处都难合此义。"黑水西河惟雍州"，西边的黑水和东边的西河之间是雍。此州由秦都于雍得名。州境包括今秦岭以北的陕西境和甘肃、宁夏全境及青海的一部分。其东以黄河与冀州分界，东南以河雒间豫陕边界与豫州分界，南以秦岭与梁州分界，西与大抵止于沙漠。因《禹贡》末句说九州东尽于海，西迄于流沙，古文献中流沙在敦煌西，显见古人印象中在敦煌的黑水以西是沙漠。再据《禹贡》末句说"朔南暨"，就是说北方、南方以能到达的地方为止境，自然其北境也以沙漠不毛之地为境。《汉志》张掖郡居延县（即今内蒙古自治区额济纳旗北）有云："古文以为流沙。"由于其地有巴丹吉林沙漠，正在雍州之北。〔2〕"弱水既西"，这是《禹贡》中唯一西流之水，原亦《山海经》神话中出于昆仑之水。《说文》作溺水，则是实有其而为《山海经》所取材的水，发源于今甘肃山丹县焉支山西麓、穷石之东，西北流至张掖，合来自祁连山西南之羌谷水后，亦称张掖河。继向西北流经今高台县，过合黎山西南，亦称合黎水。经合黎峡口折而向北流，经酒泉东的金塔县东北，过巴丹吉林沙漠西部，即所谓"入于流沙"，最后东北入于居延海。〔3〕"泾"，水名，发源于今宁夏泾源县六盘山之东麓笄头山（一名崆峒山），东南流经甘肃平凉、泾川，历陕西长武、泾县，沿途受多水来注（包括被认为是泾水北源之水），至泾阳县南入渭水，是《上林赋》及《关中记》所说"关中八川"中唯一在渭北之水。"属"，相连属。因泾水入渭，故说它连属于渭。"渭汭"，汭有下列诸解：水北、水之隈曲、水曲流、水中洲、水相入，等等。《左传》中有汉汭、渭汭、滑汭、雒汭、夏汭等地，大抵皆两水相入处，其处必有隈曲，遂称为汭。而渭汭、雒汭等适在该水之北，遂有水北之释。当以两水相会而成之隈曲处为正解。此渭汭即泾水入渭的隈曲处。〔4〕"漆、沮"，二水名，合流后成为一水名。关于漆沮的说法非常纷歧，有泾水之

西的漆沮，又有泾水之东的漆沮。此处按所叙顺序，是泾东之漆沮。此漆沮复有不同五六说。大抵此一漆水当出今铜川东北境，南流至耀县，与出今黄陵县北而南经宜君、铜川来的沮水会合，乃称漆沮水，即今石川河，再南经富平东南、临潼东北以入渭水。在秦开郑国渠后，漆沮水入郑渠，主流随郑渠东行至白水县境入洛水，另分出一支随石川河入渭。至北宋时郑渠东段湮废，漆沮全水从石川河入渭。〔5〕"沣水"，亦作"丰水"、"酆水"。沣水源出今陕西户县南秦岭北麓，北经秦渡镇，至咸阳市东南入渭。〔6〕"荆"，此雍州荆山，称为"北条荆山"，与荆州的"南条荆山"非一。此在冯翊怀德（今陕西朝邑县）西南，汉时其下尚有荆渠，属北岭六盘山系桥山山脉。（唐以后地理书误以为在陕西富平西南，胡渭已辨正。）"岐"，山名，与冀州岐山非一。此山在今陕西岐山县东北。颜师古云："其山两岐，俗呼箭括岭。"又名天柱山、凤凰山。〔7〕"终南"，山名，在今西安市南五十里。古终南山东起今蓝田，西迄周至。自秦襄公都于今陕西陇县，岍、岐两山之南的秦岭亦称终南，于是此山西起秦陇，东达蓝田，绵亘八百里。亦称南山、中南山、周南山、地肺山、橘山、楚山、秦山。汉人以武功以南（今眉县南）的太一山（其北部称太白山，为秦岭的最高峰）为终南山，于是终南山又称太一山、太白山，实则南山指秦岭的眉县至蓝田一段。至于全部秦岭，西起甘肃天水，东迄河南陕县。西安市南五十里之终南山被认为是其主峰。"敦物"，山名，即汉时武功县之垂山。山在今眉县东南，胡渭以为即太一山。其北部为太白山，南部为武功山（又称敖山），总称为敦物山。〔8〕"原"，广平之地，如平原、原野。"隰"，音 xí，低下的湿地。"原隰"，指田野。〔9〕"都野"，泽名，《禹贡》作"猪野"。《汉志》武威县（今甘肃民勤县北）东北有休屠泽，古文以为即猪野泽。今其地东接内蒙古自治区阿拉善左旗，有鱼海子，又名白亭海，即是。此处当以都野为代表，指汉武威郡一带许多湖泽。自秦汉以迄北魏，此地都称沃壤。〔10〕"三危"，山名，今敦煌县东南有三危山。"度"，为今文。伪古文《禹贡》作"宅"，沿自古文，其义为居。此言三危山已可居。《括地志》载三危俗名卑羽山，徐文靖据《西河旧事》谓俗名升雨山，"卑羽"字误。《后汉书》则说三危山在金城郡河关县（今青海同仁县）西。此外还有下列诸地之说：在渭源鸟鼠山西南，与岐山相连，或说与岷山相连；在积石山西南；在岷山卫塞外，古叠州；云南丽江府北；云南大理府云龙州，等等。大抵三危山原亦从《山海经》、《天问》中来，虽亦实有其山为神话之依据，

然已颇飘渺，无法指实其处。如依较多的历史传说，总以在较远的西北少数民族地区为宜，故用敦煌之说。〔11〕"三苗大序"，《禹贡》作"三苗丕叙"。"三苗"，古代民族名，被华夏族战败后迁到长江流域，据说一部分被逐到西北，即《尧典》所说的"分北三苗"、"窜三苗于三危"。这是古代有名的一个历史传说。"大序"，大为安定有序。参看下文"西戎即序"之注。〔12〕"黄壤"，《中国土壤地理》释为淡栗钙土。此地区本为黄土高原，所以古人综称它为黄壤。〔13〕"璆"，《禹贡》作"球"，《史记》误用同音字"璆"，原注："球、琳，皆玉名。"《礼记·玉藻》："笏，天子以球玉。"郑玄《注》："球，美玉也。"可知帝王的笏是用球玉做成。"琳"，司马相如《上林赋》"玫瑰碧琳"云，班固《西都赋》"琳珉青荧"，可知琳是一种和翡翠相同的青碧色的玉。"琅玕"，是一种似玉的美石。《山海经》数见珠树，《淮南子》有碧树，旧说是琅玕。《禹贡》引李时珍说："琅玕生于西北山中及海山崖间……在山为琅玕，在水为珊瑚，亦有碧色者。今回回地方出一种青珠，与碧靛相似，恐是琅玕所作。"按《尔雅·释地》"西北之美者，有昆仑虚之璆琳琅玕"，知西北雍州域内原以产这种玉石擅名。"玕"，音 gān。〔14〕"积石"，山名，在汉金城郡河关县（今青海同仁县境）西南羌中，即今青海省阿尼玛卿山。自东晋时吐谷浑占积石山，隋唐以后改以鄯州龙支县（今青海民和县境）南之唐述山为积石山，俗称小积石。其时代既晚，自非《禹贡》原来之积石山。〔15〕"龙门"，在今陕西韩城县东北、山西河津县西北今称禹门口的黄河河道上之一山石险峡，宽仅百余米，黄河出龙门后河道宽达二三公里。或说壶口瀑布处邻近的孟门山是龙门上口，河津龙门山是龙门下口。"龙门西河"，指自壶口、龙门以南至风陵渡今晋西南的黄河。〔16〕"渭汭"，此指渭水入黄河处。〔17〕"昆仑"，《山海经》神话中有昆仑丘，又称昆仑之虚，方八百里，高万仞，是上帝的下都，山中万物尽有，有几种神和兽守护，亦西王母所居，并有赤水、河水、洋水、黑水、弱水、青水六条水分别出其四隅。后《禹贡》净化为一座实际的山，放在雍州，并有西戎中的一族居住，即以昆仑为其族名。其地当在今青海境内，具体地点不明。（汉代寻河源，以当时认为河源所在的于寘南之山为昆仑。又于临羌置昆仑山祠，敦煌置昆仑障，以及现在的昆仑山脉，都是《禹贡》以后的事。）"析支"，郑玄《注》云："居此昆仑、析支、渠搜三山之野者，皆西戎也。"以析支为山名。马融说："析支在河关（今青海同仁县）西。"《后汉书·西羌传》说，西羌原出三苗，本姜姓之戎别种，

被舜逐至三危，即河关之西南羌地，滨于赐支。则似是水名。并云赐支即析支（《大戴记·五帝德》作鲜支）。应劭说，析支在河关之西千余里，羌人所居，谓之河曲羌。故析支亦成为居此地西戎的一族名。"渠搜"，《逸周书·王会》作"渠叟"；《大戴记·五帝德》作"渠廋"；《穆天子传》作"巨蒐"，并记穆王东还，经巨蒐走三十七天至今河套之地。按道里计，似渠搜在今祁连山之南，与析支、昆仑依次在今青海省境。汉以后的《凉土异物志》云："古渠搜国在大宛北界。"大宛，属汉西域。〔18〕"西戎"，古代泛称华夏族以外的少数民族为"夷"或"戎"，西戎就是住在西方的少数民族。这里昆仑、析支、渠搜三支西戎就在雍州西部今甘、青境内，其西至新疆境内外。"即"，就。"序"，次序。"即序"，已就次序，按部就班地归于安定。按，"织皮"至"即序"十二字系错简，"织皮"系贡物，当在"琅玕"下，"浮于"上。"昆仑"等十字，当在"三苗大序"下，"其土"上。依《禹贡》各州文字章法，首为该州山川地理，接着为土、田、赋、贡（贡包括本州特产和少数民族特产），最后为贡道，无一例外。今"冀州章"脱简错简较多，"雍州章"则有此处错简（苏轼《书传》已初步指出），现原文暂不动，译文移正。

【译文】黑水和西河之间是雍州。弱水已经西流了，泾水也流入渭水隈湾里，漆水和沮水合为漆沮水也相从入于渭水，沣水同样地入了渭水。渭水之北，东起荆山西迄岐山的迤逦山道已经平治；渭水之南，东自终南山，西越惇物山，更西北直抵渭源鸟鼠同穴之山，这美丽的千里沃野，不论坦坦平原，还是浅浅湿地，都已平治竣功，直达都野泽这一肥沃的湖沼地区。三危山已成人民安居乐业之所，被逐迁居至此的三苗人民生活也大为安定了。西边的昆仑、析支、渠搜三个西戎族的人民也归于和顺了。这一州的土壤是黄壤，田地列在第一等，赋税则为第六等。这一州的贡物是称为璆（球）的美玉、带青碧色的琳玉和称为琅玕的玉质美石，以及兽毛制成的毳布和用来制裘的兽皮。它的进贡道路是，从积石山下的黄河水上，航行千里，直达龙门山下的黄河，南与渭水航道会于渭水入河处。

道九山：〔1〕汧及岐至于荆山，〔2〕逾于河；壶口、雷首至于太岳；〔3〕砥柱、析城至于王屋；〔4〕太行、常山至于碣石，〔5〕入于海。西倾、朱圉、鸟鼠至于太华；〔6〕熊耳、外方、桐柏至于负尾；〔7〕道嶓冢，〔8〕至于荆山；〔9〕

内方至于大别。[10]汶山之阳至衡山,[11]过
九江,[12]至于敷浅原。[13]

【注释】〔1〕"道",《禹贡》作"导"。"九山",
《禹贡》无此二字。旧释"导山"为治山通水,苏轼以
为即《书序》的"随山浚川",王夫之以为是因人所经
行之道测试之,胡渭以为是循行之意。按,"九山"
本来是泛指很多的山,但这里司马迁适将这一段九
个"至于"所叙之山综括为"九山"。以后历代学者
先后将所叙各山综括为两条、三条、四列、四重及地
脉终始等说,反映了"道山"是第一次按山势对我国
山脉进行了一次初步的科学清理。〔2〕"汧",音
qiān,山名,即汉代扶风汧县的吴山,在今陕西陇县
南,汧水(今称千水)所出。"岐",山名,在今陕西岐
山县,居汧山之东。"荆山",即北条荆山,在今陕西
朝邑县。自汧、岐至荆山,是沿渭水北岸,横贯今陕
西省,东抵黄河西岸之山,系北岭六盘山系的陇山
山脉,皆属雍州。〔3〕"壶口",在陕西吉县西南黄
河上。"雷首",山名,即今山西西南部界于黄河与
涑水之间的中条山。逶迤而东,长数百里,随地异
称,据云共有九名。雷首为其西端主峰,在今永济
与芮城之间。此外尚有首阳、尧山、薄山、襄山、甘
枣、渠猪、独头及历山等名。"太岳",山名,逶迤于
今山西翼城县浮山以北、太谷县以南汾河东岸,主
峰为霍县东南的霍山。自壶口至太岳,是接着上述
荆山的叙述,大体是从汾水入河处附近起,由今山
西省西南端,沿汾水东岸向东北直抵山西中部的阴
山山系太岳山脉,皆属冀州。〔4〕"砥",音 dǐ,
《禹贡》误作"底"。砥柱山即三门峡河中石山,在今
山西平陆县东南黄河上。《水经注》云"山见水中若
柱然,故曰砥柱","亦谓之三门"。《陕州志》:"三
门:中,神门;南,鬼门;北,人门。"今已修三门峡水
电站。"析城",山名,在今山西阳城县西南。"王
屋",山名,在今河南省黄河北岸济源县西北,居析
城山之东南。自砥柱至王屋,是叙今晋南豫北黄河
北岸自西向东的诸山,当系太岳山脉东南支阜,也
都属冀州。〔5〕"太行",山名,为我国西北黄土
高原与华北平原的分界,位于山西省东边与河北、
河南两省的边界上,沿东北—西南走向,蜿蜒千余
里,称太行山脉,属阴山山系。旧文献所称太行山,
常指今河南沁阳、修武与山西晋城之间的太行山。
"常山",《禹贡》原作"恒山",《史记》避汉文帝讳改。
恒山原在今河北省曲阳西北,为恒水所出,位于太
行山东北的河北省境内,其高岭名大茂山。至汉时
定为北岳,并于其地置常山郡。宋时为辽所占,金

时以其在京城之南,遂改以晋北浑源境之玄岳山为
北岳恒山。清代祀礼亦移其地,北岳恒山遂永在太
行山北之山西省东北境。然《禹贡》恒山自在河北
曲阳境。"碣石",渤海北岸作航海标志之石,在今
河北乐亭县南海岸边。自太行至碣石,是叙从山西
省东南向东北逶迤并横过河北省北部的太行山,接
着是直抵渤海岸边的燕山东部余脉,也都属冀州。
自汧岐至碣石,连雍、冀两州,除砥柱在河道上外,
皆为渭水和河水以北之山,是北条北列。〔6〕
"西倾",山名,在今甘肃岷县以西的青海东境。"朱
圉",山名。旧皆以为是汉天水郡冀县悟中聚的朱
圉山,在今甘肃天水市西北甘谷县西南三十里的渭
水南境。王树始谓实即今卓尼,为一语之音转。就
西倾、朱圉、鸟鼠自西而东北之顺序言,王说是。顾
颉刚先生亦主此说。"鸟鼠",鸟鼠同穴山,在今甘
肃渭源县西南。"太华",即华山,在今陕西华阴县
南十里,汉时定为西岳。自西倾至太华,是从青海
东部西倾山,东连陇南至陕西的整个秦岭山脉,居
雍州南部,亦即梁州北界。〔7〕"熊耳",山名,
在河南卢氏县东南,绵亘二百余里,为伊水与雒水
的分水岭。下文"道九川"的雒水则发源于另一熊
耳山。"外方",山名,即今河南登封县境汉时定为
中岳的嵩山。根据《禹贡》文意,就地形来看,实际
当指熊耳山和伊水东南、北起嵩山斜向西南的伏牛
山一带诸山。"桐柏",山名,在豫鄂边界上,即今豫
南桐柏、信阳一线和鄂北枣阳、随县一线之间的一
座山脉。其主要支峰大复山、胎簪山,在桐柏县境
之西,为淮水所出。"负尾",《禹贡》作"陪尾"。《汉
志》江夏郡安陆县有横尾山,古文以为陪尾山,即今
湖北安陆县北的横山。自熊耳至负尾,是接着太华
逶迤向东南的豫省西南境内诸山,最末迄鄂境随
县、安陆间,这都在豫州境内。(元吴澄始以为负尾
当指山东泗水县之陪尾,其后学者多从之。就地形
看,不仅相去太远,尤以中间隔以广大的华北平原,
山势了不相属,而熊耳诸山属北岭山系,山东半岛
属阴山山系,吴说显误。)自西倾至负尾,连雍、豫两
州,及于荆州北界,皆为渭水以南、汉水以北之山,
是北条南列。〔8〕"嶓冢",山名,在陕西宁强县
境,属梁州。〔9〕"荆山",即南条荆山,在今湖北
南漳县西,属荆州。这里主要叙汉水和嘉陵江(汉
时称西汉水)之间的大巴山脉,历今陕西(秦岭南)、
四川(东境)、湖北(长江以北)三省。〔10〕"内
方",山名,即汉江夏郡竟陵县的章山,在今湖北钟
祥县的西南境,亦称马良山、马仙山。周百余里,为
荆山山脉的东南端,地当要冲,汉水经其东。按,春
秋时楚国的方城在今河南叶县、方城一带,其西北

之山即称外方,此为方城之内又一要塞,故称内方。"大别",山名,旧释大都根据汉水入江处以寻其地,以为即汉阳龟山。然龟山不大,又古名翼际山、鲁山,不名大别,故此仍当是汉时六安国安丰县西南即今鄂、皖边界之大别山。该山磅礴及于麻城、黄陂之境,正亦汉水入江区域内。这里接着大巴山以东,绵延长江以北,从汉水西岸边的内方起,中经汉水东的大洪山脉,直至鄂东大别山脉。而自嶓冢至此,连梁荆两州(东线)及于豫州之南与扬州西境,皆为沿汉水之山。计自内方以西为汉水西南,内方以东为汉水东南,皆在长江之北,是南条北列。

〔11〕"汶山",即《禹贡》岷山,大抵泯洮以南之山古人常皆称岷山,在松潘境者则为岷水所出,《禹贡》作为江水之源。"衡山",为荆州境内长江以南之大山。上文既已叙毕荆州的长江以北之山,此山自即当时已为北方所知的长江以南今湖南省内之衡山。按"衡"上《禹贡》有"于"字,成"至于衡山"。别本《史记》亦同。中华书局点校本无此"于"字,甚是。因此处系作为叙述长江沿线之山,从汶山直叙到"至于敷浅原",中间不容有两"至于"。司马迁据九个"至于"之山为"九山",可证此处原无"于"字。

〔12〕"九江",在鄂东长江北岸。 〔13〕"敷浅原",在赣北长江南岸。《汉志》豫章郡历陵县傅阳山南傅阳川,古文以为敷浅原。历陵,今江西德安县。县有博阳山,山不高,故朱熹以为敷浅原当指其北庐山。王充耘、朱鹤龄、胡渭以为庐山是山而非原,此原,只能是庐山南麓傅阳高平之地。其说较可取。《禹贡》作者只了解汉水江水大致形势,而不像对北方山川那样较能确知,所以只粗线条描述。上两句已叙述汉水沿线之山,这里叙长江沿线之山,以岷山代表四川西境诸山,向东南蜿蜒折而东北至湖南,亦以衡山代表湖南境内诸山,再东北沿长江循幕阜山以迄江汉会合地区的江北岸九江和江南岸敷浅原而止,可能《禹贡》作者认为其下就是江汉朝宗于海的下游平地,再没有大山了。自岷山至敷浅原,亦连梁荆两州(西线)及于扬州西界,皆为沿长江南岸之山,是南条南列。

【译文】然后循行九州各山:首沿渭水北岸,从汧山、岐山,直至黄河西岸的北条荆山,越过黄河;从壶口山,经雷首山,直至太岳山;南循砥柱山,东过析城山,直至王屋山;东北自太行山、常山,直至碣石山,山势入于海中。其次,自河、湟沿渭水南岸,从西倾山,经朱圉山、鸟鼠山,直至太华山;接着沿大河之南,循熊耳山、外方山、桐柏山,直至负尾山。再次沿汉水,从嶓冢山,直至南条荆山;接着从

内方山,直至大别山。又再次沿江水,从汶山之南蜿蜒以达衡山;接着再过九江,直至敷浅源。

道九川:[1]弱水至于合黎,[2]余波入于流沙。[3]道黑水,至于三危,入于南海。[4]道河积石,[5]至于龙门,南至华阴,[6]东至砥柱,又东至于盟津,[7]东过洛汭,[8]至于大邳,[9]北过降水,[10]至于大陆,北播为九河,[11]同为逆河,[12]入于海。[13]嶓冢道瀁,[14]东流为汉,又东为苍浪之水,[15]过三澨,[16]入于大别,南入于江,东汇泽为彭蠡,东为北江,入于海。[17]汶山道江,东别为沱,[18]又东至于醴,[19]过九江,至于东陵,[20]东迆北会于汇,[21]东为中江,入于海。[22]道沇水,[23]东为济,入于河,[24]泆为荥,[25]东出陶丘北,[26]又东至于荷,[27]又东北会于汶,[28]又东北入于海。[29]道淮自桐柏,东会于泗、沂,东入于海。[30]道渭自鸟鼠同穴,东会于沣,又东北至于泾,东过漆、沮,入于河。[31]道雒自熊耳,[32]东北会于涧、瀍,又东会于伊,东北入于河。[33]

【注释】[1]"道",《禹贡》作"导",意为引导河流。旧释以为是禹治理河流,蔡沈以为是按水系纪录各水("派别详纪之以见经纬"),其说近是。"九川",《禹贡》无此二字。本来"九"是泛指,但此处显系同司马迁据此段有九个"道"字所导的九条水(第一条原文为"导弱水"),因而综括为"九川"。孔颖达云:"计流水多矣,此举大者言耳。"崔述《夏考信录》云:"导水凡九章,其次第有五。弱水、黑水在九州之上游,故先之。中原之水患河为大,故次河。自河以南,水莫大于江、汉,故次江、汉。河以南,江汉以北,惟济、淮皆独入于海,故次济、淮。雍水多归于渭,豫水半归于洛,皆可附河以入于海,故以渭、洛终之。"可知这是我国最早的境内水系的初步科学记载。 [2]"弱水",是《禹贡》中最西的水。"合黎",《说文》作"合离",山名,斜亘于今甘肃张掖、高台至天城镇一线的东北方,绵延三百余里,俗名要涂山。出于山丹县的弱水至张掖合于羌谷水后,即行于合黎山西南,至金塔东的合黎峡口,折而东北过沙漠入于居延泽。 [3]"流沙",旧释以为西北一具体地名,纷歧说法遂甚多,其中主要一说以弱水所入之地为流沙,以符合于《禹贡》。如《汉志》张掖郡居延下云:"居延泽在东北,古文以为流

沙。"其实流沙是古人对西北广大沙漠地区的一总的概念，凡不熟悉的西北辽远之地即以流沙目之。自上句至此句叙弱水全程。 〔4〕"南海"，泛指中国以南的海，从《山海经》引来。大抵在神话故事及历史传说中，黑水、三危皆在西北。及秦开巴蜀接触西南夷，知有横断山脉中南流入海之水，即以之实定为《海内西经》"黑水出西北隅……南入海"之水。事实上并无这样一条远出西北流入南海之水。《禹贡》作者原具有科学精神，本不相信《山海经》神话中之水，由于不了解西北徼少数民族区域地理情况，误以为由西北入南海之水有了横断山脉之水的事实根据，就不慎采用了《山海经》中这条黑水，遂造成大错。此三句叙黑水全程。 〔5〕"河"，即今黄河，汉以前只称"河"。"积石"，山名，即今青海阿尼玛卿山。《禹贡》作者不相信《山海经》河出昆仑的神话，只就自己所确知的黄河上游最远的积石山谈起，自是其谨严处。（旧释以此山非河源，遂谓《禹贡》只是从禹治河施工处说起，显非《禹贡》作者原意。） 〔6〕"华阴"，太华山以北。其境域即今陕西省华阴县一带，河自龙门南流至此始东折。 〔7〕"盟津"，《禹贡》作"孟津"，地名。东汉以前盟津在黄河北岸的河内郡河阳（今孟县西）南的河边，即周武王伐纣渡师处。东汉永初年间孟津之名移于南岸。今黄河之南，洛阳之北有孟泽县，非《禹贡》孟泽原地。 〔8〕"雒汭"，雒水入河之处，在今河南省巩县东北。 〔9〕"大邳"，山名，其所在地有三说：一、修武、武德之界（今河南省黄河以北修武、获嘉间）；二、成皋县境（今郑州西汜水镇黄河南岸）；三、黎阳县境（今河南浚县）。据下文河过大邳即北折入大陆泽，修武、成皋二地皆太西，无法北折至大陆，自是第三说为确，即今浚县境之大邳山。 〔10〕"降水"，亦作"绛水"（《汉志》、《水经注》）、"泽水"（《旧集传》误据《孟子》），即浊漳水，按降水原为出自山西屯留县西发鸠谷（又名方山、盘秀岭、盘石山、鹿渎山）的一条小水，其上源原名滥水（一作蓝水），至屯留注入自长子县西南来之浊漳水，自是浊漳水亦名降水。东流至今河北省曲周南境注入古黄河。故说自大伾来之河水"北过降水"。 〔11〕"播"，散布。"九河"，自大陆泽东北流出散布成的九条古河道。 〔12〕"逆河"，"以海潮逆入而得名"（王充耘《读书管见》语）。指海水涨潮时倒灌入河，使临海口河段的水都成咸水。"同为逆河"，都是逆河，（据程大昌《禹贡论》引或说："同者，九河一故"。）即九条河下游都一样成为逆河。旧释为九条河汇合为一条逆河。事实上不可能有此一河，则又释逆河即是渤海。皆谬误。 〔13〕"入于海"，九河

皆入于天津附近渤海，最北者或为古黄河干流。自"道河"至此，叙河水全程。 〔14〕"瀁"，水名，汉水上游。此句说从嶓冢山导出瀁水，东流后称为汉水。《水经·瀁水注》说，瀁水原出氐道（今甘肃清水县西南）嶓冢山，东南流至武都（今甘肃成县西）东称汉水，亦称沔水。再东流至沮县（今陕西略阳东）会沮水后，又称沮水。后来此瀁水流绝，汉水遂以沮水为源，在略阳以东汉中郡境内，复分南北二源。北魏始以其南源所在的今宁强县境之山为嶓冢山，直接为汉水之所出，不再称瀁水。"瀁"，《禹贡》及《说文》作"漾"，《山海经》及《淮南子》作"洋"，《汉志》及《郡国志》作"养"。 〔15〕"苍浪之水"，《禹贡》作"沧浪之水"，原是楚国境内汉水的名称。《水经·沔水注》武当县下云："县西北四十里汉水中有洲名沧浪洲，庾仲雍《汉水记》谓之千龄洲。……是近楚都，故《渔父》（指《楚辞·渔父》）歌曰：'沧浪之水清兮，可以濯我缨；沧浪之水浊兮，可以濯我足。'……《禹贡》……不言'过'而言'为'者，明非他水决入也，盖汉沔水自下有沧浪通称耳。"武当即今湖北均县。是从均县起，至三澨所在地之襄樊间的汉水，通称沧浪之水。 〔16〕"澨"，音 shì，《说文》释为"埤增水边土"，即在水边增土为堤防之意。某水有澨，往往即以为该处地名，故《左传》有勾澨、漳澨、睢澨、薳澨、雍澨等五处。"三澨"当为沧浪之水以南的汉水边上三大堤防处。《汉志》南阳郡育阳有南筮聚，应劭注云："育水出弘农卢氏，南入于沔。"育即淯。故《禹贡锥指》云："三澨当在淯水入汉处，一在襄城北，即大堤，一在樊城南，一在三洲口东，皆襄阳县地。"其他旧释皆不如此释之确。 〔17〕"东为北江，入于海"，这是说汉水从大别山西南入长江后，向东汇聚成彭蠡泽，然后又从彭蠡泽东出为北江以入海。下文说长江从这一汇泽东出为中江以入海，把汉水和江水说成平行入海的二水。这是《禹贡》作者不了解长江下游情况，凭远道风闻的说法写成的，因而大错，旧释皆误。自嶓冢至此，叙汉水全程。 〔18〕"汶山道江，东别为沱"，"汶山"，即岷山。《禹贡》作者以为出自岷山之江即长江，故云"汶山道江"，其实只是今岷江。从江分出之水（实指其支流或支津）皆称为沱，此"东别为沱"，指今四川省境内岷江东之水。旧释指郫水，即今沱江。 〔19〕"醴"，《唐石经》及其后刊本《禹贡》作"澧"，段玉裁以为原本固作"醴"。《楚辞》"濯余佩兮醴浦"，是醴为楚境水名。旧释或以为是今湖南醴陵县（如郑玄），则在长江以南数百里，且非水名。或以为是《说文》澧水（如段玉裁所举），属今河南南召县境，则在长江以北数百里，皆太远。或又以为是今湖南

西境之澧水（如胡渭等），则自西南来入洞庭湖，相去亦远。据"道江"所叙，醴是在今川东诸水以下、鄂东九江以上的长江河道所经过的一处水名，当指今鄂南湖沼地带某地。　〔20〕"东陵"，旧释不详其地，宋儒释为巴陵（即今湖南岳阳县），然巴陵从来不名东陵。据《汉志》庐江郡金兰西北有东陵乡。《水经·江水注》："又东过下雉县北，利水从东陵西南注之，利水出庐江郡东陵乡。江夏有西陵县，故是言东矣。《尚书》江水'过九江至于东陵'者也。"当即其地。下雉在今广济以西的长江南岸阳新县境，东陵当在其处不远。　〔21〕"迆"，音 yǐ，同"迤"，斜行。"汇"，水众多汇聚成泽叫汇。"东迆北会于汇"与上文汉水"东汇泽为彭蠡"意义同，此汇字即指彭蠡。　〔22〕"东为中江，入于海"，自"汶山"至此二句，叙江水全程。　〔23〕"沇"，音 yǎn，为"兖"原字。沇水出豫北王屋山，至温县称为济水。王屋山所在地遂称济源县。　〔24〕"入于河"。济水自济源东出，古时经温县东北，折而东南合奉沟水，历沙沟南入于河，河南岸为今氾水镇。王莽时此道干涸，称为"济水故渎"。济水改由温县南入河，河南岸即今巩县。后其道又陷河中，而由济水另入滍水的一支津在孟县南境入河。今济水又循温县东行，至氾水镇东广武镇北岸入河。　〔25〕"泆"，音 yì，《汉志》作"轶"，与《禹贡》原"溢"字音义皆同。古黄河在南岸的广武（荥阳北境）分出一条支津向东南流，其北岸斜对着济水入河处，古人误以为是济水横过黄河南流（或说是济水与河水斗而南出，或说入河后其伏流潜行地下绝河而南出），因而把南面这条水接着称济水。其南出黄河南岸处，古时是一沼泽，称荥泽，即上文豫州的"荥播既都"之地。　〔26〕"陶丘"，今定陶西南境地名。济水自荥泽东流，东北经今原阳、封丘、兰考东之古济阳，直至陶丘北（即今定陶）北流。　〔27〕"荷"，当依《禹贡》作"菏"。济水至定陶西南会菏水，东北汇为菏泽，故说"又东至于菏"。然后菏水自菏泽东出流入泗水，济水则继续东北流入大野泽。以上济水至此称南济。另自今兰考东古济阳之北分出北济，历冤朐（今定陶西）至乘氏（今巨野西），会南济俱入大野泽。　〔28〕"又东北会于汶"，汶水在今山东东平县安山入济水，其地在菏泽东北，故云"东北会于汶"，盖济水入大野泽，后自泽北出，过寿张（即东平境）遇汶来注。　〔29〕"又东北入于海"，济水会汶后，东北过今东阿、平阴、济南、历城、邹平、高青、博兴诸县以入海。东汉黄河大体以济水河道入海，宋庆历间河决商胡而离济水，其后济水分为大、小清河。清咸丰时黄河复夺大清河入海。自"道沇"至

此句，叙济水全程。　〔30〕"东入于海"，此上三句叙淮水全程。记其出桐柏后东流所受最主要之水。"淮"、"桐柏"、"泗"、"沂"已见前注。　〔31〕"入于河"，此上五句叙渭水全程。自鸟鼠同穴出后，自西而东，直至进入陕西之后，始叙其下游所受诸水。"渭"、"鸟鼠同穴"、"沣"、"泾"、"漆"、"沮"已见前注。　〔32〕"雒"，水名。"熊耳"，山名，在汉上雒县（今陕西洛南县西南）。《汉志》弘农郡上雒县下云："《禹贡》雒水出冢领山。"又："熊耳获舆山在东北。"《山海经·中次四经》谓"讙举之山，雒水出焉"。且以其山与"熊耳之山"并举云："此二山者，洛间也。"显然讙举即获舆，则雒水实出于上雒之冢领山与熊耳获舆山之间，故或云出冢领，或云出熊耳。此与河南卢氏县东南之熊耳非一山。《禹贡锥指》以熊耳绵亘于上雒与卢氏间为一山。今观地形，两熊耳一在浙水下游之西，一在浙水上游东北逶迤而去，了不相属，《锥指》说误。　〔33〕自"道雒"至"入于河"，叙雒水全程。"涧"、"瀍"、"伊"已见前注。

【译文】又巡视九州各水：弱水，西流到合黎山下，它的下游折而北流，没入沙漠中。黑水，通流至于三危山下，最后长流入于南海。河水，通流于积石山下，直至龙门，更南到华山之北，东过砥柱，又东到盟津，东过雒水入河处，再前流就到了大邳山，然后折而北流，经过降水入河处，再前流注入了大陆泽，又自泽的东北流出，分布为九条河道，各河道下游入海口河段都受海水倒灌成为逆河，最后都入于海中。瀁水，流出自嶓冢山，东流后称为汉水，又向东流称为苍浪之水，再向前流经三澨，接着流入大别山区，再南就流入了长江，又东流汇积为彭蠡泽，自泽再东出称为北江，最后流入海中。江水，从汶山开始通流，在流程中从它的东边分出支津为沱水，江水的主河道径自折而东流，直至醴水地带，然后流过九江，到达东陵，再自东陵东去，逶迤北流，会于彭蠡泽，然后自泽中再东出称为中江，最后入于海。沇水，通流向东，称为济水，注入黄河，接着越过黄河向南溢出为荥泽，再自荥泽东出到陶丘北，再东流至与菏水相会处，又向东北流，与来注的汶水相会然后向东北长流入海。淮水，从桐柏山开始通流，东流会合泗水和沂水，向东入海中。渭水，从鸟鼠同穴山流出，长驱向东流，与沣水相会后，再东北流至泾水入渭处，又东流会漆沮水入渭处，然后东注于黄河。雒水，通流自熊耳获舆山，向东北流，与涧水、瀍水会合后，又向东流会合伊水，再东北流入黄河。

于是九州攸同，〔1〕四奥既居，〔2〕九山刊旅，〔3〕九川涤原，〔4〕九泽既陂，〔5〕四海会同。〔6〕六府甚修，〔7〕众土交正，〔8〕致慎财赋，〔9〕咸则三壤，〔10〕成赋中国。〔11〕赐土姓：〔12〕"祗台德先，〔13〕不距朕行。"〔14〕

【注释】〔1〕"攸"，语词，修饰"同"字。"同"，相同，同样。上文叙九州毕，这里总括一句说：九州都同样地好了。 〔2〕"四奥既居"，是说四方地境之内已可居住。 〔3〕"九山"，本泛指多数的山，然此亦可照应上文之"九山"。"刊"，刊削树木以为表识。"旅"，道。此句系集上文"随山刊木"和"蔡蒙旅平"、"荆岐已旅"之义写成，是说九州诸山已经刊本表识，可以通道了。 〔4〕"九川"，与"九山"用法同。"涤"，同"条"。《汉书·律历志》《集注》："条，达也。""涤原"即达源，是说九州诸水已疏达其源流了，与《史记·河渠书》说"九川既疏"意义相同。 〔5〕"九泽"，亦泛指多数湖泽。"陂"，音 bēi，泽障，即湖泽边的堤障。此处作动词用，即筑障使湖泽的水不流溢。此句是说九州所有的湖泊都筑好堤障，水已停蓄成泽，不复为患了。 〔6〕"四海会同"，亦即天下统一之意。（旧释据《周礼》"时见曰会，殷见曰同"，释为四海官民聚会京师，不确。） 〔7〕"六府甚修"，《禹贡》"甚"作"孔"，义同。《礼记·曲礼》说"天子之六府曰司土、司木、司水、司草、司器、司货，典司六职"。《注》："府主藏六物之税者。"故六府就是掌管贡赋税收的六职。《禹贡》全文主要标的在贡赋，此句是说把贡赋税收之职办好。 〔8〕"众土交正"，《禹贡》"众"作"庶"，义同。"交"，俱。"正"，同"征"，征收，与《孟子·梁惠王篇》"上下交征利"的"交征"同义。 〔9〕"致"，《禹贡》作"厎"，《史记》译用其义。此句是说征收财赋要加慎。 〔10〕"咸"，皆，都。"则"，准则，依以为准。"三壤"，土壤肥瘠分上中下三品，要依土壤肥瘠为准则来定赋税，与《国语·齐语》的"相地而衰征"（韦《注》"视土地之美恶及所生出以差征服之轻重"）及《管子·乘马数》的"相壤定籍"意义一样。 〔11〕"中国"，《禹贡》作"中邦"。先秦文献所说"中国"系对"四夷"而言，也就是指九州。赋税规定在九州中征取，所以说"成赋中国"。点校本以"中国"连下"赐土姓"为句，误。 〔12〕"赐"，《禹贡》作"锡"，义同。《国语·周语》下叙述禹治水功绩，在前"四海会同"注所引数语之后，又续叙了数句功绩，然后说："皇天嘉之，胙以天下，赐姓曰姒，氏曰有夏。"即《左传》隐公八年所说"因生以赐姓，胙之土而命之氏"。《禹贡》在抄录了"四

海会同"注文所举那段材料之后，略去后面数句，又将皇天胙土赐姓四句神话改为史事，简化为"赐土姓"三字，就使人看不清楚。这原是说上帝给禹赏赐了土和姓氏。无意中保存了一句神话原文。旧释多违原意，以为禹赐臣下以土、姓，实误。 〔13〕"祗"，敬。"台"，音 yí，我，自称。"祗台德先"，一般皆释为以敬我的德教为先。 〔14〕"朕"，音 zhèn，我。古时任何人皆可自称"朕"，秦代始规定为天子专称。此句是说不违背我的意志行事。"祗台德先，不距朕行"两句，不知《禹贡》作者录自何项资料，致在此与上下文联系不密切。古代胙土赐姓，要讲一篇誓词，在誓词中要讲几句诚敕的话，这或许是其中的两句。

【译文】到这时九州都已同样美好，四方境内都可安居了，九州的山都经刊木表识可成通途了，九州的水已疏通其源流了，九州低洼沼泽之地都已修筑堤防潴成湖泊了，四海之内会同一致了。掌收贡赋的官府可以很好地完成其职责了，所有的领土上都可征收赋税了，但必须谨慎地征取税收，一定要依土地肥瘠为准则来定税额，就在中国九州之内完成征收赋税的任务。上帝赏赐了禹以天下的土地，并赐给了他姓氏，说："把敬修我的德业放在最先，不要违背我的一贯行为作风。"

令天子之国以外五百里甸服：〔1〕百里赋纳总，〔2〕二百里纳铚，〔3〕三百里纳秸服，〔4〕四百里粟，五百里米。〔5〕甸服外五百里侯服：〔6〕百里采，二百里任国，三百里诸侯。侯服外五百里绥服：〔7〕三百里揆文教，二百里奋武卫。绥服外五百里要服：三百里夷，二百里蔡。要服外五百里荒服：〔8〕三百里蛮，二百里流。

【注释】〔1〕"令天子之国以外"，此七字《禹贡》所无。《禹贡》"不距朕行"下径接"五百里甸服"。《史记》以甸服在天子之国都以外，故加此七字以明之。"甸服"，《禹贡》"五服"的第一服。这句是说国都中心以外五百里之内的地方都称为甸服。这样，东五百里，西五百里，所以说"规方千里以为甸服"（周襄王语，见《周语》韦《注》及伪《孔传》）。"服"的原意是为天子服务中有关的服事、职务、官位之类。《酒诰篇》说殷商分为内外二服：邦内官吏为内服，从王朝百僚到基层里君都是；四方诸侯为

外服，有侯、甸、男三种。由于诸侯拥有土地，所以侯、甸、男等服逐渐引申发展成为指各服的地域。这些都是历史上存在过的。其后逐渐离开实际，衍成纸上文章。东周时的《周语》中出现了系统的由近及远的甸、侯、宾、要、荒五服，但尚未规定其地域大小、疆界里数。到写进《禹贡》中，便机械地规定了各方每五百里为一服，依次为甸、侯、绥、要、荒五服，成了完全不顾地理实际的空想的非科学的东西，以此来对全天下作出飞鸟距离式的地域区划，后来发展成《周礼·职方氏》的"九服"及《大司马》的"九畿"，就更为荒谬无稽。〔2〕"总"，《禹贡》作"緫"，禾稿成束叫总。即将稻麦从根拔起，连带谷穗和禾茎成捆向官府缴纳。《诗·生民》《疏》引郑玄《注》云："入刈禾也。"这是由于对五服所定赋税按地域远近来分轻重，一百里内最近，所以整捆地连穗连秸都交纳。《左传》昭公十三年子产说："卑而贡重者甸服也。"是指甸服交纳更多的贡赋而言。〔3〕"铚"，音 zhì，是割禾短镰，故即用以为禾穗的代称。郑玄注为"断去铚也"。因以铚刈禾穗，就只取禾穗。〔4〕"秸"，郑玄注："秸，又去颖也。"颖是禾秸尖端芒毛。去颖，就是把穗的颖去掉，即收拾了秸芒的穗。"服"，事。"秸服"即秸事。〔5〕"粟"、"米"，段玉裁释云："去糠者为米，未去者为粟。"又举另一说云："对精米言之，则精米为米，粝米为粟。"（此意本胡渭。）粝米就是粗糙的米。段意主后说。但古时注重"国有九年之蓄"，惟粟宜于藏，而米不可久，则粟仍以未去壳者为是。〔6〕"侯服"，这是《禹贡》"五服"的第二服。在本服内按远近规定了三个地域：一、采。（历史上有过采邑，文献早者见于《康诰》，金文中亦有之。）二、任国。（《禹贡》作"男邦"，亦见于西周文献及金文。甲骨文中则固作"任"，知《史记》有据。但历史上男服原与侯、甸并立，此则降隶于侯服。）三、诸侯。对他们的贡赋如何定，没有说。苏轼《书传》云："此五百里始有诸侯，故曰侯服。"其实周代虢、毕、祭、郑、晋等诸侯皆在甸服，此说显误。总之这是违反原历史实际的侯服。〔7〕"绥服"，《周语》中此为宾服，《禹贡》改称绥服。宾服原指对前代王族的封地，此则不着边际地说"三百里揆文教（揆，度也），二百里奋武卫"，可能是以文教招徕四夷，以国防抵御四夷，因此叫"绥"。但各占三百里、二百里，实属硬凑。〔8〕"要"，读平声，旧释为约束之意。马其昶云："要、徼通用，边塞曰徼，要服即边服。"其说可用。"荒"，荒远之意。要服离王都一千五百里外之地，荒服离王都二千里外之地。要服住夷族，荒服住蛮族，这又是硬派《周语》里安排的夷、蛮都属要服，也与此

异。又要服安置判处"蔡"刑的罪犯，荒服安置判处"流放"刑的罪犯。但蔡是仅次于死刑的最重刑，反比流刑处理轻，亦不合理。由每服五百里，一方五服合为二千五百里，与另一方合计则为五千里，故下文引《皋陶谟》云："辅成五服，至于五千里。"

【译文】规定在天子国都以外五百里的地域称为甸服，其中离国都一百里内的要缴纳连着秸穗的整捆的禾，二百里内的要缴纳禾穗，三百里内的要缴纳去掉了秸芒的穗，四百里内的要缴纳谷粒，五百里内的要缴纳米粒。甸服以外五百里内的地域称为侯服，其中近百里以内为采地，二百里以内为男爵地，其余三百里地封诸侯。侯服以外五百里内的地域称为绥服，其中内三百里地区度势发扬文教，外二百里地区奋力兴办国防。绥服以外五百里地域称为要服，其中内三百里地区住夷族，外二百里地区则安置判处蔡刑的罪犯。要服以外五百里地域称荒服，其中内三百里地区住蛮族，外二百里地区则安置判处流放刑的罪犯。

东渐于海，〔1〕西被于流沙，〔2〕朔、南暨：〔3〕声教讫于四海。〔4〕于是帝锡禹玄圭，〔5〕以告成功于天下。〔6〕天下于是太平治。

【注释】〔1〕"渐"，浸。〔2〕"被"，音 pī，覆盖。"流沙"，西边荒漠之地。〔3〕"朔"，北。"暨"，同"及"，达到。这句是说北方和南方以能到达的地方为止境。由于北方和南方还有广袤的土地尚为少数民族所居，无法说得明确，故笼统言之。〔4〕"声教"，声威和教化。"讫"，音 qì，尽。这里四句总起来谈了四境所至，表述了《禹贡》作者较客观的对神州大陆四至的认识，只有东边是海，西边则是流沙，南北两方笼统地指出其无边的遥远，都不说有海。《禹贡》虽最后用了当时流行的一个词汇"四海"，但实际是"天下"的同义词，《禹贡》作者并没有认为九州的四面有海。〔5〕"于是帝锡禹玄圭"，《禹贡》作"禹锡玄圭"。在原神话中，治水成功后，上帝嘉奖禹，赐给禹玄圭。司马迁必见此原材料（今所传汉代《尚书璇玑钤》中即载此说），因而改正了《禹贡》的"禹锡"之文。（不过古时主动被动不分，"禹锡"即禹被锡，然注疏家不解此义而误释。）此"帝"原是上帝，旧释或谓帝尧，或谓帝舜，用帝字后起义为训，皆非。"玄"，旧释为天色。"圭"，一种玉石制的礼器，《说文》谓为上圆下方的瑞玉。古时

帝王贵族在朝聘祭祀等典礼中，手里要拿着它。"玄圭"，天色之圭。此句说上帝以这种珍贵礼器玉圭嘉奖禹治水之功。〔6〕"以告成功于天下"，《禹贡》作"告厥成功"，此系译其意。《夏本纪》录《禹贡》全文至此句完毕，下面总说一句赞扬成功的话："天下于是太平治"，是司马迁为完足语意所加。

【译文】我们的大地东边浸在大海中，西边覆盖在辽远的沙漠下，北方和南方以能到达的地境为地境，华夏的声威教化达到了四海的尽头。于是上帝赏赐给禹一个玄圭，用以向普天之下宣布大功告成。天下从此太平同治了。

皋陶作士以理民。〔1〕帝舜朝，禹、伯夷、皋陶相与语帝前。〔2〕皋陶述其谋曰：〔3〕"信道其德，谋明辅和。"〔4〕禹曰："然，如何？"〔5〕皋陶曰："於！〔6〕慎其身修，思长，〔7〕敦序九族，〔8〕众明高翼，近可远在已。"〔9〕禹拜美言，〔10〕曰："然。"皋陶曰："於！在知人，在安民。"禹曰："吁！〔11〕皆若是，〔12〕惟帝其难之。知人则智，〔13〕能官人；能安民则惠，〔14〕黎民怀之。能知能惠，〔15〕何忧乎驩兜，〔16〕何迁乎有苗，何畏乎巧言善色佞人？"〔17〕皋陶曰："然，於！亦行有九德，〔18〕亦言其有德。"乃言曰："始事事，〔19〕宽而栗，〔20〕柔而立、愿而共，〔21〕治而敬，〔22〕扰而毅，〔23〕直而温，简而廉，刚而实，〔24〕强而义，〔25〕章其有常，〔26〕吉哉。日宣三德，蚤夜翊明有家。〔27〕日严振敬六德，〔28〕亮采有国。〔29〕翕受普施，〔30〕九德咸事，〔31〕俊乂在官，〔32〕百吏肃谨。毋教邪淫奇谋。非其人居其官，是谓乱天事。〔33〕天讨有罪，五刑五用哉。〔34〕吾言底可行乎？"〔35〕禹曰："女言致可绩行。"〔36〕皋陶曰："余未有知，思赞道哉。"〔37〕

【注释】〔1〕"士"，古代审理刑狱的官，这里是说皋陶担任司法官之长。〔2〕"伯夷"，在《吕刑》中，伯夷是和禹、稷同被上帝派下来"恤功于民"的三位天神，他负责以刑法治民。在《郑语》中，伯夷是姜氏戎族的宗祖神。《山海经·海内经》中说他生了西岳，其后裔为氐羌。因西岳即四岳，故其仍是羌族中姜氏之戎的宗祖神。至于《论语》、《孟子》中的伯夷则是商周之际（公元前十一世纪）的一个仁

人，距离本文所记他和禹、皋陶一起在帝舜前谈话的时间（公元前二十一世纪）已经相隔一千年了。《绎史》觉得不合，要改为伯益，不知也系古代神话故事和历史传说中出现的分歧。〔3〕从此句"曰"字，直至"万事堕哉帝拜曰然往钦哉"句止，系录汉时今文《尚书》的《皋陶谟》篇全文。〔4〕"信道其德，谋明辅和"，《皋陶谟》（以下省作《谟》）原作"允迪厥德，谟明弼谐"，《史记》此两句逐字翻译。通行本"道"误在"其"下，据段玉裁说乙正。〔5〕"然，如何"，《谟》作"俞，如何"。"俞"、"然"同义。旧注云："然其言，问所以行。"即同意皋陶说的话，问他怎样去实行。〔6〕"於"，《谟》作"都"，此译用"於"，下文同。这都是惊叹词，等于今语的"啊"、"噢"。〔7〕"慎其身修，思长"，《谟》作"慎厥身修，思永"，《释文》云当读至"身修"断句。这句意为谨慎地修身，长远地考虑。〔8〕"敦序九族"，《谟》作"惇叙九族"。"敦"同"惇"，仁厚之意。"序"同"叙"，按序亲近。"九"为多数之意，"九族"指诸氏族。〔9〕"众明高翼，近可远在已"，《谟》作"庶明励翼，迩可远在兹"，此逐字按义译其意。郑玄《注》云："以众贤明作辅翼之臣，此政由近以及远也。"〔10〕"美言"，今本《谟》作"昌言"，汉今文作"谠言"，即善言。〔11〕"吁"，惊叹词。〔12〕"皆若是"，《谟》作"咸若时"，此译其意。〔13〕"智"，《谟》作"哲"，此译其意。〔14〕"能"，《谟》无此句之"能"字，是。《史记》此处蒙上"能官人"句误衍。〔15〕"能知能惠"，《谟》作"能哲而惠"，总上"知人则哲"、"安民则惠"两句而言。此"知"即上句"智"字。〔16〕"驩兜"，音 huān dōu，《山海经·海外南经》作"讙头"，又作"讙朱"。传说是一个人面、鸟喙、有翼、扶翼而行的神。《大荒北经》则说"驩头生苗民"，可知是古代苗族的宗祖神，也是一个有名的首领。因为是华夏族的敌对者，《尧典》把他列为四凶之一。〔17〕"巧言善色佞人"，《谟》作"巧言令色孔壬"。"令"，善。"孔"，甚。"壬"，佞。此译用其义。〔18〕"然，於！亦行有九德"，《谟》无"然"字，"於"原作"都"。《史记》以"然"译"俞"，以"於"译"都"。此处上多"然"字，则其所据汉代今文本《谟》当有"俞"字。这是先肯定对方的话，然后再以叹词"於"引出自己的话。"亦"，与"系"同音通用，在此为语首助词，无义。〔19〕"始事事"，《谟》作"载采采"。"载"，始。"采"，事。此亦逐字译写。在此句下《谟》有"禹曰何，皋陶曰"六字，此删去，径接下句"宽而栗"。〔20〕"栗"，庄敬，严肃。〔21〕"愿"，谨厚。"共"，今本《谟》作"恭"，《史记》当据汉今文。共为供办之意。"愿而共"，为人谨厚，但也有干办

之才。〔22〕"治"，《谟》作"乱"，此译用其训诂字。〔23〕"扰"，义同"柔"，和顺。　〔24〕"实"，汉今文本《谟》作"塞"，皆训为实，踏实。《史记》即译用此训诂义。〔25〕"强"，坚强。〔26〕"章"，《谟》作"彰"，义同。〔27〕"蚤夜翊明有家"，《谟》作"夙夜浚明有家"。"夙"，早。"蚤"、"早"的同音假借。"翊"，敬。《史记》以"翊"译"浚"，可能据汉今文。"明"，勉。"家"，旧释为"诸侯称国、卿大夫称家"之家。"有家"，卿大夫能保有自己的家。《谟》写成于春秋战国时代，此解似适合当时用法。江声释为"早夜敬明其德于家"，亦可备一说。〔28〕"严"，教令急。"振"，《谟》作"祗"。祗之义为敬，振之义通整，亦引申为敬。二字又双声，故古籍中振、祗常通用。"振敬"，同义复词。〔29〕"亮"，信。"采"，事。"国"，《谟》作"邦"，沿东汉古文，西汉今文则避讳作"国"。"有国"，诸侯能保有自己的封国。江声释为"日益俨敬六德，以相事于国"，可备一说。〔30〕"翕"，音 xī，合。"普"，《谟》作"敷"，义同。"施"，用。〔31〕"咸"，皆。"事"，任事，在职。〔32〕"乂"，音 yì，有才德。马融释为相当千人之才叫俊，相当百人之才叫乂。按俊乂乃指超过常人的才智之士，不应拘泥其人数。〔33〕"百吏肃谨"至"是谓乱天事"四句，《谟》作"百僚师师"至"五服五章哉"十七句，《史记》概括其意为此四句。〔34〕"天讨有皋，五刑五用哉"，《谟》有此两句，在"五服五章哉"句下，惟"皋"作"罪"。据《说文》，秦以"皋"似"皇"字，改为"罪"。"五刑"，劓（割鼻）、刖（割膝）、宫（割生殖器）、黥（刺墨）、大辟（处死）。"五用"，班固有"大刑用甲兵，其次用斧钺，中刑用刀锯，其次用钻凿，薄刑用鞭扑"之说，孙星衍以为即此"五用"。班固说远在《皋陶谟》之后，恐非《谟》所据，似不如旧注"用五刑宜必当"之简要。〔35〕"五刑五用哉"之下，此句之上，《谟》尚有"政事懋哉"至"皋陶曰"八句，《史记》皆删去。此句《谟》作"朕言惠可厎行"，《史记》改"朕"为"吾"，并删语词"惠"字，改用"乎"字于语末。〔36〕"女言致可绩行"，《谟》作"俞，乃言厎可绩"。《史记》并入上一段话中，故删语词"愈"，改"乃"为"女"（汝），义同。又改用"厎"训诂字"致"，并加"行"字答皋陶所问。〔37〕"思赞道哉"，《谟》作"思曰赞赞襄哉"。郑玄释下一"赞"字为"明"，释"襄"为"扬"，释此句为"所思徒赞明帝德扬我忠言而已"，不如《史记》所译此句之简要。

【译文】 于是任命皋陶为审理刑狱的长官以治理人民。有一天帝舜在朝廷召见大臣，禹和伯

夷、皋陶就在舜的面前展开讨论。皋陶阐述他的主张说："要真诚地引导德教，提出明智的谋议，共同团结一致地辅佐天子。"禹说："说得对！但怎样实现你所说的呢？"皋陶说："啊！要谨慎地修养自身的品德，多从长远考虑，仁厚地团结各氏族，推举众多贤明的人才作辅翼之臣，使清明的政治逐步地由近以及远。"禹非常佩服这样的好议论，说："对呀！"皋陶又说："啊！这全在于善于知人，全在于安定老百姓。"禹说："唉！要都能做到这样，连陛下也将感到是一件不容易的事。知人要有知人的明智，才能识拔真正的贤才任职；安民要使人民得到实惠，才能使人民怀恩感德。能够知人善任，又能够施惠于人民，还怕什么驩兜的作乱？还需要什么放逐三苗？还畏惧什么花言巧语善于作伪的坏人呢？"皋陶说："是呀，啊！人们本应有九种德行，有必要谈谈这九种德行。"于是就列举说："说人有德，要从他的所有行事来看。宽仁而又严肃，柔和而又坚定自立，谨厚而又有干办之才，治事有为而又谦敬，和顺而又果毅，正直而又温良，简率而又有廉隅操守，刚劲而又踏实，强直无所屈挠而又合于义行，这些品德能昭彰为人所共见而又能经常保持这样做，那就好了。对于这九种德行，如果每天能做到其中三种，从早到晚都能敬勉遵行，就能保有你的家；如果每天能进而抓紧做到其中六种，用以诚信地治理政事，就能保有你的国。应该总承这九德而普加施行，使备有九德的人都获在位，贤俊之才都能任职，所有官吏都肃敬谨饬，不让邪淫和施阴谋诡计的人得逞。如果不合职位的人占着职位，就叫做乱天事，上天是要讨伐有罪的人的，那就按五刑去分别执行惩罚。我这些话可以成功地贯彻实行吗？"禹说："你的话完全可以成功地实行。"皋陶说："我并没有智能，不过是想赞助治国之道罢了。"

帝舜谓禹曰：〔1〕"女亦昌言。"禹拜曰："於，予何言！〔2〕予思日孳孳。"〔3〕皋陶难禹曰："何谓孳孳？"禹曰："鸿水滔天，浩浩怀山襄陵，下民皆服于水。〔4〕予陆行乘车，水行乘舟，泥行乘橇，山行乘檋，行山刊木。〔5〕与益予众庶稻鲜食。〔6〕以决九川致四海，〔7〕浚畎浍致之川。〔8〕与稷予众庶难得之食。〔9〕食少，调有余补不足，〔10〕徙居。众民乃定，万国为治。"〔11〕皋陶曰："然，此而美也。"〔12〕

【注释】〔1〕"帝舜谓禹曰"，《谟》作"帝曰来禹"。自此句起直至篇末"往钦哉"止，原为《谟》的

下半篇，伪古文割裂为独立的一篇，并冒用古文《弃稷》篇题，又改为《益稷》。　〔2〕"於，予何言"，《谟》作"都，帝予何言"。此依例译"都"作"於"，并删"帝"字。　〔3〕"孳孳"，《谟》作"孜孜"，同音通用，汲汲不息、勤勉不懈怠之意。　〔4〕"下民皆服于水"，《谟》作"下民昏垫"。"昏"，没。"垫"，陷。意思是说洪水时下民有没溺之患。《逸周书·谥法解》云："服，败也。"故《史记》译其意为服于水。　〔5〕"行山刊木"，《谟》作"予乘四载，随山刊木"。上一句是总结陆、水、泥、山等"四载"之文，《史记》既已分别言之，故删此句。"刊木"，刊削树木以为表识。　〔6〕"与益予众庶稻鲜食"，《谟》作"暨益奏庶鲜食"。本篇开头第五段叙禹与益、稷奉帝命治水，开九州，有"令益予众庶稻"之句，此并合成文。"鲜食"，或释生食，或释鱼，或释新杀的鸟兽。其中任一释均可，因都能解通文义。　〔7〕"以决九川致四海"，《谟》"以"作"予"，"致"作"距"。旧注："距，致也。决九州名川通之至海。"《史记》即用此意。　〔8〕"浚畎浍致之川"，《谟》"致之"作"距"。"浚"，疏浚水道。"畎"，沟。"浍"，大沟，通水于川。此以"致之"意译"距"字。　〔9〕"与稷予众庶难得之食"，《谟》作"暨稷播奏庶艰食"，此译成平易语句。"稷"，周始祖，被奉为发展农业的宗神。　〔10〕"食少，调有余补不足"，《谟》作"鲜食，懋迁有无化居"，此以常语译用其意。　〔11〕"众民乃定，万国为治"，此亦逐字译其意。　〔12〕"然，此而美也"，《谟》作"俞，师汝昌言"。"师"，"斯"之同音假借，即"此"。"而"，汝。"昌"，说，美善之意。

【译文】帝舜对禹说："你也说说你的好意见。"禹拜手说："啊！我说什么呢！我只想到每天要孳孳不懈地为陛下工作。"皋陶于是诘问禹说："什么叫孳孳啊！"禹说："滔天的洪水，浩浩荡荡地包围了山岳，漫没了丘陵，老百姓都有没溺之患。我走旱路坐车，走水路坐船，走泥泞的路坐橇，走山路用履底有齿的樏，循行山岭刊削树木以为表识，和益一道给老百姓稻谷和生鲜食物。我把九州的河流疏通使入海中，把沟渠修通使入河流中。又和稷一道使老百姓在难于得到食物时能得到食物。缺粮少食的地方，调有余地方的粮食来补其不足，广大群众才获得安定下来，万国之地都长治久安了。"皋陶插话说："对啊！你这话真太好了！"

禹曰："於，帝！慎乃在位，〔1〕安尔止。〔2〕辅德，〔3〕天下大应。〔4〕清意以昭待上帝命，〔5〕天其重命用休。"〔6〕帝曰："吁！臣哉！臣哉！〔7〕臣作朕股肱耳目。〔8〕予欲左右有民，女辅之。〔9〕余欲观古人之象，〔10〕日月星辰，作文绣服色，〔11〕女明之。〔12〕予欲闻六律五声八音，〔13〕（来始滑）〔七始咏〕，〔14〕以出入五言，〔15〕女听。〔16〕予即辟，女匡拂予。〔17〕女无面谀，退而谤予。〔18〕敬四辅臣。〔19〕诸众谗嬖臣，〔20〕君德诚施皆清矣。"禹曰："然。〔21〕帝即不时，布同善恶则毋功。"〔22〕

【注释】〔1〕"乃"，你。　〔2〕"安尔止"，在"慎乃在位"与"安尔止"之间，《谟》多"帝曰俞禹曰"五字。"安尔止"之下，多"惟幾惟康"四字。此皆删。又"尔"作"汝"。郑玄释此句云："安汝之所止，毋妄动，动则扰民。"　〔3〕"辅德"，《谟》作"其弼直"。"弼"，辅。"德"本字。故译为辅德。　〔4〕"天下大应"，《谟》作"惟动丕应"。"丕"，大。此译通大意。〔5〕清意以昭待上帝命，《谟》作"溪志以昭受上帝"。"溪"与"清"于音韵为支与青之通转，故通用。"待命"，即等待受命。　〔6〕"天其重命用休"，"重"，《谟》作"申"。重为申的训诂义。"休"，美。〔7〕"吁！臣哉，臣哉"，《谟》作"臣哉邻哉！邻哉臣哉"。旧释为"群臣道近"，盖以"近"释"邻"。此删二"邻哉"，作为直呼臣下。此下《谟》原文尚有"禹曰俞帝曰"五字，此删。　〔8〕"股"，大腿。"肱"，音 gōng，肘臂。"股肱"二字连用，以手足来比喻君主左右重要大臣。　〔9〕"女辅之"，《谟》作"汝翼"。翼义为辅。此句下《谟》原文有"予欲宣力四方汝为"八字，此删。　〔10〕"古人之象"，据下文所叙，是示法象之服制，是"古人之象"指古代贵族服饰上的各种彩绘。　〔11〕"日月星辰，作文绣服色"，"日月星辰"之下，《谟》有"山龙华虫作会宗彝藻火粉米黼黻绣，以五彩彰施于五色，作服"二十六字，皆服饰上的图案，《史记》概括为"作文绣服色"五字。〔12〕"女明之"，《谟》作"汝明"。　〔13〕"六律"，古代作为确定乐音高低的标准音十二律是：黄钟、大吕、太簇、夹钟、姑洗、中吕、蕤宾、林钟、夷则、南吕、无射、应钟。其居奇数位（即第一、三、五、七、九、十一诸律）的六个为阳律，称"六律"；居偶数位的六个为阴律，称"六吕"。虽并称为"律吕"，单称仍叫"六律"。"五声"，亦称"五音"，为古代声乐五声音阶中的宫、商、角、徵（音 zhǐ）、羽五个声级，约相当于今音乐简谱的 1、2、3、5、6 五个音。后加上变宫、变徵，才完备了七声音阶。"八音"，古代乐器由八种不同材料造成,综称八音。即金、石、丝、竹匏、土、革、木。金有钟、铃等,石有磬、璬等,丝有琴、瑟等,竹有管、簫、箫、笛等,匏(施簧者)有笙、竽等,土有埙(音 xūn)等,革(皮)有鼓、鼗等,木有柷(音 zhù)、敔(音 yǔ)等。〔14〕"来始滑",汉代今文本《皋陶谟》此三字另作"七始咏"、"七始训"、"七始华"、"七始滑"、"采政忽",连此异文有六。汉古文本作"在治曶",伪古文作"在治忽"。按《尚书大传》云:"定以六律、五声、八音、七始。"郑玄《注》:"七始,黄钟、林钟、大簇、南吕、姑洗、应钟、蕤宾也。"皆有关乐律者,显然此处当作"七始咏"。"始"则形讹为"治",再义讹为"政"。"咏"(詠)形讹为"训",再音讹为"华"、"滑"、"忽"。遂出现此诸谬误。"来始滑"尤荒谬,今校正为"七始咏"。〔15〕"以出入五言","入",《谟》作"纳",义同。"五言",旧释五常之言,亦即仁、义、礼、智、信五德之言。〔16〕"女听",你们为我详审听之。〔17〕"予即辟,女匡拂予",《谟》作"予违汝弼"。"辟",与违失义相近,《荀子·修身篇》有"辟违而不悫"之语,故"予即辟"即"予违"。此语意谓我如有违失,你们就要匡正辅弼我。〔18〕"女无面谀,退而谤予",《谟》作"汝无面从,退有后言"。此译使原意更清楚。〔19〕"敬四辅臣",《谟》作"钦四邻"。"钦"、"敬"同义。"四邻",前后左右四近之臣。《尚书大传》云:"古者天子必有四邻,前曰疑,后曰丞,左曰辅,右曰弼。"《文王世子》则作师、保、疑、丞,并称"四辅"。《大戴礼·保傅》引《明堂之位》则作道、充、弼、承。可知四者之名原不一定,惟"四辅"一词早见于西周初年的《雒诰》中。《史记》录《皋陶谟》文,而改用此更早使用且意义更易懂的名称。〔20〕"诸众谗嬖臣",《谟》作"庶顽谗说",以"诸众"译"庶",以"谗嬖臣"译"谗说",意更明显。〔21〕"君德诚施皆清矣。禹曰然",《谟》"庶顽谗说"句下,尚有"若不至时"至"敢不敬应"二十句,此处以"君德诚施皆清矣"一句当之。又摘存《皋陶谟》此段后半"禹曰俞哉"句,译为"禹曰然"。〔22〕"帝即不时,布同善恶则毋功",《谟》"敢不敬应"句下作"帝不时,敷同日奏罔功",此处作意译。"即",或。"时",是。"布",敷,溥。"溥同善恶",即贤愚善恶的人同样看待而不加区别。

【译文】禹对舜说:"啊!您在帝位上要特别谨慎小心呀!应该安于您所能做到的,不要轻率行动。要辅之以德,使天下都顺应您的教化。要具有清新的意志,昭明以待上帝的宠命。上天就会重新赐给您以美好的命运。"帝舜说:"唉!大臣啊!大臣啊!臣子成为我的手足耳目。我要佑助人民,你们应辅助我完成这样的大业;我要观察古人昭分上下等级的章服彩象,那些日、月、星、辰等等服饰上的文绣图案,你们要把它考订明确;我要谛听六律、五声、八音、七始咏等各种乐律,用以结合于维系伦理五常之言,你们要为我详审听清。我有违失之处,你们要匡正辅弼我。你们不要当面颂扬讨好我,下去就在背地里诽谤我。我敬重前后左右近臣,而那些进谗言邀宠幸的邪恶坏人,只要我真正地履行了为君的规范正道,自然都会被清除的。"禹说:"太对了!陛下倘使不是这样,而使贤愚善恶的人同时在位,那么治国就不会成功的。"

帝曰:"毋若丹朱傲,〔1〕维慢游是好,毋水行舟,〔2〕朋淫于家,〔3〕用绝其世。予不能顺是。"〔4〕禹曰:"予娶涂山,〔5〕辛壬癸甲,〔6〕生启予不子,以故能成水土功。〔7〕辅成五服,〔8〕至于五千里,〔9〕州十二师,〔10〕外薄四海,〔11〕咸建五长,〔12〕各道有功。〔13〕苗顽不即功,帝其念哉。"帝曰:"道吾德,乃女功序之也。"〔14〕

【注释】〔1〕"帝曰毋若丹朱傲",《谟》无"帝曰"二字,"毋"作"无"。其此句紧接"敷同日奏罔功"句,直承上"禹曰俞哉"一段后,作为禹语,而《史记》加"帝曰"作舜诫禹语,后数句又加"禹曰"作禹答语。按文意《史记》显然合理,故张守节以为对答有序,当有所据。段玉裁以为据汉今文。"丹朱",相传为尧之子。名朱,因居于丹水,称丹朱。"傲",本作"遨",非骄傲字;字又作"奡",其义为淫戏。丹朱不肖的故事已见前篇《五帝本纪》。〔2〕"毋水行舟",《谟》作"罔水行舟"。"罔"、"毋"皆同"无"。河中无水也要行船,表示丹朱的不肖狂乱行为。〔3〕"朋淫于家",郑玄释为淫于门内。〔4〕"用绝其世,予不能顺是",《谟》作"用殄厥世,予创若时"。此亦逐字译其义。"创"字译为"不能",盖创有创伤、受惩等义,则其时自陷于不能之境。惟"若"在此不宜释"顺",应释"像"、"如"。〔5〕"予娶涂山",《谟》作"娶于涂山"。"涂",《说文》作"峹",并指出其地所在有二说:一在会稽。按此只是传说。一在九江当涂。《汉志》九江郡当涂侯国下应劭云:"禹所娶涂山氏国也。"其地在今安徽怀远县。县东南淮水南岸有小山名涂山,是此文涂山之所在。然以此为禹娶涂山氏地,则出附会。〔6〕"辛壬癸甲","辛壬"二字本篇原误在"予"下、"娶涂山"上,然《谟》原在"娶涂山"下,作"辛壬癸甲启呱呱而泣"。司马贞指出"盖今文《尚书》脱漏,太史公取以为言,亦不稽其本意。岂有辛壬娶妻,经二日生子,不经之甚。"点校本已据张文虎校移"辛壬"至"涂山"下,是。伪《孔传》依王逸《天问注》为释云:"辛日娶妻,至于甲日后往治水,不以私害公。"说通其意。《说文》"盍"字下记当涂民俗,"民以辛壬癸甲之日嫁娶"。盖依此成俗。 〔7〕"予不子,以故能成水土功",《谟》作"予弗子,惟荒度土工"。"不子",子为动词,指抚育儿子之事。意为没有在家抚育儿子。"荒",大。"度",就。故《史记》译为"能成"。 〔8〕"辅",《谟》作"弼",义同。 〔9〕"至于五千里",《谟》无"里"字。按五服计算,天下每方五千里。 〔10〕"州十二师",《谟》作"州十有二师"。"十二师",《尚书大传》以为地方之制,即八家为邻,三邻为朋,三朋为里,五里为邑,十邑为都,十都为师,州十有二师。郑玄《注》以为州官佐,其说云:"师,长也。九州,州立十二人为诸侯师,以佐其牧。"马融《注》及《尚书注疏》以为治水所役人功数,谓《周礼·大司马法》,二千五百人为师,每州十有二师,通计之一州用三万人功"。据此处文意,已非治水,亦非指官佐,当是指地方之制。 〔11〕"薄",迫。此句意为直迫海边,至于海上。 〔12〕"五长",郑玄释为"五国立长"。伪《孔传》亦云:"五国立贤者一人为方伯,谓之五长。"旧释如此,总嫌牵强。《尚书覈诂》曰:"疑此五长,即是五爵。"虽亦无据,然较合理,似即指建立诸侯。 〔13〕"道",《谟》作"迪",此用其训诂字。 〔14〕"道吾德,乃女功序之也",《谟》作"迪朕德,时乃功维叙"。"迪",道,导。"时",是。作为不完全内动词,与"乃"同,故《史记》译用"乃"字。"时乃功",是你的功。"时乃功"之"乃"为第二人称代词领格。"叙",同"序"。

【译文】帝舜说:"不要像丹朱那样沉溺于淫戏,只知爱好游乐,河中水道不通也强要行船,在家里也肆行淫乱,结果由于这些行为终使他自己的世系断绝了。我们不能像他这样。"禹说:"我娶涂山氏的女儿做妻子,是在辛日,到了甲日就离开了家去治水,以后生了我的儿子启,我不曾在家尽过抚育儿子的责任,所以能全力完成平治水土之功。终于辅助陛下完成划天下为五服的大业,使疆域每方达到五千里,每州内又制定十二师的地方行政区划,外则疆域远至四海,五方诸侯各给建立君长,他们都能各按正途建成事功。最后只有苗民顽梗不就事功,陛下要加以注意。"帝舜说:"你宣导了我的德教于天下,这些全是你的功劳所获致的!"

皋陶于是敬禹之德,〔1〕令民皆则禹。〔2〕不如言,刑从之。舜德大明。

【注释】〔1〕"皋陶于是敬禹之德",此亦译写《皋陶谟》"皋陶方祗厥叙"句。自此句以下至"舜德大明"四句,当《皋陶谟》"方施象刑唯明"一句,意义不完全相应,司马迁以意写之,使完足文意。 〔2〕"则",准则,榜样。在此作为动词。"则禹",以禹为准则,以禹做榜样。

【译文】皋陶于是感到禹的德业特别可敬,便命令全民都要以禹作榜样好好学习他。敢有不听话的,就以刑罚加以惩治。这样一来,舜的德业日益昌明了。

于是夔行乐,祖考至,〔1〕群后相让,〔2〕鸟兽翔舞,〔3〕《箫韶》九成,〔4〕凤皇来仪,〔5〕百兽率舞,〔6〕百官信谐。〔7〕帝用此作歌,〔8〕曰:"陟天之命,〔9〕维时维幾。"〔10〕乃歌曰:"股肱喜哉,元首起哉,百工熙哉!"皋陶拜手稽首扬言曰:〔11〕"念哉,率为兴事,〔12〕慎乃宪,敬哉!"〔13〕乃更为歌曰:〔14〕"元首明哉,股肱良哉,万事康哉!"〔15〕又歌曰:"元首丛脞哉,〔16〕股肱惰哉,万事堕哉!"帝拜曰:"然,往钦哉!"〔17〕于是天下皆宗禹之明度数声乐,为山川神主。〔18〕

【注释】〔1〕"于是夔行乐,祖考至",《谟》紧接"象刑唯明"下作"夔曰,戛击鸣球,搏拊琴瑟以咏,祖考来格"。此处意译成简明的"夔行乐,祖考至"六字,加"于是"以接上文。"夔"已见《五帝本纪》。《尧典》中夔为舜典乐之官,实为古代一氏族的宗神,《尧典》中成为尧、舜朝廷的一官员。 〔2〕"群后相让",《谟》作"虞宾在位,群后德让"两句。此删上句,改"德"为"相",使文句平易。 〔3〕"鸟兽翔舞",《谟》作"鸟兽跄跄"。在此句上、"德让"下,有"下管鼗鼓,合止柷敔,笙镛以间"三句,《史记》删。 〔4〕"韶",相传为舜的乐曲名(见《说文·音部》)。或以为舞舜乐者秉箫,故称"箫韶"(见宋均注《乐说》引或说),或以为舜乐即名"箫韶"(见《白虎通》、郑玄《书注》),亦作"箾韶"(见《说文·竹部》,当据《左传》襄公二十九年),亦称"大韶"或"大招"(见《独断》),亦称"九韶"(见《庄子·至乐》),又称"九招"(见《吕氏春秋·古乐》),又称"大磬",为周代六舞之一(见《周礼·大司乐》)。可知此乐曲借用舜名,实为周代舞曲。"九成",郑玄释云:"曲一终为一成。"(《礼记·乐记注》)又云:"成,犹终也。每曲一终必变更奏,故经言'九成',传言'九奏',《周礼》谓之'九变',其实一也。"(《皋陶谟正义》引)由此知原意是说《箫韶》乐章共分九章。〔5〕"凤凰来仪",《五帝本纪》:"禹乃兴《九招》之乐,致异物,凤凰来翔。"《说苑·修文篇》同此语。此为汉今文家瑞应之说,以凤凰为神鸟、祥鸟,国家有盛德则有祥鸟来临。《皋陶谟正义》引《易》"鸿渐于陆,其羽可用为仪"释此云:"是仪为有容仪也。"凤凰飞来而有容仪,是谓其飞舞容态之美。汉古文家之说则以为是乐器之形体像凤凰之仪。《风俗通·音声篇》:"箫,谨案《尚书》,舜作。'《箫韶》九成,凤凰来仪',其形参差,像凤之翼。十管,长一尺。"是说箫的十管参差排列,其形像凤翼之仪。似以古文家说为合理。但《史记》用今文家说,今亦只能依今文家说为译。〔6〕"百兽率舞",《谟》在此两句上有"夔曰于击石拊石"八字,《史记》删。宣扬"百兽率舞",与今文家宣扬"凤凰来仪"同一用意。〔7〕"百官信谐",《谟》作"庶尹允谐",此逐字译其意。〔8〕"用此",《谟》作"庸",即"用"。〔9〕"陟",《谟》作"勑"(音 chì),同"敕",勤劳之意。"陟天子之命"与《毛公鼎》"劳堇大命"意同(据《覈诂》)。〔10〕"维时维幾",旧《孔传》释为"惟在顺时,惟在慎微","幾"为事之微。《书集传》曰:"惟时者,无时而不戒敕也,惟幾者,无事而不戒敕也。"总之都是说,在谨受天命后,在时机上,在大小政事上,都要特别注意。〔11〕"扬",《谟》作"飏",字同。〔12〕"为",《谟》作"作",同义。〔13〕"敬哉",《谟》作"钦哉"。"钦",敬。此句下《皋陶谟》有"屡省乃成钦哉"六字,《史记》删。〔14〕"乃更为歌曰",《谟》作"乃赓载歌曰"。段玉裁云:"更有转移、相续二训,相反而相成也。赓之训与音亦同。""以更代赓,与《列子》合。"〔15〕"万",《谟》作"庶"。"庶",众多,此以"万"字极言其多。〔16〕"脞",音 cuǒ,碎小(原意为切肉碎小)。"丛脞",琐碎而无大略。按,在此句之前"又歌曰"之上,点校本所据别本误衍"舜"字,通行本无,《皋陶谟》原文亦无。〔17〕"然,往钦哉",《谟》作"俞,往钦哉"。《夏本纪》载《尚书·皋陶谟》全文至此句毕。此句下"于是天下……"两句,是司马迁所加,以完足文意。〔18〕"为山川神主",此句系从《尚书·吕刑篇》载上帝派三个天神下来"恤功于民"中的"禹平水土,主名山川"来的。是关于禹的较原始神话资料,司马迁录入了《史记》中。

【译文】到这时,乐官夔举行音乐演奏,感动了祖先神灵全都降临,前来的诸侯也都互相礼让,鸟兽也翩翩飞舞。到演遍《箫韶》大乐章共九章的时候,神鸟凤凰也仪态万方地前来飞翔,地下的百兽也相率舞蹈,百官们也都真能配合和谐一致。帝舜因此高兴地作起歌来,序曲说:"勤劳上天的大命,只是在顺时,只是在慎微。"接着唱正曲道:"大臣们欣喜啊,元首奋起啊,百官们和乐于治理啊!"皋陶拜手叩头大声说道:"注意呀! 要带头兴起事功,必须慎重您的法令,可千万要诚敬啊!"接着歌唱道:"元首是圣王呀,大臣都是贤良呀,万事就能纲举目张呀。"又唱道:"元首治事琐碎丛脞啊,大臣们就会急惰啊,万事都会堕落啊!"帝舜拜手说:"对啊! 去吧,大家好好地敬谨努力吧!"到这时,天下都崇仰禹能昌明度、数和声音乐律,尊奉他为山脉河流百神之主。

帝舜荐禹于天,[1] 为嗣。十七年而帝舜崩。三年丧毕,[2] 禹辞辟舜之子商均于阳城。[3] 天下诸侯皆去商均而朝禹。禹于是遂即天子位,南面朝天下,国号曰夏后,姓姒氏。

【注释】[1]"帝舜荐禹于天",自此句以下叙禹即天子位一段,录自《孟子·万章》上,文字略有修饰。〔2〕"十七年帝舜崩,三年丧毕",天子死曰"崩",系据周代制度。三年之丧,则为儒家所鼓吹的礼制,自非夏、殷所有。〔3〕"辟",《孟子》作"避",辟即避。"阳城",今河南登封县告成镇所发掘出的春秋战国文物中,有阳城字样的陶器,知周代古阳城在此。据云又发掘出古代小城堡的城墙基址,尚在探索中。

【译文】帝舜就向上天推荐禹可继任天子。过了十七年,帝舜崩逝。三年的丧事完毕,禹为了避天子之位给舜的儿子商均,便跑到阳城躲起来,但是天下诸侯都离开商均而去朝拜禹,禹于是就即了天子之位,南面以朝见天下,国号叫做夏后,姓姒氏。

帝禹立而举皋陶荐之,且授政焉,而皋陶卒。封皋陶之后于英、六,[1] 或在许。[2] 而后举益,任之政。

【注释】〔1〕"英"、"六",二地名。"英"地不详,本篇《正义》及《杞世家》《索隐》谓可能即蓼,在今河南固始县。"六",今安徽六安县。按鄂东另有英山县,与六安县相去亦不远,疑与此英有关。〔2〕"许",古国名,在今河南许昌市。据《周语》下及《左传》隐公十一年,许为姜姓四岳之后。此言皋陶之后,乃异说或传讹。

【译文】禹被立为天子后,即向上天荐举皋陶,并授他以管理政务之任。可是不久皋陶死了,就封他的后代于英、六等国,也有封在许国的。然后拔用皋陶的儿子益,任命他当政。

十年,帝禹东巡狩,至于会稽而崩。〔1〕以天下授益。三年之丧毕,益让帝禹之子启,而辟居箕山之阳。〔2〕禹子启贤,天下属意焉。及禹崩,虽授益,益之佐禹日浅,天下未洽。故诸侯皆去益而朝启,曰"吾君帝禹之子也"。于是启遂即天子之位,是为夏后帝启。〔3〕

【注释】〔1〕"会稽"地名。古有会稽山,《皇览》说即山阴县的苗山。山阴即今绍兴,是即春秋时越国的会稽所在。秦时会稽郡治移今苏州市,东汉后移归今绍兴。禹至会稽会诸侯,又说会群神,此又有巡狩至会稽而死的记载,皆故事传说,不必考其是非。〔2〕"箕山",在今河南登封县东南。按,自禹崩至启即天子位一段,亦录自《孟子·万章》上。"阳",《孟子》作"阴",意指益避居阳城,在箕山之北,《史记集解》遂谓此亦当作"箕山之阴",或作"嵩山之阳"。其实阳城相传为禹避商均时所居,启继居其地为其都,益避启自不能居启之地。故事中说他躲到箕山之阳,始为合理,可能是司马迁有意改为"阳"。〔3〕"帝"字为司马迁沿用战国后字义,对夏后的误称。自春秋以上,帝皆指上帝,不指人王。尧、舜、禹等加"帝"字,系沿袭古代神话中原称呼。他们成为部落联盟时期选举产生的首领,则并不称"帝某"。至夏后启才开始在中国历史上第一次建立世袭的夏王朝,当时君主名称只称"后"而不称"帝"。

【译文】在位第十年,帝禹到东边巡视诸侯守地,到会稽崩逝,把天下交给了益。三年的丧事完毕,益让给帝禹的儿子启,而自己避居到箕山的南

边。禹的儿子启很贤俊,天下都希望他当天子。禹崩逝时虽把天下授给了益,但益辅佐禹的时间不长,还没取得天下的信服,所以诸侯都离开益而去朝拜启,说:"这是我君王帝禹的儿子啊!"于是启即了天子之位,就是夏后帝启。

夏后帝启,禹之子,其母涂山氏之女也。有扈氏不服,〔1〕启伐之,大战于甘。〔2〕将战,作《甘誓》。〔3〕乃召六卿申之。〔4〕启曰:〔5〕"嗟!六事之人,〔6〕予誓告女:有扈氏威侮五行,〔7〕怠弃三正,〔8〕天用剿绝其命。〔9〕今予维共行天之罚。〔10〕左不攻于左,〔11〕右不攻于右,〔12〕女不共命。御非其马之政,〔13〕女不共命。用命,〔14〕赏于祖;〔15〕不用命,僇于社,〔16〕予则帑僇女。"〔17〕遂灭有扈氏。天下咸朝。

【注释】〔1〕"有扈氏",东方少皞鸟夷族中名为九扈的部落,其居地商代称雇,周代称扈(雇、扈同字),即今郑州以北黄河北岸原武一带。旧注疏关于有扈的解释皆误。〔2〕"甘",地名,以甘水得名,在今洛阳市西南。夏后氏部落联盟自该族原居地今山西省境向东发展,到达河南,遇到郑州附近有扈氏的阻挡。有扈氏向西抗击有夏部落之众,就在洛阳附近的甘水一带发生大战。"大战于甘"为《尚书·甘誓》第一句,自此至"予则帑僇女"句止,为《甘誓》全文。〔3〕"将战,作《甘誓》",司马迁在引录《甘誓》全文时,特加此五字,以说明这是夏启在大战于甘之前所作的誓师词。〔4〕"乃召六卿申之",在《甘誓》中此句紧接"大战于甘"之下,又无"申之"二字,此是司马迁为叙明文意所加。又《墨子·明鬼》下亦载此誓词全文,此句作"乃命左右六人",当保持了原文,因"六卿"一词至春秋时期晋郑等国始出现。这只是指左右大臣,即下文"六事之人"。〔5〕"启曰",《甘誓》作"王曰"。此处作史事叙述,故改为直称王名。〔6〕"六事",与文献及金文中的"三事"同。文献中三事大夫又称三吏大夫,知六事即六吏,指王左右主管政事的大臣,即上文的"左右六人"(六卿)。〔7〕"五行",指天上五星的运行,即以之代表天象。旧释为秦汉以来阴阳五行说的"五行",大误。〔8〕"正"官长。"三正"指王左右的二三大臣。旧释为汉代"三统说"所编造的夏商周历法建首的天、地、人"三正",是错误的。此两句声讨有扈氏上不敬天象,下不敬大臣,是天

怒人怨的大罪。〔9〕"用"，因此。"命"，指古代统治者宣扬的王权所承受的"天命"。〔10〕"共"，音gōng，同"供"，其义为奉。"共行"，奉行。〔11〕"左"，车左，即战车左边的战士，主射。〔12〕"右"，车右，即战车右边的战士，是勇力之士，主执戈矛以杀敌。〔13〕"御"，战车的驾御者，文献中亦称御戎，皆居车子当中，以便驭马。(据云惟主将或元帅乘车，则御戎在左。)御者连同车左、车右，一车共战士三人。近年考古发掘证实一辆战车三名战士之说基本是对的，惟车后徒兵数因时因地而有变异。"政"，《甘誓》作"正"，指官长。"政"为"正"的假借。金文及文献中有"御正"、"马正"等职。"御非其马之政"，指不胜任本职者贻误御车任务。〔14〕"用命"，听从命令和努力贯彻执行命令。上文"共命"即奉命，意为贯彻奉行命令。可能"共命"即为"用命"。〔15〕"祖"，祖庙，宗庙。《墨子·明鬼》云："虞夏商周三代之圣王，其始建国营都日，必择国之正坛，置以为宗庙；必择林木之修茂者，立以为丛社。"金文中屡见出征胜利归来献俘献馘于祖庙，王即于庙赏功，可知因用命建功赏于祖庙，是古时一种制度。〔16〕"僇"，《甘誓》作"戮"，同音通用。"戮"，杀戮。"僇"，侮辱，假借为杀戮之戮。"社"，土地神，其神坛遂亦称社。上引《墨子》说建国必立社，以代表该国土地(并见《逸周书·作雒》、《白虎通·社稷篇》)。国家大典礼、大宗教活动、大刑赏都在社举行。由于社在丛林修茂之地而又有美盛的音乐，故每当社祭之日，男女杂沓游乐，成为一国集会胜地，统治者遂于此行刑，以杀一儆百，所以不用命的就"戮于社"。旧释又说有军社(据《左传》定公四年)，大概行军作战中杀人无法回到国社去，故临时设军社。〔17〕"帑僇"，《甘誓》作"孥戮"。"孥"，音nú，妻和子。"帑"，原意为金布所藏之府，以同音假借为孥。"孥戮"，郑玄《注》："大罪不止其身，又孥戮其子孙。"这里是说不用命的除本人杀于社外，还连其家属杀的杀，做奴隶的做奴隶。

【译文】夏后帝启，是夏禹之子，他的母亲就是涂山氏的女儿。

一个东方的部族有扈氏抗命不服，启挥师讨伐他，大战于甘。临战之前作了誓师词《甘誓》，召集左右六大臣申明这一誓言。启说："嗟！六军用事大臣们，我以誓词告诫你们：有扈氏上不敬五行天象，下不重三正大臣，上天因此要斩绝它的国命。现在我奉行上天的这种惩罚。所有战车左边的战士，如果不好好完成战车左边的战斗任务，战车右边的战士，如果不好好完成战车右边的战斗任务，

就是你们不奉行命令；驾御战车的战士，如果不胜任而贻误了御车的任务，也是你们不奉行命令。努力奉行命令的，就在祖庙里给以奖赏；不努力奉行命令的，就在社坛里杀掉，还要连家属也杀的杀、做奴隶的做奴隶。"就这样灭掉了有扈氏，天下都来朝贺。

夏后帝启崩，子帝太康立。帝太康失国，〔1〕昆弟五人须于洛汭，〔2〕作《五子之歌》。〔3〕

【注释】〔1〕"帝太康失国"，太康失国的故事传说很零乱，《离骚》、《天问》中有其痕迹，大抵说启之后康娱自纵，其五子失于家巷，或说五子家阋。《逸周书·尝麦篇》则说启之五子忘禹之命，兴乱而凶其国。《楚语》和《韩非子·说疑篇》则说启的不肖子叫五观。至司马迁撰本篇时所见到的材料，则说太康失国，兄弟五人在洛汭等着他，作《五子之歌》。这反映古代故事传说的演变分化，难于论定。〔2〕"须"，俟，等待。"洛汭"，雒水入河之处。启都阳城，在伊雒之南，故此"洛"当作"雒"。《潜夫论·五德志》说此事云："启子太康、仲康更立。兄弟五人皆有昏德，不堪帝事，降须雒汭。"旧《孔传》则谓太康"为羿所逐，不得返国，太康五弟与其母待太康于洛水之北，怨其不反，故作歌。"这是由于故事的传闻异辞出现的不同说法。《楚辞·天问》有羿"革孽夏民"之说，《左传》襄公四年说羿"因夏民以代夏政"，当为《孔传》所本。但另一说羿系夺后相之位而非夺启之位，见下文。〔3〕"《五子之歌》"，古《尚书》篇名。此处说太康昆弟五人在洛汭等待太康而作《五子之歌》。但《墨子·非乐篇》引此篇题则作《武观》，显系《楚语》所称"五观"的音转，即《离骚》中启的"五子"。《汉书·古今人表》载明启子昆弟五人号"五观"，知先秦《书》中即据此成《五观》篇题。西汉出现古文《尚书》，比今文本多出的"逸十六篇"中有《五子之歌》一篇，即此处之所本。这一篇题显系由"观"声转为"歌"增益而成。其原文汉时即不传，至东晋伪古文《尚书》出，乃据此篇题伪撰《五子之歌》五首，与原来的《五观》、《武观》或《五子之歌》都只是一篇不符合。

【译文】夏后帝启崩逝，儿子帝太康继位。帝太康因荒于游乐失国，他的兄弟五人逃到洛汭等待太康来，作了伤时念乱的《五子之歌》。

太康崩，弟中康立，是为帝中康。帝中康时，羲和湎淫，[1]废时乱日。[2]胤往征之，作《胤征》。[3]

【注释】[1]"羲和"，此处羲和是主管天文历法的官员。其实羲和在古代神话中最早是上帝的妻子，是生太阳的女神（见《山海经·大荒南经》）。又因语音之变，分化为上帝妻娥皇、常羲二女神（见《大荒南经》、《大荒西经》）。娥皇又演化为舜妻（见《尸子》、《列女传》）；常羲则为生月亮的女神（见《大荒西经》），又变为羿妻，最后仍飞回月宫为嫦娥（见《淮南子·览冥训》）。随着母系进入父系社会，羲和由生太阳的女神演化为太阳本身，又成为太阳的驾车者（即日御，见《离骚》、《天问》等）。及至由神话降到历史中，羲和、常羲两女神，便由日、月的母亲，变为黄帝手下主管占日占月的两个男性官员羲和、常羲（见《吕氏春秋·勿躬》、《世本》等）。再继续演化，羲和由黄帝手下一人，变为尧手下司天文历法的二人或六人（羲氏、和氏，及羲仲、和仲、羲叔、和叔）。到夏仲康时，则又变回来为主管天文历法官员一人。（本文明为一人，《集解》据《尚书传》释为二人，误。）"淫"，过、邪乱。"湎"，音 miǎn，沉溺于酒。　[2]"废时乱日"，由于天文官羲和淫湎废弃职守，造成对日食的测报时日错乱。这次日食即《左传》昭公十七年引《夏书》所载的"辰不集于房"。"辰"，日月所会。"房"，所舍之次。旧释谓辰不集于所舍之次，即日食。（亦有释房为房宿者，不确。）[3]"胤往征之，作《胤征》"，"胤"，郑玄释云："臣名。"伪《孔传》释为"胤国之君"。既不知为何地何国，说胤国之君实无据，郑泛释为臣名，较可信。胤奉王命往征羲和，写了记此次事件的《胤征篇》。按，此篇题见汉代古文《尚书》"逸十六篇"中，其文当时未传，晋代伪古文编造了这篇，其中采录了《左传》昭公十七年所引《夏书》文句。

【译文】太康崩逝后，弟弟仲康继位，这就是帝仲康。帝仲康时，掌天文历法的官员羲和因沉湎于酒，玩忽职守，历日时序都错乱，造成对一次日食未能准时测报，于是命大臣胤前往征讨他，写了一篇记载此次战事的《胤征》。

中康崩，子帝相立。帝相崩，子帝少康立。[1]帝少康崩，子帝予立。[2]帝予崩，子帝槐立。帝槐崩，子帝芒立。[3]帝芒崩，子帝泄立。帝泄崩，子帝不降立。[4]帝不降崩，弟帝扃立。帝扃崩，子帝廑立。帝廑崩，立帝不降之子孔甲，是为帝孔甲。

【注释】[1]"子帝少康立"，古史传说中有一"少康中兴"的故事，此处未载，因而《索隐》、《正义》都批评此处疏略。按《左传》襄公四年载后羿夺夏后相之位，但又为自己之臣寒浞所杀。浞占羿妻生两子浇、豷，分处过、戈两地。夏臣靡杀浞而拥立相之后逃往有仍所生之子少康。少康灭浇于过，其子杼灭豷于戈，恢复夏王朝。《左传》哀公元年则记此故事之后半，首尾有出入。西汉之世此故事不大流行，《史记》未采入《本纪》，而于《吴世家》录伍子胥述此事梗概。古史故事本难弄确实，不遑深考。[2]"予"，《左传》及《国语》赞作"杼"。他曾灭豷于戈。《国语》赞为"予能帅禹者也"。《世本》则作"帝宁"、"季宁"。　[3]"帝槐"，《世本》作"帝芬"。"芒"，《索隐》云："音亡，邹诞生又音荒。"[4]"帝不降"，《世本》作"帝降"。

【译文】仲康崩逝，儿子帝相继位。帝相崩逝，儿子帝少康继位。帝少康崩逝，儿子帝予继位。帝予崩逝，儿子帝槐继位。帝槐崩逝，儿子帝芒继位。帝芒崩逝，儿子帝泄继位。帝泄崩逝，儿子帝不降继位。帝不降崩逝，弟弟帝扃继位。帝扃崩逝，儿子帝廑继位。帝廑崩逝，立了帝不降的儿子孔甲，这就是帝孔甲。

帝孔甲立，好方鬼神，[1]事淫乱，夏后氏德衰，诸侯畔之。天降龙二，有雌雄，孔甲不能食，[2]未得豢龙氏。[3]陶唐既衰，其后有刘累，[4]学扰龙于豢龙氏，[5]以事孔甲。孔甲赐之姓曰御龙氏，受豕韦之后。[6]龙一雌死，以食夏后。夏后使求，惧而迁去。

【注释】[1]"方"，向，向往。　[2]"食"，饲。自"天降龙二"、"孔甲不能食"至"惧而迁去"一段，全录用《左传》昭公二十九年蔡墨之语，惟文字稍有删省修饰。　[3]"豢"，音 huàn，以谷饲养牲畜。据《左传》昭公二十九年，董父替舜养龙有功，舜赐董父姓为豢龙氏。这是古代传说。近代或以为古代豢龙可能是驯养鳄鱼（见《博物杂志》一九八一年第二期）。　[4]"陶唐既衰，其后有刘累"，"陶唐"为古史传说中的一个氏族，始见于《国语·晋语》及《左传》襄公九、二十四、二十九等年。《吕氏春秋·古

《乐》历叙古帝名号,自朱襄氏至周成王凡十三帝,陶唐氏居第三,在黄帝、颛顼、喾、尧、舜之上,即其时代远在五帝之前,尤与尧无关。《国语·晋语》第十四及《左传》襄公二十四年都说陶唐氏是虞以前的一个古代氏族,一直传衍,历夏商周三代都未没落,其族人自诩为"不朽"之族。《左传》昭公二十九年叙陶唐氏在虞以后衰落了,直至夏孔甲时,该族后裔中有叫刘累的向豢龙氏学得养龙技术,为孔甲养龙有功,获赐姓御龙氏,使该族复兴。〔5〕"扰",同"柔",顺。在此意为使驯顺。 〔6〕"受",《左传》昭公二十九年作"更"。杜《注》:"更,代也。以刘累代彭姓之豕韦。"据《郑语》,豕韦为祝融八姓之一的彭姓之国,此因刘累养龙之功,获赐姓并取代彭姓受封于豕韦,所以《左传》襄公二十四年说陶唐氏至夏为御龙氏,至商为豕韦氏。豕韦之地,据杜《注》,在今豫北东部的滑县以东地。

【译文】帝孔甲立,专喜向往鬼神迷信之事,又好色淫乱,使夏后氏王朝的统治衰败,诸侯叛离他。这时天降两条龙,雌雄各一,孔甲不知道怎样饲养,又找不到舜时善养龙的豢龙氏的后代。恰巧过去有名的部落联盟首领陶唐氏这一族衰败了,他的后代中有一个叫刘累的曾经向豢龙氏学得了养龙的本领,就来给孔甲饲养这两条龙。孔甲赏赐他姓御龙氏,并封他于豕韦国,取代原来姓彭的豕韦国君。后来那条雌龙死了,刘累竟把龙弄熟了给夏后孔甲吃。到孔甲想起要看这两条龙,派人来取,刘累吓坏了,只好逃走。

孔甲崩,子帝皋立。帝皋崩,子帝发立。帝发崩,子帝履癸立,是为桀。〔1〕

【注释】〔1〕"桀",《世本》所载桀为帝皋子,帝发弟。

【译文】孔甲崩逝,儿子帝皋继位。帝皋崩逝,儿子帝发继位。帝发崩逝,儿子帝履癸继位,这就是桀。

帝桀之时,自孔甲以来而诸侯多畔夏,桀不务德而武伤百姓,百姓弗堪。乃召汤而囚之夏台,〔1〕已而释之。汤修德,诸侯皆归汤,汤遂率兵以伐夏桀。桀走鸣条,〔2〕遂放而死。〔3〕桀谓人曰:"吾悔不遂

杀汤于夏台,使至此。"汤乃践天子位,代夏朝天下。汤封夏之后,至周封于杞也。〔4〕

【注释】〔1〕"夏台",旧释为监狱名,设在阳翟,今河南禹县境。 〔2〕"鸣条",地名,在今河南开封市陈留附近。《殷本纪》载桀战败奔于鸣条,与此同。《秦本纪》载败桀于鸣条,则是战于鸣条,桀败走。当是战败奔至鸣条后,再次战败逃亡。〔3〕"放",流放。据上句桀败走,则放之义可解作流亡。本篇与《殷本纪》及《书序》皆未载桀逃亡至何地,《淮南子·修务篇》始言逃南巢(今安徽巢县)、历山(今湖北随县境)等地。《史记》谨严,未采用来源不明之说。 〔4〕"杞",国名,周初封夏代之后裔于此(见《周本纪》、《杞世家》),故为姒姓。地名雍丘,在今河南杞县。入春秋后迁缘陵(今山东昌乐县东南),又迁淳于(今山东安丘县东北),春秋"获麟"后三十余年为楚所灭。

【译文】帝桀的时候,由于从孔甲以来诸侯多已背叛夏王朝,桀不知道用政治手腕去挽救颓势,却一味用武力去镇压诸侯百族,百族不能容忍。这时桀就把诸侯中最有影响力的汤召来囚禁在夏台狱中,但过后不久又把汤放了。汤能勤修德业,天下诸侯都归服汤,汤就率兵征伐夏桀,桀败逃到鸣条,终于流离逃亡以死。败逃时桀对人说:"我真懊悔没有在夏台把汤杀掉,以致有现在这个下场。"汤于是登上天子之位,取得了夏王朝的天下。但汤封了夏代后裔,传至周代时封在杞国。

太史公曰:禹为姒姓,其后分封,用国为姓,故有夏后氏、有扈氏、有男氏、〔1〕斟寻氏、〔2〕彤城氏、〔3〕褒氏、费氏、〔4〕杞氏、缯氏、辛氏、冥氏、斟戈氏。〔5〕孔子正夏时,学者多传《夏小正》云。〔6〕自虞、夏时,贡赋备矣。或言禹会诸侯江南,计功而崩,因葬焉,名曰会稽。会稽者,会计也。

【注释】〔1〕"男氏",《世本》作"南氏"。 〔2〕"斟寻氏",此与《左传》同。徐广云:一作"斟氏"、"寻氏"。 〔3〕"彤城氏",《世本》作"彤氏"。 〔4〕"费氏",《世本》作"弗氏"。 〔5〕"斟戈氏",《世本》作"斟灌氏"。 〔6〕"《夏小正》",为流传至汉代的先秦按月记载物候、气象、星象的专著。据近代研究,其所载天文内容约当公元前四世纪,即战国中

期。至汉代编入《大戴礼记》中，亦有单行本流传。古人误以为夏代作品。

【译文】太史公说：禹姓姒，他的后代分封，就以所分封的国为姓，所以得氏姓的很多，计有：夏后氏、有扈氏、有男氏、斟寻氏、彤城氏、褒氏、费氏、杞氏、缯氏、辛氏、冥氏、斟戈氏。孔子主张实行夏代的历法，所以学者们多半传习《夏小正》一书。从虞夏时代开始，贡纳赋税制度完备地订立起来了。有一种说法是禹以曾经召集诸侯到江南以综合核计诸侯功绩等第，就死在那儿，因而就葬在那儿，于是就把当地名叫会稽。会稽的意义本来就是会计，即综合核计之意。

殷本纪第三

殷契，[1]母曰简狄，有娀氏之女，[2]为帝喾次妃。三人行浴，见玄鸟堕其卵，简狄取吞之，因孕生契。[3]契长而佐禹治水有功。帝舜乃命契曰："百姓不亲，[4]五品不训，[5]汝为司徒而敬敷五教，[6]五教在宽。"封于商，[7]赐姓子氏。契兴于唐、虞、大禹之际，功业著于百姓，百姓以平。[8]

【注释】〔1〕"殷契"，商族传说中的始祖。"契"，音 xiè。殷本是地名（在今河南安阳市一带），商朝建过都的地方很多，殷是其中比较重要的一处，所以商也称殷。〔2〕"有娀氏"，上古部落。"娀"，音 sōng。〔3〕"玄"，黑色。"玄鸟"，指燕子。简狄吞燕蛋而生子，是商族较原始的传说。简狄为帝喾次妃的说法是后起的。〔4〕"百姓"，在上古较早的时候，"百姓"的意义跟后世有别（古注或释为百官），较晚的著作有时也袭用古义。此处舜命契之语是袭自《尚书·尧典》的，但是从文义上看，在《殷本纪》里，司马迁是按照一般的意义来使用"百姓"这个词的。所以译文对"百姓"不作翻译。〔5〕"五品"，指父、母、兄、弟、子，跟"五伦"意近。"训"，顺。〔6〕"司徒"，古代主管民事的长官。"敷"，布，施行。"五教"，指父义、母慈、兄友、弟恭、子孝这几种道德规范。〔7〕"商"，商族的发祥地，旧说故地在今陕西商县，近人多认为在今河南商丘市。〔8〕"平"古有"正"、"定"、"均"、"和"等义，这里似乎应该当"定"讲。

【译文】殷族始祖契的母亲叫简狄，是有娀氏的女子，帝喾的居次位的妃子。她跟另两个女子一起到水边洗澡，看见一个燕子掉下了它的蛋，简狄把蛋拿来吞吃了，因此怀孕生下了契。契长大后帮

助禹治水有功，帝舜任命契当司徒，舜说："百姓不相亲睦，家庭关系不和顺，你当司徒，恭谨地施行伦理道德的教育，要以宽厚为本。"并把他封在商这个地方，赐他这一族姓子。契兴起于唐、虞、大禹的时代，给百姓做了很多好事，百姓因此得到了安定。

契卒，子昭明立。昭明卒，子相土立。相土卒，子昌若立。昌若卒，子曹圉立。[1]曹圉卒，子冥立。冥卒，子振立。[2]振卒，子微立。[3]微卒，子报丁立。报丁卒，子报乙立。报乙卒，子报丙立。[4]报丙卒，子主壬立。主壬卒，子主癸立。主癸卒，子天乙立，是为成汤。[5]

【注释】〔1〕"圉"，音 yǔ，同"圉"。〔2〕"振"，《史记索隐》引《世本》作"核"，殷墟甲骨卜辞（商代后期王室的占卜档案）和《山海经·大荒东经》都称为"王亥"。"核"以"亥"为声旁，古音跟"亥"相近。"振"当是"核"的讹字。（参看王国维《殷卜辞中所见先公先王考》，《观堂集林》卷九。）〔3〕"微"，古书或称"上甲微"。微是名，上甲是号。在商王室世系里，微以下各人都有以天干为主体的号。〔4〕据甲骨卜辞，上甲之后的三世，依次是报乙、报丙、报丁。《史记》把报丁放在报乙之前，是错误的。〔5〕成汤在甲骨卜辞里有成、唐、大乙等名号（"大"音 tài，同"太"）。"唐"、"汤"音近，在铜器铭文和古书里，成汤的"汤"也有作"唐"的。《史记》的"天乙"可能是"大乙"之误，也有可能汤本有天乙、大乙两号。

【译文】契死后，儿子昭明继立。昭明死后，儿子相土继立。相土死后，儿子昌若继立。昌若死

后，儿子曹圉继立。曹圉死后，儿子冥继立。冥死后，儿子振继立。振死后，儿子微继立。微死后，儿子报丁继立。报丁死后，儿子报乙继立。报乙死后，儿子报丙继立。报丙死后，儿子主壬继立。主壬死后，儿子主癸继立。主癸死后，儿子天乙继立，这就是成汤。

成汤，[1]自契至汤八迁。汤始居亳，[2]从先王居，[3]作《帝诰》。[4]

【注释】[1]"成汤"，这两个字大概是衍文。[2]"亳"，音 bó，故地在今山东曹县、河南商丘市之间，汉代曾在此置薄县（"亳"、"薄"同音通用）。在今河南偃师县西面也有古亳城，相传曾为帝喾和商汤所居。或谓汤本居商丘之亳，后迁居偃师之亳。[3]"从先王居"，旧说帝喾曾居亳，"先王"指帝喾。[4]"诰"，音 gào，一般指有训诫意味的成篇言辞或文告。《帝诰》，《尚书》佚篇，旧说记汤向先王报告迁居于亳之事。

【译文】从契到汤，居地迁了八次。汤方始在亳居住下来，这是帝喾住过的地方，《尚书》中的《帝诰篇》就是因为迁居于亳而作的。

汤征诸侯。葛伯不祀，[1]汤始伐之。汤曰："予有言：人视水见形，视民知治不。"伊尹曰："明哉！言能听，道乃进。君国子民，为善者皆在王官。勉哉，勉哉！"汤曰："汝不能敬命，予大罚殛之，[2]无有攸赦。"[3]作《汤征》。

【注释】[1]"葛"，古国名，故地在今河南宁陵县北（宁陵就在商丘东面）。[2]"殛"，音 jí，诛罚，诛杀。[3]"攸"，音 yōu，虚词，这里的"攸"字用法跟"所"相近。

【译文】汤征伐诸侯。葛伯不奉祭祀，汤首先征伐他。汤说："我有一句话：人从水能看到自己的形象，观察人民就能知道治理得好不好。"伊尹说："真明智啊！能听别人的话，治国的道理才有人向你说。君临国家，视民如子，为善的人就都来任职了。努力啊，努力啊！"汤对众人说："你们如果不能遵从我的命令，我就重重地惩罚你们，决不宽赦。"《尚书》中的《汤征篇》就是这时作的。

伊尹名阿衡。[1]阿衡欲奸汤而无由，[2]乃为有莘氏媵臣，[3]负鼎俎，[4]以滋味说汤，[5]致于王道。或曰，伊尹处士，汤使人聘迎之，五反然后肯往从汤，[6]言素王及九主之事。[7]汤举任以国政。伊尹去汤适夏。既丑有夏，复归于亳。入自北门，遇女鸠、女房，[8]作《女鸠女房》。[9]

【注释】[1]"阿衡"，或谓是伊尹的官号。伊尹在古书中也称保衡。"阿"、"保"二字都有"保育"之义（这一义的"阿"音 ē）。也有可能"衡"是伊尹之名，"阿"、"保"是伊尹的官号（参看俞樾《群经平议》）。依此说"阿"应读 ē。[2]"奸"，音 gān，同"干"，不按常礼见人（多指见地位高的人）。[3]"有莘氏"，上古部落，故地在今山东曹县西北。"莘"，音 shēn。汤曾取有莘氏之女为妃。"媵"，音 yìng，陪嫁。[4]"鼎"，古代煮食物盛食物的器皿，多数为圆腹，有三足两耳。"俎"，音 zǔ，切割肉类用或祭祀时放牛羊等祭品用的几形器物。这里以"鼎俎"泛指庖厨割烹的用具。[5]"说"，音 shuì，劝说人。[6]"反"，同"返"。[7]"素"，朴素。"素王"，当指战国时代道家学派理想中的无为而治的上古帝王。"九主"，九种君主。据马王堆三号汉墓出土帛书中的伊尹论九主一篇，九主包括法君一、专授之君一、劳君一、半君一、寄主一、破邦之主二、灭社之主二。其中只有法君是理想的君主（《马王堆汉墓帛书》（壹）二十九至三十三页）。马王堆帛书中的这一篇，当是战国时代糅合道、法两家的学派假托伊尹之名而作的。伊尹以滋味说汤，伊尹本为处士以及伊尹言素王、九主之事等说法，大概都起于战国时代，不能视为信史。[8]"女鸠、女房"，汤的两个臣下。女是族氏，《书序》作"汝"。[9]或以《女鸠》、《女房》为两篇。由于原书已佚，无可确考。

【译文】伊尹名叫阿衡。他想见汤，苦于没有门路，就去当汤所娶的有莘氏女子的陪嫁奴隶，背着庖厨的用具，通过割烹调味的道理来劝说汤，使他成为天下的圣王。也有人说，伊尹本是个隐士，汤派人聘请他，请了五次他才肯去，跟汤讲无为而治的素王之道以及九种君主的优劣。汤就用他来治理国家。伊尹曾离开汤到夏国去。他看到了夏的丑恶，又回到了亳。他从亳的北门入城，遇到了汤的臣下女鸠、女房，《尚书》中的《女鸠女房篇》就是记伊尹跟他们所说的话的。

汤出，见野张网四面，祝曰："自天下四方皆入吾网。"汤曰："嘻，尽之矣！"乃去其三面，祝曰："欲左，左。欲右，右。不用命，乃入吾网。"诸侯闻之，曰："汤德至矣，及禽兽。"

【译文】商汤外出，看到野外打猎的人四面张网，祷告说："从天下四方都到我的网里来。"汤说："嘿！那样就一网打尽了！"就去掉了三面的网，祷告说："要向左的向左，要向右的向右，不听命的就到我的网里来。"诸侯们听到这件事，都说："汤的德行好得无以复加了，连禽兽都受到恩惠。"

当是时，夏桀为虐政淫荒，而诸侯昆吾氏为乱。[1]汤乃兴师率诸侯，伊尹从汤，汤自把钺以伐昆吾，[2]遂伐桀。汤曰："格女众庶，[3]来，女悉听朕言。匪台小子敢行举乱，[4]有夏多罪，予维闻女众言，夏氏有罪。予畏上帝，不敢不正。今夏多罪，天命殛之。今女有众，女曰：'我君不恤我众，舍我穑事而割政。'[5]女其曰：'有罪，其奈何？'夏王率止众力，[6]率夺夏国。有众率怠不和，曰：'是日何时丧？予与女皆亡！'夏德若兹，今朕必往。尔尚及予一人致天之罚，予其大理女。[7]女毋不信，朕不食言。女不从誓言，予则帑僇女，[8]无有攸赦。"以告令师，作《汤誓》。于是汤曰"吾甚武"，号曰武王。

【注释】[1]"昆吾氏"，上古部落，曾居于帝丘（在今河南濮阳县西南）、许（在今河南许昌市东）等地。〔2〕"钺"，音 yuè，古代的一种兵器，类似板斧，往往用作权力的象征。〔3〕"格"，来。"女"，音 rǔ，同"汝"，你。自此以下至"无有攸赦"，大体用《尚书·汤誓篇》文。〔4〕"匪"，非。"台"，音 yí，我。〔5〕"穑"，同"穡"，收获谷物。这一句今本《尚书·汤誓篇》作"我后不恤我众，舍我穑事而割正夏"。"夏"大概是衍文。"后"与"君"同义。"正"与"政"古通用。旧说多以为"我后"指夏桀，把"割政"解释作"为割剥之政"。司马迁可能也是这样理解的。但是从上下文看，这样讲不很妥当。近人或以为"我后"指汤，"割正"或"割政"当读为"害征"，"害"训为"何"（参看杨筠如《尚书覈诂》）。译文从此说。下面对《史记》所用《尚书》文字的翻译，可能

还有跟司马迁的理解不一致的地方，不再一一指出。〔6〕"率"，语助词（参看王引之《经传释词》卷九）。〔7〕"理"，音 lǐ，同"釐"，赐予。〔8〕"帑"，音 nú，同"孥"，妻子儿女，儿女。"僇"，音 lù，同"戮"，侮辱，杀死。"帑僇"，罚及妻子儿女。一说"帑"同"奴"，当"罚为奴隶"讲。

【译文】正当这个时候，夏王桀对人民很暴虐，荒淫无道，诸侯里的昆吾氏也常干坏事。汤就发兵率领诸侯去讨伐，伊尹跟着汤，汤亲自拿着大钺去打昆吾，接着就去打夏桀。汤说："你们大家都来听我讲话。并非我这个小子敢起来作乱。夏的罪恶多端，我听到你们都说夏有罪。我畏惧上帝，不敢不去惩治。现在夏的罪恶多端，是上天要诛灭他。现在你们大家却说：'我们的君王不怜恤我们，废弃我们的农事去征伐谁呢？'你们还会说：'夏有罪，又拿他怎么样呢？'夏王破坏人民的生产力，在整个夏国进行掠夺。民众都懈怠不听从他，还诅咒他说：'这个太阳什么时候才灭亡？我们愿跟你同归于尽！'夏的德行坏到了这个地步，现在我一定得去征伐他。你们要帮助我奉行上天的惩罚，我将重重赏赐你们。你们不要不相信，我是不会说话不算数的。你们如果不服从誓言，我就要严惩你们以及你们的妻子儿女，决不宽赦。"当时把这些话当作命令告谕全军，史官记下来就成了《尚书》中的《汤誓篇》。于是汤说"我非常勇武"，就把武王当作称号。

桀败于有娀之虚，[1]桀奔于鸣条，[2]夏师败绩。汤遂伐三嵕，[3]俘厥宝玉，[4]义伯、仲伯作《典宝》。汤既胜夏，欲迁其社，不可，[5]作《夏社》。伊尹报。[6]于是诸侯毕服，汤乃践天子位，平定海内。

【注释】〔1〕"有娀之虚"，有娀氏居住过的地方，"虚"同"墟"，其地在今何处不详。或以为在唐蒲州境内（蒲州在今山西省西南角，其范围北至今河津，东至今闻喜、运城，治所在今永济），大概是根据鸣条在安邑的说法推测的（参看下条注文）。〔2〕"奔"，音 bēn。"鸣条"，故地据旧说在今山西运城县安邑镇北，一说在今河南封丘县东。〔3〕"三嵕"，国名，也作"三朡"，故地据旧说在今山东定陶县。〔4〕"厥"，音 jué，代词，用法跟"其"相近。〔5〕"社"，土地之神。旧说夏以句（勾）龙为社神，汤灭夏后想变置社神，由于找不出比句龙更合适的，只好作罢。〔6〕"伊尹报"，据旧注，《史记》有一个

本子作"伊尹报政",可能指伊尹向汤报告各地的情况。

【译文】桀在有娀之虚被打败,逃奔到鸣条,夏军溃败。汤接着就打三㚇,取得了那里的宝玉,义伯、仲伯因此作了《典宝》。汤胜了夏,想改置社神而不能,因此作了《夏社》。伊尹向汤报告各地的情况。这时候诸侯都归服于汤,汤就即了天子之位,平定了四海之内。

汤归至于泰卷陶,〔1〕中𪔠作诰。〔2〕既绌夏命,〔3〕还亳,作《汤诰》:"维三月,王自至于东郊。告诸侯群后:〔4〕'毋不有功于民,勤力乃事。〔5〕予乃大罚殛女,毋予怨。'曰:'古禹、皋陶久劳于外,其有功乎民,民乃有安。东为江,北为济,西为河,南为淮,四渎已修,〔6〕万民乃有居。后稷降播,〔7〕农殖百谷。〔8〕三公咸有功于民,故后有立。〔9〕昔蚩尤与其大夫作乱百姓,帝乃弗予,〔10〕有状。〔11〕先王言不可不勉。'曰:'不道,毋之在国,〔12〕女毋我怨。'"以令诸侯。伊尹作《咸有一德》,〔13〕咎单作《明居》。〔14〕

【注释】〔1〕"陶",大概是衍文。"泰卷",《书序》作"大坰(音 jiōng)",故地在今何处不详。旧说或谓在定陶,当是据三㚇在定陶的说法推测的。〔2〕"中𪔠",音 zhòng huǐ,他书多作"仲虺",汤的重要大臣。"中"同"仲"。"𪔠"是"雷"的古写,古音与"虺"相近。仲虺所作之诰即《尚书》中的《仲虺之诰》,已亡佚。〔3〕"绌",音 chù,同"黜",贬退,废绝。〔4〕"后",君。〔5〕"乃",你的。〔6〕"渎",音 dú,大川。〔7〕在比较原始的传说中,后稷等人是有神性的,他们是上帝从天上派下来为下民(即地上的人)做好事的。"降播",本来大概指把播种的方法从天上下传到民间。〔8〕"农",勉,努力。"殖",生长,繁殖。〔9〕"后",指后嗣。〔10〕"予",音 yǔ,同"与",赞许,援助。〔11〕"状",情状,事实。〔12〕"毋之在国",据旧注,《史记》有一个本子作"毋政在国"。"不道,毋政在国",大概是不准无道的诸侯统治他的国家的意思。原文疑有误。或谓"毋之在国"犹言"毋使之在国"。〔13〕"咸",皆。据旧说,《咸有一德》讲君臣同德。〔14〕据旧说,咎单是汤的司空,《明居》是讲明安排民众居处的法则的。安排民居是司空的职责。

【译文】汤在伐三㚇后的归途里走到泰卷这个地方的时候,大臣仲虺作了一篇诰,〔这就是《尚书》中的《仲虺之诰》〕。汤既已推翻了夏朝,回到了亳,作《汤诰》:"在三月里,王亲自到东郊,告谕诸侯们说:'不要无功于民,努力干你们的事。(不然,)我就要重重惩罚你们,你们不要怨我。'又说:'古代禹和皋陶长年在外辛劳受苦,才能有功于人民,人民才能安定下来。他们东治江,北治济,西治河,南治淮,这四条大川治理好以后,民众才有地方居住。后稷教民播种,努力繁殖百谷。这三位都有功于民,所以他们的后代才能立国。过去蚩尤跟他的臣下危害百姓,上帝就不保佑他。这些都是有事实可见的。大家应该努力按照先代圣王的话去做。'又说:'如果无道,就不让他统治国家。你们可不要怨我。'"这些话作为命令遍告诸侯。这时还有伊尹作了《咸有一德》,咎单作了《明居》。

汤乃改正朔,〔1〕易服色,〔2〕上白,〔3〕朝会以昼。〔4〕

【注释】〔1〕"朔",音 shuò,阴历一个月的第一天。"正朔",一年的第一天。"正",音 zhēng。据说夏、商、周三代的正朔都不同,夏以建寅之月(旧历正月)为一年之首,商以建丑之月(旧历十二月)为一年之首,周以建子之月(旧历十一月)为一年之首。〔2〕"服色",古代各个王朝为车马、祭牲等物规定的最受重视的颜色。据说夏尚黑,商尚白,周尚赤。〔3〕"上",同"尚"。〔4〕"朝会",臣属们一起朝见君主。

【译文】汤于是改定建丑之月为正月,把车马等物的颜色改为以白色为上,群臣朝见天子用白昼的时间。

汤崩,太子太丁未立而卒,于是乃立太丁之弟外丙,是为帝外丙。〔1〕帝外丙即位三年,崩,立外丙之弟中壬,〔2〕是为帝中壬。帝中壬即位四年,崩,伊尹乃立太丁之子太甲。太甲,成汤适长孙也,〔3〕是为帝太甲。帝太甲元年,伊尹作《伊训》,作《肆命》,作《徂后》。〔4〕

【注释】〔1〕我国统治者生称帝,始于战国时代(帝喾、帝舜等是传说中的人物,不在此例)。《史记》认为商代称帝,是错误的。 〔2〕"中壬",他书或作"仲壬"。"中",音 zhòng,同"仲"。下文"中丁"之"中"同。 〔3〕"適",音 dí,同"嫡"。 〔4〕"肆",陈。"徂",音 cú,往,死亡(后一义同"殂")。《伊训》、《肆命》、《徂后》三篇皆已亡佚。据旧说,这三篇都是记伊尹训诫太甲之辞的。《肆命》陈述天命以诫太甲。《徂后》称述已逝先王(或谓即汤)的法度以诫太甲。

【译文】汤死后,由于太子太丁尚未即位就已死去,就立了太丁的弟弟外丙为君,这就是帝外丙。帝外丙在位三年死去,又立外丙的弟弟仲壬为君,这就是帝仲壬。帝仲壬在位四年死去。伊尹于是立太丁的儿子太甲为君。太甲是成汤的嫡长孙,这就是帝太甲。帝太甲元年,伊尹为了训诫太甲作了《伊训》、《肆命》和《徂后》。

帝太甲既立三年,不明,暴虐,不遵汤法,乱德,于是伊尹放之于桐宫,〔1〕三年。伊尹摄行政当国,〔2〕以朝诸侯。

【注释】〔1〕"桐宫",桐地之宫,旧说在偃师之亳附近。一说桐与汉代虞县南的桐亭为一地,故地在今河南虞城县南,近于商丘之亳。 〔2〕"摄",代理。"当",音 dāng,掌管。

【译文】帝太甲为君三年,不明事理,又很暴虐,不遵守汤的法度,德行败坏。因此伊尹把他放逐到桐宫去。时达三年。伊尹自行代理国政,接受诸侯的朝见。

帝太甲居桐宫三年,悔过自责,反善,〔1〕于是伊尹乃迎帝太甲而授之政。帝太甲修德,诸侯咸归殷,百姓以宁。伊尹嘉之,乃作《太甲训》三篇,〔2〕褒帝太甲,〔3〕称太宗。

【注释】〔1〕"反",同"返"。 〔2〕《书序》作《太甲》,无"训"字。 〔3〕"褒",音 bāo,赞扬,夸奖。

【译文】帝太甲在桐宫住了三年,悔过向善,于是伊尹就把他迎了回来,把政权交给他。帝太甲的德行不断好起来,诸侯都归服殷朝,百姓由此得到了安宁。伊尹很赞赏,就作了《太甲训》三篇来表扬太甲,尊称他为太宗。

太宗崩,子沃丁立。帝沃丁之时,伊尹卒。既葬伊尹于亳,咎单遂训伊尹事,作《沃丁》。

沃丁崩,弟太庚立,是为帝太庚。帝太庚崩,子帝小甲立。帝小甲崩,弟雍己立,是为帝雍己。殷道衰,诸侯或不至。

帝雍己崩,弟太戊立,是为帝太戊。帝太戊立伊陟为相。〔1〕亳有祥桑、穀共生于朝,〔2〕一暮大拱。〔3〕帝太戊惧,问伊陟。伊陟曰:"臣闻妖不胜德,帝之政其有阙与?〔4〕帝其修德。"太戊从之,而祥桑枯死而去。伊陟赞言于巫咸,〔5〕巫咸治王家有成,作《咸艾》,〔6〕作《太戊》。帝太戊赞伊陟于庙,言弗臣,伊陟让,作《原命》。〔7〕殷复兴,诸侯归之,故称中宗。〔8〕

【注释】〔1〕"伊陟",伊尹之子。 〔2〕"祥",吉凶的预兆。"穀",树名,即楮(音 chǔ)。此字从"木""殼"声。 〔3〕"拱",两手围握,常用来比拟树干的粗细。 〔4〕"阙",音 quē,缺失,过错。"与",音 yú,同"欤",句末疑问语气词。 〔5〕"赞",告,称道。"巫咸",太戊的大臣。 〔6〕"艾",音 yì,同"乂",治理。 〔7〕旧说原是臣名,《原命》是命原之辞。由于此篇已亡佚,内容无法确考。 〔8〕甲骨卜辞提到已死的商王时,屡称"中宗祖乙"(祖乙是太戊之孙,见下文),又有"中宗祖丁、祖甲"之文(祖丁、祖甲亦见下文),但是称太戊为"中宗"之例在卜辞里尚未发现。此外,古本《竹书纪年》也以祖乙为中宗。《史记》可能有误。

【译文】太宗死后,儿子沃丁继立。帝沃丁的时候,伊尹死去。安葬伊尹于亳的事办完后,咎单就讲说伊尹的行事,作了《沃丁》。

沃丁死后,弟弟太庚继立,这就是帝太庚。帝太庚死后,儿子帝小甲继立。帝小甲死后,弟弟雍己继立,这就是帝雍己。这时殷朝衰落,有些诸侯就不来朝了。

帝雍己死后,弟弟太戊继立,这就是帝太戊。帝太戊任命伊陟当了宰相。在亳都朝廷上忽然有桑树和楮树合在一起生出来,一晚上就长得要用两手围握那么粗。帝太戊很害怕,就去问伊陟。伊陟说:"我听说怪异的事物敌不过好的德行,难道是您

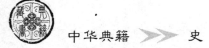

治理国家有什么缺点吗？您应该使自己的德行好起来。"太戊听从了他，怪树就枯死而消失了。伊陟向巫咸赞美讲述了这件事，巫咸治理王家也很有成绩，于是作了《咸艾》和《太戊》。帝太戊在宗庙里称赞伊陟，并说为了尊重他不把他当臣下对待，伊陟谦让不敢当，因此作了《原命》。这时殷朝复兴，诸侯归服，所以太戊尊称为中宗。

中宗崩，子帝中丁立。帝中丁迁于隞。[1]河亶甲居相。[2]祖乙迁于邢。[3]帝中丁崩，弟外壬立，是为帝外壬。《仲丁》书阙不具。帝外壬崩，弟河亶甲立，是为帝河亶甲。河亶甲时，殷复衰。

【注释】〔1〕"隞"，音 áo，他书作"嚣"或"敖"，故地在今河南荥(音 xíng)阳县北。在荥阳东南的郑州市曾发现了规模很大的商代古城遗址。有人认为商代的隞范围可能比较大，不一定局限在荥阳北面，郑州商代古城可能就是隞都遗址。但也有人认为郑州商城是汤所都的亳的遗址。〔2〕"亶"，音 dǎn。"相"，音 xiàng，故地在今河南内黄县东南。〔3〕"邢"，旧说读为"耿"(《书序》"祖乙圮于耿")，耿的故地在今山西河津县东南。近人多不从此说，认为这个邢就是邢丘，故地在今河南温县东。依后说，邢仍当读 xíng。

【译文】中宗死后，儿子帝仲丁继立。帝仲丁把都城迁到隞，河亶甲迁到相，祖丁又迁到邢。帝仲丁死后，弟弟外壬继立，这就是帝外壬。《尚书》中的《仲丁篇》已经亡佚不可见。帝外壬死后，弟弟河亶甲继立，这就是帝河亶甲。河亶甲的时候，殷朝又衰落了。

河亶甲崩，子帝祖乙立。[1]帝祖乙立，殷复兴。巫贤任职。[2]

【注释】〔1〕"河亶甲崩，子帝祖乙立"，据关于祭祀先王的甲骨卜辞来看，祖乙应为中(仲)丁之子，而不是河亶甲之子。〔2〕"巫贤"，或谓是巫咸之子。

【译文】河亶甲死后，儿子帝祖乙继立。帝祖乙即位后，殷朝又兴盛起来，巫贤受到任用。

祖乙崩，子帝祖辛立。帝祖辛崩，弟沃甲立，是为帝沃甲。帝沃甲崩，立沃甲兄祖辛之子祖丁，是为帝祖丁。帝祖丁崩，立弟沃甲之子南庚，是为帝南庚。帝南庚崩，立帝祖丁之子阳甲，是为帝阳甲。帝阳甲之时，殷衰。

自中丁以来，废適而更立诸弟、子，[1]弟、子或争相代立，比九世乱，[2]于是诸侯莫朝。

【注释】〔1〕"更"，音 gēng，变更，轮流更替。"诸弟子"，或以为"弟"与"子"并列，"诸弟、子"指王之诸弟与诸子，或以为"弟子"当解释为弟之子。译文从前一说。〔2〕"比"，旧音 bì，接连。"九世"，当指中(仲)丁至阳甲九王。

【译文】祖乙死后，儿子帝祖辛继立。帝祖辛死后，弟弟沃甲继立，这就是帝沃甲。帝沃甲死后，立沃甲的哥哥祖辛的儿子祖丁为君，这就是帝祖丁。帝祖丁死后，立沃甲的儿子南庚为君，这就是帝南庚。帝南庚死后，立帝祖丁的儿子阳甲为君，这就是帝阳甲。帝阳甲的时候，殷朝又衰落了。

从仲丁以来，常常撇开嫡子而由王弟和王子们轮流继位，有时王弟和王子还互相争位，接连九世情况都很混乱，于是诸侯就都不来朝见了。

帝阳甲崩，弟盘庚立，是为帝盘庚。帝盘庚之时，殷已都河北，盘庚渡河南，复居成汤之故居。[1]乃五迁无定处。[2]殷民咨胥皆怨，[3]不欲徙。盘庚乃告谕诸侯、大臣曰："昔高后成汤与尔之先祖俱定天下，[4]法则可修。舍而弗勉，何以成德！"乃遂涉河南，治亳，行汤之政，然后百姓由宁，殷道复兴，诸侯来朝，以其遵成汤之德也。

【注释】〔1〕盘庚迁都，依《史记》之说，应是从黄河以北的邢迁到黄河以南的亳；依古本《竹书纪年》，则是从黄河东南的奄(在今山东曲阜，为南庚、阳甲所居)迁到黄河以北的殷(在今河南安阳市西北)。今人多从《竹书纪年》之说。〔2〕"五迁"，指商汤到盘庚的五次迁都，具体说法有分歧，如商汤迁亳、盘庚迁殷(依《史记》也是迁亳)是否算在五迁里，就有不同意见。〔3〕"咨"，叹息声，这里似乎应该当叹息讲。"胥",音 xū,皆。 〔4〕"高后",时代早的先君,"高"与高祖之"高"同义。

【译文】帝阳甲死后,弟弟盘庚继立,这就是帝盘庚。帝盘庚即位的时候,殷都已经迁到了大河之北。盘庚渡河南向,迁回成汤的故居。(到盘庚迁都的时候,)殷朝已经迁了五次都,总是定不下来。殷人都愁叹怨恨,不愿再迁徙。盘庚就告谕诸侯和大臣们说:"过去先王成汤跟你们的先祖一起定天下,他的法则是可以遵循的。舍弃他的法则而不作努力,怎么能弄得好呢!"于是就渡河南迁,定都于亳,遵行汤的治国方法。这样做了以后,百姓由此安宁,殷朝国势重新兴盛,诸侯都来朝见,这就是由于盘庚能像成汤那样行事的缘故。

帝盘庚崩,弟小辛立,是为帝小辛。帝小辛立,殷复衰。百姓思盘庚,乃作《盘庚》三篇。〔1〕帝小辛崩,弟小乙立,是为帝小乙。

【注释】〔1〕《尚书·盘庚篇》所记为盘庚在迁都前后对贵族和民众的训话(但已经过后人改写),《史记》此处所说似有问题。

【译文】帝盘庚死后,弟弟小辛继立,这就是帝小辛。帝小辛即位后,殷朝重又衰落。百姓思念盘庚,就作了《盘庚》三篇。帝小辛死后,弟弟小乙继立,这就是帝小乙。

帝小乙崩,子帝武丁立。帝武丁即位,思复兴殷,而未得其佐。三年不言,政事决定于冢宰,〔1〕以观国风。武丁夜梦得圣人,名曰说。〔2〕以梦所见视群臣百吏,皆非也。于是乃使百工营求之野,〔3〕得说于傅险中。〔4〕是时说为胥靡,〔5〕筑于傅险。见于武丁,武丁曰是也。得而与之语,果圣人,举以为相,殷国大治。故遂以傅险姓之,号曰傅说。

【注释】〔1〕"冢宰",即太宰,辅佐天子的官。〔2〕"说",音 yuè。 〔3〕"百工",百工的"工"有工人和官吏两义,营求傅说的百工,旧说多认为是百官,但也有人认为是画人像的画工一类人。译文取后说。 〔4〕"傅险",地名,他书多作"傅岩",故地在

今山西平陆县东。 〔5〕"胥靡",一种刑徒。刑徒就是被罚服劳役的罪人。"靡",音 mǐ。一说胥靡之"靡"同"縻",则读为 mí。

【译文】帝小乙死后,儿子帝武丁继立。帝武丁即位后,想复兴殷朝,但没有找到合适的助手。因此三年不说话,政事都由太宰决定,暗中观察国情。武丁夜里做梦得到了一个圣人,名叫说。他察看众多的官吏,没有一个跟梦中所见的人相合。于是就派很多画工等类的人在民间到处寻求,终于在傅险这个地方找到了说。当时说作为刑徒正在傅险服建筑方面的劳役。说被送到了武丁那里,武丁一见就说"找对了"。跟他一交谈,果然是个圣人,就任他为宰相,他把国家治理得非常好。于是就根据傅险这个地名来给他定姓氏,称他为傅说。

帝武丁祭成汤,明日,有飞雉登鼎耳而呴,武丁惧。〔1〕祖己曰:〔2〕"王勿忧,先修政事。"祖己乃训王曰:"唯天监下,〔3〕典厥义,〔4〕降年有永有不永,非天夭民,中绝其命。民有不若德,〔5〕不听罪,天既附命正厥德,〔6〕乃曰其奈何。呜呼! 王嗣敬民,〔7〕罔非天继,〔8〕常祀毋礼于弃道。"〔9〕武丁修政行德,天下咸欢,殷道复兴。

【注释】〔1〕"雉",音 zhì,野鸡。"呴",音 gōu,鸟鸣。《史记》这一段是以《尚书·高宗肜日篇》为据的。高宗即武丁。据后人研究,《高宗肜日》所记的并不是"武丁祭成汤",而是武丁之子祖庚祭武丁之事。《史记》说"武丁惧",实际上应是祖庚惧。"肜",音 róng。据甲骨卜辞,"肜日"是一种祭名。《高宗肜日》说,在举行高宗的肜日之祭时有野鸡鸣。《史记》说祭祀的明日有野鸡鸣,也是错的。旧说"祭之明日又祭"为"肜",《史记》当由此致误。 〔2〕"祖己",贤臣,近人或以为即祖庚兄孝己(参看杨筠如《尚书覈诂》)。 〔3〕《高宗肜日》作"惟天监下民"。"下民"是跟"上天"相对而言的,泛指地上的人,意义与跟君上、官吏相对而言的"庶民"不同。这一段里的"民"都指下民,其中包括统治者。 〔4〕"典",主。 〔5〕"若",顺。 〔6〕"附",或谓当读为"付",当付与讲,译文用此说。 〔7〕《高宗肜日》作"王司敬民",疑《史记》"嗣"字当读为"司",当主管讲。 〔8〕"天继",《高宗肜日》作"天胤(音 yìn)","胤"的意思就是后代。 〔9〕《高宗肜日》作

"典祀无丰于昵"，意思是说，在经常的祭祀里，不应对亲近的先人（如父亲）特别隆重。可能祖庚在祭祀中有太重视武丁的情况，所以祖己这样告诫他。《史记》此句跟《高宗肜日》的原文有很大出入，可能有误，译文姑且据《史记》勉强译出。

【译文】帝武丁祭祀成汤的第二天，有野鸡飞来站在鼎耳上叫，武丁很害怕。祖己说："王不要忧愁，先搞好政事要紧。"祖己于是告诫王说："上天观察下民，主要看他们的行为是否合乎道理，天赐给人的寿命有长有短，（寿命短是由于人的行为不合道理，）并不是天要使人夭折，使人的生命中断。有的人不顺道理，又不服罪，等到上天已经按照他的表现给了他相应的命运，才说怎么办呢，（这就已经迟了。）唉！王应该慎重对待民事，大家都是天的后代，举行经常的祭祀的时候，礼仪不要不合乎道理。"武丁改善政治，布施恩惠，天下的人都很欢欣，殷朝国势又重新兴盛了起来。

帝武丁崩，子帝祖庚立。祖己嘉武丁之以祥雉为德，立其庙为高宗，[1]遂作《高宗肜日》及《训》。[2]

【注释】[1]《史记》对《高宗肜日》的理解是有问题的。因此这里说祖己由于"嘉武丁之以祥雉为德"而尊之为高宗，也是不可信的。 [2]"《训》"，此篇全名，《书序》作"《高宗之训》"。

【译文】帝武丁死后，儿子帝祖庚继立。祖己赞美武丁能由于怪异的野鸡而修德行善，为他立了庙，尊称为高宗，于是作了《高宗肜日》和《高宗之训》。

帝祖庚崩，弟祖甲立，是为帝甲。[1]帝甲淫乱，殷复衰。

【注释】[1]"帝甲"，从甲骨卜辞看，商王有时把已死的父王称为"帝"，"帝"下可加天干字，但天干字上不能加"祖"、"武"、"大"、"小"等字。在祖甲之子廪辛、康丁时代的卜辞里，有称祖甲为帝甲之例。《国语·周语下》也称祖甲为帝甲。所以帝甲这个称号虽然并不是生称，但也不是虚构的，跟上文帝祖庚、帝武丁等称号不一样。下文帝乙、帝辛这两个称号也不是虚构的，但是帝纣这个称号就又是

虚构的了。

【译文】帝祖庚死后，弟弟祖甲继立，这就是帝甲。帝甲荒淫败德，殷朝又衰落了。

帝甲崩，子帝廪辛立。帝廪辛崩，弟庚丁立，[1]是为帝庚丁。帝庚丁崩，子帝武乙立。殷复去亳，徙河北。[2]

【注释】[1]"庚丁"，据甲骨卜辞，为"康丁"之误。 [2]"徙河北"，据古本《竹书纪年》，徙河北的是盘庚，而且自盘庚迁到河北的殷以后，至纣之亡，一直没有再迁都。《史记》说武乙"去亳，徙河北"，恐不可信。

【译文】帝甲死后，儿子帝廪辛继立。帝廪辛死后，弟弟庚丁继立，这就是帝康丁。帝康丁死后，儿子帝武乙继立，殷都又由亳迁到了大河之北。

帝武乙无道，为偶人，谓之天神。与之博，[1]令人为行。[2]天神不胜，乃僇辱之。为革囊，盛血，卬而射之，[3]命曰"射天"。武乙猎于河、渭之间，暴雷，武乙震死。子帝太丁立。[4]帝太丁崩，子帝乙立。帝乙立，殷益衰。

【注释】[1]"博"，玩博戏。我国已知的最古博戏是六博，双方各有六棋，根据投博箸的结果，在博局上行棋，以定胜负。 [2]"为"，音 wèi，给，替。"行"，指行棋。 [3]"卬"，音 yǎng，同"仰"。 [4]"太丁"，据《晋书·束传》等所引《纪年》当作"文丁"，卜辞称"文武丁"。

【译文】帝武乙无道，做了假人，把他叫做天神，跟他玩博戏，命令人代他走博棋，天神输了，就侮辱他。还用皮革做袋子，盛了血，（高高挂起，）仰面射他，称为"射天"。武乙在大河和渭水之间田猎，天忽然打雷，武乙被雷震死。儿子帝文丁继立。帝文丁死后，儿子帝乙继立。帝乙即位后，殷朝更加衰弱了。

帝乙长子曰微子启，[1]启母贱，不得嗣。少子辛，辛母正后，辛为嗣。帝乙崩，子

辛立,是为帝辛,天下谓之纣。[2]

【注释】[1]"微",地名,故地在今山东梁山县西北,一说在今山西潞城县东北。启封于微,故称微子启。 [2]纣应是帝辛之名,辛是天干称号。

【译文】帝乙的长子叫微子启。启的母亲地位低下,因此启不能继承王位。小儿子是辛,辛的母亲是正后,所以辛成为王位继承人。帝乙死后,儿子辛继立,这就是帝辛,天下人称他为纣。

帝纣资辨捷疾,[1]闻见甚敏;材力过人,手格猛兽;[2]知足以距谏,[3]言足以饰非;矜人臣以能,[4]高天下以声,以为皆出己之下。好酒淫乐,嬖于妇人。[5]爱妲己,[6]妲己之言是从。于是使师涓作新淫声,[7]北里之舞,靡靡之乐。[8]厚赋税以实鹿台之钱,[9]而盈巨桥之粟。[10]益收狗马奇物,充仞宫室。[11]益广沙丘苑台,[12]多取野兽蜚鸟置其中。[13]慢于鬼神。大聚乐戏于沙丘,[14]以酒为池,县肉为林,[15]使男女倮相逐其间,[16]为长夜之饮。

【注释】[1]"资",资质。"辨",明察。 [2]"格",打击,搏斗。 [3]"知",音 zhì,同"智"。[4]"矜",音 jīn,自以为贤能。 [5]"嬖",音 bì,宠爱,亲昵。 [6]"妲己",有苏氏女子,商纣宠妃。苏为己姓国,故称妲己,妲是字,己是姓。"妲",音 dá。 [7]"师涓",纣的乐师,师是职,涓是名。古代多称乐师为师。"涓",音 juān。或谓"师涓"是"师延"之误。 [8]"靡靡",柔弱的样子。[9]"鹿台",建筑名,故址在今河南淇县南。纣的别都在妺(也作"沫",即朝歌,故地在今河南淇县),鹿台是妺邑的重要建筑。[10]"巨桥",商粮仓所在地,故地一说在今河北曲周县东北,一说在今河南浚县西。[11]"仞",音 rèn,同"牣",充满。[12]"沙丘",故地在今河北广宗县西北。苑,畜养禽兽的园林。[13]"蜚",音 fēi,同"飞"。[14]"聚",音 jù。[15]"县",音 xuán,同"悬"。 [16]"倮",音 luǒ,同"裸"。一音 huà,义同。

【译文】帝纣天生明察敏捷,耳朵、眼睛都很灵,勇力过人,能徒手跟猛兽搏斗;智慧足够用来驳斥劝谏,口才足够用来掩饰过错;以才能向臣下自

夸,以名声来压倒天下,认为所有的人都不如自己。他喜欢喝酒,享乐过度,亲近妇女;尤其宠爱妲己,就听妲己的话。他让乐师涓创作了新的放荡的曲调,还有北里之舞和轻柔颓废的音乐。为了装满鹿台的钱库和巨桥的粮仓,大大加重了各种税收。又大量搜取狗、马和各种珍奇的东西,塞满了宫室。还扩大沙丘的大园子,增建亭台楼阁,取了很多野兽飞鸟放在园子里。他怠慢鬼神。他在沙丘大搞舞乐杂技等表演,用大池子盛酒,把大量的肉挂起来就像个树林,让男男女女光着身子在其中相互追逐,通宵饮酒取乐。

百姓怨望而诸侯有畔者,[1]于是纣乃重刑辟,[2]有炮烙之法。[3]以西伯昌、九侯、鄂侯为三公。[4]九侯有好女,入之纣。九侯女不憙淫,[5]纣怒,杀之,而醢九侯。[6]鄂侯争之强,[7]辨之疾,[8]并脯鄂侯。西伯昌闻之,窃叹。崇侯虎知之,[9]以告纣,纣囚西伯羑里。[10]西伯之臣闳夭之徒,[11]求美女奇物善马以献纣,纣乃赦西伯。西伯出而献洛西之地,[12]以请除炮烙之刑。纣乃许之,赐弓矢斧钺,使得征伐,为西伯。而用费中为政。[13]费中善谀,[14]好利,殷人弗亲。纣又用恶来。[15]恶来善毁谗,诸侯以此益疏。

【注释】[1]"望",怨恨。"畔",同"叛"。 [2]"辟",音 bì,法。 [3]"炮",音 páo,烧,烤。"格",搁东西的架子。"炮烙之法",把人放在下面生着火的铜格上受苦的一种酷刑。 [4]"西伯",西方诸侯之长。"西伯昌",即周文王。"九侯",有的古书作"鬼侯","九"、"鬼"古音相近。古代在今河北磁县西南有九侯城,也称鬼侯城。或谓鬼侯即鬼方(商代西北方的一个方国)的君主,鬼侯城是任职于商王朝的鬼侯在王畿内的封邑。九侯之"九"旧或音 qiú。"鄂侯",有的古书作"邘(音 yú)侯",不知何者为是。鄂的故地在今山西宁乡县。邘的故地在今河南沁阳县西北。"三公",古代朝廷中地位最高的三个官。 [5]"憙",音 xǐ,同"喜"。 [6]"醢",音 hǎi,肉酱。 [7]"强",古代称极力谏上为"强(音 qiǎng)谏"(如下文"比干……乃强谏纣"),"强"字音义与此同。 [8]"辨",同"辩"。 [9]"崇",国名,依旧说故地在今陕西户县(旧作"鄠县")东,一说在今河南嵩县北。 [10]"羑里",故地在今河南汤阴县北。"羑",音 yǒu。 [11]"闳",音 hóng。

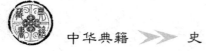
〔12〕"洛",即今陕西北部的洛河。 〔13〕"费中",他书或作"费仲"。"中",音 zhòng,同"仲"。 〔14〕"谀",音 yú,奉承。 〔15〕"恶来",秦先祖蜚(飞)廉之子,父子俱事纣。恶来以有力著称,武王伐纣时被杀。

【译文】百姓怨恨纣,诸侯也有背叛的,于是纣就加重刑法,还造出了残酷的炮烙之刑。纣任命周君西伯昌、九侯和鄂侯为三公。九侯有个漂亮女儿,他把她献给了纣。九侯的女儿不喜欢淫乱,纣大为恼怒,就杀死了她,还把九侯剁成肉酱。鄂侯为这件事跟纣争辩得很激烈,纣把鄂侯也处死,把他的肉做成肉干。西伯昌听到后,私下叹息,被崇侯虎知道,他就向纣告了密,纣把西伯囚禁在羑里。西伯的臣下闳夭等人,搜求美女、珍奇的东西和好马献给纣,纣就赦免了西伯。西伯出狱后献出洛水西面的一块土地,请求纣废除炮烙之刑。纣答应了他,还赐给他弓箭斧钺,使他有权征伐不听令者,让他当西方诸侯的首领。纣任用费仲主持政务。费仲善于拍马,又很贪财,殷人都不喜欢他。纣又任用恶来。恶来善于说人坏话,诸侯因此越发跟纣疏远了。

西伯归,乃阴修德行善,诸侯多叛纣而往归西伯。西伯滋大,〔1〕纣由是稍失权重。〔2〕王子比干谏,〔3〕弗听。商容贤者,百姓爱之,纣废之。及西伯伐饥国,〔4〕灭之,纣之臣祖伊闻之而咎周,〔5〕恐,奔告纣曰:"天既讫我殷命,假人、元龟,〔6〕无敢知吉。非先王不相我后人,维王淫虐用自绝,故天弃我,不有安食,不虞知天性,〔7〕不迪率典。〔8〕今我民罔不欲丧,曰:'天曷不降威,〔9〕大命胡不至?'今王其奈何?"纣曰:"我生不有命在天乎!"祖伊反,曰:"纣不可谏矣。"西伯既卒,周武王之东伐,至盟津,〔10〕诸侯叛殷会周者八百。诸侯皆曰:"纣可伐矣。"武王曰:"尔未知天命。"乃复归。

【注释】〔1〕"滋",加益。 〔2〕"稍",逐渐。〔3〕"王子比干",据说是纣的叔父。他是商王之子,故称王子。 〔4〕以下一段据《尚书·西伯戡黎篇》。西伯此次所伐之国,《尚书》作"黎",《尚书大传》作"耆",《史记》作"饥"。"黎"、"耆"、"饥"古音相近,

一般认为指同一个国家。黎国故地在今山西长治西南。 〔5〕"咎",憎恶。 〔6〕"假人",《西伯戡黎》作"格人"。"格"、"假"古音相近,古书时常借"假"为"格",《史记》的"假人"似应读为"格人"。从文义看,"格人"应是能知天意和吉凶的人。"格"字古有"至"义。《尚书·君奭(音 shì)》说商代贤臣伊尹等人"格于皇天""格于上帝",大概就是说他们能直接跟上帝打交道。"格人"可能就指能"格于皇天""格于上帝"的人。"元龟",特大的龟,古人用龟甲占卜,认为龟越大越灵验。 〔7〕"虞",揣度(音 duó)。 〔8〕"迪",由。"率",法。 〔9〕"曷",音 hé,何,怎么。 〔10〕"盟津",即孟津,黄河古津渡名,在今河南孟津县跟孟县之间。

【译文】西伯回到自己的国家,暗地修德行善,有许多诸侯背叛纣而投到西伯那里去。西伯不断强大,纣的权威因此逐渐丧失。王子比干劝谏纣,纣不听。商容是一个贤人,百姓喜欢他,纣却废而不用。等到西伯伐灭了饥国,纣的臣下祖伊知道后,认识到周是殷的大害,非常恐慌,跑去告诉纣说:"上天已经终止了我们殷朝的国运,知道天意的人不敢再说我们有好命运,大卜龟也不再显示吉兆,并不是先王不帮助我们后人,是王荒淫暴虐,自绝于天。所以上天抛弃我们,使我们不能安稳生活。大家都不求知道天性,都不按照常法。现在我们的人民没有不希望我们殷朝灭亡的,他们说:'上天为什么不降下惩罚,天命为什么还不到来?'现在王准备怎么办呢?"纣说:"我生下来不是有命在天的吗?"祖伊回去后说:"纣已经无法劝谏了。"西伯死后,周武王东征,到了盟津,诸侯背叛殷朝来跟周人会合的有八百个。诸侯都说:"可以讨伐纣了。"武王却说:"你们还没有知道天命。"于是就回去了。

纣愈淫乱不止,微子数谏不听,〔1〕乃与大师、少师谋,〔2〕遂去。比干曰:"为人臣者,不得不以死争。"乃强谏纣。纣怒曰:"吾闻圣人心有七窍。"剖比干,观其心。箕子惧,〔3〕乃详狂为奴,〔4〕纣又囚之。殷之大师、少师乃持其祭乐器奔周。周武王于是遂率诸侯伐纣。纣亦发兵距之牧野。〔5〕甲子日,纣兵败。纣走,入登鹿台,衣其宝玉衣,赴火而死。周武王遂斩纣头,县之〔大〕白旗。〔6〕杀妲己。释箕子之囚,封比干之墓,〔7〕表商容之间。〔8〕封纣子武庚禄父,〔9〕

以续殷祀,令修行盘庚之政。殷民大说。[10]于是周武王为天子。其后世贬帝号,号为王。[11]而封殷后为诸侯,属周。

【注释】[1]"数",音 shuò,屡次。 [2]"大师、少师",《尚书·微子》作"父师、少师",解说《尚书》的多数认为指箕子和比干。《殷本纪》下文说"殷之大师、少师乃持其祭乐器奔周",可知司马迁认为微子所与谋的大师、少师就是掌乐的太师疵、少师彊。大师之"大"音 tài,同"太"。 [3]"箕子",商贵族,封于箕(在今山西太谷县东北),故称箕子,或谓是纣的父辈。 [4]"详",音 yáng,同"佯",假装。 [5]"牧野",故地在今河南淇县西南,属于纣别都妹的郊野地区。 [6]"大白",古代一种纯白的旗,也称"太白"。 [7]"封",堆土,在墓上堆土为坟。 [8]"闾",音 lú,里巷的大门。 [9]"武庚禄父",禄父是名,武庚是号,与武丁、武乙等号同例。 [10]"说",音 yuè,同"悦"。 [11]夏、商、周三代的王都未曾生称帝,周贬帝号称王的说法是不可信的。

【译文】纣的胡作非为愈来愈厉害。微子屡次劝谏,纣都不听,于是微子就跟太师、少师商量,下决心离纣而去。比干说:"当臣子的,就是要丢命也得据理力争。"就在纣面前极力谏争。纣发怒说:"我听说圣人的心有七个窍。"就剖开比干的胸来看他的心。箕子很害怕,假装发狂去当奴隶,纣把他囚禁起来。殷朝的太师和少师看到这种情况,就带着祭祀时用的乐器逃往周国了。于是周武王就率领诸侯去讨伐纣王,纣也发兵在别都妹邑郊外的牧野抗御周军。甲子那一天,纣军大败。纣逃回妹邑,登上鹿台,穿上他的宝玉衣,投火而死。周武王砍下纣的头,把它挂在叫做"大白"的旗上;并杀死了妲己。(另一方面,)释放了箕子,给比干的墓加了封土,在商容所居里巷的大门上加了表扬他的标志;又封纣的儿子武庚禄父为君,继续奉祀殷的先人,并要他遵行盘庚的治国方法。殷人十分高兴。于是周武王就当了天子。周朝后来取消帝号,降级称王。殷王的后人封为诸侯,从属于周。

周武王崩,武庚与管叔、蔡叔作乱,[1]成王命周公诛之,[2]而立微子于宋,[3]以续殷后焉。

【注释】[1]"管叔、蔡叔",都是周武王之弟。武王灭殷后,命管叔、蔡叔辅助武庚治殷王畿故地(或谓管叔、蔡叔和武庚三分殷王畿而治)。武王死后,管叔、蔡叔联合武庚反对在中央执政的武王之弟周公。事详本书《周本纪》、《管蔡世家》等篇。 [2]"成王",武王之子,见《周本纪》。 [3]"宋",宋都,故地在今河南商丘市,本是商族的根据地。

【译文】周武王死后,武庚跟周武王的弟弟管叔、蔡叔一起作乱,成王任命周公讨伐,杀了武庚,把微子立为宋君,使殷的先人仍有后代继续奉祀他们。

太史公曰:余以《颂》次契之事,[1]自成汤以来,采于《书》、《诗》。契为子姓,其后分封,以国为姓,[2]有殷氏、来氏、宋氏、空桐氏、稚氏、北殷氏、目夷氏。孔子曰,殷路车为善,[3]而色尚白。

【注释】[1]"《颂》",指《诗经》中的《商颂》。《商颂》中的《玄鸟》、《长发》都说到契的事。 [2]"以国为姓",其实是"以国为氏"。上古姓、氏有别,如商、周是氏,子、姬是姓。司马迁把姓和氏混为一谈,是不正确的。上文"姓子氏"、"以傅险姓之"等说法都有问题。 [3]"路车",上古君主所乘的一种车。"路"也作"辂"。《论语·卫灵公》:"颜渊问为邦。子曰:'行夏之时,乘殷之辂,服周之冕……。'"

【译文】太史公说:我根据《商颂》来叙述契的事迹。从成汤以下,根据《尚书》和《诗经》。契的姓是子,后代分封,以国名为姓,有殷氏、来氏、宋氏、空桐氏、稚氏、北殷氏、目夷氏。孔子说,殷的路车很好,颜色崇尚白色。

史记卷四

周本纪第四

　　周后稷，[1]名弃。[2]其母有邰氏女，[3]曰姜原。[4]姜原为帝喾元妃。[5]姜原出野，见巨人迹，[6]心忻然说，[7]欲践之，[8]践之而身动如孕者。[9]居期而生子，[10]以为不祥，[11]弃之隘巷，[12]马牛过者皆辟不践；[13]徙置之林中，[14]适会山林多人；[15]迁之而弃渠中冰上，[16]飞鸟以其翼覆荐之。[17]姜原以为神，遂收养长之。初欲弃之，[18]因名曰弃。

　　【注释】〔1〕"周"，作为族名是从古公迁于岐山之南的周原而得名。"后稷"，稷字本为谷物名，即今谷子，是古代北方种植最广泛的作物，古人称掌农事之官为后稷或稷。弃为周人先祖，又曾被举为后稷，故称为"周后稷"。〔2〕"弃"，见下文，是因弃而复得而得名。〔3〕"有邰氏"，邑名，在今陕西武功县西南。古氏族名往往以居地加"有"字来表示。"邰"，音 tái。〔4〕"姜原"，姜姓，名原。"原"亦作"嫄"。〔5〕"帝喾"，传说人物，本书《五帝本纪》所记五帝之一。"元妃"，"妃"通"配"，即第一个配偶。姜原为帝喾元妃，其说出于《世本》及《大戴礼·帝系》。二书"元妃"作"上妃"。"喾"，音 kù。〔6〕"巨人迹"，《诗·大雅·生民》说姜嫄"履帝武敏歆"而生后稷，《毛传》训"武"为迹，训"敏"为疾，《郑笺》则把"帝武敏"解释为"大神之迹"的"拇指之处"，汉纬书《河图》也说"姜嫄履大人迹生后稷"（《孔疏》引）。所以这里释为巨人迹。"迹"指足迹。〔7〕"心忻然说"，"忻"同"欣"，"说"同"悦"，所以释"履帝武敏歆"句"歆"字。"歆"字有欣喜之义。〔8〕"践"，所以释"履帝武敏歆"句"履"字。"履"是践踏之义。〔9〕"身动如孕"，《生民》说姜嫄"载震载夙"，生下后稷，《毛传》训"震"为动，《郑

笺》解为"遂有身"，则是读"震"为"娠"，故这里释为身动如孕。"身"，肚子。〔10〕"居期而生子"，所以释《生民》"诞弥厥月，先生如达"。《孔疏》引《周本纪》"居期"作"及期"，指足月而生。〔11〕"不祥"，无夫而生，故以为不祥。〔12〕"弃之隘巷"，《生民》作"诞寘之隘巷"。〔13〕"马牛过者皆辟不践"，《生民》作"牛羊腓字之"，《毛传》训"腓"为辟，"辟"同"避"。〔14〕"徙置之林中"，《生民》作"诞寘之平林"。〔15〕"适会山林多人"，《生民》作"会伐平林"。〔16〕"迁之而弃渠中冰上"，《生民》作"诞寘之寒冰"。〔17〕"飞鸟以其翼覆荐之"，《生民》作"鸟覆翼之"，《毛传》："大鸟来，一翼覆之，一翼藉之。"这里"覆"指从上覆盖，"荐"指自下铺垫。〔18〕"初欲弃之"，这种弃子传说在世界各地极为常见。如犹太传说中的摩西，罗马传说中的罗慕路斯和勒莫斯。

　　【译文】周的始祖后稷，名叫弃。他的母亲是有邰氏的女子，叫姜原。姜原是帝喾的第一个配偶。姜原到野外去，看见巨人的脚印，心里好喜欢，想去踩它，一踩上去便觉得腹中有什么在动，好像怀了孕一样。她怀胎满月生下个孩子，觉得不吉利，就把孩子丢在小巷子里，但经过的马牛却都躲开不去踩他；而把他移放在林子里，又碰上山林里人很多；再换个地方，把他丢在水渠的冰面上，又有飞鸟用它们的翅膀铺在上面垫在下面保护他。姜原认为是奇迹，便把他抱回抚养。由于最初想把这个孩子扔掉，所以给他取名叫弃。

　　弃为儿时，屹如巨人之志。[1]其游戏，好种树麻、菽，[2]麻、菽美。[3]及为成人，遂好耕农，[4]相地之宜，[5]宜谷者稼穑焉，[6]民皆法则之。帝尧闻之，[7]举弃为农师，[8]

天下得其利,有功。帝舜曰:[9]"弃,黎民始饥,[10]尔后稷播时百谷。"[11]封弃于邰,[12]号曰后稷,别姓姬氏。[13]后稷之兴,在陶唐、虞、夏之际,[14]皆有令德。[15]

【注释】[1]"屹",同"仡",音 yì,高大勇武。《生民》说弃"诞实匍匐,克岐克嶷",意思是弃还处于爬行阶段就已渐能站立。"岐"、"嶷"皆高峻之义。 [2]"好种树麻、菽","种树",栽种。"麻",大麻。"菽",音 shū,大豆。 [3]"麻、菽美",即麻、麦、瓜瓞之类。 [4]"耕农",犹言耕耨,"农"与"耨"是同源字。 [5]"相地之宜",观察各种土壤的栽培性能。 [6]"稼穑",种在田里叫"稼",收回仓廪叫"穑"。"穑",音 sè。 [7]"帝尧",传说人物,本书《五帝本纪》所记五帝之一。 [8]"农师",官名,掌农事。司马迁以农师释后稷。农师亦掌农事之官。《国语·周语上》虢文公述古藉礼,提到"农师一之,农正再之,后稷三之",列"农师"于"农正"和"后稷"之下,地位较低。 [9]"帝舜",传说人物,本书《五帝本纪》所记五帝之一。 [10]"黎民始饥","黎"是黑色,古之民人以黑巾包头,故称"黎民",犹秦称民为"黔首"(参看《说文》"黔"字)。此句今本《书·舜典》作"黎民阻饥",《集解》徐广引《今文尚书》作"祖饥"。"祖"可训始(见《尔雅·释诂》),司马迁所见本应同徐广引,故作"始饥"。 [11]"尔后稷播时百谷",今本《舜典》"尔"作"汝",本书《五帝本纪》亦作"汝",义同。"时",《毛传》训是,这里作指示代词,表示这、这些。 [12]"封弃于邰",弃族本居于邰,故《生民》曰"即有邰家室"。 [13]"别姓姬氏",古代姓、氏有别,姓是表示血缘所出,字形多含有女旁,数量很少;氏是表示姓的分支,来源不一:或氏于号,或氏于谥,或氏于爵,或氏于国,或氏于官,或氏于字,或氏于居,或氏于事,或氏于职,数量很大。战国以后,姓氏混而为一,故司马迁可以这样讲。但这里的姬是姓而非氏。 [14]"陶唐",尧初封于陶,后封于唐,尧之族名陶唐。"虞",舜之族名虞。"夏",禹之族名夏。尧、舜、禹并时而略有先后。弃举为后稷,在尧、舜、禹之时,其后代世世为后稷。 [15]"皆有令德",谓弃之后代世守其职,皆有美德。

【译文】弃还是个孩子时,就高大勇武,有巨人之志。他做游戏,喜欢的是栽麻种豆,种下去的麻、豆都长得茁壮茂盛。等他长大成人,也就爱上种庄稼,能根据土地的栽培特性,选择适宜的谷物

加以种植培养,人民都仿效他。帝尧听说了,便举用弃为农师,天下的人都蒙受其惠,有功劳。帝舜说:"弃,百姓们当初忍饥挨饿,全靠你这个后稷播种各种谷物。"所以封弃于邰,号称后稷,另外得姓为姬氏。后稷的出名,全在陶唐、虞、夏几代之间,历任者都很有美德。

后稷卒,[1]子不窋立。[2]不窋末年,夏后氏政衰,去稷不务,[3]不窋以失其官而奔戎狄之间。[4]不窋卒,子鞠立。[5]鞠卒,子公刘立。公刘虽在戎狄之间,复修后稷之业,务耕种,行地宜,自漆、沮度渭,[6]取材用,行者有资,[7]居者有畜积,民赖其庆。[8]百姓怀之,多徙而保归焉。周道之兴自此始,故诗人歌乐思其德。[9]公刘卒,子庆节立,国于豳。[10]

【注释】[1]"后稷卒",《国语·周语上》祭公谋父曰:"昔我先王世后稷,以服事虞、夏。"以后稷为世官之名。这里的后稷应理解为弃之后的第若干代后稷,否则在年代上无法与夏末的不窋相衔接。 [2]"不窋",弃的后代,当夏代末年,按不窋非弃之亲子而为弃之后第若干代后稷之子,弃与不窋之间世系史缺不详。《山海经·大荒西经》谓"稷之弟为台玺,生叔均",《海内经》则云"稷之孙曰叔均"。"窋",音 zhuó。 [3]"稷",指后稷之职。《国语·周语上》韦昭注说不窋去稷不务在夏太康失政之时。 [4]"戎狄之间",《正义》引《括地志》谓"不窋故城在庆州弘化县南三里,即不窋在戎狄所居之城也",其地在今甘肃庆阳县西北,乃春秋战国时期义渠之戎所居之地。《国语·周语上》祭公谋父曰:"及夏之衰也,弃稷不务,我先王不窋用失其官,而自窜于戎狄之间。"即此所本。 [5]"鞠",《世本》及《诗·豳风谱》孔疏引此作"鞠陶"。 [6]"漆、沮",皆水名,即今漆水河,源出今陕西麟游县西,经今永寿、乾县、武功三县入渭河。"渭",水名,即今渭河。 [7]"资",钱财。 [8]"庆",福。 [9]"故诗人歌乐思其德",指《诗·大雅·公刘》。 [10]"豳",音 bīn,邑名,在今陕西旬邑县西南。

【译文】后稷死了,其子不窋即位。不窋末年,夏后氏政治衰败,废弃农官,不再劝民务农,不窋因而失去官职,逃奔戎狄中。不窋死了,其子鞠即位。鞠死了,其子公刘即位。公刘虽身在戎狄之

中，却重新恢复后稷的旧业，致力于农作，按照土地的栽培特性加以耕种，从漆、沮二水渡渭水，伐取材木，行路人有盘缠，居家者有储备，人民仰赖他的恩德。百姓感戴他，多迁居而投靠他。周人治道的大兴是从这里开始的，所以诗人用诗歌赞美他，追怀他的恩德。公刘死了，其子庆节即位，建都于豳。

庆节卒，子皇仆立。皇仆卒，子差弗立。差弗卒，子毁隃立。[1]毁隃卒，子公非立。[2]公非卒，子高圉立。[3]高圉卒，子亚圉立。[4]亚圉卒，子公叔祖类立。[5]公叔祖类卒，子古公亶父立。古公亶父复修后稷、公刘之业，积德行义，国人皆戴之。薰育戎狄攻之，[6]欲得财物，予之。已复攻，欲得地与民。民皆怒，欲战。古公曰："有民立君，将以利之。今戎狄所为攻战，以吾地与民。民之在我，与其在彼，何异？民欲以我故战，杀人父子而君之，予不忍为。"乃与私属遂去豳，度漆、沮，逾梁山，[7]止于岐下。[8]豳人举国扶老携弱，尽复归古公于岐下。及他旁国闻古公仁，亦多归之。[9]于是古公乃贬戎狄之俗，[10]而营筑城郭室屋，[11]而邑别居之。作五官有司。[12]民皆歌乐之，[13]颂其德。

【注释】[1]"毁隃"，《索隐》引《世本》作"伪榆"，本书《三代世表》"隃"作"渝"，《书·酒诰》疏及《释文》又作"揄"。"隃"，音yú。 [2]"公非"，《索隐》引《世本》云"公非辟方"，《汉书·古今人表》以辟方为公非子。 [3]"高圉"，《索隐》引《世本》云"高圉侯侔"，《汉书·古今人表》"侯侔"作"夷竢"，注为高圉子。"圉"，音yǔ。 [4]"亚圉"，《集解》引《世本》云"亚圉云都"，《汉书·古今人表》以云都为亚圉弟。 [5]"公叔祖类"，《索隐》引《世本》云"太公组绀诸盩"（《礼记·中庸》疏引《世本》"盩"作"鳌"），《汉书·古今人表》作"公祖"。 [6]"薰育"，古代北方少数民族，亦作獯鬻、荤粥。《孟子·梁惠王下》说"太王事獯鬻"。"戎狄"，《孟子·梁惠王下》说"昔者大王居邠，狄人侵之"。 [7]"梁山"，山名，在今陕西乾县西北。 [8]"岐下"，岐山脚下，指岐山以南的周原。其地在今陕西岐山、扶风二县。 [9]"亦多归之"，"薰育戎狄攻之"以下至此，见于《孟子·梁惠王下》等子书。 [10]"贬戎狄之俗"，见《诗·大雅·绵》即此所本。 [11]"营筑城郭室屋"，亦见于

《绵》所述，如"筑室于兹"、"乃立皋门"、"乃立应门"云云。 [12]"作五官有司"，《礼记·曲礼下》："天子之五官曰司徒、司马、司空、司士、司寇。"《绵》所述只有司徒、司空。 [13]"民皆歌乐之"，指《绵》。

【译文】庆节死了，其子皇仆即位。皇仆死了，其子差弗即位。差弗死了，其子毁隃即位。毁隃死了，其子公非即位。公非死了，其子高圉即位。高圉死了，其子亚圉即位。亚圉死了，其子公叔祖类即位。公叔祖类死了，其子古公亶父即位。古公亶父重新恢复后稷、公刘的旧业，积德行义，国都中的人都拥戴他。薰育等戎狄部族攻打他，想得到财物，他就把财物给他们。过了一阵又来攻打，还想得到土地和人民。人民都很愤怒，想迎战。古公说："人民立君长，是求对他们有利。现在戎狄之所以来攻打，是为了得到土地和人民。人民在我的治下，与在他们的治下，有什么不同？人民是为了拥护我的缘故才去打仗，但靠牺牲别人的父亲和孩子来统治，我不忍心这样做。"因而同他的亲近左右离开了豳，涉漆、沮二水，翻过梁山，定居在岐山脚下。而豳地的人民举国扶老携幼，也全部重新回到古公身边来到岐山脚下。连周围国家听说古公仁慈，也多来投奔他。从此古公才贬斥戎狄的习俗，建造城郭和房屋，分成邑落居住，设立（司徒、司马、司空、司士、司寇）五种官职。人民都用诗歌赞美他，歌颂他的恩德。

古公有长子曰太伯，[1]次曰虞仲。[2]太姜生少子季历，[3]季历娶太任，[4]皆贤妇人，[5]生昌，有圣瑞。[6]古公曰："我世当有兴者，[7]其在昌乎？"长子太伯、虞仲知古公欲立季历以传昌，乃二人亡如荆蛮，[8]文身断发，[9]以让季历。

【注释】[1]"太伯"，亦作"泰伯"，即吴太伯，传说为吴国的开国君主，详见本书《吴太伯世家》。 [2]"虞仲"，太伯弟，即仲雍。详见《吴太伯世家》。 [3]"太姜"，古公之妃，《绵》称"姜女"。《诗·大雅·思齐》称"周姜"。 [4]"太任"，季历之妃，"任"本作"妊"，《诗·大雅·大明》称"挚仲氏任"，乃挚国任姓女子。 [5]"妇人"，古称已婚女子或妻为妇。 [6]"圣瑞"，不详所指。《正义》引《尚书帝命验》云"季秋之月甲子，赤爵衔丹书入于酆，止于昌户"，以为即此圣瑞。 [7]"世"，后代。 [8]"荆蛮"，古代泛称南方楚、吴、越之地。 [9]"文身

断发",古代吴、越一带风俗,身刺花纹,截短头发。

【译文】古公有长子叫太伯,次子叫虞仲。太姜生小儿子季历,季历娶太任为妻,太姜、太任都是贤惠的妻子。太任生子昌,有圣明之兆。古公说:"我的后代当有成大事者,大概就是昌吧?"长子太伯和虞仲知道古公想立季历,以便将来能传位于昌,所以两人便逃亡到了荆蛮,(按当地风俗)身刺花纹,剪短头发,而让位给季历。

古公卒,季历立,是为公季。公季修古公遗道,笃于行义,诸侯顺之。

公季卒,子昌立,是为西伯。[1]西伯曰文王,[2]遵后稷、公刘之业,则古公、公季之法,笃仁,敬老,慈少。礼下贤者,日中不暇食以待士,[3]士以此多归之。伯夷、叔齐在孤竹,[4]闻西伯善养老,盍往归之。[5]太颠、闳夭、散宜生、鬻子、辛甲大夫之徒皆往归之。[6]

【注释】[1]"西伯",殷之畿外方国有所谓"四方"、"多方"之称,其君称"方伯"。据周原甲骨,周是殷的"西方伯",因此称"西伯"。 [2]"文王",文王称王有两说,一说文王活着就已称王,一说死后追称,俱见此纪,说详下文。 [3]"日中不暇食","日中"是古代记时术语,约当正午十二点左右。古人用食一般为两餐,朝食在日出至近正午以前,夕食在日西斜至日入以前。这里是说到了正午还未顾上吃早饭。《书·无逸》"文王卑服,即康功田功,徽柔懿恭,怀保小民,惠鲜鳏寡,自朝至于日中昃,不遑暇食,用咸和万民",即此所本。 [4]"伯夷、叔齐",孤竹君之二子,详见本书《伯夷列传》。"孤竹",古国名,亦称墨胎氏,在今河北卢龙县。 [5]"盍",前人多解为相劝之辞。疑非。《尔雅·释诂》"盍"字训合,释此可通。 [6]"太颠、闳夭、散宜生",三人都是文王时的名臣。"太"亦作"泰"。《书·君奭》:"惟文王尚克修和我有夏,亦惟有若虢叔,有若闳夭,有若散宜生,有若泰颠,有若南宫括。""闳",音 hóng。"鬻子",即楚先祖鬻熊,详见本书《楚世家》。"辛甲大夫",原为殷臣,去事周,为周太史,见《左传》襄公四年及刘向《别录》(此纪《集解》引)。

【译文】古公死了,季历即位,就是公季。公季遵循古公留下的原则,笃行仁义,诸侯都顺从他。

公季死了,其子昌即位,就是西伯。西伯即文王,他继承后稷、公刘的事业,遵照古公、公季的法则,笃行仁义,尊敬长者,慈爱幼小。由于他能屈节礼遇贤能,为了接待士人,每天到中午还顾不上吃早饭,士人纷纷投奔他。伯夷、叔齐在孤竹国,听说西伯善于敬养老人,一起投奔了他。太颠、闳夭、散宜生、鬻子、辛甲大夫等人也去投奔了他。

崇侯虎谮西伯于殷纣曰:[1]"西伯积善累德,诸侯皆向之,将不利于帝。"帝纣乃囚西伯于羑里。[2]闳夭之徒患之,乃求有莘氏美女,[3]骊戎之文马,[4]有熊九驷,[5]他奇怪物,因殷嬖臣费仲而献之纣。[6]纣大说,曰:"此一物足以释西伯,况其多乎!"乃赦西伯,赐之弓矢斧钺,[7]使西伯得征伐。曰:"谮西伯者,崇侯虎也。"西伯乃献洛西之地,[8]以请纣去炮烙之刑。[9]纣许之。

【注释】[1]"崇侯虎",崇国之君,名虎。崇国在今陕西长安县沣水西。"谮",音 zèn,说坏话。"殷纣",殷的最后一代君主,即殷王纣,详见本书《殷本纪》。下文亦称"帝纣"。 [2]"羑里",亦作"牖里",邑名。在今河南汤阴县北。"羑",音 yǒu。 [3]"有莘氏",即莘国,在今陕西合阳县东南。"莘",音 shēn。 [4]"骊戎",戎族名。在今陕西临潼,以骊山而得名,姬姓,后进入今山西南部。"文马",毛色有文采的马。"骊",音 lí。 [5]"有熊",地名,在今河南新郑县。"九驷",马四匹为一驷,九驷共三十六匹。"驷",音 sì。 [6]"嬖臣费仲","嬖臣"即宠臣。"费仲",费昌之后,见本书《秦本纪索隐》。《殷本纪》作"费中"。"嬖",音 bì。 [7]"弓矢斧钺",授予征伐之权的象征。 [8]"洛西之地",洛水以西之周地。 [9]"炮烙之刑",炮烙本为烤肉的工具,用铜制成,纣仿做为刑具,使人行其上,足废而死。后世"炮烙"亦作"炮烙",或解"烙"为灼,非是。

【译文】崇侯虎对殷纣讲西伯的坏话说:"西伯积德行善,诸侯归心,将不利于天子。"因而帝纣把西伯囚禁在羑里。闳夭等人很担心,就去搜求有莘氏的美女,骊戎的彩色骏马,有熊的九套驾车之马,以及其他种种珍奇之物,通过殷的宠臣费仲进献给纣。纣大喜,说:"有这里面的一件东西就足以

令我释放西伯，何况还有其他许多呢！"故赦免了西伯，赐给他弓箭斧钺，使西伯得擅征伐。告诉他说："说西伯坏话的人，是崇侯虎。"西伯因献洛水以西之地，而请纣废去炮烙之刑。纣答应了他。

西伯阴行善，诸侯皆来决平。[1]于是虞、芮之人有狱不能决，[2]乃如周。入界，耕者皆让畔，[3]民俗皆让长。虞、芮之人未见西伯，皆惭，相谓曰："吾所争，周人所耻，何往为，只取辱耳。"遂还，俱让而去。[4]诸侯闻之，曰"西伯盖受命之君"。[5]

【注释】〔1〕"决平"，裁决是非。〔2〕"虞、芮"，皆国名。虞在今山西平陆县，芮在今陕西朝邑县南。或说此虞、芮在周之西北，今陕西陇县一带，《汉书·地理志》记其地有吴山（"吴"、"虞"字通）、芮水。"狱"，诉讼。〔3〕"畔"，田界。〔4〕"俱让而去"，《绵》所谓"虞、芮质厥成"，即其事。〔5〕"受命之君"，指称王。古人认为商、周称王天下，皆天之所命。西伯断虞、芮之讼而受命称王，是古人对文王称王的一种解释，说详下文。

【译文】西伯暗自行善，诸侯都来请他裁决是非。当时虞、芮两国的人有讼事不能裁决，故前往周。他们进入周的境界，看到种田的人都互让田界，人民都以谦让长者为美德。虞、芮两国的人还没见到西伯，已觉惭愧，相互说："我们所争的，正是周人所耻，还去干什么，去了只是自取羞辱罢了。"于是返回，互相谦让而去。诸侯听说，都说："西伯当是受有上天之命的君主。"

明年，伐犬戎。[1]明年，伐密须。[2]明年，败耆国。[3]殷之祖伊闻之，[4]惧，以告帝纣。[5]纣曰："不有天命乎？是何能为！"[6]明年，伐邘。[7]明年，伐崇侯虎。而作丰邑，[8]自岐下而徙都丰。明年，西伯崩，[9]太子发立，是为武王。

【注释】〔1〕"犬戎"，西北少数民族名。〔2〕"密须"，国名。亦称密，姞姓，在今甘肃灵台县西。《诗·大雅·皇矣》说"密人不恭，敢距大邦，侵阮徂共"，文王乃伐之。〔3〕"耆国"，国名。即黎国，在今山西壶关县西南。详见《书·西伯戡黎》。"耆"，音qí。〔4〕"祖伊"，纣臣。王国维《高宗肜日说》

怀疑祖伊是纣的"诸父兄弟"，称"祖"乃殷后裔宋人追记（见《观堂集林》卷一）。〔5〕"以告帝纣"，祖伊告殷纣见《书·西伯戡黎》。〔6〕"是何能为"，《西伯戡黎》记殷纣之言作："呜呼！我生不有命在天？"无此句。〔7〕"邘"，国名。亦作于，在今河南沁阳县西北邘台镇，即鄂侯所居（见本书《殷本纪集解》）。〔8〕"丰邑"，周文王所都之邑，在今陕西长安县沣河以西。《诗·大雅·文王有声》："既伐于崇，作邑于丰。"〔9〕"西伯崩"，自西伯决虞、芮之讼至此七年事，《尚书大传》伐邘（作于）在二年，伐犬戎（作畎夷）在四年，败耆在五年，与此不同。

【译文】次年，伐犬戎。又次年，伐密须。又次年，打败耆国。殷的祖伊听说后，害了怕，把情况报告给帝纣。纣说："不是有天命助我吗？他能怎么样！"又次年，伐邘。又次年，伐崇侯虎，并开始营建丰邑，从岐山下迁都到丰邑。又次年，西伯死，太子发即位，就是武王。

西伯盖即位五十年。[1]其囚羑里，盖益《易》之八卦为六十四卦。[2]诗人道西伯，盖受命之年称王而断虞芮之讼。[3]后十年而崩，[4]谥为文王。[5]改法度，制正朔矣。[6]追尊古公为太王，公季为王季：盖王瑞自太王兴。[7]

【注释】〔1〕"五十年"，《书·无逸》："文王受命惟中身，厥享国五十年。"即此所本。〔2〕"盖益《易》之八卦为六十四卦"，《易》之卦象，以阴爻、阳爻三画组成八卦。以八卦相重组成六十四卦，叫重卦。前人关于重卦之人为谁有种种推测，文王重卦是其中的一种。〔3〕"盖受命之年称王而断虞芮之讼"，这是说文王称王是从他断虞芮之讼的那一年始。此纪上文的六个"明年"及下文的"九年"、"十一年"皆接此而数。今本《书·泰誓》亦用此说。〔4〕"后十年"，据上文的六个"明年"，"十"字应是"七"字之误（古文字"七"、"十"二字形近易混）。这是文王"受命七年"说。另外，古书还有文王"受命九年"说，见《逸周书·文传》和《汉书·律历志》引《三统历》。〔5〕"谥为文王"，"谥"，死后追称的名号。这是文王称王的另一说。《礼记·大传》说武王在牧野之战后立室设奠，率天下诸侯"追王大王亶父、王季历、文王昌"。按谥法起源，学术界有不同看法，据班簋，"谥"本作"益"，初义是增益的名号，不一定都是死后追称，其出现至少在西周中期。文王之

"文"字是一种美称,有仁恩、慈爱之义。"谥",音shì。〔6〕"制正朔","正"谓岁首,即一年所始之月,如夏正建寅,殷正建丑,周正建子,秦正建亥。"朔"谓月初,即一月所始之日。古代王朝新立,往往要改定正朔,是谓"制正朔"。〔7〕"王瑞",周称王之祥瑞。按以上两种说法,第一种说法谓文王生前即已受命称王,前人多疑之(如应劭《风俗通义·皇霸》、梁玉绳《史记志疑》、崔述《丰镐考信录》),近人或据楚、吴、越等国称王之例(据出土发现,西周时丰、矢等国亦称王)重新肯定此说;第二种说法谓文王和太子、王季都是武王克商后追称。《史记》两说并存。

【译文】西伯大概在位五十年。当他被囚羑里时,也许曾把《易》的八卦重为六十四卦。从《诗》的作者对西伯的称颂看,似乎西伯是在那一年受命称王,裁决虞、芮两国讼事。十年后去世,谥为文王。从此修改法度,制定正朔。追称古公为太王,公季为王季:这恐怕是因为称王的吉祥征兆是从太王开始。

武王即位,〔1〕太公望为师,〔2〕周公旦为辅,〔3〕召公、毕公之徒左右王,〔4〕师修文王绪业。

【注释】〔1〕"武王",名发。"武"字有刚强勇武之义,也是一种美称。〔2〕"太公望为师","太公望"即齐太公吕尚,吕氏,姜姓,亦称师尚父,从武王克商,有功,封于齐,是齐的开国君主,详见《齐太公世家》。古代的师有多种,师保之师称师,乐师称师,军队中师的长官也叫师,三者同源。太公望所任师官前人多以为是师保之师,不一定对。〔3〕"周公旦为辅",周公旦为文王第四子,因食采于周(在周原即岐周畿内)而称周公。周公旦于武王死后,曾一度摄政,平定武庚、三监之叛,伐灭商奄、蒲姑,被封于鲁。周公旦命长子伯禽就封,成为第一代鲁侯,其留于畿内供事王室之后代则继续称为周公。详见本书《鲁周公世家》。"辅",同"傅",也是师保之职。〔4〕"召公、毕公",召公名奭(音shì),据说是文王庶子,亦称召康公,为周太保,成王时封于燕。召公奭命其长子就封,成为第一代燕侯,其留于畿内供事王室之后代则继续称为召公。详见本书《燕召公世家》。毕公名高,亦文王庶子,因封于毕(在今陕西咸阳市东)而称毕公,康王时为周作册。

【译文】武王即位,太公望做他的师,周公旦做他的傅,召公、毕公一班人辅佐武王,遵循文王的遗业。

九年,武王上祭于毕。〔1〕东观兵,至于盟津。〔2〕为文王木主,〔3〕载以车,中军。〔4〕武王自称太子发,言奉文王以伐,不敢自专。乃告司马、司徒、司空、诸节:〔5〕"齐栗,〔6〕信哉!予无知,以先祖有德臣,小子受先功,〔7〕毕立赏罚,〔8〕以定其功。"遂兴师。师尚父号曰:〔9〕"总尔众庶,与尔舟楫,〔10〕后至者斩。"武王渡河,中流,白鱼跃入王舟中,武王俯取以祭。既渡,有火自上复于下,〔11〕至于王屋,〔12〕流为乌,〔13〕其色赤,其声魄云。〔14〕是时,诸侯不期而会盟津者八百诸侯。诸侯皆曰:"纣可伐矣。"武王曰:"女未知天命,〔15〕未可也。"乃还师归。〔16〕

【注释】〔1〕"武王上祭于毕",《尚书大传》作"太子发上祭于毕",下句作"下至于孟津之上",上、下相对而言,是以地理位置而论,此纪《集解》引马融说以毕为文王墓地。按毕又称毕郢或程,在今陕西咸阳市东。文王迁都于丰之前曾一度居此。《孟子·离娄下》:"文王生于岐周,卒于毕郢,西夷之人也。"《后汉书·苏竟传》以"毕"为毕星,主兵,此纪《索隐》同,非是。〔2〕"盟津",即孟津,古黄河津渡,在今黄河孟津东北、孟县西南。〔3〕"木主",木制的祖先牌位。〔4〕"中军",置于军中。按此即古人所谓师行载主,参看《礼记·曾子问》。〔5〕"司马",官名,掌军赋和军政。"司徒",官名。掌户籍、授田和徒役。"司空",官名。掌土木工程及各种制造业。"诸节",官名。《集解》引马融说解为"诸受符节有司也"。〔6〕"齐栗",亦作"斋栗",敬慎恐惧。〔7〕"小子受先功",《集解》徐广曰:"一云'予小子受先公功'。"〔8〕"毕立",《尚书大传》作"勠力"。〔9〕"师尚父",即上文之太公望。"号",号令。〔10〕"楫",音jí,短桨。"舟楫",指渡河之船。〔11〕"复",覆盖。〔12〕"王屋",王所居。〔13〕"流为乌",化为乌鸦。〔14〕"其声魄云",日人泷川资言《史记会注考证》认为此"其声魄云"应与本书《封禅书》之"其声殷云"同例。按《封禅书》记陈宝,谓"其神或岁不至,或岁数来,来也常以夜,光辉若流星,从东南来集于祠城,则若雄鸡,其声殷云,野鸡夜雊",所述乃特大火流星,"其声殷云"是形容陨落时的巨大声响。〔15〕"女",同汝。〔16〕"乃还师归",以上是据汉代流传的所谓今文《泰誓》。《尚书大传》引之。

【译文】九年,武王先在毕祭祀文王,然后前往东方举行阅兵,到达盟津。设文王的木主,用车子运载,置于军中。武王自称太子发,表示是以文王的名义征伐,不敢独断专行。然后向司马、司徒、司空、诸节告诫:"要小心谨慎,说到做到!我无知,全靠先祖留下的有德之臣,我这晚辈继承祖先的功业,当致力于赏罚,以巩固他们的功业。"终于起兵。师尚父下令说:"集合起你们的部下,带上你们的船只,迟到者斩首。"武王渡黄河,船到河心,有白鱼跳进王的船中,武王俯身拾起用来祭祀。渡过河之后,有一个火团从天而降,落在王的屋顶上,凝固成乌鸦状,它的颜色是红的,降落时声音轰隆隆。当时,诸侯不约而同前来盟津会盟的有八百诸侯。诸侯都说:"纣可以伐了。"武王说:"你们还未知天命,现在还不行。"所以班师回来。

居二年,闻纣昏乱暴虐滋甚,杀王子比干,〔1〕囚箕子。〔2〕太师疵、少师彊抱其乐器而奔周。〔3〕于是武王徧告诸侯曰:〔4〕"殷有重罪,不可以不毕伐。"〔5〕乃遵文王,遂率戎车三百乘,〔6〕虎贲三千人,〔7〕甲士四万五千人,〔8〕以东伐纣。十一年十二月戊午,〔9〕师毕渡盟津,诸侯咸会,曰:"孳孳无怠!"〔10〕武王乃作《太誓》。〔11〕告于众庶:"今殷王纣乃用其妇人之言,〔12〕自绝于天,毁坏其三正,〔13〕离逖其王父母弟,〔14〕乃断弃其先祖之乐,乃为淫声,〔15〕用变乱正声,〔16〕怡说妇人。〔17〕故今予发维共行天罚。〔18〕勉哉夫子,〔19〕不可再,〔20〕不可三!"〔21〕

【注释】〔1〕"王子比干",或以为纣之诸父,或以为纣之庶兄。比干谏纣,纣剖比干观其心。详见本书《殷本纪》。〔2〕"箕子",或以为纣之诸父,或以为纣之庶兄,封于箕(在今山西太谷县东北)。箕子见纣杀比干,佯狂为奴,纣囚之。详见本书《殷本纪》。〔3〕"太师疵、少师彊",太师是乐官之长,少师是太师之佐,"疵",音 cī,《汉书·古今人表》作"庇"。按《书·微子》提到"父(太)师、少师",前人多以为是箕子、比干,恐非,当即此二人。〔4〕"徧",同"遍"。〔5〕"伐",《集解》徐广曰:"一作'灭'。"

〔6〕"戎车",兵车。"戎车三百乘",《书·牧誓》序作"戎车三百辆"。《孟子·尽心下》作"革车三百两",革车亦兵车。《逸周书·克殷》作"三百五十乘"。〔7〕"虎贲三千人",《牧誓》序作"虎贲三百人",是按战车一辆配备虎贲一人。《孟子·尽心下》及其他古书同《史记》,是按战车一辆配备虎贲十人。《逸周书·克殷》孔晁注认为战车三百五十辆应配备"士卒三(二)万六千三(二)百五十人",有虎贲三千五百人"。按虎贲为王之近卫,战时为劲旅,《周礼·夏官》有虎贲氏。《司马法》佚文记战车编组有三十人制和七十五人制两种,三十人制是由甲士十人、步卒二十人组成,若甲士为虎贲,正与此合;七十五人制是以甲士三人、步卒七十二人组成,则是孔晁注所据。他是以七十五人为一车,乘以三百五十,共二万六千二百五十人(两"二"字均误作"三",应据此纪《正义》改正),虎贲数不计在内。〔8〕"甲士",着铠甲的战士,区别于徒卒。"甲士四万五千人",各书无此说。此四万五千人,按三百乘计,每乘合一百五十人,是七十五人制的两倍。〔9〕"十一年十二月戊午",《书·泰誓》序"十二月"作"一月",这是因为改殷正为周正。〔10〕"孳孳",同"孜孜"。"孳孳无怠",勤勉不怠。〔11〕《太誓》,即《泰誓》。按司马迁所见《泰誓》乃汉景帝时民间所献,附伏生今文《尚书》二十八篇而传,今佚。古书所引与今本《泰誓》有明显不同。〔12〕"妇人",指殷王的配偶。"妇人之言",指妲己之言。本书《殷本纪》谓纣"爱妲己,妲己之言是从"。〔13〕"三正",《书·甘誓》:"有扈氏威侮五行,怠弃三正。"前人多以阴阳五行释五行,天、地、人三统释三正(或以夏、殷、周三正释三正)。按《左传》昭公三十二年有"故天有三辰,地有五行"之语,《汉书·律历志》解三辰为日、月、斗,五行为辰星(水星)、荧惑(火星)、太白(金星)、岁星(木星)、填星(土星)五星。并以天、地、人三统合三辰,五行合五星。疑三正即三辰。故这里说"自绝于天,毁坏其三正"。近人或释三正为三公、三卿或"二三正"(二三大臣),参看刘起釪《释尚书甘誓的五行与三正》(《文史》第七辑)。〔14〕"离逖",离开、疏远。"逖",音 tì,同"逷"。"王父母弟",祖父母叫王父、王母,"王父母弟"是说出自同一祖父母的兄弟。〔15〕"淫声",下流音乐。本书《殷本纪》:"于是使师涓作新淫声,北里之舞,靡靡之乐。"〔16〕"正声",典雅的音乐,对淫声而言。〔17〕"怡说",取悦。〔18〕"发",以名自称。"共",同"恭"。〔19〕"夫子",是对男子的称呼。〔20〕"再",第二次。〔21〕"三",第三次。以上是据汉代流传的今文《泰誓》。

【译文】过了两年,听说纣昏乱暴虐更甚于前,杀死王子比干,囚禁箕子。太师疵、少师彊抱着他们的乐器去投奔周。这时武王才向所有的诸侯宣告说:"殷犯下大罪,不可不合力讨伐。"因而遵循文王的遗志,率领战车三百辆,虎贲三千人,穿戴甲胄的战士四万五千人,东进伐纣。十一年十二月的戊午日,军队全部渡过盟津,诸侯都来参加,武王说:"要勤勤恳恳,不可懈怠呀!"武王因而作《太誓》,向众人宣告:"现在殷王纣竟然听信妻妾之言,自绝于上天,违背日、月、北斗的运行,疏远自己的同祖兄弟,竟然废弃其先祖的音乐,敢采用淫乱的音乐去窜改典雅的音乐,以取悦于他的妻妾。所以现在我发要恭敬地执行上天的惩罚。要努力呀,男子汉们,不会有第二次了,更不会有第三次了!"

二月甲子昧爽,[1]武王朝至于商郊牧野,[2]乃誓。武王左杖黄钺,[3]右秉白旄,[4]以麾[5]曰:"远矣西土之人!"[6]武王曰:"嗟!我有国冢君,[7]司徒、司马、司空、亚旅、师氏,[8]千夫长、百夫长,[9]及庸、蜀、羌、髳、微、纑、彭、濮人,[10]称尔戈,[11]比尔干,[12]立尔矛,[13]予其誓。"王曰:"古人有言'牝鸡无晨。[14]牝鸡之晨,惟家之索'[15]今殷王纣维妇人言是用,[16]自弃其先祖肆祀不答,[17]昏弃其家国,[18]遗其王父母弟不用,乃维四方之多罪逋逃是崇是长,[19]是信是使,俾暴虐于百姓,以奸轨于商国。[20]今予发维共行天之罚。[21]今日之事,不过六步七步,[22]乃止齐焉,[23]夫子勉哉!不过于四伐五伐六伐七伐,[24]乃止齐焉,勉哉夫子!尚桓桓,[25]如虎如罴,[26]如豺如离,[27]于商郊,不御克奔,[28]以役西土,[29]勉哉夫子!尔所不勉,其于尔身有戮。"誓已,诸侯兵会者车四千乘,陈师牧野。

【注释】[1]"二月甲子昧爽",《书·牧誓》作"时甲子昧爽",无"二月"。"二",《集解》徐广曰:"一作'正'。"以为殷之正月,当周之二月。"甲子昧爽",甲子日拂晓。[2]"朝",天亮时,比昧爽约晚一个时辰。"牧野",在今河南淇县西南,为纣别都朝歌(在今河南淇县)之城郊。一说"牧野"即《尔雅·释地》所说"邑外谓之郊,郊外谓之牧,牧外谓之野"的牧、野,是指远郊和远郊以外。[3]"杖",

拄。"黄钺",黄色的铜钺。[4]"秉",握。"白旄",白色旄牛尾为饰的旗,用以指挥。[5]"麾",音huī,指挥。[6]"远矣西土之人",《牧誓》"远"作"逖",义同。"西土之人"指殷王畿以西各国之人,即周人及下庸、蜀、羌、髳、微、纑、彭、濮等族之人。这句话是表示慰劳其辛苦。[7]"我有国冢君",《牧誓》"有"作"友","国"作"邦"。按"有"与"友"通。"国"字是避汉高祖刘邦讳改字,本应作"邦"。"冢君",大君。[8]"亚旅",《诗·周颂·载芟》"侯亚侯旅",《毛传》:"亚,仲叔也;旅,子弟也。"可能是掌管族众的军官。"师氏",是训练王子弟并率之守卫、作战的武职。商周时期军队的最高一级编制是师,师氏应即师的长官。[9]"千夫长、百夫长",千人之长,百人之长。《司马法》佚文(《左传》哀公十三年疏、《周礼·夏官·大司马》疏引)称之为"千人之帅"、"百人之帅"。根据甲骨卜辞,殷王"登人"常以百人、三百人、五百人、千人、三千人、五千人为计,百人、千人应是当时军队编制的基本单位。[10]"庸",国名。春秋时期的庸国在今湖北竹山县东南。"蜀",国名,在今四川成都市。"羌",国名,在今甘肃南部和青海东部一带。"髳",音máo,国名,或以为即春秋时期的茅戎,在今山西平陆县西南。"微",国名。或以为在今陕西眉县。"纑",音lú,国名,或以为即春秋时期的卢国,在今湖北襄樊市西南。"彭",国名,春秋时期的彭国在今湖北房县。"濮",音pú,国名,春秋时期的濮国在楚之西南。以上八国均在殷之西土,为周的与国。参看顾颉刚《牧誓八国》(见《史林杂识》)。[11]"称",举,"戈",钩兵。[12]"比",并排相互联接。"干",盾。[13]"立",拄立。"矛",刺兵。[14]"牝鸡无晨",母鸡不叫明。喻妇人不应掌权。[15]"索",尽。"惟家之索",败尽家财。[16]"今殷王纣维妇人言是用",《牧誓》作"今商王受惟妇言是用"。按殷纣之名,古书或作"受"、"受德"。[17]"自弃其先祖肆祀不答",《牧誓》作"昏弃厥肆祀弗答","昏弃",读为"泯弃"(见王引之《经义述闻》),这里释为自弃。"其",释"厥"字。"肆",陈设。"答",回报。[18]"昏弃其家国",《牧誓》作"昏弃厥遗王父母弟不迪",这里多出"家国"二字,并自"遗"字以下另起一句。[19]"维",《牧誓》作"惟"。"多罪逋逃",指逃亡罪人。"逋"也是逃的意思。"是崇是长",加以推崇、尊重。古代奴隶主贵族认为隐匿从别人那里逃亡出来的奴隶或罪人是极大的不义。这里武王用以指责纣。[20]"国",《牧誓》作"邑"。"奸轨",同"奸宄"。在外作乱叫"奸",在内作乱叫"宄"。[21]"维共",《牧誓》作

"惟恭"。〔22〕"不过六步七步",《牧誓》"不过"作"不愆"。"愆"、"过"义同。古代作战最重阵法即队列,这里是讲队列行进。〔23〕"乃止齐焉",每行进六、七步就要停一下,以保持整齐。〔24〕"不过于",《牧誓》作"不愆于"。"伐",击刺。〔25〕"桓桓",勇武貌。〔26〕"如虎如罴",《牧誓》作"如虎如貔,如熊如罴",这里有省略。"罴",音 pí,俗呼人熊。〔27〕"如豺如离",《说文》:"离,山神兽也。"《牧誓》无此句。〔28〕"不御克奔",《牧誓》作"弗迓克奔","御"、"迓"义近。此句意思是不迎击前来投降者。〔29〕"以役西土",以为我西土所使。

【译文】二月甲子日的凌晨,武王一早就赶到商别都朝歌郊外的牧野,举行誓师。武王左手拄着黄色的钺,右手握着以白色旄牛尾为饰的旗,用来指挥。说:"一路辛苦了,来自西方的人们!"武王又说:"啊!我的友好邻邦的君主,司徒、司马、司空、亚旅、师氏、千夫长、百夫长,以及庸、蜀、羌、髳、微、纑、彭、濮各族的人民,举起你们的戈,排好你们的盾,竖起你们的矛,我要宣誓了。"王说:"古人有句话'母鸡是不叫明的,如果母鸡叫明,必定倾家荡产'。现在殷王纣什么都听女人的,自弃其先祖的祭祀不予回报,抛下自己的家族和国家,放着自己的同祖兄弟不用,反而对四方各国犯罪逃亡的人那么推崇,那么看重,信任他们,使用他们,让他们对百姓横施暴虐,对商国大肆破坏。现在我发要恭敬地执行上天的惩罚。今天的作战,每次前进不超出六、七步,就要停顿整齐一下,要努力呀,男子汉们!(每次刺击)不超出四、五、六、七下,就要停顿整齐一下,要努力呀,男子汉们!希望大家勇武,有如虎、罴、豺、离,我们是在商郊作战,不可迎击前来投降的人,而要让他们为我西方之人所使,要努力呀,男子汉们!你们谁不努力,我将拿他问斩。"誓师完毕,诸侯派兵参加会盟者共有战车四千辆,列阵于牧野。

帝纣闻武王来,亦发兵七十万人距武王。〔1〕武王使师尚父与百夫致师,〔2〕以大卒驰帝纣师。〔3〕纣师虽众,皆无战之心,心欲武王亟入。纣师皆倒兵以战,以开武王。武王驰之,纣兵皆崩畔纣。〔4〕纣走,反入登于鹿台之上,〔5〕蒙衣其殊玉,〔6〕自燔于火而死。〔7〕武王持大白旗以麾诸侯,诸侯毕拜武王,武王乃揖诸侯,诸侯毕从。武王至商国,〔8〕商国百姓咸待于郊。于是武王使群

臣告语商百姓曰:〔9〕"上天降休!"〔10〕商人皆再拜稽首,〔11〕武王亦答拜。〔12〕遂入,至纣死所。武王自射之,三发而后下车,以轻剑击之,〔13〕以黄钺斩纣头,〔14〕县大白之旗。已而至纣之嬖妾二女,〔15〕二女皆经自杀。〔16〕武王又射三发,击以剑,斩以玄钺,〔17〕县其头小白之旗。〔18〕武王已乃出复军。〔19〕

【注释】〔1〕"距",通"拒",抵御。〔2〕"师尚父",即上文"太公望"。"百夫",百夫长。"致师",挑战。〔3〕"大卒",《逸周书·克殷》作"虎贲戎车",《正义》云"大卒,谓戎车三百五十乘,士卒二万六千二百五十人,有虎贲三千人",所据乃孔晁注。但孔晁注非释"大卒",而是释"三百五十乘",与此无关。按古代军队编制有卒一级,一般为一百人,但《管子·小匡》和《国语·齐语》所记管仲治军的卒是二百人。上文"四万五千人",合每乘一百五十人,为七十五人制的两倍,或即此"大卒"。〔4〕"畔",同"叛"。〔5〕"鹿台",台观之名。亦称南单之台或廪台,在今河南淇县,据说其大三里,高千尺。纣把赋敛所得的钱积存其中。〔6〕"蒙衣其殊玉",本书《殷本纪》作"衣其宝玉衣"。"殊玉",价值非常之玉,即宝玉。《逸周书·世俘》云"商王纣取天智玉琰五,环身以自焚"。后世以玉衣敛葬叫玉匣,或与此种葬俗有关。〔7〕"燔",音 fán,焚烧。〔8〕"商国",指朝歌。〔9〕"百姓",商的族众。〔10〕"休",善,福。〔11〕"拜",拜手,跪而拱手,头俯至手,与心平。稽首,即拜而拱手下至于地,头亦下至于地。"再",表示两次。〔12〕"答拜",回拜。〔13〕"轻剑",《克殷》作"轻吕",轻吕为剑名。〔14〕"黄",形容金属的色泽。出土铜器铭文往往在各种金属名前冠以赤、黄、玄、白等字,这些字都是表示色泽。〔15〕"嬖妾二女",一为妲己,一不详。〔16〕"经",上吊。〔17〕"玄",黑色。〔18〕"小白之旗",此据《逸周书·克殷》,同书《世俘》及他书或作"赤旗"。〔19〕"武王已乃出复军",以上除"蒙衣其殊玉"句出《逸周书·世俘》,其他是据《逸周书·克殷》。

【译文】帝纣听说武王前来,也发兵七十万抵御武王。武王派师尚父和百夫长挑战,用大卒驰击纣的军队。纣的军队虽然人多,但都无心作战,只盼武王赶快攻入。纣的军队都掉转武器攻纣,为武王做内应。武王驰击纣的军队,纣的军队溃不成军,背叛纣。纣逃跑,退入城中,登上鹿台,把他的

宝玉都穿戴在身上，自焚而死。武王手持大白旗指挥诸侯，诸侯都向武王拜手致敬，武王也向诸侯拱手回礼，诸侯都听从他。武王来到商的别都，城中的百姓都在城郊迎候。于是武王派群臣告诉商的百姓说："上天将赐福给大家！"商人一齐拜手稽首共两次，武王也还礼拜谢。于是进城，到了纣死的地方。武王亲自用箭射他，射了三发才下车，用轻剑刺他，用黄色的钺砍下纣的头，挂在大白旗上。然后又到纣的两个宠妾那里，发现这两个宠妾都已上吊自杀。武王又射了三发，用剑刺她们，用黑色的钺砍下她们的头，把她们的头挂在小白旗上。武王做完这一切才出城，回到军中。

　　其明日，除道，[1]修社及商纣宫。[2]及期，百夫荷罕旗以先驱。[3]武王弟叔振铎奉陈常车，[4]周公旦把大钺，毕公把小钺，[5]以夹武王。[6]散宜生、太颠、闳夭皆执剑以卫武王。既入，立于社南大卒之左，[7]左右毕从。[8]毛叔郑奉明水，[9]卫康叔封布兹，[10]召公奭赞采，[11]师尚父牵牲。[12]尹佚策祝曰：[13]"殷之末孙季纣，[14]殄废先王明德，[15]侮蔑神祇不祀，[16]昏暴商邑百姓，[17]其章显闻于天皇上帝。"[18]于是武王再拜稽首，曰："膺更大命，[19]革殷，[20]受天明命。"武王又再拜稽首，乃出。[21]

【注释】[1]"除道"，清除道路。〔2〕"社"，祭祀土地神之所。〔3〕"百夫荷罕旗以先驱"，《克殷》作"百夫荷素质之旗于王前"，孔晁注："素质白旗，前为王道也。""荷"，扛。"罕旗"，旗名，有九旒。〔4〕"武王弟叔振铎奉陈常车"，《克殷》作"叔振铎奏拜假，又陈常车"，"奏拜假"，即"奏假"，字亦作"骏假"、"骏格"、"奏假"。"奏"是进献之义；"假"通"格"，训至，指求神至；"拜"应指拜手。这里的"奉"字可能是"奏"字之误，并遗"拜假"二字。"叔振铎"，据说是文王第六子，后封于曹。详见本书《管蔡世家》。"陈"，列。"常车"，仪仗车，车上插有画着日月图像的太常旗。〔5〕"毕公"，据《逸周书·克殷》及本书《鲁世家》，是"召公"之误。〔6〕"夹"，左右夹侍。〔7〕"大卒"，见上文注，这里当指其兵众。〔8〕"左右毕从"，这段话《克殷》原文作"即位于社，大卒之左，群臣毕从"。这里"右"上应补一"左"字，"左右"，用以释"群臣"。〔9〕"毛叔郑"，文王庶子，武王弟，封于毛（在周王畿内）。

"明水"，古人以阳燧（取火的铜镜）取火于日叫"明火"，以阴镜（取水的铜镜，又名"方诸"）取水于月叫"明水"。参看《周礼·秋官·司烜氏》。〔10〕"卫康叔封"，据说是文王第九子，初封于康（在周王畿内），后封于卫，详见本书《管蔡世家》、《卫康叔世家》。"兹"，草席。〔11〕"赞"，佐助。"采"，彩色币帛。〔12〕"牲"，祭牲。〔13〕"尹佚"，即史佚，食采于尹，以尹为氏，与太公、周公、召公被后人称为"四圣"（见《大戴礼·保傅》），是周初重臣之一。"策"，书于竹简。"祝"，祭告。〔14〕"末孙季纣"，《克殷》作"末孙受德"。〔15〕"殄"，音 tiǎn，灭绝。"废"，废弃。〔16〕"侮蔑"，轻慢。"神祇"，天地之神。〔17〕"昏暴"，昏乱，残害。〔18〕"章"，读为"彰"，彰明。"天皇上帝"，古书及铜器铭文多作"皇天上帝"。"皇天"是至上的自然神，"上帝"是至上的人格神（族神）。〔19〕"膺更大命"，《逸周书·克殷》佚文（《文选·王元长曲水诗序》注引）作"膺受大命"。"膺受大命"亦见毛公鼎。这里的"更"字应是"受"字之误（战国文字中的"受"字与"更"字相似）。"大命"，指上天所授享有天下之命。〔20〕"革殷"，"革"，更革。代替殷享有天下。〔21〕"乃出"，以上是据《逸周书·克殷》。

　　【译文】第二天，清除道路，整修社庙和商纣的宫室。到时候，一百名士兵扛着"罕旗"走在前面。武王的弟弟振铎布列"常车"，周公旦手持大钺，毕公手持小钺，夹立在武王的两边。散宜生、太颠、闳夭都持剑环卫武王。武王进了城，站在社庙南面大卒的左边，左右的人们都跟着他。毛叔郑端着"明水"，卫康叔封铺草席，召公奭帮助拿彩帛，师尚父牵祭牲。尹佚朗读竹简上的祭文说："殷的末代子孙季纣，废弃先王的美德，蔑视神明，不去祭祀，对商城中的百姓昏乱暴虐，这些皇天上帝都已知道得清清楚楚。"于是武王拜手稽首两次，说："承受大命，革除殷所受之命，得到上天所降光明之命。"武王又拜手稽首两次，然后出城。

　　封商纣子禄父殷之余民。[1]武王为殷初定未集，[2]乃使其弟管叔鲜、蔡叔度相禄父治殷。[3]已而命召公释箕子之囚，[4]命毕公释百姓之囚，[5]表商容之闾，[6]命南宫括散鹿台之财，[7]发巨桥之粟，[8]以振贫弱萌隶。[9]命南宫括、史佚展九鼎保玉。[10]命闳夭封比干之墓。[11]命宗祝享祠于军。[12]乃罢兵西归。行狩，记政事，作《武成》。[13]封

诸侯,班赐宗彝,〔14〕作《分殷之器物》。〔15〕武
王追思先圣王,乃褒封神农之后于焦,〔16〕黄
帝之后于祝,〔17〕帝尧之后于蓟,〔18〕帝舜之
后于陈,〔19〕大禹之后于杞。〔20〕于是封功臣
谋士,而师尚父为首封。封尚父于营丘,〔21〕
曰齐。封弟周公旦于曲阜,〔22〕曰鲁。封召
公奭于燕,〔23〕封弟叔鲜于管,〔24〕弟叔度于
蔡。〔25〕余各以次受封。

【注释】〔1〕"禄父",纣子武庚,字禄父。
〔2〕"集",通"辑",和睦。 〔3〕"管叔鲜",据说是文
王第三子。"蔡叔度",据说是文王第五子。详见本
书《管蔡世家》。 〔4〕"释",《集解》徐广引别本作
"原"。"原",赦罪,与"释"义近。 〔5〕"毕公",《克
殷》下有"卫叔"。 〔6〕"表商容之闾",今本《书·武
成》作"式商容闾",谓过其闾凭式(俯身于车上横
木)而表示敬意。"表",立标识以旌其贤。"商容",
殷贤人,曾为纣之乐官,欲感化纣而不能,去隐,及
武王克殷,欲以为三公,固辞不受。详见今本《书·
武成》、《礼记·乐记》、《韩诗外传》卷二、《帝王世纪》
(《武成》疏引)等书。"闾",里门。 〔7〕"南宫括",
《汉书·古今人表》作"南宫适",师古注以南宫适与
大颠、闳夭、散宜生并称"文王四友"。《克殷》作"南
宫忽"。"鹿台之财",纣于鹿台所聚之钱。 〔8〕
"巨桥",仓名。巨桥仓在今河北曲周县东北古衡漳
水东岸,纣聚粟其中。 〔9〕"振",同"赈",救济。
"萌",通"氓"(亦作"甿"),即所谓野人,是住在野
(城郊以外)当中的身份较低的居民。"隶",贱役。
〔10〕"命南宫括、史佚展九鼎保玉",《克殷》"南宫
括"作"南宫百达","展"作"迁","保玉"作"三巫"。
按"展"字应是"迁"的借字。"九鼎",即古代著名的
夏鼎,夏灭迁于商,商灭迁于周,是古代天下共主的
一种象征。"三巫",或以为地名,唐兰《关于夏鼎》
(见《文史》第七辑)认为是"宝玉"二字之误("保"字
读为"宝"),但也有可能是"三玉"二字之误(指三种
宝玉)。 〔11〕"封比干之墓","封",堆土为坟冢。
据《正义》引《括地志》,比干墓在今河南汲县北十
里。 〔12〕"命宗祝享祠于军",《克殷》作"乃命宗
祝崇宾飨祷之于军"。"宗祝",主祭之官,崇宾为其
名,此略。"飨祷","飨"与"享"通,汉代称祷为祠。
以上是据《逸周书·克殷》。 〔13〕《武成》,《尚
书》中的一篇,记武王伐商取得成功之事。 〔14〕
"班赐",分赐。"宗彝",祭祀祖先的青铜礼器。
〔15〕《分殷之器物》,《书序》作《分器》,《尚书》
中的一篇,记武王封诸侯,分赐殷人礼器之事。古
代封诸侯分赐礼器叫"分器"。 〔16〕"褒封",嘉
封。"神农",传说人物,一说即炎帝。"焦",国名。
在今河南陕县西。 〔17〕"黄帝",传说人物,本书
《五帝本纪》所记五帝之一。"祝",国名。即铸,据
铜器铭文为妊姓,在今山东宁阳县西北。 〔18〕
"蓟",音jì,邑名,在今北京,以今北京城北蓟丘而
得名。《吕氏春秋·慎大》"蓟"作"黎"。 〔19〕
"陈",国名,妫姓,在今河南淮阳县。始封之君为帝
舜之后陈胡公满。详见本书《陈杞世家》。 〔20〕
"大禹",即禹,夏的祖先。详见本书《夏本纪》。
"杞",国名,姒姓,在今河南杞县。始封之君为夏禹
之后东楼公。详见本书《陈杞世家》。按"黄帝"以
下至此,见《礼记·乐记》、《吕氏春秋·慎大》。
〔21〕"营丘",邑名,在今山东淄博市东北,后称临
淄。 〔22〕"曲阜",邑名,在今山东曲阜县。
〔23〕"燕",国名,在今北京,以燕山而得名。 〔24〕
"管",国名,在今河南郑州市。 〔25〕"蔡",国名,
在今河南上蔡县。

【译文】武王以殷的遗民封商纣之子禄父。
武王因天下初定,尚未和睦,所以派他的弟弟管叔
鲜、蔡叔度辅佐禄父治理殷国。然后又命召公放箕
子出狱。命毕公放百姓出狱,在商容的闾门上设立
标志以表彰他。命南宫括散发聚集在鹿台的钱财
和巨桥的粮食,用来赈济贫苦的野人和贱民。命南
宫括、史佚搬走殷人的九鼎和宝玉。命闳夭为比干
之墓培土为冢。命宗祝祭享于军中。然后撤兵回
到西方。武王巡狩,记录其政事,作《武成》篇。封
诸侯,分赐殷的宗庙祭器,作《分殷之器物》篇。武
王追怀古代的圣王,因而嘉封神农的后代于焦,黄
帝的后代于祝,帝尧的后代于蓟,帝舜的后代于陈,
大禹的后代于杞。接着又封功臣谋士,而师尚父是
被封的第一个。武王封尚父于营丘,为齐。封其弟
周公旦于曲阜,为鲁。封召公奭于燕。封其弟叔鲜
于管,其弟叔度于蔡。其他人也都依次受封。

武王征九牧之君,〔1〕登豳之阜,〔2〕以望
商邑。〔3〕武王至于周,〔4〕自夜不寐。〔5〕周公
旦即王所,曰:"曷为不寐?"〔6〕王曰:"告
女:〔7〕维天不飨殷,自发未生于今六十
年,〔8〕麋鹿在牧,〔9〕蜚鸿满野。〔10〕天不享
殷,〔11〕乃今有成。维天建殷,其登名民三百
六十夫,〔12〕不显亦不宾灭,〔13〕以至今。我
未定天保,〔14〕何暇寐!"王曰:"定天保,依天
室,〔15〕悉求夫恶,〔16〕贬从殷王受。〔17〕日夜

劳来,〔18〕定我西土,〔19〕我维显服,〔20〕及德方明。〔21〕自洛汭延于伊汭,〔22〕居易毋固,〔23〕其有夏之居。〔24〕我南望三涂,〔25〕北望岳鄙,〔26〕顾詹有河,〔27〕粤詹雒、伊,〔28〕毋远天室。"营周居于雒邑而后去。〔29〕纵马于华山之阳,〔30〕放牛于桃林之虚;〔31〕偃干戈,〔32〕振兵释旅:〔33〕示天下不复用也。〔34〕

【注释】〔1〕"武王征九牧之君",《逸周书·度邑》作"维王克殷,国君诸侯乃厥献民征主九牧之师"。"九牧之君",九州之长。〔2〕"登幽之阜",《度邑》作"王乃升汾之阜"。"登",与"升"同义。"幽",《正义》引《括地志》以为即旬邑之幽(字亦作"邠"),《史记志疑》则以为其地近商邑,字应作"汾",即《郡国志》颍川襄城县(在今河南襄城)之汾丘。"阜",土山。〔3〕"商邑",指商的国都。〔4〕"周",《正义》以为镐京,但铜器铭文所见"周",一般都指岐周(在今陕西扶风、岐山二县)。镐京,古书及铜器铭文多称之为"宗周"。〔5〕"自夜不寐",《度邑》作"具明不寝"。"自夜"、"具明",疑是"夙夜"之误。〔6〕"曷为不寐",《度邑》作"害不寝"。"曷",音 hé,通"害",义为何。〔7〕"女",读为"汝"。〔8〕"自发未生于今六十年",《度邑》作"发之未生,至于今六十年"。《礼记·文王世子》谓"文王九十七而终,武王九十三而终",《路史·发挥》卷四、金履祥《通鉴前编》卷六引《竹书纪年》作"武王年五十四",《真诰》卷一五引《竹书纪年》作"年四十五",顾颉刚《武王的死及其年岁和纪元》(《文史》第十八辑)以为武王享年"五十多岁",此"六十年"是举成数言之。〔9〕"麋鹿在牧",《度邑》作"夷羊在牧"。夷羊是一种神兽,或说为土神。"麋鹿",是我国特产的一种动物,俗称"四不像"。"牧",远郊。〔10〕"蜚鸿满野",《度邑》作"飞鸿满野","蜚"与"飞"同。《淮南子·本经》作"飞蛩满野",注:"蛩,蝉、蟪蛄之属也,一曰蝗也。"《索隐》引《随巢子》作"飞拾",谓"飞拾,虫也",是以蜚鸿为虫名,但《正义》则以蜚鸿为鸿雁。"野",郊外。此上二句是形容殷畿内的荒凉景象。〔11〕"天不享殷",《度邑》作"天自幽不享于殷"。上文"享"作"飨",在古文字中,"享"是献享、享受之义,"飨"是宴飨之义,并不混淆,但《史记》中二字往往通用,这里的"享""飨"都是享受其祭祀的意思。〔12〕"其登名民三百六十夫",《度邑》作"厥征天民名三百六十夫","厥征"与"其登"义同,"民名"当是"名民"之倒。"登",征用。"名民",贤人。"夫",古以夫计民。〔13〕"不

显亦不宾灭","显"字是"顾"字之误,"宾"通"摈",音 bìn。《度邑》作"弗顾亦不宾灭",《集解》徐广曰:"一云'不顾亦不宾成',一又云'不顾亦不恤'也。"《索隐》引《随巢子》作"天鬼不顾亦不宾灭"。是不重用也不废弃之义。〔14〕"天保",上天的保佑。指在洛邑营建东都。〔15〕"天室",即太室。铜器铭文"太室"或作"天室",可证。这里的天室非指庙堂之太室,而是指太室山。太室山即嵩山,在今河南登封县北,近洛邑故址。周营洛邑,近太室山,故曰"依天室",下"毋远天室"同。〔16〕"悉求夫恶",《度邑》作"志我共恶",意思是把作恶的人统统找出来。〔17〕"贬从殷王受",意思是按与殷纣同样的罪加以处罚。〔18〕"劳来",亦作"劳徕"、"劳勑",劝勉、慰劳之义。〔19〕"定我西土",《度邑》作"定我于西土",指安定周人的故土。〔20〕"显",扬。"服",职事。〔21〕"及德方明",指德教方大行于世。〔22〕"自洛汭延于伊汭","汭",音 ruì,河水拐弯处。自洛水拐弯处绵延至于伊水拐弯处。〔23〕"居易毋固",《度邑》作"居易无固"。"易",平易。"毋",通"无"。"固",险固。此句谓地势平坦。〔24〕"有夏之居","有夏",即夏。禹曾都阳城。阳城在今河南登封县东南告城镇,与洛邑邻近,故称"有夏之居"。〔25〕"我南望三涂",《度邑》作"我南望过于三涂"。"三涂",山名,在今河南嵩县西南,当洛邑西南。〔26〕"北望岳鄙",《度邑》作"我北望过于岳鄙",可能是指洛邑以北的太行山一带。〔27〕"顾詹有河",《度邑》作"顾瞻过于有河"。"顾",回首。"詹",通"瞻"。"有河",即河水(今黄河)。古代方位概念以南为前,北为后,河水在洛邑北,故称"顾詹有河"。〔28〕"粤詹雒、伊",《度邑》作"宛瞻延于伊、雒"。"粤",语助。"雒",字同"洛",洛水。"伊",伊水。〔30〕"华山之阳",华山之南。〔31〕"桃林",又名桃林塞、桃原,在今河南灵宝县以西、陕西潼关县以东地区。"虚",《礼记·乐记》、《韩诗外传》及今本《书·武成》作"野"。〔32〕"偃",放置不用。"干戈",盾、戈,泛指各种武器。〔33〕"振兵",整军。"释旅",解除武装。古人称战事结束后整军返回为"振旅"。〔34〕"示天下不复用也","纵马"以下至此,见《礼记·乐记》、《吕氏春秋·慎大》、《韩诗外传》卷三等。

【译文】武王召见九州之长,登上幽的高地,遥望商的都城。武王回到周,彻夜不眠。周公旦来到王的住处,问:"为什么不睡?"王说:"告诉你:只因天不受殷的享祭,从发没生下来到现在六十年,远郊和远郊以外到处是麋鹿和飞虫。天不受殷的

享祭,所以才有今天的成功。上天建立了殷国,殷国进用的贤人有三百六十人,却既不重用也不废弃,所以会有今天。我还没有真正得到上天的保佑,哪有功夫睡觉!"王说:"要想真正得到上天的保佑,应依靠太室山,把作恶的人统统找出来,加以贬黜,与殷王受同罪。日夜慰劳人民,安定我西方,我要提倡恪尽职守,直到我们的德教弘扬四方。从洛水拐弯处到伊水拐弯处,人们定居在平坦之处而非险隘之处,这是夏人的活动中心。我当南面可见三涂山,北面可见太行山,回首可见黄河,还有洛水、伊水,不要远离太室山。"在雒邑营建周城,然后离去。放马于华山之南,放牛于桃林之野,放下干戈不用,整顿军队,解除武装:向天下表示不再用兵。

武王已克殷,后二年,[1]问箕子殷所以亡。箕子不忍言殷恶,以存亡国宜告。[2]武王亦丑,[3]故问以天道。[4]

【注释】[1]"后二年",《书·洪范》作"十有三祀",在灭商(十一年)之后二年。 [2]"以存亡国宜告",以保存亡国之所宜告。按古代实行宗法统治,往往靠扶立被亡之国的后裔,保持其祀统,达到控制的目的,叫"存亡国"。 [3]"丑",感到羞耻。 [4]"故问以天道",即《书·洪范》所陈,此略。

【译文】武王已战胜殷,过了两年,问箕子殷灭亡的原因。箕子不忍讲殷的坏话,只以应当如何保存被亡之国相告。武王也感到惭愧,所以只向他问天道。

武王病。天下未集,[1]群公惧,穆卜,[2]周公乃祓斋,[3]自为质,[4]欲代武王,武王有瘳。[5]后而崩,[6]太子诵代立,是为成王。

【注释】[1]"集",亦和睦之义。 [2]"穆卜",前人多不得其解,唐兰认为此"穆"字应解为"昭穆"之"穆"。按照西周昭穆制度,太王以下五王,王季为昭,文王为穆,武王为昭,成王为穆。这里的"穆卜"是指卜武王的下一代。见所著《西周铜器断代中的"康宫"问题》(载《考古学报》一九六二年一期二四页)。 [3]"祓",音 fú,去除不祥。"斋",斋戒。 [4]"自为质",指以身代武王。《左传》哀公六年记楚昭王有疾,而有赤云如鸟夹日而

飞,周太史劝楚昭王祟祭,谓可移祸于令尹、司马,亦此类。 [5]"瘳",音 chōu,病愈。 [6]"后而崩","后"字下似有脱文。本书《封禅书》说"武王克殷二年,天下未宁而崩",《逸周书·明堂》说"既克殷六年而武王崩",《管子·小问》说"武王伐殷既克之,七年而崩",诸说不同。以上是据《书·金縢》。

【译文】武王生病。天下尚未和睦,众公卿们都很害怕,进行"穆卜"(卜问武王的下一代,)周公因而被除斋戒,自愿作替身,想代替武王去死,武王的病有好转。后来武王死了,太子诵代之即位,就是成王。

成王少,[1]周初定天下,周公恐诸侯畔周,公乃摄行政当国。[2]管叔、蔡叔群弟疑周公,与武庚作乱,畔周。[3]周公奉成王命,伐诛武庚、管叔,放蔡叔。[4]以微子开代殷后,[5]国于宋。[6]颇收殷余民,以封武王少弟封为卫康叔。[7]晋唐叔得嘉谷,[8]献之成王,成王以归周公于兵所。[9]周公受禾东土,[10]鲁天子之命。[11]初,管、蔡畔周,周公讨之,三年而毕定,[12]故初作《大诰》,[13]次作《微子之命》,[14]次《归禾》,[15]次《嘉禾》,[16]次《康诰》、《酒诰》、《梓材》,[17]其事在周公之篇。[18]周公行政七年,[19]成王长,周公反政成王,北面就群臣之位。

【注释】[1]"成王少",成王即位年龄,古书说法不一。或谓"幼在襁褓"(《尚书大传》、《逸周书·明堂》等主此说),或谓年六岁(贾谊主此说),或谓年十岁(郑玄主此说),或谓年十三岁(王肃主此说)。成王即位可能年龄不大,但"幼在襁褓"之说不可信。 [2]"摄行政当国",代替成王执政。 [3]"畔",同"叛"。"畔周",武王克殷后封管叔于管,蔡叔于蔡,霍叔于霍,以监殷及殷以北的邶(在今河南汤阴县东南),殷以南的鄘(在今河南汲县东北),殷以东的卫(在今河南淇县)。管、蔡、霍勾结武庚叛周,是为武庚、三监之叛。武庚、三监之叛,主谋是武庚和管叔,蔡叔次之,霍叔古书提到的比较少,这里略去不言。 [4]"放蔡叔",据《商君书·刑赏》,霍叔也被流放。 [5]"微子开",本作"微子启"。"启"作"开",是避汉景帝刘启讳改字。启为帝乙长庶子,数谏纣不听,遂出走。武王灭商,向周乞降,初封于微。详见本书《宋微子世家》。 [6]

"宋",国名,在今河南商丘县南。〔7〕"武王少弟封",传为文王第九子,比武王年龄小,所以称"少弟"。封始封在康(在周王畿内),此时封于卫。"卫",国名,在今河南淇县。详见本书《卫康叔世家》。〔8〕"晋唐叔",名虞,成王灭唐,封之于唐,故称唐叔。后唐又改称晋。详见本书《晋世家》。"嘉谷",据说是长在两个相邻的亩垄上而结同一个谷穗。见《书序》。〔9〕"归",《集解》徐广曰"归,一作馈",字通"馈",是致送之义。"兵所",驻兵之处。〔10〕"东土",当时周公与召公分陕而治,陕(在今河南陕县)以东由周公负责,陕以西由召公负责(见《公羊传》隐公五年)。周公驻守东方,指挥平定殷乱。〔11〕"鲁",《书序》作"旅",是布陈之义。〔12〕"三年而毕定",《尚书大传》说"周公摄政,一年救乱,二年克殷,三年践奄",即三年间平叛之事。〔13〕"大诰",《尚书》篇名,是周公于伐叛之前所作大告天下之辞。〔14〕"微子之命",《尚书》篇名,是成王封微子启于宋所作。〔15〕"归禾",《尚书》篇名,今佚。《书序》:"唐叔得禾,异亩同颖,献诸天子,王命唐叔归周公于东,作《归禾》。"即上所述。〔16〕"嘉禾",《尚书》篇名,今佚。《书序》:"周公既得命禾,旅天子之命,作《嘉禾》。"即上所述。〔17〕"康诰"、《酒诰》、《梓材》,皆《尚书》篇名。《康诰》是成王封康叔封于卫所作。《酒诰》是成王以殷人酗酒亡国之事告诫康叔封之辞。《梓材》是成王以木匠修治木材为喻,告康叔封以为政之道。〔18〕"周公之篇",指本书《鲁周公世家》。〔19〕"行政七年",《书·洛诰》结尾书"在十有二月,惟周公诞保文武受命惟七年",而文中又有"元祀"之语,前人遂以为周公摄政七年始还政成王并改元。近年来因讨论出土何尊铭文,学术界对周公摄政年数及其与成王纪年的关系有不少争论,尚未取得一致的意见。《尚书大传》"周公摄政,一年救乱,二年克殷,三年践奄,四年建侯卫,五年营成周,六年制礼作乐,七年致政成王",即七年之事。"五年营成周"叙在下文。

【译文】 成王幼小,周刚刚平定天下,周公害怕诸侯背叛周,便摄政主持国家大事。管叔、蔡叔等兄弟怀疑周公,勾结武庚作乱,背叛周。周公奉成王之命,讨伐武庚、管叔,流放蔡叔。用微子启代替武庚为殷的后代,都于宋。收聚了不少殷遗民,用来封武王的小弟弟封为卫康叔。晋唐叔获得吉祥的谷穗,献给成王,成王把它送到周公的驻兵之地。周公在东方受此吉祥的谷穗,并宣布了天子的命令。当初,管、蔡背叛周,周公征讨他们,三年才

完全平定,所以先作《大诰》,其次作《微子之命》,又其次作《归禾》,又其次作《嘉禾》,又其次作《康诰》、《酒诰》、《梓材》,其事见于《鲁周公世家》。周公摄政七年,成王长大了,周公还政给成王,重新北面称臣。

成王在丰,使召公复营洛邑,〔1〕如武王之意。〔2〕周公复卜申视,〔3〕卒营筑,居九鼎焉。〔4〕曰:"此天下之中,〔5〕四方入贡道里均。"〔6〕作《召诰》、《洛诰》。〔7〕成王既迁殷遗民,周公以王命告,作《多士》、《无佚》。〔8〕召公为保,〔9〕周公为师,〔10〕东伐淮夷,〔11〕残奄,〔12〕迁其君薄姑。〔13〕成王自奄归,在宗周,〔14〕作《多方》。〔15〕既绌殷命,〔16〕袭淮夷,归在丰,作《周官》。〔17〕兴正礼乐,〔18〕度制于是改,〔19〕而民和睦,颂声兴。成王既伐东夷,〔20〕息慎来贺,〔21〕王赐荣伯作《贿息慎之命》。〔22〕

【注释】 〔1〕"洛邑",上文作"雒邑"。《书·召诰》序"成王在丰,欲宅洛邑,使召公先相宅",即此所本。〔2〕"如武王之意",上文说武王"营周居于雒邑而去",是武王克商后,已谋筑城于洛邑。这里说成王"使召公复营洛邑",可见是禀承武王的遗志。〔3〕"复卜申视","复"、"申",皆表示再次。"视",勘察,亦称相。据《书·召诰》及《洛诰》,召公卜宅、相宅后,周公再次卜宅、相宅,才开始营建成周城。〔4〕"居九鼎焉",武王克商后已迁走九鼎,这里始将九鼎正式安放在成周城内。《左传》宣公三年"成王定鼎于郏鄏",即指此。〔5〕"天下之中",《召诰》称为"土中"。成周位于周统治区的中央,故称。〔6〕"四方入贡道里均",四方入贡,里程相近。〔7〕《召诰》、《洛诰》,《尚书》中的两篇。《召诰》记召公到洛邑卜宅、相宅,确定成周城的方位大小。《洛诰》记周公再次到洛邑卜宅、相宅,开始正式动工营建成周城。〔8〕《多士》、《无逸》,《尚书》中的两篇。《多士序》"成周既成,迁殷顽民,周公以王命诰,作《多士》",即此所本。《无逸》是周公告诫成王之语。〔9〕"召公为保",召公为太保。〔10〕"周公为师",周公为太师。师、保皆负责教育王之官职。〔11〕"淮夷",古部族名,住在淮水流域,多为嬴姓。〔12〕"残",《书·成王政序》、《尚书大传》等作"践",通"剪",灭除之义。"奄",古国名,亦称盖,嬴姓,在今山东曲阜县。

〔13〕"薄姑",亦作"蒲姑"、"亳姑",本为国名,在今山东博兴县东北。薄姑从武庚叛乱,被周伐灭,周用以封吕尚。 〔14〕"宗周",即镐京,在今陕西长安沣河东,是武王东进所建的新都城。 〔15〕《多方》,《尚书》篇名。《多方序》"成王归自奄,在宗周,诰庶邦,作《多方》",即此所本。"多方"与"庶邦"同义,此篇是周公以王命宣示周所征服的诸方国。 〔16〕"绌",音 chù,同"黜",废黜。"既绌殷命",既废黜殷所受天命。 〔17〕《周官》,《尚书》篇名。《周官序》"成王既黜殷命,灭淮夷,还归在丰,作《周官》",即此所本。 〔18〕"兴",振兴。"正",订定。 〔19〕"度制",制度。 〔20〕"东夷",古部族名,奉祀太皞、少皞,多分布于今山东境内,为商的与国。 〔21〕"息慎",古部族名。亦作"肃慎",分布在今黑龙江流域。 〔22〕"荣伯",周的王朝大臣。"《贿息慎之命》",《尚书》篇名,今佚。《书·贿肃慎之命序》"武王既伐东夷,肃慎来贺,王俾荣伯作《贿肃慎之命》",以事属之武王,《国语·鲁语下》载孔子语亦云"武王克商"而肃慎氏来贡。"贿",赐送财货。

【译文】成王在丰邑,派召公再次营建洛邑,以完成武王的遗愿。周公再次卜问勘察,终于动工营建,将九鼎安放在城内。他说:"这里是天下的中央,四方进贡,路程远近相似。"因而作《召诰》、《洛诰》。成王已迁走殷遗民,周公以王的名义宣告,作《多士》、《无佚》。召公担任保,周公担任师,东伐淮夷,灭除奄,把他们的国君迁到薄姑。成王从奄回来,住在宗周,作《多方》。成王革除了殷的天命之后,又袭击淮夷,回到丰,作《周官》。创制和订定礼乐,制度从此改变,而人民和睦,颂歌四起。成王征伐东夷之后,息慎前来祝贺,王命荣伯作《贿息慎之命》。

成王将崩,惧太子钊之不任,乃命召公、毕公率诸侯以相太子而立之。成王既崩,二公率诸侯,以太子钊见于先王庙,申告以文王、武王之所以为王业之不易,务在节俭,毋多欲,以笃信临之,作《顾命》。[1]太子钊遂立,是为康王。康王即位,徧告诸侯,宣告以文武之业以申之,作《康诰》。[2]故成康之际,天下安宁,刑错四十余年不用。[3]康王命作策毕公分居里,[4]成周郊,[5]作《毕命》。[6]

【注释】〔1〕《顾命》,《尚书》篇名,为成王的临终遗言。《书·顾命序》:"成王将崩,命召公、毕公率诸侯相康王,作《顾命》。"此据《书序》而略述该篇大义。 〔2〕"康诰",即《康王之诰》,亦《尚书》篇名。 〔3〕"刑错四十余年不用","刑错",将刑法放置起来不用。按"故成康之际"至此同《纪年》(《文选·贤良诏》注等引)。前人多据以推算成、康二王在位年数。 〔4〕"作策毕公","作策"同"作册",是史官之长,掌册命官爵,毕公为康王作册。"分居里",让居民按等级的不同分别居住。春秋时期,管仲相齐桓公,根据西周先王"定民之居"的制度,使士、农、工、商四民不相杂处,就属于这种性质。 〔5〕"成周郊",组成成周城的四郊。 〔6〕《毕命》,《尚书》篇名。《毕命序》"康王命作册毕分居里,成周郊,作《毕命》",即此所本。

【译文】成王将死,害怕太子钊不能胜任,便命召公、毕公率诸侯共同辅佐太子使之即位。成王死后,召公、毕公率诸侯,带太子钊谒见先王的宗庙,向他反复告诫文王、武王创立王业的来之不易,让他一定要注意节俭,不要欲望太多,以笃厚诚实来治理天下,因而作《顾命》。太子钊因此即位,就是康王。康王即位,遍告诸侯,反复宣传文王、武王的功业,因而作《康诰》。所以成、康两王时,天下安宁,刑罚弃置不用达四十多年。康王命作策毕公按等级划分居住范围,组成周的四郊,因而作《毕命》。

康王卒,子昭王瑕立。昭王之时,王道微缺。昭王南巡狩不返,[1]卒于江上。[2]其卒不赴告,[3]讳之也。[4]立昭王子满,是为穆王。穆王即位,春秋已五十矣。[5]王道衰微,穆王闵文武之道缺,[6]乃命伯臩申诫太仆国之政,[7]作《臩命》。[8]复宁。

【注释】〔1〕"昭王南巡狩不返",据《纪年》(《初学记》卷七、《太平御览》卷九〇七引)及出土铜器铭文,昭王南征荆楚共有两次,第一次在昭王十六年,周师有较多俘获;第二次在昭王十九年,昭王还济汉水,丧六师,本人也死在汉水中。这是西周历史上很著名的事件。《左传》僖公四年记齐桓公伐楚,仍以昭王之死责问楚君。 〔2〕"卒于江上",昭王是卒于汉水中而非江上,此非。《正义》引《帝王世纪》所记传说,谓昭王之死是因为船人以胶船进王,行至水中,胶解船沉而淹死。 〔3〕"赴告",亦作"讣告",奔赴相告。 〔4〕"讳之也",周人耻之,讳言其事。〔5〕"春秋",指穆王的年龄。〔6〕"闵",同"悯",担忧。〔7〕"伯䌹",䌹,音 jiǒng,字亦作"臩"、"冏"。"申诫",反复告诫。"太仆",官名,掌驭车马之长。伯䌹为穆王太仆。〔8〕"《䌹命》",《尚书》篇名。《冏命序》"穆王命伯冏为周太仆正,作《冏命》",即此所本。此篇是穆王册命伯䌹为太仆之辞。

【译文】康王死,其子昭王瑕即位。昭王之时,王道略有缺损。昭王到南方巡狩未能回来,死在江上。死了也不告丧,是想掩饰。于是立昭王之子满即位,就是穆王。穆王即位,年龄已五十岁了。当时王道衰败,穆王痛心文、武二王之道已缺损,命伯䌹为太仆,以国家政事反复告诫他,作《䌹命》。天下又重新安宁。

穆王将征犬戎,祭公谋父谏曰:〔1〕"不可。先王耀德不观兵。夫兵戢而时动,〔2〕动则威,观则玩,〔3〕玩则无震。〔4〕是故周文公之颂曰:〔5〕'载戢干戈,〔6〕载櫜弓矢,〔7〕我求懿德,〔8〕肆于时夏,〔9〕允王保之。'〔10〕先王之于民也,茂正其德而厚其性,〔11〕阜其财求而利其器用,〔12〕明利害之乡,〔13〕以文修之,〔14〕使之务利而辟害,〔15〕怀德而畏威,〔16〕故能保世以滋大。〔17〕昔我先王世后稷,〔18〕以服事虞、夏。〔19〕及夏之衰也,弃稷不务,我先王不窋用失其官,〔20〕而自窜于戎狄之间。不敢怠业,时序其德,〔21〕遵修其绪,〔22〕修其训典,〔22〕朝夕恪勤,〔24〕守以敦笃,奉以忠信。奕世载德,〔25〕不忝前人。〔26〕至于文王、武王,昭前之光明而加之以慈和,事神保民,无不欣喜。〔27〕商王帝辛大恶于民,庶民不忍,䜣载武王,〔28〕以致戎于商牧。〔29〕是故先王非务武也,勤恤民隐而除其害也。〔30〕夫先王之制,邦内甸服,〔31〕邦外侯服,〔32〕侯卫宾服,〔33〕夷蛮要服,〔34〕戎翟荒服。〔35〕甸服者祭,侯服者祀,宾服者享,〔36〕要服者贡,〔37〕荒服者王。〔38〕日祭,月祀,时享,〔39〕岁贡,终王。〔40〕先王之顺祀也,〔41〕有不祭则修意,有不祀则修言,有不享则修文,有不贡则修名,〔42〕有不王则修德,序成而有不至则修刑。〔43〕于是有刑罚之辟,〔44〕伐不祀,征不享,让不贡,〔44〕告不王。于是有刑罚之辟,〔45〕有攻伐之兵,有征讨之备,有威让之命,有文告之辞。布令陈辞而有不至,则增修于德,无勤民于远。〔46〕是以近无不听,远无不服。今自大毕、伯士之终也,〔47〕犬戎氏以其职来王,〔48〕天子曰〔49〕'予必以不享征之,且观之兵',无乃废先王之训,而王几顿乎?〔50〕吾闻犬戎树敦,〔51〕率旧德而守终纯固,〔52〕其有以御我矣。"王遂征之,得四白狼四白鹿以归。〔53〕自是荒服者不至。〔54〕

【注释】〔1〕"祭公谋父",祭是周畿内封国,为周公旦之后,谋父是此祭公的字。〔2〕"戢",音 jí,收藏起来。〔3〕"玩",音 wàn,轻慢,不认真对待。〔4〕"震",威严。〔5〕"周文公之颂","周文公"即周公旦,"颂"指以下诗文,即《诗·周颂·时迈》。〔6〕"载",语首助词。"载戢干戈",收起干戈。〔7〕"櫜",音 gāo,装弓矢的囊,这里用为动词。"载櫜弓矢",意思是收起弓矢。〔8〕"懿德",美德。〔9〕"肆于时夏","肆",陈。"时",是。"夏",大夏,乐名。〔10〕"允",理所应当。〔11〕"茂",通"懋",训勉。《国语·周语上》"茂"作"懋"。"茂正",勉励端正。〔12〕"阜",增大。"求",同"賕",财物。〔13〕"乡",同"向",方向。〔14〕"文",礼法。〔15〕"辟",同"避"。〔16〕"怀德",归服于德。〔17〕"保世以滋大",保其嗣统绵延,子孙蕃昌。〔18〕"昔我先王世后稷",从前我们的先王世世为后稷。指弃、不窋等。〔19〕"以服事虞、夏",弃事舜,不窋事夏,故有此言。〔20〕"用",因而。〔21〕"时",时时。"序",同"绪",是接续、沿用之义。〔22〕"遵修其绪",《国语·周语上》"遵"作"纂","纂"通"缵",是继承之义,此以"遵"释之。〔23〕"训典",载于典策的诰训之辞。〔24〕"恪",音 kè,恭敬。"勤",勤勉。〔25〕"奕",音 yì。"奕世",累世。"载德",读为"戴德"。〔26〕"忝",音 tiǎn,辱。〔27〕"无不欣喜",《国语·周语上》作"莫弗欣喜"。〔28〕"䜣",同"欣"。"载",同"戴",拥戴。〔29〕"致戎",用兵。"商牧",即商郊牧野。〔30〕"勤恤民隐",经常体恤人民的痛苦。〔31〕"邦内",王畿之内。"甸服",古人把王的统治范围分成内外许多层次,叫做"服"(职守之义),这里"甸服"是用来称呼王畿之内。〔32〕"侯服",王畿之外的一层叫"侯服"。〔33〕"侯",诸侯。"卫",也是一种诸侯名。"宾服",侯服以外的一层叫"宾服"。〔34〕"夷蛮",指当时的少数民族。"要服",宾服以外的一层叫"要服"。

〔35〕"戎翟"，也是指当时的少数民族。"翟"同"狄"。"荒服"，要服以外的一层叫"荒服"。按以上五服亦见于《书·禹贡》，但略有不同。《禹贡》之五服为甸服、侯服、绥服、要服、荒服，各五百里。这种五服的甸服主要指王畿之内，是王的直辖统治区；侯服、宾服主要指王所建诸侯国；要服、荒服主要指归服于王的少数民族国家。《周礼》当中的九服说，把王畿以外分为九层，分别称为侯服、甸服、男服、采服、卫服、蛮服、夷服、镇服、藩服，就是从这种五服说演化而来，其中侯、甸、男、采、卫皆诸侯名，这五服即相当侯、宾二服；蛮、夷、镇、藩四服即相当要、荒二服。〔36〕"享"，享祀。〔37〕"贡"，进贡。〔38〕"王"，奉戴之为王。〔39〕"时"，季节。〔40〕"终"，终世。新王即位时始朝，终其一世，至下一代王即位再朝。〔41〕"先王之顺祀也"，《国语·周语上》作"先王之训也"，据下文"无乃废先王之训"，"顺"是"训"的通假字，"祀"乃衍文。〔42〕"名"，长幼尊卑之名分。〔43〕"序成而有不至"，依次做到而不来尽其职守。〔44〕"让"，责问。〔45〕"辟"，音bì，法。〔46〕"无勤民于远"，无劳民远征。〔47〕"大毕、伯士"，犬戎氏之二君。〔48〕"职"，职贡，即按其所处之服应进之贡。〔49〕"天子"，指穆王。〔50〕"幾"，危。"顿"，挫折。〔51〕"吾闻犬戎树敦"，《国语·周语上》"犬戎"上有"夫"字，"敦"作"惇"。"树敦"，树立质朴的风气。"敦"，同"惇"，敦厚，质朴。〔52〕"率"，《国语·周语上》作"帅"，字通。"守终纯固"，善始善终，专一。〔53〕"四白狼四白鹿"，可能是指以白狼、白鹿为号的犬戎氏八族的酋长。〔54〕"自是荒服者不至"，以上是据《国语·周语上》。

【译文】穆王将征犬戎，祭公谋父劝谏说："不可以。先王显示给人的是德行，而不是武力。平时积蓄兵力，只在一定时刻才动用，一旦动用就要有威力，如果一味显示武力，就会使人漫不经心，漫不经心就会没有威力。所以周文公所作的颂说：'收起盾和戈，藏起弓和箭，我求美德之士，载入大夏之中，王必保守不失。'先王对待人民，勉励和端正其道德，使其性情敦厚，扩大其财物并改良其器物，懂得利害关系所在，用礼法培养他们，教他们趋利避害，心怀仁德而畏惧惩罚，所以能世代相传，子孙蕃昌。从前我们的先王世代代为后稷之官，供职于虞、夏两代。待到夏朝衰亡时，废弃农官，不再劝民务农，我们的先王不窋因而失去官职，自己逃窜于戎狄之间。他不敢懈怠祖先的遗业，继承祖先的德行，遵循祖先的传统，整理祖先的教训和典法，早晚都敬慎勤勉，以敦厚笃实自持，忠诚老实自奉。世世代代感戴其恩德，不给祖先丢脸。到了文王和武王，进一步发扬光大前人的业绩，再加上仁慈和睦，敬事神明，保护人民，神民皆大欢喜。商王帝辛对其人民作恶太甚，庶民忍无可忍，乐意拥戴武王，因而才能于商的牧野列阵而战。所以先王并非有意要去使用武力，而只是因为时刻关怀人民的疾苦，想为民除害。按照先王的制度，邦畿之内是"甸服"，邦畿之外是"侯服"，设置侯、卫的地方叫"宾服"，蛮夷之地叫"要服"，戎翟之地叫"荒服"。属于甸服的要"祭"（祭祀），属于侯服的要"祀"（祭祀），属于宾服的要"享"（祭享），属于要服的要"贡"（进贡），属于荒服的要"王"（奉以为王）。"祭"是以日计，"祀"是以月计，"享"是以季节计，"贡"是以年计，"王"是以终身计。按照先王的遗训，如果不"祭"就要端正其意志，如果不"祀"就要端正其言辞，如果不"享"就要端正其礼法，如果不"贡"就要端正其名分，如果不"王"就要端正其道德，依次做了而仍不能尽其职守，就要施以刑罚。因而才有对不祭者的刑罚，对不祀者的攻伐，对不享者的征讨，对不贡者的遣责，对不王者的告谕天下。因而也才有刑罚的各种规定，才有攻伐的各种武器，才有征讨的各种准备，才有严厉遣责的命令，才有大告天下的文辞。用命令和文辞宣告而仍然不来述职者，则进一步端正其道德，不必劳民远征。这样才能使邻近的国家无不听从，远方的国家无不归顺。现在从犬戎氏二君大毕、伯士去世，犬戎氏能世守其职，前来奉事天子，而天子却说'我非要按"不享"的罪名加以征讨，而且还要向他们炫耀武力'，这不是抛弃先王的教训，而使您处于危险境地吗？我听说犬戎氏提倡敦厚的风气，遵循前人的德行而能始终如一，他们是有足以抵御我们的东西呀。"但穆王还是出兵征讨，获取四只白狼和四只白鹿回来。从这以后，属于荒服的国家就不再来了。

诸侯有不睦者，甫侯言于王，〔1〕作修刑辟。〔2〕王曰："吁，来！有国有土，告汝祥刑。〔3〕在今尔安百姓，〔4〕何择非其人，〔5〕何敬非其刑，〔6〕何居非其宜与？〔7〕两造具备，〔8〕师听五辞。〔9〕五辞简信，〔10〕正于五刑。〔11〕五刑不简，〔12〕正于五罚。〔13〕五罚不服，〔14〕正于五过。〔15〕五过之疵，〔16〕官狱内狱，〔17〕阅实其罪，〔18〕惟钧其过。〔19〕五刑之疑有赦，〔20〕五罚之疑有赦，其审克之。〔21〕简信有众，〔22〕惟讯有稽。〔23〕无简不疑，〔24〕共严天威。[25]黥辟疑赦，[26]其罚百率，[27]阅实其罪。劓辟疑赦，其罚倍洒，[28]阅实其罪。膑辟疑赦，[29]其罚倍差，[30]阅实其罪。宫辟疑赦，其罚五百率，[31]阅实其罪。大辟疑赦，其罚千率，阅实其罪。墨罚之属千，[32]劓罚之属千，膑罚之属五百，宫罚之属三百，大辟之罚其属二百：五刑之属三千。"[33]命曰《甫刑》。[34]

【注释】[1]"甫侯"，《书·吕刑》作"吕侯"，吕为姜姓国家，在今河南南阳市西。吕亦称甫，前人或推测是前后易名，然据出土铜器铭文和《左传》等古书，吕直到灭亡，始终未尝改名，这两个名称究竟是何关系还有待进一步研究。[2]"刑辟"，刑法。[3]"祥"，同"详"，慎。"祥刑"，慎用刑法。[4]"在今"，犹言"如今"。[5]"何择非其人"，《吕刑》无"其"字。此句意思是说应当选择的难道不是胜任其事的执法者吗？[6]"何敬非其刑"，《吕刑》无"其"字。此句意思是说应当尊重的难道不是刑法本身吗？[7]"何居非其宜与"，《吕刑》作"何度非及"，意思是说应当掌握的法度难道不是合乎分寸、恰到好处吗？这里以"居"释"度"，以"宜"释"及"。按"度"可训"居"，见《小尔雅·广言》，"及"是恰到好处之义，"与"同"欤"，表示疑问的语气。[8]"造"，至的意思。"两造"，指前来诉讼的双方，即原告和被告。今文《尚书》"造"作"遭"（《集解》徐广引），《说文》作"两曹"，皆音近通假字。[9]"师"，士师，掌诉讼。"五辞"，五刑之辞。[10]"简信"，合乎情实。《吕刑》"信"作"孚"，义同。《礼记·王制》："司寇正刑明辟，以听狱讼，……有旨无简，不听。"注："简，诚也。有其意无其诚者，不论以为罪。"[11]"五刑"，墨（刺刻面额，染以黑色）、劓（音 yì，割鼻）、剕（音 fèi，断足）、宫（残害生殖官，使不能生育）、大辟（死刑）五种刑罚。[12]"五刑不简"，指犯罪事实够不上定五刑。[13]"五罚"，五种罚金。够不上定五刑的疑讼，改处以五等罚金，如属于墨刑的疑讼，判罚金百锊，详见下文。[14]"五罚不服"，指犯罪事实够不上判五罚，被告不服。[15]"五过"，五种过失。够不上判五种罚金，改以过失罪加以赦免。[16]"五过之疵"，《吕刑》："五过之疵，惟官、惟反、惟内、惟货、惟来。"传："五过之所病，或尝同官，或诈反囚辞，或内亲用事，或行货枉法，或旧相往来，皆病所在。""疵"，音 cī，毛病。[17]"官狱内狱"，指高官显贵不便诉诸刑法的讼事，这是司马迁解释"五过之疵"的话。

"狱"，讼事。[18]"阅实其罪"，查验核实其罪。[19]"惟钧其过"，"钧"同"均"，此句谓使罪名与过失相当。此上二句《吕刑》作"其罪惟均，其审克之"。[20]"疑"，疑不能定的讼事。[21]"其审克之"，仔细查验，以获知其情实。[22]"简信有众"，取证要从众。[23]"惟讯有稽"，《吕刑》"讯"作"貌"，"貌"字是察看的意思，这里以"讯"字释之，则是审问的意思。"稽"，查核。此句谓审问狱情要查验核实。[24]"无简不疑"，"疑"乃"听"字之误，《吕刑》"疑"作"听"。"无简不听"，是没有充分证据，不能论罪之义。[25]"共严"，《吕刑》"共"作"其"，误。"共严"即"恭严"，亦作"严恭"，是恭敬的意思。[26]"黥辟"，即墨刑。"疑"，指不够定黥刑者。"赦"，赦免。[27]"其罚百率"，其罚金为百率。"率"，音 lüè，同"锊"，古代货币重量单位，合六两又大半两（六又三分之二两）。《吕刑》"率"作"锾"，下同，"锾"同"环"，《周礼·考工记》："（戈）重三锊。"注："今东莱称，或以大半两为钧，十钧为环，环重六两大半两。"（一钧合三分之二两，十钧合六又三分之二两。）"锾"是"锊"的别名。前人或以"锾"、"锊"为通假字，或认为形近而误，非是。[28]"其罚倍洒"，《吕刑》作"其罚惟倍"。"洒"，音 xǐ，同"蓰"，五倍的意思。"倍蓰"作为合成词不一定是两倍，也不一定是五倍，而只是表示若干倍。这里应以作"倍"为是，指罚金二百锊。[29]"膑辟疑赦"，《吕刑》"膑"作"剕"。"膑"，音 bìn，剔去膝盖骨，与剕刑相近。[30]"倍差"，两倍半。"其罚倍差"，指罚金五百锊。[31]"其罚五百率"，《集解》徐广引"五"作"六"，《吕刑》亦作"六"，应以作"六"为是。[32]"墨罚之属千"，属于墨刑罚金的条文有一千条，下同。[33]"五刑之属三千"，属于五刑罚金的条文共有三千条（一千加一千加五百加三百加二百）。以上是据《书·吕刑》。[34]"《甫刑》"，即《吕刑》。

【译文】诸侯各国中有些国家不太和睦，甫侯把情况告给王，王因而立下各种刑法。王说："喂，到我这里来！凡是封有国邑和土地的诸侯们，我要告诉给你们如何慎重地使用刑法。如今你们要安顿百姓，应选择的难道不是执法人材吗？应尊重的难道不是刑法本身吗？应掌握的难道不是量刑尺度吗？"原告和被告都到齐了，士师就要从（言辞、表情、呼吸、听觉反应和目光）等"五辞"来观察。通过这些观察摸清情况，即可用"五刑"来定罪。如果犯罪事实够不上"五刑"，就用"五罚"来定罪。如果犯罪事实够不上"五罚"，被判者不服，就用"五过"来定罪。属于"五过"方面的各种问题，如高官显贵不便诉诸刑法的各种讼事，要查核其罪，使罪名与过失相当。凡遇该按"五刑"治罪而有疑问不得不赦免的讼事，凡遇该按"五罚"治罪而有疑问不得不赦免的讼事，要仔细查验。取证要从众，审讯要有据。如果没有充分证据便不能定罪，要知道老天在上。属于黥刑而不够定罪的，其罚金为一百率，要查核其罪。属于劓刑而不够定罪的，其罚金为前者的两倍，要查核其罪。属于膑刑而不够定罪的，其罚金为前者的两倍半，要查核其罪。属于宫刑而不够定罪的，其罚金为五百率，要查核其罪。属于大辟之刑而不够定罪的，其罚金为千率，要查核其罪。属于墨刑的罚金条文有上千条，属于劓刑的罚金条文有上千条，属于膑刑的罚金条文有五百条，属于宫刑的罚金条文有三百条，属于大辟之刑的罚金条文有二百条，五种刑罚的有关条文共有三千条。被称之为《甫刑》。

穆王立五十五年，[1]崩，子共王繄扈立。[2]共王游于泾上，[3]密康公从，[4]有三女奔之。其母曰：[5]"必致之王。夫兽三为群，[6]人三为众，[7]女三为粲。[8]王田不取群，[9]公行不下众，[10]王御不参一族。[11]夫粲，美之物也。众以美物归女，[12]而何德以堪之？王犹不堪，况尔之小丑乎！[13]小丑备物，终必亡。"康公不献，一年，共王灭密。[14]共王崩，子懿王囏立。懿王之时，王室遂衰，[15]诗人作刺。[16]

【注释】[1]"穆王立五十五年"，上文说"穆王即位，春秋已五十矣"，合此则年寿达一百零五岁，似乎太长。[2]"共王繄扈"，共王之名，《索隐》引《世本》作"伊扈"。"繄"，音 yī。[3]"泾上"，泾水上。密国近泾水。[4]"密康公"，密国之君。密国即密须，在今甘肃灵台县西，本为姞姓国，文王灭之以封同姓，即此密国，《国语·周语上》韦昭注以康公为姬姓。[5]"其母"，《集解》引《列女传》以康公母为隗姓。《汉书·古今人表》作"密母"。[6]"兽三为群"，兽，三只以上称"群"。[7]"人三为众"，人，三人以上称"众"。[8]"女三为粲"，女子，三人以上称"粲"。"粲"是美丽的意思，故下文说"夫粲，美之物也"。[9]"王田不取群"，王田猎不取三只以上的兽。[10]"公行不下众"，《国语·周语上》《列女传》无"不"字，或以为衍文。此句谓

公行事必须虚心下节，听取众人的意见。这里的"众"字就是上文所说"人三为众"的"众"字。《论语·述而》："三人行，必有我师焉。"[11]"王御不参一族"，"御"，女御，妃嫔一类。"参"，同"三"。此句谓王娶女三人以上必非一族。[12]"女"，同汝。[13]"小丑"，贱称。[14]"共王灭密"，以上是据《国语·周语上》。[15]"王室遂衰"，据说懿王时王室衰微，曾一度迁都犬丘（在今陕西兴平县东南），见《索隐》引宋忠说。[16]"诗人作刺"，《汉书·匈奴传》："至穆王之孙懿王时，王室遂衰，戎狄交侵，暴虐中国。中国被其苦，诗人始作，疾而歌之，曰：'靡室靡家，猃允之故'，'岂不日戒，猃允孔棘'。"按所引诗文出《诗·小雅·采薇》。

【译文】穆王在位五十五年，去世，其子共王繄扈即位。共王在泾水上游玩，密康公服侍在旁，有三个女子来投奔密康公。密康公的母亲说："你一定要把这三个女子献给王。兽，三只以上叫'群'；人，三人以上叫'众'，女子，三人以上叫'粲'。王田猎从不猎取三只以上的兽，公行事必虚心听取三人以上的意见，王的妃嫔没有三人属于同族。粲字，是形容美好的事物。众人以美好的东西送给你，你有什么德行配去享用呢？王都不配享用，更何况你这样的小人物呢！小人物占有这类东西，终将灭亡。"密康公不肯献出，过了一年，共王灭密。共王死，其子懿王繄即位。懿王在位期间，王室终于衰败，诗人加以讥刺。

懿王崩，共王弟辟方立，是为孝王。孝王崩，诸侯复立懿王太子燮，是为夷王。

夷王崩，子厉王胡立。[1]厉王即位三十年，[2]好利，近荣夷公。[3]大夫芮良夫谏厉王曰：[4]"王室其将卑乎？夫荣公好专利而不知大难。[5]夫利，百物之所生也，天地之所载也，而有专之，[6]其害多矣。天地百物皆将取焉，何可专也？[7]所怒甚多，而不备大难。以是教王，王其能久乎？夫王人者，将导利而布之上下者也。使神人百物无不得极，[8]犹日怵惕惧怨之来也。[9]故《颂》曰'思文后稷，[10]克配彼天，[11]立我烝民，[12]莫匪尔极'。[13]《大雅》曰'陈锡载周'。[14]是不布利而惧难乎，故能载周以至于今。今王学专利，其可乎？匹夫专利，犹谓之盗，[15]王而行之，其归鲜矣。[16]荣公若用，周必败

也。”厉王不听,卒以荣公为卿士,用事。[17]

【注释】[1]“厉王胡”,据出土铜器铭文,厉王名“胡”。 [2]“厉王即位三十年”,据近人考证,厉王在位年数不足十八年,而在十三年以上(参见陈梦家《西周年代考》,商务印书馆一九四五年出版)。此疑是十三年之误。 [3]“荣夷公”,《国语·周语上》作“厉王说荣夷公”。荣氏世为王室重臣。[4]“芮良夫”,芮氏也是王室大臣。 [5]“专利”,研究者多认为是指厉王加强对土地和山林川泽的控制和利用。 [6]“而有专之”,《国语·周语上》“有”作“或”,这里应读为“而又专之”。 [7]“何可专也”,《周语上》“何”作“胡”。 [8]“神人百物”,神、人和万物。“极”,适中合宜。此字上《周语上》有“其”字。 [9]“怵惕”,戒惧。“怵”,音 chù。[10]“文”,周人称呼其先祖往往要加上一“文”字,如所谓“前文人”、“文祖考”等等。 [11]“克配彼天”,以死去的祖先配享于天。 [12]“立我蒸民”,“立”,读为“粒”,用粒食(古食麦粟多为粒食)养其民。“蒸”,同“烝”。“蒸民”,众民。 [13]“莫匪尔极”,“匪”同“非”,“极”是准则之义。以上四句出《诗·周颂·思文》。 [14]“陈锡载周”,“陈”,布。“锡”,同“赐”。“载周”,助成周。出《诗·大雅·文王》,《大雅·文王》“载”作“哉”。 [15]“盗”,中国古代法律概念中的“盗”是指非法占有他人财物(所谓“取非其物”)。 [16]“归”,归附。 [17]“用事”,以上是据《国语·周语上》,但略有不同,《周语上》无“夷王崩……好利”等语,最后三句作“既,荣公为卿士,诸侯不享,王流于彘”。

【译文】懿王死,共王的弟弟辟方即位,就是孝王。孝王死,诸侯又立懿王的太子燮即位,就是夷王。

夷王死,其子厉王胡即位。厉王即位三十年,贪图财利,亲近荣夷公。大夫芮良夫劝谏厉王说:“王室恐怕要衰落了吧?荣夷公喜欢垄断财利却不知道大难临头。财利,本是天地万物所生所长,要想垄断,害处太多了。天地万物是供大家所取,怎么可以垄断呢?他触怒的人很多,却不防备大难。还用这些来教王,王难道能够长治久安吗?做为人民的王,本应开发财源而遍施其惠。尽管使神、人万物得其所,仍然每天提心吊胆,害怕引起不满。所以《颂》说:‘追念祖先后稷,能够配享于天,安定我众多百姓,无不合乎其原则。’《大雅》说:‘布施赐予,成我周邦。’这不正是广施财利而又畏惧灾难吗?所以能成我周邦,绵延至今。现在王学的是垄断财利,这怎么可以呢?一个普通人垄断财利,尚且要称之为‘盗’,作为王也这样干,愿意归附的人就很少了。荣夷公若得重用,周朝必定衰败。”厉王不听,到底还是任用荣夷公为卿士,让他主持国家大事。

王行暴虐侈傲,国人谤王。召公谏曰:[1]“民不堪命矣。”王怒,得卫巫,使监谤者,以告则杀之。其谤鲜矣,诸侯不朝。三十四年,[2]王益严,国人莫敢言,道路以目。[3]厉王喜,告召公曰:“吾能弭谤矣,[4]乃不敢言。”召公曰:“是鄣之也。[5]防民之口,甚于防水。[6]水壅而溃,[7]伤人必多,民亦如之。是故为水者决之使导,为民者宣之使言。故天子听政,使公卿至于列士献诗,[8]瞽献曲,[9]史献书,[10]师箴,[11]瞍赋,[12]矇诵,[13]百工谏,庶人传语,[14]近臣尽规,[15]亲戚补察,[16]瞽史教诲,耆艾修之,[17]而后王斟酌焉,是以事行而不悖。民之有口也,犹土之有山川也,财用于是乎出;[18]犹其有原隰衍沃也,[19]衣食于是乎生。口之宣言也,善败于是乎兴。行善而备败,所以产财用衣食者也。[20]夫民虑之于心而宣之于口,成而行之。若壅其口,其与能几何?”[21]王不听。于是国莫敢出言,三年,乃相与畔,袭厉王。厉王出奔于彘。[22]

【注释】[1]“召公”,《国语·周语上》作“邵公”。此召公即召穆公,名虎。 [2]“三十四年”,疑是十四年之误,说见上文。 [3]“道路以目”,路上行人皆以目光示意。 [4]“弭谤”,消除诽谤之言。 [5]“鄣”,《国语·周语上》作“障”,应以作“障”为是。“障”是阻塞之义。 [6]“甚于防水”,《周语上》“水”作“川”,下文的两个“水”字,《周语上》亦作“川”。二字形近易误,应作“川”。 [7]“壅”,阻塞。 [8]“使公卿至于列士献诗”,使公卿以下至于士皆自民间采风,献诗于上。 [9]“瞽”,音 gǔ,盲人,古以盲人为乐官。“曲”,乐曲。 [10]“史”,史官,古以史官掌文书。“书”,指档案文书。[11]“师”,掌教育,“箴”,规诫。 [12]“瞍”,音 sǒu,无眼珠的盲人。“赋”,铺叙其事。 [13]“矇”,音 méng,有眼珠的盲人。“诵”,朗诵。 [14]“庶人"，地位低于士而高于奴隶。"传语"，指街谈巷议。〔15〕"规"，规劝。〔16〕"补察"，补察其过失。〔17〕"耆艾"，耆，古称六十岁为"耆"，五十岁为"艾"，皆长者之称。"耆"，音 qí。〔18〕"财用于是乎出"，古代王室日用消费及奢侈品的供给多来源于山林川泽的收入。〔19〕"原"，广平之地。"隰"，音 xí，低下潮湿之地。"衍"，低平之地。"沃"，肥美之地。〔20〕"所以产财用衣食者也"，《周语上》作"其所以阜财用衣食者也"，"产"与"阜"义近。〔21〕"其与能几何"，"与"，助词，无义。此句的意思是又怎么能长久呢？〔22〕"彘"，音 zhì，邑名。在今山西霍县东北。按以上是据《国语·周语上》，但略有不同。《周语上》无"其谤鲜矣，诸侯不朝。三十四年，王益严"诸句，"成而行之"下有"胡可壅也"一句，"三年"以下作"乃流王于彘"。

【译文】王行暴政，奢侈傲慢，住在国都中的人非议王。召公劝谏说："人民受不了您的政令了。"王大怒，找到一个卫国的巫士，派他监视非议王的人，凡是报告上来有属于这种罪的都杀掉。这样非议是减少了，诸侯也不再来朝见。三十四年，王的控制更加严格，国都中的人都不敢说话，走在路上只能以目光示意。厉王很得意，告诉召公说："我能平息人们的非议，使他们连话也不敢讲。"召公说："这是因为您把他们的嘴堵起来了。堵人民的嘴可是比堵水还要危险。水被堵塞会决堤泛滥，伤人肯定很多，人民也是一样的。所以管理水的人要对水加以疏导，管理人民的人要让他们畅所欲言。因此天子为了了解下情，要让上至公卿下至列士的人都献诗，让盲乐师献曲，让史官献书，让师规诫，让无眼珠的盲人叙事，让有眼珠的盲人朗诵，让百工劝谏，让庶人街谈巷议，让近臣都来规劝，让亲戚补察过失，让盲乐师和史官来教诲，让老人们来整理，而后由帝王斟酌，所以政事得以施行而不违背情理。人民有嘴，就像土地上的山川是财货之源，平原沃野是衣食的来源。让人开口讲话，好事坏事都能反映出来。做好事而防备坏事，是财货和衣食的真正来源。人民心里怎么想嘴上就怎么讲，才能把事办好。如果把他们的嘴堵起来，又怎么能够长久呢？"王不听。因此国内没有人敢讲话，过了三年，竟一起叛乱，袭击厉王。厉王逃亡到彘。

厉王太子静匿召公之家，〔1〕国人闻之，乃围之。召公曰："昔吾骤谏王，〔2〕王不从，以及此难也。今杀王太子，王其以我为雠而

怼怒乎？〔3〕夫事君者，险而不雠怼，〔4〕怨而不怒，况事王乎！"乃以其子代王太子，太子竟得脱。〔5〕

【注释】〔1〕"厉王太子静匿召公之家"，《国语·周语上》作"彘之乱，宣王在邵公之宫"。〔2〕"骤"，屡次。〔3〕"王其以我为雠而怼怒乎"，《周语上》作"王其以我为怼而怒乎"。"雠"，同"仇"。"怼"，音 duì，怨恨。〔4〕"险而不雠怼"，《周语上》无"雠"字。此句意谓处于危险中不当仇恨作对。〔5〕"太子竟得脱"，《周语上》作"宣王长而立之"。以上是据《国语·周语上》。

【译文】厉王的太子静躲在召公的家里，国都中的人听说了，便把召公的家包围起来。召公说："从前我屡次劝谏王，王不听，因而遭此大难。现在如果杀死王太子，王大概以为我是记仇而泄愤吧？奉事主人，虽处危难也不记仇，虽有怨气也不发泄，何况是奉事天子呢！"因而用自己的儿子代替王太子，太子竟然得免于难。

召公、周公二相行政，〔1〕号曰"共和"。〔2〕共和十四年，厉王死于彘。太子静长于召公家，二相乃共立之为王，是为宣王。〔3〕宣王即位，二相辅之，修政，法文、武、成、康之遗风，诸侯复宗周。十二年，鲁武公来朝。〔4〕

【注释】〔1〕"召公"，即上文召公（召穆公虎）。"周公"，今本《竹书纪年》作"周定公"。《左传》昭公二十六年说厉王奔彘后"诸侯释位，以间王政，宣王有志，而后效官"，此释位之诸侯，或以为即周、召二公，或以为共伯和，说详下文。〔2〕"共和"，《国语·周语上》韦昭注以为是"公卿相与和而修政事"之义，但《索隐》引《纪年》及《正义》引《鲁连子》则以为是共伯和摄王之号。后书并以共伯和为卫武公和。共伯和又见《吕氏春秋·开春》。现在研究者多主"共和"即共伯和摄王之号，但共伯和是否即卫武公和则还存在争论。因为按本书《卫世家》，卫武公和在共和元年年龄只有十二岁（《国语·楚语上》谓武公年数九十有五），要想合二人为一人，必须将武公年世提前。共和元年为我国历史上有明确纪年的开始。共伯和，公元前八四一——前八二八年在位。〔3〕"宣王"，厉王子，公元前八二七——前七

八二年在位。〔4〕"鲁武公",鲁真公弟,公元前八二五——前八一六年在位。宣王十二年是其在位的最后一年。

【译文】召公、周公两相共同执政,号称"共和"。共和十四年,厉王死于彘。太子静在召公家中长大,两相因共立之为王,就是宣王。宣王即位,两相辅佐他,修明政治,遵循文王、武王、成王、康王的遗风,诸侯又重新归附于周。十二年,鲁武公来朝见。

宣王不修籍于千亩,〔1〕虢文公谏曰不可,〔2〕王弗听。三十九年,战于千亩,〔3〕王师败绩于姜氏之戎。〔4〕

【注释】〔1〕"修籍",修籍礼。古代由王和诸侯举行的春耕仪式叫籍礼。"千亩",古代为举行籍礼而设置的田叫籍田,天子的籍田为千亩。〔2〕"虢文公",宣王时的王室大臣。〔3〕"千亩",地名,在今山西介休县南。〔4〕"败绩",大溃败,《左传》庄公十一年:"大崩曰败绩。""姜氏之戎",姜姓的戎族。以上是据《国语·周语上》,但省去虢文公的劝谏之辞。

【译文】宣王废弃天子籍田上的籍礼,虢文公劝谏说这是不行的。王不听。三十九年,王的军队在千亩与姜氏之戎交战,大败。

宣王既亡南国之师,〔1〕乃料民于太原。〔2〕仲山甫谏曰:〔3〕"民不可料也。"〔4〕宣王不听,卒料民。〔5〕

【注释】〔1〕"南国之师",征服南方的军队。西周晚期周人往往对南淮夷用兵,铜器铭文屡见,这里可能指征伐南淮夷之师。〔2〕"料民",统计民户数量。"太原",顾炎武《日知录》认为应在今宁夏固原县一带。〔3〕"仲山甫",食采于樊,亦称樊仲山父、樊穆仲、樊仲(见《国语·周语上》《晋语四》)。〔4〕"民不可料也",据《国语·周语上》,仲山甫反对料民的理由主要是,古代民户数量是由各有关部门根据籍田、大蒐等活动随时掌握,不由王直接进行统计,直接进行统计不但会暴露周的实力削弱,也会暴露周的行政设施涣散无能。〔5〕"卒料民",以上是据《国语·周语上》,但省去仲山甫的劝谏之辞。

【译文】宣王丧失了征伐南方的军队之后,竟在太原直接统计民户。仲山甫劝谏说:"民户是不可以由王直接加以统计的。"宣王不听,还是对民户进行了统计。

四十六年,宣王崩,〔1〕子幽王宫湼立。〔2〕幽王二年,西周三川皆震。〔3〕伯阳甫曰:〔4〕"周将亡矣。夫天地之气,不失其序;若过其序,民乱之也。阳伏而不能出,阴迫而不能蒸,〔5〕于是有地震。今三川实震,是阳失其所而填阴也。〔6〕阳失而在阴,〔7〕原必塞;〔8〕原塞,国必亡。夫水土演而民用也。〔9〕土无所演,〔10〕民乏财用,不亡何待!昔伊、洛竭而夏亡,〔11〕河竭而商亡。〔12〕今周德若二代之季矣,〔13〕其川原又塞,塞必竭。夫国必依山川,山崩川竭,亡国之征也。川竭必山崩。若国亡不过十年,数之纪也。〔14〕天之所弃,不过其纪。"是岁也,三川竭,岐山崩。〔15〕

【注释】〔1〕"宣王崩",《正义》引《周春秋》、《国语·周语上》、《墨子·明鬼下》皆云周宣王冤杀杜伯,后三年被杜伯的鬼魂射死。〔2〕"幽王宫湼",宣王子,公元前七八一——前七七一年在位。〔3〕"西周",指镐京,有别于东方的成周。"三川",泾、渭、洛三条河水。"震",地震。〔4〕"伯阳甫",亦作"伯阳父",周大夫。〔5〕"蒸",《国语·周语上》作"烝",是上升的意思。〔6〕"填","镇"的通假字,《周语上》作"镇"。"填阴",为阴气所镇压。〔7〕"阳失而在阴",与上句同义。〔8〕"原必塞",《周语上》作"川源必塞"。"原","源"的通假字,下"原"字同。〔9〕"演",水脉通畅。〔10〕"土无所演",此句上《周语上》有"水"字。〔11〕"昔伊、洛竭而夏亡",夏禹都阳城,在伊水、洛水流域。〔12〕"河竭而商亡",商都殷,与河水相近。〔13〕"二代之季",夏、商末年。〔14〕"数之纪也",数始一终十叫"纪"。〔15〕"岐山崩",三川、岐山都是周所依的山川,即所谓"望",亦犹夏依伊、洛,商依河。三川竭,岐山崩,在伯阳甫看来乃是周的亡国之征。以上是据《国语·周语上》。

【译文】四十六年,宣王死,其子幽王宫湼即位。幽王二年,周西部丰、镐和泾、渭、洛一带都发生地震。伯阳甫说:"周将灭亡。天地二气,不可失去其秩序,如果越出其秩序,是人使之混乱。阳气伏藏而不能出,被阴气压迫不能上升,因而才有地震。现在泾、渭、洛一带发生地震,是因阳气不得其所而被阴气镇伏。阳气失其所而被阴气镇伏,水源必然会堵塞;水源被堵塞,国家必然会灭亡。土壤中的水脉通畅,人民才能得到财利。土壤中的水脉不通畅,人民缺乏财利,国家不亡还等什么!从前伊水、洛水枯竭导致了夏亡,河水枯竭导致了商亡。现在周的德行已如同夏、商二代的末年,其水源又被堵塞,堵塞了就会枯竭。建立国都必须依山傍河,山陵崩颓,水源枯竭,是亡国的征兆。水源枯竭必定会引起山陵崩颓。若亡国的话当不出于十年,因为数是以十为进位。上天如果要抛弃我们,是不会超过这个数字的。"当年,泾、渭、洛枯竭,岐山崩颓。

三年,[1]幽王嬖爱褒姒。[2]褒姒生子伯服,[3]幽王欲废太子。太子母申侯女,[4]而为后。后幽王得褒姒,爱之,欲废申后,并去太子宜臼,[5]以褒姒为后,以伯服为太子。周太史伯阳读史记曰:[6]"周亡矣。昔自夏后氏之衰也,有二神龙止于夏帝庭而言曰:[7]'余,褒之二君。'夏帝卜杀之与去之与止之,莫吉。卜请其漦而藏之,[8]乃吉。于是布币而策告之,[9]龙亡而漦在,椟而去之。[10]夏亡,传此器殷。殷亡,又传此器周。比三代,[11]莫敢发。至厉王之末,发而观之。漦流于庭,不可除。厉王使妇人裸而噪之。[12]漦化为玄鼋,[13]以入王后宫。后宫之童妾既龀而遭之,[14]既笄而孕,[15]无夫而生子,惧而弃之。宣王之时童女谣曰:'檿弧箕服,[16]实亡周国。'于是宣王闻之,有夫妇卖是器者,宣王使执而戮之。逃于道,而见乡者后宫童妾所弃妖子出于路者,[17]闻其夜啼,哀而收之。夫妇遂亡,奔于褒。褒人有罪,[18]请入童妾所弃女子者于王以赎罪。弃女子出于褒,是为褒姒。[19]当幽王三年,王之后宫见而爱之,[20]生子伯服,竟废申后及太子,以褒姒为后,伯服为太子。太史伯阳曰:"祸成矣,无可奈何!"[21]

【注释】[1]"三年",《国语·郑语》记史伯之言,谓自幽王爱褒姒,欲杀太子立伯服,"凡周存亡,不三稔矣",似其事应在幽王在位的倒数第四年,即幽王八年。 [2]"褒姒",褒国女子,姒姓。褒国在今陕西勉县东南,为夏的同姓,所以下面的传说与夏有关。 [3]"伯服",《纪年》(《御览》卷八五、《左传》昭公二十六年《正义》引)作"伯盘","盘"古作"般",与"服"字形相近。 [4]"申侯",西周时期申分为两支,一支为西申,在今陕、甘境内;一支为南申,在今河南南阳。周宣王、幽王之后皆为申侯女。 [5]"太子宜臼",《国语·晋语一》"臼"作"咎",二字音近相假(与狐偃字臼犯,亦作咎犯同)。 [6]"周太史伯阳读史记",《郑语》"周太史伯阳"作"史伯","读史记"是指史伯所述《训语》有之。《训语》,韦昭注以为即《周书》。 [7]"有二神龙止于夏帝庭而言曰",《郑语》作"褒人之神化为二龙,以同于王庭而言曰",韦昭注:"共处曰同"。 [8]"漦",音lí,涎沫。 [9]"策告",以简册书而告。 [10]"椟而去之",《郑语》作"椟而藏之,传郊之"。"椟",音dú,匣,指以木匣藏之,传祭之郊。这里"去"同"弆",是藏的意思。"弆"音jǔ。 [11]"比三代",《郑语》作"及殷、周"。此谓前后相接的夏、商、周三代。 [12]"厉王使妇人裸而噪之",《郑语》作"王使妇人不帏而噪之"。"帏",音huī,即蔽膝(围裙),"不帏"即不遮蔽其前,故曰"裸"。"噪",群呼。 [13]"玄",黑色。"鼋",音yuán,同"蚖",蜥蜴。 [14]"后宫之童妾既龀而遭之",《郑语》作"府之童妾未既龀而遭之"。"龀",音chèn,女子七岁换牙叫"龀"。"既龀"是已过七岁,"未既龀"是未满七岁,此遗"未"字。 [15]"笄",音jī,插头发的簪子。"既笄",女子成年施笄礼。既笄为十五岁。 [16]"檿",音yǎn,山桑。"弧",弓。"箕",《郑语》韦昭注以为木名,《汉书·五行志》"箕"作"其",颜注以为萁草。"服",同"箙",箭囊。 [17]"乡者",以前。"妖子",不祥之子。《集解》徐广引作"夭",释为幼子。〔18〕"褒人有罪",《郑语》作"褒人褒姁有狱"。〔19〕"是为褒姒",此上二句《郑语》作"王遂置之,而孾是女也,使至于为后而生伯服"。按以上自"周太史伯阳读史记曰"至此是据《国语·郑语》,但《郑语》无"周亡矣"、"夏亡"至"又传此器周"等语,且"宣王之时童女谣曰"至"宣王使执而戮之"在上文。〔20〕"之",前往。〔21〕"无可奈何","太史伯阳曰"至此即《郑语》"凡周存亡,不三稔矣"之义。

【译文】三年,幽王宠爱褒姒。褒姒生下儿子伯服,幽王想废黜太子。太子的母亲是申侯之女,被立为王后。后来幽王得到褒姒,宠爱她,打算废黜申后,并除去太子宜臼,立褒姒为王后,伯服为太子。周太史伯阳读历史记录说:"周将要亡国了。"从前当夏后氏衰败,有两条神龙降落在夏帝的庭院而开口说:"我们,是褒国的两个君主。"夏帝卜问究竟是杀掉它还是赶走它或留下它,都不吉利。卜问是否可以把龙的涎沫收藏起来,才得到吉兆。于是陈设布帛,书于简策,向神龙祷告,龙走后留下涎沫,被盛在匣中收藏起来。夏灭亡,此器被传于商。商亡,此器又传于周。接连三个朝代,都没有人敢打开它。到厉王末年,才打开观看。涎沫流于庭院,除不去。厉王让女人赤身裸体而大声呼叫。涎沫化为黑色的蜥蜴,钻进王的后宫。后宫有个童女刚满七岁,碰到它,到十五岁行过笄礼后怀了孕,因为没有丈夫就生下孩子,感到害怕而把孩子扔掉。宣王时有童女唱歌谣说:"见到山桑做成的弓和箕木做成的箭囊,周国将要灭亡。"当时宣王听到了,正好碰上有夫妇俩卖这两样东西,宣王叫人把他们抓起来杀掉。他们逃跑走在路上,看见先前后宫童女扔在路边的孩子,听到孩子在夜里啼哭,出于怜悯而收养了她。夫妇俩终于逃亡,跑到褒国。褒国人犯了罪,请求献上童女扔掉的女儿给王以求赦免。这个被扔掉的女孩是来自褒国,就是褒姒。当幽王三年时,王到后宫,一见到她就爱上了她,和她生下儿子伯服,竟然废黜申后和太子,立褒姒为王后,伯服为太子。太史伯阳说:"灾祸已形成,没有任何办法了!"

褒姒不好笑,幽王欲其笑万方,故不笑。幽王为烽燧大鼓,〔1〕有寇至则举烽火。诸侯悉至,至而无寇,褒姒乃大笑。幽王说之,为数举烽火。其后不信,诸侯益亦不至。〔2〕

【注释】〔1〕"烽燧",音 fēng suì,古代用于边塞报警的一种通讯工具,亦称"烽火"。"烽"是白天燃放的烟,以薪柴置桔橰头兜零(笼)中,有寇至则燃而举之;"燧"是夜间施放的火,燔烧积薪或举火炬为之。参看陈梦家《汉代烽燧制度》(载《汉简缀述》一书中)。"大鼓",也是古代用于边塞报警的通讯工具,传其声以远,使人知之。〔2〕"诸侯益亦不至",以上所述见《吕氏春秋·疑似》而文字不同。

【译文】褒姒不喜欢笑。幽王想尽一切办法逗她笑,她却偏偏不笑。幽王设有烽燧和大鼓,有来犯者则举烽火。有一次,幽王举烽火,诸侯都来了,来了却没有来犯者,褒姒才大笑。幽王喜欢这个办法,为褒姒多次举烽火。后来,失去信用,诸侯们渐渐也就不再来了。

幽王以虢石父为卿,〔1〕用事,国人皆怨。石父为人佞巧,〔2〕善谀好利,王用之。〔3〕又废申后,去太子也。申侯怒,与缯、西夷犬戎攻幽王。〔4〕幽王举烽火征兵,兵莫至。遂杀幽王骊山下,〔5〕虏褒姒,尽取周赂而去。〔6〕于是诸侯乃即申侯而共立故幽王太子宜臼,〔7〕是为平王,〔8〕以奉周祀。

【注释】〔1〕"虢石父",即虢公鼓(见《吕氏春秋·当染》),为虢公长父(厉王时)、虢文公(宣王时)之后。〔2〕"佞",音 nìng,用花言巧语谄媚人。〔3〕"王用之",以上《国语·郑语》作"夫虢石父谗谄巧从之人也,而立以为卿士"。〔4〕"缯",音 zēng,国名。在今河南方城县一带,与南申相近。"西夷犬戎",《郑语》作"西戎"。〔5〕"骊山",在今陕西临潼东南,传说幽王举烽火戏诸侯处。〔6〕"赂",音 lù,财物。〔7〕"于是诸侯乃即申侯而共立故幽王太子宜臼",《左传》昭公二十六年:"携王奸命,诸侯替之,而建王嗣,用迁郏鄏。"疏引《纪年》云:"先是,申侯、鲁侯、许文公立平王于申,以本太子,故称天王。幽王既死,而虢公翰又立王子余臣于携。周二王并立。二十一年(指晋文侯二十一年),携王为晋文公(当作文侯)所杀。以本非适,故称携王。"据此,幽王死后曾有二王争政,一方是申侯等拥立的太子宜臼,即平王,一方是虢公拥立的王子余臣,即携王(非伯服)。晋文侯二十一年为公元前七六○

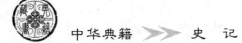

年,当平王十一年,是年携王始被杀。〔8〕"平王",幽王子,公元前七七〇——前七二〇年在位。

【译文】幽王任用虢石父为卿士,主持国政,国都中的人都很有怨气。虢石父为人能说会道,喜欢阿谀奉承和贪图财利,王却重用他。再加上废黜申后和除去太子。申侯发了怒,联合缯和属于西夷的犬戎攻打幽王。幽王举烽火征发诸侯的军队,但诸侯的军队都不来。因此他们把幽王杀死在骊山下,掳走褒姒,将周人的财物抢掠一空而去。当时诸侯都到申侯这里来共立从前幽王的太子宜臼,就是平王,以保持周朝的祀统。

平王立,东迁于雒邑,辟戎寇。平王之时,〔1〕周室衰微,诸侯强并弱,齐、楚、秦、晋始大,〔2〕政由方伯。〔3〕

【注释】〔1〕"平王之时",《国语·郑语》作"及平王之末"。〔2〕"齐、楚、秦、晋始大",《郑语》作"而秦、晋、齐、楚代兴,秦景、襄于是乎取周土,晋文侯于是乎定天子,齐庄、僖于是乎小伯"("秦景"是"秦庄"之误,秦庄公当周宣、幽二王,不及平王之世)。〔3〕"方伯",卜辞称商王畿以外的诸方国为"多方",称其君长为"方伯",并有东、南、西、北"四方"之称。据周原甲骨,周是殷的"西方伯",实际上也就是西方诸侯之长。春秋战国以来,人们往往把一方盟主(由盟会加以确立并往往得到天子的承认)称为"方伯"、"伯"或"霸"("伯"与"霸"通)。

【译文】平王即位,把都城东迁到雒邑,以躲避戎寇。平王在位时,周王室衰败,诸侯强大之国吞并弱小之国,齐、楚、秦、晋开始强大,政令往往出于称霸的君主。

四十九年,鲁隐公即位。〔1〕

【注释】〔1〕"鲁隐公即位",《春秋》始于此年,故特书之。鲁隐公,鲁惠公子,公元前七二二——前七一二年在位。

【译文】四十九年,鲁隐公即位。

五十一年,平王崩,太子洩父蚤死,〔1〕立其子林,是为桓王。〔2〕桓王,平王孙也。

【注释】〔1〕"蚤",同"早"。〔2〕"桓王",周平王孙,公元前七一九——前六九七年在位。

【译文】五十一年,平王死,太子洩父早死,立其子林为王,就是桓王。桓王,是平王的孙子。

桓王三年,郑庄公朝,〔1〕桓王不礼。〔2〕五年,郑怨,〔3〕与鲁易许田。〔4〕许田,天子之用事太山田也。〔5〕八年,鲁杀隐公,立桓公。〔6〕十三年,伐郑,郑射伤桓王,桓王去归。〔7〕

【注释】〔1〕"郑庄公",郑武公子,公元前七四三——前七〇一年在位。〔2〕"桓王不礼",平王时,郑武公、庄公先后任王朝卿士,怨平王偏爱虢公,曾与周易子为质。平王死后,郑庄公又派人掠取温之麦和成周之禾,由此结怨于周(见《左传》隐公三年)。此时郑始来朝周,桓王恶之,故不予礼遇。"桓王三年"至此,见《左传》隐公六年。〔3〕"郑怨",《春秋》经传隐公八年"郑伯使宛来归祊"(《公羊传》、《谷梁传》"祊"作"邴"),即郑、鲁易田事。这里"郑怨"当是"郑使宛"之误。"宛",郑大夫名。〔4〕"与鲁易许田",郑以祊(在今山东费县东)易鲁之许田(在今河南许昌南)。按祊是郑助周王祭祀泰山之邑,近鲁;而许田是鲁朝见周王之邑,近郑,故两国进行交换。但此时祊虽归鲁,而许田归郑尚在四年后。〔5〕"用事太山",祭祀泰山。"五年"至此,见《左传》隐公八年。〔6〕"桓公",鲁隐公子,公元前七一一——前六九七年在位。"八年"至此,见《左传》隐公十一年。〔7〕"桓王去归","十三年"至此,见《左传》桓公五年。

【译文】桓王三年,郑庄公来朝见,桓王不予礼遇。五年,郑使宛与鲁国交换许田。许田,是天子用来祭祀泰山的土地。八年,鲁国杀隐公,立桓公。十三年,伐郑,郑射伤桓王,桓王逃跑回来。

二十三年,桓王崩,子庄王佗立。〔1〕庄王四年,〔2〕周公黑肩欲杀庄王而立王子克,〔3〕辛伯告王,〔4〕王杀周公。王子克奔燕。〔5〕

【注释】〔1〕"庄王佗",周桓王子,公元前六九六——前六八二年在位。〔2〕"庄王四年",据《左传》桓公十八年,应作"庄王三年"。〔3〕"周公黑肩",当时周的执政大臣。"王子克",庄王弟,字子仪。〔4〕"辛伯",周大夫。〔5〕"王子克奔燕","庄王四年"至此,见《左传》桓公十八年。

【译文】二十三年,桓王死,其子庄王佗即位。庄王四年,周公黑肩打算杀死庄王而立王子克。辛伯报告王,王杀周公黑肩。王子克逃亡到燕国。

十五年,庄王崩,子釐王胡齐立。〔1〕釐王三年,齐桓公始霸。〔2〕

【注释】〔1〕"釐王胡齐",周庄王子,公元前六八一——前六七七年在位。〔2〕"齐桓公始霸","齐桓公",齐襄公弟,公元前六八五——前六四三年在位。此年齐桓公与宋、陈、卫、郑复会于甄而称霸诸侯。见《左传》庄公十五年。

【译文】十五年,庄王死,其子釐王胡齐即位。釐王三年,齐桓公开始称霸。

五年,釐王崩,子惠王阆立。〔1〕惠王二年。初,庄王嬖姬姚,〔2〕生子颓,〔3〕颓有宠。及惠王即位,夺其大臣园以为囿,〔4〕故大夫边伯等五人作乱,〔5〕谋召燕、卫师,〔6〕伐惠王。惠王奔温,〔7〕已居郑之栎。〔8〕立釐王弟颓为王。〔9〕乐及徧舞,〔10〕郑、虢君怒。〔11〕四年,郑与虢君伐杀王颓,复入惠王。惠王十年,赐齐桓公为伯。〔12〕

【注释】〔1〕"惠王阆",周釐王子,公元前六七六——前六五二年在位。《索隐》引《世本》云惠王名毋凉。"阆",音 láng 或 làng。〔2〕"嬖姬",宠妾。"姚",姚姓女子,《左传》庄公十九年作"王姚"。〔3〕"子颓",王子颓。〔4〕"夺其大臣园以为囿","大臣"指王子颓之师;"囿",音 yòu,畜养禽兽供王田猎游娱之所。〔5〕"故大夫边伯等五人",即边伯、石速、詹父、子禽祝跪五人。王取边伯之宫,夺子禽祝跪和詹伯田,收石速秩禄,故与王子之师合谋作乱。〔6〕"燕",姞姓的南燕,在今河南汲县东南。〔7〕"温",苏氏邑,在今河南温县西。〔8〕"已居郑之栎","栎",郑之别都,在今河南禹县,战国时称阳翟。王居栎,据《左传》庄公二十年,应在惠王三年。〔9〕"立釐王弟颓为王","惠王二

年"至此,除"已居郑之栎",皆见《左传》庄公十九年。〔10〕"徧舞",即黄帝之《云门》、《大卷》,尧之《大咸》,舜之《大韶》,禹之《大夏》,汤之《大濩》,周武王之《大武》等六种舞乐。"徧",同"遍"。〔11〕"郑、虢君",郑厉公和虢叔。此上二句见《左传》庄公二十年,亦惠王三年事。〔12〕"赐齐桓公为伯",见《左传》庄公二十七年。

【译文】五年,釐王死,其子惠王阆即位。惠王二年,当初庄王的宠妾姚氏生下子颓,颓有宠。等到惠王即位,惠王夺其大臣的园林作自己的猎场,因此大夫边伯等五人作乱,策划召燕、卫的军队,讨伐惠王。惠王逃奔到温,不久又住在郑国的栎。他们立了釐王的弟弟颓为王。(颓设礼招待五位大夫,)奏了全套的舞乐。郑、虢二国之君非常愤怒。四年,郑国和虢国的国君来讨伐,杀死王颓,重新迎立惠王。惠王十年,赐齐桓公为伯。

二十五年,惠王崩,子襄王郑立。〔1〕襄王母蚤死,后母曰惠后。〔2〕惠后生叔带,〔3〕有宠于惠王,襄王畏之。三年,叔带与戎、翟谋伐襄王,〔4〕襄王欲诛叔带,〔5〕叔带奔齐。齐桓公使管仲平戎于周,〔6〕使隰朋平戎于晋。〔7〕王以上卿礼管仲。管仲辞曰:"臣贱有司也,〔8〕有天子之二守国、高在,〔9〕若节春秋来承王命,〔10〕何以礼焉。陪臣敢辞。"〔11〕王曰:"舅氏,〔12〕余嘉乃勋,毋逆朕命。"〔13〕管仲卒受下卿之礼而还。九年,齐桓公卒。〔14〕十二年,〔15〕叔带复归于周。

【注释】〔1〕"襄王郑",周惠王子,公元前六五一——前六一九年在位。〔2〕"惠后",即惠王元年从陈国迎娶的陈妫,见《左传》庄公十八年。〔3〕"叔带",惠王子,襄王弟,亦称甘昭公(封于甘,在今河南洛阳南,见《左传》僖公二十四年)。〔4〕"戎、翟",《左传》僖公十一年作"扬、拒、泉、皋、伊、雒之戎"。〔5〕"襄王欲诛叔带",此句至"管仲卒受下卿之礼而还",据《左传》僖公十二年,应为襄王四年事。〔6〕"管仲",名夷吾,齐臣。"平戎于周",使戎与周媾和。〔7〕"隰朋",齐臣,齐庄公曾孙戴仲之子(见《国语·齐语》注)。"平戎于晋",使戎与晋媾和。〔8〕"贱有司也",管仲为下卿,不当受上卿礼,故云。〔9〕"天子之二守国、高","国",国氏,为齐太公之后。"高",高氏,齐文公之后。

《礼记·王制》："次国三卿，二卿命于天子，一卿命于君。"齐为次国，国、高为天子所命的上卿，管仲为齐君所命的下卿。〔10〕"若节春秋来承王命"，若于春秋两季朝聘之节来受王命。〔11〕"陪臣"，"陪"，重也。隔一层的臣叫"陪臣"。管仲为齐臣，对天子称"陪臣"。〔12〕"舅氏"，这里指齐，齐太公女为周武王后，故称，不是指管仲本人，管仲本人是周的同姓（见《国语·齐语》）。〔13〕"毋逆朕命"，这段话有省略，详见《左传》僖公十二年。〔14〕"齐桓公卒"，见《左传》僖公十七年。〔15〕"十二年"，据《左传》僖公二十二年，应作"十四年"。

【译文】二十五年，惠王死，其子襄王郑即位。襄王的母亲早死，后母为惠后。惠后生叔带，叔带有宠于惠王，襄王害怕他。三年，叔带与戎、翟策划攻打襄王，襄王想杀掉叔带，叔带逃奔到齐。齐桓公派管仲为戎与周说和，派隰朋为戎与晋说和。王用上卿之礼招待管仲。管仲辞谢说："臣是身份低贱的官员，现有天子的两个上卿国氏和高氏在。如于春秋两季朝聘之节来受王命，将何以为礼呢？作为诸侯之臣的我请免去此礼。"王说："作为舅舅家的人，我要奖励你的功勋，不要违反我的命令。"管仲到底还是只受下卿之礼而归。九年，齐桓公死。十二年，叔带又回到周。

十三年，郑伐滑，〔1〕王使游孙、伯服请滑，〔2〕郑人囚之。郑文公怨惠王之入不与厉公爵，〔3〕又怨襄王之与卫滑，〔4〕故囚伯服。王怒，将以翟伐郑。富辰谏曰：〔5〕"凡我周之东徙，晋、郑焉依。〔6〕子颓之乱，又郑之由定，今以小怨弃之！"王不听。十五年，〔7〕王降翟师以伐郑。〔8〕王德翟人，将以其女为后。富辰谏曰："平、桓、庄、惠皆受郑劳，〔9〕王弃亲亲翟，不可从。"王不听。十六年，〔10〕王绌翟后，〔11〕翟人来诛，杀谭伯。〔12〕富辰曰："吾数谏不从，如是不出，〔13〕王以我为怼乎？"〔14〕乃以其属死之。〔15〕

【注释】〔1〕"郑伐滑"，滑，姬姓小国，国于费（在今河南偃师县南缑氏镇），亦称费滑。郑伐滑有两次，第一次在襄王十三年，郑入滑，滑服郑；第二次在襄王十七年，滑叛郑即卫，郑再攻伐滑。这里所记应是二次伐滑，《史记》误系于十三年，与《国语·周语》中同。〔2〕"王使游孙、伯服请滑"，游孙、

伯服为周大夫，王使二人为滑请命，劝郑不伐之。〔3〕"郑文公怨惠王之入不与厉公爵"，"郑文公"，郑厉公子，公元前六七二——前六二八年在位。当初郑厉公和虢叔帮助惠王复位，惠王以"后之鞶鉴"赏赐郑厉公而以爵（酒器）赏赐虢叔，爵贵于鞶鉴，故郑文公怨之。见《左传》庄公二十一年。〔4〕"又怨襄王之与卫滑"，又怨恨襄王帮助卫国替滑求情。〔5〕"富辰"，周臣。〔6〕"晋、郑焉依"，《左传》隐公六年记周桓公语："我周之东迁，晋、郑焉依。"《周语中》作"晋、郑是依"。"焉"、"是"义同，均为助词。〔7〕"十五年"，据《左传》僖公二十四年应作"十六年"，《周语中》作"十七年"。〔8〕"王降翟师以伐郑"，此同《周语中》，韦昭注："降，下也。"《左传》僖公二十四年则云"王弗听，使颓叔、桃子出狄师"。"降翟师"即"出狄师"。〔9〕"平、桓、庄、惠皆受郑劳"，平王东迁，惠王之入，皆受郑劳。《左传》僖公二十四年作"郑有平、惠之勋"。此同《周语中》，但还提到桓王、庄王。〔10〕"十六年"，据《左传》僖公二十四年，此亦十六年之事。《周语中》作"十八年"。〔11〕"绌"，同"黜"，《周语中》作"黜"，废去。"翟后"，即隗氏（见《左传》僖公二十四年）。〔12〕"谭伯"，见《周语中》，韦昭注以为即原伯毛。《左传》僖公二十四年："秋，颓叔、桃子奉大叔以狄师伐周，大败周师，获周公忌父、原伯、毛伯、富辰。"无谭伯。韦昭注不详何据。〔13〕"如是不出"，《周语中》作"若我不出"。此句谓如果碰上这种情况还不出战。〔14〕"王以我为怼乎"，王以为我是在怨恨吧？〔15〕"乃以其属死之"，指与周公忌父、原伯、毛伯一起死于戎难。以上见《左传》僖公二十四年、《国语·周语中》，文多同于《周语中》。

【译文】十三年，郑伐滑，王派游孙、伯服为滑求情，郑人把他们囚禁起来。郑文公怨恨惠王复国没有送给郑厉公爵，又怨恨襄王帮助卫国替滑求情，所以把伯服囚禁起来。王发怒，准备用翟人伐郑。富辰劝谏说："我们周人的东迁，全靠了晋、郑两国。子颓之乱，也是靠郑国才平定，今日竟然因为一点小小的不快就抛弃它们吗！"王不听。十五年，王派翟人的军队来伐郑。王感谢翟人，打算以他们的女子为王后。富辰劝谏说："平、桓、庄、惠四王都受过郑国的帮助，王抛弃本族而亲近翟人，这个办法不行。"王不听。十六年，王废黜翟女之后，翟人来讨伐，杀死谭伯。富辰说："我屡次劝谏都不听，如果碰上这种情况还不出战，王以为我是在怨恨吧？"竟率其族众殉难。

初,惠后欲立王子带,故以党开翟人,[1]翟人遂入周。襄王出奔郑,郑居王于氾。[2]子带立为王,取襄王所绌翟后与居温。[3]十七年,襄王告急于晋,晋文公纳王而诛叔带。襄王乃赐晋文公珪鬯弓矢,[4]为伯,以河内地与晋。[5]二十年,晋文公召襄王,襄王会之河阳、践土,[6]诸侯毕朝,书讳曰"天王狩于河阳"。[7]

【注释】[1]"故以党开翟人",《国语·周语中》作"故以其党启狄人"。"党",指颓叔、桃子。"开",避汉景帝讳改字,本作"启",指为内应。 [2]"氾",郑邑,在今河南襄城县南。 [3]"取襄王所绌翟后与居温",以上见《国语·周语中》、《左传》僖公二十四年,亦襄王十六年事。 [4]"珪",音 guī,珪瓒,以玉为柄用以挹鬯的勺。"鬯",音 chàng,秬鬯,用秬(音 jù,黑黍)酿造的香酒。 [5]"河内地",太行以南、黄河以北地。据《左传》僖公二十五、二十八年,襄王赐晋文公珪鬯弓矢为伯是下面二十年之事,而赐地是此年之事。 [6]"河阳",邑名,在今河南孟县西。"践土",邑名。在今河南原阳县西南。此年晋文公在践土大会诸侯,召王且使王狩,春秋讳之,称"天王狩于河阳"。 [7]"书讳曰'天王狩于河阳'","二十年"至此,见《左传》僖公二十八年。

【译文】当初,惠后打算立王子带为王,因此派其党羽充当翟人的内应,翟人因而攻入周。襄王逃亡到郑,郑把王安顿在氾。子带即位为王,带上襄王所废黜的翟后一起住在温。十七年,襄王向晋告急,晋文公送王回国并杀死叔带。襄王因此赐给晋文公珪瓒、秬鬯、弓矢,封他为伯,把河内的土地赐给晋。二十年,晋文公召襄王,襄王与他在河阳、践土会见,诸侯都来朝见,史书加以掩饰,说是"天王巡狩至于河阳"。

二十四年,晋文公卒。[1]

【注释】[1]"晋文公",晋献公子,公元前六三六——前六二八年在位。

【译文】二十四年,晋文公死。

三十一年,秦穆公卒。[1]

【注释】"秦穆公",秦成公弟,公元前六五九——前六二一年在位。

【译文】三十一年,秦穆公死。

三十二年,[1]襄王崩,子顷王壬臣立。[2]顷王六年,崩,子匡王班立。[3]匡王六年,崩,弟瑜立,[4]是为定王。[5]

【注释】[1]"三十二年",据《春秋》经传及本书《十二诸侯年表》应作"三十三年"。 [2]"顷王壬臣",周襄王子,公元前六一八——前六一三年在位。《汉书·古今人表》"壬臣"作"王臣"。 [3]"匡王班",周顷王子,公元前六一二——前六〇七年在位。 [4]"瑜",《汉书·古今人表》作"榆"。 [5]"定王",周匡王弟,公元前六〇六——前五八六年在位。

【译文】三十二年,襄王死,其子顷王壬臣即位。顷王六年,死,其子匡王班即位。匡王六年,死,其弟瑜即位,就是定王。

定王元年,楚庄王伐陆浑之戎,[1]次洛,使人问九鼎。[2]王使王孙满应设以辞,[3]楚兵乃去。[4]十年,楚庄王围郑,郑伯降,[5]已而复之。[6]十六年,楚庄王卒。

【注释】[1]"楚庄王",楚穆王子,公元前六一三——前五九一年在位。"陆浑之戎",本居瓜州,晋惠公迁之伊川(在今河南嵩县及伊川境内),亦称九州之戎。 [2]"问九鼎",问九鼎之轻重大小。 [3]"王孙满",周大夫。"应设以辞",以言辞应答。 [4]"楚兵乃去",以上见《左传》宣公三年。 [5]"郑伯",郑襄公,郑灵公弟,公元前六〇四——前五八七年在位。 [6]"已而复之",楚围郑,克之,郑伯出降,言辞卑,楚见其服,退三十里而许之平。"十年"至此见《左传》宣公十二年。

【译文】定王元年,楚庄王伐陆浑之戎,驻扎在洛,使人问九鼎(之大小轻重)。王派王孙满用言辞对答,楚兵才撤退。十年,楚庄王包围郑都,郑伯出降,不久又恢复郑国。十六年,楚庄王死。

二十一年,定王崩,子简王夷立。〔1〕简王十三年,晋杀其君厉公,〔2〕迎子周于周,〔3〕立为悼公。〔4〕

【注释】〔1〕"简王夷",周定王子,公元前五八五——前五七二年在位。〔2〕"厉公",晋景公子,公元前五八〇——前五七三年在位。〔3〕"子周",亦称孙周(见《左传》成公十七年、《国语·晋语六》)。〔4〕"悼公",晋襄公曾孙,公元前五七二——前五五八年在位。

【译文】二十一年,定王死,其子简王夷即位。简王十三年,晋杀死他们的国君厉公,从周接回子周,把他立为悼公。

十四年,简王崩,子灵王泄心立。〔1〕灵王二十四年,齐崔杼弑其君庄公。〔2〕

【注释】〔1〕"灵王泄心",周简王子,公元前五七一——前五四五年在位。又名大心。〔2〕"崔杼",齐臣,弑齐庄公,立齐景公,与庆封共同执政。"杼",音 zhù。"弑",音 shì,杀君。"庄公",齐灵公子,公元前五五三——前五四八年在位。崔杼弑齐庄公见《左传》杀成公十八年。

【译文】十四年,简王死,其子灵王泄心即位。灵王二十四年,齐国的崔杼杀死其国君庄公。

二十七年,灵王崩,子景王贵立。〔1〕景王十八年,后、太子圣而蚤卒。〔2〕二十年,〔3〕景王爱子朝,〔4〕欲立之,会崩,子丐之党与争立,〔5〕国人立长子猛为王,〔6〕子朝攻杀猛,〔7〕猛为悼王。〔8〕晋人攻子朝而立丐,是为敬王。〔9〕

【注释】〔1〕"景王贵",周灵王子,公元前五四四——前五二〇年在位。〔2〕"后",穆后。"太子",太子寿。后与太子皆卒于此年,见《左传》昭公十五年。〔3〕"二十年",据《左传》昭公二十二年及本书《十二诸侯年表》,应作"二十五年"。〔4〕"子朝",周景王长庶子。《汉书·古今人表》作"子晁"。〔5〕"子丐",亦景王子。即下敬王。据《左传》昭公二十二年,与子朝争政者应为猛而非子丐,

此与传异。〔6〕"猛",亦景王子,《太平御览》卷五六〇"猛"作"毛",即下悼王。〔7〕"子朝攻杀猛",《左传》昭公二十二年只说"王子猛卒",未云被杀。〔8〕"悼王",周景王子,公元前五二〇年景王卒而立,立仅七个月。〔9〕"敬王",周悼王母弟(《汉书·古今人表》谓是悼王兄,与各书异),公元前五一九——前四七六年在位。"二十年"至此,见《左传》昭公二十二年。

【译文】二十七年,灵王死,其子景王贵即位。景王十八年,王后、太子圣明却早死。二十年,景王宠爱子朝,打算立他为太子,但景王却在这时死掉,子丐一伙人与子朝争立,国都中的人立长子猛为王,子朝攻打并杀死猛。猛即悼王。晋人攻打子朝而立丐为王,就是敬王。

敬王元年,晋人入敬王,子朝自立,〔1〕敬王不得入,居泽。〔2〕四年,晋率诸侯入敬王于周,子朝为臣,〔3〕诸侯城周。〔4〕十六年,子朝之徒复作乱,敬王奔于晋。〔5〕十七年,晋定公遂入敬王于周。〔6〕

【注释】〔1〕"子朝自立",尹氏立王子朝于王城,称为西王。〔2〕"居泽",《春秋》昭公二十三年作"天王居于狄泉",泽应即狄泉。"狄泉"亦作"翟泉",为池水名,班固、服虔、皇甫谧等人说在洛阳东北,为周之墓地,杜预说在洛阳城内太仓西南,郦道元以后说为非,参看《水经注》卷十六。按狄泉即成周城(战国以来称洛阳)所在,敬王居之,在王城东,故当时称为东王。以上见《春秋》、《左传》昭公二十三年。〔3〕"子朝为臣","四年"至此,见《左传》昭公二十六年,但传文说"召伯盈逐王子朝,王子朝及召氏之族、毛伯得、尹氏固、南宫嚚奉周之典籍以奔楚",不言为臣。〔4〕"诸侯城周","城",筑城。"周",即上敬王所居之地。此为敬王十年事,《左传》昭公三十二年记之,云:"晋魏舒、韩不信如京师,合诸侯之大夫于狄泉,寻盟,且令城成周。"按西周初年所建洛邑亦称成周,本包括王城(王宗庙宫寝所在)和所迁殷"顽民"所居之城。前者即汉河南城所在,在西;后者即汉洛阳城所在,在东,敬王迁居东城,从此东城被称为成周。〔5〕"敬王奔于晋","十六年"至此见《左传》定公六年,但传云"天王处于姑莸",杜预注:"姑莸,周地。"〔6〕"晋定公遂入敬王于周","晋定公",晋顷公子,公元前五一一——前四七五年在位。此事见《左传》定公八年。

据传文，入王者为单武公、刘桓公和晋籍秦。

【译文】敬王元年，晋人送敬王回国，子朝与之争立，敬王不能回国，住在泽。四年，晋率诸侯送敬王回到周都，子朝称臣，诸侯修筑周都的城墙。十六年，子朝一伙人再次作乱，敬王逃亡到晋。十七年，晋定公终于把周王送回周都。

三十九年，齐田常杀其君简公。[1]

【注释】[1]"田常"，即陈成子恒。陈齐之"陈"，《史记》皆作"田"，乃音近相假。"常"字是避汉文帝刘恒讳改字。"简公"，齐悼公子，公元前四八四——前四八一年在位。按陈恒杀简公见《春秋》、《左传》哀公十四年。《春秋》止于此年。

【译文】三十九年，齐田常杀死其国君简公。

四十一年，[1]楚灭陈。孔子卒。

【注释】[1]"四十一年"，据《左传》哀公十七年，应作"四十二年"。

【译文】四十一年，楚灭陈国。孔子死。

四十二年，[1]敬王崩，子元王仁立。[2]元王八年，[3]崩，子定王介立。[4]

【注释】[1]"四十二年"，《史记会注考证》云："古钞、南本及《御览》引亦作三，与《年表》合。"案敬王卒年有四十二年（杜预《春秋世族谱》）、四十三年（本书《十二诸侯年表》、《左传》哀公十九年《释文》）、四十四年（《帝王世纪》）三说。《左传》哀公十九年："冬，叔青如京师，敬王崩故也。"鲁哀公十九年当周敬王四十四年。 [2]"元王仁"，周敬王子，公元前四七五——前四六九年在位。《集解》、《索隐》引《世本》作"元王赤"。 [3]"元王八年"，本书《六国年表》同。按《史记》所记敬王即位之年和元王卒年是明确的，因此敬王、元王在位年数合计应为五十一年。上述三说，如按敬王四十二年说，则元王卒于九年；如按敬王四十三年说，则元王卒于八年；如按敬王四十四年说，则元王卒于七年。《六国年表》用四十三年之说，故元王为八年。此亦作"八年"，虽同《六国年表》，但敬王少一年，总年数有

误。《春秋世族谱》作"元王十年"，则是将九年误为十年。 [4]"定王介"，周元王子，公元前四六八——前四四一年在位。《汉书·古今人表》作"贞定王"，《世本》（《集解》引）作"贞王"，且将元王、贞王世次年数互易。《集解》引皇甫谧说谓贞定王又名应。按贞王、定王均是贞定王的省称。贞定王是二字谥。

【译文】四十二年，敬王死，其子元王仁即位。元王八年，其子定王介即位。

定王十六年，三晋灭智伯，[1]分有其地。

【注释】[1]"三晋"，赵、魏、韩。"智伯"，智襄子，即荀瑶。

【译文】定王十六年，赵、魏、韩三国灭智伯，瓜分其土地。

二十八年，定王崩，长子去疾立，是为哀王。[1]哀王立三月，弟叔袭杀哀王而自立，[2]是为思王。[3]思王立五月，少弟嵬攻杀思王而自立，是为考王。[4]此三王皆定王之子。

【注释】[1]"哀王"，周定王子，公元前四四一年在位，立仅三月。 [2]"弟叔袭"，此句一般多以"袭"字连下"杀"字为读，然《汉书·古今人表》作"思王叔袭"，以"叔袭"为名。按"叔"字似应为排行字，非名，今从《古今人表》。 [3]"思王"，周定王子，公元前四四一年在位，立仅五月。 [4]"考王"，周定王子，公元前四四〇——前四二六年在位。《汉书·古今人表》作"考哲王嵬"，亦用二字谥，考王是省称。

【译文】二十八年，定王死，长子去疾即位，就是哀王。哀王即位三个月，其弟叔袭杀哀王自立，就是思王。思王即位五个月，其少弟嵬攻打并杀死思王而自立为王，就是考王。这三个王都是定王的儿子。

考王十五年，崩，子威烈王午立。[1]

【注释】〔1〕"威烈王午",周考王子,公元前四二五——前四〇二年在位。

【译文】考王十五年,死,其子威烈王午即位。

考王封其弟于河南,〔1〕是为桓公,〔2〕以续周公之官职。桓公卒,子威公代立。〔3〕威公卒,子惠公代立,〔4〕乃封其少子于巩以奉王,〔5〕号东周惠公。〔6〕

【注释】〔1〕"河南",自敬王迁都成周之后,王城称西周,成周称东周。汉于王城置县称河南,于成周置县称洛阳。这里河南是指西周。〔2〕"桓公",西周桓公,名揭(见下文《索隐》引《世本》)。〔3〕"威公",名灶(见《庄子·达生释文》)。〔4〕"惠公",西周惠公。〔5〕"巩",周邑,在今河南巩县西南,当成周以东。〔6〕"东周惠公",名班(见《索隐》引《世本》),《汉书·古今人表》注"威公子",非是。《韩非子·内储说下》:"公子朝,周太子也,弟公子根甚有宠于君。君死,遂以东周叛,分为两国。"同书《难三》亦载其事,但"公子朝"作"公子宰"。梁玉绳《史记志疑》以公子朝为西周惠公太子,公子根为西周惠公少子。后者即东周惠公班。东周惠公之封,据《括地志》、《述征记》(本篇及《赵世家正义》引)在周显王二年,即《赵世家》所说"(赵成侯)八年,与韩分周以为两",这里因述西周桓公之封而连类之,本应述在下文。其说可从。

【译文】考王把他的弟弟封在河南,就是西周桓公,让他接替周公的官职。桓公死,其子威公即位。威公死,其子惠公即位,而把惠公的幼子封在巩,让他奉侍周王,号称东周惠公。

威烈王二十三年,九鼎震。〔1〕命韩、魏、赵为诸侯。〔2〕

【注释】〔1〕"九鼎震",周灭商后把九鼎安放在王城内,九鼎所在也就是王城所在。这里是说王城地震。〔2〕"命韩、魏、赵为诸侯",在此之前,三家分晋已成事实。此年是周天子正式承认三晋为诸侯,分别立为国家。

【译文】威烈王二十三年,放置九鼎的王城地震。策命韩、魏、赵为诸侯。

二十四年,崩,子安王骄立。〔1〕是岁盗杀楚声王。〔2〕

【注释】〔1〕"安王骄",周威烈王子,公元前四〇一——前三七六年在位。〔2〕"楚声王",楚简王子,公元前四〇七——前四〇一年在位。

【译文】二十四年,死,其子安王骄即位。当年有强盗杀死楚声王。

安王立二十六年,崩,子烈王喜立。〔1〕烈王二年,周太史儋见秦献公曰:"始周与秦国合而别,别五百载复合,合十七岁而霸王者出焉。"

【注释】〔1〕"烈王喜",周安王子,公元前三七五——前三六九年在位。《汉书·古今人表》作"夷烈王喜",亦用二字谥,烈王是省称。〔2〕"周太史儋",见本书《秦本纪》、《老子韩非列传》,事迹不详,《老子韩非列传》引或说谓"儋即老子"。"秦献公",秦灵公子,公元前三八四——前三六二年在位。

【译文】安王在位二十六年,死,其子烈王喜即位。烈王二年,周太史儋见秦献公,说:"当初周与秦国合在一起又分开,分开五百年又合在一起,合在一起十七年就会有霸王出现。"

十年,〔1〕烈王崩,弟扁立,是为显王。〔2〕显王五年,贺秦献公,献公称伯。〔3〕九年,致文武胙于秦孝公。〔4〕二十五年,秦会诸侯于周。〔5〕二十六年,周致伯于秦孝公。三十三年,贺秦惠王。〔6〕三十五年,致文武胙于秦惠王。四十四年,秦惠王称王。其后诸侯皆为王。〔7〕

【注释】〔1〕"十年",据本书《六国年表》应作"七年"。〔2〕"显王",周烈王弟,公元前三六八——前三二一年在位。《汉书·古今人表》作"显圣王",注为夷烈王子,用二字为谥。〔3〕"称伯",称霸。〔4〕"致",赐送。"文武胙",祭祀周文、武二王的祭肉。"秦孝公",秦献公子,公元前三六一——前三三八年在位。〔5〕"秦会诸侯于周",本书《秦本纪》说"(秦孝公)二十年,诸侯毕贺。秦使公子少官率师会诸侯逢泽,朝天子",《六国年表》也说"诸侯毕贺。会诸侯于泽。朝天子"("泽",《集解》引徐广说谓《纪年》作'逢泽'"),在后二年。研究者多以二者为一事,即逢泽之会诸侯朝天子事,并以该会在此年,而盟主非秦孝公而为魏惠王(参看杨宽《战国史》三一八页注[1],上海人民出版社一九八○年出版),情况是否如此,还有待进一步研究。 [6]"秦惠王",秦孝公子,公元前三三七——前三一一年在位。初不称王,即位十三年始称王。[7]"其后诸侯皆为王",按战国中期以来,各国相继称王。楚称王早在春秋早期,是例外;魏、齐、韩称王在秦以前;燕、赵、中山、宋称王在秦以后。

【译文】十年,烈王死,其弟扁即位,就是显王。显王五年,祝贺秦献公,献公称伯。九年,赐送祭祀文、武二王的祭肉给秦孝公。二十五年,秦在周大会诸侯。二十六年,周赐伯的称号给秦孝公。三十三年,祝贺秦惠王。三十五年,赐送祭祀文、武二王的祭肉给秦惠王。四十四年,秦惠王称王。这以后诸侯都称王。

四十八年,显王崩,子慎靓王定立。[1]慎靓王立六年,崩,子赧王延立。[2]王赧时东西周分治。[3]王赧徙都西周。[4]

【注释】[1]"慎靓王定",周显王子,公元前三二○——前三一五年在位。"靓",音 jing,通"静"。[2]"赧王延",周慎靓王子,公元前三一四——前二五六年在位,是最后一代周王。下文作"王赧",似"赧"字是名而非谥。《索隐》引皇甫谧说"延"作"诞",并以《谥法》无"赧"字而以"赧"字非谥。按古代灭国之君往往都无谥,"赧"与"延"音近,疑王赧即王延,作"赧王"非。"赧",音 nǎn。[3]"王赧时东西周分治",东西周分治在显王二年,非此时。[4]"王赧徙都西周",敬王以后,周王居成周。周显王二年东西周分治后,西周君居王城,东周君居巩奉王,成周与巩并称东周。此时则王弃东周而投靠西周,迁居王城。

【译文】四十八年,显王死,其子慎靓王定即位。慎靓王在位六年,死,其子赧王延即位。王赧时东周和西周分裂,各自为政。王赧迁都于西周。

西周武公之共太子死,[1]有五庶子,毋适立。[2]司马翦谓楚王曰:[3]"不如以地资公子咎,[4]为请太子。"[5]左成曰:[6]"不可。周不听,是公之知困而交疏于周也。[7]不如请周君孰欲立,[8]以微告翦,[9]翦请令楚资之以地。"果立公子咎为太子。[10]

【注释】[1]"西周武公",《集解》引徐广说谓即惠公长子,而惠公有二,一为西周惠公,一为东周惠公。《索隐》云《战国策》作"东周武公"。《汉书·古今人表》从《史记》作"西周武公"。按今本《战国策·东周策》之《周共太子死》章只作"周共太子死",没有提到武公,但隶于《东周策》。 [2]"毋适立",《周共太子死》章作"而无适立也"。"毋"通"无","适"同"嫡"。 [3]"司马翦",楚之司马,名翦。鲍彪疑即昭翦(见《东周策》的《昭翦与东周恶》章注)。[4]"资",资助。"公子咎",当即五庶子之一。[5]"为请太子",此上二句《周共太子死》章作"何不封公子咎而为之请太子"。此章与《西周策》的《谓齐王》章酷似,其首句作"谓齐王曰:'王何不以地齎周最以为太子也?'""齎"字通"资",《史记》似与《谓齐王》章更为接近。 [6]"左成",楚臣。 [7]"知困",犹言计穷。"知"通"智"。 [8]"不如请周君孰欲立",不如问周君欲立谁为太子。[9]"微",暗中。 [10]"果立公子咎为太子",以上是据《东周策》的《周共太子死》章,但该章左成之言下未言公子咎立为太子,而云"公若欲为太子,因令人谓相国御展子、廧夫空曰:'王类欲令若为之。此健士也,居中不便于相国。'相国令之为太子"。金正炜《战国策补释》指出"公若"、"若"皆立为太子者之名是正确的。今按"公若"应脱"子"字,"若"与"咎"字形相近,易混,"公[子]若"与"公子咎"应是同一人,所以《史记》说公子咎立为太子。又《周共太子死》章与同书《西周策》的《谓齐王》章酷似,只是"楚王"作"齐王","司马翦"作"司马悍","左成"作"左尚","公子咎"作"周最",乃传闻异辞。其确切年代不可考。

【译文】西周武公的共太子死了,他有五个庶子,没有嫡子即位。司马翦对楚王说:"不如拿土地给周,帮助公子咎,为之请立为太子。"左成说:"不行。周如果不答应,则您的计谋也就落空而且在外交上也会与周疏远。不如问问西周君想立谁为君,让他暗地告诉司马翦,司马翦再请楚予之土地作资助。"最后果然立公子咎为太子。

　　八年，〔1〕秦攻宜阳，〔2〕楚救之。而楚以周为秦故，〔3〕将伐之。苏代为周说楚王曰：〔4〕"何以周为秦之祸也？〔5〕言周之为秦甚于楚者，欲令周入秦也，故谓'周秦'也。〔6〕周知其不可解，〔7〕必入于秦，此为秦取周之精者也。〔8〕为王计者，周于秦因善之，〔9〕不于秦亦言善之，〔10〕以疏之于秦。周绝于秦，必入于郢矣。"〔11〕

　　【注释】〔1〕"八年"，据本书《韩世家》、《樗里子甘茂列传》，秦攻宜阳在王赧七年，而拔之在八年。此应作"七年"。〔2〕"宜阳"，韩大县，在今河南宜阳县西。〔3〕"而楚以周为秦故"，"周为秦"，疑同下"周于秦"，是说楚因为周亲近秦的缘故。战国文字"为"与"於"字形相近，这里的"为"字可能是"於"字之误。〔4〕"苏代"，苏秦之弟，东周洛阳人。详见本书《苏秦列传》。"楚王"，应为楚怀王（公元前三二八——前二九九年在位）。〔5〕"何以周为秦之祸也"，此句文字似有讹误，意思当是说为什么要把周亲近秦当作是对楚的威胁呢？〔6〕"周秦"，应是当时流行的一种说法，与上周太史儋之言类似，认为秦将并周而有之。〔7〕"解"，免于难。〔8〕"精"，精妙。〔9〕"于"，通"与"。〔10〕"言"，可能是衍文。〔11〕"郢"，音 yǐng，楚都，在今湖北江陵西北纪南城。这里指楚。按以上为今本《战国策》所无。

　　【译文】八年，秦攻打宜阳，楚救宜阳。而楚因为周亲近秦的缘故，打算攻打周。苏代替周游说楚王说："为什么要认为周亲近秦就是祸害呢？那些扬言周亲近秦超过楚的人，是想让周归并于秦，所以人称'周秦'。周知道自己逃脱不了楚的进攻，必定会归并于秦，这是帮助秦取得周的最好办法。替王考虑，周亲近秦也对它好，不亲近秦也对它好，以使它和秦疏远。周与秦绝交，必定归并于楚。"

　　秦借道两周之间，〔1〕将以伐韩，周恐借之畏于韩，〔2〕不借畏于秦。史厌谓周君曰：〔3〕"何不令人谓韩公叔曰：〔4〕'秦之敢绝周而伐韩者，〔5〕信东周也。公何不与周地，发质使之楚？'〔6〕秦必疑楚不信周，是韩不伐也。又谓秦曰：'韩强与周地，将以疑周于秦也，周不敢不受。'秦必无辞而令周不受，是受地于韩而听于秦。"〔7〕

　　【注释】〔1〕"借"，《战国策·东周策》的《秦假道于周以伐韩》章作"假"，义同。"两周"，西周、东周。〔2〕"畏"，《秦假道于周以伐韩》章作"恶"，"恶"有"畏"义，本书《仲尼弟子列传》："且王必恶越。"《索隐》："恶犹畏恶也。"《吕氏春秋·振乱》："凡人之所恶为无道不义者，为其罚也。"注："恶犹畏。"所以这里作"畏"。〔3〕"史厌"，《秦假道于周以伐韩》章作"史黡"。"周君"，《索隐》以为西周武公，是推测之辞，因为此时周王住在西周。但据下文似应为东周君。〔4〕"韩公叔"，《秦假道于周以伐韩》章鲍彪注："公叔，韩公族。"是当时韩国的相邦。〔5〕"绝周"，《秦假道于周以伐韩》章作"绝塞"，鲍彪注："绝，横渡。塞，障也。""绝"是穿越之义。〔6〕"质"，《秦假道于周以伐韩》章作"重使"。"质"谓人质。〔7〕"是受地于韩而听于秦"，以上是据《战国策·东周策》的《秦假道于周以伐韩》章，事当王赧七年。

　　【译文】秦借道于东、西周之间，准备攻打韩，周害怕借道给秦会得罪韩，又怕不借会得罪秦。史厌对周君说："为什么不派人对韩公叔说：'秦之所以敢经过周去伐韩，是因为相信东周。您为何不送给周一些土地，派质子到楚？'这样做秦一定会怀疑楚而不相信周，如此也就不会去伐韩国。然后又对秦讲：'韩硬把土地送给周，目的是为了使秦怀疑周，所以周不敢不接受。'秦必定没有理由让周不接受，这样就能既得地于韩又能使秦也相信。"

　　秦召西周君，〔1〕西周君恶往，〔2〕故令人谓韩王曰：〔3〕"秦召西周君，将以使攻王之南阳也，〔4〕王何不出兵于南阳？〔5〕周君将以为辞于秦。〔6〕周君不入秦，秦必不敢踰河而攻南阳矣。"〔7〕

　　【注释】〔1〕"西周君"，《西周策》的《秦召周君》章作"周君"，以叙在《西周策》，知是西周君。〔2〕"西周君恶往"，《秦召周君》章作"周君难往"。"恶"，畏难之义。〔3〕"韩王"，《秦召周君》章作"魏王"。据钟凤年《国策勘研》（哈佛燕京学社一九二六年出版）考证，应以作"魏王"是。此魏王，鲍彪注以为魏安釐王，钟氏则以为魏哀（襄）王或魏昭王。按魏襄王在位期间为公元前三一八——前二九六年，当王赧十九年以前；魏昭王在位期间为公元前二九五——前二七七年，当王赧二十至三十八年，魏安釐王在位期间为公元前二七六——前二四三年，当王赧三十九年以后。《战国策》此章系年不明，无可考。〔4〕"南阳"，地区名。魏、韩、楚皆有南阳。魏之南阳在今河南济源县至淇县朝歌镇一带，韩、楚之南阳在今河南西南的南阳地区。这里应指魏的南阳。魏的南阳在黄河以北。〔5〕"王何不出兵于南阳"，《秦召周君》章作"王何不出于河南"，"南阳"是"河南"之误。"河南"，指周。周在黄河以南。〔6〕"周君将以为辞于秦"，周君将以此为理由以拒绝秦的召见。这几句的意思是说周君不欲入秦，因而告魏说秦召周君是要攻打河以北的魏地南阳，魏不如出兵河以南，使周借口受到魏的威胁而不能入秦。〔7〕"秦必不敢踰河而攻南阳矣"，《秦召周君》章"踰"作"越"，义同。此句是说秦必不敢踰河而北，以攻魏之南阳。是时秦与两周俱在河南，而魏之南阳在河北，故云。以上是据《战国策·西周策》的《秦召周君》章，系年不详。

【译文】秦召西周君，西周君不愿前往，所以派人对韩王说："秦召西周君，想让他派兵攻打王的南阳，王何不出兵南阳？西周君将以此为理由不去朝秦。如果西周君不到秦国去，秦也就必定不敢越过黄河而攻打南阳了。"

东周与西周战，韩救西周。或为东周说韩王曰："西周故天子之国，〔1〕多名器重宝。王案兵毋出，可以德东周，而西周之宝必可以尽矣。"〔2〕

【注释】〔1〕"西周故天子之国"，西周为敬王以前周王所居之地，故云。〔2〕"而西周之宝必可以尽矣"，以上是据《战国策·东周策》的《东周与西周战》章，系年不详。

【译文】东周与西周交战，韩救西周。有人替东周劝说韩王说："西周是从前天子的旧都，有许多名贵器物和珍宝，大王如果按兵不动，可以有恩德于东周，而西周的珍宝也一定可以尽归于韩。"

王赧谓成君。〔1〕楚围雍氏，〔2〕韩征甲与粟于东周，东周君恐，召苏代而告之。代曰："君何患于是。臣能使韩毋征甲与粟于周，又能为君得高都。"〔3〕周君曰："子苟能，请以国听子。"代见韩相国曰：〔4〕"楚围雍氏，期三月也，〔5〕今五月不能拔，是楚病也。今

相国乃征甲与粟于周，是告楚病也。"〔6〕韩相国曰："善。使者已行矣。"代曰："何不与周高都？"韩相国大怒曰："吾毋征甲与粟于周亦已多矣，何故与周高都也？"代曰："与周高都，是周折而入于韩也，秦闻之必大怒忿周，〔7〕即不通周使，〔8〕是以弊高都得完周也。曷为不与？"相国曰："善。"果与周高都。〔9〕

【注释】〔1〕"王赧谓成君"，《集解》徐广引《战国策》"韩兵入西周，西周令成君辩说秦求救"（今本无），谓"当是说此事而脱误也"。〔2〕"楚围雍氏"，"雍氏"，韩邑，在今河南禹县东北。此役据本书《韩世家》应在周赧王十五年。〔3〕"高都"，韩邑，在今山西晋城县。〔4〕"韩相国"，"相国"即"相邦"，"邦"作"国"是避汉高祖刘邦讳。此韩相邦，据《战国策·西周策》的《雍氏之役》章即公仲。公仲是韩公族，《战国策》有公仲明、公仲侈、公仲珉，《索隐》以为是公仲侈。〔5〕"期三月也"，《雍氏之役》章说"昭应谓楚王曰'韩氏罢于兵，仓廪空，无以守城，吾收之以饥，不过一月'"，与此异。〔6〕"是告楚病也"，是使楚知韩病。〔7〕"秦闻之必大怒忿周"，此句与下句《雍氏之役》章作"秦闻之必大怒，焚周之节，不通其使"，可见"忿周"二字应属下句，"忿"是"焚"的假借字。〔8〕"即不通周使"，据上文此句"即"字应是"节"字的通假字。连上文"忿周"，当读为"忿（焚）周即（节），不通周使"。〔9〕"果与周高都"，以上是据《战国策·西周策》的《雍氏之役》章，事当王赧十五年。

【译文】王赧对成君说（下有脱文）。楚围攻雍氏，韩向东周征发甲胄和粮食，东周君害了怕，召见苏代而把情况告诉他。苏代说："您何必为此担心。臣下能让韩不向东周征发甲胄和粮食，又能为您得到高都。"东周君说："您要真能如此，我要让整个国家都听从您。"苏代去见韩国的相邦说："楚包围雍氏，曾保证三个月即可攻下，而现在已五个月了却仍然不能拔取，说明楚已损耗严重。现在相邦您竟向周征发甲胄和粮食，等于告诉楚（韩国）也损耗严重。"韩国相邦说："讲得不错。但使者已经出发了。"苏代说："何不把高都送给周？"韩国相邦大怒说："我不向周征发甲胄和粮食就够可以的了，凭什么还得把高都也送给周？"苏代说："把高都送给周，则周就会转而投靠韩国，秦听说必定会大怒，焚毁出使周的符节，不与周互派使节，这就等于用遭

受破坏的高都换取完整的周地。又为什么不可以给呢？"相邦说："不错。"真的把高都给了周。

三十四年，苏厉谓周君曰：[1]"秦破韩、魏，扑师武，[2]北取赵蔺、离石者，[3]皆白起也。[4]是善用兵，[5]又有天命。今又将兵出塞攻梁，[6]梁破则周危矣。君何不令人说白起乎？曰：'楚有养由基者，[7]善射者也。去柳叶百步而射之，百发而百中之。左右观者数千人，皆曰善射。有一夫立其旁，曰："善，可教射矣。"养由基怒，释弓扼剑，[8]曰："客安能教我射乎？"客曰："非吾能教子支左诎右也。[9]夫去柳叶百步而射之，百发而百中之，不以善息，少焉气衰力倦，弓拨矢钩，[10]一发不中者，百发尽息。"[11]今破韩、魏，扑师武，北取赵蔺、离石者，公之功多矣。今又将兵出塞，过两周，倍韩，[12]攻梁，一举不得，前功尽弃。公不如称病而无出。'"[13]

【注释】〔1〕"苏厉"，苏秦、苏代之弟。详见本书《苏秦列传》。"周君"，据《战国策·西周策》的《苏厉谓周君》章，知是西周君。〔2〕"扑师武"，《苏厉谓周君》章作"杀犀武"。《集解》徐广曰："扑，一作'仆'。""扑"通"仆"，是折杀之义。"师武"，即犀武，魏将。公元前二九三年(当周赧王二十二年)，秦将白起大破韩、魏联军于伊阙，虏韩将公孙喜，杀魏将犀武。〔3〕"北取赵蔺、离石者"，《苏秦谓周君》章作"攻赵，取蔺、离石、祁者"。"蔺"，在今山西柳林县北。"离石"，在今山西离石县。"祁"，"在今山西祁县东南，皆赵邑。按白起攻取赵的蔺和祁在公元前二八二年(当周赧王三十三年)，即《六国年表》、《赵世家》所说"秦拔我两城"，而蔺与离石相近。参看顾观光《七国地理考》、钱穆《先秦诸子系年考辩》。梁玉绳《史记志疑》以为蔺、离石之拔皆在白起为将之前，甚至连《吕氏春秋·审应》所说赵惠王时蔺、离石入秦也加以否定，这是不对的，其实战国城邑屡失屡复，未必前已拔之而后即不可再拔之。〔4〕"白起"，秦将，详见本书《白起王翦列传》。〔5〕"是善用兵"，《苏厉谓周君》章作"是攻用兵"，"攻"通"工"，亦巧善之义。〔6〕"梁"，魏都大梁，在今河南开封市西北。〔7〕"养由基"，春秋中晚期楚人，善射。〔8〕"释弓扼剑"，放下弓，握住剑柄。〔9〕"支左诎右"，左手执弓，直臂向外支撑，右手扣弦，曲臂向内拉引，形容射姿。"诎"，周

"屈"。〔10〕"弓拨"，弓不正。"矢钩"，矢弯曲。《荀子·正论》："羿、蠭门者，天下之善射者也，不能以拨弓曲矢中。"〔11〕"息"，犹弃。〔12〕"倍韩"，《苏厉谓周君》章作"践韩"，是道经韩地之义。"倍"同"背"。〔13〕"公不如称病而无出"，以上是据《战国策·西周策》的《苏厉谓周君》章，此章《史记》系于王赧三十四年下。

【译文】三十四年，苏厉对周君说："秦攻破韩、魏，杀师武，北取赵国的蔺、离石，都是白起所为。白起善用兵，又有天命为助。现在他又率兵出塞攻打大梁，大梁城破则周也就危险了。您何不派人游说白起呢？说就：'楚国有个叫养由基的，是个擅长射箭的人。距离柳叶有百步之远而射之，百发百中。左右围观的人有几千人，都称赞他善射。惟独有个男子站在他身旁，却说："不错，可以学射箭了。"养由基大怒，放下弓，握住剑，说："外来人，你有什么资格教我射箭呢？"外来人说："我并非真能教您左手执弓右手扣弦。像刚才那样距离柳叶百步远而射之，百发百中，不知道见好就收，用不了多久就会气力衰竭，弓歪矢曲，只要一发射不中，百发也就前功尽弃。"现在就凭攻破韩、魏，杀师武，北取赵国的蔺、离石这些事，您的功劳已太多。现在您又率兵出塞，经过东周、西周，背靠韩国，围攻大梁，一战不胜，就会前功尽弃。您不如告病，不出任将领。'"

四十二年，秦破华阳约。[1]马犯谓周君曰：[2]"请令梁城周。"[3]乃谓梁王曰：[4]"周王病若死，则犯必死矣。[5]犯请以九鼎自入于王，王受九鼎而图犯。"[6]梁王曰："善。"遂与之卒，言戍周。[7]因谓秦王曰："梁非戍周也，将伐周也。王试出兵境以观之。"[8]秦果出兵。又谓梁王曰："周王病甚矣，[9]犯请后可而复之。[10]今王使卒之周，诸侯皆生心，后举事且不信。不若令卒为周城，以匿事端。"[11]梁王曰："善。"遂使城周。[12]

【注释】〔1〕"秦破华阳约"，"华阳"，韩邑，在河南新郑县北。"约"，《集解》徐广曰："一作'厄'。""厄"通"阸"，疑即阸塞之阸(音è)。此年赵、魏攻韩至华阳，秦派白起、胡阳救韩，大破赵、魏于华阳。〔2〕"马犯"，周臣。"周君"，下文作"周王"。〔3〕"梁"，公元前三六一年魏迁都大梁后，魏亦称

梁。〔4〕"梁王"，应为魏安釐王（公元前二七六——前二四三年在位）。〔5〕"则犯必死矣"，谓周王恐秦灭之，若周王忧惧而死，马犯亦必不能活。〔6〕"图犯"，为犯打算，指出兵成周。〔7〕"言成周"，以成周为名。〔8〕"出兵境"，出兵于境。〔9〕"周王病甚矣"，《索隐》引《战国策》"甚"作"瘳"，含义正好相反。这里应作"瘳"，指病愈。〔10〕"犯请后可而复之"，犯请待以后情况许可再履行诺言，报魏九鼎。〔11〕"以匿事端"，掩盖最初成周的目的（实际上马犯之意本非成周而是城周）。〔12〕"遂使城周"，据《索隐》，以上出《战国策》，今本无，《史记》系于王赧四十二年。

【译文】四十二年，秦攻破华阳要塞。马犯对周君说：请派我游说魏国为周筑城。于是去对魏王说："周王如果因担心秦伐周而忧患至死，那么犯也必死无疑了。犯请主动把九鼎进献给大王，大王得此九鼎要为犯所说的事情考虑。"魏王说："好。"于是派兵给他，声称是去守卫周城。马犯借此又去对秦王说："魏派兵并不是去守卫周城，是要攻打周。大王您不妨出兵境外看看情形如何。"秦果然出兵。马犯趁机又对魏王说："周王的心头病已经好了，犯请等到条件许可时再来报答。现在大王派兵前往周，诸侯都会产生顾虑，以后再搞什么行动人家也不会相信了。不如让士兵帮助修筑周城，以掩盖最初的目的。"魏王说："好。"于是派兵去修筑周城。

四十五年，周君之秦，〔1〕客谓周㝡曰：〔2〕"公不若誉秦王之孝，〔3〕因以应为太后养地，〔4〕秦王必喜，〔5〕是公有秦交。交善，周君必以为公功。交恶，劝周君入秦者必有罪矣。"〔6〕秦攻周，〔7〕而周㝡谓秦王曰："为王计者不攻周。攻周，实不足以利，声畏天下。〔8〕天下以声畏秦，必东合于齐。〔9〕兵弊于周，合天下于齐，则秦不王矣。天下欲弊秦，〔10〕劝王攻周。秦与天下弊，则令不行矣。"〔11〕

【注释】〔1〕"周君"，据《战国策·西周策》的《周君之秦》章，知是西周君。〔2〕"周㝡"，周公子，当时随王入秦。下文作"周聚"，是同一人。〔3〕"秦王"，应为秦昭王（公元前三〇六——前二五一年）。〔4〕"应"，邑名，本为周初所封小国，在今

河南鲁山县。《周君之秦》章作"原"。原，在今河南济源县西北。二字相近。"太后"，即秦昭王母宣太后，详见本书《穰侯列传》。"养地"，供养之地。〔5〕"秦王必喜"，《周君之秦》章作"秦王、太后必喜"。〔6〕"劝周君入秦者"，前人多以为即周㝡，但从义看似应为另一人。以上是据《战国策·西周策》的《周君之秦》章，《史记》系于王赧四十五年。〔7〕"秦攻周"，《战国策·西周策》的《秦欲攻周》章作"秦欲攻周"。〔8〕"声"，名声。"畏"，恶。〔9〕"必东合于齐"，战国中期以来，齐、秦是东西对峙的两大强国，小国不从秦则往往合于齐。〔10〕"弊"，《秦欲攻周》章作"罢"，"罢"同"疲"，与"弊"义近。〔11〕"则令不行矣"，以上是据《战国策·西周策》的《秦欲攻周》章，《史记》系于王赧四十五年。

【译文】四十五年，西周君前往秦国，有游客对周㝡说："您不如赞誉秦王的孝顺，趁机把应送给秦太后做她的供养之地，秦王必定会高兴，这样您与秦就有了交情。关系好，西周君必定认为是您的功劳。关系不好，劝周君入秦的人就必定会有罪。"秦攻打周，而周㝡对秦王说："为大王考虑，最好不要攻打周。攻周，其实并不足以获利，却给天下留下坏的名声。天下因为秦的坏名声而讨厌秦，必定会联合东面的齐。因攻周而损耗兵力，使天下与齐联合，那么秦也就无法称王了。天下为了损害秦，所以劝大王攻打周。秦若接受这种损害，那么号令也就很难通行了。"

五十八年，三晋距秦。〔1〕周令其相国之秦，以秦之轻也，〔2〕还其行。〔3〕客谓相国曰："秦之轻重未可知也。〔4〕秦欲知三国之情。公不如急见秦王曰'请为王听东方之变'，〔5〕秦王必重公，〔6〕重公，是秦重周，周以取秦也；〔7〕齐重，则固有周聚以收齐；〔8〕是周常不失重国之交也。"〔9〕秦信周，发兵攻三晋。〔10〕

【注释】〔1〕"三晋距秦"，《战国策·东周策》的《三国隘秦》章作"三国隘秦"。"隘"，阻扼之义，与"距"义近。〔2〕"轻"，看轻，不重视，与下"重"字含义相对。〔3〕"还其行"，《三国隘秦》章作"留其行"。"留"，迟缓不进之义，泷川资言《史记会注考证》以为"还"是"迟"字之误。〔4〕"轻重"，轻视、重视。〔5〕"请为王听东方之变"，《三国隘秦》章

"变"作"处"。"听"是侦伺之义,《荀子·议兵》:"十里之国,则将有百里之听。"注:"听,犹耳目也。""处"是处置之义,与这里的"变"字义近。 〔6〕"秦王",秦昭王。 〔7〕"周以取秦也",《三国隘秦》章"周"上有"重"字,是衍文。"取秦",谓合秦。"取"通"聚",与"收"互训,字形亦相近。 〔8〕"则固有周聚以收齐",《三国隘秦》章作"故有周而以收秦"。〔9〕"常不失",本应作"恒不失",作"常"是避汉文帝刘恒讳改字。 〔10〕"发兵攻三晋",以上是据《战国策·东周策》的《三国隘秦》章,但策文无此最后一句,《史记》系于王赧五十八年。

【译文】五十八年,三晋抵抗秦。周派其相邦到秦国去,因为秦国看不起周,所以推迟了行动。有游客对相邦说:"秦对周的态度尚未知道。秦很想了解三晋各国的情况。您不如赶紧去见秦王说'请为王刺探东方各国的情况变化',秦王必定看重您,看重您,秦也就会看重周,周就会与秦亲善;齐国看重周,则本有周冣与齐亲善:这样周就能一直保持与大国的交谊。"秦信任周,发兵攻打三晋。

五十九年,秦取韩阳城、负黍,〔1〕西周恐,倍秦,与诸侯约从,〔2〕将天下锐师出伊阙攻秦,〔3〕令秦无得通阳城。秦昭王怒,使将军摎攻西周。〔4〕西周君奔秦,顿首受罪,尽献其邑三十六,口三万。秦受其献,归其君于周。

【注释】〔1〕"阳城",韩邑,在今河南登封县东南告城镇。"负黍",韩邑,在今河南登封县西南。两邑相近。 〔2〕"约从","从"通"纵"。合众弱以攻一强为合纵,事一强以攻众弱为连横(见《韩非子·五蠹》)。 〔3〕"伊阙",山名,有东西二山夹伊水如阙门,又名龙门,在今河南洛阳市南。 〔4〕"将军摎",秦将。"摎",音 jiū。

【译文】五十九年,秦夺取韩国的阳城和负黍,西周害了怕,背叛秦,与诸侯合纵,率天下精兵出伊阙山攻打秦,使秦不能通往阳城。秦昭王发怒,派将军摎攻打西周。西周君逃奔到秦,叩首认罪,全部献上其城邑三十六座,人口三万人。秦接受其所献,释放西周君使归于周。

周君、王赧卒,〔1〕周民遂东亡。秦取九鼎宝器,而迁西周公于𢿘狐。〔2〕后七岁,〔3〕秦庄襄王灭东周。〔4〕东西周皆入于秦,周既不祀。〔5〕

【注释】〔1〕"周君",据《集解》宋衷说即西周武公。 〔2〕"西周公",《索隐》谓是西周武公太子,即西周文公。"𢿘狐","𢿘"同"惮",在今河南临汝县西。 〔3〕"后七岁",公元前二四九年,当秦庄襄王元年。 〔4〕"秦庄襄王",秦孝文王子,公元前二四九——前二四七年在位。 〔5〕"周既不祀",本书《秦本纪》说东周之灭,"秦不绝其祀,以阳人地(亦在今河南临汝县西,与𢿘狐相近)赐周君,奉其祭祀",与此异。"既",尽。

【译文】周君、王赧死,周的居民因而逃亡到东方。秦取得九鼎等贵重器物,而把西周君迁往𢿘狐。过了七年,秦庄襄王灭亡东周。东周、西周都被归并入秦,周从此祀统断绝。

太史公曰:学者皆称周伐纣,居洛邑,综其实不然。〔1〕武王营之,成王使召公卜居,居九鼎焉,而周复都丰、镐。〔2〕至犬戎败幽王,周乃东徙于洛邑。所谓"周公葬于毕",毕在镐东南杜中。〔3〕秦灭周。汉兴九十有余载,〔4〕天子将封泰山,东巡狩至河南,〔5〕求周苗裔,封其后嘉三十里地,〔6〕号曰周子南君,比列侯,〔7〕以奉其先祭祀。

【注释】〔1〕"综其实不然",谓西周以丰、镐为都,不以洛邑为都。 〔2〕"丰",文王所都,在今陕西长安沣河以西。"镐",音 hào,武王所都,在今陕西长安沣河以东。 〔3〕"杜中","杜"字《集解》徐广曰:"一作'社'。"疑即杜。杜在今陕西西安东南。〔4〕"汉兴九十有余载",周子南君之封在汉武帝元鼎四年(公元前一一三年),距汉高祖元年(公元前二〇六年)共九十三年。见本书《孝武本纪》、《建元以来侯者年表》、《封禅书》。 〔5〕"河南",汉河南与周王城为一地。 〔6〕"嘉",《集解》引臣瓒说谓"《汲冢古文》谓将军文子为子南弥牟,其后有子南劲,朝于魏,后惠成王如卫,命子南为侯。秦并六国,卫最为后,疑嘉是卫后,故氏子南称君也"。"三十里",方三十里(九百方里)。 〔7〕"列侯",秦汉二十等爵的最高一级,亦称彻侯。

【译文】太史公说：学者都说周伐商纣,定都洛邑,从总的事实看并不如此。虽然武王曾规划它,成王也派召公占卜其位置,把九鼎放在那里,但周仍然以丰、镐为都。直到犬戎打败幽王,周才东迁到洛邑。所谓"周公葬于毕",毕便在镐东南的杜中。是秦灭亡了周。汉朝建立以来九十多年,天子要在泰山行封禅礼,东去巡狩到达河南县,访求周的后裔子孙,封给周的后人嘉三十里之地,号称周子南君,爵位同列侯,以保持对其祖先的祭祀。

史记卷五

秦本纪第五

秦之先,帝颛顼之苗裔孙曰女脩。〔1〕女脩织,玄鸟陨卵,〔2〕女脩吞之,生子大业。〔3〕大业取少典之子,〔4〕曰女华。女华生大费,〔5〕与禹平水土。已成,帝锡玄圭。〔6〕禹受曰:"非予能成,亦大费为辅。"帝舜曰:"咨尔费,〔7〕赞禹功,其赐尔皂游。〔8〕尔后嗣将大出。"乃妻之姚姓之玉女。〔9〕大费拜受,佐舜调驯鸟兽,鸟兽多驯服,是为柏翳。〔10〕舜赐姓嬴氏。〔11〕

【注释】〔1〕"帝颛顼之苗裔孙曰女脩",女脩为嬴姓女祖先。据《封禅书》,秦出嬴姓,奉少皞为上帝,兼祭太皞、炎帝、黄帝,但不祭颛顼(音 zhān xū)。这里不提少皞,而从颛顼的后代女脩讲起,是采用《世本》等书的帝系。《史记》叙事起自《五帝本纪》,各本纪、世家追溯族姓来源,均归统于《五帝本纪》。《五帝本纪》所叙五帝为黄帝、颛顼、帝喾(音 kù)、尧、舜,其中不包括少皞。〔2〕"玄鸟",燕子。女脩吞玄鸟卵生大业,与殷简狄吞玄鸟卵生契是同类传说。〔3〕"大业",嬴姓男祖先。古书或以皋陶、益(即下文大费)为父子,皋陶为大业。梁玉绳《史记志疑》已辩其误(详见《陈杞世家》"伯翳之后,周平王时封为秦"下梁氏案语)。〔4〕"取",同娶。"少典",古氏族名。传说黄帝、炎帝都是少典氏之后。〔5〕"大费",是柏翳因居费地而得氏名。《史记》所记古史人物往往用氏名为人名,如下文"咨尔费",省称"费",就是作人名。古代今山东境内有两个费:(1)音 bì,是西周初鲁东郊地名(即《书·费誓》之"费",春秋时为鲁季氏封邑,在今山东费县西北);(2)音 fèi,春秋时为鲁大夫费庈父(庈音 qín)的封邑(在今山东金乡县东南,见《左传》隐公二年)。〔6〕"帝",指帝舜。"锡",同赐。"玄圭",赤黑色玉

圭。〔7〕"咨",叹词。〔8〕"皂",黑色。"游",同斿、旒,音 liú,旌旗上下垂的饰物。〔9〕"姚姓",舜为姚姓。"玉女",美女。指舜族所出美女。〔10〕"柏翳",下文作"伯翳",即《五帝本纪》舜所命二十二人中的虞官益,古书一般作"伯益"。《陈杞世家》分伯翳与益为二人是不对的。虞官掌山泽苑囿,柏翳为舜调训鸟兽,子孙多以养马御车著称,是有一定传统的。"翳",音 yì。〔11〕"舜赐姓嬴氏",先秦姓、氏有别,姓表示血缘所出,氏则是以封地和官职等所获家族称号,实际上是姓的分支。秦汉以来姓、氏逐渐合一,司马迁已不能分辨,常常混淆二者。其实这里的"嬴"是姓而不是氏。一般古书记载皆谓嬴姓出少皞之后,但这里却把嬴姓归于舜赐姓。

【译文】秦的祖先,是帝颛顼的后代子孙,名叫女脩。女脩织布时,燕子掉下卵,女脩吞了,生下儿子大业。大业娶少典的女儿,叫女华。女华生大费,大费跟随禹平治水土。事情成功后,帝舜赐给禹黑色玉圭。禹受赐说:"不是靠我就能成功,还多亏大费的帮助。"帝舜说:"费呀,是你赞助禹取得成功,我要赐你黑色旗旒。你的后世子孙将繁多兴旺。"因此把姚姓的美女赐给他为妻。大费拜受,帮助舜驯养鸟兽,鸟兽多被驯服,这就是柏翳。舜赐姓为嬴氏。

大费生子二人:一曰大廉,实鸟俗氏;〔1〕二曰若木,实费氏。〔2〕其玄孙曰费昌,〔3〕子孙或在中国,或在夷狄。〔4〕费昌当夏桀之时,去夏归商,为汤御,以败桀于鸣条。〔5〕大廉玄孙曰孟戏、中衍,〔6〕鸟身人言。〔7〕帝太戊闻而卜之使御,吉,遂致使御

而妻之。自太戊以下，中衍之后，遂世有功，以佐殷国，故嬴姓多显，遂为诸侯。

【注释】〔1〕"鸟俗氏"，大廉的氏名。上文说女修吞玄鸟卵生大业，下文说孟戏、中衍"鸟身人言"，《左传》昭公十七年也有少皞氏"以鸟名官"的传说。"鸟俗氏"之名可能与这类传说有关。〔2〕"费氏"，若木的氏名。应是承大费为氏。〔3〕"其"，上文"鸟俗氏"与"费氏"并称，这里"其"字是代指与此句邻近的"费氏"。费昌为若木的玄孙，应距柏翳五世，但下文说"费昌当夏桀之时"，与柏翳相距却不止五世。〔4〕"子孙或在中国，或在夷狄"，古代同姓氏族经分裂与迁徙，形成不同分支，有的进入当时的文化发达地区，有的僻处这些地区之外，文化相对落后，这就是所谓"或在中国，或在夷狄"。《楚世家》说穴熊之后"或在中国，或在蛮夷"，是同样的例子。〔5〕"鸣条"，一说在今山西运城县安邑镇北，一说在今河南封丘县东。〔6〕"中衍"，读为"仲衍"，与孟戏是以孟、仲为行辈的兄弟。〔7〕"鸟身人言"，《山海经·海内经》云盐长之国"有人焉鸟首，名曰鸟氏"，古代志怪之书往往有此类描写。

【译文】大费生有两个儿子：一个叫大廉，即鸟俗氏；另一个叫若木，即费氏。费氏的玄孙叫费昌。其子孙有些住在中国，有些住在夷狄。费昌当夏桀之时，脱离夏，投奔商，为汤驾车，而在鸣条打败桀。大廉的玄孙叫孟戏、中衍，他们长着鸟的身子却能说人话。帝太戊听说，便卜问是否可让中衍来驾车，卜的结果是吉，便召中衍来驾车并赐女为妻。从太戊以来，中衍的后代，世世辅佐殷国有功，所以嬴姓中有不少显名于世，终于成为诸侯。

其玄孙曰中潏，〔1〕在西戎，保西垂。〔2〕生蜚廉。〔3〕蜚廉生恶来。〔4〕恶来有力，〔5〕蜚廉善走，父子俱以材力事殷纣。〔6〕周武王之伐纣，并杀恶来。是时蜚廉为纣石北方，〔7〕还，无所报，〔8〕为坛霍太山而报，〔9〕得石棺，铭曰"帝令处父不与殷乱，〔10〕赐尔石棺以华氏"。〔11〕死，〔12〕遂葬于霍太山。蜚廉复有子曰季胜。季胜生孟增。孟增幸于周成王，是为宅皋狼。〔13〕皋狼生衡父，衡父生造父。造父以善御幸于周缪王，〔14〕得骥、温骊、骅骝、騄耳之驷，〔15〕西巡狩，乐而忘归。徐偃王作

乱，〔16〕造父为缪王御，长驱归周，一日千里以救乱。缪王以赵城封造父，〔17〕造父族由此为赵氏。自蜚廉生季胜已下五世至造父，别居赵。赵衰其后也。恶来革者，〔18〕蜚廉子也，蚤死。〔19〕有子曰女防。女防生旁皋，旁皋生太几，太几生大骆，大骆生非子。以造父之宠，皆蒙赵城，〔20〕姓赵氏。〔21〕

【注释】〔1〕"其"，指中衍。"中潏"，"中"读为仲，"潏"音 jué。〔2〕"西垂"，即下文"犬丘"、"西犬丘"，在今甘肃天水市西南。古代以"垂"为名的地名不止一处，除此还有：(1)春秋卫国的垂(在今山东曹县北之句阳店，或说在今山东鄄城县东南，见《春秋》隐公八年)；(2)春秋齐国的垂(在今山东平阴境，见《左传》宣公八年)。前者《左传》作"犬丘"，可见"垂"与"犬丘"是一地两名。这里的"西垂"与"西犬丘"也是一地两名，"西"是附加在前表示方位的字。旧或读"西垂"为"西陲"，以为泛指周的西部边陲，这是不对的。〔3〕"蜚廉"，古书或作"飞廉"，据本篇末史公赞是氏名。《墨子·耕柱》也有一个"蜚廉"，当夏后启时，年代与大廉相当，"蜚廉"这个氏名与大廉可能有一定关系。另外，传说有一种神兽名叫"飞廉"(亦名"龙雀")，鸟身鹿首，善走，能致风气，为风伯。上文说孟戏、中衍"鸟身人言"，下文说"蜚廉善走"，与这种传说的神兽似亦有一定关系。〔4〕"恶来"，据下文"恶来革"，是氏名。〔5〕"恶来有力"，据《晏子春秋·谏上》，恶来能手裂兕虎，勇力过人。〔6〕"材力"，勇力。〔7〕"为纣石"，似有脱误。《集解》徐广引《帝王世纪》以"作石椁"为释，但下文"石棺"是天帝赐给蜚廉而不是赐给纣的。《史记志疑》引《水经注·汾水》及《御览》卷五五一引《史记》，则认为"石"字是"使"字之误。"北方"，指殷畿之北。〔8〕"报"，复命。蜚廉"为纣石北方"适值周灭商，欲归来复命，已不可能。〔9〕"霍太山"，即霍山，亦名太岳山，主峰在今山西霍县东南，附近有重要商邑霍。《尔雅·释地》："西方之美者，有霍山之珠玉焉。"上文"蜚廉为纣石北方"，疑即指取石霍山。"报"，祭名，指祭告纣。〔10〕"帝"，上帝。"处父"，蜚廉的字。先秦男子称字例曰"某父"，下文"衡父"、"造父"、"世父"等同。〔11〕"华氏"，光耀氏族。〔12〕"死"，《孟子·滕文公下》："周公相武王，诛纣，伐奄三年讨其君，驱飞廉于海隅而戮之。"与这里记载的蜚廉之死不同。其所说"飞廉"可能是指飞廉氏。〔13〕"宅皋狼"，孟增因居地而得氏名。《战国策·赵一》知伯

使人到赵国"请蔡皋狼之地","蔡皋狼"即此"宅皋狼",下文省称"皋狼"。其地在今山西离石县西北。〔14〕"周缪王",即周穆王。"缪"同"穆"。〔15〕"据《穆天子传》《列子·周穆王》,穆王西行,驾有"八骏之乘",穆王所乘主车,驾车之马为华骝、绿耳、赤骥、白义;副车,驾车之马为渠黄、踰轮、盗骊、山子,这里仅列举其中的四种。"骥",音 jì,即赤骥,是一种红色马。"温骊",即盗骊,是一种黑色马。"温"字是"盗"字之讹。"骊",音 lí。"骅骝",音 huá liú,即华骝,"骅"同"骝",也是一种红色马。"騄耳",即"绿耳",是一种绿色马。"騄",音 lù。〔16〕"徐偃王",《韩非子·五蠹》谓徐偃王是被荆文王(即楚文王)攻灭,与此说异。〔17〕"赵城",在今山西洪洞县北赵城镇,与霍太山邻近。〔18〕"恶来革","恶来"是氏,"革"是名,《楚辞·惜誓》省称"来革"。〔19〕"蚤",同"早"。〔20〕"蒙",承受。〔21〕"姓赵氏",《秦始皇本纪》云秦始皇"姓赵氏",《楚世家》称秦始皇为"赵政"。秦、赵同出蜚廉之后,但非子与造父从世系上讲属于两个分支,似秦人不应以赵为氏,《史记志疑》认为这是汉代才兴起的说法。

【译文】中衍的玄孙叫中潏,住在西戎,保守西垂。中潏生蜚廉。蜚廉生恶来。恶来有力,蜚廉善跑,父子都凭勇力臣事殷纣王。周武王伐纣,连恶来一起杀死。当时蜚廉正为纣在北方采石,回去已无可复命,便在霍太山筑坛报祭殷纣王,结果得一石棺,其铭文说:"上帝使处父幸免于殷亡之乱,赐给你石棺以光耀氏族。"死后便葬于霍太山。蜚廉还有一个儿子叫季胜。季胜生孟增。孟增有宠于周成王,他就是宅皋狼。宅皋狼生衡父。衡父生造父。造父以擅长驾车而有宠于周缪王,周缪王得到赤骥、盗骊、骅骝、騄耳等驾车的骏马,西去巡狩,乐而忘返。徐偃王作乱,造父为缪王驾车,长驱疾驰,一日千里,赶回周来平定叛乱。缪王把赵城封给造父,造父一族从此称为赵氏。从蜚廉生季胜传五世到造父,开始另外住在赵城。赵衰就是他的后代。恶来革是蜚廉的儿子,早死。他有儿子叫女防。女防生旁皋,旁皋生太几,太几生大骆,大骆生非子。他们都因造父所受之宠,承赵城之名而姓赵氏。

非子居犬丘,〔1〕好马及畜,善养息之。犬丘人言之周孝王,孝王召使主马于汧渭之间,〔2〕马大蕃息。孝王欲以为大骆适嗣。〔3〕

申侯之女为大骆妻,〔4〕生子成为适。申侯乃言孝王曰:"昔我先郦山之女,〔5〕为戎胥轩妻,〔6〕生中潏,以亲故归周,保西垂,西垂以其故和睦。今我复与大骆妻,生适子成。申骆重婚,西戎皆服,所以为王。王其图之。"于是孝王曰:"昔伯翳为舜主畜,畜多息,故有土,赐姓嬴。今其后世亦为朕息马,朕其分土为附庸。"〔7〕邑之秦,〔8〕使复续嬴氏祀,号曰秦嬴。亦不废申侯之女子为骆适者,以和西戎。

【注释】〔1〕"犬丘",即上文"西垂"、下文"西犬丘"。据《水经注·漾水》,犬丘地望在汉西县,即今甘肃天水市西南。古代以"犬丘"为名的地名不止一处,除此还有:(1)周懿王所都犬丘(在今陕西兴平县东南,见《汉书·地理志》);(2)春秋卫国的犬丘(在今山东曹县北之句阳店,或说在今山东鄄城县东南,见《左传》隐公八年);(3)春秋宋国的犬丘(在今山东永城县西北,见《左传》襄公元年)。这些以"犬丘"为名的地名和上文注释提到的几个叫"垂"的地名,彼此有一定联系。《集解》把这里的"犬丘"解释为周懿王所都犬丘,是错误的。〔2〕"汧渭之间",指汧水(今千河)、渭水(今渭河)交会之处,下文作"汧渭之会"。今千河、渭河交会处在陕西宝鸡县千河乡西、宝鸡市卧龙寺东。"汧",音 qiān。〔3〕"适",同"嫡"。〔4〕"申侯",此"申"是居住在今陕甘一带的姜姓申戎,即"西申"。西周末申南迁于今河南南阳市北,称"南申"。〔5〕"郦山之女",申人的女祖先。"郦山",在今陕西临潼县南。据《汉书·地理志》《左传》庄公二十八年杜预注、《国语·晋语》韦昭注,古有郦戎国,姬姓,居于郦山。郦,音 lí。〔6〕"戎胥轩",从世系推算应是中衍的曾孙,年代约当商晚期。〔7〕"附庸",附属于大国的小国。据《礼记·王制》,附庸的大小在方五十里以下。〔8〕"秦",是周人"分土为附庸",应在周王畿内。下文说:"(秦文公)四年,至汧渭之会。曰:'昔周邑我先秦嬴于此,后卒获为诸侯。'"可以证明秦应在"汧渭之会",即非子为周孝王养马处。《集解》徐广说、《正义》引《括地志》以此"秦"为当时一个叫"秦亭"的小地名(在今甘肃清水县东北),这一解释与《史记》原文显然不合。

【译文】非子住在犬丘,喜好马和各种牲畜,擅长养殖它们。犬丘人把这些告诉周孝王,孝王便召非子命他在汧水、渭水交会处掌管养马,马匹繁衍得很多。孝王想立非子为大骆的嫡子。但申侯之女为大骆的妻子,她生的儿子叫成,已立为嫡子。所以申侯对孝王说:"从前我们的祖先郦山之女,是戎胥轩的妻子,生了中潏,中潏由于亲戚关系而归附于周,保守西垂,西垂因此才和睦。现在我们又嫁女给大骆为妻,生下嫡子成。申人和大骆再次通婚,西戎全都归顺,您才得以为王。请您再三考虑。"孝王说:"从前伯翳为舜掌管牲畜,牲畜繁衍很多,因此获得封地,被赐姓为嬴氏。现在他的后代又来为我养马,我也要分封国土让他作附庸。"把非子封在秦,让他重新接续嬴氏的祀统,号称秦嬴。但同时又不废去申侯之女所生立为大骆嫡子者,以安抚西戎。

秦嬴生秦侯。秦侯立十年,卒。生公伯。公伯立三年,卒。生秦仲。

秦仲立三年,周厉王无道,诸侯或叛之。西戎反王室,灭犬丘大骆之族。周宣王即位,乃以秦仲为大夫,诛西戎。西戎杀秦仲。秦仲立二十三年,死于戎。有子五人,其长者曰庄公。[1]周宣王乃召庄公昆弟五人,[2]与兵七千人,使伐西戎,破之。于是复予秦仲后,及其先大骆地犬丘并有之,为西垂大夫。

【注释】〔1〕"庄公",名其,见《十二诸侯年表》。秦君正式称公始于襄公。古代君王立国后往往都要追封祖考,《诗谱·秦风疏》说庄公称公"盖追谥之"。〔2〕"昆弟",兄弟。

【译文】秦嬴生秦侯。秦侯在位十年,死。秦侯生公伯。公伯在位三年,死。公伯生秦仲。

秦仲在位三年,周厉王无道,有些诸侯起来反叛。西戎也反叛王室,灭了住在犬丘的大骆之族。所以周宣王即位,便任命秦仲为大夫,讨伐西戎。结果西戎杀秦仲。秦仲在位二十三年,死于戎。留下五个儿子,其中年长的是庄公。周宣王便又召庄公五兄弟,给他们士兵七千人,让他们征伐西戎,终于将西戎击溃。周宣王把土地重新给予秦仲的后代,连同其祖先大骆的封地犬丘在内,封他为西垂大夫。

庄公居其故西犬丘,生子三人,其长男

世父。世父曰:"戎杀我大父仲,[1]我非杀戎王则不敢入邑。"遂将击戎,让其弟襄公。襄公为太子。庄公立四十四年,卒,太子襄公代立。襄公元年,以女弟缪嬴为丰王妻。[2]襄公二年,[3]戎围犬丘,世父击之,为戎人所虏。岁余,复归世父。七年春,周幽王用褒姒废太子,立褒姒子为适,数欺诸侯,诸侯叛之。西戎犬戎与申侯伐周,杀幽王郦山下。而秦襄公将兵救周,战甚力,有功。周避犬戎难,东徙雒邑,[4]襄公以兵送周平王。平王封襄公为诸侯,赐之岐以西之地。[5]曰:"戎无道,侵夺我岐、丰之地,[6]秦能攻逐戎,即有其地。"与誓,封爵之。襄公于是始国,与诸侯通使聘享之礼,乃用骊驹、黄牛、羝羊各三,[7]祠上帝西畤。[8]十二年,伐戎而至岐,卒。生文公。

【注释】〔1〕"大父",祖父。〔2〕"女弟",妹妹,"缪嬴","缪"同"穆"。古代夫人从夫而谥,"穆"应是丰王的谥号。"丰王","丰"是戎族名,古代戎狄诸君往往自称为王。〔3〕"襄公二年",《正义》于此句下引《括地志》:"故汧城在陇州汧源县东南三里。《帝王世纪》云秦襄公二年徙都汧,即此城。"郭沫若《石鼓文研究》疑"襄公二年"下当有夺文,即言襄公徙都事。但《太平御览》卷一五五引《帝王世纪》作"文公徙汧",《封禅书索隐》引皇甫谧说亦作"文公徙都汧也",是指文公徙都"汧渭之会"。可见《括地志》引文有误,未可信据。〔4〕"雒邑",周的东都,建于西周成王时,在今河南洛阳市。"雒"同"洛"。〔5〕"岐",西周都邑,古公亶父所建,在今陕西岐山、扶风两县境内的周原遗址上。〔6〕"丰",西周都邑,周文王所建,在今陕西长安县沣河以西。〔7〕"骊驹",赤身黑鬣的幼马。"黄牛",黄色的牛。"羝羊",公羊。"羝"音 dī。皆祭牲之名。周人用牲以牛为主,牛、羊、豕俱全叫"太牢",有羊、豕而无牛叫"少牢",郊祀之礼只用"特牲"。秦人用牲以马为主,祠祭上帝(属郊祀之礼)是用赤色马外加牛、羊,二者礼制有异。"各三",《封禅书》作"各一"。下文"初为郦畤,用三牢",是用三套马、牛、羊俱全的祭牲,"各三"与之规格相同,"各一"仅合一牢,规格似偏低。〔8〕"祠",秦祭祀天地、山川、鬼神俱称祠。"上帝",据《封禅书》,指白帝少皞。"畤",音 zhì,又音 shì,祭帝之所。古人祭祀上帝,与天相配,合称"皇天上帝",但"帝"与"天"不同,是族姓所出的祖神。据《礼书》记载,郊祀祭太皞(青帝)、炎帝(赤帝)、黄帝、少皞(白帝)、颛顼(黑帝)"五帝"。秦奉嬴姓始祖少皞为上帝,但也兼祭青帝、炎帝、黄帝,先后立有西畤、鄜畤、密畤、(吴阳)上畤、(吴阳)下畤、畦畤等六畤。其中西畤之立最早,在秦襄公居西垂时,地点应在西垂之郊。

【译文】庄公住在大骆的故邑西犬丘,生有三个儿子,长子是世父。世父说:"西戎杀死我的祖父秦仲,我不杀戎王绝不敢入城而居。"于是率兵攻打西戎,让位给他的弟弟襄公。襄公因而立为太子。庄公在位四十四年,死,太子襄公即位。襄公元年,把妹妹缪嬴嫁给丰王为妻。襄公二年,西戎围攻犬丘,世父迎击,被戎人俘虏。过了一年多,戎人又放回世父。七年春,周幽王立褒姒为后而废太子,改立褒姒之子为嫡子,并多次失信于诸侯,因而诸侯反叛。西戎中的犬戎和申侯伐周,把周幽王杀死在郦山下。而秦襄公率兵救援周王室,作战非常卖力,有功。周避犬戎侵犯,东迁洛邑,襄公率兵护送周平王。平王封襄公为诸侯,赐给他岐以西之地,说:"戎人无道,强占我岐、丰之地,秦若能赶走戎人,即可拥有这些土地。"与秦立誓,封赐爵称。襄公从此正式建立国家,与诸侯互派使节往来,并用赤色幼马、黄牛、公羊各三,祭祀上帝于西畤。十二年,襄公伐西戎至岐,死。生文公。

文公元年,居西垂宫。〔1〕三年,文公以兵七百人东猎。四年,至汧渭之会。曰:"昔周邑我先秦嬴于此,后卒获为诸侯。"〔2〕乃卜居之,占曰吉,即营邑之。〔3〕十年,初为鄜畤,〔4〕用三牢。十三年,初有史以纪事,〔5〕民多化者。十六年,文公以兵伐戎,戎败走。于是文公遂收周余民有之,地至岐,岐以东献之周。十九年,得陈宝。〔6〕二十年,法初有三族之罪。〔7〕二十七年,伐南山大梓,〔8〕丰大特。〔9〕四十八年,文公太子卒,赐谥为竫公。〔10〕竫公之长子为太子,是文公孙也。五十年,文公卒,葬西山。〔11〕竫公子立,是为宁公。〔12〕

【注释】〔1〕"西垂宫",建于西垂。〔2〕"卒获为诸侯",指秦襄公受封为诸侯。〔3〕"即营邑之",这个在秦邑故地即"汧渭之会"重新营筑的都邑,《史记》未书其名。《封禅书》提到秦文公复获

"陈宝"于陈仓。陈仓在今宝鸡县东,正在"汧渭之会"。这一都邑有可能就是陈仓城。〔4〕"鄜畤",秦文公东进所又一祭祀少皞之所。据《封禅书》,鄜畤是因秦文公梦黄蛇自天而降,其口止于鄜的山坡而得名。鄜在今陕西洛川东北,但鄜畤不在鄜,而在今陕西凤翔南三畤原上,是《封禅书》所说"雍四畤"之一。《索隐》以为鄜畤作于鄜是不对的。"鄜",音 fū。〔5〕"史",史官。〔6〕"陈宝",据《封禅书》,秦文公于陈仓城获"若石",色如肝,是神物所化。其神常于夜间出现,光辉若流星,并伴有鸡鸣般的声响,秦文公立祠祭之,称为陈宝。《尚书·顾命》亦有"陈宝",王国维《陈宝考》以为宝石名。实际上,古人所说的陈宝乃是陨星。祠祭陈宝,一直到汉代犹不衰绝。秦汉时期,陈宝祠在西北诸神祠中,地位仅次于雍西畤。〔7〕"三族",有许多不同解释:(1)父母、兄弟、妻子;(2)父族、母族、妻族;(3)父、子、孙;(4)父的兄弟、自己的兄弟、子的兄弟。〔8〕"南山",据《正义》引《括地志》,即"陈仓县南十里仓山"。仓山即陈仓山,在今陕西宝鸡市南。"梓",音 zǐ,树名。〔9〕"丰大特",丰指丰水,即今沣河,在今陕西长安县西;"大特",大公牛。据魏文帝《列异传》佚文(《水经注·渭水》、《后汉书·光武帝纪》注、《括地志》引),秦文公使人伐南山大梓,树能自愈其创,总是砍不倒。有人告诉文公说,树神最怕人披头散发。文公照他的话去做,才将树砍倒。树中有一青牛走出,逃入丰水中。后来青牛复出丰水中,文公使骑士击之,不胜,有人从马上摔下,髻解发散,青牛才畏而不出。秦后来设有一种"被发先驱"的骑士,叫"髦头",据说即由此而来。"丰大特"即南山大梓中的青牛。秦于故道县(今陕西宝鸡市南)立祠祭之,称"怒特祠"。〔10〕"竫公",《秦始皇本纪》所附秦世系作"静公",《诗谱·秦风疏》作"靖公"。据陕西宝鸡县太公庙出土秦公钟镈应作"静公"。〔11〕"西山",据《正义》引《括地志》,即"陈仓县西北三十七里秦陵山"。秦陵山即今陕西宝鸡市北陵原。上文"南山"是因位于陈仓城南而得名,这里"西山"也是因位于陈仓城西北而得名。《秦始皇本纪》所附秦世系记文公"葬西垂",与此不同。〔12〕"宁公",《集解》徐广引别本"宁"字作"曼"(《史记》中"宁"、"曼"二字相混之例甚多)。《秦始皇本纪》所附秦世系、《汉书·古今人表》作"宪公"。据陕西宝鸡县太公庙出土秦公钟镈应作"宪公","宁"、"曼"皆"宪"字之讹。

【译文】文公元年,住在西垂宫。三年,文公率兵七百人东猎。四年,到汧水、渭水交会处。文

公说："从前周把我们的祖先秦嬴封在此地，后来秦终于成为诸侯。"于是卜居该地，占辞为吉，便营筑城邑。十年，开始设鄜畤，用三牢祭祀。十三年，开始设史官记事，人民越来越开化。十六年，文公率兵伐戎，戎败逃。文公收罗留居当地的周人归自己统治，将领土扩大到岐，而把岐以东的土地献给周。十九年，获得陈宝。二十年，法律开始规定三族之罪。二十七年，砍伐南山上的大梓树，驰击丰水中的大公牛。四十八年，文公太子死，赐谥为竫公。竫公的长子立为太子，即文公的孙子。五十年，文公死，葬于西山。竫公的儿子即位，就是宁公。

宁公二年，公徙居平阳。[1]遣兵伐荡社。[2]三年，与亳战，[3]亳王奔戎，遂灭荡社。四年，鲁公子翚弑其君隐公。十二年，伐荡氏，[4]取之。宁公生十岁立，立十二年卒，葬西山。生子三人，长男武公为太子，武公弟德公，同母鲁姬子生出子。[5]宁公卒，大庶长弗忌、威垒、三父废太子而立出子为君。[6]出子六年，三父等复共令人贼杀出子。出子生五岁立，立六年卒。三父等乃复立故太子武公。

【注释】[1]"平阳"，宪公所立新都，在今陕西宝鸡县东阳平镇。《秦始皇本纪》所附秦世系称之为"西新邑"。〔2〕"荡社"，亳王都邑，《集解》徐广引别本"社"作"杜"，一说在今陕西西安市东南，一说在今陕西三原、兴平一带。〔3〕"亳"，西戎的一支。〔4〕"荡氏"，亳王居荡社，荡氏可能指亳。〔5〕"出子"，《十二诸侯年表》作"出公"，《汉书·古今人表》作"秦出公曼"。〔6〕"大庶长"，秦爵名。商鞅变法定秦爵为二十等：一至四级为公士、上造、簪袅（音 zān niǎo）、不更，相当士；五至九级为大夫、官大夫、公大夫、公乘、五大夫，相当大夫；十至十八级为左庶长、右庶长、左更、中更、右更、少上造、大上造、驷车庶长、大庶长，相当卿；十九、二十级为关内侯、彻侯，相当侯。其中有些爵称出现较早，如大庶长即是。

【译文】宁公二年，宁公迁都平阳。派兵伐荡社。三年，与亳交战，亳王逃奔到戎地，遂灭荡社。四年，鲁公子翚弑其国君隐公。十二年，伐荡氏，并占领之。宁公十岁即位，在位十二年死，葬于西山。生下三个儿子：长子武公立为太子，武公的弟弟为

德公，他们共同的母亲鲁姬子还生有出子。宁公死，太庶长弗忌、威垒、三父废太子而改立出子为君。出子六年，三父等人又合伙派人谋杀出子。出子出生五岁即位，在位六年死。故三父等人又立从前的太子武公为君。

武公元年，伐彭戏氏，[1]至于华山下，居平阳封宫。[2]三年，诛三父等而夷三族，以其杀出子也。郑高渠眯杀其君昭公。十年，伐邦、冀戎，[3]初县之。[4]十一年，初县杜、郑。[5]灭小虢。[6]

【注释】〔1〕"彭戏氏"，戎族名，"戏"与"衙"古音相近，《正义》疑"彭戏"即彭衙。彭衙亦称衙，即秦汉衙县，在今陕西白水县东北。〔2〕"封宫"，建在平阳。〔3〕"邦、冀戎"，邦戎、冀戎，皆戎族名。"邦"，音 guī。〔4〕"初县之"，秦灭邦戎、冀戎，置邦县、冀县。邦县（后称上邦县）在今甘肃天水市。冀县在今甘肃甘谷县东。春秋初期秦、晋、楚等大国往往把新兼并得来的小国建为国君直属的军事重镇，而不用作卿大夫的封邑，是为县。郡县制的县即由此而来。〔5〕"杜"，西周古国，在今陕西西安市东南。"郑"，西周宣王母弟郑桓公所封，在今陕西华县。〔6〕"小虢"，西虢随平王东迁后留居原地的虢人。一说是"羌之别种"（《正义》引《括地志》）。西虢在今陕西宝鸡县虢镇。"虢"，音 guó。

【译文】武公元年，伐彭戏氏，直抵华山下。武公住在平阳封宫。三年，处死三父等人并灭了他们的三族，因为他们杀了出子。郑国的高渠眯杀其君昭公。十年，伐邦戎、冀戎，开始设邦、冀为县。十一年，开始设杜、郑为县。灭小虢。

十三年，[1]齐人管至父、连称等杀其君襄公而立公孙无知。晋灭霍、魏、耿。[2]齐雍廪杀无知、管至父等而立齐桓公。[3]齐、晋为强国。

【注释】〔1〕"三十年"，据《左传》庄公八年、《十二诸侯年表》，是"十二年"之误。〔2〕"霍"，在今山西霍县西南。"魏"，在今山西芮城县。"耿"，在今山西河津县东南。三国皆周所封同姓。〔3〕"雍廪"，据《左传》庄公八、九年，为人名。《齐世家》作"雍林"，以为地名，是错误的。廪，音 lǐn。

【译文】十三年,齐人管至父、连称等杀其国君襄公而立公孙无知为君。晋灭霍、魏、耿。齐国的雍廪杀公孙无知、管至父等而立齐桓公为君。齐、晋成为强国。

十九年,晋曲沃始为晋侯。[1]齐桓公伯于鄄。[2]

【注释】〔1〕"曲沃",晋昭侯封文侯之弟成叔于曲沃,曲沃城邑大于晋都翼,历三世终于并晋,立为诸侯。其地在今山西闻喜县东北。 〔2〕"伯",同"霸"。"鄄",音juàn,在今山东鄄城县北旧城。

【译文】十九年,晋曲沃之君始立为晋侯。齐桓公在鄄称霸。

二十年,武公卒,葬雍平阳。初以人从死,[1]从死者六十六人。有子一人,名曰白。白不立,封平阳。立其弟德公。

【注释】〔1〕"从死",陪葬。古代贵族死后往往以臣妾陪葬。陪葬制度盛于商代、西周,至东周渐衰。秦是后起国家,至此始有之。武公死,从死者仅六十六人。穆公死,从死者一百七十七人。至献公始废止从死。

【译文】二十年,武公死,葬于雍的平阳。开始用活人陪葬,陪葬者达六十六人。武公有一个儿子,名叫白。白未能即位,封于平阳。立了他的弟弟德公为君。

德公元年,初居雍城大郑宫。[1]以牺三百牢祠鄜畤。[2]卜居雍。后子孙饮马于河。[3]梁伯、芮伯来朝。[4]二年,初伏,[5]以狗御蛊。[6]德公生三十三岁而立,立二年卒。生子三人:长子宣公,中子成公,少子穆公。长子宣公立。

【注释】〔1〕"雍城大郑宫",雍城是德公所建都城,在今陕西凤翔县南,大郑宫在雍城内。 〔2〕"牺",纯色的祭牲。"三百牢",周人郊祀只用特牲,此用三百牢,数量惊人。《封禅书索隐》以为"百"是"白"字之讹。 〔3〕"后子孙饮马于河",指后来秦

晋韩原之战后,秦穆公取晋河西之地而有之,扩地东至于黄河。此句承"卜居雍"之后,是说以占卜居雍之吉而兆示未来如此,与上文文公说"昔周邑我先秦嬴于此,后卒获为诸侯"同例。 〔4〕"梁",嬴姓,与秦同祖,在今陕西韩城县南。"芮",姬姓,在今陕西大荔县。 〔5〕"伏",节令名,即阴历六月的三伏,传说秦德公始立。秦汉时期的伏日之祭叫"伏祠"。 〔6〕"蛊",音gǔ,字从皿、虫会意,原指食物在器皿中腐败生虫,引申为一切毒害人而不易为人所知之物,如疫病、淫惑、诅咒等,这里指伏日传播疫病的暑气。古人认为杀狗张挂于城门,可以禳除其害。

【译文】德公元年,开始住在雍城大郑宫。用纯色祭牲三百牢祭于鄜畤。经过占卜,定居于雍。其后子孙饮马于黄河。梁伯、芮伯来朝见。二年,开始设伏祭,杀狗禳除传播疾病的暑气。德公出生三十三岁即位,在位二年死。生有三个儿子:长子宣公,次子成公,幼子穆公。长子宣公即位。

宣公元年,卫、燕伐周,出惠王,立王子颓。[1]三年,郑伯、虢叔杀子颓而入惠王。[2]四年,作密畤,[3]与晋战河阳,[4]胜之。十二年,宣公卒。生子九人,莫立,立其弟成公。

【注释】〔1〕"颓",音tuí。 〔2〕"虢叔",此"虢"即下文晋所灭之虢。 〔3〕"密畤",雍四畤之一,在雍郊渭水以南,祭青帝。青帝即太暤,是风姓始祖,在古代帝系中与少暤关系比较密切。秦人于上帝少暤外,最先立畤祭祀的是青帝。 〔4〕"河阳",晋地,在今河南孟县西。

【译文】宣公元年,卫、燕伐周,赶走惠王,立王子颓为君。三年,郑伯、虢叔杀王子颓,接回惠王。四年,建密畤。与晋交战于河阳,取得胜利。十二年,宣公死。他生有九个儿子,都未能即位,立了他的弟弟成公为君。

成公元年,梁伯、芮伯来朝。齐桓公伐山戎,[1]次于孤竹。[2]

【注释】〔1〕"山戎",也叫"北戎",主要活动于今辽宁、河北等省境内。 〔2〕"孤竹",在今河北卢

龙县。

【译文】成公元年,梁伯、芮伯来朝见。齐桓公伐山戎,驻军于孤竹。

成公立四年卒。子七人,莫立,立其弟缪公。〔1〕

【注释】〔1〕"缪公",又作"穆公"。本篇记穆公最详,往往与《晋世家》相出入。《晋世家》多依《左传》、《国语》,本篇则兼采《秦纪》,故有不同。

【译文】成公在位四年死。生有七个儿子,都未能即位,立了他的弟弟缪公为君。

缪公任好元年,自将伐茅津,〔1〕胜之。四年,迎妇于晋,晋太子申生姊也。其岁,齐桓公伐楚,至邵陵。〔2〕

【注释】〔1〕"茅津",戎族名,在今山西平陆县西茅津渡。〔2〕"邵陵",即召陵,楚地,在今河南郾城县东。

【译文】缪公任好元年,缪公亲自率兵伐茅津,取得胜利。四年,从晋国迎娶媳妇,娶的是晋太子申生的姐姐。此年,齐桓公攻楚,直达邵陵。

五年,晋献公灭虞、虢,〔1〕虏虞君与其大夫百里傒,〔2〕以璧马赂于虞故也。〔3〕既虏百里傒,以为秦缪公夫人媵于秦。〔4〕百里傒亡秦走宛,〔5〕楚鄙人执之。〔6〕缪公闻百里傒贤,欲重赎之,恐楚人不与,乃使人谓楚曰:"吾媵臣百里傒在焉,请以五羖羊皮赎之。"〔7〕楚人遂许与之。当是时,百里傒年已七十余。缪公释其囚,与语国事。谢曰:"臣亡国之臣,何足问!"缪公曰:"虞君不用子,故亡,非子罪也。"固问,语三日,缪公大说,〔8〕授之国政,号曰五羖大夫。百里傒让曰:"臣不及臣友蹇叔,〔9〕蹇叔贤而世莫知。臣常游困于齐而乞食铚人,〔10〕蹇叔收臣。臣因而欲事齐君无知,蹇叔止臣,臣得脱齐难,遂之周。周王子颓好牛,臣以养牛干之。

及颓欲用臣,蹇叔止臣,臣去,得不诛。事虞君,蹇叔止臣。臣知虞君不用臣,臣诚私利禄爵,且留。再用其言,得脱;一不用,及虞君难:是以知其贤。"于是缪公使人厚币迎蹇叔,〔11〕以为上大夫。〔12〕

【注释】〔1〕"虞",姬姓,西周虞仲之后,在今山西平陆县。"虢",这里的虢系西虢东迁,有南北二邑。北为下阳,在今山西平陆县东北,于秦缪公三年被灭;南为上阳,在今河南陕县,于秦缪公五年被灭。〔2〕"百里傒",他书或作"百里奚"。百里是氏,傒是名。《孟子·万章上》等古书谓百里奚在灭虞之前已离开虞国到秦国,以五张羊皮的价钱自卖为奴,借养牛求仕于穆公,与此说异,本书《商君列传》存此说。〔3〕"璧马",据《左传》僖公二年,晋以"屈产之乘与垂棘之璧假道于虞以伐虢",这里的"璧"即"垂棘之璧",是垂棘(在今山西潞城县北)出产的名璧;"马"即"屈产之乘",是北屈(在今山西吉县东北)出产的名马。"赂",音lù,赠送财物。〔4〕"媵",音yìng,古代贵族嫁女常以所嫁女子的姊妹或侄女等陪嫁,叫做"媵",陪送的臣妾也叫做"媵",这里百里傒就是属于陪送的臣,下文百里傒自称"媵臣"。〔5〕"宛",楚边邑,在今河南南阳市。〔6〕"鄙人",边境居民。《商君列传》赵良语云"夫五羖大夫,荆之鄙人也",则以百里傒本人为楚鄙人,这是不对的。〔7〕"羖",音gǔ,黑色公羊。"五羖羊皮",是五张黑色公羊的皮。〔8〕"说",同悦。〔9〕"蹇",音jiǎn。〔10〕"游",这里指出外求仕。"铚",音zhì,即秦汉铚县,在今安徽宿县西。〔11〕"币",送礼用的帛,也泛指礼物。〔12〕"上大夫",爵称。古代大夫有上大夫、中大夫、下大夫之别。

【译文】五年,晋献公灭虞、虢,俘虏了虞君和他的大夫百里傒,这是用垂棘所产的玉璧和北屈所产的骏马贿赂虞国的缘故。俘虏了百里傒之后,又用他陪嫁秦缪公夫人到秦国。百里傒从秦逃到宛,被楚国边地的居民抓获。缪公听说百里傒很贤能,想用重金把他赎回,又怕楚人不肯给,就派人向楚国说:"我国陪嫁奴隶百里傒现在贵国,请用五张黑羊皮赎他。"楚人才同意交还。这时候,百里傒已有七十多岁。缪公释放了他,同他讨论国家大事。百里傒推辞说:"我是亡国之臣,还有什么可问!"缪公说:"虞君正是因为不听您的劝告才亡国,这并不是您的罪过。"再三向他请教,谈了三天,缪公大喜,要把国政交给他,号称五羖大夫。百里傒推让说:"我可比不上我的朋友蹇叔,蹇叔贤能而世人不知。从前我曾游宦于齐,陷于困境,不得不向铚地的人讨饭,多亏蹇叔收留了我。我因而想在齐君无知手下做事,又是蹇叔劝阻我,我才幸免于齐国内乱,然后到了周。周王子颓喜欢牛,我借养牛求仕,当他正要任用我时,还是蹇叔劝阻我,我才离开,免遭杀身之祸。在虞君手下做事,蹇叔又劝阻我。我虽明知虞君不会重用,但心里又贪图爵禄,也就暂时留下了。(这三次,)有两次我听他的话都得以脱身,只有一次不听,就碰上了虞君亡国之难,由此可见他的贤能。"于是缪公派人用贵重的礼物把蹇叔请来,封他为上大夫。

秋,缪公自将伐晋,战于河曲。[1]晋骊姬作乱,太子申生死新城,[2]重耳、夷吾出奔。

【注释】[1]"河曲",指今山西芮城县西风陵渡一带黄河弯曲处。 [2]"新城",晋献公使太子申生居曲沃,称为"新城"。《春秋》书此事于僖公五年春,《左传》在前一年十二月。

【译文】秋,缪公亲自率兵伐晋,与晋军交战于河曲。晋国的骊姬作乱,太子申生死于新城,重耳、夷吾逃亡国外。

九年,齐桓公会诸侯于葵丘。[1]

【注释】[1]"葵丘",宋地,在今河南兰考县。

【译文】九年,齐桓公与诸侯会盟于葵丘。

晋献公卒。立骊姬于奚齐,其臣里克杀奚齐。荀息立卓子,克又杀卓子及荀息。夷吾使人请秦,求入晋。于是缪公许之,使百里傒将兵送夷吾。夷吾谓曰:"诚得立,请割晋之河西八城与秦。"[1]及至,已立,而使丕郑谢秦,背约不与河西城,而杀里克。丕郑闻之,恐,因与缪公谋曰:"晋人不欲夷吾,实欲重耳。今背秦约而杀里克,皆吕甥、郤芮之计也。[2]愿君以利急召吕、郤。吕、郤至,则更入重耳便。"缪公许之,使人与丕郑归,召吕、郤。郤等疑丕郑有间,乃言夷吾杀丕郑。丕郑子丕豹奔秦,说缪公曰:[3]"晋君无道,百姓不亲,可伐也。"缪公曰:"百姓苟不便,何故能诛其大臣?能诛其大臣,此其调也。"[4]不听,而阴用豹。

【注释】[1]"河西八城","河西"指黄河流经龙门至风陵渡一段的西面,是秦晋两国长期争夺的要地。据《左传》僖公十五、三十年,夷吾答应割让的城邑包括有焦(在今河南三门峡市西郊)、瑕(在今河南灵宝县西)在内的"河外列城五"及河内的解梁城(在今山西临猗县西南),地点均在黄河流经风陵渡至三门峡一段的南北两岸(北岸为河内,南岸为河外),而不在河西。 [2]"郤",音xì。 [3]"说",音shuì,进言。 [4]"调",音tiáo,谐和。

【译文】晋献公死。立骊姬所生子奚齐为君,奚齐之臣里克杀奚齐。荀息立卓子为君,里克又杀卓子和荀息。夷吾派人向秦请求,希望回晋国。缪公答应了他,派百里傒率兵护送夷吾。夷吾对秦人说:"如果我能即位,我将把晋国的河西八城割让给秦国。"但等回国即了位,却派丕郑拒绝秦,违背誓约不肯交付河西八城,并且杀了里克。丕郑听说害了怕,就跟缪公商量说:"晋人并不拥护夷吾,拥护的实际上是重耳。现在夷吾既违背与秦订立的誓约又杀死里克,全都是吕甥、郤芮的主意。希望您能用重利赶紧把吕、郤二人召来,吕、郤二人来了,再换重耳回国即位就好办了。"缪公表示同意,派人随丕郑回国,去召吕、郤二人。吕、郤等人怀疑丕郑有阴谋,便告诉夷吾杀了丕郑。丕郑的儿子丕豹逃亡到秦国,劝缪公说:"晋君无道,百姓不亲附,可以讨伐。"缪公说:"百姓如果认为不合适,又怎么能处死其大臣呢?能处死其大臣,这正说明他们的关系是谐调的。"不予采纳,暗地却重用丕豹。

十二年,齐管仲、隰朋死。[1]

【注释】[1]"隰朋",《十二诸侯年表》、《齐世家》记管仲、隰朋之卒在齐桓公四十一年,当秦穆公十五年。"隰",音xí。

【译文】十二年,齐国的管仲、隰朋死。

晋旱,[1]来请粟。丕豹说缪公勿与,因

其饥而伐之。缪公问公孙支,[2]支曰:"饥穰更事耳,[3]不可不与。"问百里傒,傒曰:"夷吾得罪于君,其百姓何罪?"于是用百里傒、公孙支言,卒与之粟。以船漕车转,自雍相望至绛。[4]

【注释】[1]"晋旱",上漏书"十三年"。 [2]"公孙支",《左传》僖公十五年、《国语·晋语三》作"公孙枝"。字子桑(见《左传》僖公十三年、文公三年)。传说百里傒受穆公重用,是公孙支力荐(见《韩非子·说林下》《吕氏春秋》中《慎人》、《不苟》等篇)。 [3]"饥穰",欠收和丰收。穰,音 ráng。 [4]"相望",指运粮的车船接连不断,彼此相近,可以看得见。《左传》僖公十三年作"自雍及绛相继","相继"意思与此相近。"绛",晋都,在今山西翼城县东南。晋景公迁都新田(新绛)后称故绛。

【译文】晋大旱,来求借粮食。丕豹劝缪公不要借给,趁其饥荒而伐之。缪公问公孙支,公孙支说:"丰歉交替出现,(谁难免碰上灾荒,)不可不借。"问百里傒,百里傒说:"夷吾得罪了我们的国君,但他的百姓又有什么罪过呢?"最后采纳了百里傒、公孙支的意见,终于借给晋国粮食。用船载车运,从雍到绛络绎不绝。

十四年,秦饥,请粟于晋。晋君谋之群臣。虢射曰:"因其饥伐之,可有大功。"晋君从之。十五年,兴兵将攻秦。缪公发兵,使丕豹将,自往击之。九月壬戌,与晋惠公夷吾合战于韩地。[1]晋君弃其军,与秦争利,还而马骛。[2]缪公与麾下驰追之,[3]不能得晋君,反为晋军所围。晋击缪公,缪公伤。于是岐下食善马者三百人驰冒晋军,[4]晋军解围,遂脱缪公而反生得晋君。初,缪公亡善马,岐下野人共得而食之者三百余人,[5]吏逐得,欲法之。缪公曰:"君子不以畜产害人。[6]吾闻食善马肉不饮酒,伤人。"乃皆赐酒而赦之。三百人者闻秦击晋,皆求从,从而见缪公窘,亦皆推锋争死,[7]以报食马之德。[8]于是缪公虏晋君以归,令于国:"齐宿,[9]吾将以晋君祠上帝。"周天子闻之,曰"晋我同姓",为请晋君。夷吾姊亦为缪公夫人,夫人闻之,乃衰绖跣,[10]曰:

"妾兄弟不能相救,以辱君命。"缪公曰:"我得晋君以为功,今天子为请,夫人是忧。"乃与晋君盟,许归之,更舍上舍,而馈之七牢。[11]十一月,归晋君夷吾,夷吾献其河西地,[12]使太子圉为质于秦。[13]秦妻子圉以宗女。[14]是时秦地东至河。

【注释】[1]"韩地",指韩原,旧说在今陕西韩城县西南。江永《春秋地理考实》以为在黄河对岸今山西河津、万荣两县之间。 [2]"还",同"旋",盘旋。"骛",音 zhì,马困不得行。 [3]"麾",音 huī,是用来指挥军队的旗帜。"麾下"指部下。[4]"驰冒",奔驰冲击。 [5]"野人",古代居民有"国"、"野"之分,住在城里和城郊以内的居民叫"国人",住在城郊以外农村的居民叫"野人"。 [6]"畜产","畜",音 chù,"产",亦作"犷"。后世"出生"之"生",古往往作"产",如某人生于某国叫"某(国)产",奴所生子叫"奴产子"等等,这里的"畜产"即畜生,亦作"畜牲"。 [7]"推锋",手持兵器向前冲锋。 [8]"以报食马之德",这个岐下食善马者为穆公解围的故事,见于《吕氏春秋·爱士》等古书,但不见于《左传》《国语》。 [9]"齐宿","齐"同"斋",斋戒。 [10]"衰绖,音 cuī dié。丧服胸前所缀麻布饰物叫"衰",头上、腰上所系麻绳叫"绖",这里指穿戴孝服。"跣",音 xiǎn,光着脚。 [11]"馈之七牢",按照礼制规定,诸侯馈飨用七牢。"馈",音 kuì,进食。 [12]"夷吾献其河西地",《左传》僖公十五年作"于是秦始征晋河东,置官司焉"。所谓"晋河东"即夷吾所许河外、河内之地,均在黄河以东,与此作"河西地"不同。 [13]"圉",音 yǔ。[14]"宗女",同宗之女。据《左传》僖公二十二、二十三年,子圉为质于秦,与秦女嬴氏逃归,即位后立为夫人,称怀嬴,应即此宗女。但据《国语·晋语四》,怀嬴是秦穆公嫡女而非一般宗女。

【译文】十四年,秦国饥荒,向晋国求借粮食,晋君征求大臣们的意见。虢射说:"趁其饥荒而去攻打,可以打大胜仗。"晋君采纳了他的意见。十五年,晋国将要举兵攻打秦国。缪公发兵,派丕豹率兵,亲自去迎击。九月壬戌,与晋惠公夷吾会战于韩地。晋君甩开其主力部队,和秦军争夺战势之便,战车旋转,马匹被陷。缪公与其部下驰车追赶,未能俘获晋君,却反被晋军包围。晋军攻击缪公,缪公负伤。这时恰好有岐山下偷吃过缪公骏马肉的三百人出来驰击晋军,晋军解除包围,这样才使缪公脱身，反而活捉了晋君。当初，缪公丢失了骏马，岐山下的农民把马抓住吃掉，一块共有三百多人，官吏追捕到他们，要依法处置。缪公说："君子不会因为畜牲而害人。我听说吃过骏马肉如果不喝酒，是会伤人的。"于是全部赐酒，赦免了他们。这三百个人听说秦要迎击晋军，都争着要随军前往，去了正好碰上缪公处于困境，个个手持兵器拼死力战，以报答偷吃骏马肉而被赦免的恩德。缪公俘获晋君而归，下令国中说："大家斋戒，我将用晋君来祭祀上帝。"周天子听说了，说"晋是我的同姓"，请求赦免晋君。夷吾的姐姐是缪公的夫人。夫人听说了，也穿上丧服光着脚，对缪公说："我竟然连自己的兄弟也不能相救，唯恐有辱于您的命令。"缪公说："我把俘获晋君当作一件值得庆贺的大事，不料现在天子为之求情，夫人也为之忧伤。"便与晋君盟誓，同意放他回去，换了高级的客舍供他住，并用七牢的规格来宴飨他。十一月，送晋君夷吾回国，夷吾献上晋国的河西之地，让太子圉到秦国为质。秦把宗女嫁给子圉为妻。当时秦的领土已东抵黄河。

十八年，齐桓公卒。二十年，秦灭梁、芮。

二十二年，晋公子圉闻晋君病，曰："梁，我母家也，[1] 而秦灭之。我兄弟多，即君百岁后，秦必留我，而晋轻，亦更立他子。"子圉乃亡归晋。二十三年，晋惠公卒，子圉立为君。秦怨圉亡去，乃迎晋公子重耳于楚，而妻以故子圉妻。[2] 重耳初谢，后乃受。缪公益礼厚遇之。二十四年春，秦使人告晋大臣，欲入重耳。晋许之，于是使人送重耳。二月，重耳立为晋君，是为文公。文公使人杀子圉。子圉是为怀公。

【注释】〔1〕"梁，我母家也"，子圉之母为梁伯女，故有此言。 〔2〕"故子圉妻"，即怀嬴。嫁文公后称辰嬴（见《左传》文公六年）。据《左传》僖公二十三年，怀嬴只是秦穆公"纳女五人"之一，乃媵嫁之女非嫡夫人。

【译文】十八年，齐桓公死。二十年，秦灭梁、芮。

二十二年，晋国的公子圉听说晋君病了，说："梁国，是我的外祖母家，而秦灭亡了它。我兄弟很

多，一旦晋君去世，秦必定扣留我，晋国看不起我，也会另立他人。"子圉因此逃回晋国。二十三年，晋惠公死，子圉立为国君。秦怨恨公子圉私自逃归，就从楚国迎来公子重耳，并把子圉过去的妻子嫁给他为妻。重耳一开始拒绝，后来才接受下来。缪公优礼有加，格外款待他。二十四年春，秦派人告诉晋国的大臣，要送重耳回国。晋国表示同意，于是派人送重耳回国。二月，重耳被立为晋君，就是文公。文公派人杀子圉。子圉就是怀公。

其秋，周襄王弟带以翟伐王，[1] 王出居郑。[2] 二十五年，周王使人告难于晋、秦。秦缪公将兵助晋文公入襄王，[3] 杀王弟带。二十八年，晋文公败楚于城濮。[4] 三十年，缪公助晋文公围郑。郑使人言缪公曰："亡郑厚晋，于晋而得矣，而秦未有利。晋之强，秦之忧也。"缪公乃罢兵归。晋亦罢。三十二冬，晋文公卒。

【注释】〔1〕"翟"，同"狄"。 〔2〕"郑"，据《左传》僖公二十四年"王出适郑，处于氾"，可知这里"郑"是指郑国的氾邑。氾在今河南襄城县南。 〔3〕"秦缪公将兵助晋文公入襄王"，据《左传》僖公二十五年，秦并未助晋入王。 〔4〕"城濮"，在今河南范县西南旧濮县南。"濮"，音 pú。

【译文】当年秋天，周襄王的弟弟王子带勾结翟人伐周襄王，周襄王逃出，住在郑国。二十五年，周襄王派人向晋国、秦国告急求救，秦缪公率兵帮助晋文公送周襄王回国，杀周襄王的弟弟王子带。二十八年，晋文公在城濮击败楚军。三十年，缪公帮助晋文公包围郑国。郑国派人告诉缪公说："灭亡郑国是帮晋国的忙，对晋当然有好处，但对秦未必有利。晋国的强大，正是秦国所担忧的呀。"缪公于是罢兵而归，晋也罢兵。三十二年冬，晋文公死。

郑人有卖郑于秦曰：[1] "我主其城门，郑可袭也。"缪公问蹇叔、百里傒，对曰："径数国千里而袭人，[2] 希有得利者。且人卖郑，庸知我国人不有以我情告郑者乎？不可。"缪公曰："子不知也，吾已决矣。"遂发兵，使百里傒子孟明视，[3] 蹇叔子西乞术及白乙丙将兵。[4] 行日，百里傒、蹇叔二人哭之。缪公闻，怒曰："孤发兵而子沮哭吾军，

何也?"二老曰:"臣非敢沮君军。军行,臣子与往;臣老,迟还恐不相见,故哭耳。"二老退,谓其子曰:"汝军即败,必于殽阨矣。"[5]三十三年春,秦兵遂东,更晋地,[6]过周北门。周王孙满曰:"秦师无礼,不败何待!"兵至滑,[7]郑贩卖贾人弦高,持十二牛将卖之周,见秦兵,恐死虏,因献其牛,曰:"闻大国将诛郑,郑君谨修守御备,使臣以牛十二劳军士。"秦三将军相谓曰:"将袭郑,郑今已觉之,往无及已。"灭滑。滑,晋之边邑也。

【注释】〔1〕"郑人有卖郑于秦",据《左传》僖公三十二年,卖郑者是戍郑的秦大夫杞子而非郑人。〔2〕"径",同"经"。〔3〕"孟明视",《左传》僖公三十二年作"孟明",三十三年作"百里孟明视",百里是氏,孟明是字,视是名。〔4〕"西乞术及白乙丙",《左传》僖公三十二年作"西乞"、"白乙"。西乞、白乙是字,术、丙是名。〔5〕"殽",亦作"崤",即崤山,在今河南洛宁县西北,分东西二崤山,为秦去往郑国所必经。"阨",同"隘",险要。〔6〕"更",经过。〔7〕"滑",原为周所封同姓小国,都于费,亦称费滑,在今河南偃师县南缑氏镇,后被晋国吞并,此时为晋邑。

【译文】郑国有人向秦出卖郑国说:"我掌守郑国的城门,郑国可以偷袭。"缪公征求蹇叔、百里傒的意见,他们回答说:"穿过好几个国家千里迢迢去偷袭别人,很少能占到什么便宜。况且郑国有人出卖郑国,焉知我国就不会有人把我国的情况也告给郑国呢? 不行呀。"缪公说:"你们不知道,我已决定了。"遂发兵,派百里傒之子孟明视、蹇叔之子西乞术和白乙丙率兵。出兵的那天,百里傒、蹇叔二人哭送他们。缪公听见了,大怒说:"我发兵的时候你们这样哭哭啼啼沮丧我军,这是为什么?"二位老人说:"我们决不敢沮丧您的军队。只是因为军队出发,我们的孩子将随军前往,我们年已老迈,一旦回来晚了恐怕就再也见不到了,所以才哭。"二位老人退下,对他们的孩子说:"你们的军队如果打败,必定是在殽山险隘之处。"三十三年春,秦军终于东进,经晋地,路过周的北门。周王孙满说:"秦军无礼,不败才怪呢?"军队开到滑,郑国商人弦高,正带了十二头牛到周地去卖,碰上秦军,怕被杀及俘虏,所以献上他的牛说:"听说大国将要征讨我郑国,郑君正恭谨地加强守备,派我用这十二头牛来犒赏士

兵。"秦国的三位将军相互商量说:"原打算偷袭郑国,但郑国现已觉察,去也来不及了。"便灭了滑。滑是晋国的边邑。

当是时,晋文公丧尚未葬。太子襄公怒曰:"秦侮我孤,因丧破我滑。"遂墨衰绖,[1]发兵遮秦兵于殽,击之,大破秦军,无一人得脱者。虏秦三将以归。文公夫人,[2]秦女也,为秦三囚将请曰:"缪公之怨此三人入于骨髓,愿令此三人归,令我君得自快烹之。"晋君许之,归秦三将。三将至,缪公素服郊迎,[3]向三人哭曰:"孤以不用百里傒、蹇叔言以辱三子,三子何罪乎? 子其悉心雪耻,毋怠。"遂复三人官秩如故,[4]愈益厚之。

【注释】〔1〕"墨衰绖","衰绖"指丧服,丧服白色,不宜从戎,所以染成黑色。〔2〕"文公夫人",秦穆公女,嫁晋文公后称文嬴。〔3〕"素服郊迎","素服",凶服;"郊迎",迎于郊外。据《周礼·春官·大宗伯》,古代"以凶礼哀邦国之忧"者有五:死亡、凶札、祸灾、围败、寇乱,此所哀者属围败,故为凶服如居丧。〔4〕"秩",俸禄。

【译文】此时正碰上晋文公去世尚未埋葬。太子襄公大怒说:"秦欺我孤寡,竟然趁我举丧攻破我滑邑。"于是穿上黑色丧服,发兵在殽山堵截秦军,出击,把他们打得大败,没有一人逃脱。俘虏秦的三将军而归。晋文公夫人,是秦国女子,为这三位在押的将军求情说:"缪公对这三个人恨之入骨,希望能将这三人放归,让我们秦国的国君亲自烹之而后快。"晋文公答应了她,放秦的三将军回去。三将军回到秦国,缪公穿戴凶服亲迎于郊,面向三人大哭说:"都是我不听百里傒、蹇叔的话才让三位受了委屈,三位有什么罪呢? 你们要想方设法报仇雪耻,不可懈怠。"于是恢复三人的官职如同以往,待遇更好。

三十四年,楚太子商臣弑其父成王代立。缪公于是复使孟明视等将兵伐晋,战于彭衙。[1]秦不利,引兵归。

【注释】〔1〕"彭衙",即秦汉衙县,在今陕西白水县东北。"战于彭衙",据《左传》文公二年推算,此役应在秦穆公三十五年。

【译文】三十四年,楚太子商臣杀其父成王而代立。缪公又派孟明视等人率兵伐晋,与晋军交战于彭衙。秦不利,撤兵返回。

戎王使由余于秦。〔1〕由余,其先晋人也,亡入戎,能晋言。闻缪公贤,故使由余观秦。秦缪公示以宫室、积聚。由余曰:"使鬼为之,则劳神矣。使人为之,亦苦民矣。"缪公怪之,问曰:"中国以诗书礼乐法度为政,然尚时乱,今戎夷无此,何以为治,不亦难乎?"由余笑曰:"此乃中国所以乱也。夫自上圣黄帝作为礼乐法度,身以先之,仅以小治。及其后世,日以骄淫。阻法度之威,〔2〕以责督于下,下罢极则以仁义怨望于上,〔3〕上下交争怨而相篡弑,〔4〕至于灭宗,皆以此类也。夫戎夷不然。上含淳德以遇其下,下怀忠信以事其上,一国之政犹一身之治,不知所以治,此真圣人之治也。"于是缪公退而问内史廖曰:〔5〕"孤闻邻国有圣人,敌国之忧也。今由余贤,寡人之害,将奈之何?"内史廖曰:"戎王处辟匿,〔6〕未闻中国之声。君试遗其女乐,〔7〕以夺其志;为由余请,以疏其间;留而莫遣,以失其期。戎王怪之,必疑由余。君臣有间,乃可虏也。且戎王好乐,必怠于政。"缪公曰:"善。"因与由余曲席而坐,〔8〕传器而食,问其地形与其兵势尽詧,〔9〕而后令内史廖以女乐二八遗戎王。〔10〕戎王受而说之,终年不还。于是秦乃归由余。由余数谏不听,缪公又数使人间要由余,〔11〕由余遂去降秦。缪公以客礼礼之,问伐戎之形。

【注释】〔1〕"由余",《汉书·古今人表》作"繇余",《汉书·艺文志·诸子略》录有《由余》三篇。这里所记由余之事,见于《韩非子·十过》、《吕氏春秋》中《壅塞》、《不苟》等篇。〔2〕"阻",依恃。〔3〕"罢",通"疲"。"怨望",怨责。〔4〕"弑",音 shì,臣杀君、子杀父母叫"弑"。〔5〕"内史廖",内史掌出纳王命、册命赏赐;廖,《汉书·古今人表》作"王廖",是内史之名。〔6〕"辟",同"僻"。"匿",蔽塞。〔7〕"遗",音 wèi,赠送。〔8〕"曲席",座席三面相联如曲字( )形。〔9〕"詧",同"察"。

〔10〕"女乐二八",古代乐舞以八人为一佾(音 yì,列也),二八即二佾。 〔11〕"间要",暗地约合。要,音 yāo。

【译文】戎王派由余出使于秦。由余,其祖先是晋人,逃亡到戎地,会说晋国话。戎王听说缪公贤能,所以派由余到秦国考察。秦缪公向他炫耀宫殿建筑和物资储备。由余说:"就是让鬼神来完成,也够烦累鬼神了;就是让人民来完成,也够辛苦人民了。"缪公对他的话很奇怪,问他说:"中国靠诗书礼乐和法度来治理,尚且经常出乱子,现在戎翟没有这些,那又靠什么来治理呢,岂不是太困难了吗?"由余笑着说:"这恰恰是中国所以发生乱子的原因呀。从至圣黄帝制定礼乐和法度,以身作则,率先奉行,才仅仅达到小治。到了后世,统治者日益骄奢淫侈。依仗法度的威严,去苛求下民,下民疲劳到极点就会埋怨责怪统治者不仁不义,上下互相责怪,篡夺杀戮,以至断子绝孙,还不都是由于这类缘故。而戎夷却不是这样。统治者怀有淳厚的仁爱之心以对待其下,下民也怀有忠贞不渝的信义以事奉其上,管理一国之政犹如管理一个人一样,简直不知是凭什么来管理,这才是真正的圣人之治呀。"于是缪公回来问内史廖说:"我听说邻国有圣人,是其敌国担心的事情。现在由余这样贤能,也是我的心头之患,应该拿他怎么办呢?"内史廖说:"戎王住在偏僻蔽塞的地方,没有听到过中国的音乐。您不妨试探给他送去一些歌伎舞女,以削弱他的志气。并替由余请留,以疏远他们的关系;挽留不放,以耽误他的归期。戎王感到奇怪,必然怀疑由余。君臣有了嫌隙,就能俘获戎王。而且戎王喜欢歌舞,也一定会懈怠政事。"缪公说:"好。"于是和由余连席而坐,传器而食,把该国的地形和军事情况打听得一清二楚,然后命内史廖把八人一列的两列歌伎舞女送给戎王,戎王接受之后很喜欢,一年到头也没有送还。这时秦才放回由余。由余屡次劝谏均不为采纳,缪公也不断派人暗地邀请由余,由余终于弃戎降秦。缪公把他当贵客一样来招待,向他请教如何伐戎。

三十六年,缪公复益厚孟明等,使将兵伐晋,渡河焚船,大败晋人,取王官及鄗,〔1〕以报殽之役。晋人皆城守不敢出。于是缪公乃自茅津渡河,封殽中尸,〔2〕为发丧,哭之三日。乃誓于军曰:"嗟士卒!〔3〕听无哗,余誓告汝。古之人谋黄发番番,〔4〕则无所过。以申思不用蹇叔、百里傒之谋，故作此誓，令后世以记余过。"君子闻之，皆为垂涕，曰："嗟乎！秦缪公之与人周也，〔5〕卒得孟明之庆。"〔6〕

【注释】〔1〕"王官"，在今山西闻喜县西。"鄗"，音 hāo，又音 qiāo，《左传》文公三年作"郊"，其地不详，应与王官相近。皆为晋地。 〔2〕"封"，本义指垒土，这里指起坟冢。 〔3〕"嗟士卒"，以下是节《书·秦誓》之文而语译之。 〔4〕"黄发番番"，《秦誓》原文作"尚猷询兹黄发，则罔所愆，番番良士，旅力既愆，我尚有之"。"黄发"，指老人。"番番"，孔氏传以为是勇武之义，本篇以"黄发"与"番番"连句，则是把"番番"读为皤皤（音 pó），指头发皆白。 〔5〕"与"，读为"举"，《左传》文公三年作"举人之周也"。 〔6〕"庆"，福。

【译文】三十六年，缪公更加优待孟明视等人，派他们率兵伐晋，渡黄河时，连船都烧掉了，终于大败晋人，占领王官和鄗，作为对殽之战役的报复。晋人皆守在城里不敢出来。于是缪公就从茅津渡河，掩埋了殽山中（秦军死难者的）尸骨，为他们发丧，哭了三天。缪公向全军发布誓辞说："喂，士兵们！请安静听着，不要喧哗，我要向你们宣告誓辞。古时候的人们都向白发苍苍的老人请教，所以才不犯大错误，然而我却没有听取蹇叔、百里傒的劝告，为了反省这一点，所以作此誓辞，让后代永远记住我的过错。"君子听说了，无不为之流泪，说："唉！秦缪公用人真是周到呀，所以到底还是靠孟明视等人取得了很大成功。"

三十七年，秦用由余谋伐戎王，益国十二，〔1〕开地千里，遂霸西戎。天子使召公过贺缪公以金鼓。〔2〕三十九年，缪公卒，葬雍。〔3〕从死者百七十七人，〔4〕秦之良臣子舆氏三人名曰奄息、〔5〕仲行、鍼虎，〔6〕亦在从死之中。秦人哀之，为作歌《黄鸟》之诗。〔7〕君子曰："秦缪公广地益国，〔8〕东服强晋，西霸戎夷，然不为诸侯盟主，亦宜哉。死而弃民，收其良臣而从死。且先王崩，尚犹遗德垂法，况夺之善人良臣百姓所哀者乎！是以知秦不能复东征也。"缪公子四十人，其太子罃代立，〔9〕是为康公。

【注释】〔1〕"益国十二"，《史记正义》韩安国云秦穆公"并国十四"，《李斯列传》云"并国二十"。上述茅津、梁、芮、西戎均在其内。 〔2〕"召公过"，即《国语·周语上》邵武公过，梁玉绳《史记志疑》认为此年武公已卒，使贺穆公者只能是武公之子昭公。 〔3〕"葬雍"，今陕西凤翔县南南指挥已发现秦公陵园。 〔4〕"百七十七人"，《十二诸侯年表》、《诗·秦风·黄鸟》疏作"百七十人"。 〔5〕"子舆氏"，《诗·秦风·黄鸟》、《左传》文公六年作"子车"、"子车氏"。 〔6〕"鍼"，音 qián。 〔7〕《黄鸟》之诗，即《诗·秦风·黄鸟》。 〔8〕"广地"，扩地。〔9〕"罃"，音 yīng。

【译文】三十七年，秦采用了由余的计策讨伐戎王，兼并了十二个国家，开拓了方千里的土地，终于称霸西戎。天子派召公过赐给缪公金鼓表示祝贺。三十九年，缪公死，葬于雍。陪葬者共一百七十七人，秦有贤臣三人，属子舆氏，名叫奄息、仲行、鍼虎，也在陪殉者之列。秦人哀痛，为之作《黄鸟》之诗。君子说："秦缪公扩地并国，东面打败强晋，西面称霸戎夷，然而不能作诸侯盟主，也是应该的。死后丢下人民，还要把自己的贤臣也带去陪葬。先王去世，尚且要留下好的道德和制度，何况是夺走百姓哀痛的好人和贤臣呢？由此可见秦不能东征了。"缪公有子四十人，他的太子罃代之而立，就是康公。

康公元年。往岁缪公之卒，晋襄公亦卒；襄公之弟名雍，秦出也，〔1〕在秦。晋赵盾欲立之，使随会来迎雍，秦以兵送至令狐。〔2〕晋立襄公子而反击秦师，秦师败，随会来奔。二年，秦伐晋，取武城，〔3〕报令狐之役。四年，晋伐秦，取少梁。〔4〕六年，秦伐晋，取羁马。〔5〕战于河曲，大败晋军。〔6〕晋人患随会在秦为乱，乃使魏雠余详反，〔7〕合谋会，诈而得会，会遂归晋。康公立十二年卒，子共公立。〔8〕

【注释】〔1〕"襄公之弟名雍，秦出"，古代舅舅称外甥为"出"。据《左传》文公六年，公子雍之母为杜祁，雍并非秦出。 〔2〕"令狐"，晋地，在今山西临猗县西。"令"，音 líng。 〔3〕"武城"，晋地，在今陕西华县东。 〔4〕"少梁"，此时属秦，即穆公二十年所灭梁国地。 〔5〕"羁马"，晋地，在今山西永济县南。〔6〕"大败晋军",《左传》文公十三年云"战交绥,秦师夜遁",与此不同。〔7〕"详",同"佯"。〔8〕"共公",各书记其名不同,《春秋》宣公四年、《谷梁传》宣公四年疏引《世本》云名稻,《史记索隐》云名貔,《十二诸侯年表》云名和。

【译文】康公元年。前一年缪公去世,晋襄公也去世;襄公的弟弟叫雍,是秦国的外甥,住在秦。晋国的赵盾打算立他为君,派随会来迎接。秦派兵护送到令狐。晋立襄公之子为君,反过来攻打秦军,秦军败,随会逃奔到秦。二年,秦伐晋,占领武城,用来报复令狐之役。四年,晋伐秦,占领少梁。六年,秦伐晋,占领羁马。两军交战于河曲,大败晋军。晋人担心随会在秦国搞破坏,便派魏雠余假装叛变,与随会合谋,用诈谋得到随会,随会因而回到晋国。康公在位十二年死,其子共公即位。

共公二年,晋赵穿弑其君灵公。三年,楚庄王强,北兵至雒,问周鼎。〔1〕共公立五年卒,〔2〕子桓公立。〔3〕

【注释】〔1〕"周鼎",传说夏禹铸九鼎,成汤灭夏迁于商,武王灭商又迁于周,是谓周鼎。周鼎是三代王权的象征,楚庄王问周鼎之轻重大小,是其有觊觎周室之心。〔2〕"共公立五年卒",据《左传》,共公立仅四年,此作"五年",是将桓公年数减少一年。〔3〕"桓公",宋程公说《春秋分纪》、胡宏《皇王大纪》云桓公名荣。

【译文】共公二年,晋国的赵穿杀其国君灵公。三年,楚庄公强大,出兵北上攻到洛水,问周鼎的轻重大小。共公在位五年死,其子桓公即位。

桓公三年,晋败我一将。〔1〕十年,楚庄王服郑,北败晋兵于河上。当是之时,楚霸,为会盟合诸侯。二十四年,晋厉公初立,与秦桓公夹河而盟。归而秦倍盟,〔2〕与翟合谋击晋。二十六年,晋率诸侯伐秦,秦军败走,追至泾而还。〔3〕桓公立二十七年卒,〔4〕子景公立。〔5〕

【注释】〔1〕"晋败我一将",《晋世家》作"虏秦将赤",《左传》宣公八年作"获秦谍",《十二诸侯年表》同《左传》。〔2〕"倍",同"背"。〔3〕"泾",今

泾河。〔4〕"桓公立二十七年卒",桓公在位年数应为二十八年,因减去一年入于共公在位年数,所以只剩下二十七年。〔5〕"景公",《史记索隐》称"景公已下,名又错乱,《始皇本纪》作'哀公'",但今本《秦始皇本纪》"桓公"后仍为"景公",《索隐》注:"一作'僖公'。"《史记志疑》认为可能《秦始皇本纪》原本"景公"作"僖公",司马贞为保存异文而将其附注于此,又把"僖"字错写成了"哀"字。但情况也可能是,司马贞所见《秦始皇本纪》景公以下世次错乱,"哀公"(别本作"僖公")与"景公"位置互倒,"景公"讹为"毕公",今本是从《秦本纪》改回。景公之名,《春秋分纪》作"石",《史记集解》徐广引《世本》作"后伯车",乃景公母弟后子鍼之字。

【译文】桓公三年,晋打败我军,俘虏将军一名。十年,楚庄王征服郑,北上打败晋军于黄河边。当时,楚称霸,主持诸侯会盟。二十四年,晋厉公刚即位,与秦桓公隔着黄河会盟。回来后秦违背盟约,与翟人合伙策划攻打晋国。二十六年,晋率领诸侯伐秦,秦军败逃,晋军一直追到泾水才回去。桓公在位二十七年死,其子景公即位。

景公四年,晋栾书弑其君厉公。十五年,救郑,败晋兵于栎。〔1〕是时晋悼公为盟主。十八年,晋悼公强,数会诸侯,率以伐秦,败秦军。秦军走,晋兵追之,遂渡泾,至棫林而还。〔2〕二十七年,〔3〕景公如晋,〔4〕与平公盟,已而背之。〔5〕三十六年,楚公子围弑其君而自立,是为灵王。景公母弟后子鍼有宠,〔6〕景公母弟富,或谮之,〔7〕恐诛,乃奔晋,车重千乘。〔8〕晋平公曰:"后子富如此,何以自亡?"对曰:"秦公无道,畏诛,欲待其后世乃归。"三十九年,楚灵王强,会诸侯于申,〔9〕为盟主,杀齐庆封。景公立四十年卒,子哀公立。〔10〕后子复来归秦。

【注释】〔1〕"栎",音 lì,晋地,《晋世家索隐》引《释例》谓在黄河以北,地点不详。《左传》襄公十一年记此役,云秦军是从辅氏,即今陕西大荔县东渡河伐晋,战于栎,以其地应在今山西永济县一带。〔2〕"棫林",秦地,不详。"棫",音 yù。〔3〕"二十七年",据《左传》襄公二十五年推算,应作"二十八年"。〔4〕"景公如晋",据《左传》襄公二十五年,到晋国参加会盟的是后子鍼而非景公。〔5〕"已

而背之",《左传》襄公二十五年谓是盟"成而不结",未云背盟。〔6〕"后子鍼",后子是氏,鍼是名。据《左传》襄公二十五年,其子为伯车。"鍼",音 qián。〔7〕"譖",音 zèn,说坏话。〔8〕"重",辎重。〔9〕"申",楚灭申国(南申)所置县,在今河南南阳市北。〔10〕"哀公",《秦始皇本纪》误作"毕公"。

【译文】景公四年,晋国的栾书杀其国君厉公。十五年,救援郑国,打败晋军于栎。当时晋悼公为盟主。十八年,晋悼公强大,多次主持诸侯盟会,率诸侯之兵伐秦,打败秦军。秦军败逃,晋军追击,渡过泾水,直到棫林才回去。二十七年,景公前往晋国,与平公会盟。不久又违背盟约。三十六年,楚公子围杀其国君而自立,就是灵王。景公的胞弟后子鍼有宠于桓公,并且非常富有,有人暗地中伤他,他害怕被杀,逃亡到晋,车子装着东西有上千辆之多。晋平公说:"后子既然如此富有,为什么还要出走呢?"后子鍼回答说:"这是因为秦君无道,我害怕被杀,想等到他死了之后再回国。"三十九年,楚灵王强大,与诸侯会盟于申,当上盟主,杀齐国的庆封。景公在位四十年死,其子哀公即位。后子又回到秦国。

哀公八年,楚公子弃疾弑灵王而自立,是为平王。十一年,〔1〕楚平王来求秦女为太子建妻。至国,女好而自娶之。十五年,楚平王欲诛建,建亡;伍子胥奔吴。晋公室卑而六卿强,欲内相攻,是以久秦晋不相攻。三十一年,吴王阖闾与伍子胥伐楚,〔2〕楚王亡奔随,〔3〕吴遂入郢。〔4〕楚大夫申包胥来告急,七日不食,日夜哭泣。于是秦乃发五百乘救楚,败吴师。吴师归,楚昭王乃得复入郢。哀公立三十六年卒。太子夷公,夷公蚤死,不得立,立夷公子,是为惠公。

【注释】〔1〕"十一年",据《左传》昭公十九年推算,应为"十四年"。〔2〕"阖闾",音 hé lǘ。〔3〕"随",姬姓小国,与楚关系密切,在今湖北随州市。〔4〕"郢",楚都,即今湖北江陵市北纪南城遗址。

【译文】哀公八年,楚公子弃疾杀灵王而自立,就是平王。十一年,楚平王派人来求娶秦国女子作太子建的妻子。娶回国来,见秦国女子漂亮便

自己娶了过去。十五年,楚平王要处死太子建,太子建逃亡;伍子胥逃奔到吴国。晋国公室衰落,六卿强大,考虑的主要是内部的兼并,所以有很长时间秦、晋不再相互攻击。三十一年,吴王阖闾与伍子胥伐楚,楚王逃奔到随国;吴乘势攻进郢。楚国的大夫申包胥来告急,七天不吃饭,日夜哭泣。这样秦国才派兵车五百辆救援楚国,打败吴军。吴军撤回,楚昭王才又回到郢。哀公在位三十六年死。太子为夷公,夷公早死,未能即位,立夷公之子为君,就是惠公。

惠公元年,孔子行鲁相事。五年,〔1〕晋卿中行、范氏反晋,晋使智氏、赵简子攻之,范、中行氏亡奔齐。惠公立十年卒,〔2〕子悼公立。

【注释】〔1〕"五年",据《左传》推算,中行、范氏反晋为秦惠公四年事(见《左传》定公十三年),此误前一年;"智氏、赵简子攻之"为秦惠公四年至秦悼公二年之间事(见《左传》定公十三、十四年,哀公三、四、五年);"范、中行氏亡奔齐"为秦悼公二年事,此系合并前事而书之。《史记》中含混如此者甚多。〔2〕"立十年",据《春秋》哀公三年,惠公立仅九年,比《史记》少一年,所以《左传》记悼公事多比《史记》提前一年。

【译文】惠公元年,孔子担任鲁君的傧相。五年,晋卿中行氏、范氏反叛晋国,晋君派智氏和赵简子攻打他们,范氏和中行氏逃亡到齐国。惠公在位十年死,其子悼公即位。

悼公二年,齐臣田乞弑其君孺子,立其兄阳生,是为悼公。六年,〔1〕吴败齐师。〔2〕齐人弑悼公,立其子简公。九年,〔3〕晋定公与吴王夫差盟,争长于黄池,〔4〕卒先吴。〔5〕吴强,陵中国。十二年,〔6〕齐田常弑简公,立其弟平公,常相之。十三年,〔7〕楚灭陈。秦悼公立十四年卒,〔8〕子厉共公立。〔9〕孔子以悼公十二年卒。〔10〕

【注释】〔1〕"六年",据《左传》推算,应为"七年"。〔2〕"吴败齐师",《左传》哀公十年云齐败吴师,与此相反。〔3〕"九年",据《左传》推算,应为"十年"。〔4〕"争长",古代诸侯会盟,要按宗法亲

疏和年龄大小序次先后,先献血者为盟主,晋、吴两国争之。"黄池",宋地,在今河南封丘县西南。〔5〕"卒先吴",《左传》哀公十三年、《国语·吴语》均作吴先晋而献,与此不同。《史记》于《吴世家》存其说,《晋世家》则同此。〔6〕"十二年",《十二诸侯年表》作"十年",据《左传》推算,应为"十一年"。〔7〕"十三年",据《左传》推算,应为"十四年"。〔8〕"立十四年",《左传》未记悼公之卒与厉共公之立,但据年数推算应为"立十五年"。〔9〕"厉共公",《秦始皇本纪》作"剌龚公",《十二诸侯年表》省称为"厉公"。东周以来谥称往往本作两字而省称为一字。〔10〕"十二年",据《左传》推算,应为"十三年"。

【译文】悼公二年,齐国大臣田乞杀其国君孺子,立他的哥哥阳生为君,就是悼公。六年,吴打败齐军。齐人杀悼公,立其子简公为君。九年,晋定公与吴王夫差在黄池会盟,为序次先后而发生争执,终于让吴为先。吴国强大,侵犯中国。十二年,齐国的田常杀简公,立简公的弟弟平公为君,由田常做他的相。十三年,楚灭陈。秦悼公在位十四年死,其子厉共公即位。孔子于悼公十二年死。

厉共公二年,蜀人来赂。十六年,堑河旁。〔1〕以兵二万伐大荔,〔2〕取其王城。〔3〕二十一年,初县频阳。〔4〕晋取武成。〔5〕二十四年,晋乱,杀智伯,分其国与赵、韩、魏。二十五年,智开与邑人来奔。三十三年,伐义渠,〔6〕虏其王。三十四年,日食。厉共公卒,子躁公立。

【注释】〔1〕"堑",挖掘。"河旁",黄河旁。战国以来,秦往往利用大河河堤加以扩建,作为军事防御手段。这里的"堑河旁"和下文的"堑洛"皆属此种性质。〔2〕"大荔",戎族名。〔3〕"王城",大荔戎的都城,在今陕西大荔县东。〔4〕"频阳",在今陕西耀县东。〔5〕"武成",即上文"武城"。〔6〕"义渠",戎族名,在今甘肃宁县、环县一带。

【译文】厉共公二年,蜀人来馈送财物。十六年,堑修黄河堤岸。派兵二万攻打大荔,占领王城。二十一年,开始在频阳设县。晋占领武城。二十四年,晋国内乱,杀智伯,把他的封土分给赵、韩、魏。二十五年,智开与智氏封邑中的人逃亡到秦国。三

十三年,伐义渠,俘虏义渠王。三十四年,日食。厉共公死,其子躁公即位。

躁公二年,南郑反。〔1〕十三年,义渠来伐,至渭南。〔2〕十四年,躁公卒,立其弟怀公。

【注释】〔1〕"南郑",秦地,在今陕西南郑县。〔2〕"渭南",《六国年表》作"渭阳",是在渭水之北,与此正好相反。

【译文】躁公二年,南郑反叛。十三年,义渠来犯,直抵渭南。十四年,躁公死,立其弟怀公为君。

怀公四年,庶长鼂与大臣围怀公,〔1〕怀公自杀。怀公太子曰昭子,蚤死,大臣乃立太子昭子之子,是为灵公。灵公,怀公孙也。

【注释】〔1〕"庶长",秦二十等爵中的第十至十八级为左庶长、右庶长、左更、中更、右更、少上造、大上造、驷车庶长、大庶长,这里的"庶长"可能是这类爵称的笼统叫法。"鼂",音 cháo。

【译文】怀公四年,庶长鼂和大臣围困怀公,怀公自杀。怀公太子叫昭子,早死,大臣就立了太子昭子的儿子为君,就是灵公。灵公,是怀公的孙子。

灵公六年,〔1〕晋城少梁,秦击之。十三年,〔2〕城籍姑。〔3〕灵公卒,子献公不得立,〔4〕立灵公季父悼子,是为简公。简公,昭子之弟而怀公子也。〔5〕

【注释】〔1〕"六年",《六国年表》作"七年"。〔2〕"十三年",《秦始皇本纪》所附秦世系,《六国年表》作"十年"。〔3〕"籍姑",秦地,在今陕西韩城县北。〔4〕"献公",《秦始皇本纪索隐》引《世本》作"元献公"。《越绝书·外传记地》称献公为"元王",应是惠文称王以后追称。献公之名,《索隐》作"师隰",《吕氏春秋·当赏》作"连"。"连"字通"联",与"隰"字形相近。〔5〕"怀公子",《秦始皇本纪》作"灵公子"。

【译文】灵公六年，晋修筑少梁城的城墙，秦攻打晋。十三年，修筑籍姑城的城墙。灵公死，其子献公未能即位，即位的是灵公的叔父悼子，就是简公。简公，是昭子的弟弟、怀公的儿子。

简公六年，令吏初带剑。[1]堑洛。[2]城重泉。[3]十六年卒，[4]子惠公立。

【注释】[1]"令吏初带剑"，秦汉时期的"吏"是县令、长以下的小官，丞、尉叫"长吏"，丞、尉以下叫"少吏"，属于基层办事人员。这里的"吏"也应属于这一性质。剑是古代护身短兵，一般只有贵族才佩带，此令贱吏亦可佩之，是非贵族化吏治得到加强的象征。《秦始皇本纪》于次年记"百姓初带剑"，"百姓"较"吏"地位更低（战国时期的"百姓"与今语"百姓"已比较接近，而与商代、西周的"百姓"不同）。秦汉以来，带剑遂成为很普通的现象。 [2]"洛"，今洛河。此时秦失河西，退守洛水，故堑洛。[3]"重泉"，秦地，在今陕西蒲城县东南洛河西岸。此因堑洛而增修其城。 [4]"十六年"，《秦始皇本纪》所附秦世系，《六国年表》作"十五年"。

【译文】简公六年，下令开始准许下层官吏佩剑。堑修洛水的堤岸，修筑重泉城的城墙。十六年死，其子惠公即位。

惠公十二年，子出子生。[1]十三年，伐蜀，取南郑。[2]惠公卒。出子立。

【注释】[1]"出子"，与上"出子"谥称相同。《秦始皇本纪》、《汉书·古今人表》作"出公"。《吕氏春秋·当赏》称之为"小主"，当系幼年即位。 [2]"伐蜀，取南郑"，这两句《六国年表》作"蜀取我南郑"，"我"与"伐"字形相近。上文言"躁公二年，南郑反"，至此五十四年，未知南郑属谁。属秦则宜从《六国年表》，属蜀则宜从本篇，二者必有一误。

【译文】惠公十二年，其子出子出生。十三年，伐蜀，占领南郑。惠公死，出子即位。

出子二年，庶长改迎灵公之子献公于河西而立之。[1]杀出子及其母，[2]沉之渊旁。秦以往者数易君，君臣乖乱，故晋复强，夺秦河西地。

【注释】[1]"庶长改"，即菌改。据《吕氏春秋·当赏》，献公是由庶长菌改迎自魏，故此言迎之于河西。 [2]"杀出子及其母"，据《吕氏春秋·当赏》，出子母系自杀。

【译文】出子二年，庶长菌改把灵公之子献公从河西接回来立为国君。杀出子及其母，把他们沉入深渊。在以前一段时间里，秦国频繁更换国君，君臣名分颠倒失次，所以晋国又重新强大起来，夺走秦的河西之地。

献公元年，止从死。二年，城栎阳。[1]四年正月庚寅，孝公生。十一年，周太史儋见献公曰：[2]"周故与秦国合而别，[3]别五百岁复合，[4]合十七岁而霸王出。"[5]十六年，桃冬花。[6]十八年，雨金栎阳。二十一年，与晋战于石门，[7]斩首六万，天子贺以黼黻。[8]二十三年，与魏晋战少梁，[9]虏其将公孙痤。二十四年，献公卒，子孝公立，[10]年已二十一岁矣。

【注释】[1]"栎阳"，在今陕西临潼县北渭河北岸。"栎"，音 yuè。 [2]"太史儋"，太史是史官之长。"儋"，音 dān。下面这段话也见于《周本纪》、《封禅书》、《老子韩非列传》。 [3]"周故与秦国合而别"，"合"指非子受封于秦，定居于周王畿内；"别"指周平王东迁后，周与秦分居东方和西方。 [4]"别五百岁复合"，这是后人假托预言以证后事，是指秦并周。秦并周为秦昭王五十二年，由此上溯至平王东迁，共五百一十五年，约数为五百岁。 [5]"合十七岁而霸王出"，这也是后人假托预言以证后事。"十七"，《周本纪》、《封禅书》同，《老子韩非列传》、《汉书·郊祀志》、《水经注·渭水》作"七十"。这里应以作"十七"为是，如作"七十"，推算所得，将入于汉代。周并秦后七十年，当秦王政九年，是年王冠，平定嫪毐之乱，始亲行政事，"霸王出"可能即指这一年。前人或以"霸王出"为秦王政生年或立年，推算均无法密合。 [6]"桃冬花"，这是一种气候反常现象。据古气候学家研究，我国先秦时期的气候变化，西周是一个相对寒冷期，春秋时期明显转暖，并一直持续到战国时期。 [7]"石门"，山名，在今山西运城县西南。 [8]"黼黻"，"黼黻"二字的异写，音 fǔ fú，是古代规格很高的礼服上面的一种花纹，也用来代指施用这种花纹的礼服本身。这里用的是后一含义。据说黼是黑白相次，作斧形，刃白身黑；黻是黑青相次，作两"己"字相背形。〔9〕"魏晋"，这里指魏。战国时期人们往往称三晋（魏、赵、韩）之人为晋。〔10〕"孝公"，《索隐》谓孝公名渠梁。《越绝书·外传记地》称孝公为"平王"，应是惠文称王后追称。

【译文】献公元年，废止陪葬。二年，修筑栎阳城的城墙。四年正月庚寅，孝公出生。十一年，周太史儋进见献公说："周从前曾与秦合在一起，而后来又分了开来，分开五百年还会再合在一起，合起来十七年将有霸王出现。"十六年，桃树冬天开花。十八年，栎阳下金雨。二十一年，与晋交战于石门，斩首六万，天子赐给黼黻以示祝贺。二十三年，与魏交战于少梁，俘虏魏将公孙痤。二十四年，献公死，其子孝公即位，年龄已二十一岁了。

孝公元年，河山以东强国六，〔1〕与齐威、楚宣、魏惠、燕悼、韩哀、赵成侯并。〔2〕淮泗之间小国十余。〔3〕楚、魏与秦接界。魏筑长城，自郑滨洛以北，〔4〕有上郡。〔5〕楚自汉中，〔6〕南有巴、黔中。〔7〕周室微，诸侯力政，〔8〕争相并。秦僻在雍州，〔9〕不与中国诸侯之会盟，夷翟遇之。孝公于是布惠，振孤寡，〔10〕招战士，明功赏。下令国中曰："昔我缪公自岐雍之间，修德行武，东平晋乱，以河为界，〔11〕西霸戎翟，广地千里，天子致伯，诸侯毕贺，〔12〕为后世开业，其光美。会往者厉、躁、简公、出子之不宁，〔13〕国家内忧，未遑外事，〔14〕三晋攻夺我先君河西地，诸侯卑秦，丑莫大焉。〔15〕献公即位，镇抚边境，徙治栎阳，且欲东伐，复缪公之故地，修缪公之政令。寡人思念先君之意，常痛于心。宾客群臣有能出奇计强秦者，吾且尊官，与之分土。"于是乃出兵东围陕城，〔16〕西斩戎之獂王。〔17〕

【注释】〔1〕"河山"，"河"指黄河，"山"指崤山或华山。〔2〕"与齐威、楚宣、魏惠、燕悼、韩哀、赵成侯并"，与孝公并世者为齐威王（孝公六年立）、楚宣王（献公十六年立）、魏惠王（献公十六年立）、燕文公（孝公元年立）、韩昭侯（献公二十三年立）、赵成侯（献公十一年立）。楚宣王卒后，威王亦及其世，赵成侯卒后，肃侯亦及其世，此并书于一年，且将燕文公误为燕悼公，韩昭侯误为韩哀侯。〔3〕"淮泗之间小国十余"，指淮水、泗水之间的鲁、宋、滕、邹、薛等小国。〔4〕"自郑滨洛以北"，这是指魏长城的走向。魏长城是利用洛水的堤防扩建而成，南端起自郑，沿洛水东岸北上。〔5〕"上郡"，郡和县一样，是出于军事上的需要而设置，战国时期的郡范围较广，下辖许多县。"上郡"是魏郡，西南以魏长城与秦接界，北与戎狄接壤，东至黄河，即魏夺取秦河西地而设。〔6〕"汉中"，楚郡，在今陕西东南、湖北西北部，西北与秦接界。〔7〕"巴"，在今四川东北部。"黔中"，在今湖南西部、贵州东北部。巴、黔中都是楚郡。〔8〕"力政"，用武力征伐。"政"同"征"。〔9〕"雍州"，古代传说的九州之一，即以雍为中心的陕西、甘肃一带。〔10〕"振"，同"赈"，音 zhèn，救济。〔11〕"东平晋乱，以河为界"，指晋献公死后，晋国内乱，秦将出亡在外的夷吾、重耳先后送回晋国立为国君，并得到晋所献河西之地，扩地东至于黄河。〔12〕"诸侯毕贺"，指上文"天子使召公过贺缪公以金鼓"。〔13〕"不宁"，不安定。〔14〕"遑"，音 huáng，闲暇。〔15〕"丑"，羞耻。〔16〕"陕城"，魏地，在今河南陕县。〔17〕"獂"，同"獂"、"獂"，音 huán，又音 yuán，戎族名。《汉书·地理志》天水郡獂道县（在今甘肃陇西县东）即其故地。

【译文】孝公元年，黄河、华山以东有六大强国，秦孝公与齐威王、楚宣王、魏惠王、燕悼王、韩哀侯、赵成侯并称。淮水、泗水之间有小国十多个。楚、魏与秦接界。魏筑长城，从郑沿洛水河岸北上，占有上郡之地。楚从汉中，往南占有巴郡和黔中郡。周王室衰落，各诸侯国凭武力征伐，相互兼并。秦僻处雍州，不参加中原各国的会盟，被人视同夷翟。孝公于是广施恩惠，赈济孤寡，招募战士，论功行赏。下令国中说："从前我们的祖先缪公崛起于岐、雍之间，讲求文德武功，东面平定晋国内乱，以黄河与晋划界，西面称霸戎翟，扩地方千里之大，天子承认为霸，诸侯皆来祝贺，为后世创业，非常荣耀。不幸碰上厉共公、躁公、简公、出子在位的那段不安定时期，国家内有忧患，顾不上国外的事情，三晋乘机攻占了我先君的河西之地，诸侯都鄙视秦国，耻辱莫大于此。献公即位，安抚边境，迁都栎阳，并且打算举兵东征，收复缪公旧地，重整缪公的政令。我想到先君的意愿，每感痛心。宾客群臣有能进献奇计使秦国强大者，我将封以高官，分给土地。"随即出兵东围陕城，西斩戎族的獂王。

卫鞅闻是令下,[1]西入秦,因景监求见孝公。[2]

【注释】[1]"卫鞅",即商鞅,参看《商君列传》。[2]"景监",秦寺人(阉臣),有宠于孝公,参看《商君列传》。

【译文】卫鞅听说此令已下,西来秦国,通过景监介绍求见孝公。

二年,天子致胙。[1]

【注释】[1]"致胙","致"谓遣使送达;"胙",音 zuò,是祭肉。

【译文】二年,天子赏赐祭肉。

三年,卫鞅说孝公变法修刑,内务耕稼,外劝战死之赏罚,孝公善之。甘龙、杜挚等弗然,[1]相与争之。卒用鞅法,百姓苦之;居三年,百姓便之。乃拜鞅为左庶长。[2]其事在《商君》语中。

【注释】[1]"甘龙、杜挚",秦大夫,见《商君书·更法》及本书《商君列传》。[2]"左庶长",秦二十等爵中的第十级,是庶长中的最低一级。

【译文】三年,卫鞅劝说孝公变更法制,整饬刑罚,对内提倡致力农业,对外严明赏罚,鼓励士卒力战效死,孝公表示赞赏。但甘龙、杜挚等人不以为然,同他辩论起来。最后还是采纳了卫鞅的新法。(新法初行,)百姓觉得很苦,但过了三年,他们就习惯了。于是封卫鞅为左庶长。这些事在《商君列传》中有介绍。

七年,与魏惠王会杜平。[1]八年,与魏战元里,[2]有功。十年,卫鞅为大良造,[3]将兵围魏安邑,[4]降之。十二年,作为咸阳,[5]筑冀阙,[6]秦徙都之。并诸小乡聚,[7]集为大县,[8]县一令,[9]四十一县。[10]为田开阡陌。[11]东地渡洛。[12]十四年,初为赋。[13]十九年,天子致伯。二十年,诸侯毕贺。秦使公子少官率师会诸侯逢泽,[14]朝天子。

【注释】[1]"与魏惠王会杜平",此时魏惠尚未称王,称王改元在秦惠文君四年。"杜平",魏地,在今陕西澄城县附近。[2]"元里",魏地,在今陕西澄城县南。[3]"大良造",秦二十等爵中的第十六级,亦称"大上造"。[4]"安邑",魏都,在今山西夏县西北。[5]"咸阳",在今陕西咸阳市东北。[6]"冀阙",亦名"象魏",古代宫门、城门夹峙两旁的楼观,常用来张布教令。[7]"乡聚",秦制,县下设乡,乡是仅次于县的基层居民组织。"聚",村镇,如《秦始皇本纪》所附秦世系记秦武公"葬宣阳聚东南","宣阳聚"就是这种聚。[8]"大县",秦的大县是指万户以上的县。万户以下为小县。[9]"令",大县的长官叫令,小县的长官叫长。[10]"四十一县",《六国年表》、《商君列传》作"三十一县"。[11]"为田","为",音 wéi,据四川青川县郝家坪出土秦牍《为田律》,是界划田地的意思。"开阡陌","开",设立;"阡陌",是用以界划百亩和千亩的田间道路。陌道与阡道垂直,方向据亩向(垄沟的方向)而定。亩向为南北,则陌道为东西,阡道为南北,亩向为东西,则陌道为南北;阡道为东西。这是商鞅改革秦田制的一项重要措施。[12]"东地渡洛",指秦东渡洛水而有魏地。[13]"初为赋",赋字的含义原指军赋,是一种按户征发兵役和军需品的制度。最初所征是以兵员为主,兵甲车乘多由国家置备,粮秣需量甚少。春秋以来,各国扩大征兵,兵甲车乘渐由乡里置备,春秋末年并出现专门的军粮征集制度,即"田赋"(见《春秋》经传哀公十二年)。这里的"赋"可能即"田赋",而与《六国年表》所记秦宣公七年之"初租禾"不同,后者应是田租即一般的粮食税。[14]"逢泽",古薮泽名,属魏,在今河南开封市东南。"逢",音 páng。

【译文】七年,与魏惠王会见于杜平。八年,与魏交战于元里,获得胜利。十年,卫鞅封为大良造,率兵包围魏国的安邑,安邑投降。十二年,建造咸阳城,修筑冀阙,秦迁都于咸阳。合并各小乡聚,编为大县,每县设县令一人,共四十一县。规划田亩,设置阡陌,把领土扩大到洛水以东。十四年,开始收赋。十九年,天子承认为霸。二十年,诸侯皆来祝贺。秦派公子少官率兵与诸侯会盟于逢泽,并朝见天子。

二十一年,齐败魏马陵。[1]

【注释】[1]"马陵",齐地,在今山东鄄城县北。

【译文】二十一年,齐在马陵打败魏军。

二十二年,卫鞅击魏,虏魏公子卬。封鞅为列侯,[1]号商君。[2]

【注释】[1]"列侯",秦二十等爵的第二十级,是二十等爵中的最高一级。列侯与关内侯(第十九级)不同,前者有封邑户口,后者只是虚封。[2]"商君",战国时期盛行封君制度,封君一般是以功爵而封,封地多在边邑,地位很高。据《商君列传》,卫鞅是因封在於(在今河南西峡县东)、商(在今陕西商县东南商洛镇)等十五邑而得名为商君。

【译文】二十二年,卫鞅攻打魏,俘虏魏公子卬。封卫鞅为列侯,号称"商君"。

二十四年,[1]与晋战雁门,[2]虏其将魏错。

【注释】[1]"二十四年",《秦始皇本纪》所附秦世系作"二十三年"。[2]"与晋战雁门",《索隐》引《纪年》记此年秦"与魏战岸门",这里的"晋"即指魏,"雁门"是"岸门"之误。岸门,魏地,在今河南许昌市西北。

【译文】二十四年,与魏交战于雁门,俘虏魏将魏错。

孝公卒,子惠文君立。[1]是岁,诛卫鞅。鞅之初为秦施法,法不行,太子犯禁。鞅曰:"法之不行,自于贵戚。君必欲行法,先于太子。太子不可黥,[2]黥其傅师。"[3]于是法大用,秦人治。及孝公卒,太子立,宗室多怨鞅,鞅亡,因以为反,而卒车裂以徇秦国。[4]

【注释】[1]"惠文君",据《后汉书·西羌传》、《吕氏春秋·首时》、《去宥》高诱注、本篇《索隐》,惠文君名驷。[2]"黥",音 qíng,刺面涂墨之刑,又

叫墨刑。[3]"傅师","傅"和"师"是负责教育贵族子弟的两种官职。据《商君列传》,惠文君之傅为公子虔,其师为公孙贾。[4]"车裂",古代酷刑,将人的头与四肢系于车,驰而裂之。"徇",音 xùn,示众。

【译文】孝公死,其子惠文君即位。此年,处死卫鞅。卫鞅刚在秦国施行新法,新法不能推行,首先太子即触犯法律规定。卫鞅对孝公说:"新法不能推行,阻力首先来自贵戚,您如果决心推行新法,就得先从太子下手。太子不可施以墨刑,请施之太子的傅、师。"这样一来,新法才顺利推行,秦人才被治理好。等到孝公一死,太子即位,不少宗室大臣都很怨恨卫鞅,卫鞅逃亡,因此被加上反叛的罪名,而终于被车裂示众于秦国。

惠文君元年,楚、韩、赵、蜀人来朝。二年,天子贺。三年,王冠。[1]四年,天子致文武胙。[2]齐、魏为王。[3]

【注释】[1]"王冠",此时惠文尚未称王。"冠",为成年男子加冠以示承认其为成年男子的礼仪,一般认为是在二十岁时举行。[2]"文武胙",祭祀周文王、周武王的祭肉。[3]"齐、魏为王",据《六国年表》、《魏世家》、《田世家》,是指齐、魏二国国君会于徐州"相王"。"相王"和自称为王不同,是指两国或两国以上的国君通过正式会盟,互相承认对方为王。徐州相王是战国史上最早的"相王"。此年魏始称王,齐称王在前五年。

【译文】惠文君元年,楚、韩、赵、蜀等国来朝见。二年,天子向秦祝贺。三年,惠文君行冠礼。四年,天子赏赐祭祀文王、武王的祭肉。齐国和魏国相互称王。

五年,阴晋人犀首为大良造。[1]六年,魏纳阴晋,阴晋更名宁秦。七年,[2]公子卬与魏战,虏其将龙贾,斩首八万。[3]八年,魏纳河西地。九年,渡河,取汾阴、皮氏。[4]与魏王会应。[5]围焦,[6]降之。十年,张仪相秦。魏纳上郡十五县。十一年,县义渠。[7]归魏焦、曲沃。[8]义渠君为臣。更名少梁曰夏阳。十二年,初腊。[9]十三年四月戊午,魏君为王,韩亦为王。[10]使张仪伐取陕,[11]

出其人与魏。

【注释】〔1〕"阴晋",魏地,在今陕西华阴县东。"犀首",公孙衍的号,参看《张仪列传》。〔2〕"七年",《六国年表》作魏襄(当作"惠")王二年,当秦惠文君五年,《魏世家》作魏襄(当作"惠")王五年,当秦惠文君八年。〔3〕"八万",《魏世家》作"四万五千"。〔4〕"汾阴",在今山西万荣县西南宝鼎。"皮氏",在今山西河津县西。皆为魏地。〔5〕"应",魏地,在今河南鲁山县东。〔6〕"焦",在今河南三门峡市西郊。据《六国年表》,秦所围除焦外,还有曲沃,故下文说"归魏焦、曲沃"。〔7〕"县义渠",此年义渠置县,但其后复叛,所以下文复有秦伐义渠之事。〔8〕"曲沃",魏地,在今河南灵宝县东北,与焦邻近,和春秋晋邑曲沃是两个地方。〔9〕"腊",岁终祭祀先祖。〔10〕"魏君为王,韩亦为王",魏惠称王已见上文,韩称王亦先此五年。《史记志疑》以"魏君称王"为秦惠称王之误。《周本纪》:"(周显王)四十四年,秦惠王称王。其后诸侯皆为王。"《正义》引《秦本纪》云"惠王十三年,与韩、魏、赵并称王"。似乎这里所记乃秦、韩、魏、赵四国相王,今本已有脱误。〔11〕"陕",即上陕城。

【译文】五年,阴晋人犀首封为大良造。六年,魏割让阴晋给秦,阴晋改名叫宁秦。七年,公子卬与魏军交战,俘虏魏将龙贾,斩首八万。八年,魏割让河西之地。九年,东渡黄河,占领汾阴、皮氏。与魏王在应会见。包围焦,迫其投降。十年,张仪到秦国为相。魏割让上郡十五县。十一年,在义渠设县。把焦、曲沃归还给魏。义渠君称臣。将少梁改名为夏阳。十二年,开始设腊祭。十三年四月戊午,魏君称王,韩君也称王。派张仪攻占陕,驱逐陕的居民到魏国。

十四年,更为元年。〔1〕二年,张仪与齐、楚大臣会啮桑。〔2〕三年,韩、魏太子来朝。张仪相魏。五年,王游至北河。〔3〕七年,乐池相秦。〔4〕韩、赵、魏、燕、齐帅匈奴共攻秦。秦使庶长疾与战修鱼,〔5〕虏其将申差,败赵公子渴、韩太子奂,斩首八万二千。八年,张仪复相秦。九年,司马错伐蜀,〔6〕灭之。伐取赵中都、西阳。〔7〕十年,韩太子苍来质。伐取韩石章。〔8〕伐败赵将泥。伐取义渠二十五城。十一年,樗里疾攻魏焦,〔9〕降之。

败韩岸门,〔10〕斩首万,其将犀首走。公子通封于蜀。〔11〕燕君让其臣子之。十二年,王与梁王会临晋。〔12〕庶长疾攻赵,虏赵将庄。张仪相楚。十三年,庶长章击楚于丹阳,〔13〕虏其将屈匄,〔14〕斩首八万;又攻楚汉中,取地六百里,置汉中郡。楚围雍氏,〔15〕秦使庶长疾助韩而东攻齐,到满助魏攻燕。〔16〕十四年,伐楚,取召陵。丹、犁臣,〔17〕蜀相壮杀蜀侯来降。〔18〕

【注释】〔1〕"十四年,更为元年",秦称王在十三年,此年始改元。〔2〕"啮桑",魏地,在今江苏沛县西南。"啮",音 niè。〔3〕"北河",黄河流经今内蒙古河套地区,分为南北二河,北边的河称"北河"。〔4〕"乐池",曾为中山相(见《韩非子·内储说上》),后入秦事秦惠王。相秦一岁,张仪复归为相,而乐池归赵,事赵武灵王(见《赵世家》)。"乐",音 yuè。〔5〕"庶长疾",复见下文十二年,即《樗里子列传》之樗里疾("樗"音 chū),秦惠文君八年封爵为右更。右更为秦二十等爵的第十四级,属于庶长类。"修鱼",韩地,在今河南原阳县西南。〔6〕"司马错",据《太史公自序》,是周司马氏分散后住在秦的一支,为秦将,司马迁本人即出其后。〔7〕"中都、西阳",据《赵世家》,是"西都、中阳"之误。"西都",不详;"中阳",在今山西中阳县。〔8〕"石章",韩地,不详。〔9〕"樗里疾",即上文"庶长疾","樗"同"樗",樗里是以所居邑里为氏,疾是名。〔10〕"岸门",战国时期韩、魏两国均有"岸门"。韩之岸门在今河南许昌市西北,魏之岸门在今山西河津县南。《六国年表》、《魏世家》记此役为秦败魏,与此不同。〔11〕"公子通",惠文王子,《六国年表》作"繇通",《华阳国志》作"公子通国",即下文"蜀侯"。〔12〕"临晋",魏地,在今陕西大荔县东。〔13〕"丹阳",楚地,在今河南淅川县丹江北岸。〔14〕"匄",音 gài。〔15〕"雍氏",韩地,在今河南禹县东北。〔16〕"到满",《正义》引别本"满"作"蒲"。〔17〕"丹、犁",西南夷小国。〔18〕"壮",《集解》徐广引别本作"状",《华阳国志》作"陈壮"。

【译文】十四年,改元为元年。二年,张仪与齐国和楚国的大臣会见于啮桑。三年,韩国和魏国的太子来朝见,张仪到魏国为相。五年,王巡游直到北河。七年,乐池到秦国为相。秦、赵、魏、燕、齐率匈奴之兵一起攻打秦国。秦派庶长樗里疾与之交战于修鱼，俘虏其将申差，打败赵公子渴、韩太子奂，斩首八万二千。八年，张仪再次到秦国为相。九年，司马错伐蜀，并灭亡了它。攻占赵的中都、西阳。十年，韩太子苍入秦为质。攻占韩的石章。打败赵将泥。攻占义渠的二十五座城。十一年，樗里疾攻打魏国的焦，迫其投降。打败韩军于岸门，斩首一万，韩将犀首逃走。公子通被封于蜀。燕君让位给其大臣子之。十二年，王与梁王会见于临晋。庶长樗里疾攻打赵国，俘虏了赵将赵庄。张仪到楚国为相。十三年，庶长魏章打败楚军于丹阳，俘虏楚将屈匄，斩首八万；又攻打楚的汉中郡，占领的土地方六百里，设置汉中郡。楚包围雍氏，秦派庶长樗里疾帮助韩东进攻打齐国，到满帮助魏攻打燕国。十四年，伐楚，占领召陵。丹、犁称臣，蜀相壮杀蜀侯来降。

惠王卒，[1]子武王立。[2]韩、魏、齐、楚、越皆宾从。[3]

【注释】[1]"惠王"，即秦惠文王。惠文王以下各王多用两字为谥，而后人往往省称为一字。[2]"武王"，《秦始皇本纪》作"悼武王"，本篇《索隐》引《世本》作"武烈王"，其名为荡。[3]"宾从"，服从、归顺。

【译文】惠王死，其子武王即位。韩、魏、齐、楚、越皆归顺。

武王元年，与魏惠王会临晋。诛蜀相壮。张仪、魏章皆东出之魏。伐义渠、丹、犁。二年，初置丞相，[1]樗里疾、甘茂为左右丞相。[2]张仪死于魏。三年，与韩襄王会临晋外。南公揭卒，樗里疾相韩。武王谓甘茂曰："寡人欲容车通三川，[3]窥周室，死不恨矣。"其秋，使甘茂、庶长封伐宜阳。[4]四年，拔宜阳，斩首六万。涉河，城武遂。[5]魏太子来朝。武王有力好戏，力士任鄙、乌获、孟说皆至大官。[6]王与孟说举鼎，绝膑。[7]八月，武王死。族孟说。武王取魏女为后，[8]无子。立异母弟，是为昭襄王。[9]昭襄母楚人，姓芈氏，[10]号宣太后。[11]武王死时，昭襄王为质于燕，燕人送归，得立。

【注释】[1]"丞相"，又叫"相邦"，是最高执政大臣。[2]"樗里疾、甘茂为左右丞相"，秦设丞相在甘茂定蜀之后，甘茂为左丞相，樗里疾为右丞相。"茂"字《说苑·杂言》作"戊"，与出土郝家坪秦牍相合。[3]"三川"，韩郡，因黄河、洛水、伊水三川而得名，周都洛邑在其中。[4]"宜阳"，韩地，在今河南宜阳县西韩城镇。[5]"武遂"，韩地，在今山西垣曲县东南。[6]"孟说"，古书多作"孟贲"。[7]"膑"，音 bìn，膝盖骨。《集解》徐广引别本作"脉"。[8]"后"，即下文"悼武王后"。[9]"昭襄王"，《索隐》注："名则，一名稷。"《甘茂列传索隐》引《世本》作"侧"，又引《赵世家》作"稷"。[10]"芈氏"，楚为芈姓。"芈"，音 mǐ。[11]"宣太后"，最初地位较低，仅封为"八子"（女爵名，详下"唐八子"注），号为"芈八子"。昭襄王即位后，平定季君之乱，武王母惠文后死，悼武王后被逐，始尊为太后。昭襄王在位期间曾长期主持政事（因为王立年少，只有十八岁），四十一年始废之。参看《穰侯列传》、《范雎蔡泽列传》、《匈奴列传》及《战国策·韩策二》。

【译文】武王元年，与魏惠王会见于临晋。处死蜀相壮。张仪、魏章皆东去魏国。伐义渠、丹、犁。二年，开始设丞相，樗里疾、甘茂分别任左丞相和右丞相。张仪死于魏。三年，与韩襄王会见于临晋外。南公揭死，樗里疾到韩国为相。武王对甘茂说："我想开辟车道直通三川，一睹周室，就是死了也不遗憾。"当年秋天，派甘茂和庶长封攻打宜阳。四年，攻占宜阳，斩首六万。渡黄河，修筑武遂城的城墙。魏太子来朝见。武王有气力，喜欢竞技，力士任鄙、乌获、孟说都做了大官。王与孟说举鼎，折断膝盖。八月，武王死。灭孟说之族。武王娶魏国女子为后，没有儿子。立武王的异母弟为君，就是昭襄王。昭襄王的母亲是楚人，为芈姓，号称宣太后。武王死时，昭襄王在燕做人质，燕人送他回国，才得以即位。

昭襄王元年，严君疾为相。[1]甘茂出之魏。二年，彗星见。庶长壮与大臣、诸侯、公子为逆，[2]皆诛，及惠文后皆不得良死。[3]悼武王后出归魏。三年，王冠。与楚王会黄棘，[4]与楚上庸。[5]四年，取蒲阪。[6]彗星见。五年，魏王来朝应亭，[7]复与魏蒲阪。六年，蜀侯辉反，[8]司马错定蜀。庶长奂伐楚，斩首二万。泾阳君质于齐。[9]日食，昼晦。七年,拔新城。[10]樗里子卒。八年,使将军芈戎攻楚,[11]取新市。[12]齐使章子,魏使公孙喜,韩使暴鸢共攻楚方城,[13]取唐眛。[14]赵破中山,其君亡,竟死齐。魏公子劲、韩公子长为诸侯。九年,孟尝君薛文来相秦。奂攻楚,取八城,杀其将景快。[15]十年,楚怀王入朝秦,秦留之。薛文以金受免。[16]楼缓为丞相。[17]十一年,齐、韩、魏、赵、宋、中山五国共攻秦,[18]至盐氏而还。[19]秦与韩、魏河北及封陵以和。[20]彗星见。楚怀王走之赵,赵不受,还之秦,即死,归葬。十二年,楼缓免,穰侯魏冉为相。[21]予楚粟五万石。[22]

【注释】[1]"严君疾",樗里疾封于严道(秦地,在今四川荣经县),号"严君"。 [2]"庶长壮",即公子壮,秦惠文王子,号"季君"(《六国年表》作"桑君")。悼武王死,无子,公子壮与公子雍(亦惠文王子)、惠文后等结党,与昭襄王争位,是为"季君之乱"。当时宣太后异父长弟魏冉为将军,守卫咸阳,出兵平定此乱。 [3]"惠文后",秦惠文王四年娶自魏,初为夫人(地位在后以下),称"魏夫人"(参《六国年表》),生武王,尊为惠文后(参《穰侯列传》)。 [4]"黄棘",楚地,在今河南新野县东北。 [5]"上庸",在今湖北竹山县西南。 [6]"蒲阪",魏地,在今山西永济县西蒲州镇。 [7]"应亭",《六国年表》、《魏世家》作"临晋"。 [8]"蜀侯辉",即《华阳国志》之"公子恽",秦惠文王子,封于蜀为侯。据《华阳国志》,蜀侯辉是因后母陷害而被赐死。此所谓"反",是据秦史书之。"辉",音 huī。 [9]"泾阳君",昭襄王同母弟公子市("市"音 fú),封于泾阳,号泾阳君。因宣太后主持政事,与太后异父长弟魏冉(穰侯)、同父弟芈戎(华阳君)及昭襄王同母弟公子悝(高陵君)权重当时,号称"四贵"。后宣太后废,"四贵"皆被逐。泾阳,在今陕西泾阳县。 [10]"新城",楚地,即襄城(《六国年表》作"襄城"),在今河南襄城县。 [11]"芈戎",宣太后同父弟,号华阳君(华阳,在今河南新郑县北),又号新城君(新城,在今河南密县东北,与华阳邻近)。 [12]"新市",楚地,在今湖北京山县东北。 [13]"方城",楚长城,在今河南南阳盆地一带,西与秦、北与魏接界。 [14]"取唐眛",《六国年表》、《楚世家》记此役于昭襄王六年。 [15]"取八城,杀其将景快",《六国年表》、《楚世家》记秦取八城在楚怀王三

十年,当秦昭襄王八年,记秦杀景缺(即此景快)在楚怀王二十九年,即秦昭襄王七年新城之役。 [16]"金受",《正义》谓是秦丞相名,《史记志疑》则以为是《孟尝君列传》之说秦昭襄王免薛文相者。 [17]"楼缓",赵人,初为赵武灵王臣,此年入秦为相,免相后复归赵。 [18]"五国共攻秦",此时中山臣服于齐,去中山不数,共五国。 [19]"盐氏",魏地,在今山西运城。 [20]"河北",《魏世家》、《韩世家》、《田世家》作"河外"。河外指黄河流经风陵渡至三门峡一段的南岸。"封陵",即今山西芮城县西风陵渡。 [21]"穰侯魏冉",宣太后异父长弟,封于穰(今河南邓县),号穰侯。穰本韩地,昭襄王六年秦取之。参看《穰侯列传》。"冉",音 rǎn。 [22]"石",容量单位,约合今两万毫升。

【译文】昭襄王元年,严君樗里疾任丞相。甘茂出走到魏国。二年,彗星出现。庶长壮与大臣、诸侯、公子谋篡王位,皆被处死,惠文后也不得好死。悼武王后出走回到魏。三年,王行冠礼。与楚王会见于黄棘,把上庸之地归还给楚。四年,攻占蒲阪。彗星出现。五年,魏王到应亭来朝见,把蒲阪归还给魏。六年,蜀侯辉反叛,司马错平定蜀乱。庶长奂伐楚,斩首二万。泾阳君到齐国为质。日食,白天天黑。七年,攻占新城。樗里疾死。八年,派将军芈戎攻打楚,占领新市。齐派章子,魏派公孙喜,韩派暴鸢一起攻打楚国的方城,俘获唐眛。赵攻破中山,其君逃亡,最后死于齐。魏公子劲、韩公子长被封为诸侯。九年,孟尝君薛文到秦国任丞相。奂攻打楚,占领八座城,杀楚将景快。十年,楚怀王来朝见秦,秦扣留了他。薛文因金受而被免除丞相。楼缓任丞相。十一年,齐、韩、魏、赵、宋、中山等五国一起攻打秦国,到盐氏而还。秦把河北和封陵送给韩、魏以求和。彗星出现。楚怀王出走到赵国,赵国不接纳,又返回到秦国,不久就死了,归葬于楚。十二年,楼缓被免除丞相,穰侯魏冉任丞相。送给楚国五万石粮食。

十三年,向寿伐韩,[1]取武始。[2]左更白起攻新城。[3]五大夫礼出亡奔魏。[4]任鄙为汉中守。[5]十四年,左更白起攻韩、魏于伊阙,[6]斩首二十四万,虏公孙喜,拔五城。十五年,大良造白起攻魏,取垣,[7]复予之。攻楚,取宛。十六年,左更错取轵及邓。[8]冉免。[9]封公子市宛,[10]公子悝邓,[11]魏冉陶,[12]为诸侯。十七年,城阳君入朝,[13]及

东周君来朝。秦以垣为蒲阪、皮氏，[14]王之宜阳。十八年，错攻垣、河雍，[15]决桥取之。十九年，王为西帝，齐为东帝，皆复去之。[16]吕礼来自归。齐破宋，宋王在魏，死温。[17]任鄙卒。二十年，王之汉中，又之上郡、北河。二十一年，错攻魏河内。[18]魏献安邑，秦出其人，募徙河东赐爵，[19]赦罪人迁之。[20]泾阳君封宛。[21]二十二年，蒙武伐齐，[22]河东为九县。与楚王会宛。与赵王会中阳。[23]二十三年，尉斯离与三晋、燕伐齐，[24]破之济西。[25]王与魏王会宜阳，与韩王会新城。二十四年，与楚王会鄢，[26]又会穰。秦取魏安城，[27]至大梁，[28]燕、赵救之，秦军去。魏冉免相。[29]二十五年，拔赵二城。与韩王会新城，与魏王会新明邑。[30]二十六年，赦罪人迁之穰。侯冉复相。二十七年，错攻楚。赦罪人迁之南阳。[31]白起攻赵，取代光狼城。[32]又使司马错发陇西，[33]因蜀攻楚黔中，拔之。二十八年，大良造白起攻楚，取鄢、邓，[34]赦罪人迁之。二十九年，大良造白起攻楚，取郢为南郡，[35]楚王走。周君来。王与楚王会襄陵。[36]白起为武安君。[37]三十年，蜀守若伐楚，[38]取巫郡及江南为黔中郡。[39]三十一年，白起伐魏，取两城。楚人反我江南。三十二年，相穰侯攻魏，至大梁，破暴鸢，[40]斩首四万，鸢走，魏入三县请和。三十三年，客卿胡阳攻魏卷、蔡阳、长社，[41]取之。击芒卯华阳，[42]破之，斩首十五万。魏入南阳以和。[43]三十四年，秦与魏、韩上庸地为一郡，[44]南阳免臣迁居之。[45]三十五年，佐韩、魏、楚伐燕。初置南阳郡。[46]三十六年，客卿灶攻齐，取刚、寿，[47]予穰侯。三十八年，中更胡阳攻赵阏与，[48]不能取。四十年，悼太子死魏，归葬芷阳。[49]四十一年夏，攻魏，取邢丘、怀。[50]四十二年，安国君为太子。[51]十月，[52]宣太后薨，[53]葬芷阳郦山。[54]九月，穰侯出之陶。[55]四十三年，武安君白起攻韩，拔九城，斩首五万。四十四年，攻韩南阳，取之。四十五年，五大夫贲攻韩，[56]取十城。叶阳君悝出之国，[57]未至而死。四

十七年，秦攻韩上党，[58]上党降赵，秦因攻赵，赵发兵击秦，相距。[59]秦使武安君白起击，大破赵于长平，[60]四十余万尽杀之。四十八年十月，韩献垣雍。[61]秦军分为三军。[62]武安君归。王龁将伐赵武安、皮牢，[63]拔之。司马梗北定太原，[64]尽有韩上党。正月，兵罢，复守上党。其十月，五大夫陵攻赵邯郸。[65]四十九年正月，益发卒佐陵。陵战不善，免，王龁代将。其十月，将军张唐攻魏，为蔡尉捐弗守，还斩之。五十年十月，武安君白起有罪，为士伍，[66]迁阴密。[67]张唐攻郑，拔之。十二月，益发卒军汾城旁。[68]武安君白起有罪，死。龁攻邯郸，不拔，去，还奔汾军二月余。攻晋军，[69]斩首六千，晋、楚流死河二万人。攻汾城，即从唐拔宁新中，[70]宁新中更名安阳。初作河桥。[71]

【注释】[1]"向寿"，宣太后娘家的亲戚，从小与昭襄王在一起，重用于秦。 [2]"武始"，韩地，在今河北武安县南。 [3]"左更"，秦二十等爵的第十二级。"白起"，参看《白起列传》。据该传，白起为左更在次年，此年为左庶长（秦爵第十级）。[4]"五大夫"，秦二十等爵的第九级。"礼"，即下文吕礼。据《穰侯列传》、《孟尝君列传》，吕礼后来到齐国为相。 [5]"守"，郡的长官。 [6]"伊阙"，在今河南洛阳市南，有东西二山，隔伊水夹峙如门阙，故名。 [7]"垣"，魏地，在今山西垣曲县东南。[8]"轵"，魏地，在今河南济源县南。"邓"，魏地，在今河南孟县西。二城相连。 [9]"冉免"，《六国年表》、《穰侯列传》记于十五年。 [10]"宛"，即前年攻楚所得。 [11]"公子悝"，昭襄王同母弟，号高陵君（高陵在今陕西高陵县），一号叶阳君（见下文），据《索隐》，最初还封于彭（地点不详）。"悝"，音 kuī。"邓"，即本年攻魏所取。 [12]"陶"，在今山东定陶县北。魏冉初封于穰，此复封于陶。陶本齐地，为战国时期最著名的商业城市，此时秦已取之。 [13]"城阳君"，韩国封君。 [14]"为"，"易"字之讹。 [15]"河雍"，即河阳，在今河南孟县西。《集解》徐广引《纪年》云"魏哀（当作襄）王二十四年，改宜阳曰河雍"，非此河雍。 [16]"皆复去之"，此时各诸侯国已纷纷称王，王的称号已失去天下共主的含义，所以为了表示统一天下的愿望，当时齐、秦两强乃于同年先后称帝，复因时机尚未

成熟而皆去帝号。　〔17〕"温"，魏地，在今河南温县西。　〔18〕"河内"，广义的河内是指今风陵渡以东黄河北岸的晋南、豫北地区，狭义的河内是指豫北地区。　〔19〕"河东"，今山西临汾、运城地区一带。　〔20〕"赦罪人迁之"，秦移民戍边往往用赦免的罪犯和奴隶。　〔21〕"泾阳君"，即上公子市，上文已言公子市封宛，此误重出。　〔22〕"蒙武"，秦将蒙骜之子。《史记志疑》考为蒙骜之误。　〔23〕"中阳"，赵地，在今山西中阳县。　〔24〕"尉斯离"，以"尉"为氏，如同尉缭。"尉"是武官名，有国尉、太尉、中尉、郡尉、卫尉等各种名目。　〔25〕"济西"，济水以西。　〔26〕"鄢"，楚地，在今湖北宜城县。　〔27〕"安城"，魏地，在今河南原阳县西。〔28〕"大梁"，魏都，在今河南开封市。〔29〕"冉免相"，据《穰侯列传》，魏冉第二次免相在二十一年。〔30〕"新明邑"，不详。〔31〕"南阳"，古地区名称，在今河南南阳、邓县、唐河、泌阳、方城一带，原分属楚、韩二国，至此秦已占有其中的宛、穰等邑。〔32〕"光狼城"，代地，在今山西高平县西。〔33〕"陇西"，秦郡，秦灭义渠设陇西郡。〔34〕"邓"，楚地，在今湖北襄樊市。与上魏国的邓不同。〔35〕"南郡"，秦拔楚都郢，将楚之江汉地区设为南郡。〔36〕"襄陵"，魏地，在今河南睢县。〔37〕"武安君"，此时武安(在今河北武安县)仍属赵，武安君似非以封地而得名。〔38〕"蜀守若"，据《华阳国志》，蜀侯辉死后，秦立辉子绾为蜀侯，三十年，疑绾反，乃诛之，从此改蜀为郡，但置守。"若"即蜀郡郡守张若。〔39〕"巫郡"，楚郡，在今湖北西部。"江南"，巫郡境内江水以南。秦取之设黔中郡。〔40〕"鸢"，音yuān。〔41〕"客卿"，战国时期各国往往聘用他国人为卿，称"客卿"。"胡阳"，据《战国策·赵策三》为卫国人。"卷"，音quān，在今河南原阳县旧原武西北。"蔡阳"，在今河南上蔡县北。"长社"，在今河南长葛县东北。均魏地。〔42〕"华阳"，魏地，在今河南新郑县北。芈戎号华阳君即封于此。〔43〕"南阳"，魏地，在今河南获嘉县北。〔44〕"与"，犹"以"。秦把所占魏、韩的南阳(这里省去"南阳")和楚的上庸并为一郡(即下"南阳郡")。〔45〕"免臣"，释放的奴隶。把南阳被释放的奴隶迁到上庸。〔46〕"南阳郡"，秦郡，即上并地迁人而设。〔47〕"刚"，在今山东宁阳县东北。"寿"，在今山东东平县西南。皆齐地。〔48〕"中更"，秦二十等爵的第十三级。"阏与"，赵地，在今山西和顺县西北。"阏"，音yù。〔49〕"芷阳"，《秦始皇本纪》作"茝阳"("茝"与"芷"音同字通)，在今陕西西安市东北霸陵。秦昭襄王、庄襄王亦皆葬

死。"芷"，音zhǐ。〔50〕"邢丘"，在今河南温县东。"怀"，在今河南武陟县西南。〔51〕"安国君"，昭襄王次子，因前二年悼太子死而立为太子，即孝文王。〔52〕"十月"，"七月"之误。〔53〕"薨"，音hōng，诸侯死称"薨"。〔54〕"郦山"，属芷阳。〔55〕"穰侯出之陶"，宣太后死，魏冉被黜逐，回到自己的封邑陶。〔56〕"贲"，音bēn。〔57〕"叶阳君悝出之国"，"悝"即公子悝。公子悝亦号叶阳君。叶阳在今河南叶县西南。宣太后死后亦被黜逐。这里的"国"可能即叶阳。〔58〕"上党"，古地区名，分属赵、韩二国，各置郡，韩之上党郡在今山西晋东南地区的南部。〔59〕"距"，同"拒"。上述秦攻韩、韩上党降赵之事，据《赵世家》、《白起列传》在四十五年，据《韩世家》在四十四年，此与攻赵的长平之役合并书于一年。〔60〕"长平"，在今山西高平县西北。〔61〕"垣雍"，韩地，在今河南原阳县西。〔62〕"三军"，《白起王翦列传》作"二军"。〔63〕"龁"，音hé。"武安"，在今河北武安县。"皮牢"，在今山西翼城县东。皆赵地。〔64〕"太原"，古地区名，在今山西句注山以南、霍山以北，包括今太原市在内，属赵。〔65〕"邯郸"，赵都，在今河北邯郸市。〔66〕"士伍"，无爵平民之称。〔67〕"阴密"，在今甘肃灵台县西南。〔68〕"军"，驻扎。"汾城"，魏地，在今山西新绛县北。〔69〕"晋"，指魏。〔70〕"唐"，即张唐。《正义》以为地名是不对的。"宁新中"，在今河南安阳市。〔71〕"河桥"，即唐代蒲津桥之前身，在今山西永济县西。

【译文】十三年，向寿伐韩，占领武始。左更白起攻打新城。五大夫吕礼出走逃亡到魏国。任鄙任汉中郡守。十四年，左更白起攻打韩、魏的军队于伊阙，斩首二十四万，俘虏了公孙喜，攻占五座城。十五年，大良造白起攻打魏，占领垣，接着又归还给魏。攻打楚，占领宛。十六年，左更司马错占领轵和邓。魏冉被免除丞相。封公子市于宛，公子悝于邓，魏冉于陶，为诸侯。十七年，城阳君来朝见，同时东周君也来朝见。秦用垣换取蒲阪、皮氏。王前往宜阳。十八年，司马错攻打垣、河雍，拆毁河桥而占领之。十九年，昭襄王称西帝，齐称东帝，接着又都放弃帝号。吕礼来自首。齐攻破宋，宋王在魏国，死在温。任鄙死。二十年，王前往汉中，又前往上郡、北河。二十一年，错攻打魏的河内。魏献出安邑，秦驱逐其中的居民，用爵位招募人民迁居河东，并赦免罪犯迁往安邑。泾阳君封于宛。二十二年，蒙武伐齐国。在河东设九县。与楚王会见于宛。二十二年，蒙武伐齐。在河东设九县。与楚王

会见于宛。与赵王会见于中阳。二十三年,尉斯离与三晋、燕伐齐,大破齐军于济水西岸。王与魏王会见于宜阳,与韩王会见于新城。二十四年,与楚王会见于鄢,又会见于穰。秦占领魏的安城,兵至大梁。燕、赵救魏,秦军撤退。魏冉被免除丞相。二十五年,攻占赵城两座。与韩王会见于新城,与魏王会见于新明邑。二十六年,赦免罪犯迁往穰,穰侯再次任丞相。二十七年,司马错攻楚。赦免罪犯迁往南阳。白起攻打赵,占领代国的光狼城。又派司马错发兵陇西郡,利用蜀攻打楚的黔中郡,并攻占了它。二十八年,大良造白起攻打楚,占领鄢、邓,赦免罪犯迁往该地。二十九年,大良造白起攻打楚,占领郢设为南郡。楚王逃走。周君来。王与楚王会见于襄陵。白起被封为武安君。三十年,蜀守张若伐楚,占领巫郡和江南,设为黔中郡。三十一年,白起攻魏,占领两座城。楚人在我国占领的江南之地反叛。三十二年,丞相穰侯攻打魏,兵至大梁,击溃暴鸢军,斩首四万,暴鸢败逃,魏割让三县求和。三十三年,客卿胡阳攻打魏国的卷、蔡阳、长社,并占领了它们。攻打芒卯于华阳,击溃之,斩首十五万。魏割让南阳求和。三十四年,秦把魏、韩(的南阳之地)与上庸之地并为一郡,将南阳被赦免的奴隶迁往该地。三十五年,帮助韩、魏、楚伐燕。开始设南阳郡。三十六年,客卿灶攻打齐,占领刚、寿,封给穰侯。三十八年,中更胡阳攻打赵的阏与,未能占领。四十年,悼太子死于魏,归葬于芷阳。四十一年夏,攻打魏,占领邢丘、怀。四十二年,安国君被立为太子。十月,宣太后死,葬于芷阳的郦山。九月,穰侯出走前往陶。四十三年,武安君白起攻打韩,攻占九座城,斩首五万。四十四年,攻打韩的南阳,并占领了它。四十五年,五大夫贲攻打韩,占领十座城。叶阳君公子悝出走前往自己的封国,没有到就死了。四十七年,秦攻打韩的上党郡,上党郡投降赵国,秦又攻打赵,赵国发兵迎击秦,两军相持不下。秦派武安君白起进攻,大破赵军于长平,四十万降卒全部被杀。四十八年十月,韩国献出垣雍。秦军分为三军。武安君回。王龁率兵攻打赵的武安、皮牢,并占领了它们。司马梗北定太原,全部占领韩的上党郡。正月,停战,又守上党郡。当年十月,五大夫陵攻打赵都邯郸。四十九年正月,扩大征兵增援陵。陵战绩不佳,被免职,由王龁代替他率军。当年十月,将军张唐攻打魏,由于蔡尉弃城不守,返回斩之。五十年十月,武安君白起犯了罪,贬为士伍,迁往阴密。张唐攻打郑,并占领了它。十二月,扩大征兵,驻军于汾城旁。武安君白起犯了罪,死了。王龁攻打邯郸,未

能攻占,撤离,赶回汾城驻军两个多月。攻打魏军,斩首六千,魏、楚联军死于黄河之中的达两万人。攻打汾城,接着又随张唐军拔取宁新中,宁新中改名为安阳。初次修造黄河桥。

　　五十一年,将军摎攻韩,[1]取阳城、负黍,[2]斩首四万。攻赵,取二十余县,首虏九万。[3]西周君背秦,与诸侯约从,[4]将天下锐兵出伊阙攻秦,令秦毋得通阳城。于是秦使将军摎攻西周。西周君走来自归,顿首受罪,尽献其邑三十六城,口三万。秦王受献,归其君于周。五十二年,周民东亡,其器九鼎入秦。[5]周初亡。[6]

【注释】[1]"摎",音 jiū。 [2]"阳城",在今河南登封县东南告成镇。"负黍",在今河南登封县西南。均韩地。 [3]"首虏",斩首、捕虏。 [4]"约从","从"同"纵",即合纵。战国时期,各大国间有合纵、连横的外交活动。合纵是联合许多弱国而与一个强国抗衡,连横是由强国拉拢一些弱国进攻另外一些弱国。 [5]"九鼎",即上文的"周鼎"。 [6]"周初亡",此是西周之亡,东周之亡尚在其后六年,故云"周初亡"。

【译文】五十一年,将军摎攻打韩,占领阳城、负黍,斩首四万。攻打赵国,占领二十多县,斩首俘虏九万。西周君背叛秦,与诸侯合纵,率天下精兵出伊阙攻打秦国,使秦不能通往阳城。因此秦命将军摎攻打西周。西周君慌忙前来投降,叩头认罪,全部献出他的城邑三十六座,人口三万。秦王接受所献,放他回到周。五十二年,西周人民逃往东周,周的宝器九鼎被搬到秦国,周开始灭亡。

　　五十三年,天下来宾。魏后,秦使摎伐魏,取吴城。[1]韩王入朝,魏委国听令。五十四年,王郊见上帝于雍。[2]五十六年秋,昭襄王卒,子孝文王立。[3]尊唐八子为唐太后,[4]而合其葬于先王。[5]韩王衰绖入吊祠,[6]诸侯皆使其将相来吊祠,视丧事。

【注释】[1]"吴城",魏地,即虞城,在今山西平陆县北。 [2]"郊见",指郊祀。 [3]"孝文王",据《索隐》名柱。 [4]"唐八子",孝文王母。

据《汉书·外戚传》，秦制后，夫人以下又有美人、良人、八子、七子、长使、少使等名号，汉以来增至十四等。汉的八子与中更禄秩相等。可见地位不是很高。〔5〕"先王"，指昭襄王。〔6〕"吊祠"，吊唁祭祀。

【译文】五十三年，天下皆来归顺。只有魏国到得最晚，秦派摎伐魏，占领吴城。韩王来进见，魏国交出国家政权，一切听命于秦。五十四年，王郊祀上帝于雍。五十六年秋，昭襄王死，其子孝文王即位。尊（生母）唐八子为唐太后，与昭襄王合葬。韩王穿上孝服来吊唁祭悼。诸侯也都派遣他们的将相来吊唁祭悼，参加丧事。

孝文王元年，赦罪人，修先王功臣，褒厚亲戚，〔1〕弛苑囿。〔2〕孝文王除丧，十月己亥即位，三日辛丑卒，子庄襄王立。〔3〕

【注释】〔1〕"褒厚"，优待。〔2〕"苑囿"，音yuàn yòu，特别圈定供王围猎游娱的场所，一般是天然形成，林草茂盛，禽兽众多。先秦时期山林川泽包括苑囿一般属于国有，普通人不能随便入内樵采打猎，战国以来始渐渐放宽限制。〔3〕"庄襄王"，初名异人（据《战国策·秦策》），后更名为楚或子楚（据《战国策·秦策》和本书《吕不韦列传》）。

【译文】孝文王元年，赦免罪犯，依旧重用先王的功臣，优待亲戚，放宽苑囿的限制。孝文王除丧，十月己亥日即位，仅仅三天，到辛丑日就死了，其子庄襄王即位。

庄襄王元年，大赦罪人，修先王功臣，〔1〕施德厚骨肉而布惠于民。东周君与诸侯谋秦，秦使相国吕不韦诛之，〔2〕尽入其国。秦不绝其祀，以阳人地赐周君，〔3〕奉其祭祀。使蒙骜伐韩，〔4〕韩献成皋、巩。〔5〕秦界至大梁，初置三川郡。〔6〕二年，使蒙骜攻赵，定太原。三年，〔7〕蒙骜攻魏高都、汲，〔8〕拔之。攻赵榆次、新城、狼孟，〔9〕取三十七城。四月日食。王齕攻上党。〔10〕初置太原郡。〔11〕魏将无忌率五国兵击秦，秦却于河外。蒙骜败，解而去。五月丙午，庄襄王卒，子政立，是为秦始皇帝。

【注释】〔1〕"修"，指继续重用。〔2〕"相国"，据出土古文字材料，古书中的"相国"原来皆作"相邦"，"邦"字作"国"是汉避刘邦讳而改。"吕不韦"，参看《吕不韦列传》。〔3〕"阳人"，在今河南临汝县西。〔4〕"蒙骜"，其先为齐人，事秦昭襄王、孝文王、庄襄王，秦始皇七年卒。子蒙武，孙蒙恬，世为秦将。参看《蒙恬列传》。"骜"，音áo。〔5〕"成皋"，在今河南荥阳县汜水镇。"巩"，在今河南巩县西南。〔6〕"三川郡"，因韩三川郡而建。〔7〕"三年"，《六国年表》作"二年"。〔8〕"高都"，在今山西晋城县东北高都镇。"汲"，《集解》徐广引别本作"波"。汲在今河南汲县西，波在今河南沁阳县西。〔9〕"榆次"，在今山西榆次市。"新城"，在今山西朔县南。"狼孟"，在今山西阳曲县。〔10〕"上党"，这里是指赵的上党郡，韩上党郡于昭襄王四十八年已并入秦。〔11〕"太原郡"，因赵太原郡而设。

【译文】庄襄王元年，大赦罪犯，依旧重用先王的功臣，施仁德于骨肉亲戚，并广布恩惠于人民。东周君与诸侯策划攻打秦国，秦派相邦吕不韦讨伐他，把他的全部国土并入秦的版图。但秦也并不中断他的祀统，把阳人之地赐给周君，让他继续保持自己的祭祀。派蒙骜伐韩，韩献出成皋、巩。秦的疆界扩大到大梁，开始置三川郡。二年，派蒙骜攻打赵，平定太原。三年，蒙骜攻打魏的高都和汲，并占领了他们。攻打赵的榆次、新城、狼孟，占领三十七座城。四月日食。王齕攻打（赵国的）上党郡。开始设太原郡。魏将军无忌率五国之兵攻打秦，秦退却到河外。蒙骜兵败，诸侯解除包围而去。五月丙午，庄襄王死，其子政即位，就是秦始皇帝。

秦王政立二十六年，初并天下为三十六郡，〔1〕号为始皇帝。始皇帝五十一年而崩，〔2〕子胡亥立，是为二世皇帝。三年，诸侯并起叛秦，赵高杀二世，立子婴。子婴立月余，诸侯诛之，遂灭秦。其语在《始皇本纪》中。

【注释】〔1〕"三十六郡"，《汉书·地理志》记郡国沿革，称"秦置"、"秦郡"、"故秦某郡"的郡名有：河东、太原、上党、东郡、颍川、南阳、南郡、九江、巨鹿、齐郡、琅邪、会稽、汉中、蜀郡、巴郡、陇西、北地、上郡、云中、雁门、代郡、上谷、渔阳、右北平、辽东、辽西、南海、长沙、三川、泗水、九原、桂林、象郡、邯郸、砀郡、薛郡,共三十六。《秦始皇本纪集解》注解三十六郡之名,去掉南海、桂林、象郡,增加郯郡、黔中、内史。清以来学者说法极不统一。现在根据各种有关史籍考证,一般认为秦始皇二十六年以前所设三十六郡,其中不包括南海、桂林、象郡、郯郡、内史,而包括黔中,并应去掉九原,补入陶郡、广阳、楚郡。〔2〕"五十一年",秦始皇十三岁即位,立三十七年死,不足五十一年之数。

【译文】秦王政即位二十六年,开始合并天下为三十六郡,号称始皇帝。始皇帝五十一岁死,其子胡亥即位,就是二世皇帝。二世三年,诸侯纷纷起来反叛秦朝,赵高杀二世,立子婴为帝。子婴即位一个多月,诸侯又杀死他,因而灭亡秦朝。详细叙述见《秦始皇本纪》中。

太史公曰:秦之先为嬴姓。其后分封,以国为姓,〔1〕有徐氏、郯氏、莒氏、终黎氏、运奄氏、菟裘氏、将梁氏、黄氏、江氏、脩鱼氏、白冥氏、蜚廉氏、秦氏。〔2〕然秦以其先造

父封赵城,为赵氏。

【注释】〔1〕"以国为姓",此所谓"姓",实是氏。〔2〕"徐",在今江苏泗洪县南。"郯",音 tán,在今山东郯城县西南。"莒",音 jǔ,初在今山东胶县西南,后迁于今山东莒县。"终黎",即钟离,在今安徽凤阳县东北。"运奄",即奄,在今山东曲阜县(或说运亦国名,在今山东郓城县东)。"菟裘",在今山东泰安县南。"将梁",在今江苏邳县。"黄",在今河南潢川县西。"江",在今河南正阳县西南。"脩鱼",在今河南原阳县南。"白冥"、"蜚廉",地望不详。以上嬴姓十三国除秦在西方外,大多集中在今山东境内及淮水下游,属于东夷和淮夷集团。

【译文】太史公说:秦的祖先出自嬴姓。其后世子孙分封,以封国为姓,有徐氏、郯氏、莒氏、终黎氏、运奄氏、菟裘氏、将梁氏、黄氏、江氏、脩鱼氏、白冥氏、蜚廉氏、秦氏。但秦因其祖先造父封于赵城,也称为赵氏。

史记卷六

秦始皇本纪第六

秦始皇帝者，秦庄襄王子也。[1]庄襄王为秦质子于赵，[2]见吕不韦姬，[3]悦而取之，生始皇。以秦昭王四十八年正月生于邯郸。[4]及生，名为政，姓赵氏。[5]年十三岁，庄襄王死，政代立为秦王。当是之时，秦地已并巴、蜀、汉中，[6]越宛有郢，[7]置南郡矣；北收上郡以东，[8]有河东、太原、上党郡；[9]东至荥阳，[10]灭二周，[11]置三川郡。[12]吕不韦为相，[13]封十万户，号曰文信侯。招致宾客游士，欲以并天下。李斯为舍人。[14]蒙骜、王齮、麃公等为将军。[15]王年少，初即位，委国事大臣。

【注释】[1]"秦庄襄王"，名子楚，秦孝文王之子，公元前二四九年至前二四七年在位，事见本书《秦本纪》。[2]"质子"，即人质。派往别国作为抵押的人，多为王子或世子，故名。古代不但弱国为了取得强国的信任，免遭侵伐，遣子为质，而且有时强国为了取得弱国的服从和支持，也遣子为质。此外，相敌对的两国亦或互质。子楚质于赵，即属强国遣子为质于弱国。子楚质于赵时，秦国多次攻打赵国。[3]"吕不韦"，战国末年卫国濮阳（今河南濮阳西南）人，为阳翟（今河南禹县）巨商，在赵国都城邯郸遇见子楚，以为"奇货可居"，游说华阳夫人立为太子。子楚继位，以吕不韦为相国，封文信侯。秦王政继位后，仍任相国。秦王政十年，免相国，后流处蜀郡，自杀。事详《史记》本传。[4]"秦昭王"，即昭襄王，秦武王异母弟，本书《甘茂列传》司马贞《索隐》引《世本》云名侧，又引《赵世家》云名稷。《秦本纪》《索隐》云名则，又名稷。公元前三〇六年至前二五一年在位。事见本书《秦本纪》。"邯郸"，赵国都城，在今河北邯郸市。[5]"姓赵

氏"，始皇为嬴姓。据本书《秦本纪》记载，秦的先人造父以善御幸于周缪王，"缪王以赵封造父，造父族由此为赵氏"。有的人认为始皇生于赵，所以又姓赵氏，此说不可信。[6]"巴、蜀"，古国名。巴地在今四川东部、湖北西部，周武王克殷，以其地为巴子国。蜀地在今四川中部偏西，西周中期以后，蜀侯蚕丛始称王。秦惠文王后九年，秦伐蜀，灭之，同时也消灭了巴子国，以二国地置巴、蜀二郡。巴郡治江州（在今四川重庆市北嘉陵江北岸），蜀郡治成都（即今四川成都市）。"汉中"，本书《秦本纪》记载，秦惠文王更元十三年，秦庶长章"攻楚汉中，取地六百里，置汉中郡"。故地在今陕西秦岭以南及湖北西北部，治所在南郑（今陕西南郑县）。[7]"宛"，音yuān，县名，在今河南南阳市。据本书《秦本纪》记载，秦昭襄王十五年，秦将白起攻楚，取宛。"郢"，音yǐng，战国时曾为楚都，在今湖北江陵县北纪南城遗址处。秦昭襄王二十九年，白起攻楚，拔郢，楚顷襄王士卒散亡，不能再战，徙都于陈，秦遂以郢为中心，置设南郡。[8]"上郡"，战国时魏所置郡。秦惠文王十年，魏纳上郡十五县于秦。秦所置上郡包有今陕西北部和内蒙古自治区黄河河套以南一带，治所在肤施（今陕西榆林县东南）。[9]"河东"，战国时魏地。本书《秦本纪》记载，秦昭襄王二十一年，秦将司马错攻魏河内，魏献安邑求和，秦迁走魏人，募民徙河东，赐给爵号，又赦免罪人徙至河东。明年，以河东地为九县。秦置河东郡，应始于此时。秦统一全国后，仍置河东郡，辖境在今山西沁水以西，霍山以南，治所在安邑（今山西夏县西北）。"太原"，战国时赵地。据本书《秦本纪》记载，秦庄襄王三年，秦初置太原郡。秦统一全国后，仍置太原郡，辖境在今山西霍山以北，句注山以南，治所在晋阳（今山西太原市西南晋源镇）。"上党郡"，战国时韩地。据本书《赵世家》记载，赵

孝成王四年,赵取韩上党。又据本书《秦本纪》记载,秦昭襄王四十八年,秦尽取上党地。秦当在此时置以为郡。秦统一全国后,仍置上党郡,辖境在今山西和顺县、榆社县以南,沁水流域以东,治所在壶关(今山西长治市北)。〔10〕"荥阳",战国时韩地,在今河南荥阳县。据本书《韩世家》记载,韩桓惠王二十四年,秦拔韩成皋、荥阳。"荥",音 xíng。〔11〕"二周",西周、东周。周考王封其弟揭于河南,是为西周桓公,形成一个西周小国。西周桓公去世,其子威公嗣立。周显王二年,威公去世,少子公子根与太子公子朝争立,韩、赵帮助公子根在巩独立,于是周分裂为西周和东周两个小国。西周赧王五十九年,秦将军摎攻韩伐赵,赧王恐,率诸侯军攻秦。秦昭襄王派将军摎攻西周,赧王入秦,尽献其邑,赧王卒,西周亡。秦庄襄王元年,秦使相国吕不韦率师灭掉东周。西周都河南(今河南洛阳市西),东周都巩(今河南巩县西南)。〔12〕"三川郡",秦庄襄王元年,秦东取韩地至于荥阳,又灭西周、东周,遂在这一地带置三川郡。秦统一全国后,仍置三川郡。因境内有河、雒、伊三川,故名。治所在雒阳(今河南洛阳市东北)。〔13〕"相",即相国、丞相。辅佐天子掌理天下政务。秦朝分置左右丞相各一人,至二世二年始废去左右丞相,另设中丞相一人。〔14〕"李斯",楚上蔡(今河南上蔡县西南)人。曾就学于荀卿。入秦后,初为吕不韦舍人,后被秦王政拜为客卿。秦王政十年,由于韩国水工郑国事件,秦宗室大臣建议逐客。李斯上书谏阻,意见被秦王政采纳。不久任廷尉。秦统一全国后任丞相。秦二世时为赵高所忌,被杀。他反对分封制,主张焚《诗》《书》,禁私学,又以小篆为标准,整理文字,对秦朝政治、文化有过较大的影响。事详《史记》本传。"舍人",侍从宾客之类,与后世的幕僚相似。〔15〕"蒙骜",齐人,蒙恬的祖父。入秦事秦昭襄王,官至上卿。在秦庄襄王、秦王政时期,为秦将,屡立战功,卒于秦王政七年。"王齮",秦昭襄王时即为秦将,曾先后率军伐赵,攻上党。卒于秦王政三年。"齮",音 yǐ。"麃公",秦大夫,姓麃,名佚。但南朝宋裴骃《集解》引应劭云:"麃,秦邑。"唐司马贞《索隐》云:"麃公盖麃邑公,史失其姓名。""麃",张守节《正义》:"麃,彼苗反。"是"麃"音 biāo。

【译文】秦始皇帝是秦庄襄王的儿子。庄襄王在赵国作秦国人质时,看见吕不韦的姬妾,很喜欢,就把她娶了过来,生了始皇。始皇在秦昭王四十八年正月生于邯郸。等到出生时,取名为政,姓赵氏。十三岁,庄襄王死了,政继位为秦王。当时,秦国已经兼并了巴、蜀、汉中,越过宛占有了郢,设置了南郡;往北取得了上郡以东,占有了河东、太原、上党郡;东边到达荥阳,消灭了西周、东周,设置了三川郡。吕不韦做丞相,封邑十万户,号为文信侯。招揽宾客游士,打算吞并天下。李斯为舍人,蒙骜、王齮、麃公等为将军。秦王年幼,即位初期,国家政事交由大臣处理。

晋阳反,〔1〕元年,将军蒙骜击定之。二年,麃公将卒攻卷,〔2〕斩首三万。三年,蒙骜攻韩,取十三城。王齮死。十月,将军蒙骜攻魏氏畼、有诡。〔3〕岁大饥。四年,拔畼、有诡。三月,军罢。秦质子归自赵,赵太子出归国。十月庚寅,蝗虫从东方来,蔽天。天下疫。百姓内粟千石,〔4〕拜爵一级。〔5〕五年,将军骜攻魏,定酸枣、燕、虚、长平、雍丘、山阳城,〔6〕皆拔之,取二十城。初置东郡。冬雷。六年,韩、魏、赵、卫、楚共击秦,〔7〕取寿陵。〔8〕秦出兵,五国兵罢。拔卫,〔9〕迫东郡,〔10〕其君角率其支属徙居野王,〔11〕阻其山以保魏之河内。〔12〕七年,彗星先出东方,〔13〕见北方,〔14〕五月见西方。将军骜死。以攻龙、孤、庆都,〔15〕还兵攻汲。〔16〕彗星复见西方十六日。夏太后死。〔17〕八年,王弟长安君成蟜将军击赵,〔18〕反,死屯留,〔19〕军吏皆斩死,迁其民于临洮。〔20〕将军壁死,卒屯留蒲鶮反,戮其尸。〔21〕河鱼大上,〔22〕轻车重马东就食。

【注释】〔1〕"晋阳",战国时属赵,秦庄襄王三年,被秦攻取,置太原郡。此年五月庄襄王死,晋阳遂反。〔2〕"卷",音 quān,战国魏地,在今河南西原阳县旧原武西北。据本书《秦本纪》记载,秦昭襄王三十三年,"客卿胡阳攻魏卷、蔡阳、长社,取之"。此又云麃公攻卷,可能卷曾叛秦,否则"卷"字有误。〔3〕"畼、有诡",皆为魏邑,今地不详。"畼",音 chàng。〔4〕"内",与"纳"字同。〔5〕"拜爵一级",秦爵二十级,由下而上,一公士,二上造,三簪袅,四不更,五大夫,六官大夫,七公大夫,八公乘,九五大夫,十左庶长,十一右庶长,十二左更,十三中更,十四右更,十五少上造,十六大上造,十七驷车庶长,十八大庶长,十九关内侯,二十彻侯。秦始皇四年为我国历史上百姓纳粟买爵之始。当时一般人买爵，主要是为了免除徭役征发。〔6〕"酸枣"，战国魏地，在今河南延津县西南。"燕"，古南燕国旧地，战国属魏，在今河南延津县东北。"虚"，战国魏地，在今河南延津县东。"长平"，战国魏地，在今河南华县东北。"雍丘"，战国魏地，在今河南杞县。"山阳城"，战国魏地，地处太行山之阳，故名。在今河南焦作市东。〔7〕"韩、魏、赵、卫、楚共击秦"，五国诸侯合纵西伐秦，楚为纵长，春申君黄歇主持其事。五国兵至函谷关，秦出兵迎击，诸侯军败走。事见本书《春申君列传》。〔8〕"寿陵"，唐张守节《正义》云："徐广云：'在常山。'按本赵邑也。"据本书《春申君列传》，五国诸侯军是从函谷关方向攻秦，所取寿陵当在河东郡一带，不应远在常山。今地不详。〔9〕"卫"，当时卫仅有濮阳。秦拔濮阳，即以其地并入东郡。〔10〕"迫东郡"，秦统一全国后所置东郡辖有河南延津县、濮阳县、南乐县以东，山东聊城县、东阿县以南，郓城县、成武县以西，山东定陶县、河南封丘县以北。秦王政五年设置的东郡还没有包举濮阳以东。这里所说的"迫东郡"，是指濮阳以东的东郡地区。〔11〕"君角"，卫元君之子，秦王政十八年继位，秦二世元年，废为庶人。"野王"，在今河南沁阳县。据本书《卫世家》，徙居野王为卫元君时事。又本书《白起列传》云：秦昭襄王"四十五年，伐韩之野王，野王降秦"。是秦把卫徙于野王。〔12〕"魏之河内"，魏国境内的河内地区。河内本是泛指黄河以北地区；秦当时尚未占有全部河内地，所以这里说"魏之河内"。〔13〕"彗星"，即通常所说的扫帚星。古人认为彗星出现，预示着某种灾祸。如唐张守节《正义》引《孝经内记》云："彗出北斗，兵大起。彗在三台，臣害君。彗在太微，君害臣。彗在天狱，诸侯作乱。所指其处大恶。彗在日旁，子欲杀父。"这里记载彗星屡见，预示着将军骜死。下面又记载彗星见，预示着夏太后死。〔14〕"见"，与"现"字同。出现。〔15〕"龙"，在今河北行唐县。"孤"，在今河北唐县北。"庆都"，在今河北望都县。当时三地皆属赵。〔16〕"汲"，当时为魏地，在今河南汲县西。〔17〕"夏太后"，即夏姬，秦庄襄王生母。庄襄王即位后，尊为夏太后。〔18〕"长安君成蟜"，长安君为封号，成蟜为长安君之名。〔19〕"屯留"，在今山西屯留县南。〔20〕"临洮"，在今甘肃岷县。地临洮水，故名。成蟜叛秦时，劫持屯留民众共反，所以成蟜兵败身死后，把屯留民众迁徙到僻远的临洮。〔21〕"将军壁死，卒屯留蒲鶮反，戮其尸"，对这段文字的解释众说纷纭。一般人标点

为"将军壁死，卒屯留、蒲鶮反，戮其尸"，"壁"释为壁垒。"屯留、蒲鶮"解为二邑名。注者认为，"壁"，人名，秦将军。击斩成蟜军吏，迁徙屯留民众者即为将军壁。"蒲鶮"，人名，姓蒲名鶮，屯留人，将军壁的士卒。将军壁尽徙屯留民众于临洮，为屯留民众所痛恨，所以他死后，屯留人蒲鶮反叛，戮其尸。〔22〕"河"，黄河。《汉书·五行志中之下》载："史记秦始皇八年，河鱼大上。刘向以为近鱼孽也。是岁，始皇弟长安君将兵击赵，反，死屯留，军吏皆斩，迁其民于临洮。明年有嫪毐之诛。鱼阴类，民之象，逆流而上者，民将不从君令为逆行也。其在天文，鱼星中河而处，车骑满野。至于二世，暴虐愈甚，终用急亡。京房《易传》曰：'众逆同志，厥妖河鱼逆流上。'"是"河鱼大上"，谓河中鱼逆流而上。也有人认为"河鱼大上"，指黄河泛滥，大量河鱼被冲到平地上来。在古人看来，这是不吉利现象。

【译文】晋阳反叛，秦王政元年，将军蒙骜平定了叛乱。二年，麃公率军攻打卷邑，杀死了三万人。三年，蒙骜攻打韩国，夺取了十三个城邑。王齮死了。十月，将军蒙骜攻打魏国的畼邑、有诡。这一年粮食大歉收。四年，攻克畼邑、有诡。三月，撤回了军队。秦国的人质从赵国返回，赵国太子离开秦国回到赵国。十月庚寅，蝗虫从东方飞来，遮蔽了天空。天下瘟疫。百姓缴纳一千石粟米拜爵一级。五年，将军蒙骜进攻魏国，平定了酸枣、燕邑、虚邑、长平、雍丘、山阳城，都是使用武力攻克的，共夺取了二十个城邑。开始设置东郡。冬天打雷。六年，韩国、魏国、赵国、卫国、楚国一起进攻秦国，夺取了寿陵。秦国出兵，五国的军队撤了回来。秦国攻克卫国，进逼东郡，卫君角率领他的支属迁居野王，凭借山险保卫魏国境内的河内地区。七年，彗星先出现在东方，又出现在北方。五月出现在西方。将军蒙骜死了。是因为攻打龙邑、孤邑、庆都，又回军攻打汲邑（而死去的）。彗星又在西方出现了十六天。夏太后死了。八年，秦王的弟弟长安君成蟜率领军队攻打赵国，举兵反叛，死在屯留，他的军吏都被斩首处死，把屯留民众迁徙到临洮。将军壁死了，士卒屯留人蒲鶮反叛，斩断他的尸体。河鱼被大量冲到平地上，秦国人轻车重马地到东边来就地食用。

嫪毐封为长信侯。〔1〕予之山阳地，令毐居之。宫室车马衣服苑囿驰猎恣毐。〔2〕事无小大皆决于毐。又以河西、太原郡更为毐

国。〔3〕九年，彗星见，或竟天。〔4〕攻魏垣、蒲阳。〔5〕四月，上宿雍。〔6〕己酉，王冠，〔7〕带剑。〔8〕长信侯嫪毐作乱而觉，矫王御玺及太后玺以发县卒及卫卒、官骑、戎翟君公、舍人，〔9〕将欲攻蕲年宫为乱。〔10〕王知之，令相国昌平君、昌文君发卒攻毐。〔11〕战咸阳，〔12〕斩首数百，皆拜爵，〔13〕及宦者皆在战中，亦拜爵一级。毐等败走。即令国中：有生得毐，赐钱百万；杀之，五十万。尽得毐等。卫尉竭、内史肆、佐弋竭、中大夫令齐等二十人皆枭首，〔14〕车裂以徇，〔15〕灭其宗。及其舍人，轻者为鬼薪。〔16〕及夺爵迁蜀四千余家，〔17〕家房陵。〔18〕是月寒冻，有死者。杨端和攻衍氏。〔19〕彗星见西方，又见北方，从斗以南八十日。〔20〕十年，相国吕不韦坐嫪毐免。桓齮为将军。〔21〕齐、赵来，置酒。齐人茅焦说秦王曰："秦方以天下为事，而大王有迁母太后之名，〔22〕恐诸侯闻之，由此倍秦也。"〔23〕秦王乃迎太后于雍而入咸阳，复居甘泉宫。〔24〕

书只此一见。〔12〕"咸阳"，秦朝都城，故城在今陕西咸阳市东北。〔13〕"斩首数百，皆拜爵"，秦自孝公时商鞅变法后，崇尚军功，有斩首封爵规定。《韩非子·定法篇》说商鞅规定斩一首者爵一级。战国时秦国具体规定无明文记载，但斩首越多，爵位越高则是可以肯定的。〔14〕"卫尉"，负责掌管宫门警卫，多以博士、议郎担任。"内史"，主治京畿地区，相当于后世的京兆尹。"佐弋"，主管帝王的射猎。"弋"，音yì。"中大夫令"，秦有郎中令，掌管宫殿门户，中大夫令是郎中令的属官。"齐"与上面提到的"竭"、"肆"都是人名，姓氏史书未载。"枭首"，砍头悬挂起来。是一种酷刑。"枭"，音xiāo。〔15〕"徇"，音xùn，示众。〔16〕"鬼薪"，服役三年的刑徒。据东汉应劭解释，"取薪给宗庙为鬼薪"。〔17〕"迁蜀"，当时蜀地僻远，交通不便，秦常把罪人迁处蜀地。〔18〕"房陵"，秦县，属汉中郡，在今湖北房县。〔19〕"杨端和"，秦将领，事迹仅略见《秦始皇本纪》。"衍氏"，战国魏地，在今河南郑州市北。〔20〕"斗"，斗宿，又称北斗，二十八宿之一，玄武七宿的第一宿。〔21〕"桓齮"，姓桓名齮，事迹主要见于《秦始皇本纪》。〔22〕"迁母太后"，秦王政九年，嫪毐与太后淫乱事败露，嫪毐谋反被诛，秦王政把太后从都城咸阳迁徙于雍，软禁起来。〔23〕"倍"，通"背"。〔24〕"甘泉宫"，宫在秦云阳县甘泉山上，故名。又名林光宫，建于秦王政初年。故址在今陕西淳化县西北。裴骃《集解》引徐广云："表云咸阳南宫也。"有人据此认为此甘泉宫是咸阳南宫，可备一说。

【注释】〔1〕"嫪毐"，音lào ài。初为吕不韦舍人，后诈受腐刑，为宦者，得侍太后，与太后私通，权势颇大。秦王政九年，谋反被诛。事迹主要见于本书《秦始皇本纪》《吕不韦列传》。〔2〕"苑囿"，种植林木，畜养禽兽，供上层统治者游猎的园林。有墙垣为苑，无墙垣者为囿。〔3〕"河西"，指流经今陕西、山西间黄河南段的西部地区。〔4〕"竟"，终，尽。"竟天"，彗星光芒与天空一样长。〔5〕"垣"，即王垣，在今山西垣曲县东南。"蒲阳"，在今山西隰县。〔6〕"雍"，在今陕西凤翔县南，秦德公都于此，至秦献公徙都栎阳。〔7〕"冠"，古代男子二十岁举行加冠的礼节，表示已经成年。秦王政举行冠礼时为二十二岁，这是一种变通的做法。〔8〕"带剑"，本书《货殖列传》云："游闲公子，饰冠剑，连车骑，亦为富贵容也。"可见带剑是富贵的象征。既是为了防身自卫，也是以壮威仪。〔9〕"戎翟君公"，指西北非华夏部族的首领。"翟"，同"狄"。〔10〕"蕲年宫"，秦惠公时建造，在雍地。当时秦王政居此宫。"蕲"，音qí。〔11〕"昌平君"，楚公子，名字史书失载。秦王政二十一年，徙居郢。二十三年，楚项燕起兵反秦，立昌平君为荆王。明年即死去。"昌文君"，姓名不详，《史记》全

【译文】嫪毐封为长信侯。赐给他山阳地区，让他居住。宫室、车马、衣服、苑囿、游猎对嫪毐一律不加限制。事无大小都由嫪毐决断。又把河西、太原郡改为嫪毐的封国。九年，彗星出现，有时光芒竟天。攻打魏国的垣邑、蒲阳。四月，秦王住宿在雍地。己酉，秦王举行冠礼，佩戴宝剑。长信侯嫪毐作乱阴谋被发现了，就诈用秦王印信和太后印信调动县邑的军队和警卫士卒、国家骑兵、戎翟首领、舍人，打算进攻蕲年宫，发动叛乱。秦王知道了这个消息，派相国昌平君、昌文君调遣士卒，进攻嫪毐。在咸阳交战，杀死了几百人，（斩首有功的人，）都得到了爵位，宦者参加战斗的，也得到一级爵位。嫪毐等人战败逃跑了。秦王就在全国下令：有活捉嫪毐的，赏钱一百万；杀死嫪毐的，赏钱五十万。全部抓获了嫪毐等人。卫尉竭、内史肆、佐弋竭、中大夫令齐等二十人都被斩首悬挂。又把他们五马分尸，巡行示众，夷灭了他们的宗族。嫪毐的舍人，罪

轻的服刑三年。削除爵位迁徙蜀地的有四千多家，居住在房陵。这个月天寒地冻，有被冻死的。杨端和攻打衍氏。彗星出现在西方，又出现在北方，跟随北斗向南移动了八十天。十年，相国吕不韦由于嫪毐的牵连获罪，免去了相国职务。桓齮为将军。齐国、赵国的使者来了，摆酒设筵。齐国人茅焦劝告秦王说："秦国正在以经营天下为己任，而大王有迁徙母太后的名声，恐怕各国诸侯听到这件事，由此引起背叛秦国。"秦王就去雍地迎接太后，回到咸阳，又重新居住在甘泉宫。

　　大索，逐客。[1]李斯上书说，[2]乃止逐客令。李斯因说秦王，请先取韩以恐他国，于是使斯下韩。韩王患之，[3]与韩非谋弱秦。[4]大梁人尉缭来，[5]说秦王曰："以秦之强，诸侯譬如郡县之君，臣但恐诸侯合从，[6]翕而出不意，[7]此乃智伯、夫差、湣王之所以亡也。[8]愿大王毋爱财物，赂其豪臣，以乱其谋，不过亡三十万金，则诸侯可尽。"秦王从其计，见尉缭亢礼，[9]衣服食饮与缭同。缭曰："秦王为人，蜂准，[10]长目，挚鸟膺，[11]豺声，少恩而虎狼心，居约易出人下，[12]得志亦轻食人。我布衣，然见我常身自下我。诚使秦王得志于天下，天下皆为虏矣。不可与久游。"乃亡去。秦王觉，固止，以为秦国尉，[13]卒用其计策。而李斯用事。

　　【注释】[1]"逐客"，秦国对各诸侯国蚕食不已，韩国为了消耗秦的国力，使它无力东进，就派水工郑国游说秦国兴修水利。秦采纳了郑国的建议，自中山西瓠口（今陕西泾阳县西北）凿渠引泾水东流，至今三原县北会合浊水，利用浊水和石川河水道，再引流东去，注入洛水。在工程兴建过程中，秦国察觉了郑国的意图。秦宗室、大臣认为诸侯国游秦的人都是为了本国的利益，要求驱逐全部游士。于是秦王政下达了逐客令。事见本书《河渠书》、《李斯列传》。[2]"李斯上书"，李斯上书的内容主要是运用历史事例说明各诸侯国的宾客曾为秦建立了功业。"士不产于秦，而愿忠者众。"现在要想无敌于天下，应该招纳宾客。详见本书《李斯列传》。"说"，音 shuì，劝说。[3]"韩王"，韩王安，是韩桓惠王之子，是韩国的最后一个国王。公元前二三八年嗣位，公元前二三〇年被秦俘虏。[4]"韩

非"，韩国贵族，与李斯俱师事荀卿。目睹韩国日益衰弱，多次上书建议韩王变法图强，未见采用。秦王政看到了他的著作，大为感慨，迅速攻韩。韩王派韩非出使秦国。被李斯等陷害，自杀狱中。著有《韩非子》，是法家的代表作。事详本书《韩非列传》。[5]"大梁"，魏国都城，在今河南开封市西北。"尉缭"，当代有名的军事家。梁惠王时也有一尉缭，撰有军事著作《尉缭子》。两人生活时代相去百年左右，当是两人。[6]"合从"，即"合纵"。战国时，秦国国势日强，为了反抗秦国的兼并，山东六国结成军事联盟，称为"合纵"。[7]"翕"，音 xī，收敛。这里是声色不外露的意思。[8]"智伯"，又作"知伯"，春秋末年，晋国六卿赵氏、魏氏、韩氏、智氏、范氏、中行氏当政。晋出公十七年，知伯与赵、韩、魏要联合瓜分范氏、中行氏的土地，遭到晋出公的反对。四家赶跑了晋出公。智伯立晋哀公，控制了晋国政权，占领了范氏、中行氏的土地，成为诸卿中最强的势力。智伯日益骄横。晋出公二十一年，智伯联合韩、魏攻赵，赵襄子坚守晋阳。三家军队引水灌城，城中悬釜而炊，易子相食。赵襄子惧，夜间派张孟谈与韩、魏密约，反而联合起来灭掉了智伯，瓜分了他的土地。事见本书《赵世家》、《战国策·赵策》。"夫差"，吴王阖庐被越国军队所伤致死，其子夫差嗣位二年，为报父仇，在夫椒（山名，在今江苏吴县西南太湖中）打败越国军队，乘胜攻破越国都城。后来又打败齐国，与晋争霸，称雄一时。越王句践失败后，表面上屈服于吴，委国为臣妾。实际上卧薪尝胆，抚循士民，积蓄力量，后来终于攻破吴国，夫差自杀。事见本书《吴太伯世家》、《越王句践世家》。"湣王"，指齐湣王地，齐宣王之子。他在位期间，国力强盛，一度自称东帝，秦昭王自称西帝。他灭亡了宋国，南向伐楚割地，西向威胁三晋，意欲兼并周室，自为天子。后来燕、秦、楚、三晋联兵攻齐，齐军大败。燕将乐毅攻入都城临淄，齐湣王逃亡被杀。事见本书《田敬仲完世家》。[9]"亢"，同"抗"。"亢礼"，礼节相当，彼此同等。[10]"蜂"，虿，是一种毒虫。长尾为虿，短尾为蝎。"蜂准"，高鼻梁。[11]"挚"，音 zhì，与"鸷"字通。"挚鸟"，猛禽，性情凶悍如鹰、鹯，其胸前突。"膺"，音 yīng，胸。[12]"约"，穷困。"易"，轻易。[13]"国尉"，掌管全国的军事，汉代称太尉。

　　【译文】秦王大规模地进行搜索，驱逐从诸侯国来的宾客。李斯上书劝阻，秦王就废除了驱逐宾客的命令。他乘机建议秦王，首先攻取韩国，使其他诸侯国感到恐惧。于是秦王派李斯攻打韩国。

韩王很忧虑，和韩非商量削弱秦国的力量。大梁人尉缭来到秦国，劝告秦王说："以秦国的强大力量，（与诸侯相比，）诸侯就像一个郡县的君主。但是我担心诸侯联合起来，不露声色，出其不意地攻打秦国，这就是智伯、夫差、湣王所以灭亡的原因。希望大王不要吝惜财物，贿赂他们有权势的大臣，破坏他们的计划，失去的不过三十万斤黄金，而诸侯则可以全部消灭。"秦王听从了他的建议，每次接见尉缭时都以平等的礼节相待，衣服、饮食也与尉缭一样。尉缭说："秦王这个人，高鼻梁，细长的眼睛，鸷鸟一样的胸膛，豺狼一样的声音，刻薄寡恩，心如虎狼，处于穷困时容易谦卑下人，得志时也容易吞噬人。我是一个平民百姓，然而接见我时，常常甘居我下。如果秦王得志于天下，天下人都要成为他的俘虏了。不能和他长期相处。"尉缭就逃走了。秦王发觉了，坚决地挽留他，让他做秦国国尉，终于采用了他的计策。而这时李斯主持朝政。

十一年，王翦、桓齮、杨端和攻邺，〔1〕取九城。王翦攻阏与、橑杨，〔2〕皆并为一军。翦将十八日，军归斗食以下，〔3〕什推二人从军。取邺、安阳，〔4〕桓齮将。〔5〕十二年，文信侯不韦死，窃葬。其舍人临者，〔6〕晋人也逐出之；〔7〕秦人六百石以上夺爵，〔8〕迁；五百石以下不临，迁，勿夺爵。自今以来，操国事不道如嫪毐、不韦者籍其门，〔9〕视此。秋，复嫪毐舍人迁蜀者。〔10〕当是之时，天下大旱，六月至八月乃雨。

【注释】〔1〕"王翦"，频阳（今陕西富平县东北）人，为秦将军，在秦统一六国过程中，战功颇多，事详本书《王翦列传》。"邺"，据本书《六国年表》、《赵世家》，当时为赵地，在今河北临漳县西南。〔2〕"阏与"，当时属赵，在今山西和顺县。"阏"，音yù。"橑杨"，当时属赵，在今山西左权县。"橑"，音lǎo。〔3〕"斗食"，低级官吏，禄俸微薄。汉代斗食之吏月俸只有十一斛。〔4〕"安阳"，即魏宁新中，秦昭襄王五十年拔之，改名安阳，在今河南安阳市东南。梁玉绳《史记志疑》云："'安阳'当作'橑阳'，必传写之误。"〔5〕"桓齮将"，此上所述王翦、桓齮、杨端和攻取事含糊不清。据清梁玉绳《史记志疑》卷五考证，这次伐赵，"王翦为主将，桓齮为次将，杨端和为末将，并军伐赵，攻邺未得，先取九城。王翦遂别攻阏与、橑杨，而留桓齮攻邺。齮既取邺、

翦复令齮攻橑杨，己独攻阏与，皆取之，故又言取邺、橑杨，桓齮将也"。〔6〕"临"，临哭，哭吊。〔7〕"晋人"，三晋人，即韩、魏、赵三国人。吕不韦入秦之前，以赵为活动基地。所以吕不韦死后，秦王特别注意清除吕不韦的三晋势力，驱逐他的舍人中的三晋人。〔8〕"六百石"，秦爵八级的俸禄。下文"五百石"，为秦爵十级的俸禄。〔9〕"籍"，登记。"籍其门"，登记入册，抄没全家，把人口变为官府徒隶。〔10〕"复"，免除罪罚。

【译文】十一年，王翦、桓齮、杨端和攻打邺邑，夺取了九个城邑。王翦攻打阏与、橑杨，把全部士卒合并成一支军队。王翦统率全军，过了十八天，遣返军队中斗食以下的无功人员，十人中推选二人从军。攻下邺邑、橑杨，是桓齮领兵攻克的。十二年，文信侯吕不韦死了，偷偷地埋葬了他的尸体。吕不韦的舍人来哭吊的，如果是晋人就驱逐出境；如果是秦人，俸禄在六百石以上的削除爵位，迁离旧居，五百石以下没有来哭吊的，也迁离旧居，不削除爵位。从此以后，治理国家政事，像嫪毐、吕不韦一样为逆不道的，抄没他的全家，按照这个样子处理。秋天，嫪毐的舍人应该迁徙蜀地的得到了赦免。当时，天下大旱，从六月到八月才下雨。

十三年，桓齮攻赵平阳，〔1〕杀赵将扈辄，〔2〕斩首十万。王之河南。〔3〕正月，彗星见东方。十月，桓齮攻赵。十四年，攻赵军于平阳，取宜安，〔4〕破之，杀其将军。桓齮定平阳、武城。〔5〕韩非使秦，秦用李斯谋，〔6〕留非，非死云阳。〔7〕韩王请为臣。

【注释】〔1〕"平阳"，在今河北临漳县西南。〔2〕"扈辄"，赵幽缪王将军。"辄"，音zhé。〔3〕"王"，指赵王迁。桓齮杀死赵将扈辄，率军向东进击，赵王迁被迫逃往河南。见本书《六国年表》。"河南"，即周雒邑王城，在今河南洛阳市西郊涧水东岸。〔4〕"宜安"，在今河北藁城县西南。〔5〕"武城"，位于平阳西，在今河北磁县南。晋司马彪《续汉书·郡国志》载魏郡邺县有武城，即此。赵国东境还有一武城，故地在今山东武城县西北。当时秦军尚未至此。〔6〕"李斯谋"，韩非奉韩王命入秦后，李斯对秦王说，韩非不能为秦所用，如果遣送回韩，是自遗祸患，不如以法杀死他。"李斯谋"即指此。后来秦王采纳了李斯的计谋，韩非被逮治自杀。事见本书《韩非列传》。〔7〕"云阳"，秦县，在

今陕西淳化县西北。

【译文】十三年，桓齮攻打赵国的平阳，杀死了赵国将领扈辄，斩首十万。赵王逃往河南。正月，彗星出现在东方。十月，桓齮攻打赵国。十四年，在平阳进攻赵国军队，夺取了宜安，打垮了赵国军队，杀死了它的将军。桓齮平定了平阳、武城。韩非出使秦国，秦国采纳李斯的计策，把韩非羁留在秦国，韩非死在云阳。韩王请求作为秦国的臣属。

十五年，大兴兵，一军至邺，一军至太原，〔1〕取狼孟。〔2〕地动。十六年九月，发卒受地韩南阳，〔3〕假守腾。〔4〕初令男子书年。〔5〕魏献地于秦。秦置丽邑。〔6〕十七年，内史腾攻韩，得韩王安，尽纳其地，以其地为郡，命曰颍川。〔7〕地动。华阳太后卒。〔8〕民大饥。

【注释】〔1〕"太原"，指太原郡。〔2〕"狼孟"，当时属赵，在今山西阳曲县。〔3〕"南阳"，在今河南西南部一带。秦昭襄王三十五年，秦初置南阳郡。这次接收的南阳地，当是昭襄王所置南阳郡以外被韩控制的地区。〔4〕"假"，摄代，代理。"守"，郡守，一郡最高的行政和军事长官。"腾"，姓失载，与下文内史腾可能是一人。〔5〕"男子书年"，男子在簿籍上登记年龄，主要是为了便于官府征发丁壮，服事徭役，或充军打仗。这在全国是一件大事，所以云梦秦简《编年记》于秦王政十六年也记载"自占年"，即自己申报年龄。〔6〕"丽邑"，又作"骊邑"，汉高祖改名新丰，在今陕西临潼县东北。〔7〕"颍川"，境内有颍水穿流，故名。辖地在今河南登封县、宝丰县以东，尉氏县、鄢城县以西，密县以南，舞阳县、叶县以北。治所在阳翟。〔8〕"华阳太后"，孝惠文王为太子时，立所爱姬为正夫人，号曰"华阳夫人"，孝惠文王继位，华阳夫人为王后。庄襄王生母为夏姬，养母为华阳后。庄襄王继位后，华阳后为华阳太后。事详本书《吕不韦列传》。

【译文】十五年，秦国大举出兵，一支军队到达邺邑，一支军队到达太原，攻下了狼孟。发生地震。十六年九月，派兵接收韩国南阳地区，腾暂时代理郡守。开始下令男子登记年龄。魏国向秦国献纳土地。秦国设置丽邑。十七年，内史腾攻打韩

国，抓获了韩王安，兼并了全部韩国领土，把它的领土设置了一个郡，命名为颍川。发生地震。华阳太后死了。发生严重的饥荒。

十八年，大兴兵攻赵，王翦将上地，〔1〕下井陉。〔2〕端和将河内，〔3〕羌瘣伐赵，〔4〕端和围邯郸城。〔5〕十九年，王翦、羌瘣尽定取赵地东阳，〔6〕得赵王。引兵欲攻燕，屯中山。〔7〕秦王之邯郸，诸尝与王生赵时母家有仇怨，皆阬之。秦王还，从太原、上郡归。始皇帝母太后崩。〔8〕赵公子嘉率其宗数百人之代，〔9〕自立为代王，东与燕合兵，军上谷。〔10〕大饥。

【注释】〔1〕"上地"，指上郡地。〔2〕"井陉"，在今河北井陉县西北，城内有井陉山。"陉"，音xíng。〔3〕"河内"，指河内郡。秦统一全国后，河内郡辖有今河南林县、济源县以东，滑县、新乡市以西，安阳市以南，孟县以北。治所在怀县（今河南武陟县西南）。〔4〕"羌瘣"，秦国将领。"瘣"，音huì。〔5〕"端和围邯郸城"，以上数句，清梁玉绳《史记志疑》卷五认为"必有错简缺文，盖三将攻赵，王翦将上地下井陉，杨端和将河内围邯郸城，羌瘣独缺，只存'伐赵'二字，而错出于'端和将河内'句下也。'围邯郸城'上又重出'端和'二字"。〔6〕"东阳"，太行山以东赵国地区。〔7〕"中山"，春秋时白狄别族所建立的国家，赵惠文王三年，为赵所灭，故地在今河北境内滹沱河流域，战国时先后建都顾（今河北定县）、灵寿（今河北平山县东北）。〔8〕"崩"，按照封建等级制度，皇帝、皇后、皇太后死曰"崩"，诸侯死曰"薨"，大夫死曰"卒"。〔9〕"代"，据本书《匈奴列传》记载，赵武灵王置代郡。后来秦沿置，辖地在今山西北部、河北西北部一带。〔10〕"上谷"，燕始置上谷郡，地归秦后，仍沿置此郡，位于代郡之东。

【译文】十八年，大举出兵进攻赵国，王翦统率上地士卒，攻下井陉。杨端和统率河内士卒，羌瘣也率军攻打赵国，杨端和围攻邯郸城。十九年，王翦、羌瘣全部攻占和平定了赵国的东阳地区，抓获了赵王。率兵准备进攻燕国，军队驻扎在中山。秦王来到邯郸，凡是他生在赵国时曾与母亲家里有仇怨的，全部坑杀。秦王返回秦国，是从太原、上郡回来的。始皇帝的母亲皇太后去世。赵国公子嘉

带领他的宗族几百人前往代地,自立为代王,向东与燕国的军队联合起来,驻扎在上谷。这一年发生严重饥荒。

二十年,燕太子丹患秦兵至国,[1]恐,使荆轲刺秦王。[2]秦王觉之,体解轲以徇,而使王翦、辛胜攻燕。[3]燕、代发兵击秦军,秦军破燕易水之西。[4]二十一年,王贲攻荆。[5]乃益发卒诣王翦军,遂破燕太子军,取燕蓟城,[6]得太子丹之首。燕王东收辽东而王之。[7]王翦谢病老归。[8]新郑反。[9]昌平君徙于郢。[10]大雨雪,深二尺五寸。[11]

【注释】[1]"燕太子丹",燕王喜之子,曾到秦国做人质,秦王政对他很不好,后逃回燕国。他看到秦国不断吞噬各诸侯国,祸将延及燕国,就阴养壮士,派荆轲西刺秦王。荆轲行刺没有成功,秦王派王翦率军进攻燕国,燕王喜、太子丹率军退守辽东,后来燕王喜被迫斩太子丹首献给秦国。[2]"荆轲",卫国人。卫国人叫他庆卿,燕国人叫他荆卿。喜好读书击剑。游燕时,被燕太子丹尊为上卿,奉命刺杀秦王政。燕王喜二十八年,他带着秦国逃亡将军樊於期之首和夹有匕首的督亢(今河北易县、涿县、固安县一带)地图,作为奉献秦王的礼物。荆轲献图,图穷而匕首见,刺秦王未中而死。事详本书《刺客列传》。[3]"辛胜",秦国将军。全书只此一见。[4]"易水",在燕国南境,发源于今河北易县西,东流至定兴县西南,注入拒马河。[5]"王贲",王翦之子,为秦将军,先后率军攻楚、灭魏、灭燕、灭代王嘉、灭齐,战功卓著,封通武侯。"荆",即楚国。楚国原建立于荆山(今湖北南漳县西),所以楚也称荆。有人认为秦称楚为荆,是为了避庄襄王子楚之讳。[6]"蓟城",燕国都城,故地在今北京城西南角。[7]"燕王",燕王喜,燕孝王之子,公元前二五四年继位,在位三十三年,被秦国俘虏。"辽东",燕国设置的郡,秦沿置。辖有辽宁大凌河以东地,治所在襄平(今辽宁辽阳市)。"王",音 wàng,称王。[8]"谢病",托病辞职。秦国屡次打败楚军之后,准备灭亡楚国。当时秦将李信,年少壮勇。秦王政问李信灭楚需要多少士卒,李信说:"不过用二十万人。"又问王翦,王翦说:"非六十万人不可。"秦王以为王翦年老胆怯,派李信、蒙恬率军二十万攻楚,王翦遂告病,归老频阳。后来李信兵败,秦王又起用王翦为将,最后消灭了楚国。事见本书《王翦列传》。[9]"新郑",春秋时曾为郑国都城,战国韩哀侯灭郑后也建都于此。故城在今河南新郑县。[10]"郢",指寿春。本书《楚世家》云:楚考烈王二十二年,"楚东徙都寿春,命曰郢"。故地在今安徽寿县。[11]"尺",秦代尺比今天短,一尺约等于今天二十三点二厘米。

【译文】二十年,燕国太子丹担忧秦国的军队来到燕国,心里惶恐不安,派遣荆轲刺杀秦王。秦王察觉了,肢解了荆轲的尸体巡行示众,派王翦、辛胜进攻燕国。燕国、代国出兵攻击秦国军队,秦国军队在易水西边打败了燕国军队。二十一年,王贲进攻荆地。调遣更多的士卒前往王翦军队,于是打垮了燕太子的军队,攻下了燕国的蓟城,得到了太子丹的脑袋。燕王东去聚集辽东兵力,在那里称王。王翦推托有病,告老还乡。新郑反叛。昌平君迁徙到郢地。下大雪,雪有二尺五寸深。

二十二年,王贲攻魏,引河沟灌大梁,大梁城坏,其王请降,[1]尽取其地。

【注释】[1]"王",指魏王假,魏景湣王之子,公元前二二七年至前二二五年在位。

【译文】二十二年,王贲进攻魏国,挖沟引河水淹灌大梁,大梁城墙毁坏,魏王请求投降,秦国占领了全部魏国领土。

二十三年,秦王复召王翦,强起之,使将击荆。取陈以南至平舆,[1]虏荆王。[2]秦王游至郢陈。[3]荆将项燕立昌平君为荆王,[4]反秦于淮南。[5]二十四年,王翦、蒙武攻荆,[6]破荆军,昌平君死,项燕遂自杀。

【注释】[1]"陈",在今河南淮阳县。"平舆",在今河南平舆县北。[2]"荆王",指荆王负刍,荆考烈王之子,荆哀王庶兄,继荆哀王之后立为荆王,公元前二二七年至前二二三年在位。[3]"郢陈",即陈,楚顷襄王二十一年,秦将白起攻拔楚都郢,楚顷襄王兵散不能再战,徙都陈。楚长期以陈为都,所以把陈也称为郢陈。[4]"项燕",项梁之父。本书《陈涉世家》载陈涉云:"项燕为楚将,数有功,爱士卒,楚人怜之。"陈涉起义曾以项燕为号召。[5]"淮南",淮水之南。[6]"蒙武",蒙骜之子,蒙恬之父,秦昭襄王时已为秦将,曾率军伐齐。

【译文】二十三年，秦王又征召王翦，坚持要起用他，派他率军攻打荆国。攻下陈地以南至平舆一带，俘虏了荆王。秦王巡游到达郢陈。荆将项燕立昌平君为荆王，在淮水南边起兵反秦。二十四年，王翦、蒙武进攻荆地，打败了荆军，昌平君战死，项燕也就自杀了。

二十五年，大兴兵，使王贲将，攻燕辽东，得燕王喜。还攻代，虏代王嘉。王翦遂定荆江南地；降越君，[1] 置会稽郡。[2] 五月，天下大酺。[3]

【注释】[1]"越君"，据本书《越王句践世家》记载，楚威王兴兵伐越，杀死越王无彊，从此越国败散，诸族子争立，或为王，或为君，朝服于楚。王翦所降越君，当是占据秦所置会稽郡者。[2]"会稽郡"，辖有今江苏东南部、浙江中部以北和安徽东南部。治所在吴县（今江苏苏州市）。[3]"酺"，音pú，欢聚宴饮。"大酺"，有国家命令才能举行。秦汉法律规定，不许三人以上无故聚饮，违者罚金。秦王指令天下大宴饮，是因为当时秦国相继平定了韩、赵、魏、燕、楚五国，齐国也即将被秦灭亡。

【译文】二十五年，大举出兵，派王贲为将，率军进攻燕国辽东地区，抓获了燕王喜。回军进攻代国，俘虏了代王嘉。王翦平定了荆国江南地区；降服了越君，设置会稽郡。五月，天下欢聚宴饮。

二十六年，齐王建与其相后胜发兵守其西界，[1] 不通秦。秦使将军王贲从燕南攻齐，得齐王建。

【注释】[1]"齐王建"，齐哀王之子，公元前二六四年嗣立，在位四十四年。

【译文】二十六年，齐王建和齐相后胜调遣军队防守西部边界，不与秦国来往。秦国派将军王贲从燕国南下进攻齐国，俘虏了齐王建。

秦初并天下，令丞相、御史曰：[1]"异日韩王纳地效玺，[2] 请为藩臣，已而信约，与赵、魏合从畔秦，[3] 故兴兵诛之，虏其王。寡人以为善，[4] 庶几息兵革。赵王使其相

李牧来约盟，[5] 故归其质子。已而倍盟，反我太原，故兴兵诛之，得其王。赵公子嘉乃自立为代王，故举兵击灭之。魏王始约服入秦，已而与韩、赵谋袭秦，秦兵吏诛，遂破之。荆王献青阳以西，[6] 已而畔约，击我南郡，故发兵诛，得其王，遂定其荆地。燕王昏乱，其太子丹乃阴令荆轲为贼，兵吏诛，灭其国。齐王用后胜计，绝秦使，欲为乱，兵吏诛，虏其王，平齐地。寡人以眇眇之身，[7] 兴兵诛暴乱，赖宗庙之灵，六王咸伏其辜，天下大定。今名号不更，无以称成功，传后世。其议帝号。"丞相绾、御史大夫劫、廷尉斯等皆曰：[8]"昔者五帝地方千里，[9] 其外侯服夷服，[10] 诸侯或朝或否，天子不能制。今陛下兴义兵，诛残贼，平定天下，海内为郡县，法令由一统，自上古以来未尝有，五帝所不及。臣等谨与博士议曰：[11]'古有天皇，[12] 有地皇，有泰皇，泰皇最贵。'臣等昧死上尊号，[13] 王为'泰皇'。命为'制'，[14] 令为'诏'，[15] 天子自称曰'朕'。[16]"王曰："去'泰'，著'皇'，采上古'帝'位号，号曰'皇帝'。他如议。"制曰："可。"追尊庄襄王为太上皇。制曰："朕闻太古有号毋谥，[17] 中古有号，死而以行为谥。如此，则子议父，臣议君也，甚无谓，朕弗取焉。自今已来，除谥法。朕为始皇帝。后世以计数，二世三世至于万世，传之无穷。"

【注释】[1]"御史"，即御史大夫，在君主左右掌管文书档案记录等事，又负责监察执法讨奸治狱，是秦代最高的监察官。始皇时此官地位仅次于左右丞相。[2]"效"，献出。[3]"畔"，通"叛"。[4]"寡人"，少德之人。这是一种自我谦辞。春秋、战国时，诸侯王皆自称"寡人"，至秦、汉犹然。先秦诸侯的夫人亦可以此自称。可参阅清赵翼《陔余丛考》卷三六"寡人"条。[5]"李牧"，赵国名将，曾驻守赵北方边境，大破匈奴。赵王迁时，又大败秦军，封为武安君，后被赵王迁杀害。事详本书《廉颇蔺相如列传》所附《李牧列传》。[6]"青阳"，在今湖南长沙市。[7]"眇眇"，微小，是自我谦辞。"眇"，音 miǎo。[8]"绾"，音 wǎn，王绾。"劫"，冯劫，秦二世时被迫自杀。"廷尉"，掌管国家刑狱之官。"斯"，李斯。[9]"五帝"，我国古代传说中氏

族社会的五个帝王。据本书《五帝本纪》所载，这五个帝王是黄帝、颛顼、帝喾、唐尧、虞舜。"方千里"，千里见方，即长宽各各千里。〔10〕"侯服夷服"，《周礼·夏官·职方氏》记载，天子直接管辖的长宽各一千里的地区称王畿。其外为对天子称臣的小国，由近及远分为九服，即侯服、甸服、男服、采服、卫服、蛮服、夷服、镇服、藩服。每服相去五百里。这仅是一种理想的政治区划。这里说"侯服"，表示距王畿较近的地区；说"夷服"，表示距王畿较远的地区。〔11〕"博士"，秦代设置的学官，通晓古今，以待帝王咨询，又负责掌管文献典籍。〔12〕"天皇"，与下"地皇"、"泰皇"均为传说中的三个帝王。〔13〕"昧死"，冒犯死罪。是臣下上书时用来表示敬畏的套语。〔14〕"命"，君主颁布的有关制度性、法则性的命令。〔15〕"令"，君主就一具体事物颁布的一般性命令。〔16〕"朕"，音 zhèn，本为古人自称之辞，从秦始皇帝始，专用为皇帝自称。皇太后听政亦可自称"朕"。〔17〕"谥"，音 shì，古代君主或有地位的人死后，根据生前事迹给予的一字或两字称号。

【译文】秦国刚刚兼并天下，下令丞相、御史说："前些时候韩王交出土地，奉献国王的印章，请求成为藩臣。不久背弃了约定，与赵国、魏国联合起来背叛秦国，所以我兴兵讨伐，俘虏了韩国的国王。我以为这是件好事，大概可以偃兵息革了。赵王派他的丞相李牧来签订盟约，所以送回了他的作人质的儿子。不久赵国背叛了盟约，在我国太原起兵反抗，所以我兴兵讨伐，抓获了它的国王。赵国公子嘉自立为代王，所以我又发兵消灭了他。魏王最初说定臣服秦国，不久与韩国、赵国阴谋袭击秦国，秦国吏卒前往讨伐，摧毁了魏国。荆王献纳青阳以西的土地，不久违背约定，进攻我国南郡，所以我发兵讨伐，抓到了荆国国王，平定了荆地。燕王头昏脑乱，他的太子丹暗中指使荆轲做贼，秦国吏卒前去讨伐，灭亡了他的国家。齐王采用后胜的计策，不让秦国使者进入齐国，打算兴兵作乱，我派吏卒去讨伐，俘虏了齐国国王，平定了齐地。我这微不足道的人，发兵诛暴讨乱，靠着祖先宗庙的威灵，六国国王都已各服其罪，天下完全平定了。现在不改换名号，就不能颂扬建立的功业，流传后世。希望议论一下帝王的称号。"丞相王绾、御史大夫冯劫、廷尉李斯等都说："过去五帝管辖千里见方的地区，在这个地区之外的侯服、夷服，有的诸侯朝贡，有的诸侯不朝贡，天子不能控制。现在陛下调遣义军，诛暴讨贼，平定天下，四海之内，设置郡县，统一

法令，这是从上古以来所没有过的，五帝也望尘莫及。我们谨慎地和博士讨论，都说：'古代有天皇，有地皇，有泰皇，泰皇最高贵。'我们冒着死罪献上尊号，王称为'泰皇'。天子之命称为'制'，天子之令称为'诏'，天子自称叫'朕'。"秦王说："去掉'泰'字，留下'皇'字，采用上古表示地位称号的'帝'字，叫作'皇帝'。其他遵照议定的意见。"（对已经决定了的名号，）下达制命说："可以。"追尊庄襄王为太上皇。皇帝下达制命说："我听说远古有称号，没有谥号，中古有称号，死后根据生前行迹确定谥号。这样做，就是儿子议论父亲，臣子议论君王，很没有意义，我不采取这种做法。从此以后，废除谥法。我是始皇帝。子孙后代用数计算，从二世、三世至于万世，传袭无穷。"

始皇推终始五德之传，〔1〕以为周得火德，秦代周德，从所不胜方今水德之始。改年始，〔2〕朝贺皆自十月朔。衣服旄旌节旗皆上黑。〔3〕数以六为纪，符、法冠皆六寸，〔4〕而舆六尺，六尺为步，乘六马。更名河曰德水，以为水德之始。刚毅戾深，事皆决于法，刻削毋仁恩和义，然后合五德之数。于是急法，久者不赦。

【注释】〔1〕"终始五德之传"，战国阴阳家邹衍的一种学说。他认为，土、木、金、火、水五种物质德性相胜而终而复始地循环变化，历史上的朝代即根据这一规律兴替。每个朝代在五德中都有相应的一德，以及与德相符的各种制度。按照邹衍的学说，周为火德，秦代周，应为水德。〔2〕"改年始"，改变一年的首月。夏以建寅之月为岁首，殷以建丑之月为岁首，周以建子之月为岁首，秦始皇帝以十月建亥为岁首。〔3〕"旄"，音 máo，上端用旄牛尾作为装饰的旗帜。"旌"，音 jīng，用羽毛做成的旗帜。"节"，使者所执，用作凭信，形似竹节，用竹木或金属制成，上端有旄饰。"上"，与"尚"字通。"上黑"，崇尚黑色。按五行学说，秦得水德，黑色为水德之色。〔4〕"符"，传达命令或调兵遣将用的凭证。用金、玉、铜、竹、木制成，双方各执一半，合之以验真假。"法冠"，又称柱后惠文冠，司法官所戴。据说原来是楚王冠，秦灭楚，把楚王冠赐给了御史。

【译文】始皇根据五德终始的嬗递次序进行

推演，认为周朝得到了火德，秦朝代替周朝的火德，遵循五行相胜的法则现在应是水德的开端。改变一年的首月，十月初一群臣入朝庆贺。衣服、旄旌、节旗都崇尚黑色。数目用六作标准，符、法冠都六寸，舆车宽六尺，六尺为步，驾车用六匹马。把河改名叫德水，作为水德的开始。为政强硬果决，暴戾苛细，事情都依法决断，刻薄严峻，没有仁爱恩德，没有温情道义，认为这样才符合五德演变的原则。于是急迫地加强法制，因禁很久的罪犯也不赦免。

丞相绾等言："诸侯初破，燕、齐、荆地远，不为置王，毋以填之。[1]请立诸子，唯上幸许。"始皇下其议于群臣，群臣皆以为便。廷尉李斯议曰："周文武所封子弟同姓甚众，然后属疏远，相攻击如仇雠，诸侯更相诛伐，周天子弗能禁止。今海内赖陛下神灵一统，皆为郡县，诸子功臣以公赋税重赏赐之，甚足易制。天下无异意，则安宁之术也。置诸侯不便。"始皇曰："天下共苦战斗不休，以有侯王。赖宗庙，天下初定，又复立国，是树兵也，而求其宁息，岂不难哉！廷尉议是。"

【注释】[1]"填"，与"镇"字通。压服，安定。

分天下以为三十六郡，[1]郡置守、尉、监。[2]更名民曰"黔首"。[3]大酺。收天下兵，[4]聚之咸阳，销以为钟镶，[5]金人十二，重各千石，[6]置廷宫中。一法度衡石丈尺。车同轨。[7]书同文字。[8]地东至海暨朝鲜，西至临洮、羌中，[9]南至北向户，[10]北据河为塞，并阴山至辽东。[11]徙天下豪富于咸阳十二万户。诸庙及章台、上林皆在渭南。[12]秦每破诸侯，写放其宫室，[13]作之咸阳北阪上，[14]南临渭，自雍门以东至泾、渭，[15]殿屋复道周阁相属。[16]所得诸侯美人钟鼓，以充入之。

【注释】[1]"三十六郡"，历来解释不一，南朝宋裴骃《集解》云："三十六郡者，三川、河东、南阳、南郡、九江、鄣郡、会稽、颍川、砀郡、泗水、薛郡、东郡、琅邪、齐郡、上谷、渔阳、右北平、辽西、辽东、代郡、巨鹿、邯郸、上党、太原、云中、九原、雁门、上郡、陇西、北地、汉中、巴郡、蜀郡、黔中、长沙，凡三十五，与内史为三十六郡。"此只备一说，未可尽信。在上述诸郡之外，秦还先后置衡山、闽中、南海、桂林、象郡等郡。 [2]"守"，郡守，掌管全郡政务和军事。"尉"，郡尉，辅助郡守掌管全郡军事。"监"，监御史，负责监察全郡。 [3]"黔"，音qián，黑色。"黔首"，战国时已广泛使用，含义与当时常见的"民"、"庶民"相同，秦为水德，水德尚黑。秦始皇下令称百姓为"黔首"，是取尚黑之义，以与水德相应。[4]"兵"，兵器。秦所收为铜兵器。 [5]"镶"，音jù，乐器，形状似钟。 [6]"石"，音shí，三十斤为一钧，四钧为一石。 [7]"车同轨"，战国时各国车辆轮间距离不一，秦统一为六尺。 [8]"书同文字"，战国时山东六国文字异形，秦使用大篆，与六国文字又有所不同。始皇统一文字，规定全国使用小篆。小篆与大篆相比，字体结构比较简单、整齐、定形，易于辨识和书写。 [9]"临洮"，秦县，在陇西郡西部，故城在今甘肃岷县，因地临洮水而得名。"羌中"，指羌族居住地，在秦陇西郡、蜀郡以西。[10]"北向户"，门朝北以向日，这是极南地带。也有人认为"向"字是衍文，"北户"为地名，在秦象郡境内。 [11]"并"，音bàng，通"傍"，依傍。"阴山"，在今内蒙古自治区中部，东西走向。 [12]"章台"，秦离宫台名，战国时秦王常于此接见诸侯王和使者，汉代犹存，故址在今陕西西安市长安县故城西南。"上林"，秦苑名，始皇三十五年在苑中建造朝宫，阿房宫即为前殿。故址在今陕西西安市西及户县、周至县境内。"渭"，渭水，发源于今甘肃渭源县，东流经秦都咸阳之南，在今陕西潼关县注入黄河。 [13]"写"，摹画。"放"，通"仿"，仿效。[14]"阪"，音bǎn，山坡。 [15]"雍门"，据《汉书·外戚传》，孝武钩弋赵倢伃之父"为中黄门，死长安，葬雍门"。颜师古注："雍门在长安西北孝里西南，去长安三十里。"当在今陕西咸阳市南。"泾"，泾水，发源于今宁夏回族自治区南部六盘山东麓，东南流经秦都咸阳北，在今陕西高陵县境注入渭水。[16]"复道"，在空中架设的通道。"周阁"，周匝回旋的阁道。"属"，zhǔ，接连。

【译文】把全国划分为三十六郡，郡设守、尉、监。百姓改称"黔首"。天下欢聚宴饮。收集天下兵器，集中在咸阳，熔铸成钟镶，又铸造了十二个铜人，每一个重一千石，安置在宫廷中。统一法律制度和度量衡标准。规定车子两轮距离相同。书写采用统一的文字。全国地域东至大海和朝鲜，西至临洮、羌中，南至门窗北开的地区，北据黄河为屏障，顺着阴山直至辽东。把天下豪富十二万户迁徙到咸阳。秦国各王的陵庙和章台、上林苑都在渭水南岸。秦国每消灭一个诸侯国，就描模它的宫殿，在咸阳北坡上仿效建造，南临渭水，从雍门以东到达泾水、渭水汇流地区，宫殿室宇、空中栈道和缭绕回旋的阁道连续不断。从诸侯国掳掠来的美女、钟鼓，都安置在里面。

二十七年，始皇巡陇西、北地，[1]出鸡头山，[2]过回中。[3]焉作信宫渭南，[4]已更命信宫为极庙，象天极。[5]自极庙道通郦山，[6]作甘泉前殿。筑甬道，[7]自咸阳属之。是岁，赐爵一级。治驰道。[8]

【注释】[1]"陇西"，秦郡，辖有今甘肃庄浪县、两当县以西，临夏县以东，静宁县、兰州市以南，成县、宕昌县以北。治所在狄道（今甘肃临洮县南）。"北地"，秦郡，辖有今陕西吴旗县、甘肃宁县以西，贺兰山以东，内蒙古自治区乌海市以南，陕西长武县、甘肃华亭县、会宁县、靖远县以北。治所在义渠（在今甘肃宁县西北，庆阳县南稍西一百五十里）。[2]"鸡头山"，在甘肃平凉县西。[3]"回中"，秦宫名，本书《匈奴列传》载汉文帝十四年，匈奴从萧关（在今宁夏固原东南）深入，烧毁此宫。张守节《正义》引《括地志》云："秦回中宫在岐州雍县西四十里。"据此，回中宫当在今陕西凤翔县。有人认为故址在今陕西陇县西北，不可信。[4]"焉"，于是。有人"焉"字属上句读，是错误的。"信宫"，又称咸阳宫，故址在今陕西咸阳市渭河南岸。[5]"天极"，天极星。古人把天分为五个区域，称为五宫，天极星是中宫的主要星座。[6]"郦山"，在今陕西临潼县东南。"郦"，音 lì，或作"骊"，又作"丽"。[7]"甬道"，两边有矮墙的通道。[8]"驰道"，专供皇帝行驶车马的道路。据汉文帝时贾山所说，秦驰道东穷燕、齐，南极吴、楚，道宽五十步，道旁隔三丈远植树一棵。见《汉书·贾山传》。

【译文】二十七年，始皇巡行陇西、北地，来到鸡头山，（返回时）路过回中。于是在渭水南面建造信宫，不久把信宫改名为极庙，象征天极星。从极庙修路通往郦山，又建造了甘泉宫前殿，修筑甬道，从咸阳和它相连。这一年，赐予全国民爵一级。修建驰道。

二十八年，始皇东行郡县，上邹峄山。[1]立石，与鲁诸儒生议，刻石颂秦德，议封禅望祭山川之事。[2]乃遂上泰山，[3]立石，封，祠祀。下，风雨暴至，[3]休于树下，因封其树为五大夫。[4]禅梁父。刻所立石，其辞曰：

【注释】[1]"邹峄山"，在今山东邹县东南。[2]"封禅"，帝王为宣扬功绩而举行的祭祀天地的典礼，由战国时齐、鲁儒生所倡导。在儒生看来，五岳中泰山（在山东中部，主峰玉皇顶在泰安市北）最高，所以帝王登泰山筑坛祭天，此为"封"。又在泰山南梁父山上辟基祭地，此为"禅"。"望祭"，遥祭山川的一种典礼。[3]"暴"，突然。[4]"五大夫"，秦爵第九级。东汉时，相传封为五大夫的是松树，后世又讹传为五株松树。今泰山游览区有五大夫松，在云步桥北。

【译文】二十八年，始皇向东巡行郡县，登上邹峄山。树立石碑，和鲁地的一些儒生商议，刻写石碑颂扬秦朝的功德，又讨论封禅和望祭山川的事情。于是就登上泰山，树立石碑，积土成坛，祭祀上天。下山时，忽然来了风雨，始皇停留在树下（躲避风雨），因此封这棵树为五大夫。又到梁父辟地为基，祭了大地，在所立的石碑上进行刻辞，碑文说：

皇帝临位，作制明法，臣下修饬。[1]二十有六年，初并天下，罔不宾服。亲巡远方黎民，登兹泰山，周览东极。从臣思迹，本原事业，祇诵功德。[2]治道运行，诸产得宜，皆有法式。大义休明，[3]垂于后世，顺承勿革。皇帝躬圣，既平天下，不懈于治。夙兴夜寐，[4]建设长利，专隆教诲。训经宣达，[5]远近毕理，咸承圣志。贵贱分明，男女礼顺，慎遵职事。昭隔内外，靡不清净，[6]施于后嗣。[7]化及无穷，遵奉遗诏，永承重戒。[8]

【注释】[1]"修"，整治。"饬"，音 chì，严整。[2]"祇"，音 zhī，恭敬。[3]"休"，美。[4]"夙"，音 sù，早。"寐"，音 mèi，睡。[5]"训"，教导，教诲。"经"，典式，法则。[6]"靡"，音 mǐ，无，没有。[7]"施"，音 yì，延续。[8]"戒"，与"诚"字同。

【译文】皇帝即位,创立制度,申明法令,臣下修治严整。二十六年,开始兼并了天下,没有不顺从的。亲自巡视远方的百姓,登上这座泰山,遍览最东边的疆域。随从的臣属回忆走过的道路,探求事业的来龙去脉,恭敬地颂扬秦朝的功德。治国的方法得到贯彻执行,各项生产安排适宜,都有一定的规则。伟大的真理美好而又光明,要流传后世,继承下来,不要改变。皇帝本身神圣,已经平定了天下,仍坚持不懈地治理国家。早起晚睡,谋求长远的利益,特别重视对臣民的教导。有关治国的教诲和法则传播四方,远近都得到治理,完全接受了皇帝的神圣意志。贵贱等级分明,男女依礼行事,谨慎地遵守各自的职责。明显地使内外有别,无不感到清静而纯洁,这种情况要延续到子孙后代。教化所及,无穷无尽,遵循遗留下来的诏令,永远继承这重要的告诫。

于是乃并勃海以东,[1]过黄、腄,[2]穷成山,[3]登之罘,[4]立石颂秦德焉而去。

【注释】[1]"勃",与"渤"字同。 [2]"黄",秦县,在今山东黄县东。"腄",音 chuí,秦县,在今山东福山县。 [3]"成山",在今山东荣成县东北。 [4]"之罘",又作"芝罘",山名,在今山东烟台市西北海中芝罘半岛上。"罘",音 fú。

【译文】于是沿着渤海东行,经过黄县、腄县,攀上成山的最高点,登上之罘的顶峰,树立石碑,颂扬秦朝的德业,然后离去。

南登琅邪,[1]大乐之,留三月。乃徙黔首三万户琅邪台下,[2]复十二岁。[3]作琅邪台,立石刻,颂秦德,明得意。曰:

【注释】[1]"琅邪",山名,在秦琅邪郡琅邪县境,位于今山东胶南县东南。 [2]"琅邪台",越王句践曾在琅邪山上筑台以望东海,台即以山命名。秦始皇又于山上另筑琅邪台。 [3]"复",免除赋税或徭役。

【译文】向南登上琅邪,非常高兴,停留了三个月。把三万户百姓迁徙到琅邪台下,免除十二年徭役。修建琅邪台,立碑刻辞,颂扬秦朝的德业,表明符合天下的意志。刻辞说:

维二十八年,[1]皇帝作始。端平法度,[2]万物之纪。以明人事,合同父子。圣智仁义,显白道理。东抚东土,以省卒士。事已大毕,乃临于海。皇帝之功,勤劳本事。上农除末,[3]黔首是富。普天之下,抟心揖志。[4]器械一量,同书文字。日月所照,舟舆所载。皆终其命,莫不得意。应时动事,是维皇帝。匡饬异俗,陵水经地。[5]忧恤黔首,朝夕不懈。除疑定法,咸知所辟。[6]方伯分职,[7]诸治经易。[8]举错必当,[9]莫不如画。皇帝之明,临察四方。尊卑贵贱,不逾次行。奸邪不容,皆务贞良。细大尽力,莫敢怠荒。远迩辟隐,[10]专务肃庄。端直敦忠,[11]事业有常。皇帝之德,存定四极。诛乱除害,兴利致福。节事以时,诸产繁殖。黔首安宁,不用兵革。六亲相保,[12]终无寇贼。欢欣奉教,尽知法式。六合之内,[13]皇帝之土。西涉流沙,[14]南尽北户。东有东海,北过大夏。[15]人迹所至,无不臣者。功盖五帝,泽及牛马。莫不受德,各安其宇。

【注释】[1]"维",句首语助词。 [2]"端平",端正公平。 [3]"末",末业。秦朝执行重农抑商的经济政策,以农为本,以商为末。 [4]"抟",与"专"字同。"揖",与"辑"字通,和同,齐一。 [5]"陵",与"凌"字通,经历,越过。"陵水经地",越过了河川,经历了不同的地域。意谓范围普遍。 [6]"辟",通"避"。 [7]"方伯",意为一方之长。殷、周时指一方诸侯的领袖,这里指郡守。 [8]"经",通"径",简单,直接。"经易",简单易行。 [9]"举错",也作"举措",措施。 [10]"辟",通"僻"。"辟隐",偏僻隐蔽的地方。 [11]"敦",敦厚,厚道。 [12]"六亲",历来众说不一,《汉书·贾谊传》颜师古注引应劭注以父、母、兄、弟、妻、子为六亲。 [13]"六合",指天地四方。 [14]"流沙",指我国今天西北沙漠地区。 [15]"大夏",指今山西太原市一带。也有人认为是湖泽名。《淮南子·墬形训》云:"西北方曰大夏,曰海泽。"是湖泽大夏在西北方。从下文所引韩子所云"禹凿龙门,通大夏"看来,大夏当与龙门有关系。太原地区在黄河东,黄河岸边的龙门在太原西南。龙门堵塞,黄河水当危害太原地区。湖泽大夏远在西北,与龙门邈不相涉。此处大夏应指太原地区。

【译文】二十八年,刚开始做皇帝。制定了公正的法律制度,这是天下万物的准则。以此来明确人和人之间的关系,使父子同心协力。皇帝神圣明智而又仁义,明白一切事物的道理。向东巡视东部地区,检阅士卒。巡视已经完全结束,就来到了海边。皇帝的功勋,在于辛勤地操劳国家的根本大事。重农抑商,百姓富裕。举国上下,一心一意。器物有一致的标准,统一书写文字。凡是日月所照,舟车所至,都能完成皇帝的使命,他所作所为没有不符合天下意志的。只有皇帝,根据适当的时机来办理事情。整顿不良的风俗,跨山越水,不受地域的限制。优恤百姓,早晚都不懈息。消除疑虑,制定法令,大家都知道避免触犯刑律。郡守分别管理地方政务,各项政务的处理方法简单易行。采取的措施都很恰如其分,没有不整齐划一的。皇帝神明,亲自到四方巡视。尊卑贵贱,不逾越等级。奸诈邪恶的现象不允许存在,百姓都力求做一个正直善良的人。大小事情务尽全力,不敢懈怠荒忽。不论远处近处,还是偏僻的地方,都一心做到严肃庄重,正直忠厚,办事有一定的规则。皇帝的德泽,安定了四方。讨伐暴乱,消除祸患,兴办好事,带来福祉。根据时令来安排事情,各种产品不断增多。百姓安宁,不再进行战争。六亲相安,终身没有盗贼。高兴地遵守国家的教化,人人通晓法律制度。天上地下,四面八方,都是皇帝的领土。西边达流沙,南边以门朝北开的地方为极限。东边有东海,北边越过了大夏。人们足迹所至,没有不臣服的。功勋超过了五帝,恩惠施及牛马,人人得到皇帝的德泽,过着安定的生活。

维秦王兼有天下,[1]立名为皇帝,乃抚东土,至于琅邪。列侯武城侯王离、列侯通武侯王贲、伦侯建成侯赵亥、伦侯昌武侯成、伦侯武信侯冯毋择、丞相隗林、丞相王绾、卿李斯、卿王戊、五大夫赵婴、五大夫杨樛从,[2]与议于海上。曰:"古之帝者,地不过千里,诸侯各守其封域,或朝或否,相侵暴乱,残伐不止,犹刻金石,以自为纪。古之五帝三王,[3]知教不同,[4]法度不明,假威鬼神,以欺远方,实不称名,故不久长。其身未殁,[5]诸侯倍叛,[6]法令不行。今皇帝并一海内,以为郡县,天下和平。昭明宗庙,体道行德,尊号大成。群臣相与诵皇帝功德,刻于金石,以为表经。"[7]

【注释】〔1〕"维秦王兼有天下",此句至下文"以为表经"是上面颂辞的序,记载了群臣议论刻石颂德的经过,所以系于颂辞后面。后世碑铭有序,即源于此。 〔2〕"列侯",即彻侯,为秦爵第二十等。"伦侯",即关内侯,卑于列侯,为秦爵第十九等。"赵亥"、"成"、"冯毋择"、"王戊"、"赵婴"、"杨樛",本书中只此一见,事迹不详。"樛",音 jiū。"隗林","林"字误,当作"状"。唐司马贞见到的本子作"状",又古今发现的多种秦代权器、量器、诏版刻有始皇二十六年诏书,都提到"丞相状",可证。"卿",位在丞相之下。 〔3〕"三王",一般认为指夏禹、商汤、周文王。也有人认为指夏禹、商汤和周文王武王。 〔4〕"知教",智术教化。〔5〕"殁",音 mò,身死。 〔6〕"倍",与"背"字通。 〔7〕"表",表率,标准。"经",规范。

【译文】秦王兼并了全国,确定了皇帝这一称号,于是抚循东部地区,到达琅邪。列侯武城侯王离、列侯通武侯王贲、伦侯建成侯赵亥、伦侯昌武侯成、伦侯武信侯冯毋择、丞相隗林、丞相王绾、卿李斯、卿王戊、五大夫赵婴、五大夫杨樛随从,他们和始皇在海边议论秦朝的功德说:"古代称帝的人,领土不过纵横千里,诸侯各自固守自己的疆域,有的朝贡,有的不朝贡,互相侵伐,为暴作乱,残杀无已,然而还是刻金勒石,记载自己的功业。古代五帝、三王,实行的知识教育不一样,法律制度没有明确,借助鬼神的威力,来欺骗远方的百姓,实际情况和称号不相符,所以国家命运不长久。人还没有死去,诸侯就背叛了,法令不能推行。如今皇帝统一了四海之内,把全国分为郡县,天下安宁而和谐。发扬光大宗庙的威灵,服膺真理,广布恩德,名副其实地得到了皇帝这一尊号。群臣一起颂扬皇帝的功德,镌刻在金石上,作为后世的楷模。

既已,齐人徐市等上书,[1]言海中有三神山,名曰蓬莱、方丈、瀛洲,[2]仙人居之。请得斋戒,与童男女求之。于是遣徐市发童男女数千人,入海求仙人。

【注释】〔1〕"徐市",琅邪人,秦代著名的方士。"市",音 fú,与"市"字异,秦汉时人常以此字为名。〔2〕"蓬莱、方丈、瀛洲",传说中的三神山,皆在渤海中,上有仙人和长生不死之药,鸟兽尽白,以黄金白银为宫阙。战国齐威王、齐宣王、燕昭王都曾派人入海访求这三座山,企图得到不死之药。

【译文】立石刻辞已经结束，齐人徐市等上书，说海中有三座神山，名叫蓬莱、方丈、瀛洲，仙人居住在那里。希望斋戒沐浴，和童男童女寻求三座神山。于是派遣徐市挑选童男童女数千人，到海中寻找仙人。

始皇还，过彭城，[1]斋戒祷祠，欲出周鼎泗水。[2]使千人没水求之，弗得。乃西南渡淮水，之衡山、南郡。[3]浮江，至湘山祠。[4]逢大风，几不得渡。上问博士曰："湘君何神？"博士对曰："闻之，尧女，舜之妻，而葬此。"于是始皇大怒，使刑徒三千人皆伐湘山树，赭其山。[5]上自南郡由武关归。[6]

【注释】[1]"彭城"，秦县，在今江苏徐州市。[2]"欲出周鼎泗水"，鼎为立国的重器，是最高统治权力的象征。传说周有九鼎，秦昭襄王时被秦索去，移置咸阳，有一鼎飞入泗水。所以始皇经过彭城时，想打捞出落入泗水的一只鼎。"泗水"，发源于今山东泗水县东境，流经秦彭城东北，东南注入淮水。今泗水与古泗水有很大变化。[3]"衡山"，过去人们都认为是山名，在今湖南衡山县西境。但"衡山"与"南郡"并举，显系郡名。衡山郡辖有今河南南部、安徽东南部和湖北东部，郡域与楚汉相争时期的衡山王国不同。治所在邾县（今湖北黄冈县西北）。"南郡"，大体辖有今襄樊市以南的湖北地区，治所在江陵（今湖北江陵县）。[4]"湘山"，在今湖南岳阳县西洞庭湖中。传说舜二妃为尧之女，名娥皇、女英，舜南巡，死于苍梧，二妃悲恸不已，也死于江、湘之间，埋葬在湘山，山上有二妃庙，始皇所祠即舜二妃之神。[5]"赭"，本为红色土，这里用作动词，即使呈红色。湘山为红壤，砍伐树木后，山呈赭色。[6]"武关"，在今陕西丹凤县东南。

【译文】始皇返回的时候，路过彭城，斋戒祈祷，想要从泗水打捞周鼎。让成千人潜入水中寻找，没有找到。于是就向西南走去，渡过淮水，前往衡山、南郡。泛舟江上，来到湘山祭拜。遇上大风，几乎不能渡水上山。始皇问博士说："湘君是什么神？"博士回答说："听说是尧的女儿，舜的妻子，死后埋葬在这里。"于是始皇非常生气，让刑徒三千人把湘山上的树木砍光了，全山露出红色的土壤。始皇从南郡取道武关回到咸阳。

二十九年，始皇东游。至阳武博狼沙中，[1]为盗所惊。[2]求弗得，乃令天下大索十日。

【注释】[1]"阳武"，在今河南原阳县东南。"博狼沙"，也作"博浪沙"，在今原阳县东南境。[2]始皇东游至博狼沙，张良和他得到的力士伏袭始皇，误中随从车舆。"为盗所惊"即指此。事详本书《留侯世家》。

【译文】二十九年，始皇向东巡游。到了阳武博狼沙，被强盗惊吓了一场。追捕强盗，没有抓获，就命令全国大肆搜查十天。

登之罘，刻石。其辞曰：

维二十九年，时在中春，[1]阳和方起。[2]皇帝东游，巡登之罘，临照于海。从臣嘉观，原念休烈，[3]追诵本始。大圣作治，建定法度，显箸纲纪。外教诸侯，光施文惠，明以义理。六国回辟，[4]贪戾无厌，[5]虐杀不已。皇帝哀众，遂发讨师，奋扬武德。义诛信行，威燀旁达，[6]莫不宾服。烹灭强暴，振救黔首，周定四极。普施明法，经纬天下，永为仪则。大矣哉！宇县之中，[7]承顺圣意。群臣诵功，请刻于石，表垂于常式。[8]

【注释】[1]"中春"，即"仲春"。春季第一个月为孟春，第二个月为仲春，第三个月为季春。[2]"阳和"，春天温暖和畅之气。[3]"原念"，追念，回忆。"休"，美好。"烈"，功业。[4]"回"，邪恶，奸回。"辟"，邪僻。[5]"戾"，音 lì，乖张，乖戾。[6]"燀"，音 chǎn，炽盛。[7]"宇"，宇宙。"县"，赤县。中国古代称赤县神州。[8]"式"，榜样。

【译文】始皇登上之罘，镌刻石碑。碑文说：

二十九年，在春季第二个月的时候，天气开始暖和起来。皇帝向东巡游，登上了之罘，面对着大海。随从的臣属看到这美好的景色，回忆皇帝的丰功伟绩，追念统一大业的始末。伟大的皇帝开始治理国家，制定了法律制度，彰明纲纪。对外教诲诸侯，普施教化，广布惠泽，阐明道理。六国诸侯奸回

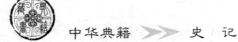

邪僻,贪婪乖戾,欲壑无厌,残虐杀戮,永无休止。皇帝哀怜民众,就调遣征伐的大军,奋武扬威。进行正义的讨伐,采取诚信的行动,武威灼耀,远播四方,没有不降服的。消灭了强暴的势力,拯救了百姓,安定了天下。普遍推行严明的法律制度,治理天下,成为永久的准则。伟大啊!普天之下,都遵循皇帝的神圣意志。群臣颂扬皇帝的功勋,请求镌刻在石碑上,记载下来永垂后世,作为永恒的法则。

其东观曰:[1]

【注释】[1]"东观",日本泷川资言《史记会注考证》云:"东观,东巡也。"疑"东观"指上述之罘刻石东面台阁处的刻石。

【译文】东面台阁处的石碑刻辞说:

维二十九年,皇帝春游,览省远方。逮于海隅,遂登之罘,昭临朝阳。[1]观望广丽,从臣咸念,原道至明。圣法初兴,清理疆内,外诛暴强。武威旁畅,振动四极,禽灭六王。[2]阐并天下,[3]甾害绝息,永偃戎兵。[4]皇帝明德,经理宇内,视听不怠。作立大义,昭设备器,[5]咸有章旗。[6]职臣遵分,各知所行,事无嫌疑。黔首改化,远迩同度,临古绝尤。[7]常职既定,[8]后嗣循业,长承圣治。群臣嘉德,祗诵圣烈,[9]请刻之罘。旋,遂之琅邪,道上党入。

【注释】[1]"昭",与"照"字通。"昭临",上述之罘刻石云:"临照于海。""昭临"、"临照"意思相同。[2]"禽",通"擒"。"六王",指被秦消灭的韩王安、赵王迁、魏王假、楚王负刍、燕王喜、齐王建。[3]"阐",开拓。[4]"偃",音 yǎn,停止。[5]"昭设",明确设立。"备器",器用,主要指为统一度量衡而设置的标准器具。[6]"章旗",章程,标志。[7]"临古",自古以来,从古至今。"绝",极,最。"尤",特别突出,出类拔萃。[8]"常职",永久性的职业。[9]"烈",功业,功绩。

【译文】二十九年,皇帝在春天巡游,视察远方。到了海边,就登上之罘,而对着初升的太阳。观望辽阔而又秀丽的景色,随从的臣属都怀念往

事,回忆走过的道路是非常光明的。英明法治最初施行的时候,就对国内的坏人坏事进行了清理,对外讨伐强暴的敌人。军威远扬,四方震动,消灭了六国,俘获了他们的国王。开拓领土,统一天下,消除了战乱祸患,永远停止了战争。皇帝圣德明智,治理国家,处理政务,毫不懈怠。创立重大的法律制度,明确设置统一的标准器用,都有一定的规则。有职之臣都遵守本分,知道自己该做些什么,事情没有疑猜之处。百姓发生了变化,远处近处都制度统一,是自古以来最好的时代。每人已经确定了固定的职务,子孙后代循守旧业,永远继承这英明的政治。群臣颂美皇帝的恩德,恭敬地赞扬他的伟大功业,请求在之罘山上立碑刻辞。
不久,就前往琅邪,从上党回到咸阳。

三十年,无事。

【译文】三十年,没有发生重大的事情。

三十一年十二月,[1]更名腊曰"嘉平"。[2]赐黔首里六石米,[3]二羊。始皇为微行咸阳,[4]与武士四人俱,夜出逢盗兰池,[5]见窘,武士击杀盗,关中大索二十日。米石千六百。

【注释】[1]"三十一年",据裴骃《集解》引徐广注,这一年"使黔首自实田",即命令百姓向政府自报占有土地数量。这既是为了征收土地税,也是为了以法律形式加强对土地私有制的保护。[2]"腊",十二月的祭名。夏朝称"清祀",殷朝称"嘉平",周朝称"大蜡",也称"腊",始皇改称"嘉平",汉朝又改称"腊"。腊祭过后,就进入新岁。古人对"腊"有两种解释,一云"腊"的意思是猎,猎取禽兽,祭祀祖先。一云"腊"的意思是接,新岁、旧岁交替之际,广祭百神以报功。[3]"里",基层行政单位。"石",十斗为一石,约合今二万零一百毫升。[4]"微行",帝王改换服装,隐瞒身份出行。[5]"兰池",始皇时在咸阳界内开凿,东西二百里,南北三十里,池中刻石为鲸鱼,长二百丈。池水引自渭水。故址在今陕西咸阳市东北。

【译文】三十一年十二月,把腊祭改名叫"嘉平"。赏赐百姓每里六石米,两只羊。始皇易服出行咸阳,有四个武士随从。夜间出来时,在兰池遇

上盗贼，被盗贼所困逼。武士杀死了盗贼，在关中大肆搜查了二十天。粮价一石达到一千六百钱。

三十二年，始皇之碣石，[1]使燕人卢生求羡门、高誓。[2]刻碣石门。坏城郭，决通堤防。其辞曰：

【注释】〔1〕"碣石"，山名，在今河北昌黎县北。〔2〕"卢生"，当时的方士，事迹只见于本篇。"羡门"，裴骃《集解》引韦昭云："古仙人。""高誓"，张守节《正义》云："亦古仙人。"按本书《封禅书》云："宋毋忌、正伯侨、充尚、羡门高最后皆燕人，为方仙道，形解销化，依于鬼神之事。"司马贞《索隐》注"羡门高"云："秦始皇求羡门子高是也。"此语显然是引《秦始皇本纪》。根据《索隐》所引，可知"羡门、高誓"当作"羡门子高"，是一人。

【译文】三十二年，始皇前往碣石，派燕地人卢生访求羡门、高誓。在碣石城门上刻辞。摧毁城郭，挖通堤防。城门上的刻辞说：

遂兴师旅，[1]诛戮无道，为逆灭息。武殄暴逆，[2]文复无罪，[3]庶心咸服。惠论功劳，赏及牛马，恩肥土域。皇帝奋威，德并诸侯，初一泰平。[4]堕坏城郭，决通川防，[5]夷去险阻。地势既定，黎庶无繇，天下咸抚。[6]男乐其畴，[7]女修其业，事各有序。惠被诸产，久并来田，[8]莫不安所。群臣诵烈，请刻此石，垂著仪矩。

【注释】〔1〕"遂"，于是。"遂兴师旅"，此句文起突兀，从语气和文义上看，上面当有脱文。〔2〕"殄"，音 tiǎn，灭绝。〔3〕"文"，与"武"相对，包括文化教育、典章制度。"复"，与"覆"字通，庇护。〔4〕"初一"，初次统一。"泰平"，太平。〔5〕"决通川防"，挖通六国利用河川堤防筑成的军事障碍物。这与上面提到的"堕坏城郭"，和下面提到的"夷去险阻"，都是对六国残余势力的防范措施。〔6〕"抚"，安定。〔7〕"畴"，音 chóu，田地。〔8〕"久"、"来田"，是就时间上来区分的两种农民。"久"为久田者，即长期在秦国耕垦的农民。"来田"指从他乡迁来的垦荒农民。

【译文】于是调遣军队，诛伐无道，为暴作逆

的人被消灭了。用武力平息暴乱，用文治保护无罪的人，全国上下人心归服。加恩论叙有功人员的功劳，连牛马都得到了赏赐，恩惠润泽了大地。皇帝奋武扬威，依靠正义的战争兼并了诸侯，第一次统一了全国，天下太平。拆毁六国的城郭，挖通河堤，铲平险阻。地面上各种军事障碍已经夷平，百姓不再服事徭役，天下安定。男的高兴地耕种他的土地，女的从事她的家庭手工业，各项事业井然有序。各项生产都蒙受皇帝的惠泽，当地的农民和外来的农民，无不安居乐业。君臣颂扬皇帝的功绩，请求镌刻这一石碑，为后世垂示规范。

因使韩终、侯公、石生求仙人不死之药。[1]始皇巡北边，从上郡入。燕人卢生使入海还，以鬼神事，因奏录图书，[2]曰"亡秦者胡也"。[3]始皇乃使将军蒙恬发兵三十万人北击胡，略取河南地。[4]

【注释】〔1〕"韩终"，又作"韩众"。与"侯公"、"石生"都是方士，事迹只见于本篇。〔2〕"录图书"，书上当有文有图。从书上"亡秦者胡也"一语来看，颇类似汉代的谶纬之书。〔3〕"亡秦者胡也"，这是一种隐语，"胡"，暗指秦二世胡亥，谓灭亡秦朝的是胡亥。始皇误认"胡"为北方胡人，所以发兵北击胡。〔4〕"河南地"，指今内蒙古自治区伊克昭盟河套一带。

【译文】派韩终、侯公、石生寻访仙人求取长生不死的灵药。始皇巡行北方边境，从上郡回到咸阳。燕地人卢生被派入海中寻找仙人回来了，因为向始皇报告鬼神之事，就借机献上抄录的图书，上面说"灭亡秦朝的是胡"。始皇就派将军蒙恬发兵三十万人，向北攻胡人，略取河南地带。

三十三年，发诸尝逋亡人、赘婿、贾人略取陆梁地，[1]为桂林、象郡、南海，[2]以適遣戍。[3]西北斥逐匈奴。自榆中并河以东，[4]属之阴山，以为三十四县，[5]城河上为塞。又使蒙恬渡河取高阙、阳山、北假中，[6]筑亭障以逐戎人。[7]徙谪，实之初县。禁不得祠。明星出西方。[8]三十四年，適治狱吏不直者，筑长城及南越地。[9]

【注释】〔1〕"逋"，音 bū，逃亡。"赘婿"，家贫

卖身他家谓"赘"。赘而不赎,他家娶妻相配,则谓之"赘婿"。赘婿社会地位低下,云梦秦简中有两条魏国律令,即《魏户律》和《魏奔命律》,规定赘婿不许单独立户,不分给田地房屋,让他们去从军,将军可以不爱护他们,待遇在一般人之下。秦朝赘婿地位也大体如此。"贾",音 gǔ,"贾人",商人。秦朝重农抑商,一般商人地位卑下,在《魏户律》和《魏奔命律》中,也以商人与赘婿并提。"陆梁",指今五岭以南地区。〔2〕"桂林",郡名,辖境在今广西东部和广东西部一部分地区,治所在今广西桂平县西南。"象郡",辖境在今广西西部、广东西南部和贵州南部一带,治所在临尘(今广西崇左县)。"南海",郡名,辖有今广东大部分地区,治所在番禺(今广东广州市)。〔3〕"適",音 zhé,与"谪"字同,谴罚。这里指有罪当流徙戍边的人。据裴骃《集解》引徐广注,当时戍守五岭的罪犯有五十万人。〔4〕"榆中",地域名,位于秦上郡北部,即今陕西东北地区。〔5〕"三十四县",本书《六国年表》、《匈奴列传》皆云"四十四县"。〔6〕"高阙",地名,在今内蒙古自治区杭锦后旗东北。阴山伸延至此中断,两边山壁高耸,中间缺口,望之若阙,故名"高阙"。"阳山",山名,原误作"陶山"。《水经·河水注》引作"阳山",本书《蒙恬列传》、《匈奴列传》和《续汉书·郡国志》五原郡刘昭注皆作"阳山"。秦汉时称阴山西段为阳山,即今内蒙古自治区境内的狼山。水南为阴,水北为阳。此山位于当时黄河正流(今乌加河)之北,故名。"北假",即今内蒙古自治区河套以北、阴山以南地区。〔7〕"戎",对西北少数民族的泛称。〔8〕"明星",指彗星。〔9〕"南越",又作"南粤",即秦桂林、象郡、南海三郡地。

【译文】三十三年,征发曾经逃亡的罪犯、入赘别人家的男子、商人攻取陆梁地区,设置桂林郡、象郡、南海郡,把有罪应当流徙的人派去戍守。在西北方驱逐匈奴。从榆中沿着黄河往东,直至阴山,(在这一地区)设置三十四个县,在黄河附近修筑要塞。又派蒙恬渡过黄河攻占高阙、阳山、北假地带,修筑亭障来驱逐戎人。迁徙罪犯,安排到刚刚建立的县邑中。禁止民间祭祀。彗星出现在西方。三十四年,贬斥那些听讼断狱不公平的官吏,让他们去修筑长城和戍守南越地区。

始皇置酒咸阳宫,博士七十人前为寿。〔1〕仆射周青臣进颂曰:〔2〕"他时秦地不过千里,赖陛下神灵明圣,平定海内,放逐蛮

夷,日月所照,莫不宾服。以诸侯为郡县,人人自安乐,无战争之患,传之万世。自上古不及陛下威德。"始皇悦。博士齐人淳于越进曰:〔3〕"臣闻殷周之王千余岁,封子弟功臣,自为枝辅。今陛下有海内,而子弟为匹夫,卒有田常、六卿之臣,〔4〕无辅拂,〔5〕何以相救哉?事不师古而能长久者,非所闻也。今青臣又面谀以重陛下之过,非忠臣。"始皇下其议。丞相李斯曰:"五帝不相复,三代不相袭,各以治,非其相反,时变异也。今陛下创大业,建万世之功,固非愚儒所知。且越言乃三代之事,〔6〕何足法也?异时诸侯并争,厚招游学。今天下已定,法令出一,百姓当家则力农工,士则学习法令辟禁。〔7〕今诸生不师今而学古,以非当世,惑乱黔首。丞相臣斯昧死言:古者天下散乱,莫之能一,是以诸侯并作,语皆道古以害今,饰虚言以乱实,人善其所私学,以非上之所建立。今皇帝并有天下,别黑白而定一尊。私学而相与非法教,人闻令下,则各以其学议之,入则心非,出则巷议,夸主以为名,〔8〕异取以为高,率群下以造谤。如此弗禁,则主势降乎上,党与成乎下。禁之便。臣请史官非秦记皆烧之。非博士官所职,天下敢有藏《诗》、《书》、百家语者,悉诣守、尉杂烧之。有敢偶语《诗》、《书》者弃市。〔9〕以古非今者族。〔10〕吏见知不举者与同罪。令下三十日不烧,黥为城旦。〔11〕所不去者,医药卜筮种树之书。若欲有学法令,以吏为师。"制曰:"可。"

【注释】〔1〕"寿",敬酒祝颂长寿。〔2〕"仆",主。"射",音 yè。古代重武,一般官吏都要学射,而以善射的人为长官,称为"仆射"。也有人认为,君主身边有小臣仆人、射人,"仆射"之称即由仆人、射人两个官称合并而来。这里的"仆射"是为博士仆射,即博士的长官。"周青臣",事迹又见本书《李斯列传》。〔3〕"淳于越",姓淳于,名越,事迹又见本书《李斯列传》。〔4〕"卒",音 cù,与"猝"字通,偶然。"田常",春秋末年齐相田乞之子。田乞死,田常为齐相。他用大斗借出,而用小斗收入,取得了民心。后来他杀死齐简公,立齐平公,完全控制了齐国政权。战国初,他的曾孙田和终于夺取了

齐国国君的地位。事详本书《齐太公世家》、《田敬仲完世家》。"六卿",晋国的范氏、中行氏、智氏和韩、赵、魏。春秋末年,六卿把持晋国政权。事详本书《晋世家》。〔5〕"拂",音 bì,与"弼"字通。〔6〕"三代",指夏、商、周。 〔7〕"辟",音 bì,法。"禁",禁令。 〔8〕"夸",说大话,吹嘘。"名",声名,名誉。〔9〕"偶语",相对私语。"弃市",死刑的一种。在闹市处死罪犯,暴尸街头示众。 〔10〕"族",灭族。秦朝族刑一般是夷三族,但也有夷七族、夷九族、夷十族的记载。 〔11〕"黥",音 qíng,是一种刑罚,在罪犯脸部刺字涂墨。"城旦",服役四年的一种刑罚。服此刑的罪犯,输送边地修筑长城,警戒敌人。

【译文】始皇在咸阳宫摆酒设宴,七十个博士上前敬酒祝寿。仆射周青臣颂扬说:"从前秦国的地域不超过一千里,依靠陛下神灵圣明,平定了天下,驱逐了蛮夷,太阳和月亮所能照到的地方,没有不降服的。把各国诸侯的领土置为郡县,人人安居乐业,没有战争之忧,这功业可以流传万世,从远古以来没有人能赶得上陛下的威德。"始皇很高兴。博士齐人淳于越进谏说:"我听说殷周称王天下一千多年,分封子弟和功臣,作为自己的辅助势力。现在陛下拥有天下,而子弟却是平民百姓,偶然出现田常、六卿一样的臣属,无人辅佐,靠什么来挽救呢?事情不效法古代而能长久不败的,我没有听到过。如今青臣当面阿谀,来加深陛下的过错,实在不是忠臣。"始皇把他们的建议交下去讨论。丞相李斯说:"五帝的制度不互相重复,三代的制度不互相因袭,各自都得到治理,不是后代一定要与前代相反,这是时代变化的缘故。如今陛下开创了伟大的事业,建立了万世不朽的功勋,本来不是愚蠢的读书人所能理解的。况且淳于越说的又是三代的事情,有什么可效法的?从前诸侯竞争,用优厚的待遇招揽游学之士。现在天下已经平定,颁布统一的法令,百姓在家则努力从事农业生产和家庭手工业,士人则学习法律禁令。如今这些读书人不向现实学习,而去模仿古代,来指责现行的社会制度,惑乱百姓。我丞相李斯冒着死罪说:古代天下分散混乱,不能统一,所以诸侯同时兴起,人们的言论都称道古代,损害现行的政策,文饰虚言空语,搅乱事物的本来面貌,每人都以为自己的学说是最完善的,非议君主所建立的制度。现在皇帝兼并了天下,分辨是非,确立了至高无上的地位。(而人们仍在)私自传授学问,一起批评国家的法令教化,听到法令下达,就各用自己的学说去议论,回家时在心里非

难,出来时街谈巷议,在君主面前自我吹嘘,以此来沽名钓誉,标新立异,认为超人一等,带着下面的一群信徒编造诽言谤语。这种情况不加以禁止,上则君主的权威下降,下则形成党徒互相勾结。禁止出现这种情况才是合适的。我希望史官把不是秦国的典籍全部烧掉。不是博士官所主管的,国内敢有收藏《诗》、《书》、诸子百家著作的,都要送到郡守、郡尉那里焚毁。有敢相互私语《诗》、《书》的,在闹市处死示众。以古非今的要杀死全族。官吏知情而不检举的,和他同罪。命令下达三十天不烧掉书籍,就在脸部刺上字,成为刑徒城旦。所不烧毁的,有医药、卜筮、农林方面的书籍。如果想要学法令,可以到官吏那里学习。"始皇下达命令说:"可以照此办理。"

三十五年,除道,道九原抵云阳,〔1〕堑山堙谷,〔2〕直通之。于是始皇以为咸阳人多,先王之宫廷小,吾闻周文王都丰,〔3〕武王都镐,〔4〕丰镐之间,帝王之都也。乃营作朝宫渭南上林苑中。先作前殿阿房,〔5〕东西五百步,南北五十丈,上可以坐万人,下可以建五丈旗。周驰为阁道,自殿下直抵南山。〔6〕表南山之颠以为阙。为复道,自阿房渡渭,属之咸阳,以象天极阁道绝汉抵营室也。〔7〕阿房宫未成;成,欲更择令名名之。〔8〕作宫阿房,故天下谓之阿房宫。隐宫徒刑者七十余万人,〔9〕乃分作阿房宫,或作丽山。发北山石椁,〔10〕乃写蜀、荆地材皆至。〔11〕关中计宫三百,关外四百余。于是立石东海上胸界中,〔12〕以为秦东门。因徙三万家丽邑,五万家云阳,皆复不事十岁。

【注释】〔1〕"九原",秦县,为九原郡治所,故城在今内蒙古自治区包头市西。 〔2〕"堑",音 qiàn,挖掘。"堙",音 yīn,填塞。 〔3〕"周文王",姬姓,名昌,商朝末年为周族首领,商纣时为西伯,亦称伯昌,在位五十年。事详本书《周本纪》。"丰",周文王伐崇侯虎后修筑,从岐(今陕西岐山县东北)徙都丰邑。故城在今陕西长安县西南沣水西岸。〔4〕"武王",周文王之子,名发,西周王朝的创建者。事详本书《周本纪》。"镐",故地在今陕西长安县沣水东岸。 〔5〕"阿房",故址在今陕西西安市西阿房村,秦亡时全部建筑被项羽焚毁。宫殿所在地名阿房,故世人以其地作为宫殿的名称。也有人认为

宫殿四阿旁广，阿房宫取宫殿形状为名。又有人认为"阿"是近的意思，宫殿临近咸阳，故名"阿房"。〔6〕"南山"，即秦岭终南山，在陕西西安市南。〔7〕"阁道"，属奎宿，共六星，在王良北。古人认为，反映在地上，就为飞阁之道，天子出游别宫时所走。"绝"，越过，直渡。"汉"，天河。"营室"，包括室宿、壁宿，在阁道东南。古人认为反映在地上，则为天子之宫。〔8〕"令"，美，善。〔9〕"隐官"，是"隐宫"之误。云梦秦简中秦律《军爵律》载："工隶臣斩首及人为斩首以免者，皆令为工。其不完者，以为隐官工。"《法律答问》载："'将司人而亡，能自捕及亲所智（同知）为捕，除毋（同无）罪，已刑者处隐官。'可（同何）罪得'处隐官'？群盗赦为庶人，将盗戒（同械）囚刑罪以上，亡，以故罪论，斩左止（同趾）为城旦，后自捕所亡，是谓'处隐官'。它罪比群盗者皆如此。"由此看来，"隐官"是国家安置受过刑，身体残损，而又因功获赦的刑徒的处所。实际上在隐官处所的人，不会全是躯体"不完"者。〔10〕"北山"，泛指关中平原北面的山岭。"樗"，从文义看，当是衍文。〔11〕"写"，移彼置此。这里是输送的意思。〔12〕"朐"，音 qú，秦县，境内有朐山，故地在今江苏连云港市西南锦屏山侧。

【译文】三十五年，开辟道路，通过九原，直达云阳，挖山填谷，修建一条笔直的大道连接起来。始皇认为咸阳人口众多，先王的宫廷狭小，听说周文王建都丰，武王建都镐，丰镐之间，是帝王的都城所在。于是就在渭水南岸的上林苑中兴建朝宫。首先建造前殿阿房宫，东西五百步，南北五十丈，殿堂上可以坐一万人，殿堂顶下可以竖立五丈高的旗帜。周围环绕着架起阁道，从殿下直达南山。在南山的山顶上修建标志，作为门阙。在空中架设道路，从阿房宫渡过渭水，与咸阳相连接，以此象征天下阁道越过天河直至营室。阿房宫尚未完工；完工后，想另外选择一个好的名字称呼它。在阿房建造宫殿，所以天下称它阿房宫。隐官刑徒七十多万人，分成几批营造阿房宫，或修建丽山工程。挖运北山的石头，输送蜀地、荆地的木材，都集中到这里。关中共计宫殿三百座，关外四百多座。于是在东海附近朐县境内树立石碑，作为秦国的东门。迁徙三万户居住丽邑，五万户居住云阳，都免除十年的徭役。

卢生说始皇曰："臣等求芝奇药仙者常弗遇，类物有害之者。方中，人主时为微行

以辟恶鬼，恶鬼辟，真人至。〔1〕人主所居而人臣知之，则害于神。真人者，入水不濡，〔2〕入火不蒸，〔3〕陵云气，与天地久长。今上治天下，未能恬惔。〔4〕愿上所居宫毋令人知，然后不死之药殆可得也。"于是始皇曰："吾慕真人，自谓'真人'，不称'朕'。"乃令咸阳之旁二百里内宫观二百七十复道甬道相连，帷帐钟鼓美人充之，各案署不移徙。行所幸，有言其处者，罪死。始皇帝幸梁山宫，〔5〕从山上见丞相车骑众，弗善也。中人或告丞相，丞相后损车骑。始皇怒曰："此中人泄吾语。"案问莫服。当是时，诏捕诸时在旁者，皆杀之。自是后莫知行之所在。听事，群臣受决事，悉于咸阳宫。

【注释】〔1〕"真人"，仙人。〔2〕"濡"，音 rú，沾湿。〔3〕"蒸"，与"热"字同。《庄子·大宗师》云："古之真人……登高不栗，入水不濡，入火不热。"〔4〕"恬惔"，音 tián tán，清静无所作为。〔5〕"梁山宫"，始皇在梁山所造，宫址在今陕西乾县境内。

【译文】卢生劝始皇说："我和其他人寻找灵芝奇药以及仙人，常常遇不上，好像有东西伤害它们。仙方中要求，君主时时隐蔽行迹，来躲避恶鬼，躲避了恶鬼，真人就来到了。君主居住的地方，臣属知道了，就会妨碍神仙。真人没入水中不会被水浸湿，进入火中不感到热，凌云驾雾，与天地一样长寿。现在您治理天下，不能恬静无欲。希望您居住的宫殿不要让人知道，然后长生不死的仙药大概可以找到。"于是始皇说："我羡慕真人，自称'真人'，不称'朕'。"就命令咸阳附近二百里内的二百七十座宫殿，用空中架设的道路和地面上的甬道连接起来，把帷帐、钟鼓、美人安置在里面，各种布置不得移动。所临幸之处，如果有人把地点说出去，罪当处死。始皇帝临幸梁山宫，从山上看见丞相随从车骑众多，很不以为然。宫中侍从把这件事告诉了丞相，后来丞相减少了随从的车骑。始皇非常生气地说："这是宫内的人泄漏了我的话。"审问后没有人认罪。这时，下令逮捕当时在他身边的人，全部杀掉。从此以后没有人知道他的行迹在什么地方了。听理国政，群臣受命决断事情，都在咸阳宫。

侯生、卢生相与谋曰："始皇为人，天性

刚戾自用,起诸侯,并天下,意得欲从,[1]以为自古莫及己。专任狱吏,狱吏得亲幸。博士虽七十人,特备员弗用。丞相诸大臣皆受成事,倚辨于上。上乐以刑杀为威,天下畏罪持禄,莫敢尽忠。上不闻过而日骄,下慑伏谩欺以取容。[2]秦法,不得兼方,[3]不验,辄死。然候星气者至三百人,[4]皆良士,畏忌讳谀,不敢端言其过。[5]天下之事无小大皆决于上,上至以衡石量书,[6]日夜有呈,[7]不中呈不得休息。贪于权势至如此,未可为求仙药。"于是乃亡去。始皇闻亡,乃大怒曰:"吾前收天下书不中用者尽去之。悉召文学方术士甚众,欲以兴太平,方士欲练以求奇药。[8]今闻韩众去不报,徐市等费以巨万计,[9]终不得药,徒奸利相告日闻。卢生等吾尊赐之甚厚,今乃诽谤我,以重吾不德也。诸生在咸阳者,吾使人廉问,或为妖言以乱黔首。"[10]于是使御史悉案问诸生,诸生传相告引,乃自除。[11]犯禁者四百六十余人,皆阬之咸阳,使天下知之,以惩后。益发谪徙边。始皇长子扶苏谏曰:[12]"天下初定,远方黔首未集,诸生皆诵法孔子,今上皆重法绳之,臣恐天下不安。唯上察之。"始皇怒,使扶苏北监蒙恬于上郡。[13]

【注释】〔1〕"从",与"纵"字通。"意得欲从",称心得意,放纵欲望。〔2〕"慑",音she,恐惧,害怕。"慑伏",因骇惧而屈服。〔3〕"兼方",兼有两种以上的方伎。〔4〕"候星气",观察星辰运行和云气变化形状来预言人事祸福。〔5〕"端",正。〔6〕"衡",秤杆。"石",秤锤。"衡石",犹言权衡。秦朝书写材料主要是竹简或木牍,分量较重,加上始皇一天阅处的文件较多,所以至于用秤来称量。〔7〕"呈",通"程",标准,限额。〔8〕"练",与"炼"字通。另有一解,"练"通"拣",拣选的意思,于义亦通。〔9〕"巨万",万万,言数目极大。〔10〕"妖",与"妖"字同。〔11〕"除",免除。谓告发他人,就可免除自己的罪行。"除"亦可训为诛。如训为诛,此句当与下句连读,意思是亲自决定诛杀犯禁者四百六十余人。译文取前说。〔12〕"扶苏",始皇死于沙丘后,胡亥、赵高、李斯诈为始皇诏书,赐扶苏剑自杀。扶苏见到诏书,自杀于上郡。事详本篇下文和《李斯列传》。〔13〕

"监",监视。当时蒙恬带兵三十万,在北方边境修筑长城,防御匈奴。扶苏即随军监视蒙恬。

【译文】侯生、卢生一起商量说:"始皇为人天生的刚愎暴戾,自以为是,从诸侯中兴起,吞并了天下,万事称心如意,为所欲为,认为自古以来没有人能赶上自己。专门任用治狱的官吏,治狱的官吏受到宠幸。虽然有博士七十人,只是充数人员,并不信用。丞相和大臣都是接受已经决断的公事,一切依赖皇帝处理。皇帝喜欢采用刑罚杀戮来确立自己的威严,天下人害怕获罪,只想保持禄位,没有人敢竭尽忠诚。皇帝不能听到自己的过失,日益骄横,臣下恐惧而屈服,用欺骗来取得皇帝的欢心。根据秦朝的法律,一人不能兼有两种方伎,方伎不灵验,就处以死刑。然而观察星象云气预测吉凶的人多至三百人,全都学问优秀,(但对皇帝)畏忌阿谀,不敢正面指出他的过错。天下之事不论大小都取决于皇帝,皇帝甚至用秤来称量文书,一天有一定的额数,不达到额数不能休息。贪恋权势至于这种地步,不能给他寻找仙药。"于是就逃走了。始皇听说侯生、卢生逃走的消息,就非常气愤地说:"我以前收取天下书籍,不合时用的全部烧毁。招集了很多文学方术之士,想要使国家太平,这些方士打算炼丹得到奇药。现在听说韩众离去后一直不来复命,徐市等人耗费巨万,最后还是没有得到仙药,只是每天传来一些为奸谋利的事情。我对卢生等人很尊敬,赏赐丰厚,如今诽谤我,来加重我的不仁。在咸阳的一些儒生,我派人察问,有的制造怪诞邪说来惑乱百姓。"于是派御史审问儒生,儒生辗转告发,就能免除自己的罪过。触犯法禁的四百六十多人,全部在咸阳活埋,使全国都知道这件事,借以警戒后人。更多地调发徒隶去戍守边境。始皇长子扶苏劝告说:"天下平定不久,远方百姓尚未安辑,儒生都学习和效法孔子,现在您用严厉的刑罚绳治他们,我担心天下动乱。希望您明察此事。"始皇很生气,派扶苏到北方的上郡监视蒙恬。

三十六年,荧惑守心。[1]有坠星下东郡,至地为石,黔首或刻其石曰"始皇帝死而地分"。始皇闻之,遣御史逐问,莫服,尽取石旁居人诛之,因燔销其石。始皇不乐,使博士为《仙真人诗》,及行所游天下,传令乐人歌弦之。秋,使者从关东夜过华阴平舒道,[2]有人持璧遮使者曰:"为吾遗滈池君。"[3]因言曰:"今年祖龙死。"[4]使者问其故,因忽不见,置其璧去。使者奉璧具以闻。始皇默然良久,曰:"山鬼固不过知一岁事也。"[5]退言曰:"祖龙者,人之先也。"使御府视璧,[6]乃二十八年行渡江所沉璧也。于是始皇卜之,卦得游徙吉。迁北河、榆中三万家。[7]拜爵一级。

【注释】[1]"荧惑",即火星。火星荧荧像火,运行轨道多变,令人迷惑,故名"荧惑"。"守",占据其他星宿的位置。"心",二十八宿之一,青龙七宿的第五宿,有星三颗。古人错误地认为,荧惑靠近心宿时,地上便会出现灾异。[2]"使者从关东",此五字《汉书·五行志中之上》引作"郑容从关东来"。"华阴",秦县,在今陕西华阴县西北。"平舒",城名,在今陕西华阴县西北,临渭水。[3]"滈池君",水神,为滈池之神。滈池在今陕西长安县界,久已湮废。在这一神话中,由于秦以水德王,秦始皇被看成为水神,所以他的死,先在水神中互相转告。"滈",音 hào。[4]"祖",开始的意思。"龙",人君的象征。"祖龙",暗指始皇。[5]"山鬼固不过知一岁事也",这是始皇的自我宽慰之辞。当时已是秋季,一年即将过去,持璧者所言未必准确。明年之事,山野之鬼是不知道的。[6]"御府",天子之府库。[7]"北河",古时黄河在今内蒙古自治区磴口县以下,分为南北二流,北流约当今乌加河,是黄河正流,称为北河。此指北河沿岸地区。"迁北河、榆中三万家",是谓把三万家从他处迁移到北河、榆中,而不是把北河、榆中三万家迁移到别处。本书《六国年表》云:"徙民于北河、榆中。"意思比较明确。本篇秦王政九年,嫪毐败,"车裂以徇,灭其宗,及其舍人。轻者为鬼薪,及夺爵迁蜀四千余家。"迁蜀",亦谓迁到蜀地。

【译文】三十六年,荧惑接近心宿。有一颗星坠落在东郡,到了地面变为石头,百姓中有人在这块石头上刻写说"始皇帝死而地分"。始皇听到了,派御史挨个审问,没有人认罪,把在石头附近居住的人全部抓起来处死,就用火烧毁这块石头。始皇闷闷不乐,让博士创作《仙真人诗》,等到巡视天下所至之地,传令乐工弹唱。秋天,使者从关东来,夜里经过华阴平舒地方,有人拿着璧玉拦住使者说:"替我送给滈池君。"又趁机说:"今年祖龙死去。"使者问他什么原因,这个人忽然不见,留下他的璧玉走开了。使者向始皇献上璧玉,讲述了事情的全部经过。始皇很长时间沉默无语,后来说:"山野的鬼

怪只不过知道一年之内的事情。"退朝后又说:"祖龙是人们的首领。('今年祖龙死',说的难道是我吗?)"让御府看这块璧玉,竟然是二十八年出行渡江时沉入水中的那块璧玉。于是始皇使人占卜吉凶,卦象是巡游迁徙就会吉利。迁徙到北河、榆中三万家。赐给爵位一级。

三十七年十月癸丑,始皇出游。左丞相斯从,右丞相去疾守。少子胡亥爱慕请从,上许之。十一月,行至云梦,[1]望祀虞舜于九疑山。[2]浮江下,观籍柯,[3]渡海渚。[4]过丹阳,[5]至钱唐。[6]临浙江,[7]水波恶,乃西百二十里从狭中渡。[8]上会稽,[9]祭大禹,[10]望于南海,[11]而立石刻颂秦德。其文曰:

【注释】[1]"云梦",泽薮名,在南郡华容县(今湖北潜江县西南)南。[2]"望祀",祭名,与上文"望祭"相同,主要祭祀对象为山川地祇,祭祀时有牺牲粢盛。"虞舜",姚姓,有虞氏名重华,继承唐尧之位,为传说中父系氏族社会晚期部落联盟首领。据本书《五帝本纪》记载,虞舜在位第三十九年,南巡死于苍梧之野,葬在九疑山。"九疑山",也作"九嶷山",又名苍梧山,在今湖南宁远县南。[3]"籍柯",义不明,疑字有讹误。也可能是地名。[4]"海渚",疑当作"江渚",即牛渚山,在今安徽当涂县西北长江边,北部突入江中,名采石矶,为长江重要津渡。"渚",音 zhǔ。[5]"丹阳",秦县,在今安徽当涂县东北小丹阳镇。[6]"钱唐",秦县,在今浙江杭州市西灵隐山麓。[7]"浙江",水名,即钱塘江,在今浙江省境内。[8]"乃西百二十里从狭中渡",始皇至钱唐,来到浙江,想渡过去。但浙水水势汹涌,不便舟楫,所以又往西走一百二十里,在江面狭窄的地方渡过去。这个地方,在今浙江余杭县境内。[9]"会稽",山名,在今浙江绍兴县、嵊县、诸暨县、东阳县之间,主峰在嵊县西北。[10]"大禹",姒姓,名文命,原为夏后氏部落首领,被虞舜选为继承人。虞舜死后,大禹任部落联盟首领。据本书《夏本纪》记载,大禹在位第十年,巡狩东方,死于会稽,所以始皇"上会稽,祭大禹"。[11]"南海",即今东海。

【译文】三十七年十月癸丑,始皇出外巡游。左丞相李斯随从,右丞相冯去疾留守。始皇的小儿

子胡亥很羡慕，要求跟着去，始皇答应了他。十一月，走到云梦，朝九疑山方向望祭虞舜。浮江而下，观览籍柯，渡过江渚。途经丹阳，到达钱唐。在浙江岸边，看见波涛凶险，就向西走了一百二十里，从江面狭窄的地方渡了过去。登上会稽山，祭祀大禹，又望祭南海，树立石碑，刻辞颂扬秦朝的功德。碑文说：

皇帝休烈，平一宇内，德惠修长。[1]三十有七年，亲巡天下，周览远方。遂登会稽，宣省习俗，黔首斋庄。[2]群臣诵功，本原事迹，追首高明。[3]秦圣临国，始定刑名，显陈旧章。初平法式，审别职任，以立恒常。六王专倍，[4]贪戾慠猛，率众自强。暴虐恣行，负力而骄，数动甲兵。阴通间使，[5]以事合从，行为辟方。[6]内饰诈谋，外来侵边，遂起祸殃。义威诛之，殄熄暴悖，乱贼灭亡。圣德广密，六合之中，被泽无疆。皇帝并宇，兼听万事，远近毕清。运理群物，考验事实，各载其名。贵贱并通，[7]善否陈前，靡有隐情。饰省宣义，[8]有子而嫁，倍死不贞。[9]防隔内外，禁止淫泆，男女絜诚。[10]夫为寄豭，[11]杀之无罪，男秉义程。妻为逃嫁，子不得母，咸化廉清。大治濯俗，天下承风，蒙被休经。皆遵度轨，和安敦勉，莫不顺令。黔首修絜，人乐同则，嘉保太平。后敬奉法，常治无极，舆舟不倾。[12]从臣诵烈，请刻此石，光垂休铭。[13]

【注释】[1]"修"，长。 [2]"斋"，庄敬。"庄"，恭敬，端庄。 [3]"追首"，追溯事物的开端。[4]"倍"，通"悖"，违谬。 [5]"间使"，从事间谍的使者。 [6]"辟"，邪僻。"方"，通"放"，放纵。[7]"通"，通晓，洞察。 [8]"饰"，音 chì，通"饬"，整饬，整治。"省"，通"眚"，过错。 [9]"倍"，通"背"，背弃。 [10]"絜"，与"洁"字同。 [11]"豭"，音 jiā，公猪。"寄豭"，把自己的公猪寄放到别人家母猪处，使母猪受孕，谓之"寄豭"。这里指主动乱搞男女关系的男人。 [12]"舆舟不倾"，车和船不会倾覆。譬喻政治平稳，局势安定。 [13]"铭"，记载。

【译文】皇帝建立了丰功伟绩，统一了天下，德惠深远。三十七年，亲自巡行全国，周游观览遥远的地方。于是登上会稽山。视察风俗习惯，百姓都很恭敬。群臣颂扬皇帝的功德，回顾创业的事迹，追溯决策的英明。秦国伟大的皇帝君临天下，开始确定了刑法制度，明白地宣布过去的规章。首次统一了处理政务的法则，审定和区分官吏的职掌，借以建立长久不变的制度。六国的诸侯王独断专行，违谬无信，贪婪乖张，傲慢凶猛，拥众称霸。他们暴虐纵恣，倚仗武力，骄狂自大，屡次挑起战争。做间谍的使者暗中互相联系，进行合纵抗秦，行为邪僻放纵。在内伪饰阴谋诡计，对外侵略秦国边境，因而带来灾难。皇帝出于正义，用武力去讨伐他们，平息了暴乱，消灭了乱贼。圣德宏大而深厚，天地四方，蒙受了无限的恩泽。皇帝统一天下，听理万机，远近都政清民静。运筹和治理天地间的万物，考察事物的实际情况，分别记载它们的名称。不论是尊贵的人还是卑贱的人，都洞察他们的活动，好事坏事都摆在面前，没有隐瞒的情况。纠正人们的过错，宣扬大义，有了儿子而改嫁他人，就是背弃死去的丈夫，不守贞操。把内外隔离开来，禁止纵欲放荡，男女要洁身诚实。做丈夫的和别人的妻子通奸，杀死他也没有罪，这样，男人才能遵守道德规范。做妻子的跑掉另嫁，儿子不能认她作母亲，这样人们都会被廉洁清白的风气所感化。进行大规模地整顿，涤荡不良的风俗习惯，天下百姓接受文明的社会风尚，受到了一种良好的治理。人们都奉规守法，和睦平安，敦厚勤勉，没有不服从国家法令的。百姓德修品洁，人人高兴地遵守统一的规定，欢乐地保持着太平的局面。后世认真地奉行法治，就会无限期地长治久安下去，车船不倾，（国家安稳。）随从的大臣颂扬皇帝的功业，请求镌刻这一石碑，使这美好的记载光垂后世。

还过吴，[1]从江乘渡，[2]并海上，北至琅邪。方士徐市等入海求神药，数岁不得，费多，恐谴，乃诈曰："蓬莱药可得，然常为大鲛鱼所苦，[3]故不得至，愿请善射与俱，见则以连弩射之。"[4]始皇梦与海神战，如人状。问占梦，博士曰："水神不可见，以大鱼蛟龙为候。[5]今上祷祠备谨，而有此恶神，当除去，而善神可致。"乃令入海者赍捕巨鱼具，[6]而自以连弩候大鱼出射之。自琅邪北至荣成山，[7]弗见。至之罘，见巨鱼，射杀一鱼。遂并海西。

【注释】〔1〕"吴",秦县,为会稽郡郡治,在今江苏苏州市。〔2〕"江乘",秦县,在今江苏句容县北。〔3〕"鲛鱼",即鲨鱼。"鲛",音 jiāo。〔4〕"见",与"现"字通。出现。"连弩",装有机栝,可以连续发射的弓弩。〔5〕"候",预示迹象,显示征兆。〔6〕"赍",音 jī,携带,带着。〔7〕"荣成山",即成山,已见前。

【译文】返回时经过吴县,从江乘渡江。沿着海边北上,到达琅邪。方士徐市等人到海中寻找神药,几年都没有找到,耗费了很多钱财,害怕受到遣责,就欺骗始皇说:"蓬莱的神药是可以得到的,然而常常苦于鲨鱼的袭击,所以不能到达蓬莱,希望派一些擅长射箭的人和我们一起去,鲨鱼出现就用连弩射死它。"始皇梦中与海神交战,海神像人一样的形状。询问占梦的博士,博士说:"水神是看不到的,(它的到来,)是以大鱼和蛟龙为征候的。现在陛下祷告和祭祀周到而又恭谨,却出现了这个凶恶的海神,应当把它铲除,然后善良的神物就能到来。"于是让到海中去的人携带捕获大鱼的用具,而自己使用连弩,等待大鱼出现时射死它。从琅邪往北到达荣成山,没有见到大鱼。到了之罘,看见了大鱼,射死了一条。于是沿海西行。

至平原津而病。〔1〕始皇恶言死,群臣莫敢言死事。上病益甚,乃为玺书赐公子扶苏曰:〔2〕"与丧会咸阳而葬。"书已封,在中车府令赵高行符玺事所,〔3〕未授使者。七月丙寅,始皇崩于沙丘平台。〔4〕丞相斯为上崩在外,恐诸公子及天下有变,〔5〕乃秘之,不发丧。棺载辒凉车中,〔6〕故幸宦者参乘,〔7〕所至上食。百官奏事如故,宦者辄从辒凉车中可其奏事。独子胡亥、赵高及所幸宦者五六人知上死。赵高故尝教胡亥书及狱律令法事,胡亥私幸之。高乃与公子胡亥、丞相斯阴谋破去始皇所封书赐公子扶苏者,而更诈为丞相斯受始皇遗诏沙丘,立子胡亥为太子。更为书赐公子扶苏、蒙恬,数以罪,其赐死。〔8〕语具在《李斯传》中。行,遂从井陉抵九原。会暑,上辒车臭,乃诏从官令车载一石鲍鱼,〔9〕以乱其臭。

【注释】〔1〕"平原津",黄河津渡名,在秦平原县境内。秦平原县在今山东平原县西南。〔2〕"玺书",盖有皇帝印信的诏书。〔3〕"中车府令",官名,掌管皇帝舆车,为太仆属官。"行",代理,摄理,"符玺事",符玺郎掌管的事务。当时中车府令赵高代理符玺郎掌管皇帝的符节印章。〔4〕"沙丘",在今河北广宗县西北,其地有沙丘宫。"平台",台名,在沙丘宫内。〔5〕"诸公子",指胡亥以外的秦始皇的儿子们。〔6〕"辒凉车",又作"辒辌车",一种闭之则温,开之则凉的可以息卧的轿车。秦始皇棺载辒凉车中,后世因名丧车为"辒凉车"。"辒",音 wēn。〔7〕"参乘",也作"骖乘",陪乘。古人乘车之制,左为主座,驭者居中,右为陪乘,起警卫作用。〔8〕"其赐死",从上下文义看,"其"字衍文。《太平御览》卷八六引无此字。有的版本"其"作"共"。〔9〕"鲍鱼",盐渍的鱼,其味腥臭。"鲍",音 bào。

【译文】到了平原津就病了。始皇厌恶说死,群臣没有人敢提到死的事情。始皇的病日益加重,于是就写了一封盖有皇帝玺印的诏书送给公子扶苏,说:"回来参加我的丧礼,一起在咸阳埋葬我。"诏书已经加封,放在中车府令赵高代替符玺郎掌管印玺符节事务的地方,还没有送给负责传递的使者。七月丙寅,始皇死于沙丘平台。因为始皇死在外面,丞相李斯怕始皇那些儿子以及国内百姓有人造反,就封锁了消息,不举办丧事。把棺材装在辒凉车中,原来亲近的宦官陪乘,所到之地,照旧送上饭食。百官和过去一样上奏国事,宦官就从辒凉车中批准他们所奏之事。只有始皇的儿子胡亥、赵高和五六个亲近的宦官知道始皇已经死去。赵高过去曾经教胡亥学习文字和刑狱法律,胡亥私下对他很亲近。赵高就同公子胡亥、丞相李斯搞阴谋诡计,毁掉了始皇封好送给公子扶苏的诏书,而另外诈称丞相李斯在沙丘接受始皇遗诏,立儿子胡亥为太子。又另写了诏书送给公子扶苏、蒙恬,列举他们的罪状,命令他们自杀。这些事情都记载在《李斯传》中。胡亥等人继续前进,于是从井陉到了九原。正赶上暑天,始皇的辒凉车散发出臭味,就命令随从官员每车装载一石鲍鱼,用来混淆始皇尸体的臭味。

行从直道至咸阳,〔1〕发丧。太子胡亥袭位,为二世皇帝。九月,葬始皇郦山。始皇初即位,穿治郦山,及并天下,天下徒送诣七十余万人,穿三泉,〔2〕下铜而致椁,〔3〕宫观百官奇器珍怪徙臧满之。[4]令匠作机弩矢,有所穿近者辄射之。以水银为百川江河大海,[5]机相灌输,上具天文,下具地理。以人鱼膏为烛,[6]度不灭者久之。[7]二世曰:"先帝后宫非有子者,出焉不宜。"皆令从死,死者甚众。葬既已下,或言工匠为机,臧皆知之,[8]臧重即泄。大事毕,已臧,闭中羡,[9]下外羡门,尽闭工匠臧者,无复出者。树草木以象山。

【注释】[1]"直道",即始皇三十五年开辟的道路。北起九原,南抵云阳。 [2]"三泉",地下三重泉水,这当是地下很深的地方。 [3]"下铜",用铜来锢洞穴,这样既坚固,又可以防止地下水的渗透。 [4]"宫观百官奇器珍怪",都是随葬品。"宫观"和"百官",一般采用陶或金属仿制。"奇器"和"珍怪"指各种供日常使用或观赏的奢侈品。"臧",与"藏"字同。 [5]"以水银为百川江河大海",据考古勘探,秦始皇陵地宫内确有水银分布,面积达一万三千平方米,构成规则的几何图案。 [6]"人鱼",即儒艮,皮肤灰白色,有稀少的毛。前肢呈鳍状,后肢退化。栖息河口或浅海湾内。哺乳时用前肢拥抱幼仔,头部和胸部露出水面,宛如人状。也有人认为"人鱼"即鲸鱼。 [7]"度",音 duó,揣测,估计。 [8]"臧",音 zāng,奴隶。下文"已臧"之"臧",音 cáng,通"藏"。 [9]"羡",音 yán,与"埏"字通。墓中神道,有内、中、外三道门。

【译文】胡亥等人从直道回到咸阳,宣布了始皇死亡的消息。太子胡亥继位,为二世皇帝。九月,把始皇埋葬在郦山。始皇刚即位时,就在郦山开山凿洞,等到统一了全国,把天下各方的七十多万刑徒送到郦山,把隧洞一直挖到见水的地方,用铜封锢,然后把棺材安放在里面,仿制的宫殿、百官和各种珍奇宝物都安置其中,藏得满满的。让工匠制造带机关的弩箭,有人掘墓接近墓室时就会自动射向目标。拿水银作成千川百溪和江河大海,使用机械互相灌注流通,墓中上面各种天象齐备,下面有地上景象万千。利用人鱼的脂肪作蜡烛,估计很长时期不会熄灭。二世说:"先帝后宫的姬妾没有儿子的,放出宫去不太合适。"(于是)都让她们殉葬,死去的非常多。已经把始皇埋葬了,有人说工匠制造机关,奴隶们都知道,奴隶人数众多,就会泄漏出去。葬礼结束,已经封藏了墓室的随葬品,又

关闭了当中的墓道,放下了最外面一段墓道的大门,把工匠和奴隶全部关死在里面,没有一个逃出去的。在坟上种植草木,像山一样。

二世皇帝元年,年二十一。赵高为郎中令,[1]任用事。二世下诏,增始皇寝庙牺牲及山川百祀之礼。[2]令群臣议尊始皇庙。群臣皆顿首言曰:"古者天子七庙,诸侯五,大夫三,[3]虽万世世不轶毁。[4]今始皇为极庙,四海之内皆献贡职,增牺牲,礼咸备,毋以加。先王庙或在西雍,[5]或在咸阳。天子仪当独奉酌祠始皇庙。自襄公已下轶毁。[6]所置凡七庙。群臣以礼进祠,以尊始皇庙为帝者祖庙。皇帝复自称'朕'。"[7]

【注释】[1]"郎中令",秦官名,负责守护宫殿门户,主管诸郎在宫殿上侍卫。 [2]"牺牲",古代为宗庙祭祀而宰杀的牲畜。毛色纯一的为"牺",肢体完整的为"牲"。 [3]"天子七庙,诸侯五,大夫三",据《礼记·王制》所说,天子有七庙,三昭三穆,与太祖之庙而七;诸侯有五庙,二昭二穆,与太祖之庙而五;大夫有三庙,一昭一穆,与太祖之庙而三;士有一庙。 [4]"轶",音 dié,更迭。"轶毁",更迭废除。有人把"轶毁"解释为"增减",义亦通。这样解释时,"轶"音 yì。 [5]"西雍",即春秋时期的雍邑,秦德公建都于此,至秦献公徙都栎阳。后来在此地置县。故城在今陕西凤翔县南。 [6]"襄公",秦庄公之子,公元前七七七年至前七六六年在位。在位的第八年,被周平王封为诸侯,秦开始立国。死后葬西垂(今甘肃天水市西南)。"已",与"以"字同。 [7]"皇帝复自称'朕'",始皇三十五年,皇帝自称由"朕"改为"真人",至此群臣建议二世仍自称为"朕"。

【译文】二世皇帝元年,二世二十一岁。赵高为郎中令,掌握处理国家事务的权力。二世发布诏令,增加始皇陵庙的祭牲,以及对山川等各种祭祀的礼数。让群臣讨论怎样尊崇始皇庙。君臣都跪在地上磕着头说:"古代天子七庙,诸侯五庙,大夫三庙,(太祖庙)即使是万世之后也不废除。现在始皇为极庙,四海之内都献上本地的产品,增多祭牲的数量,祭礼都很完备,没有什么可增加的了。先王庙有的在西雍,有的在咸阳。按天子的礼仪来说,应当亲自手持酒爵祭拜始皇庙。自襄公以下各

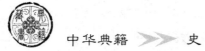
庙都废除。所设祖庙共有七座。群臣按照礼仪进行祭祀，尊崇始皇庙为秦国皇帝的祖庙。皇帝还是自称"朕"。"

二世与赵高谋曰："朕年少，初即位，黔首未集附。先帝巡行郡县，以示强，威服海内。今晏然不巡行，[1]即见弱，毋以臣畜天下。"春，二世东行郡县，李斯从。到碣石，并海，南至会稽，而尽刻始皇所立刻石，石旁著大臣从者名，以章先帝成功盛德焉：[2]

【注释】〔1〕"晏然"，平静的样子。〔2〕"章"，通"彰"，彰明。

【译文】二世和赵高商量说："我年龄小，即位不久，百姓还没有归附之心。先帝巡行郡县，来显示力量的强大，用武威压服天下。现在安然不动，不去巡游，就显得软弱无力，这样是没有办法统治天下的。"春天，二世向东巡行郡县，李斯随从。到达碣石，沿海而行，向南来到会稽，又在始皇所立刻石上全部刻写了文字，石碑旁刻上随从大臣的名字，用来显示先帝取得的功绩和隆盛的德业。(石碑旁刻写的文字是：)

皇帝曰：[1]"金石刻尽始皇帝所为也。今袭号而金石刻辞不称始皇帝，其于久远也如后嗣为之者，不称成功盛德。"丞相臣斯、臣去疾、御史大夫臣德昧死言：[2]"臣请具刻诏书刻石，因明白矣。臣昧死请。"制曰："可。"
遂至辽东而还。

【注释】〔1〕"皇帝曰"，此句至下文"制曰：'可'"，是二世在秦始皇石刻旁写的文字。〔2〕"德"，史书未载其姓，全书只此一见。

【译文】皇帝说："这些金石刻辞都是始皇帝镌刻的。现在我继承了皇帝的称号，而这些金石刻辞不称始皇帝，等到天长日久，好像后来嗣位的人刻写的，这同始皇帝取得的功绩和隆盛的德业是不相称的。"丞相大臣李斯、大臣冯去疾、御史大夫大臣德冒着死罪说："臣下请求把诏书全部刻在石碑上，这样就清楚了。臣下冒着死罪来提出这一要

求。"二世下令说："可以。"
二世到辽东后就返回了。

于是二世乃遵用赵高，申法令。乃阴与赵高谋曰："大臣不服，官吏尚强，及诸公子必与我争，为之奈何？"高曰："臣固愿言而未敢也。先帝之大臣，皆天下累世名贵人也，积功劳世以相传久矣。今高素小贱，陛下幸称举，令在上位，管中事。大臣鞅鞅，[1]特以貌从臣，其心实不服。今上出，不因此时案郡县守尉有罪者诛之，上以振威天下，下以除去上生平所不可者。今时不师文而决于武力，愿陛下遂从时毋疑，即群臣不及谋。[2]明主收举余民，贱者贵之，贫者富之，远者近之，则上下集而国安矣。"二世曰："善。"乃行诛大臣及诸公子，以罪过连逮少近官三郎，[3]无得立者，[4]而六公子戮死于杜。[5]公子将闾昆弟三人囚于内宫，[6]议其罪独后。二世使使令将闾曰："公子不臣，罪当死，吏致法焉。"将闾曰："阙廷之礼，[7]吾未尝敢不从宾赞也；廊庙之位，[8]吾未尝敢失节也；受命应对，吾未尝敢失辞也。何谓不臣？愿闻罪而死。"使者曰："臣不得与谋，奉书从事。"将闾乃仰天大呼天者三，曰："天乎！吾无罪！"昆弟三人皆流涕拔剑自杀。宗室振恐。群臣谏者以为诽谤，大吏持禄取容，黔首振恐。

【注释】〔1〕"鞅鞅"，与"怏怏"同，因不满而郁郁不乐的样子。〔2〕"即"，则。〔3〕"少"，小。"少近官"，近侍小臣。"三郎"，秦郎中令属官有五官中郎将、左中郎将、右中郎将，凡三署。署中有郎中、侍郎，无固定员额，多至千人，负责守卫宫殿，皇帝出行，则充车骑。因分隶三署，故称"三郎"。有人认为"三郎"指中郎、外郎、散郎。也有人认为指中郎、郎中、外郎。〔4〕"立"，与"位"字通。有的版本作"脱"，于文义较顺。〔5〕"杜"，秦县，在今陕西西安市东南。〔6〕"公子将闾"，秦始皇之子，事迹只见载于本篇。〔7〕"阙"，宫殿、祠庙、陵墓前的高大建筑物，一般左右各一，筑成高台，其上修建楼观。两阙之间空缺有道，故名"阙"。"阙廷"，犹言"宫廷"。〔8〕"廊庙"，犹言"庙堂"，指朝廷。

【译文】这时二世采纳赵高的建议，申明法令。私下和赵高商量说："大臣不顺服，官吏也还势力强大，那些公子们一定和我争夺权力，该怎么办呢？"赵高说："我本来就想说，但没有敢说。先帝的大臣，都是出自几代负有名望的权贵之家，累世功勋，代代相传，为时已久。我赵高一向卑微低贱，如今陛下亲近抬举我，使我的官品居上，掌管宫中事务。大臣们快快不乐，只是表面上顺从我，实际上他们心里并不服气。现在您外出巡行，何不趁这个时机，查究郡县守尉有罪的就处死他，上则威震天下，下则铲除您平生所不满的人。当今这个时代，不能师法文治，而是武力决定一切，希望陛下顺时从势，不要犹豫不决，而群臣还来不及策划造反。您这英明的君主可以收揽起用遗民，低贱的使他高贵，贫穷的使他富有，疏远的亲近他，那就会上下辑睦，国家安定。"二世说："很好。"于是杀戮大臣和那些公子们，假借罪名互相株连，来逮捕地位较低的近侍之臣和三署郎官，没有一个人能够保住他的官位，把六个公子处死在杜县。公子将闾兄弟三人被囚禁在宫中，最后审议他们的罪行。二世派使者对将闾下令说："你不像大臣的样子，按所犯罪行应当处死，法官将给予法律制裁。"将闾说："宫廷的礼仪，我未尝敢不服从司仪人的指挥；朝廷上的位次，我未尝敢违背礼节；承命回答问题，我未尝敢辞语差错。为什么说我不像大臣的样子呢？希望知道我的罪行之后再死去。"使者说："我不能参预谋划，只是奉诏办事。"于是将闾仰面连声大呼苍天，喊着说："天啊！我没有罪！"兄弟三人都涕泪俱下，拔剑自杀。宗室为之震动，恐惧不安。群臣进谏的都认为是诽谤朝廷，大臣拿着俸禄，谄媚讨好，百姓惊恐。

四月，二世还至咸阳，曰："先帝为咸阳朝廷小，故营阿房宫。为室堂未就，会上崩，罢其作者，复土郦山。〔1〕郦山事大毕，今释阿房宫弗就，则是章先帝举事过也。"复作阿房宫。外抚四夷，如始皇计。尽征其材士五万人为屯卫咸阳，〔2〕令教射。狗马禽兽当食者多，度不足，下调郡县转输菽粟刍藁，〔3〕皆令自赍粮食，咸阳三百里内不得食其谷。用法益刻深。

【注释】〔1〕"复"，与"覆"字同。 〔2〕"材士"，健武有力的士卒。 〔3〕"菽"，豆类。"粟"，谷子。

"菽粟"，泛指粮食。"刍"，饲草。"藁"，禾秆。"刍藁"，指喂牲口的草料。

【译文】四月，二世回到咸阳，他说："先帝因为咸阳宫廷狭小，所以兴建阿房宫。殿堂还没有建成，碰上先帝逝世，停止了工程，去郦山覆土筑陵。郦山的工程大体已经结束，如今放弃阿房宫不去完成，就是表明先帝所做的事情是错误的。"又开始修建阿房宫。对外安抚四方夷狄，和始皇的策略一样。把健武的士卒五万人全部调来驻守咸阳，让人教习射御。这些人加上畜养的狗马禽兽，要吃粮食的很多，估计储存的粮食不够吃的，就向下面的郡县调用，把粮食草料运送到咸阳，运送的人都自带粮食，咸阳三百里以内的百姓不能食用这批粮谷，（拿去解决咸阳的缺粮问题。）执法更加严厉苛刻。

七月，戍卒陈胜等反故荆地，〔1〕为张楚。〔2〕胜自立为楚王，居陈，〔3〕遣诸将徇地。〔4〕山东郡县少年苦秦吏，〔5〕皆杀其守尉令丞反，以应陈涉，相立为侯王，合从西乡，〔6〕名为伐秦，不可胜数也。谒者使东方来，〔7〕以反者闻二世。二世怒，下吏。后使者至，上问，对曰："群盗，郡守尉方逐捕，今尽得，不足忧。"上悦。武臣自立为赵王，〔8〕魏咎为魏王，〔9〕田儋为齐王。〔10〕沛公起沛。〔11〕项梁举兵会稽郡。〔12〕

【注释】〔1〕"陈胜"，字涉，阳城（旧说认为在今河南登封县东南）人，曾为人佣耕。二世元年，被征发屯戍渔阳（今北京密云县西南），七月在蕲县大泽乡（今安徽宿县东南刘村集）率同行戍卒起义，不久即建立张楚政权。次年军败，被他的御车人庄贾杀害。事详本书《陈涉世家》。 〔2〕"张楚"，陈胜政权称号，义为张大楚国。 〔3〕"陈"，秦县，在今河南淮阳县。 〔4〕"徇"，音 xùn。"徇地"，略地。 〔5〕"山东"，秦、汉时指崤山或华山以东，与关东所指地域大体相同。 〔6〕"乡"，通"向"。 〔7〕"谒者"，郎中令的属官，为皇帝掌管宾赞和传达之事，有时也奉命出使各地。 〔8〕"武臣"，陈涉部将。陈涉在秦二世元年建立张楚政权后，即遣武臣等人北略赵地。武臣渡过黄河，连下赵地数十城，至邯郸自立为赵王。后被部将李良所杀。事详本书《陈涉世家》《张耳陈余列传》。 〔9〕"魏咎"，魏豹之兄，战国魏后裔，陈涉起义后，归从陈涉。陈涉派魏人周市攻下魏地,周市把魏咎从陈县迎到魏地,被陈涉立为魏王。后被秦军围困自杀。事见本书《魏豹列传》。 〔10〕"田儋",狄县(今山东高青县东南)人,战国齐后裔。陈涉建立张楚政权,派周市略定魏地,北至狄。田儋用计杀死狄令,自立为齐王,发兵击周市,攻取齐地。后兵败,被秦将章邯杀死。事详本书《田儋列传》。"儋",音 dān。 〔11〕"沛公",即汉高祖刘邦。秦二世元年,在陈涉起义军的影响下,刘邦与沛县百姓里应外合,杀了沛令,沛县百姓立刘邦为沛公。萧何、曹参、樊哙等在沛聚集了二三千人,开始起义反秦。事详本书《高祖本纪》。"沛",秦县,故城在今江苏沛县。 〔12〕"项梁",楚将项燕之子,项羽的叔父。秦二世元年九月,项梁、项羽杀死会稽郡守,聚合了精兵八千人,起义反秦。秦二世二年,项梁在定陶(今山东定陶县西北)战败身亡。事详本书《项羽本纪》。

【译文】七月,屯戍的士卒陈胜等人在过去的荆地起兵造反,建立了张楚。陈胜自封为楚王,住在陈县,派遣将领攻城略地。山东郡县的青年人苦于秦朝官吏的统治,都杀死了他们的守尉令丞起来造反,响应陈涉,相互推立为诸侯王,联合起来向西进军,以讨伐秦朝为名,造反的人多得无法计算。谒者出使东方回来,把叛乱的事情报告了二世。二世非常气愤,把谒者交给了狱吏治罪。后面的使者回来了,二世问他情况,使者回答说:"是一群盗贼,郡守郡尉正在追捕,现在全部抓获了,不值得担忧。"二世很高兴。武臣自封为赵王,魏咎为魏王,田儋为齐王。沛公在沛县起义。项梁起兵于会稽郡。

二年冬,陈涉所遣周章等将西至戏,〔1〕兵数十万。二世大惊,与群臣谋曰:"奈何?"少府章邯曰:〔2〕"盗已至,众强,今发近县不及矣。郦山徒多,请赦之,授兵以击之。"二世乃大赦天下,使章邯将,击破周章军而走,遂杀章曹阳。〔3〕二世益遣长史司马欣、董翳佐章邯击盗,〔4〕杀陈胜城父,〔5〕破项梁定陶,灭魏咎临济。〔6〕楚地盗名将已死,章邯乃北渡河,击赵王歇等于巨鹿。〔7〕

【注释】〔1〕"周章",即周文,陈县人,战国末年曾经在楚将项燕军中占卜时日吉凶,又奉事过楚春申君黄歇。自认为通晓军事,陈涉任命为将军,

率军西进攻秦,战败自杀。事迹主要见于本书《陈涉世家》。"戏",水名,源出骊山,流入渭水,在今陕西临潼县东。 〔2〕"少府",官名,掌管全国山海池泽的税收和皇室手工制造业,以供皇帝之用。"章邯",秦将军,先后率秦军镇压陈涉、项羽领导的起义军,后被项羽打败投降。秦亡,项羽分封诸侯王,章邯被封为雍王。汉高祖二年,被刘邦围困自杀。事迹主要见于本篇和《项羽本纪》、《高祖本纪》。〔3〕"曹阳",亭名,在今河南灵宝县东。〔4〕"长史",官名,此指将军部下长史,为诸史之长,协助长官总揽政务。"司马欣、董翳",二人随从章邯镇压了陈涉起义军后,又与项羽作战,兵败投降,项羽分封诸侯王,封司马欣为塞王,董翳为翟王。汉高祖二年,二人投降刘邦。后来司马欣又归附项羽,战败自杀。二人事迹主要散见于本篇和《项羽本纪》、《高祖本纪》。"翳",音 yì。 〔5〕"城父",秦县,在今安徽亳县东南。据《陈涉世家》记载,陈涉被他的御车人庄贾杀死在下城父。下城父为聚邑,在今安徽涡阳县东南,因邻近城父而得名。"父",音 fǔ。 〔6〕"临济",聚邑名,因地临济水而得名,在今河南封丘县东。 〔7〕"赵王歇",战国赵后裔。陈涉将军武臣在邯郸自立为赵王,以陈余为大将军,张耳、邵骚为左右丞相。武臣被部将李良杀死后,张耳、陈余求得赵歇,立为赵王。不久,章邯即围困赵王歇于巨鹿。汉高祖三年,赵王歇被汉将韩信杀死。事迹主要散见于本书《项羽本纪》、《高祖本纪》、《张耳陈余列传》。"巨鹿",秦县,在今河北平乡县西南。

【译文】二年冬天,陈涉所派遣的周章等将领西进,到达戏水,有几十万军队。二世大为震惊,和群臣商量说:"怎么办呢?"少府章邯说:"盗贼已经来到这里,兵众势强,现在调发近处县城的军队为时已晚。郦山刑徒很多,希望赦免他们,发给兵器,让他们出击盗贼。"于是二世大赦天下,派章邯为将领,打垮了周章的军队,周章逃走,章邯在曹阳杀死了周章。二世又增派长史司马欣、董翳协助章邯进攻盗贼,在城父杀死了陈胜,在定陶打垮了项梁,在临济消灭了魏咎。楚地盗贼的有名将领都已经死了,章邯就向北渡过黄河,在巨鹿进攻赵王歇。

赵高说二世曰:"先帝临制天下久,故群臣不敢为非,进邪说。今陛下富于春秋,〔1〕初即位,奈何与公卿廷决事?事即有误,示群臣短也。天子称朕,固不闻声。"于是二世常居禁中,与高决诸事。其后公卿希得朝

见，〔2〕盗贼益多，而关中卒发东击盗者毋已。〔3〕右丞相去疾、左丞相斯、将军冯劫进谏曰："关东群盗并起，秦发兵诛击，所杀亡甚众，然犹不止。盗多，皆以戍漕转作事苦，〔4〕赋税大也。请且止阿房宫作者，减省四边戍转。"二世曰："吾闻之韩子曰：〔5〕'尧舜采椽不刮，〔6〕茅茨不翦，〔7〕饭土塯，〔8〕啜土形，〔9〕虽监门之养，〔10〕不觳于此。〔11〕禹凿龙门，〔12〕通大夏，决河亭水，〔13〕放之海，身自持筑臿，〔14〕胫毋毛，〔15〕臣虏之劳不烈于此矣。'凡所为贵有天下者，得肆意极欲，主重明法，下不敢为非，以制御海内矣。夫虞、夏之主，贵为天子，亲处穷苦之实，以徇百姓，〔16〕尚何于法？朕尊万乘，〔17〕毋其实，吾欲造千乘之驾，万乘之属，充吾号名。且先帝起诸侯，兼天下，天下已定，外攘四夷以安边竟，〔18〕作宫室以章得意，而君观先帝功业有绪。〔19〕今朕即位二年之间，群盗并起，君不能禁，又欲罢先帝之所为，是上毋以报先帝，次不为朕尽忠力，何以在位？"下去疾、斯、劫吏，案责他罪。去疾、劫曰："将相不辱。"自杀。斯卒囚，就五刑。〔20〕

【注释】〔1〕"春秋"，指年龄。 〔2〕"希"，与"稀"字通。 〔3〕"关中"，所指范围大小不一，此指函谷关以西秦国故地。 〔4〕"戍"，屯戍边地。屯戍者不但要守卫边境，而且还要担负修建和维修城墙的任务。云梦秦简《戍律》中即有明文规定。"漕"，水路运输。"转"，陆地运输。"作"，土木兴作等杂泛差役。 〔5〕"韩子"，即韩非。下面所引韩非语见《韩非子·五蠹篇》，文字与今天流传的《韩非子》歧异。 〔6〕"采"，音 cǎi，通"棌"，木名，即栎木。"采椽"，栎木屋椽。有人认为"采椽"谓从山上采来而未加整治的屋椽。"刮"，刨光雕饰。 〔7〕"翦"，通"剪"。 〔8〕"塯"，音 liú，盛饭的瓦器。 〔9〕"啜"，音 chuò，喝。"形"，用来盛水盛汤的瓦器。本书《李斯列传》作"啜土铏"，是"形"与"铏"通。 〔10〕"监门"，看守城门者。在古代，看守城门是一种低贱的职业。"养"，供养。或解释为役卒，义亦通。 〔11〕"觳"，音 què，俭薄，节俭。 〔12〕"龙门"，在山西河津县西北和陕西韩城县东北。黄河流至此地，两岸峭壁峙立，状如阙门，故名。 〔13〕"亭"，通"渟"，水停滞，不流通。 〔14〕"筑"，筑墙

捣土的杵。"臿"，音 chā，挖土的锹。 〔15〕"胫"，音 jìng，人的小腿。"胫毋毛"，两腿经常在泥土里，毛都没有了。形容极为劳苦。 〔16〕"徇"，顺从。〔17〕"万乘"，周朝制度，兵车一乘驾四匹马，天子兵车一万乘，诸侯兵车一千乘。后世就用"万乘"指天子位。 〔18〕"竟"，通"境"。 〔19〕"绪"，端绪，头绪。"绪"亦可解释为功业，功绩，于义亦通。〔20〕"五刑"，五种刑罚。商、周时指墨刑、劓刑、剕刑、宫刑、大辟。墨刑即在脸上刺字涂墨。劓刑即割掉鼻子。剕刑即断足，或云断去膝盖骨。宫刑即阉割生殖器。大辟即杀头。秦五刑也可能有变化。李斯"就五刑"，是极言刑罚之残苛，未必是五种刑罚都受到了。

【译文】赵高劝告二世说："先帝统治天下的时间很长，所以群臣不敢为非作歹，向先帝提出邪说。现在陛下正是年轻的时候，刚刚即位，怎么能和公卿大臣在朝廷上决议事情呢？如果事情有了差错，就把自己的短处暴露给群臣了。天子自称朕，本来群臣就不应该听到天子的声音。"于是二世常常住在宫中，和赵高决断各种政务。从此以后公卿大臣很少有朝见的机会，盗贼越来越多，关中士卒被调发向东去攻打盗贼的一批接一批。右丞相冯去疾、左丞相李斯、将军冯劫进谏说："关东成郡的盗贼一块儿起来造反，秦政府出兵讨伐，杀死了很多，然而盗贼还是没有被平息。盗贼这样多，都是因为屯戍边地、水路运载、陆路转输和土木兴作等各种杂泛差役使百姓太劳苦，赋税也过于沉重。希望停止阿房宫的兴建，减少四方边境的屯戍和运输任务。"二世说："我从韩子那里听说：'尧、舜的栎木屋椽不加整治，茅草屋不加修葺，吃饭用土碗，喝水用瓦盆，即使是供给看守城门的吃食和用品，也不俭薄到这种程度。禹开凿龙门，使大夏畅通，修治河道，疏导积水，引入大海，亲自拿着筑墙的杵和挖土的锹，（两条腿整天泡在泥水里，）小腿上的毛都掉光了，奴仆的劳苦程度也不比这更厉害。'凡是尊贵而掌握了天下的人，应该随心所欲，为所欲为，主要着重宣明法治，下面的臣民不敢胡作非为，以此来统治天下。像那虞、夏的君主，贵为天子，亲自处于穷苦的状况，来顺从百姓，这还有什么法治可言？我尊为万乘之君，却没有万乘之实，我要制造一千乘车驾，设置一万乘的随从徒众，来符合我的万乘之君这一名号。而且先帝起于诸侯，兼并天下，天下已经安定，对外抗御四方夷狄，使边境安宁，兴修宫殿，以显示自己的得意之情，你们看到了先帝功业的开端和发展。如今在我即位的两年之

间，成群的盗贼同时并起，你们不能加以禁绝，又想废除先帝所做的事情，这是对上无以报答先帝，其次也是不给我尽忠竭力，凭什么处在现在的职位上？"把冯去疾、李斯、冯劫交给狱吏囚禁，审查追究他们的其他各种罪行。冯去疾、冯劫说："将相不能身受侮辱。"自杀而死。李斯最后被监禁狱中，遭受了各种刑罚。

三年，章邯等将其卒围巨鹿，楚上将军项羽将楚卒往救巨鹿。[1]冬，赵高为丞相，竟案李斯杀之。[2]夏，章邯等战数却，二世使人让邯，邯恐，使长史欣请事。赵高弗见，又弗信。欣恐，亡去，高使人捕追不及。欣见邯曰："赵高用事于中，将军有功亦诛，无功亦诛。"项羽急击秦军，虏王离，[3]邯等遂以兵降诸侯。八月己亥，赵高欲为乱，恐群臣不听，乃先设验，持鹿献于二世，曰："马也。"二世笑曰："丞相误邪？谓鹿为马。"问左右，左右或默，或言马以阿顺赵高。或言鹿者，[4]高因阴中诸言鹿者以法。后群臣皆畏高。

【注释】〔1〕"上将军"，地位最高的将领，相当于主帅。　〔2〕"竟"，穷究，根究。　〔3〕"虏王离"，章邯率军围赵王歇于巨鹿，具体担负围城任务的是王离、涉间，章邯驻扎在巨鹿南面，修筑运粮通道，供给前线粮食。所以项羽打败围城的秦军，能够先俘虏王离。事见本书《项羽本纪》。　〔4〕"者"，从文义看，是衍文，范晔《后汉书·文苑·崔琦列传》李贤注引《史记》无此字。

【译文】三年，章邯等人率领他们的军队包围巨鹿，楚国上将军项羽带领楚国士卒前往援救巨鹿。冬天，赵高做了丞相，彻底审查李斯，杀死了他。夏天，章邯等人在战争上屡次退却，二世派人斥责章邯，章邯心里恐惧，派长史司马欣请示事情。赵高不肯接见，又不信任他。司马欣很害怕，就逃走了。赵高派人追捕，没有追上。司马欣见到章邯说："赵高在朝廷中操纵大权，将军有功也要被杀，无功也要被杀。"项羽迅速地攻打秦军，俘虏了王离，章邯等人就率军投降了各路诸侯。八月己亥，赵高想要作乱，害怕群臣不肯服从，就预先做了一个试验，拿一只鹿献给二世，说："这是一匹马。"二世笑着说："丞相错了吧？把鹿说成是马。"赵高问

左右大臣，左右大臣有的缄默不语，有的说是马，来阿谀迎合赵高。有的说是鹿，赵高就假借法律暗中陷害那些说是鹿的人。后来大臣们都很惧怕赵高。

高前数言"关东盗毋能为也"，及项羽虏秦将王离等巨鹿下而前，章邯等军数却，上书请益助，燕、赵、齐、楚、韩、魏皆立为王，自关以东，大氐尽畔秦吏应诸侯，[1]诸侯咸率其众西乡。沛公将数万人已屠武关，使人私于高，高恐二世怒，诛及其身，乃谢病不朝见。二世梦白虎齧其左骖马，[2]杀之，心不乐，怪问占梦。卜曰："泾水为祟。"[3]二世乃斋于望夷宫，[4]欲祠泾沈四白马。[5]使使责让高以盗贼事。高惧，乃阴与其婿咸阳令阎乐、其弟赵成谋曰：[6]"上不听谏，今事急，欲归祸于吾宗。吾欲易置上，更立公子婴。[7]子婴仁俭，百姓皆载其言。"使郎中令为内应，诈为有大贼，令乐召吏发卒，追劫乐母置高舍。[8]遣乐将吏卒千余人至望夷宫殿门，缚卫令仆射，[9]曰："贼入此，何不止？"卫令曰："周庐设卒甚谨，[10]安得贼敢入宫？"乐遂斩卫令，直将吏入，行射，郎宦者大惊，[11]或走或格，格者辄死，死者数十人。郎中令与乐俱入，射上幄坐帏。[12]二世怒，召左右，左右皆惶扰不斗。旁有宦者一人，侍不敢去。二世入内，谓曰："公何不蚤告我？[13]乃至于此！"宦者曰："臣不敢言，故得全。使臣蚤言，皆已诛，安得至今？"阎乐前即二世数曰："足下骄恣，[14]诛杀无道，天下共畔足下，足下其自为计。"二世曰："丞相可得见否？"乐曰："不可。"二世曰："吾愿得一郡为王。"弗许。又曰："愿为万户侯。"弗许。曰："愿与妻子为黔首，比诸公子。"阎乐曰："臣受命于丞相，为天下诛足下，足下虽多言，臣不敢报。"麾其兵进。[15]二世自杀。

【注释】〔1〕"氐"，与"抵"字同。"大氐"，犹言大略。　〔2〕"齧"，音 niè，咬。"左骖"，古代一车驾三匹马，左边的一匹叫"左骖"。　〔3〕"泾水"，渭河支流，源出宁夏回族自治区南部六盘山东麓，流经秦都咸阳北，在陕西高陵县境内注入渭水。　〔4〕"望夷宫"，在今陕西泾阳县东南，宫临泾水。　〔5〕

"沈"，与"沉"字同。〔6〕"令"，秦、汉制度，大县设令，小县设长，主管一县政务。"阎乐"，事迹仅见本篇和《李斯列传》。"赵成"，全书仅此一见。〔7〕"公子婴"，秦始皇之弟。〔8〕"劫乐母置高舍"，赵高怕阎乐有变，所以把阎乐的母亲劫持到自己的住处，作为抵押的人质。〔9〕"卫令仆射"，卫尉掌管宫门屯兵，属官有卫令，统领卫士。卫令仆射为卫令之长。〔10〕"周庐"，宫垣四周设置庐舍，为卫士驻守警卫之所。〔11〕"郎"，郎中令下所属诸郎。"宦"，宦官，统属于少府。〔12〕"幄"，音 wò，大帐篷，上下四周都围起来，有如宫室。"帏"，音 wéi，单帐。〔13〕"蚤"，与"早"字同。〔14〕"足下"，对二世应称"陛下"，阎乐称二世"足下"，是不把二世视为天子。〔15〕"麾"，与"挥"字通。

【译文】赵高以前多次说"关东的盗贼不会有什么作为"，等到项羽在巨鹿俘虏了秦军将领王离等人，继续向前推进，章邯等人的军队屡次退却，上书请求增加兵员，燕、赵、齐、楚、韩、魏都自立为王，从函谷关以东，差不多都背叛了秦朝官吏，响应各路诸侯，诸侯们率领自己的军队向西推进。沛公率领几万人屠毁了武关，派人私通赵高，赵高害怕二世发怒，遭到杀身之祸，就推说有病，不去朝见。二世梦见白色的老虎咬他驾车的左边的那匹马，最后马被咬死了，二世心里闷闷不乐，感到奇怪，就去问占梦的人。占梦的人占卜说："泾水的水神在作祟。"于是二世在望夷宫斋戒，打算祭祀泾水的水神，沉入水中四匹白马。派使者以有关盗贼的事情去指责赵高。赵高很恐慌，就暗中和他的女婿咸阳令阎乐、他的弟弟赵成商量说："皇帝不听劝告，如今事已危急，想要嫁祸于我们的家族。我打算废掉二世，另立公子婴做皇帝。公子婴仁爱俭约，百姓都听信他的话。"赵高派郎中令作内应，欺骗说有一大群盗贼来了，命令阎乐叫来官吏发兵追击，又劫持阎乐的母亲，安置在赵高的家里，（逼迫阎乐不能三心二意）赵高派阎乐带领吏卒一千多人来到望夷宫殿门，把卫令仆射捆绑起来，说："盗贼跑进这里，为什么不加阻止？"卫令说："四周墙垣内的庐舍设有士卒，防卫非常严谨，盗贼怎么敢闯入宫内？"阎乐就杀了卫令，带领吏卒直入宫内，一边走，一边射箭，郎官和宦者大为惊慌，有的逃窜，有的上前搏斗，搏斗的人都被杀死，死了几十人。郎中令和阎乐一起进入二世住处，用箭射向二世坐息的帷帐。二世大怒，叫来了左右侍从人员，左右侍从人员都惶恐纷扰，不上前搏斗。身边有一个宦官，陪侍着二世，不敢走掉。二世逃入室内，对陪侍的宦官说：

"你为什么不早告诉我？（现在）竟到了这种地步！"宦官说："我不敢说，所以能保住性命。假如我早说了，就已经被杀死，哪里会活到现在？"阎乐上前来到二世面前，列举他的罪状说："你骄横纵恣，屠杀吏民，无道已极，天下百姓一起背叛了你，你自己作打算吧。"二世说："我可以见见丞相吗？"阎乐说："不可以。"二世说："我希望得到一个郡，去做一郡之王。"阎乐不答应。又说："我愿做万户侯。"阎乐仍不答应。二世说："希望和妻子儿女成为平民百姓，和那些公子们一样。"阎乐说："我受命于丞相，替天下百姓处死你，虽然你说了很多话，我不敢向丞相报告。"阎乐指挥他的士卒向前进击。二世自杀。

阎乐归报赵高，赵高乃悉召诸大臣公子，告以诛二世之状。曰："秦故王国，始皇君天下，故称帝。今六国复自立，秦地益小，乃以空名为帝，不可。宜为王如故，便。"立二世之兄子公子婴为秦王。〔1〕以黔首葬二世杜南宜春苑中。令子婴斋，当庙见，〔2〕受王玺。斋五日，子婴与其子二人谋曰："丞相高杀二世望夷宫，恐群臣诛之，乃详以义立我。〔3〕我闻赵高乃与楚约，灭秦宗室而王关中。今使我斋见庙，此欲因庙中杀我。我称病不行，丞相必自来，来则杀之。"高使人请子婴数辈，子婴不行，高果自往，曰："宗庙重事，王奈何不行？"子婴遂刺杀高于斋宫，三族高家以徇咸阳。子婴为秦王四十六日，楚将沛公破秦军入武关，遂至霸上，〔4〕使人约降子婴。子婴即系颈以组，〔5〕白马素车，〔6〕奉天子玺符，〔7〕降轵道旁。〔8〕沛公遂入咸阳，封宫室府库，还军霸上。居月余，诸侯兵至，项籍为从长，杀子婴及秦诸公子宗族。遂屠咸阳，烧其宫室，虏其子女，收其珍宝货财，诸侯共分之。灭秦之后，各分其地为三，名曰雍王、塞王、翟王，〔9〕号曰三秦。项羽为西楚霸王，〔10〕主命分天下王诸侯，秦竟灭矣。后五年，天下定于汉。

【注释】〔1〕"二世之兄子公子婴"，据本书《李斯列传》记载，公子婴为秦始皇之弟。据本篇下文，公子婴和他的两个儿子谋杀赵高，是公子婴之子已为成年人。秦始皇死时，年仅五十。按照年辈推算,在他死后三年不可能有已经成年的曾孙,此处记载不可信,《李斯列传》较为可取。〔2〕"庙见",到宗庙参拜祖先。 〔3〕"详",与"佯"字同,伪装。〔4〕"霸上",又作"灞上",地处霸水西面的高原上,故名。在今陕西西安市东,与蓝田县接壤,是古代军事要地。 〔5〕"组",丝带,古人多用以为绶,系玉、印纽、帷幕等。 〔6〕"白马素车",是一种丧人之服,这里表示有罪该死。〔7〕"玺",音 xǐ,秦以前,是印的统称。自秦始,皇帝之印称玺。汉代皇帝、皇后、诸侯王之印皆可称玺。〔8〕"轵道",亭名,长安城东第一亭,在今陕西西安市东北。"轵",音 zhǐ。 〔9〕"雍王",章邯投降项羽,封为雍王。秦亡后项羽分封诸侯,章邯仍为雍王,占有咸阳以西的秦国故地,都废丘(今陕西兴平县东南)。据本书《高祖本纪》张守节《正义》,"雍王"是以雍县为名。"塞王",项羽封司马欣为塞王,占有咸阳以东至黄河一带地区,都栎阳(今陕西临潼县东北)。所封地域内有大河、华山为阸塞,故名。"翟王",项羽封董翳为翟王,占有秦上郡地区,都高奴(今陕西延安市东北)。此地春秋时为白翟之地,故取以为号。〔10〕"西楚",本书《货殖列传》记载,淮北沛、陈、汝南、南郡为西楚,彭城以东、东海、吴、广陵为东楚,衡山、九江、江南、豫章、长沙为南楚。据此,西楚地包举今河南东部、安徽北部、江苏西北部。实际上,项羽的封域不限于这一范围。项羽的都城彭城在西楚界内,所以他的封国以西楚为号。也有人认为旧名江陵为南楚,吴为东楚,彭城为西楚。"霸王",诸侯王的盟主,相当于春秋时的霸主。

【译文】阎乐回来报告赵高,赵高就把所有大臣和公子都召集起来,告诉他们杀死二世的情况。赵高说:"秦本来是诸侯王国,始皇君临天下,所以号称皇帝。现在六国又各自建立了政权,秦国地域日益缩小,竟仍然称帝,空有其名,这是不可以的。应该像过去一样称王,这样比较适宜。"就立二世哥哥的儿子公子婴为秦王。用百姓的礼仪把二世埋葬在杜县南面的宜春苑中。赵高让子婴斋戒,到宗庙参拜祖先,接受秦王印玺。斋戒了五天,子婴和他的两个儿子商量说:"丞相赵高在望夷宫杀死二世,害怕群臣诛伐他,就假装以大义为名,立我为王。我听说赵高和楚约定,由他消灭秦国宗室,在关中称王。现在让我斋戒,拜见祖庙,这是想要趁我在祖庙的时候杀死我。我就说有病不去,丞相一定亲自来我这里,来时就杀死他。"赵高好几次派人去请子婴,子婴不去,赵高果然亲自来了,说:"国家大事,你怎么不去?"子婴就在斋戒的宫室里刺死

了赵高,全部处死赵高家的三族,在咸阳示众。子婴做了四十六天秦王,楚将沛公打垮了秦军,进入武关,来到霸上,派人去让子婴签约投降。子婴就用丝带系着脖子,白马素车,捧着天子的印玺和符节,在轵道旁投降。于是沛公进入咸阳,封闭宫室府库,回军霸上,过了一个多月,各路诸侯的军队到了,项羽为诸侯联军的领袖,杀死了子婴和秦公子的宗族。屠毁咸阳,焚烧宫室,俘虏了秦国子弟和妇女,把珍宝财物搜刮在一起,诸侯们共同瓜分了。消灭了秦国以后,把它的土地分为三部分,(封立三个王,)名叫雍王、塞王、翟王,号称三秦。项羽为西楚霸王,负责分封天下诸侯王,秦朝最后灭亡了。过了五年,汉朝统一了全国。

太史公曰:秦之先伯翳,〔1〕尝有勋于唐虞之际,受土赐姓。〔2〕及殷夏之间微散。至周之衰,秦兴,邑于西垂。〔3〕自缪公以来,〔4〕稍蚕食诸侯,竟成始皇。始皇自以为功过五帝,地广三王,而羞与之侔。〔5〕善哉乎贾生推言之也!〔6〕曰:

【注释】〔1〕"伯翳",又作"伯益",也称大费,为舜主管畜牧,驯养禽兽。又被禹所重用,辅助禹治水有功。事见本书《秦本纪》。 〔2〕"受土赐姓",本书《秦本纪》载周考王之言曰:"昔伯翳为舜主畜,畜多息,故有土,赐姓嬴。"〔3〕"西垂",即犬丘,又称西犬丘,在今甘肃天水市西南。有人把"西垂"理解为西方边地,不可信。 〔4〕"缪公",名任好,秦德公少子,秦成公之弟,公元前六五九年至前六二一年在位。他在位期间,秦国力渐强,曾东服强晋,西伐戎王,开地千里。事迹主要见于本书《秦本纪》。"缪",通"穆"。 〔5〕"侔",音 móu,齐等,同。〔6〕"贾生",即贾谊,洛阳人,擅长政论、文学。汉文帝时为博士,旋迁太中大夫。汉文帝本欲任为公卿,但受到大臣周勃、灌婴等人排挤,贬为长沙王太傅,后为梁怀王太傅,卒时仅三十三岁。下面引征的一篇文字是贾谊著名的政论文《过秦论》。在贾谊《新书》中,《过秦论》分为上、中、下三篇,《史记》所引"秦并兼诸侯山东三十余郡"至"故旷日长久而社稷安矣"为下篇,"秦孝公据殽函之固"至"仁义不施而攻守之势异也"为上篇,"秦并海内"至"是二世之过也"为中篇。字句也间有异同。

【译文】太史公说:秦国的祖先伯翳,曾在唐、虞之际建立了功勋,获得了土地,被赐予嬴姓。到

了夏、殷之间,势力衰微分散。及至周朝没落,秦国兴起,在西垂建筑了城邑。从缪公以来,渐渐蚕食诸侯,统一事业最后由始皇完成了。始皇自认为功劳超过了五帝,疆域比三王还广阔,耻于和三王五帝相提并论。贾生的论述非常好。他说:

秦并兼诸侯,山东三十余郡,缮津关,据险塞,修甲兵而守之。然陈涉以戍卒散乱之众数百,奋臂大呼,不用弓戟之兵,鉏櫌白梃,[1]望屋而食,[2]横行天下。秦人阻险不守,关梁不阖,[3]长戟不刺,强弩不射。楚师深入,[4]战于鸿门,[5]曾无藩篱之艰。于是山东大扰,诸侯并起,豪俊相立。秦使章邯将而东征,章邯因以三军之众要市于外,[6]以谋其上。群臣之不信,可见于此矣。子婴立,遂不寤。借使子婴有庸主之材,仅得中佐,山东虽乱,秦之地可全而有,宗庙之祀未当绝也。

【注释】[1]“鉏”,与“锄”字同。“櫌”,音 yōu,平整土地的一种农具,形如榔头。“白梃”,木棒。“梃”,音 tǐng。 [2]“望屋而食”,意谓陈涉士卒没有储备的军粮,而是看到有人家居住的地方,就在那里就食。此句和上句都是说明陈涉军队的条件很差。 [3]“阖”,关闭。 [4]“楚师”,指陈涉的军队。 [5]“鸿门”,在今陕西临潼县东北,现在当地人称项王营,此地已接近秦都咸阳。二世二年,陈涉部将周章率军进攻到戏水,与鸿门相邻。这里所说“战于鸿门”,即指周章在戏水与秦将章邯之战。 [6]“三军”,军队的统称。春秋时晋设中军、上军、下军,楚设中军、左军、右军。秦二世时没有这样的军事编制。“要”,音 yāo,要挟。“市”,做交易。“要市”,意谓章邯利用自己率领的军队做本钱,要挟谋利。史书没有记载章邯要挟二世求取私利的事情,这是夸饰之辞。

【译文】秦兼并了各个诸侯国,山东三十多郡,缮治津渡和关口,占据险隘和要塞,训练军队,加以防守。然而陈涉率领几百个散乱的戍卒,振臂大呼。不用弓戟一类的兵器,只用锄、櫌、木棍,(军无存粮,)走到哪里,吃到哪里,横行天下。秦人有险阻而不能固守,有关口桥梁而不能封锁,有长戟而不能刺杀,有强弩而不能发射。张楚的军队深入腹地,在鸿门作战,连越过篱笆一样的困难都没有。

于是山东大乱,诸侯同时并起,豪杰俊士互相推立为王。秦派章邯率军东征,章邯在外利用自己统率的军队相要挟,猎取私利,图谋他的君王。群臣不讲信用,从这里就可以看出来了。子婴立为王,最终也没有醒悟。如果子婴具有一般君主的能力,只要得到中等才能的辅佐大臣,山东虽然叛乱,秦国故地还是可以保全的,宗庙祭祀不会断绝。

秦地被山带河以为固,四塞之国也。[1]自缪公以来,至于秦王,[2]二十余君,[3]常为诸侯雄。岂世世贤哉?其势居然也。且天下尝同心并力而攻秦矣。当此之世,贤智并列,良将行其师,[4]贤相通其谋,[5]然困于阻险而不能进。秦乃延入战而为之开关,百万之徒逃北而遂坏。岂勇力智慧不足哉?形不利,势不便也。秦小邑并大城,守险塞而军,高垒毋战,闭关据阸,荷戟而守之。诸侯起于匹夫,以利合,非有素王之行也。[6]其交未亲,其下未附,名为亡秦,其实利之也。彼见秦阻之难犯也,必退师。安土息民,以待其敝,收弱扶罢,[7]以令大国之君,不患不得意于海内。贵为天子,富有天下,而身为禽者,[8]其救败非也。

【注释】[1]“四塞之国”,秦国故地东有函谷关,南有武关,西有散关(在今陕西宝鸡市西南),北有萧关(在今宁夏固原县东南),故云“四塞之国”。[2]“秦王”,指秦始皇。 [3]“二十余君”,自秦缪公至秦始皇共二十三君。这二十三君是缪公、康公、共公、桓公、景公、哀公、惠公、悼公、厉共公、躁公、怀公、灵公、简公、惠公、出子、献公、孝公、惠文王、武王、昭王、孝文王、庄襄王、始皇。 [4]“良将”,如吴起、孙膑、廉颇、赵奢等。 [5]“贤相”,如苏秦、杜赫、齐明、周最等。 [6]“素王”,有王者之德,但无王者之位的人。如儒家即视孔子为素王。[7]“罢”,通“疲”。 [8]“禽”,通“擒”。

【译文】秦地被山带河,地势险固,是四面都有屏障和要塞的国家。从缪公以来,至于秦王,有二十多个君主,常常称雄于诸侯。难道秦国世世代代都是贤明的君主吗?那是它的地理形势所造成的。而且天下曾经同心协力进攻秦国。在这个时候,贤人智者会集,优秀的将领统率指挥军队,贤明的宰相互相交流彼此的谋略,然而被险峻的地形所困阻，不能前进。秦就给他们敞开关门，引诱敌人深人，进行交战，于是六国百万之众败逃，土崩瓦解。这难道是武力和智慧不足吗？是地形不利，形势不便的缘故。秦国把小聚邑合并成大城市，在险阻要塞驻军防守，高筑营垒，不去交战，封锁关口，占据险隘，持戟把守这些地方。诸侯都是从平民百姓中起来的，以利相合，没有素王那样的德操。他们的交往并不亲密，他们的下属还没有诚心归服，表面上以灭秦为名，实际上图谋私利。他们看到秦国地势险阻，难以侵犯，必然撤军。秦使百姓休养生息，等待诸侯的衰败，收养贫弱，扶持疲困，来向大国诸侯发号施令，不怕不得意于天下。贵为天子，富有天下，而自己被抓去成为俘虏，是因为他挽救败亡的策略不正确。

　　秦王足己不问，遂过而不变。二世受之，因而不改，暴虐以重祸。子婴孤立无亲，危弱无辅。三主惑而终身不悟，亡，不亦宜乎？当此时也，世非无深虑知化之士也，然所以不敢尽忠拂过者，[1]秦俗多忌讳之禁，忠言未卒于口而身为戮没矣。故使天下之士，倾耳而听，重足而立，[2]拑口而不言。是以三主失道，忠臣不敢谏，智士不敢谋，天下已乱，奸不上闻，岂不哀哉！先王知雍蔽之伤国也，[3]故置公卿大夫士，以饰法设刑，[4]而天下治。其强也，禁暴诛乱而天下服。其弱也，五伯征而诸侯从。[5]其削也，内守外附而社稷存。[6]故秦之盛也，繁法严刑而天下振；及其衰也，百姓怨望而海内畔矣。故周五序得其道，[7]而千余岁不绝。[8]秦本末并失，故不长久。由此观之，安危之统相去远矣。野谚曰"前事之不忘，后事之师也"。是以君子为国，观之上古，验之当世，参以人事，察盛衰之理，审权势之宜，去就有序，变化有时，故旷日长久而社稷安矣。

　　【注释】〔1〕"拂"，通"弼"，纠正。〔2〕"重足"，叠足而立，不敢走动，这是一种非常恐惧的样子。"重"，音 chóng。〔3〕"雍"，与"壅"字通，堵塞，壅塞。〔4〕"饰"，与"饬"字通，整治。〔5〕"五伯"，历来有两种说法，一云齐桓公、晋文公、秦缪公、宋襄公、楚庄王为五霸，一云齐桓公、晋文公、楚庄王、吴王阖闾、越王句践为五霸。"伯"，与"霸"

字通。〔6〕"社稷"，古代帝王和诸侯祭祀的土神和谷神，常用为国家的代称。〔7〕"五序"，字有讹误，当从贾谊《新书》作"王序"。有人认为"五序"指公、侯、伯、子、男五个等级次序。〔8〕"千余岁"，周朝立国八百余年，贾谊说"千余岁"，是有意夸张。

　　【译文】秦王骄傲自满，不虚心下问，因循错误而不进行变革。二世继承下来，沿袭不改，残暴凶虐，加重了祸患。子婴势孤力单，没有亲近的人，地位危险脆弱，无人辅助。这三个君主一生迷惑不悟，国家灭亡，不是应该的吗？在这个时候，世上不是没有深谋远虑、知权达变之士，然而所以不敢尽忠直谏，纠正错误，是因为秦国习俗有很多禁忌，忠诚的话还没有说完，而自己已被杀害。所以天下之士，侧耳听命，叠足而立，闭口不言。这三个君主丧失了治国的原则，忠臣不敢直言规劝，智士不敢出谋划策，天下已经大乱，奸邪的事情没有人向君主报告，这难道不是太可悲了吗！先王知道上下壅塞蒙蔽会损害国家利益，所以设置公卿、大夫、士，以整饬法令，建立刑罚，而使天下太平。国势强盛时，能够禁止残暴，讨伐叛乱，天下归服。国势弱小时，有五霸代替天子征讨，诸侯顺从。国势衰削时，内有所守，外有所附，国家可以存而不亡。秦国强盛时，法令繁密，刑罚严酷，天下震恐。到了它衰落时，百姓怨恨，天下叛离。周朝天子依次得到了治国的规律，所以一千多年间，国运不绝。秦朝本末俱失，因此国祚短促。由此看来，国家安危的基础相差太远了。民间俗话说"前事不忘，后事之师"。因此有道德修养的人治理国家。观察远古的得失，考察当代的所作所为，参酌人的因素，了解盛衰的道理，明悉权力威势的恰当运用，弃取有一定的次序，变革有适当的时间，所以历时久远，而国家安定。

　　秦孝公据殽函之固，[1]拥雍州之地，[2]君臣固守而窥周室，有席卷天下，[3]包举宇内，囊括四海之意，[4]并吞八荒之心。[5]当是时，商君佐之，[6]内立法度，务耕织，修守战之备，外连衡而斗诸侯，[7]于是秦人拱手而取西河之外。[8]

　　【注释】〔1〕"秦孝公"，秦献公之子，名渠梁，公元前三六一年至前三三八年在位，即位时年二十一。任用商鞅，实行变法，使秦国势强盛。"殽"，殽山，在今河南洛宁县、卢氏县西境，陕县、灵宝县东境。〔2〕"雍州",古九州之一。《尔雅·释地》云:"河西曰雍州。"所谓"河",系指今山西、陕西二省间的黄河。〔3〕"席卷",像卷席子一样卷了过去,形容包举无余。〔4〕"囊括",用口袋全部包裹起来,形容包罗无遗。〔5〕"八荒",八方荒远之地,犹云八极。〔6〕"商君",卫国人,公孙氏,名鞅。初事魏相公叔痤,后入秦游说秦孝公,被任为左庶长,实行变法。不久升为大良造。秦从雍徙都咸阳,进一步辅佐秦孝公实行变法。变法主要内容是奖励耕战,推行法治,废除贵族世袭特权。因军功封于商(今陕西商县东南),号为商君。秦孝公死后,被贵族诬害而死。事详本书《商君列传》,他的变法情况《商君书》中记载较详。〔7〕"连衡",这是秦国针对山东各诸侯国联合反秦而提出的一种策略,这种策略的最终目的是使山东各诸侯国各自西向事秦。〔8〕"拱手",两手在胸前相合。"拱手而取",形容夺取得很容易。"西河之外",魏国在黄河以西的地区。秦孝公二十二年,商鞅率秦军伐魏,魏使公子卬统兵迎击,商鞅设计俘虏公子卬,攻破魏军,魏被迫把西河之外的土地割献于秦,作为媾和的条件。事见本书《商君列传》。

【译文】秦孝公据守崤山、函谷关这样坚固的地方,拥有雍州地域,君臣坚守自己的国土,窥视周朝的政权,有席卷全国、收取天下、囊括四海的意图,吞并八方的心愿。在这个时候,商君辅佐秦孝公,对内建立法治和各种制度,致力于耕织,整修攻守的武器,对外采取连衡的策略,使诸侯互相争斗,于是秦国人轻而易举地取得了西河以外的一片土地。

孝公既没,惠王、武王蒙故业,〔1〕因遗册,南兼汉中,西举巴、蜀,东割膏腴之地,收要害之郡。诸侯恐惧,会盟而谋弱秦,不爱珍器重宝肥美之地,以致天下之士,合从缔交,相与为一。当是时,齐有孟尝,〔2〕赵有平原,〔3〕楚有春申,〔4〕魏有信陵。〔5〕此四君者,皆明知而忠信,宽厚而爱人,尊贤重士,约从离衡,并韩、魏、燕、楚、齐、赵、宋、卫、中山之众。于是六国之士有宁越、徐尚、苏秦、杜赫之属为之谋,〔6〕齐明、周最、陈轸、昭滑、楼缓、翟景、苏厉、乐毅之徒通其意,〔7〕吴起、孙膑、带佗、儿良、王廖、田忌、廉颇、赵奢之朋制其兵。〔8〕常以十倍之地,百万之

众,叩关而攻秦。秦人开关延敌,九国之师逡巡遁逃而不敢进。〔9〕秦无亡矢遗镞之费,〔10〕而天下诸侯已困矣。于是从散约解,争割地而奉秦。秦有余力而制其敝,追亡逐北,伏尸百万,流血漂卤。〔11〕因利乘便,宰割天下,分裂河山,强国请服,弱国入朝。延及孝文王、庄襄王,〔12〕享国日浅,国家无事。

【注释】〔1〕"惠王",即惠文王,秦孝公之子,名驷,公元前三三七年至前三一一年在位。"武王",即悼武王,秦惠王之子,名荡,公元前三一〇年至前三〇七年在位。〔2〕"孟尝",即田文,齐国贵族,因袭父故爵,封于薛(今山东滕县南),故又称薛公,号孟尝君。齐湣王时,曾为齐相,又先后相秦、相魏。在齐时,接贤纳士,门下有食客数千人。事见本书《孟尝君列传》。〔3〕"平原",即赵胜,赵国贵族,曾相赵惠文王和赵孝成王。封于东武城(今山东武城西北),号平原君。喜纳宾客,至者数千人。赵孝成王九年,秦军围困赵都邯郸,平原君组织力量,联合楚、魏,击败了秦军。事见本书《平原君列传》。〔4〕"春申",即黄歇,楚国贵族,博学善辩,楚考烈王时为相,封淮北十二县,后改封吴,号春申君。门下有食客数千人。秦围赵邯郸,曾率军救赵,伐灭鲁国。后又联合诸侯伐秦,军败,春申君被疏远。事见本书《春申君列传》。〔5〕"信陵",即魏无忌,魏昭王少子,魏安釐王异母弟,号信陵君。礼贤下士,招致食客三千人,与孟尝君、平原君、春申君为战国有名的四公子。秦围赵邯郸,信陵君击杀将军晋鄙,夺取兵权,率军救赵。后为上将军,一度联合诸侯打败秦将蒙骜,威震天下。事见本书《魏公子列传》。〔6〕"宁越",赵国人。"徐尚",宋国人,事迹不详。"苏秦",东周洛阳人,燕昭王师事郭隗三年后,苏秦从周归燕,一生主要为燕昭王作反间。本书有《苏秦列传》,记载错乱较多,其行事可参考马王堆汉墓帛书《战国纵横家书》。"杜赫",周人。〔7〕"齐明",东周之臣,曾仕秦国、楚国、韩国。"周最",当作"周冣","冣"即"聚"字。周之公子,用事于周赧王时。本书《周本纪》略载其事。"陈轸",楚国人,熟悉三晋的情况,先事秦,后事楚。本书《张仪列传》附载其事,《战国纵横家书》也略有其事。"昭滑",又作"召滑",也作"邵滑",楚国人,楚怀王曾用昭滑于越,本书《甘茂列传》述及其事。"楼缓",魏相,又为秦昭襄王相。"翟景",魏国人,事迹不详。有人认为就是《战国策·楚策》和《魏策》提到的翟强,翟强为魏相。"苏厉",苏

秦之弟，初事燕，后事齐。本书《苏秦列传》附载其事。"乐毅"，先事赵、魏，后适燕，为燕昭王亚卿。事见本书《乐毅列传》。〔8〕"吴起"，卫国人，先为鲁将，后为魏文侯将，又任西河守，屡立战功。魏武侯时，吴起逃往楚国，为令尹，辅佐楚悼王变法，使楚国势强盛。事见本书《吴起列传》。"孙膑"，齐国人，军事家孙武后代，为齐威王军师，善于计谋。本书《孙子列传》附载其事。他的军事思想主要反映在临沂县银雀山西汉墓葬中出土的《孙膑兵法》中。"带佗"，又作"带他"。焦赣《易林·益之临》云带季、兒良为赵、魏将。带他即带季。"兒良"，善于用兵，《汉书·艺文志》兵权谋家著录有《兒良》一篇，今佚。"兒"，与"倪"字同。"王廖"，《吕氏春秋·不二篇》有"王廖贵先，兒良贵后"之语，是王廖用兵，主张先发制人。"田忌"，在齐威王、齐宣王时为齐将，曾在桂陵（今河南长垣县西，或云在今山东菏泽县东北）大败魏军，又采用孙膑之计，在马陵（今河北大名县东南，或云在今河南范县西南）大破魏军，杀死魏将庞涓。事迹散见本书《田敬仲完世家》、《孙子列传》等篇。"廉颇"，赵将，赵惠文王时拜上卿，伐齐抗秦。赵孝成王时，以破燕功封信平君，为相国。赵悼襄王时奔魏，老死于楚。事见本书《廉颇列传》。"赵奢"，赵将，赵惠文王时曾率军在阏与（今山西和顺县）大破秦军，以功封为马服君。事迹附载本书《廉颇蔺相如列传》。〔9〕"逡巡"，有所顾虑而徘徊不前的样子。"逡"，音 qūn。〔10〕"镞"，音 zú，箭头。〔11〕"卤"，与"橹"字通，"漂卤"，漂浮起了大盾，形容流血极多。〔12〕"孝文王"，秦昭襄王之子，据《吕氏春秋》高诱的序、本书《秦本纪》和《吕不韦列传》司马贞《索隐》名柱，而唐人道宣《广弘明集》引《陶公年纪》云名式。"庄襄王"，秦孝文王之子，初名异人，后变名为楚，亦云子楚。前者在位一年（公元前二五○年），后者在位三年（公元前二四九年至前二四七年），所以下文云"享国日浅"。

【译文】孝公死后，惠王、武王继承旧业，沿用遗留下来的策略，向南兼并了汉中，向西攻占了巴、蜀，向东割取了肥沃的地方，获得了地势险要的郡县。诸侯恐惧，开会结为同盟，商量削弱秦国，不吝惜奇珍异宝和肥美的土地，用来罗致天下之士，合纵缔盟，互相结合在一起。这时，齐国有孟尝君，赵国有平原君，楚国有春申君，魏国有信陵君。这四个人，都明智忠信，宽厚爱人，尊贤重士，相约以合纵来破坏秦国的连衡策略，集合了韩、魏、燕、楚、齐、赵、宋、卫、中山的士卒。当时六国之士有宁越、徐尚、苏秦、杜赫这一类人为各国出谋划策，齐明、

周最、陈轸、昭滑、楼缓、翟景、苏厉、乐毅这一伙人沟通各国的意见，吴起、孙膑、带佗、兒良、王廖、田忌、廉颇、赵奢这一批人训练和统率各国的军队。常常用十倍于秦的土地，上百万大军，冲击函谷关，进攻秦国。秦人开关迎战，九国军队徘徊逃遁，不敢前进。秦国没有耗费一箭一镞，而天下诸侯已处于困境。于是合纵瓦解，盟约废弃，争先恐后地割地奉献给秦国。秦国有余力来利用各国的短处，追赶败北逃亡的敌人，使百万尸体横卧在地，流的血把大盾都漂浮了起来。趁着战争胜利的便利条件，宰割天下诸侯，把山河一块一块地割取过来，强国请求归附，弱国入秦朝拜。延续到孝文王、庄襄王，在位时间短暂，国家没有发生重大的事情。

　　及至秦王，〔1〕续六世之余烈，〔2〕振长策而御宇内，吞二周而亡诸侯，〔3〕履至尊而制六合，执棰拊以鞭笞天下，〔4〕威振四海。南取百越之地，〔5〕以为桂林、象郡，百越之君俛首系颈，〔6〕委命下吏。乃使蒙恬北筑长城而守藩篱，却匈奴七百余里，胡人不敢南下而牧马，士不敢弯弓而报怨。于是废先王之道，焚百家之言，以愚黔首。堕名城，杀豪俊，收天下之兵聚之咸阳，销锋铸鐻，以为金人十二，以弱黔首之民。然后斩华为城，〔7〕因河为津，据亿丈之城，临不测之溪以为固。良将劲弩守要害之处，信臣精卒陈利兵而谁何，〔8〕天下以定。秦王之心，自以为关中之固，金城千里，子孙帝王万世之业也。

　　【注释】〔1〕"秦王"，指秦始皇。〔2〕"六世"，孝公、惠文王、武王、昭王、孝文王、庄襄王。〔3〕"二周"，西周、东周。西周灭于秦昭王五十一年，东周灭于秦庄襄王元年。贾谊说秦始皇"吞二周"，并不确切。〔4〕"棰"，棍杖。"拊"，音 fù，刀柄。"棰拊"，本书《陈涉世家》引作"敲朴"。〔5〕"百越"，春秋时越国的遗族，散处长江中下游以南的广大地区。〔6〕"俛"，与"俯"字同。"係"，与"繋"字同。〔7〕"华"，华山，在今陕西华阴县南。〔8〕"谁何"，谁也不能把他奈何。有人认为，"谁"通"谯"，"何"通"诃"，"谁何"即"谯诃"，盘诘喝问的意思。

　　【译文】等到秦王，继承六代先王遗留下来的功业，挥舞长鞭，驾御天下，兼并了西周、东周，消灭

了各国诸侯,登上帝位,控制了天地四方,手执鞭杖来抽打天下,威震四海。向南取得了百越地区,设置了桂林、象郡,百越的君主低着头,用绳子系着脖子,把生命交给秦国的下级官吏。又派蒙恬到北方修筑长城,守卫边界,使匈奴退却七百多里,胡人不敢南下牧马,武士不敢挽弓复仇。于是废除古代帝王的原则,烧毁诸子百家的典籍,以此来愚弄百姓。毁坏坚固的名城,杀死豪杰俊士,没收全国的兵器,集中在咸阳,把这些兵器销毁,熔铸成钟镶,又做了十二个铜人,以此来削弱百姓的反抗力量。然后劈开华山作为城垣,利用黄河作为渡口,据守高达亿丈的城池,下临深不可测的溪流,作为固守的凭借。优秀的将领、强劲的弓弩手把守要害的地方,忠实的大臣、精锐的士卒摆开锋利的武器,谁也无可奈何,天下得到安定。秦王的心里,自以为关中地方坚固,就像有千里铜墙铁壁,子孙可以世代做帝王,功业流传千秋万代。

秦王既没,余威振于殊俗。〔1〕陈涉,瓮牖绳枢之子,〔2〕甿隶之人,〔3〕而迁徙之徒,〔4〕才能不及中人,非有仲尼、墨翟之贤,〔5〕陶朱、猗顿之富,〔6〕蹑足行伍之间,而倔起什伯之中,〔7〕率罢散之卒,〔8〕将数百之众,而转攻秦。斩木为兵,揭竿为旗,天下云集响应,赢粮而景从,〔9〕山东豪俊遂并起而亡秦族矣。

【注释】〔1〕"殊俗",风俗不同的地方,犹言异邦。〔2〕"瓮",与"甕"字同,音 wèng,一种盛东西的陶器。"牖",音 yǒu,窗户。"瓮牖",用破瓦甕做窗户。"枢",门户的转轴。"绳枢",用绳系户枢。也有人解为以绳为枢。"瓮牖绳枢",是描写贫穷人家的状况。〔3〕"甿",与"氓"字同,郊野之人。"甿隶",受人役使的雇农或奴隶。陈涉为人庸耕,所以称他为"甿隶"。〔4〕"迁徙之徒",指陈涉在秦二世元年被征发去渔阳戍守的事情。〔5〕"仲尼",孔子字,儒家学派的创始人,事见本书《孔子世家》。"墨翟",墨家学派的创始人,他的思想主张主要见于《墨子》一书。〔6〕"陶朱",即范蠡,楚国人,在越为大夫。吴王夫差打败越国,范蠡为质于吴,返回越国后,辅佐越王句践发愤图强,终于消灭了吴国。后来范蠡游齐,自谓鸱夷子皮,居于陶(今山东定陶县西北),经商致富,资累巨万,人们称他陶朱公。事迹主要见于本书《越王句践世家》、《货殖列传》。"猗顿",春秋时鲁国人,靠经营盐业

和畜牧业致富。一说为战国时人,经营河东盐池致富。又善于识别宝玉,经营珠宝。"猗",音 yī。〔7〕"倔",通"崛"。"什伯",当作"仟佰",本书《陈涉世家》引作"仟佰"。"仟"通"阡","佰"通"陌"。"仟佰",田间小路,主要用作田界,也供人们行走。这里泛指田野。有人认为"什伯"即什长、百长,是军队中最低级的军吏。陈涉率九百人去屯戍渔阳,途中为屯长。屯长与什长、百长一样,地位都很低下。〔8〕"罢",通"疲"。〔9〕"景",通"影"。"景从",像影子跟随着形体。

【译文】秦王已经死了,余威还远震四夷。陈涉是用破瓮做窗户、用绳捆门轴的穷人家子弟,为人庸耕的农民,而又是流徙之徒,才能赶不上一个中等人,并不具有仲尼、墨翟那样的贤智,陶朱、猗顿那样的财富,插足士卒行列之间,崛起田野之中,率领疲惫散乱的士卒,带着几百个徒众,转身攻秦。砍断树木作为兵器,高举竹竿当作旗帜,天下百姓响应陈涉,云集在一起,携带着粮食,如影相随,山东豪杰俊士同时并起,消灭了秦国。

且夫天下非小弱也,雍州之地,殽函之固自若也。陈涉之位,非尊于齐、楚、燕、赵、韩、魏、宋、卫、中山之君;鉏櫌棘矜,〔1〕非锬于句戟长铩也;〔2〕适戍之众,〔3〕非抗于九国之师;深谋远虑,行军用兵之道,非及乡时之士也。〔4〕然而成败异变,功业相反也。试使山东之国与陈涉度长絜大,〔5〕比权量力,则不可同年而语矣。然秦以区区之地,千乘之权,招八州而朝同列,〔6〕百有余年矣。然后以六合为家,殽函为宫,一夫作难而七庙堕,身死人手,为天下笑者,何也?仁义不施而攻守之势异也。

【注释】〔1〕"棘",与"戟"字通。"矜",音 qín,同"𥣘",矛柄。"棘矜",戟柄。秦销兵器,所以陈涉起义军只有戟柄。〔2〕"锬",音 xiān,锋利。"句",与"勾"字同。"句戟",带钩的戟。"铩",音 shā,大矛。〔3〕"适",通"谪"。"适戍",因为有罪被遣送远方戍守。〔4〕"乡",通"向"。"乡时",从前,昔时。〔5〕"度",音 duó,比较。"絜",音 xié,衡量。〔6〕"招",本书《陈涉世家》引作"抑",于义亦通。"八州",我国古代把行政区域划分为九州,九州说法历来不一,据本书《夏本纪》所载,九州为

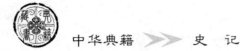

冀州、兖州、青州、徐州、扬州、荆州、豫州、梁州、雍州,此说本《尚书·禹贡》。秦地在雍州,此处所云"八州",不包括雍州。

【译文】再说秦国并不弱小,雍州的领土,殽山、函谷关的险固,还是和从前一样。陈涉的地位,并不比齐、楚、燕、赵、韩、魏、宋、卫、中山的君主尊贵;锄櫌戟柄,并不比钩戟长矛锋利;被遣送远方戍守的一群人,并不能与九国的军队相抗衡;深谋远虑,行军用兵的方法,比不上过去的谋士。然而成败情况大不相同,所建立的功业大小截然相反。如果拿山东各诸侯国与陈涉比较长短大小,衡量权势和力量,则是不能相提并论的。秦凭借小小的一块领土,一千辆兵车的力量,招致八州诸侯国,使与自己地位同等的诸侯来秦朝见,(这种情况)已有一百多年。然后把天地四方当成自己的家私,用殽山、函谷关作为宫垣,(但是,)一人发难,宗庙全部毁灭,生命死在别人手中,被天下人笑话,这是为什么呢?是因为不施行仁义,进退攻守的形势发生了变化的缘故。

秦并海内,兼诸侯,南面称帝,[1]以养四海,天下之士斐然乡风,[2]若是者何也?曰:近古之无王者久矣。周室卑微,五霸既殁,令不行于天下,是以诸侯力政,[3]强侵弱,众暴寡,兵革不休,士民罢敝。今秦南面而王天下,是上有天子也。既元元之民冀得安其性命,莫不虚心而仰上,当此之时,守威定功,安危之本在于此矣。

【注释】[1]"南面",古代以面朝南为尊,所以帝王在朝廷上面向南坐。 [2]"斐",与"靡"字通。"斐然乡风",景仰德风而全部倾倒。 [3]"力政",本书《项羽本纪》赞:项羽"谓霸王之业,欲以力征经营天下"。"政"、"征"二字通,"力政"即"力征",谓使用武力征伐。

【译文】秦国统一了四海之内,兼并了各国诸侯,南面称帝,来抚养海内百姓,天下之士闻风倾服,如此局面是什么原因呢?可以回答说:这是因为近古以来很长时间没有帝王的缘故。周室衰微,五霸已经去世,天子政令在全国不能下达,因此诸侯使用武力进行征伐,强国侵略弱国,人口多的欺压人口少的,战争连绵不断,百姓疲敝。现在秦王

南面而坐,称王天下,是在上面有了一个天子。凡是庶民百姓都希望能人生安定,没有不虚心敬仰天子的。在这个时候,保持威势,巩固功业,国家安危的关键就在这里。

秦王怀贪鄙之心,行自奋之智,不信功臣,不亲士民,废王道,立私权,禁文书而酷刑法,先诈力而后仁义,以暴虐为天下始。夫并兼者高诈力,安定者贵顺权,此言取与守不同术也。秦离战国而王天下,其道不易,其政不改,是其所以取之守之者无异也。[1]孤独而有之,故其亡可立而待。借使秦王计上世之事,并殷周之迹,以制御其政,后虽有淫骄之主而未有倾危之患也。故三王之建天下,名号显美,功业长久。

【注释】[1]"是其所以取之守之者无异也",原无"无"字。此句与上文大意是说,"取"与"守"方法不同,现在秦以暴虐不仁取天下,而又以暴虐不仁守天下,这是"取"与"守"无异。有"无"字,文义才通顺。

【译文】秦王怀着贪婪卑鄙的心理,运用一己私智,不信任功臣,不亲近士民,废弃仁义治国的原则,树立个人的权威,禁止典籍流传,使刑法残酷,以权术暴力为先,以仁义为后,把暴虐作为统治天下的开端。兼并天下的人崇尚权术暴力,安定天下的人重视顺应民心,知权达变,这就是说攻取征战和持盈守成在方法上是不同的。秦摆脱了战国纷争的局面,称王天下,它的统治原则没有更替,它的政令没有改变,它用以创业和守业的方法没有什么差异。秦王(没有分封子弟功臣),孤单一人占有天下,所以他很快地灭亡了。假使秦王能够考虑一下上古的事情,以及殷、周兴衰的踪迹,来制订和实行他的政策,后世虽然有骄奢淫佚的君主,也不会出现危亡之患。所以三王建立国家,名号显扬而完美,功业传世长久。

今秦二世立,天下莫不引领而观其政。夫寒者利裋褐而饥者甘糟糠,[1]天下之嗷嗷,[2]新主之资也。此言劳民之易为仁也。乡使二世有庸主之行,而任忠贤,臣主一心而忧海内之患,缟素而正先帝之过,[3]裂地分民以封功臣之后,建国立君以礼天下,虚

囹圄而免刑戮，[4]除去收帑汙秽之罪，[5]使各反其乡里，发仓廪，散财币，以振孤独穷困之士，[6]轻赋少事，以佐百姓之急，约法省刑以持其后，使天下之人皆得自新，更节修行，各慎其身，塞万民之望，而以威德与天下，[7]天下集矣。即四海之内，皆欢然各自安乐其处，唯恐有变，虽有狡猾之民，无离上之心，则不轨之臣无以饰其智，而暴乱之奸止矣。二世不行此术，而重之以无道，坏宗庙与民，更始作阿房宫，繁刑严诛，吏治刻深，赏罚不当，赋敛无度，天下多事，吏弗能纪，百姓困穷而主弗收恤。然后奸伪并起，而上下相遁，蒙罪者众，刑戮相望于道，而天下苦之。自君卿以下至于众庶，人怀自危之心，亲处穷苦之实，咸不安其位，故易动也。是以陈涉不用汤武之贤，不借公侯之尊，奋臂于大泽而天下响应者，其民危也。故先王见始终之变，知存亡之机，是以牧民之道，务在安之而已。天下虽有逆行之臣，必无响应之助矣。故曰"安民可与行义，而危民易与为非"，[8]此之谓也。贵为天子，富有天下，身不免于戮杀者，正倾非也。是二世之过也。

【注释】〔1〕"裋"，音 shù，僮竖所穿的粗布上衣。"褐"，音 hè，兽毛或粗麻制成的短衣。"裋褐"，指贫贱者穿的粗劣衣服。 〔2〕"嗷嗷"，因饥饿愁苦而发出的哀苦声音。 〔3〕"缟"，音 gǎo，未经染色的绢。"缟素"，服丧时穿的白色衣服。 〔4〕"囹圄"，音 líng yǔ，牢狱。〔5〕"帑"，通"孥"，妻子儿女。"收帑"，收捕罪人的妻子儿女做徒隶。 〔6〕"振"，与"赈"字通，赈济。〔7〕"与"，对付。〔8〕"安民可与为义，而危民易与为非"，此为汉代常语。

【译文】如今秦二世即位，天下百姓无不伸长脖子来观察他的政令。挨冷受冻的人有件粗布短衣就很满足，饥火难忍的人觉得糟糠也是甜美的，天下百姓饥寒哀吟，正是新皇帝(治国安民)的资本。这就是说对于劳苦的民众容易实行仁政。如果过去二世具有一般君主的德行，而任用忠臣贤士，君臣同心，把天下百姓的苦难挂在心上，在穿着丧服的时候就纠正先帝的错误，割裂疆土，划分民户，分封给功臣的后裔，让他们创立诸侯王国，设置

君主，用礼制治理天下，使监狱空无一人，百姓免遭刑戮，废除收捕罪人妻子儿子为徒隶和各种污秽的罪名，让罪犯回到他们的家乡，打开贮藏粮食的仓库，散发钱财，用来救济孤独穷困的人，轻徭薄赋，帮助百姓解决困急，减少刑罚，只有等到礼义教化无效时才运用刑罚，使天下百姓都能得到重新做人的机会，改变态度，修养品德，每人都谨慎地立身处世，满足千千万万民众的愿望，使用威震天下的仁德来治理全国，全国就会安定了。那么四海之内，都欢欢喜喜，各自安居乐业，唯恐发生变化，虽然有狡诈顽猾的人，天下百姓也没有背叛皇帝的想法，(这样，)行为不轨的大臣就无法掩饰他的阴谋诡计，不再发生暴乱一类的邪恶事件。二世不实行这种治国方法，而是更加暴虐无道，损害国家和人民，又开始修筑阿房宫，刑罚繁细，严于诛杀，官吏处置事情刻薄残酷，赏罚不当，无限制地征收赋税，天下事情繁多，官吏都不能全部办理，百姓穷困，而君主不去安抚救济。于是奸诈邪伪的事情一起爆发，上下互相隐瞒，获罪的人很多，受刑被杀的人充塞道路，天下百姓痛苦不堪。从卿相以下至于庶民百姓，人人怀着自危的心情，亲身处在穷困苦难的境地，都不安心自己的地位，所以很容易动摇。陈涉不必利用商汤、周武王那样优秀的才能和德行，不必凭借公侯一样尊贵的地位，在大泽乡奋臂而起，天下响应，这是由于百姓心怀危惧的缘故。古代先王洞察事物从始至终的变化，知道国家存亡的契机，因此，统治人民的原则，在于尽力使人民安定而已。(这样，)天下虽然有倒行逆施的臣子，但一定不会得到人民的响应和帮助。所以常言说"生活安定的人民可以和他们一起奉公守法，而危惧不安的人民容易和他们一起为非作歹"，就是说的这个道理。贵为天子，拥有天下的财富，自身没有免遭杀害，是因为挽救危亡的方法不正确。这是二世的错误。

襄公立，[1]享国十二年。初为西畤。[2]葬西垂。生文公。[3]

【注释】〔1〕"襄公"，秦庄公之子，公元前七七七年至前七六六年在位。因有功周室，被周平王封为诸侯，秦始立国，与中原诸侯国通使聘享。以下文字都不是《史记》原文，当出于记载秦国历史的史作《秦记》，后人把它附载于此。 〔2〕"畤"，音 zhì，古代祭天地五帝的坛址。"初为西畤"，秦奉少皞为自己的祖神，所以秦襄公立国后，最早建立西畤祭

白帝少嗥。秦襄公为侯立国,居于西垂,西畤当在西垂之郊。〔3〕"文公",公元前七六五年至前七一六年在位。

【译文】襄公即位,在位十二年。开始修建西畤。襄公埋葬在西垂。生了文公。

文公立,居西垂宫。五十年死,葬西垂。〔1〕生静公。〔2〕

【注释】〔1〕"西垂",本书《秦本纪》云秦文公葬西山,与此歧异。张守节《正义》引《括地志》认为西山即陈仓县西北秦陵山,秦陵山就是现在陕西宝鸡市北面的陵原。〔2〕"静公",秦文公太子,于秦文公四十八年卒,所以下文说"静公不享国而死"。本书《秦本纪》作"竫公","静"、"竫"二字同。

【译文】文公即位,居住西垂宫。在位五十年死去,埋葬在西垂。生了静公。

静公不享国而死。生宪公。〔1〕

【注释】〔1〕"宪公",公元前七一五年至前七〇四年在位,卒时年仅二十二岁。本书《秦本纪》、《十二诸侯年表》皆作"宁公",一九七八年一月在陕西宝鸡县杨家沟公社太公庙大队出土的秦公钟镈作"宪公",《汉书·古今人表》也作"宪公","宁"乃"宪"字之讹。

【译文】静公没有即位就死了。生了宪公。

宪公享国十二年,居西新邑。〔1〕死,葬衙。〔2〕生武公、德公、出子。〔3〕

【注释】〔1〕本书《秦本纪》云:"宁公二年,公徙居平阳。""西新邑"即指平阳,为秦新都,在今陕西宝鸡县东阳平镇。〔2〕"葬衙",本书《秦本纪》云葬西山,与此不同。"衙",《汉书·地理志》左冯翊有衙县,即秦衙邑故地,在今陕西白水县东北。〔3〕"武公",秦宪公长男,为太子,公元前六九七年至前六七八年在位。"德公",秦武公之弟,公元前六七七年至前六七六年在位,卒年三十四。"出子",秦德公之弟,公元前七〇三年至前六九八年在位,卒时年仅十岁。

【译文】宪公在位十二年,居住西新邑。死后埋葬在衙邑。生了武公、德公、出子。

出子享国六年,居西陵。〔1〕庶长弗忌、威累、参父三人,〔2〕率贼贼出子鄙衍,〔3〕葬衙。武公立。

【注释】〔1〕"西陵",邑名。司马贞《索隐》云:"一云居西陂。""西陵"、"西陂",今地不详。〔2〕"庶长",据本书《秦本纪》,即大庶长,其地位和权力类似后世的大将军。〔3〕"鄙衍",邑名。出子在鄙衍被杀,葬于衙,二地当相去不远。

【译文】出子在位六年,居住西陵。庶长弗忌、威累、参父三个人,率领盗贼在鄙衍把出子杀害了,埋葬在衙邑。武公嗣立。

武公享国二十年。居平阳封宫。〔1〕葬宣阳聚东南。〔2〕三庶长伏其罪。〔3〕德公立。

【注释】〔1〕"封宫",宫名,在平阳邑内。〔2〕"宣阳聚",本书《秦本纪》云武公葬雍平阳,平阳属雍,宣阳聚属平阳。〔3〕"三庶长伏其罪",秦武公三年,诛弗忌、威累、参父,并夷三族,事见本书《秦本纪》。

【译文】武公在位二十年。居住平阳封宫。埋葬在宣阳聚东南。三个庶长伏法被诛。德公嗣立。

德公享国二年。居雍大郑宫。〔1〕生宣公、成公、缪公。〔2〕葬阳。〔3〕初伏,〔4〕以御蛊。〔5〕

【注释】〔1〕"大郑宫",宫名,在雍城内。〔2〕"宣公",秦德公长子,公元前六七五年至前六六四年在位。"成公",秦德公中子,公元前六六三年至前六六〇年在位。〔3〕"阳",前人无注,即平阳。在有周一代,秦都邑沿着渭水大体可分为三个地域:西周时,在渭水上游今甘肃天水市一带;春秋时期,在渭水中游今陕西宝鸡县、凤翔县一带;战国时期,又东移至泾水、渭水下游。武公、德公、宣公的都邑都在渭水中游。渭水中游有平阳,而未闻有阳,阳只能是平阳。又上文云武公"居平阳封宫",下文云宣公"居阳宫",很明显,阳宫即平阳封宫的省称,"阳"就是平阳的省称。〔4〕"初伏",以前无伏,秦德公二年始作伏。"伏"即阳历六月三伏之节。设伏的目的是为了躲避盛暑带来的瘟疫。所以本书《封禅书》司马贞《索隐》引《汉旧仪》云:"伏者,万鬼行日,故闭不干求也。"《秦本纪》张守节《正义》云:"伏者,隐伏避盛暑也。"〔5〕"以御蛊",是指在城郭四门杀狗,消除暑热毒气。这一禳灾仪式于伏日举行。在城郭四门杀狗御灾的风俗汉代还很盛行。"蛊",音 gǔ,这里指暑热瘟疫。

【译文】德公在位二年。居住雍邑大郑宫。生了宣公、成公、缪公。埋葬在阳邑。开始规定三伏节令,在城郭四门杀狗,禳除暑热瘟疫。

宣公享国十二年。居阳宫。葬阳。初志闰月。

成公享国四年。居雍之宫。葬阳。齐伐山戎、孤竹。〔1〕

【注释】〔1〕"齐伐山戎、孤竹",本书《齐太公世家》云:齐桓公"二十三年,山戎伐燕,燕告急于齐。齐桓公救燕,遂伐山戎,至于孤竹而还。""山戎",族名,春秋时分布在今河北北部一带,势力较强。"孤竹",商、西周时的一个小国,故地在今河北卢龙县南。

【译文】宣公在位十二年。居住阳宫。埋葬在阳邑。开始记载闰月。

成公在位四年,居住在雍邑的宫殿里。埋葬在阳邑。齐国讨伐山戎、孤竹。

缪公享国三十九年。天子致霸。〔1〕葬雍。缪公学著人。〔2〕生康公。〔3〕

【注释】〔1〕"天子致霸",谓周天子命秦缪公为诸侯之长。秦缪公是一个有作为的君主,在位期间主要取得了三方面的成功:一是打败晋国,俘虏晋惠公,把国土向东延伸到黄河岸边;二是周襄王弟带作乱,秦缪公和晋文公一起杀死带,安定了周室;三是攻灭十二国,称霸西戎。正是由于这些功绩,使周天子给秦缪公以诸侯之长的地位。〔2〕"著",与"宁"字通,门、屏之间。"著人",宫殿门、屏

之间的守卫人员。"缪公学著人",说明缪公虚心好学。〔3〕"康公",名蒤,公元前六二〇年至前六〇九年在位。

【译文】缪公在位三十九年。天子给予霸主的地位。埋葬在雍邑地区。缪公向宫殿门、屏之间的守卫人员学习。生了康公。

康公享国十二年。居雍高寝。〔1〕葬竘社。〔2〕生共公。〔3〕

【注释】〔1〕"高寝",宫名,建于雍城。〔2〕"竘",音 qǔ。"竘社",自秦德公居雍后,从成公至怀公,都以雍为都邑,灵公始徙至泾阳。在以雍为都邑时期,康公、共公葬竘社,桓公葬义里丘,景公葬丘里,哀公葬车里,夷公葬左宫,惠公葬车里,历共公葬入里,悼公、躁公葬一地,怀公葬栎圉,这些葬地虽然由于缺乏材料,今天已不能一一确考,但它们大体都在雍地附近则是可以肯定的。在陕西凤翔县南已发现秦君葬地。〔3〕"共公",据《春秋》宣公四年记载名稲,《穀梁传》宣公四年《疏》引《世本》同;而据本书《十二诸侯年表》名和;《秦本纪》司马贞《索隐》又云名貑。公元前六〇八年至前六〇四年在位。

【译文】康公在位十二年。居住雍邑高寝。埋葬在竘社。生了共公。

共公享国五年。居雍高寝。葬康公南。生桓公。〔1〕

【注释】〔1〕"桓公",宋程公说《春秋分纪》、胡宏《皇王大纪》云名荣。公元前六〇三年至前五七七年在位。

【译文】共公在位五年。居住雍邑高寝。埋葬在康公南面。生了桓公。

桓公享国二十七年。居雍太寝。〔1〕葬义里丘北。〔2〕生景公。〔3〕

【注释】〔1〕"太寝",宫名,建于雍城。〔2〕"义里丘",当作"义丘里"。下文云:景公"葬丘里"。义丘里与丘里为一地,桓公葬其北,景公葬其南。

〔3〕"景公",宋程公说《春秋分纪》云名石。司马贞《索隐》引《世本》云名后伯车,不可信,后伯车是景公母弟后子鍼之字。公元前五七六年至前五三七年在位。

【译文】桓公在位二十七年。居住雍邑太寝。埋葬在义里丘北面。生了景公。

景公享国四十年。居雍高寝。葬丘里南。生毕公。〔1〕

【注释】〔1〕"毕公",据《春秋》定公九年和本书《秦本纪》当作"哀公"。公元前五三六年至前五〇一年在位。

【译文】景公在位四十年。居住雍邑高寝。埋葬在丘里南面。生了毕公。

毕公享国三十六年。葬车里北。生夷公。〔1〕

【注释】〔1〕"夷公",秦哀公太子,早死,不得立,所以下文云"夷公不享国"。

【译文】毕公在位三十六年。埋葬在车里北面。生了夷公。

夷公不享国死,葬左宫。生惠公。〔1〕

【注释】〔1〕"惠公",公元前五〇〇年至前四九一年在位。

【译文】夷公没有即位就死了,埋葬在左宫。生了惠公。

惠公享国十年。葬车里,康景。〔1〕生悼公。〔2〕

【注释】〔1〕"车里,康景",此有脱误。张文虎《校刊史记集解索隐正义札记》云:"上文康公葬竘社,景公葬丘里南,疑车里在康、景二墓间,脱'间'字。"〔2〕"悼公",据本书《秦本纪》记载,在位十四年,即公元前四九〇年至前四七七年在位,而下文

云"享国十五年"。

【译文】惠公在位十年。埋葬在车里。车里位于康公、景公二墓之间。生了悼公。

悼公享国十五年。葬僖公西。〔1〕城雍。生剌龚公。〔2〕

【注释】〔1〕"僖公",上文云:"桓公……生景公。"司马贞《索隐》云"景公"一作"僖公"。又《秦本纪》云:"桓公立二十七年卒,子景公立。"《索隐》云"景公"《始皇本纪》作"僖公"。可见僖公即景公。〔2〕"剌龚公",即厉共公。"剌"、"厉"义同音近,"龚"、"共"二字古通。公元前四七六年至前四四三年在位。

【译文】悼公在位十五年。埋葬在僖公西面。在雍邑筑城。生了剌龚公。

剌龚公享国三十四年。葬入里。生躁公、怀公。〔1〕其十年,彗星见。

【注释】〔1〕"躁公",公元前四四二年至前四二九年在位。"怀公",公元前四二八年至前四二五年在位。

【译文】剌龚公在位三十四年。埋葬在入里。生了躁公、怀公。剌龚公十年,彗星出现。

躁公享国十四年。居受寝。葬悼公南。其元年,彗星见。

【译文】躁公在位十四年。居住受寝。埋葬在悼公南面。躁公元年,彗星出现。

怀公从晋来。享国四年。葬栎圉氏。〔1〕生灵公。〔2〕诸臣围怀公,怀公自杀。〔3〕

【注释】〔1〕"栎圉氏",下文有"陵圉"、"嚣圉"、"弟圉",以例相推,此"圉"音 yǔ,"氏"字为衍文。〔2〕"灵公",本书《秦本纪》云:"怀公太子曰昭子,早死,大臣乃立太子昭子之子,是为灵公。"据此灵公是怀公之孙。《六国年表》于怀公元年注云

"生灵公",是以灵公为怀公之子,而怀公四年又有与《秦本纪》相同的记载,自相矛盾。二说以《秦本纪》的记载为可信,《秦本纪》所载有明确的世系。又《秦始皇本纪》所附秦世系也说:"肃灵公,昭子子也。"肃灵公即灵公。裴骃《集解》引徐广云:"怀公生昭子,昭子生灵公。"与《秦本纪》的记载完全相合。灵公于公元前四二四年至前四一五年在位。〔3〕"诸臣围怀公,怀公自杀",秦怀公四年,庶长晁与大臣围攻怀公,怀公自杀。事见本书《秦本纪》。

【译文】怀公从晋国返回。在位四年。埋葬在栎圉。生了灵公。群臣围攻怀公,怀公自杀。

肃灵公,昭子子也。居泾阳。〔1〕享国十年。葬悼公西。生简公。〔2〕

【注释】〔1〕"泾阳",在今陕西泾阳县,不是西汉安定郡的泾阳(今甘肃平凉县西北)。 〔2〕"简公",名悼子,此云灵公之子,本书《十二诸侯年表》以为惠公之子,《汉书·古今人表》以为厉共公之子,皆误。本书《秦本纪》云:"灵公卒,子献公不得立,立灵公季父悼子,是为简公。简公,昭子之弟而怀公子也。"所述世系十分明确。简公于公元前四一四年至前四〇〇年在位。

【译文】肃灵公是昭子的儿子。居住泾阳。在位十年。埋葬在悼公西面。生了简公。

简公从晋来。享国十五年。葬僖公西。生惠公。〔1〕其七年,百姓初带剑。〔2〕

【注释】〔1〕"惠公",公元前三九九年至前三八七年在位。 〔2〕"百姓初带剑",剑既可防身,又可壮威仪,最初是贵族和高级官吏才有资格佩戴。《秦本纪》记载,秦简公六年,始令基层官吏带剑。七年,又允许百姓带剑,反映了低级官吏和百姓地位的提高。

【译文】简公从晋国返回。在位十五年。埋葬在僖公西面。生了惠公。简公七年,百姓开始佩带剑器。

惠公享国十三年。葬陵圉。〔1〕生出公。〔2〕

【注释】〔1〕"陵圉",灵公虽然把都邑从雍东移致泾阳,但诸公葬地仍未西迁,灵公葬悼公西,简公葬景公西,出公葬雍,惠公葬地陵圉应与上述诸公葬地相近。 〔2〕"出公",司马贞《索隐》引《世本》称"少主",本书《秦本纪》称"出子",《吕氏春秋·当赏篇》称"小主"。以惠公十二年生,即位时年尚幼。公元前三八六年至前三八五年在位。

【译文】惠公在位十三年。埋葬在陵圉。生了出公。

出公享国二年。出公自杀,〔1〕葬雍。

【注释】〔1〕"出公自杀",据本书《秦本纪》,出公二年,庶长改立灵公之子献公,杀出公及其母。《吕氏春秋·当赏篇》言出公母系自杀。

【译文】出公在位二年。出公自杀,埋葬在雍邑。

献公享国二十三年。〔1〕葬嚣圉。〔2〕生孝公。

【注释】〔1〕"献公",《吕氏春秋·当赏篇》云:"公子连立,是为献公。"是献公名连。而本书《秦本纪》司马贞《索隐》云名师隰。公元前三八四年至前三六二年在位。 〔2〕"嚣圉",献公二年,城栎阳,迁都于此。嚣圉虽然不能确指其地,但大体应于栎阳附近求之。

【译文】献公在位二十三年。埋葬在嚣圉。生了孝公。

孝公享国二十四年。葬弟圉。〔1〕生惠文王。其十三年,始都咸阳。〔2〕

【注释】〔1〕"弟圉",《水经·渭水注》云:白渠"又东,径栎阳城北……又东径秦孝公陵北"。据此,孝公葬地弟圉在栎阳东,北临白渠。杨守敬《水经注疏》卷一九注云:"《史记·始皇纪》重序秦世系,孝公葬弟圉,陵当在今富平县东南。"富平县在今陕西中部。 〔2〕"其十三年,始都咸阳",孝公十二年修筑咸阳,建置宫阙,十三年正式迁都咸阳。

【译文】孝公在位二十四年。埋葬在弟圉。生了惠文王。孝公十三年,开始建都咸阳。

惠文王享国二十七年。葬公陵。[1]生悼武王。

【注释】[1]"公陵",在秦都咸阳西北。

【译文】惠文王在位二十七年。埋葬在公陵。生了悼武王。

悼武王享国四年。葬永陵。[1]

【注释】[1]"永陵",在秦都咸阳西。前人称周武王陵,非是。

【译文】悼武王在位四年。埋葬在永陵。

昭襄王享国五十六年。葬茝阳。[1]生孝文王。

【注释】[1]"茝阳",又作"芷阳",在今陕西西安市东北。"茝",音zhǐ。

【译文】昭襄王在位五十六年。埋葬在茝阳。生孝文王。

孝文王享国一年。葬寿陵。[1]生庄襄王。

【注释】[1]"寿陵",在今陕西临潼县东北。

【译文】孝文王在位一年。埋葬在寿陵。生了庄襄王。

庄襄王享国三年。葬茝阳。生始皇帝。吕不韦相。

献公立七年,初行为市。[1]十年,为户籍相伍。[2]

【注释】[1]"初行为市",秦献公都邑栎阳地处交通要冲,商业发达,本书《货殖列传》云:"献公

徙栎邑,栎邑北却戎翟,东通三晋,亦多大贾。"献公开始设置贸易市场,适应了栎阳和秦国其他各地商业发展的趋势。 [2]"为户籍相伍",建立户籍,把人口按五家为一伍加以编制。秦孝公时商鞅变法,进一步肯定了户籍制度,《商君书·去强篇》记载:"举民口数,生者著,死者削。"同书《境内篇》也说:"四境之内,丈夫女子皆有名于上,生者著,死者削。""为户籍相伍"的主要目的是为了控制人口,便于征调兵员和粮食,利于战争,以及迫使百姓互相监视。

【译文】庄襄王在位三年。埋葬在茝阳。生了始皇帝。吕不韦为丞相。

献公即位七年,开始设置市场,进行贸易。十年,建立户籍,按五家为一伍进行编制。

孝公立十六年,时桃李冬华。[1]

【注释】[1]"华",同"花"。

【译文】孝公即位十六年,当时桃树李树在冬天开花。

惠文王生十九年而立。立二年,初行钱。有新生婴儿曰"秦且王"。

悼武王生十九年而立。立三年,渭水赤三日。

昭襄王生十九年而立。立四年,初为田开阡陌。[1]

【注释】[1]"初为田开阡陌",本书《秦本纪》、《六国年表》、《商君列传》、《蔡泽列传》和《战国策·秦策三》皆以初为田开阡陌是秦孝公商鞅变法时所为,此记为昭襄王时,不可信。"开阡陌",开置阡陌。阡陌作为田界,是为了明确和巩固授田制下的土地使用权。可参阅李解民《开阡陌辨正》一文,载《文史》第十一辑。

【译文】惠文王生后十九年即位。即位二年,开始铸造发行钱币。有一个刚生下来的婴儿说"秦国将要称王天下"。

悼武王生后十九年即位。即位三年,渭水红了三天。

昭襄王生后十九年即位。即位四年,开始在耕

地上设置新田界。

孝文王生五十三年而立。

庄襄王生三十二年而立。立二年,取太原地。[1]庄襄王元年,大赦,修先王功臣,施德厚骨肉,布惠于民。东周与诸侯谋秦,秦使相国不韦诛之,[2]尽入其国。秦不绝其祀,以阳人地赐周君,[3]奉其祭祀。

【注释】[1]"取太原地",秦庄襄王二年,派蒙骜攻赵,夺取了太原。事见本书《秦本纪》。 [2]"相国",本称"相邦",汉代避刘邦讳,"邦"字改作"国"。 [3]"阳人",聚邑,在今河南临汝县西。

【译文】孝文王生后五十三年即位。

庄襄王生后三十二年即位。即位二年,攻取了太原地区。庄襄王元年,大赦天下,崇敬先王的功臣,广施恩德,亲厚宗室骨肉,播惠于百姓。东周和各国诸侯图谋秦国,秦国派相国吕不韦消灭了东周,兼并了它的国土。秦国不断绝它的祭祀,把阳人地区赐予周君,在那里奉事周先祖的祭祀。

始皇享国三十七年。葬郦邑。生二世皇帝。始皇生十三年而立。

二世皇帝享国三年。葬宜春。赵高为丞相安武侯。二世生十二年而立。[1]

【注释】[1]"二世生十二年而立",据上文,二世年二十一即位。此"十二"当作"二十"。梁玉绳《史记志疑》卷五云:"《纪》言二十一者,以逾年改元言之。此言二十者,以始皇崩年言之。"

【译文】始皇在位三十七年。埋葬在郦邑。生了二世皇帝。始皇生后十三年即位。

二世皇帝在位三年。埋葬在宜春。赵高为丞相,封安武侯。二世生后十二年即位。

右秦襄公至二世,六百一十岁。[1]

【注释】[1]"六百一十岁",据《秦本纪》和《秦始皇本纪》计算,秦襄公至秦二世共五百七十五年,据《十二诸侯年表》和《六国年表》计算共五百七十一年。张守节《正义》云:"《秦本纪》自襄公至二世,

五百七十六年矣。《年表》自襄公至二世,五百六十一年。"所言年数皆误。

【译文】右秦襄公至二世,六百一十年。

孝明皇帝十七年十月十五日乙丑,[1]曰:

【注释】[1]"孝明皇帝十七年十月十五日乙丑",汉明帝永平十七年,班固、贾逵、傅毅等人被召诣云龙门,小黄门赵宣奉明帝之命拿着《史记·秦始皇本纪》问班固等人,司马迁所作赞语是否有不正确的地方。班固被明帝召入宫内,发表了自己的看法,同时,撰《典引》,颂扬汉代功德。此下的文字,是班固在《典引》之外撰写的另一篇文章,论述了秦朝灭亡的原因,后人把这篇文章附载于此。可参考梁玉绳《史记志疑》卷五。

【译文】孝明皇帝十七年十月十五日乙丑,班固说:

周历已移,[1]仁不代母。[2]秦直其位,[3]吕政残虐。[4]然以诸侯十三,[5]并兼天下,极情纵欲,养育宗亲。三十七年,兵无所加,制作政令,施于后王。盖得圣人之威,河神授图,[6]据狼、狐,[7]蹈参、伐,[8]佐政驱除,距之称始皇。[9]

【注释】[1]"历",历数,一个朝代预计的享国年数。据说周初经过占卜预测,周有三十代君主,国运七百年。周亡时,君主代数和立国年数都已经超过了预测的标准。历数既过,秦并天下,所以说"周历已移"。 [2]"仁不代母",是五行循环论指导下,糅合伦理观念来说明历史演变的一种唯心主义的历史观。汉代儒家采用五行循环论来解释历代王朝兴替。他们认为周为木德,木生火,所以汉为火德。而秦自称水德,是多出来的不符合正统的一个王朝。在历代王朝按五行循环运转的过程中,所生者为母,所出者为子。周朝木德为母,汉朝火德为子,母生子,根据伦理规范,符合"仁"。秦朝水德,水生木,水德为母,木德为子,这样,周朝和秦朝就不是母生子,而是子生子了,就伦理而言,不符合"仁",按照正常情况是"仁不代母"。 [3]"直",与"值"字通。 [4]"吕政",始皇名政,吕不韦幸姬怀

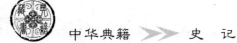

孕后,献给庄襄王而生始皇,故称"吕政"。〔5〕"十三",谓始皇即位时年十三。有人认为此下有脱文。〔6〕"河神授图",黄河之神授予图录。传说伏羲时,有龙马出现于黄河,背负"河图";又有神龟出现于洛水,背负"洛书"。伏羲根据"河图"、"洛书"画成八卦。这是受天命为帝王的祥瑞。〔7〕"狼",星名,即天狼,在参东南。古人迷信,认为天象和人事相应,狼为野将,主侵掠。狼变色时,地上多盗贼。"狐",星名,又作"弧",即弧矢,在天狼之南,有星九颗,形状像矢在弓上,为天之弓矢,主防备盗贼,讨伐叛乱,察知奸邪。〔8〕"参、伐",都是星名,参有星七颗,伐在参中央,有星三颗,为天之都尉。参、伐都主斩杀事。由于狼、狐、参、伐所主都与武事有关,所以这里用"据狼、狐,蹈参、伐",形容始皇的神威。〔9〕"距",至。"之",于。

【译文】周朝的历数已经过去了,按照仁德规范,处在子位的王朝不能代替母位的王朝的位置。(秦对周来说,应处在子位,)它却自居母位,(成为历史发展规律以外的一个多余的王朝,因此,)吕政为政残酷暴虐。然而却能以十三岁的一个诸侯,兼并了天下,放纵情欲,抚养宗族。三十七年之间,兵锋无所不至,制定政令,传给以后的帝王。他大概得到了圣人的神威,河神给了他图录,身据狼、狐,脚踏参、伐,上天帮助他驱除天下,最后终于(统一天下),号称始皇。

始皇既殁,胡亥极愚,郦山未毕,复作阿房,以遂前策。云"凡所为贵有天下者,肆意极欲,大臣至欲罢先君所为"。诛斯、去疾,任用赵高。痛哉言乎!人头畜鸣。〔1〕不威不伐恶,不笃不虚亡,〔2〕距之不得留,残虐以促期,虽居形便之国,犹不得存。

【注释】〔1〕"人头畜鸣",这是斥骂二世的话,意谓二世长着人头,却不辨好坏,说的话像牲畜鸣叫。〔2〕"不威不伐恶,不笃不虚亡",张守节《正义》云"不威不伐恶"五字为一句,也有人以"不威不伐"四字为一句。根据前一种标点,这两句说的都是二世,意谓二世不凭借帝王威势就不能夸耀自己的邪恶,邪恶不积累很多就不会轻易灭亡。根据后一种标点,上句是说始皇,下句是说始皇和二世,意谓始皇没有威势就不能讨伐天下,始皇和二世邪恶不多就不会轻易灭亡。统观班固这篇文章的内容,上一段言始皇,此一段言二世,下一段言子婴,前一

种标点与班固文章内容相符合。

【译文】始皇死后,胡亥极端愚蠢,郦山工程还没有结束,又去继续修建阿房宫,来完成以前始皇遗留下来的计划。说什么"凡是尊贵而掌握了天下的人,应随心所欲,为所欲为,大臣们竟然想废除先君所做的事情"。他杀死了李斯、冯去疾,任用赵高。二世说的话,真是令人痛心啊!长着人头,说的话却像畜牲叫唤。不凭借帝王威势就不能夸耀自己的邪恶,邪恶不积累很多就不会轻易灭亡,到了君位无法保持时,残酷暴虐使在位时间更加短促,虽然占据地形有利的国土,还是不能存身立国。

子婴度次得嗣,冠玉冠,佩华绂,〔1〕车黄屋,〔2〕从百司,谒七庙。小人乘非位,莫不悦忽失守,〔3〕偷安日日,独能长念却虑,父子作权,〔4〕近取于户牖之间,竟诛猾臣,为君讨贼。高死之后,宾婚未得尽相劳,餐未及下咽,酒未及濡唇,楚兵已屠关中,真人翔霸上,〔5〕素车婴组,〔6〕奉其符玺,以归帝者。郑伯茅旌鸾刀,严王退舍。〔7〕河决不可复壅,鱼烂不可复全。贾谊、司马迁曰:"向使婴有庸主之才,仅得中佐,山东虽乱,秦之地可全而有,宗庙之祀未当绝也。"秦之积衰,天下土崩瓦解,虽有周旦之材,〔8〕无所复陈其巧,而以责一日之孤,〔9〕误哉!俗传秦始皇起罪恶,胡亥极,得其理矣。复责小子,〔10〕云秦地可全,所谓不通时变者也。纪季以酅,〔11〕《春秋》不名。〔12〕吾读《秦纪》,〔13〕至于子婴车裂赵高,未尝不健其决,怜其志。婴死生之义备矣。

【注释】〔1〕"华绂",华丽的系印丝带。"绂",音fú。〔2〕"黄屋",用黄缯作车盖之里,是帝王的专用车。〔3〕"悦",与"恍"字同。〔4〕"权",权谋,权略。"父子作权",指子婴和他的两个儿子用计杀死赵高。〔5〕"真人",本是仙人,这里指汉高祖刘邦,是颂扬之辞。〔6〕"婴",系于头上。〔7〕"郑伯茅旌鸾刀,严王退舍",据《公羊传》宣公十二年记载,楚庄王伐郑,在郑国都城打败了郑国军队,郑伯去衣露体,左手拿着茅旌,右手拿着鸾刀,去迎接楚王。楚庄王看到这种情景,把军队撤退七里。"郑伯",即郑襄公。"茅旌",祭祀宗庙所用,用

来迎导神灵。"鸾刀",宗庙里用以切割祭牲之刀。郑襄公手执茅旌、鸾刀,表示以国降服,宗庙不再血食。"严王",即庄王,"庄"改"严",避汉明帝刘庄讳改。"舍",古时行军三十里为一舍。《左传》宣公十二年、本书《楚世家》和《郑世家》皆云楚庄王退兵三十里。〔8〕"周旦",即周公,名旦,周武王之弟,周成王之叔。辅佐武王,消灭了商朝。武王死后,成王年幼,周公摄政,平定了他的兄弟管叔、蔡叔、霍叔联合武庚和东方夷族发动的叛乱,并大规模分封诸侯,营建洛邑作为东都,制礼作乐,建立典章制度。他的言行散见本书《周本纪》和《尚书·大诰》、《康诰》、《多士》、《无逸》、《立政》等篇。〔9〕"一日",言时间之短。"孤",国君自称。"一日之孤",指子婴。〔10〕"小子",指子婴。〔11〕"纪季以酅",春秋时,齐国和纪国一度为仇,齐襄公打算灭掉纪国,纪季把握了存亡的时机,以酅地入齐为附庸,使纪国的宗庙祭祀延续下来。"纪季",纪侯之弟。春秋时,诸侯之弟多以仲、叔、季相称。"酅",音 xī,纪国城邑,在今山东益都县西北。〔12〕"《春秋》不名",《春秋》庄公三年云:"秋,纪季以酅入于齐。"这里没有称纪季之名。解释《春秋经》的人认为,不称名,是《春秋》的一种特殊笔法,含有肯定和赞扬的意思。如《公羊传》云:"纪季者何?纪侯之弟也。何以不名?贤也。"〔13〕"《秦纪》",指《秦始皇本纪》。但《秦始皇本纪》记载子婴刺杀赵高于斋宫,未言车裂赵高。《秦纪》也有可能是指秦国国史《秦记》。

【译文】子婴按照次序嗣立为王,头戴玉冠,身佩华丽的系印丝带,车子使用黄缯作盖里,身后随从百官,拜谒列祖的灵庙。如果小人登上不符合自己身份的位子,都会恍恍惚惚,若有所失,天天苟且偷安,而子婴却能作长远打算,排除忧虑,父子使用计谋,就近在门户之内,竟然杀死了狡猾的奸臣,替已死的皇帝诛戮了这个贼子。赵高死后,宾亲姻娅还没有全部慰劳,饭还没有来得及咽下去,酒还没有来得及沾着嘴唇,楚国士卒已经屠戮关中,仙人翔至霸上,子婴素车白马,用丝带系着脖子,捧着他的符节和印玺,来归降真正的皇帝。真有点像当年郑伯左持茅旌,右执鸾刀,楚庄王后撤七里。黄河决口不能再堵塞,鱼腐烂了不能再使它完整。贾谊、司马迁说:"如果当时子婴具有一般君主的能力,只要得到中等才能的辅佐大臣,山东虽然叛乱,秦国故地还是可以保全的,宗庙祭祀不会断绝。"秦国的衰败局面是日久天长积聚而成,天下土崩瓦解,虽然有周旦这样的人才,也无法再施展他的聪明才智,去责备即位短暂的一个君主,那是错误的!民间流传一种说法,认为罪恶起源于秦始皇,胡亥时登峰造极,这一看法是有道理的。贾谊、司马迁又责备子婴,说是秦国故地可以保全,这就是所说的不懂得形势变化的人。(齐国将要吞灭纪国,)纪季把酅邑送给齐国,(成为齐国的附庸,使纪国的宗庙祭祀保存下来,)《春秋》赞美他,(记载这件事时,)不直呼其名。(纪季就是一个通权达变的人。)我读《秦纪》,读到子婴车裂赵高,未尝不认为他的决断果敢而雄武,对他的心意表示同情。子婴就死生大义而言,是很完备的。

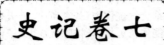

项羽本纪第七

项籍者,下相人也,[1]字羽。初起时,年二十四。其季父项梁,[2]梁父即楚将项燕,为秦将王翦所戮者也。[3]项氏世世为楚将,封于项,[4]故姓项氏。[5]

【注释】[1]"下相",秦县,在今江苏宿迁县西南。因地处相水下流,故名。 [2]"季父",通谓叔父。古代以伯、仲、叔、季为兄弟行次,所以"季父"也用以指最小的叔父。刘熙《释名·释亲属》云:"叔父之弟曰季父。" [3]"王翦",频阳(今陕西富平县)人,为秦始皇将军,数有战功。事详《史记》本传。据《秦始皇本纪》记载,秦始皇二十三年,王翦击楚,俘获楚王负刍。楚将项燕立昌平君为王,在淮南起兵反秦。二十四年,王翦、蒙武攻破楚军,昌平君死,项燕自杀。因为项燕是被王翦打败后被迫自杀,所以也可以说是为"王翦所戮",功归王翦。项燕曾屡建战功,爱护士卒,受楚人拥戴。他死后,有人认为他死了,也有人认为他逃亡。陈胜起义即诈称公子扶苏、项燕以为号召,事见《陈涉世家》。 [4]"项",西周时封国,陈彭年《广韵》卷三《讲》、郑樵《通志·氏族略》第二并云姬姓,康熙敕修《春秋传说汇纂》卷首《姓氏篇》云姞姓。春秋时为鲁所灭,后楚灭鲁,以项封项燕先人。故地在今河南沈丘县。 [5]"姓项氏",姓与氏原来是有区别的,姓为原始部落称号,表示血缘所出。氏是姓的支系,为宗族系统的称号。氏的来源,或氏于号,或氏于谥,或氏于爵,或氏于国,或氏于官,或氏于字,或氏于居,或氏于事,或氏于职。项氏是氏于国。秦、汉以后姓氏混而为一。

【译文】项籍是下相人,字羽。开始起兵时二十四岁。他的叔父是项梁,项梁的父亲就是楚将项燕,被秦将王翦所杀的那个人。项氏世代为楚将,封于项,所以姓项氏。

项籍少时,学书不成,[1]去学剑,又不成。项梁怒之。籍曰:"书足以记名姓而已。剑一人敌,不足学,学万人敌。"于是项梁乃教籍兵法,[2]籍大喜,略知其意,又不肯竟学。项梁尝有栎阳逮,[3]乃请蕲狱掾曹咎书抵栎阳狱掾司马欣,[4]以故事得已。项梁杀人,与籍避仇于吴中。[5]吴中贤士大夫皆出项梁下。每吴中有大繇役及丧,项梁尝为主办,阴以兵法部勒宾客及子弟,[6]以是知其能。秦始皇帝游会稽,[7]渡浙江,[8]梁与籍俱观。籍曰:"彼可取而代也。"梁掩其口,曰:"毋妄言,族矣!"[9]梁以此奇籍。籍长八尺余,[10]力能扛鼎,[11]才气过人,虽吴中子弟皆已惮籍矣。[12]

【注释】[1]"学书",学习认字和写字。 [2]"兵法",用兵作战的方法和原则。《汉书·艺文志》兵书类著录有《项王》一篇,当是后来项羽用兵实践的总结。 [3]"栎阳",秦县,在今陕西临潼县东北。"栎",音 yuè。"逮",连及。此指因罪案受牵连。 [4]"蕲",音 qí,秦县,在今安徽宿县南。"掾",音 yuàn,古代官府属员的通称。"狱掾",负责刑狱的主吏。"曹咎",后为项羽军大司马,封海春侯。汉王四年,守成皋时被汉军打败自杀。"抵",到达。"司马欣",秦二世时曾为长史,率军随章邯攻陈胜、项梁,后降项羽。汉王四年,与曹咎在成皋之战被汉军打败自杀。 [5]"吴中",即吴,春秋时吴国都城,秦于此置吴县,为会稽郡郡治,故城在今江苏苏州市。〔6〕"宾客",指从他处流寓本地的客民。"子弟",指本地的土著丁壮。〔7〕"秦始皇帝游会稽",事在始皇三十七年,见《秦始皇本纪》。始皇这次南游曾上会稽山,祭大禹。此所云"会稽",是指会稽郡,非指会稽山。秦时会稽郡辖有今江苏东南部、浙江中部以北和安徽东南部。〔8〕"浙江",即今钱塘江。〔9〕"族",族灭,全族被处死,为最惨重的刑罚。〔10〕"尺",秦、汉时一尺约等于今天零点八四尺。〔11〕"扛",音 gāng,双手对举。〔12〕"虽",句首语气词,相当于"唯"字。

【译文】项籍小时候,学习认字写字,没有学成。放弃了学字,改学击剑,又没有学成。项梁很生他的气。项籍说:"字只不过用来记记姓名而已。剑也只能抵敌一人,不值得学,要学能抵抗万人的。"于是项梁就教项籍兵法,项籍非常高兴,粗略地知道了兵法大意,但又不肯认真学完。项梁曾因栎阳罪案受到牵连,就请蕲县狱掾曹咎写信给栎阳狱掾司马欣,因此事情得到了结。项梁杀了人,和项籍到吴中躲避仇家。吴中有才能的士大夫都比不上项梁。每当吴中有大规模的繇役和丧葬,项梁常常主持办理,暗中用兵法部署调度宾客和子弟,因此了解了每个人的能力。秦始皇帝巡游会稽,渡过浙江,项梁和项籍一同去观看。项籍说:"那个皇帝,我可以取而代之。"项梁捂住他的嘴,说:"不许胡说八道,当心全族要杀头啊!"项梁因此觉得项籍不同于一般人。项籍身高八尺有余,力能举鼎,才气过人,吴中子弟都已经敬畏他了。

秦二世元年七月,〔1〕陈涉等起大泽中。〔2〕其九月,会稽守通谓梁曰:〔3〕"江西皆反,〔4〕此亦天亡秦之时也。吾闻先即制人,后则为人所制。吾欲发兵,使公及桓楚将。"〔5〕是时桓楚亡在泽中。梁曰:"桓楚亡,人莫知其处,独籍知之耳。"梁乃出,诚籍持剑居外待。梁复入,与守坐,曰:"请召籍,使受命召桓楚。"守曰:"诺。"梁召籍入。须臾,梁眴籍曰:〔6〕"可行矣!"〔7〕于是籍遂拔剑斩守头。项梁持守头,佩其印绶。〔8〕门下大惊,扰乱,籍所击杀数十百人。〔9〕一府中皆慑伏,〔10〕莫敢起。梁乃召故所知豪吏,谕以所为起大事,遂举吴中兵。使人收下县,得精兵八千人。梁部署吴中豪杰为校尉、候、司马。〔11〕有一人不得用,自言于梁。梁

曰:"前时某丧使公主某事,不能办,以此不任用公。"众仍皆伏。于是梁为会稽守,籍为裨将,〔12〕徇下县。〔13〕

【注释】〔1〕"秦二世元年",为公元前二〇九年。〔2〕"大泽",蕲县所属的乡,故地在今安徽宿县东南刘村集。〔3〕"守",《秦始皇本纪》载,始皇二十六年,"分天下以为三十六郡,郡置守、尉、监"。守为一郡的行政长官。汉景帝中元二年,郡守改名太守。"通",即殷通。据《汉书·项籍传》,殷通当时为假守,即代理郡守。〔4〕"江西",长江在今安徽省境一段流向略偏南北,所以古时这一带地有江东、江西之称。江西大约指今安徽北部和淮河下游一带。〔5〕"桓楚",为吴中奇士,项籍杀死卿子冠军宋义后,曾派桓楚报告楚怀王。〔6〕"眴",音shùn,以目示意。〔7〕"可行矣",语带双关,表面上是说可以去找桓楚,实际上是叫项籍动手杀死殷通〔8〕"印",古时官员都有印,是权力的象征。"绶",系印纽的丝带。〔9〕"数十百人",不定数之辞,或八九十人,或一百人。〔10〕"慑伏,莫敢起",一般解作吓得伏在地上,不敢站起来。不确。"慑",音shè,恐惧,害怕。"伏",与"服"字通。"起",动。意谓因恐惧而屈服,没有人敢动手反抗。〔11〕"校尉",地位次于将军的军官。"候",军候,地位次于校尉。"司马",军司马,地位次于军候,主管军中司法。司马彪《续汉书·百官志》载东汉军制云:"大将军营五部,部校尉一人,比二千石;军司马一人,比千石,部下有曲,曲有军候一人,比六百石。"项梁军制与此有相同之处。〔12〕"裨将",副将,偏将。地位次于主将,为主将的副手。"裨",音pí。〔13〕"徇",音xùn,兼有略地、示威、安抚等意义。

【译文】秦二世元年七月,陈涉等人在大泽乡起义。这一年九月,会稽郡守殷通对项梁说"江西都造反了,这也是上天灭亡秦朝的时候。我听说先发则能制人,后发则为人所制。我想发兵,派你和桓楚带领。"当时桓楚逃亡在湖泽之中。项梁说:"桓楚亡匿在外,人们不知道他的下落,只有项籍知道。"项梁走出来,吩咐项籍持剑在外面等候。项梁又走进去,与郡守一块儿坐着。项梁说:"请允许我叫项籍进来,让他接受命令召回桓楚。"郡守说:"好吧。"项梁招呼项籍进来。不一会儿,项梁使眼色给项籍说:"可以行动了!"于是项籍拔出剑来砍掉了郡守的脑袋。项梁拿着郡守的脑袋,身上系着郡守的官印。郡守的侍从护卫大为惊慌,一片混乱,项

籍杀死了百十来人。全府中的人都慌惧畏服，没有人敢动手反抗。项梁就召集昔日所熟悉的有胆识的府吏，把所要做的起兵反秦这件事情向大家讲清楚，于是征集吴中士卒起兵。派人搜罗下属各县丁壮，得到精兵八千人。项梁安排吴中豪杰为校尉、候、司马。有一人没有得到任用，自己去向项梁申述。项梁说："前些时候有一丧事，让你主办一件事，你不能办，因此不任用你。"于是大家都很佩服项梁。项梁为会稽郡守，项籍为神将。镇抚下属县邑。

　　广陵人召平于是为陈王徇广陵，[1]未能下。闻陈王败走，秦兵又且至，乃渡江矫陈王命，拜梁为楚王上柱国。[2]曰："江东已定，急引兵西击秦。"项梁乃以八千人渡江而西。闻陈婴已下东阳，[3]使使欲与连和俱西。陈婴者，故东阳令史，[4]居县中，素信谨，称为长者。东阳少年杀其令，[5]相聚数千人，欲置长，无适用，[6]乃请陈婴。婴谢不能，遂强立婴为长，县中从者得二万人。少年欲立婴便为王，[7]异军苍头特起。[8]陈婴母谓婴曰："自我为汝家妇，未尝闻汝先古之有贵者。今暴得大名，不祥。不如有所属，事成犹得封侯，事败易以亡，非世所指名也。"婴乃不敢为王。谓其军吏曰："项氏世世将家，有名于楚。今欲举大事，将非其人，不可。我倚名族，亡秦必矣。"于是众从其言，以兵属项梁。项梁渡淮，黥布、蒲将军亦以兵属焉。[9]凡六七万人，军下邳。[10]

　　【注释】[1]"广陵"，秦县，在今江苏扬州市西北。"陈王"，即陈涉。　[2]"楚王"，陈涉起义后，立为王，政权号张楚，所以陈涉称楚王。"上柱国"，战国时期楚国官称，地位尊宠，相当于后世的相国。秦末起于楚地的义军沿袭楚制，仍设置此官。如陈涉曾以上蔡人蔡赐为上柱国。[3]"陈婴"，先属项梁，为楚柱国。项羽死后归汉，平定豫章、浙江，封堂邑侯，曾为楚元王刘交相。事见《高祖功臣侯者年表》。"东阳"，秦县，在今安徽天长县西北。[4]"令史"，县令的属吏。[5]"令"，秦、汉制度，县设令、长，主管一县政务。民户多的县设令，民户少的县设长。　[6]"适"，音 dí，专主之辞。《左传》僖公五年云："一国三公，吾谁适从？"又昭公三十年云："楚执政众而乖，莫适任患。"《史记》"适"字与

《左传》用法相同。"无适用"，意谓没有可用的人。[7]"便"，就便，就即。　[8]"苍头"，士卒用黑色头巾裹头，以与其他各路军队相区别。一说为当时对敢死部队的习称。本书《苏秦列传》云："今窃闻大王之卒，武士二十万，苍头二十万，奋击二十万，厮徒十万。""苍头"与"奋击"皆系勇敢部队。"特"，独。"特起"，单独突起。司马贞《索隐》引如淳云："特起犹言新起也。"于义亦通。　[9]"黥布"，姓英名布，青年时受过脸上刺字的黥刑，故改姓黥。事详《史记》、《汉书》本传。"蒲将军"，史书只载其姓，未载其名。从《项羽本纪》记载看，蒲将军与黥布关系较为密切，早期同为项羽心腹。汉王元年，项羽在新安坑杀秦降卒二十余万，事先即与黥布、蒲将军谋划。自新安坑杀秦降卒后，《史记》、《汉书》皆未再见蒲将军，可能不久死去。　[10]"下邳"，秦县，在今江苏睢宁县西北。"邳"，音 pī。

　　【译文】广陵人召平这时为陈王略地广陵，没有降服。听说陈王战败逃走，秦兵又将要到达，就渡江假托陈王的命令，拜项梁为楚王的上柱国。召平说："江东已经平定，赶快引兵西进攻打秦军。"项梁就以八千人渡江向西进发。他听说陈婴已经攻下东阳，便派遣使者，想要与陈婴联合西进。陈婴这个人，原来是东阳令史，在县里一向诚实谨慎，人们称之为忠厚长者。东阳的青年杀死了他们的县令，聚合了几千人，想要选置一个首领，没有找到可用的人，就请陈婴来担任。陈婴推辞说不能胜任，大家就强行推立他做首领，县中随从的有二万人。青年们打算推举陈婴就便称王，士兵为了同其他各路军队相区别，头上裹以青巾，表示异军突起。陈婴的母亲对陈婴说："自从我做了你家的媳妇，未曾听说你的前辈有过高官贵爵。现在突然得到很大的名声，不是好兆头。不如有所归属，事情成功了，犹能得到封侯，事情失败了，也容易逃脱，因为不是社会上指名道姓的人。"因此陈婴不敢为王。对他的军吏说："项家世代为将，有名于楚。现在想要干成大事，将帅不得其人不行。我们依附名门大族，一定能使秦朝灭亡。"于是大家听从他的话，把军队归属项梁。项梁渡过淮水，黥布、蒲将军也率军归附。项梁共有六七万人，驻扎在下邳。

　　当是时，秦嘉已立景驹为楚王，[1]军彭城东，[2]欲距项梁。[3]项梁谓军吏曰："陈王先首事，战不利，未闻所在。今秦嘉倍陈王而立景驹，[4]逆无道。"乃进兵击秦嘉。秦

嘉军败走，追之至胡陵。[5]嘉还战一日，嘉死，军降。景驹走死梁地。[6]项梁已并秦嘉军，军胡陵，将引军而西。章邯军至栗，[7]项梁使别将朱鸡石、余樊君与战。[8]余樊君死。朱鸡石军败，亡走胡陵。项梁乃引兵入薛，[9]诛鸡石。项梁前使项羽别攻襄城，[10]襄城坚守不下。已拔，皆阬之。还报项梁。项梁闻陈王定死，召诸别将会薛计事。此时沛公亦起沛，往焉。[11]

【注释】〔1〕“秦嘉”，据《汉书·陈胜传》，嘉为凌(今江苏泗阳县西北)人。“景驹”，景氏为战国时楚国大族之一，景驹即是景氏后裔，所以立为楚王。〔2〕“彭城”，秦县，在今江苏徐州市。〔3〕“距”，通“拒”。〔4〕“倍”，通“背”。〔5〕“胡陵”，秦县，在今山东鱼台县东南。〔6〕“梁地”，战国时魏国建都大梁(今河南开封市)，所以魏也称梁。“梁地”即指魏国旧地，在今河南东部。〔7〕“章邯”，秦将，率军镇压陈涉，后为项羽所败，投降项羽，封雍王。楚、汉相争时，被刘邦打败自杀。“栗”，秦县，在今河南夏邑县。〔8〕“别将”，另外率领一支军队的将领。“朱鸡石”，符离(今安徽宿县东北)人，见《陈涉世家》。“余樊君”，《史记》中他篇未见，仅见于《项羽本纪》。姓名不详。〔9〕“薛”，秦县，在今山东滕县南。〔10〕“襄城”，秦县，在今河南襄城县。〔11〕“沛公”，即汉高祖刘邦，初起于沛，为沛令，人称沛公。楚制，县令称“公”。“沛”，秦县，汉时属沛郡，故城在今江苏沛县。

【译文】这时，秦嘉已立景驹为楚王，驻扎彭城东面，想要抵挡项梁。项梁对军吏说：“陈王首先起事，作战不利，不知道下落。现在秦嘉背叛陈王而立景驹，大逆不道。”项梁就进兵攻打秦嘉。秦嘉的军队败逃，项梁追到胡陵。秦嘉回军打了一天，秦嘉阵亡，士卒投降。景驹逃走，死在梁地。项梁已经合并了秦嘉的军队，驻扎在胡陵，将要引军西进。章邯的军队到达栗县，项梁派别将朱鸡石、余樊君和他交战。余樊君战死，朱鸡石军败，逃跑到胡陵。项梁便带兵进入薛县，杀了朱鸡石。项梁在这之前派项羽另率一军攻打襄城，襄城坚守不降。攻克以后，全部坑杀了守城军民，回来报告项梁。项梁听说陈王确实死了，召集各路将领会合到薛县商讨大事。这时沛公也起兵于沛，前往薛县。

居鄛人范增，[1]年七十，素居家，好奇计，往说项梁曰：“陈胜败固当。[2]夫秦灭六国，楚最无罪。自怀王入秦不反，[3]楚人怜之至今，故楚南公曰‘楚虽三户，亡秦必楚’也。[4]今陈胜首事，不立楚后而自立，其势不长。今君起江东，楚蜂午之将皆争附君者，[5]以君世世楚将，为能复立楚之后也。”于是项梁然其言，乃求楚怀王孙心民间，为人牧羊，立以为楚怀王，[6]从民所望也。陈婴为楚上柱国，封五县，与怀王都盱台。[7]项梁自号为武信君。

【注释】〔1〕“居鄛”，也作“居巢”，秦县，在今安徽桐城南。“范增”，项梁、项羽的谋士，事迹主要见于本篇。〔2〕“说”，音 shuì，游说，劝说。〔3〕“怀王入秦不反”，楚怀王熊槐二十八年，秦与齐、韩、魏攻楚，杀将取地。二十九年，秦又攻楚，杀将军景缺，士卒死者二万。三十年，秦复伐楚，攻取八城。秦昭王致书楚怀王入秦结盟。楚怀王迫于形势赴秦，被秦昭王扣留，楚顷襄王熊横三年，死于秦。事见《楚世家》。“反”，通“返”。〔4〕“楚南公”，楚国的一位阴阳家。《汉书·艺文志》阴阳家类著录《南公》三十一篇，注云六国时人。“三户”，三户人家，极言其少。有人认为三户是漳水上的三户津，后来项羽渡三户津击破章邯率领的秦军，迫使章邯投降，秦遂亡。“楚虽三户，亡秦必楚”，预言秦亡于三户，义亦可通。〔5〕“午”，纵横相交。“蜂午”，交错如群蜂。〔6〕“楚怀王”，心与其祖同号，是利用民间对楚怀王熊槐的怀念，加强号召力，扩大影响。〔7〕“盱台”，音 xū yí，即盱眙，秦县，在今江苏盱眙县东北。

【译文】居鄛人范增，七十岁了，一向住在家里，喜欢奇策妙计。他去游说项梁说：“陈胜失败本来是应该的。秦灭六国，楚国最没有过错。自从楚怀王入秦不返，楚人至今还想念他。所以楚南公说‘楚虽三户，亡秦必楚’。如今陈胜首先起事，没有立楚国的后裔而自立为王，他的局面不会长久。现在你起兵江东，楚地将领有如群蜂纵横，都争先恐后地归附你的缘故，是因为项家世代为楚将，能够再立楚国的后裔。”项梁认为他说的对，就在民间寻访到了楚怀王的孙子心，他在给人放羊，项梁立他为楚怀王，顺从人民的愿望。陈婴为楚上柱国，封地有五个县，和楚怀王一起，建都盱台。项梁自称

为武信君。

居数月，引兵攻亢父，[1]与齐田荣、司马龙且军救东阿，[2]大破秦军于东阿。田荣即引兵归，逐其王假。[3]假亡走楚。假相田角亡走赵。角弟田间故齐将，居赵不敢归。田荣立田儋子市为齐王。[4]项梁已破东阿下军，遂追秦军。数使使趣齐兵，[5]欲与俱西。田荣曰："楚杀田假，赵杀田角、田间，乃发兵。"项梁曰："田假为与国之王，[6]穷来从我，不忍杀之。"赵亦不杀田角、田间以市于齐。[7]齐遂不肯发兵助楚。项梁使沛公及项羽别攻城阳，[8]屠之。西破秦军濮阳东，[9]秦兵收入濮阳。沛公、项羽乃攻定陶。[10]定陶未下，去，西略地至雍丘，[11]大破秦军，斩李由。[12]还攻外黄，[13]外黄未下。

【注释】〔1〕"亢父"，音 gāng fǔ，秦县，在今山东济宁市南。 〔2〕"田荣"，田儋从弟，齐国贵族后裔。其事主要载于本书《田儋列传》，又散见《项羽本纪》《高祖本纪》等篇。"龙且"，楚军骁将，后被韩信所杀。"且"，音 jū。"东阿"，秦县，在今山东阳谷县东北阿城镇，东与今东阿县接壤。"阿"，音 ē。"与齐田荣、司马龙且军救东阿"，实际上是田荣被围于东阿，楚军解救东阿。可参考下注。 〔3〕"假"，田假。陈胜起义后，故齐后裔田儋起兵，自立为齐王，略定齐地。不久被秦将章邯杀死。儋从弟田荣收集田儋残部逃到东阿，遭到章邯围攻。齐人听说田儋死了，便立故齐王建之弟田假为齐王，田解为相，田间为将。项梁听说田荣危急，便率兵攻打东阿章邯，章邯败走，项梁乘胜追击。这时田荣怨恨齐人立假，便带兵赶跑了田假。事详见《田儋列传》。 〔4〕"市"，音 fú，与"市"字异。当时人们常用此字取名。 〔5〕"数"，音 shuò，屡屡，频频。"趣"，通"促"，催促。 〔6〕"与国"，相与交善、同祸共福之国。 〔7〕"市"，贸易，买卖。"市于齐"，与齐做交易。 〔8〕"城阳"，也作"成阳"，秦县，在今山东鄄城县东南。 〔9〕"濮阳"，秦县，在今河南濮阳县西南。 〔10〕"定陶"，秦县，在今山东定陶县西北。 〔11〕"雍丘"，秦县，在今河南杞县。 〔12〕"李由"，秦丞相李斯之子，当时为三川郡郡守。 〔13〕"外黄"，秦县，在今河南民权县西北。

【译文】过了几个月，项梁带兵攻打亢父，与齐田荣、司马龙且的军队一起援救东阿，在东阿大败秦军。田荣率军回到旧地，赶跑了齐王田假。田假逃到楚国。田假的相国田角逃到赵国。田角的弟弟田间原来是齐国的将领，留在赵国不敢回去。田荣立了田儋的儿子田市为齐王。项梁已经打垮了东阿方面的秦军，就（乘胜）追击。屡次派遣使者催促齐国军队，打算与它联兵西进。田荣说："楚国杀了田假，赵国杀了田角、田间，我就出兵。"项梁说："田假是楚国友好国家的国王，走投无路才来依附我，不忍心杀他。"赵国也不杀田角、田间作为与齐交换的条件。于是齐国不肯发兵帮助楚国。项梁派沛公和项羽另率一支军队攻打城阳，屠毁了县城。向西在濮阳东面击破了秦军，秦军收兵进入濮阳。沛公、项羽就攻打定陶。没有攻下定陶，率军离去，西进略地，到达雍丘，大破秦军，杀了李由。回军攻打外黄，没有攻下来。

项梁起东阿，西，比至定陶，[1]再破秦军，项羽等又斩李由，益轻秦，有骄色。宋义乃谏项梁曰：[2]"战胜而将骄卒惰者败。今卒少惰矣，[3]秦兵日益，臣为君畏之。"项梁弗听。乃使宋义使于齐。道遇齐使者高陵君显，[4]曰："公将见武信君乎？"曰："然。"曰："臣论武信君军必败。公徐行即免死，疾行则及祸。"秦果悉起兵益章邯，击楚军，大破之定陶，项梁死。沛公、项羽去外黄攻陈留，[5]陈留坚守不能下。沛公、项羽相与谋曰："今项梁军破，士卒恐。"乃与吕臣军俱引兵而东。[6]吕臣军彭城东，项羽军彭城西，沛公军砀。[7]

【注释】〔1〕"比至定陶"，"比"字原误作"北"。定陶在东阿西南，不应说"北至定陶"。《汉书·项籍传》"北"作"比"是对的，今据改。"比"，比及，等到。 〔2〕"宋义"，据荀悦《汉记》，为战国时楚令尹。事迹详本篇下文。 〔3〕"今卒少惰矣"，实际上是楚军最高将领项梁骄傲轻敌，宋义委婉其词，说是士卒稍有懈惰。"少"，稍微。 〔4〕"高陵君显"，名显，封高陵。据司马贞《索隐》引晋灼说，高陵属汉琅邪郡。《汉书·地理志》琅邪郡有高陵，曾为侯国，王莽时称蒲陆。今地已不能确考。 〔5〕"陈留"，秦县，在今河南开封市东南陈留城。 〔6〕"吕臣"，原为陈胜部将，统率苍头军。本书《高祖功臣侯者年表》有宁陵侯吕臣,《表》云:"以舍人从陈以郎入汉,破曹咎成皋,为上解随马,〔以〕都尉陈豨功侯,千户。"此吕臣与《表》所载吕臣不是一人。除本篇外,吕臣之名又见于本书《高祖本纪》、《陈涉世家》、《黥布列传》,据各篇所载,吕臣于陈涉时期即为将军,项梁死后,项羽、刘邦联合抗秦,当时吕臣的军事地位与项羽、刘邦相埒,项、刘、吕三家为反秦的三支主要军事力量,楚怀王心又以吕臣为司徒。《表》云"以舍人从陈留",当在刘邦为汉王之前;《表》云"以郎入汉",当在刘邦为汉王之后。以吕臣的地位,不可能归刘邦后,仅为"舍人"、为"郎",《表》中封宁陵侯的吕臣,与《本纪》、《世家》、《列传》中的吕臣应是二人。〔7〕"砀",音 dàng,秦县,在今河南永城县东北。

【译文】项梁自东阿出发,向西进军,等到到达定陶,又一次打败秦军,项羽等又杀了李由,因此,项梁越来越轻视秦军,面有骄色。宋义就劝告项梁说:"打了胜仗而将领骄傲、士卒懈怠的就要失败。现在士卒稍有懈怠,秦兵日益增多,我替你担心。"项梁不听劝告。就派宋义出使齐国。路上遇到齐国使者高陵君显,问他:"你将要去见武信君吗?"回答说:"是的。"宋义说:"我断定武信君的军队一定失败。你慢走就可以免死,快走就要遭殃。"秦果然发动全部兵力增援章邯,攻打楚军,大破楚军于定陶,项梁战死。沛公、项羽离开外黄攻打陈留,陈留坚兵固守,不能攻下。沛公、项羽互相商量说:"如今项梁的军队垮了,士卒恐惧。"于是就领兵同吕臣的军队一起向东进发。吕臣驻扎在彭城东面,项羽驻扎在彭城西面,沛公驻扎在砀。

章邯已破项梁军,则以为楚地兵不足忧,乃渡河击赵,大破之。当此时,赵歇为王,〔1〕陈余为将,张耳为相,〔2〕皆走入巨鹿城。〔3〕章邯令王离、涉间围巨鹿,〔4〕章邯军其南,筑甬道而输之粟。〔5〕陈余为将,将卒数万人而军巨鹿之北,此所谓河北之军也。

【注释】〔1〕"赵歇",战国时赵国贵族后裔。陈胜起义后,派武臣招抚赵国故地,武臣至邯郸,自立为赵王,不久被害,武臣的校尉陈余、张耳立赵歇为赵王。〔2〕"陈余"、"张耳",二人皆大梁(今河南开封市西北)人,秦末参加陈胜起义军。事详《史记》、《汉书》本传。〔3〕"巨鹿",秦县,为巨鹿郡郡治,在今河北平乡县西南。〔4〕"王离",秦名将王

翦之孙,封武城侯。"涉间",秦将领,死于巨鹿之战。〔5〕"甬道",两旁筑有墙垣的通道,以便运送粮食等物资,防止敌人劫击抄掠。

【译文】章邯已经打垮了项梁的军队,以为楚地的敌人不用担心了,就渡过黄河攻打赵地,大破赵军。这个时候,赵歇为赵王,陈余为将,张耳为相,都跑进了巨鹿城。章邯命令王离、涉间围攻巨鹿,章邯驻扎在巨鹿南面,修筑甬道输送粮食。陈余作为将领,统率士卒数万人驻扎在巨鹿的北面,这就是所说的河北之军。

楚兵已破于定陶,怀王恐,从盱台之彭城,并项羽、吕臣军自将之。以吕臣为司徒,〔1〕以其父吕青为令尹,〔2〕以沛公为砀郡长,〔3〕封为武安侯,将砀郡兵。

【注释】〔1〕"司徒",不是通常所说的六卿之一的司徒。当时楚怀王心所置官因袭战国时楚国旧制,此司徒当是楚官,主管后勤军需之类。〔2〕"令尹",楚官,为执政首相。〔3〕"长",相当于郡守。

【译文】楚军在定陶打了败仗,楚怀王很恐惧,从盱台前往彭城,合并了项羽、吕臣的军队亲自统率。以吕臣为司徒,用他的父亲叶青为令尹。以沛公为砀郡长,封为武安侯,统率砀郡的军队。

初,宋义所遇齐使者高陵君显在楚军,见楚王曰:"宋义论武信君之军必败,居数日,军果败。兵未战而先见败征,此可谓知兵矣。"王召宋义与计事而大说之,〔1〕因置以为上将军;〔2〕项羽为鲁公,〔3〕为次将,〔4〕范增为末将,〔5〕救赵。诸别将皆属宋义,号为卿子冠军。〔6〕

【注释】〔1〕"说",音 yuè,通"悦"。〔2〕"上将军",地位最高的将领,相当于主帅。〔3〕"鲁公",据《高祖本纪》,楚怀王以刘邦为砀郡长,封为武安侯时,就封项羽为长安侯,号为鲁公。〔4〕"次将",地位仅次于上将军,相当于副帅。〔5〕"末将",地位低于次将,高于统领一个方面军的别将,与后世偏裨将校自我谦称的末将有所区别。〔6〕"卿子冠军","卿子"犹言"公子",时人尊敬之

辞。宋义是上将军,地位为全军之冠,所以称为"卿子冠军"。

【译文】以前宋义所遇到的齐国使者高陵君显还在楚国的军队里,他见到楚怀王说:"宋义断定武信君的军队一定失败,过了几天,他的军队果然失败了。军队没有开战而先看到了失败的征兆,这可说是懂得军事了。"楚怀王召见宋义,和他商量事情,大为高兴,因此委任为上将军,项羽为鲁公,担任次将,范增为末将,去援救赵国。各路别将都统属于宋义,宋义号为卿子冠军。

行至安阳,[1]留四十六日不进。项羽曰:"吾闻秦军围赵王巨鹿,疾引兵渡河,楚击其外,赵应其内,破秦军必矣。"宋义曰:"不然。夫搏牛之虻不可以破虮虱。[2]今秦攻赵,战胜则兵罢,[3]我承其敝;不胜,则我引兵鼓行而西,必举秦矣。故不如先斗秦赵。夫被坚执锐,[4]义不如公;坐而运策,公不如义。"因下令军中曰:"猛如虎,很如羊,[5]贪如狼,强不可使者,[6]皆斩之。"乃遣其子宋襄相齐,[7]身送之至无盐,[8]饮酒高会。天寒大雨,士卒冻饥。项羽曰:"将戮力而攻秦,久留不行。今岁饥民贫,士卒食芋菽,[9]军无见粮,[10]乃饮酒高会,不引兵渡河因赵食,与赵并力攻秦,乃曰'承其敝'。夫以秦之强,攻新造之赵,其势必举赵。赵举而秦强,何敝之承!且国兵新破,王坐不安席,埽境内而专属于将军,[11]国家安危,在此一举。今不恤士卒而徇其私,[12]非社稷之臣。"[13]项羽晨朝上将军宋义,即其帐中斩宋义头,出令军中曰:"宋义与齐谋反楚,楚王阴令羽诛之。"当是时,诸将皆慴服,莫敢枝梧。[14]皆曰:"首立楚者,将军家也。今将军诛乱。"乃相与共立羽为假上将军。[15]使人追宋义子,及之齐,杀之。使桓楚报命于怀王。怀王因使项羽为上将军,当阳君、蒲将军皆属项羽。[16]

【注释】[1]"安阳",在今山东曹县东,并非地处今河南的安阳。 [2]"搏",搏击,打击。"虻",音méng,牛虻。"虮",虱子卵。"搏牛之虻不可以破

虮虱",对此句历来解释不一,主要有两说:(一)牛虻能够咬牛,但不能伤害虮子,借以譬喻巨鹿城小而坚,秦兵虽然强大,却不能攻破。(二)牛虻咬牛,不去伤害虮虱,以喻志在大不在小,也就是意在灭秦,不在于与章邯一战。两说均通,第一说于义较长。 [3]"罢",通"疲"。 [4]"被",通"披"。 [5]"很",通"狠"。羊生性好斗,所以说"很如羊"。 [6]"强",倔强。"强不可使者",以上四句,句句皆暗指项羽。 [7]"相齐",意谓协助齐国,并非任齐国相。田荣驱逐田假,田假依附项梁,田荣遂不肯发兵助楚,这自然会导致项羽和田荣关系不睦。宋义派遣他的儿子宋襄相齐,是为了结好田荣,控制项羽。 [8]"无盐",战国齐邑,西汉置为县,在今山东东平县东南。 [9]"芋菽",有两种解释:(一)引徐广云:"'芋',一作'半'。"是古本《史记》有作"半"者。《汉书·项籍传》亦作"半"。"半",量器名,容半升。"半菽",即半升菽。士卒食半升菽,不足饱腹。(二)"芋",即芋头,又称芋芋,属于蔬菜类。"菽",豆类。"芋菽",意谓蔬菜。注者取第一说。 [10]"见",通"现"。 [11]"埽",与"扫"字同,尽括,一扫而尽。 [12]"恤",体恤,抚念。"徇其私",营谋个人私利。这里确指宋义遣其子宋襄相齐事。 [13]"社",古代帝王和诸侯祭祀的土神。"稷",古代帝王和诸侯祭祀的谷神。"社"、"稷"连言,用以代指国家。 [14]"枝梧",架屋的小柱为枝,斜柱为梧。引申有抵触、抗拒的意思。 [15]"假",代理,摄代。 [16]"当阳君",楚怀王心在位时黥布得到的封号。

【译文】走到安阳,停留四十六天不前进。项羽说:"我听说秦军把赵王围在巨鹿,赶快带兵渡河,楚军从外面攻打,赵军在内响应,一定能打垮秦军。"宋义说:"不是的。咬牛的牛虻不能伤害虮子,现在秦军攻打赵军,打胜了则兵疲力尽,我们乘秦军疲惫(发动进攻);打不胜,我们就率领军队鸣鼓西进,一定打垮秦军。所以不如先让秦、赵相斗。身披甲胄,手执利器,冲锋陷阵,宋义不如你;坐下来运筹划策,你不如宋义。"因此向军中下令说:"凶猛如虎,狠戾如羊,贪婪如狼,倔强不听指挥的人,一律斩首。"宋义又派遣他的儿子宋襄去辅助齐国,亲自送他到无盐,摆酒设筵,大会宾客。(当时,)天寒大雨,士卒冻饿交加。项羽说:"本来打算并力攻秦,却长期停留不进。现在年荒岁饥,人民贫困,士卒只吃半升豆子,(食不果腹,)军中没有存粮,宋义却还设酒宴,会宾客,不率领军队渡河就地取用赵国的粮食,而说什么'等待秦军疲惫'。以秦那样强

大的兵力，进攻新建立的赵国，形势发展的结果必定是秦军打垮赵国的军队。赵国的军队被打垮了，而秦军更加强大，还有什么疲惫的机会可乘！而且楚军最近被打败，国王坐不安席，把国内的所有兵力都集中起来统属于上将军，国家安危，在此一举。如今不体恤士卒，而徇情营私，不是与国家同休共戚之臣。"项羽早晨参见上将军宋义，就在他的帐幕中割下了宋义的脑袋，出来发令军中说："宋义和齐国阴谋反楚，楚王秘密命令我杀死他。"这时，将领们都恐惧屈服，没有敢抗拒的。都说："创建楚国的，是将军一家。现在又是将军处死了叛乱的人。"将领们就共同推立项羽为假上将军。派人去追宋义的儿子，在齐国赶上了，杀死了他。项羽派桓楚向楚怀王报告。楚怀王就让项羽做上将军，当阳君、蒲将军都归项羽节制。

项羽已杀卿子冠军，威震楚国，名闻诸侯。乃遣当阳君、蒲将军将卒二万渡河，救巨鹿。战少利，陈余复请兵。项羽乃悉引兵渡河，皆沉船，破釜甑，[1]烧庐舍，持三日粮，以示士卒必死，无一还心。于是至则围王离，与秦军遇，九战，绝其甬道，大破之，杀苏角，[2]虏王离。涉间不降楚，自烧杀。当是时，楚兵冠诸侯。诸侯军救巨鹿下者十余壁，[3]莫敢纵兵。及楚击秦，诸将皆从壁上观。楚战士无不一以当十，楚兵呼声动天，诸侯军无不人人惴恐。[4]于是已破秦军，项羽召见诸侯将，入辕门，[5]无不膝行而前，莫敢仰视。项羽由是始为诸侯上将军，诸侯皆属焉。

【注释】〔1〕"釜"，音 fǔ，饭锅。"甑"，音 zèng，蒸食物的瓦制炊具。〔2〕"苏角"，秦军将领。〔3〕"下"，此字《汉书·项籍传》无。"壁"，壁垒，营垒。〔4〕"惴"，音 zhuì，忧惧。〔5〕"辕门"，古代军队扎营，出入处仰起两辆车子，使车辕相向为门，称作辕门。

【译文】项羽已经杀了卿子冠军，威震楚国，名闻诸侯，他便派遣当阳君、蒲将军带领两万士卒渡河，援救巨鹿。战事稍有胜利，陈余又向项羽请求救兵。项羽就率领全军渡河，凿沉船只，砸破炊具，烧毁营舍，携带三天口粮，用以表示士卒拼死决战，没有一个有活着回来的打算。军队一到就围困

了王离，与秦军遭遇，打了九仗，截断了秦军的甬道，大破秦军。杀了苏角，俘虏了王离。涉间不向楚军投降，自焚而死。诸侯将领都在营垒上观战。楚军战士无不以一当十，楚兵喊声震天，诸侯军人人胆战心惊。已经打垮了秦军，项羽召见各诸侯将领，他们进入辕门，无不膝行而前，不敢抬头仰视。项羽从此成为诸侯军的上将军，各路诸侯隶属于他。

章邯军棘原，[1]项羽军漳南，[2]相持未战。秦军数却，二世使人让章邯。章邯恐，使长史欣请事。[3]至咸阳，[4]留司马门三日，赵高不见，[5]有不信之心。长史欣恐，还走其军，不敢出故道，赵高果使人追之，[6]不及。欣至军，报曰："赵高用事于中，下无可为者。今战能胜，高必疾妒吾功；战不能胜，不免于死。愿将军孰计之。"[7]陈余亦遗章邯书曰："白起为秦将，[8]南征鄢、郢，[9]北阬马服，[10]攻城略地，不可胜计，而竟赐死。蒙恬为秦将，[11]北逐戎人，[12]开榆中地数千里，[13]竟斩阳周。何者？功多，秦不能尽封，因以法诛之。今将军为秦将三岁矣，所亡失以十万数，而诸侯并起滋益多。彼赵高素谀日久，[14]今事急，亦恐二世诛之，故欲以法诛将军以塞责，使人更代将军以脱其祸。夫将军居外久，多内郤，[15]有功亦诛，无功亦诛。且天之亡秦，无愚智皆知之。今将军内不能直谏，外为亡国将，孤特独立而欲常存，岂不哀哉！将军何不还兵与诸侯为从，[16]约共攻秦，分王其地，[17]南面称孤；[18]此孰与身伏铁质，[19]妻子为僇乎？"[20]章邯狐疑，[21]阴使候始成使项羽，[22]欲约。约未成，项羽使蒲将军日夜引兵度三户，[23]军漳南，[24]与秦战，再破之。项羽悉引兵击秦军汙水上，[25]大破之。

【注释】〔1〕"棘原"，在巨鹿县南，即今河北平乡县南，确切地点不详。〔2〕"漳南"，漳水之南。漳水发源于秦上党郡西北，流经古巨鹿县南面、东面两侧，与棘原相去不远。〔3〕"长史欣"，即司马欣，当时是章邯部下长史。长史为诸史之长，协助长官总揽政务。〔4〕"咸阳"，秦都，在今陕西咸阳市东北。〔5〕"司马门"，宫廷四面驻兵防守，各有

司马主领武事，所以把有兵守卫的宫廷外门称作司马门。 〔6〕"赵高"，秦宦者，始皇时为车府令。始皇死于沙丘，赵高与丞相李斯谋立胡亥为皇帝。后又杀李斯，自任丞相，专擅朝政，迫二世皇帝胡亥自杀，立子婴为秦王，后被子婴杀死。 〔7〕"孰"，通"熟"。"孰计"，深思熟虑。 〔8〕"白起"，郿(今陕西眉县东北)人，善用兵，秦昭王封为武安君，率军攻战，凡取七十余城，声震天下，最后赐死自杀。 〔9〕"南征鄢、郢"，此句一般人标点作"南征鄢郢"，认为鄢郢即指郢。楚旧都郢，后徙郢，所以郢也称鄢郢，故地在今湖北宜城县东南。注者认为，郢确实也称鄢郢。但此处却是指鄢、郢二地。《白起列传》云："白起攻楚，拔鄢、邓五城。其明年，攻楚，拔郢，烧夷陵，遂东至竟陵。楚王亡去郢，东走徙陈。"《六国年表》楚国下也记载，楚顷襄王二十年，"秦拔鄢、西陵"。二十一年，"秦拔我郢，烧夷陵，王亡走陈"。可见拔鄢是一事，拔郢又是一事。楚顷襄王本来都于鄢地，因为鄢被白起攻破，所以回到旧都郢地，结果又引起白起攻郢。这就是陈余所说的"南征鄢、郢"。"郢"，在今湖北江陵县北纪南城遗址处。 〔10〕"马服"，指赵括。赵括父赵奢为赵惠文王将，因有功赐号为马服君。赵奢死后，也以马服或马服子称赵括。赵孝成王六年，白起所率秦军与赵括所率赵军战于长平(今山西高平县西北)，秦军射杀赵括，坑杀赵降卒数十万。事详《廉颇蔺相如列传》。 〔11〕"蒙恬"，世代为秦将，秦始皇帝统一六国后，使蒙恬率兵三十万北逐匈奴，修筑长城，西起临洮(今甘肃岷县)，东至辽东，绵延万余里。始皇帝死，胡亥、赵高囚禁蒙恬于阳周(今陕西子长县西北)。胡亥即皇帝位，遣使至阳周迫蒙恬自杀，蒙恬饮药身死。事详《蒙恬列传》。 〔12〕"戎人"，指匈奴。 〔13〕"榆中"，地域名，位于秦上郡北部，即今陕西东北部。 〔14〕"谀"，谄媚，奉承，这里兼有蒙蔽的意思。 〔15〕"郤"，与"隙"字同。间隙，裂痕。 〔16〕"从"，与"纵"字通，合纵。战国时苏秦倡合纵之说，使六国联合攻秦。张仪又倡连横之说，鼓动六国与秦联合。纵横之术便成为一种斗争策略，在政治和军事对峙中常被采用。"与诸侯为从"，是陈余劝章邯与反秦的各路诸侯相联合。 〔17〕"王"，音 wàng，用作动词，称王。 〔18〕"南面"，面向南而坐。古代天子、诸侯皆南面听政，所以用"南面"以喻君主或侯王。"孤"，天子或诸侯的自我谦称，意谓寡德。 〔19〕"孰与"，表示比较抉择的虚辞。"锧"，通"斧"。"质"，斩人的砧板。"锧质"，泛指杀人的刑具。 〔20〕"僇"，通"戮"，杀戮，诛杀。 〔21〕"狐疑"，狐性多疑，所以"狐疑"用以

形容遇事犹豫不决。 〔22〕"候"，军候。"始成"，军候之名。 〔23〕"度"，通"渡"。"三户"，漳水上津渡名，在今河北武磁县西南。 〔24〕"军漳南"，《汉书·项籍传》、《资治通鉴》皆同。上云"项羽军漳南"，渡三户津后，当已军漳北。此句"南"字似应作"北"。 〔25〕"汙水"，源出今河北武安县西太行山，流向东南，在临漳县西折东注入漳水，今已湮塞。

【译文】章邯驻扎在棘原，项羽驻扎在漳水南岸，两军相持，没有交战。秦军多次退却，二世派人责让章邯。章邯恐惧，派长史司马欣去请示。到了咸阳，留在司马门三天，赵高不接见，有不信任之意。长史司马欣心里害怕，急忙逃回军中。(他怕有人来追杀，)没有敢走原路，赵高果然派人追赶他，没有追上。司马欣到了军中，向章邯报告说："赵高居中用事，下面的人不可能有所作为。如今仗能打赢，赵高必定嫉妒我们的功劳；仗打不赢，免不了被处死。希望将军深思熟虑。"陈余也送给章邯一封信说："白起为秦将，向南攻拔鄢、郢，向北坑杀马服，攻城略地，不可胜数，而最后竟然赐死。蒙恬为秦将，北逐匈奴，开辟榆中几千里的地域，最终竟然斩于阳周。为什么呢？功劳太多，秦不能按功行封，因此，(罗织罪名，)用法来杀死他们。现在将军为秦将三年了，所损失的士卒以十万计，而诸侯军同时并起，越来越多。那个赵高一向谄谀，为时已久，眼下形势危急，也怕二世杀他，所以打算用法杀死将军，借以推卸责任，别外派人替代将军，以此来摆脱祸患。将军在外时日已久，朝廷中很多人与你有隔阂，有功也是被杀，无功也是被杀。况且天要亡秦，无论是愚笨的人还是聪明的人全都知道。如今将军在内不能直言规谏，在外为即将灭亡的国家的将领，孑身孤立而想长期存在，岂不可哀！将军何不倒戈与各路诸侯联合，签订和约，共同攻秦，割地为王，南向而坐，称孤道寡；这同自己伏砧受戮，妻子被杀，哪个比较好一些呢？"章邯犹豫不决，暗中派军候始成到项羽营中，想要签署和约。和约没有商妥，项羽让蒲将军昼夜领兵渡过三户津，扎营漳水南岸，与秦军交战，又一次打败了秦军。项羽率领全军士卒在汙水上攻击秦军，把秦军打得大败。

章邯使人见项羽，欲约。项羽召军吏谋曰："粮少，欲听其约。"军吏皆曰："善。"项羽乃与期洹水南殷虚上。[1]已盟，章邯见项羽

而流涕，为言赵高。项羽乃立章邯为雍王，〔2〕置楚军中。使长史欣为上将军，将秦军为前行。

【注释】〔1〕"洹水"，即安阳河，在今河南北境，源出林县隆虑山，东流经安阳市，到内黄县北注入卫河。"洹"，音 huán。"殷虚"，即殷墟，殷朝故都，在今河南安阳市西面的小屯村。〔2〕"雍王"，《高祖本纪》唐张守节《正义》认为是以雍县为名。雍县于春秋时是秦雍邑，秦德公都于此，至献公徙栎阳。雍邑故城在今陕西凤翔县南。

【译文】章邯派人去见项羽，打算订立和约。项羽召集军吏商量说："军中粮少，想允许他签订和约。"军吏都说："好。"项羽就与章邯订期在洹水南岸殷墟相见。已经缔结了盟约，章邯见到项羽，涕泪交下，向项羽诉说赵高的种种行径。项羽就立章邯为雍王，安置在楚军营中。使长史司马欣为上将军，率领秦军为先行部队。

到新安。〔1〕诸侯吏卒异时故繇使屯戍过秦中，〔2〕秦中吏卒遇之多无状，〔3〕及秦军降诸侯，诸侯吏卒乘胜多奴虏使之，轻折辱秦吏卒。秦吏卒多窃言曰："章将军等诈吾属降诸侯，今能入关破秦，〔4〕大善；即不能，诸侯虏吾属而东，秦必尽诛吾父母妻子。"诸将微闻其计，以告项羽。项羽乃召黥布、蒲将军计曰："秦吏卒尚众，其心不服，至关中不听，〔5〕事必危，不如击杀之，而独与章邯、长史欣、都尉翳入秦。"〔6〕于是楚军夜击阬秦卒二十余万人新安城南。

【注释】〔1〕"新安"，秦县，在今河南渑池县东。〔2〕"繇使"，服繇役。"屯"，屯守驻扎。"戍"，戍卫边地。"秦中"，泛指秦国故地。〔3〕"无状"，没有好样子，含有欺压凌辱之义。〔4〕"关"，指函谷关，在今河南灵宝县东北。〔5〕"关中"，函谷关以西，散关以东。秦统一六国以前，长期占据关中地域，因此常以关中泛称秦地。〔6〕"都尉"，秦于郡置尉，协助郡守掌管军事，都尉的地位当与郡尉大略相同。"翳"，即董翳，后来被项羽封为塞王。

【译文】到达了新安。诸侯军的官兵以前曾因服徭役、屯戍边地路过秦中，秦中官兵对他们多有凌辱。等到秦军投降了诸侯军，诸侯军的官兵乘战争胜利的机会，像对待奴隶和俘虏一样地驱使他们，随便折磨侮辱秦军官兵。秦军官兵多在私下议论说："章将军等欺骗我们投降诸侯军。如今能够入关破秦，（当然）很好；如果不能，诸侯军俘虏我们东去，秦势必把我们的父母妻子全部处死。"诸侯军的将领们暗中听到了他们的打算，报告了项羽。项羽就找来黥布、蒲将军商量说："秦军官兵还很多，他们心里不服，到了关中不听从命令，事情必然发发可危，不如杀掉他们，而只与章邯、长史司马欣、都尉董翳一起入秦。"于是楚军夜间把秦军士卒二十多万人处死掩埋在新安城南。

行略定秦地。函谷关有兵守关，〔1〕不得入。又闻沛公已破咸阳，〔2〕项羽大怒，使当阳君等击关。项羽遂入，至于戏西。〔3〕沛公军霸上，〔4〕未得与项羽相见。沛公左司马曹无伤使人言于项羽曰：〔5〕"沛公欲王关中，使子婴为相，〔6〕珍宝尽有之。"项羽大怒，曰："旦日飨士卒，为击破沛公军！"当是时，项羽兵四十万，在新丰鸿门，〔7〕沛公兵十万，在霸上。范增说项羽曰："沛公居山东时，〔8〕贪于财货，好美姬。今入关，财物无所取，妇女无所幸，此其志不在小。吾令人望其气，〔9〕皆为龙虎，成五采，此天子气也。急击勿失。"

【注释】〔1〕"有兵守关"，当时守关的已不是秦士卒，而是刘邦的军队。〔2〕"沛公已破咸阳"，楚怀王心曾与诸将约定，谁先平定关中，就封谁称王关中。当时项羽愿与刘邦西进入关，怀王没有答应项羽，而派刘邦向关中进军。项羽杀死宋义，与章邯相持。刘邦乘机西进，又适逢赵高谋杀秦二世，立子婴为王，秦廷纷乱，于是刘邦迅速从武关攻入关中。汉王元年十月，秦王子婴投降，刘邦进入咸阳，并派兵驻守函谷关，防止项羽和各路诸侯军入关。〔3〕"戏"，戏水，源出骊山，流入渭水，在今陕西临潼县东。〔4〕"霸上"，又作"灞上"，地处霸水西面的高原上，故名。在今陕西西安市东，接蓝田县界，为古代军事要地。〔5〕"左司马"，司马为武官，掌管军政，有时分置左、右。刘邦军中既然有左司马，也当有右司马。"曹无伤使人言于项羽"，当时项羽军力远在刘邦之上,曹无伤欲谄媚项羽求得封赏,所以派人进谗。〔6〕"子婴",《李斯列传》说是秦始皇之弟,《秦始皇本纪》说是二世之兄子。据《秦始皇本纪》记载,子婴为秦王后,和他的两个儿子谋杀赵高,可见子婴的儿子已是成年人。按年辈推算,秦始皇死后三年不可能有已经成年的孙辈。《李斯列传》所说较为可信。子婴投降刘邦后,被监管起来。过了一个多月,即被项羽杀死。曹无伤说刘邦使子婴为相,是有意中伤。〔7〕"新丰",秦骊邑,汉高祖十年,置以为县,改名新丰,故地在今陕西临潼县东北。"鸿门",在今陕西临潼县东北,现今当地人称项王营。〔8〕"山东",秦、汉时指崤山或华山以东,与关东所指地域略同。〔9〕"望其气",秦、汉方士诡称观察云气的形状、色彩等可以测知人事上的吉凶,人们也多信以为真,所以范增令人觇望刘邦所在上空的云气。

【译文】项羽将要攻取秦关中地带。函谷关有兵把守,不能进去。又听说沛公已经攻破咸阳,项羽大怒,派当阳君等扣关。项羽便进入了函谷关,到达戏水西岸。沛公驻军霸上,没有能够和项羽相见。沛公左司马曹无伤派人对项羽说:"沛公想称王关中,使子婴为相,占有了全部珍宝。"项羽怒气冲天地说:"明天早晨饱餐士卒,将击溃沛公的军队!"这时,项羽有兵四十万,驻扎在新丰鸿门,沛公有兵十万,驻扎在霸上。范增劝告项羽说:"沛公在山东时,贪财好货,喜爱美女。现在进了关,不收财物,不亲近妇女,由此看来,他的志向不小。我叫人观望他上空的云气,都呈龙虎形状,五颜六色,这是天子之气。赶快进击,不要失掉机会。"

楚左尹项伯者,〔1〕项羽季父也,素善留侯张良。〔2〕张良是时从沛公,项伯乃夜驰之沛公军,私见张良,具告以事,欲呼张良与俱去。曰:"毋从俱死也。"张良曰:"臣为韩王送沛公,〔3〕沛公今事有急,亡去不义,不可不语。"良乃入,具告沛公。沛公大惊,曰:"为之奈何?"张良曰:"谁为大王为此计者?"曰:"鲰生说我曰'距关,〔4〕毋内诸侯,〔5〕秦地可尽王也'。故听之。"良曰:"料大王士卒足以当项王乎?"沛公默然,曰:"固不如也,且为之奈何?"张良曰:"请往谓项伯,言沛公不敢背项王也。"沛公曰:"君安与项伯有故?"张良曰:"秦时与臣游,〔6〕项伯杀人,臣

活之。今事有急,故幸来告良。"沛公曰:"孰与君少长?"良曰:"长于臣。"沛公曰:"君为我呼入,吾得兄事之。"张良出,要项伯。〔7〕项伯即入见沛公。沛公奉卮酒为寿,〔8〕约为婚姻,曰:"吾入关,〔9〕秋豪不敢有所近,〔10〕籍吏民,〔11〕封府库,而待将军。所以遣将守关者,备他盗之出入与非常也。日夜望将军至,〔12〕岂敢反乎!愿伯具言臣之不敢倍德也。"〔13〕项伯许诺。谓沛公曰:"旦日不可不蚤自来谢项王。"〔14〕沛公曰:"诺。"于是项伯复夜去,至军中,具以沛公言报项王。因言曰:"沛公不先破关中,公岂敢入乎?今人有大功而击之,不义也,不如因善遇之。"项王许诺。

【注释】〔1〕"左尹",即左令尹。楚国官制有时令尹分置左、右。"项伯",名缠,字伯,入汉后封射阳侯,赐姓刘。〔2〕"张良",字子房,刘邦的谋臣,以功封留侯,事详本书《留侯世家》、《汉书·张良传》。留为秦县,故地在今江苏沛县东南。〔3〕"臣为韩王送沛公",张良曾劝项梁立韩公子成为韩王,自己为申徒(即司徒,地位等同国相)。刘邦引兵从洛阳南出,张良率兵相随。刘邦便让韩王成留守阳翟,与张良一起进入武关,攻打秦关中地,所以张良有"为韩王送沛公"语。〔4〕"鲰",音 zōu,是一种杂小鱼。"鲰生",短小愚陋的人,是骂人之词,犹今言"小子"。"距",与"拒"字通。〔5〕"内",通"纳"。〔6〕"秦时",指秦统一全国以前。〔7〕"要",音 yāo,邀请。〔8〕"卮",音 zhī,酒器。"为寿",上寿,即敬酒祝颂富贵长寿。〔9〕"关",指武关,在今陕西丹凤县东南,刘邦是从武关进入关中的。下"遣将守关"之"关",是指函谷关。〔10〕"秋豪",秋天兽类新长出的细毫毛,用来譬喻细微之物。此"豪"亦作"毫"。〔11〕"籍",登记户口的簿籍。这里用作动词,造籍登记的意思。〔12〕"将军",指项羽。〔13〕"倍",通"背"。"倍德",背叛恩德,忘恩负义。〔14〕"蚤",与"早"字通。"谢",道歉。

【译文】楚国左尹项伯这个人,是项羽的叔父,一向和留侯张良相友好。张良这时跟随着沛公,项伯就夜间骑马跑到沛公军营,私下见到张良,讲述了事情的经过,打算叫张良和他一起离去。他说:"不要跟他们一起死掉。"张良说:"我为韩王

护送沛公,现在沛公的事情发生了危急,逃走是不道义的,不能不说一声。"张良就走了进去,把情况全部告诉了沛公。沛公大吃一惊,说:"怎么办呢?"张良说:"谁给大王出的这个主意?"沛公说:"一个小子劝我说'守住函谷关,不要让诸侯军进来,秦地可以全部占为己有,在这里称王'。我听信了他的话。"张良说:"估计大王的军力足以抵挡项王吗?"沛公默然不语,(过了一会)说:"军力当然不如项羽,又该怎么办呢?"张良说:"请让我去告诉项伯,说沛公不敢背叛项王。"沛公说:"你怎么与项伯有交情?"张良说:"秦未灭六国时,项伯和我交游,他杀了人,我救了他。现在事有危急,幸亏他来告诉我。"沛公说:"项伯与你相比,谁年纪大?谁年纪小?"张良说:"他比我大。"沛公说:"你替我叫他进来,我要对他兄长相待。"张良走出来,邀请项伯。项伯就进去见沛公。沛公向项伯举杯敬酒,约为儿女亲家。沛公说:"我入了关,丝毫利益不敢有所接近,造册登记吏民,封存府库,等待将军。所以遣将守关,是为了防备别的盗贼出入和意外事件。我日日夜夜盼望将军到来,哪里敢反叛!请伯兄向将军详细说明我是不敢忘恩负义的。"项伯答应了。对沛公说:"明天早晨不可不早来向项王道歉。"沛公说:"是的。"于是项伯又当夜离去,回到军中,把沛公的话原原本本报告了项王。随即向项羽说:"沛公不先攻破关中,你难道敢进来吗?如今人家立有大功而去攻打他,是不道义的,不如借他来请罪的机会好好对待他。"项王答应了。

　　沛公旦日从百余骑来见项王,至鸿门,谢曰:"臣与将军戮力而攻秦,将军战河北,臣战河南,〔1〕然不自意能先入关破秦,得复见将军于此。今者有小人之言,令将军与臣有郤。"项王曰:"此沛公左司马曹无伤言之;不然,籍何以至此。"项王即日因留沛公与饮。项王、项伯东向坐,〔2〕亚父南向坐。〔3〕亚父者,范增也。沛公北向坐,张良西向侍。范增数目项王,举所佩玉玦以示之者三,〔4〕项王默然不应。范增起,出召项庄,〔5〕谓曰:"君王为人不忍,若入前为寿,〔6〕寿毕,请以剑舞,因击沛公于坐,杀之。不者,若属皆且为所虏。"庄则入为寿。寿毕,曰:"君王与沛公饮,军中无以为乐,请以剑舞。"项王曰:"诺。"项庄拔剑起舞,项伯亦拔剑起舞,常以身翼蔽沛公,〔7〕庄不得击。于是张良

至军门,见樊哙。〔8〕樊哙曰:"今日之事何如?"良曰:"甚急。今者项庄拔剑舞,其意常在沛公也。"哙曰:"此迫矣,臣请入,与之同命。"哙即带剑拥盾入军门。交戟之卫士欲止不内,樊哙侧其盾以撞,卫士仆地,哙遂入,披帷西向立,瞋目视项王,〔9〕头发上指,目眦尽裂。〔10〕项王按剑而跽曰:〔11〕"客何为者?"张良曰:"沛公之参乘樊哙者也。"〔12〕项王曰:"壮士!赐之卮酒。"则与斗卮酒。哙拜谢,起,立而饮之。项王曰:"赐之彘肩。"〔13〕则与一生彘肩。樊哙覆其盾于地,加彘肩上,拔剑切而啖之。〔14〕项王曰:"壮士!能复饮乎?"樊哙曰:"臣死且不避,卮酒安足辞!夫秦王有虎狼之心,杀人如不能举,〔15〕刑人如恐不胜,天下皆叛之。怀王与诸将约曰'先破秦入咸阳者王之'。今沛公先破秦入咸阳,豪毛不敢有所近,封闭宫室,还军霸上,以待大王来。故遣将守关者,备他盗出入与非常也。劳苦而功高如此,未有封侯之赏,而听细说,欲诛有功之人。此亡秦之续耳,窃为大王不取也。"项王未有以应,曰:"坐。"樊哙从良坐。坐须臾,沛公起如厕,因招樊哙出。

【注释】〔1〕"河南",与"河北"一样都是泛称。当时项羽与秦军在黄河以北交战,取道函谷关进入关中。刘邦与秦军在黄河以南的南阳郡内交战,从武关进入关中。　〔2〕"东向坐",面朝东坐。古人堂上面朝南坐为尊,无面朝南坐者,则以面朝东坐者为尊。　〔3〕"亚父",项羽对范增的尊称,意谓仅次于父亲,与齐桓公称管仲为仲父取意相同。〔4〕"玉玦",半环形的玉器。"玦",音 jué,与"决"同音。范增向项羽多次举玉玦,是借玦之音传意,暗示项羽赶快下决心杀掉刘邦。　〔5〕"项庄",项羽堂弟。　〔6〕"若",汝,你。下文"若属",即汝辈,你们。　〔7〕"翼蔽",像鸟用翅膀一样的遮蔽着。〔8〕"樊哙",沛人,屠狗出身,一直跟随刘邦转战各地,勇武善战,汉统一全国后,以功封舞阳侯,曾为左丞相,孝惠帝六年卒。《史记》《汉书》并有传。"哙",音 kuài。　〔9〕"瞋目",发怒时睁大眼睛。"瞋",音 chēn。　〔10〕"眦",音 zì,眼眶。　〔11〕"跽",音 jì,长跪。古人席地而坐,坐时两膝着地,臀部贴在脚跟上。要起身,先长跪,伸直腰股。

〔12〕"参乘",即"骖乘",在车右陪乘,负责警卫的人。古代乘车之法,尊者居左,御者居中,骖乘居右。 〔13〕"彘",音 zhì,猪。"彘肩",猪蹄带肩胛,即整只猪腿。 〔14〕"啖",音 dàn,吃。 〔15〕"秦",指秦国故地,即关中。下句"秦"也应如此理解。

【译文】次日早晨,沛公带着一百多名骑兵来见项王,到了鸿门,向项羽谢罪说:"我和将军并力攻秦,将军在河北作战,我在河南作战,然而我自己也没有想到先入关攻破秦地,能在这里又见到将军。现在有小人之言,使将军和我有了隔阂。"项王说:"这是你沛公左司马曹无伤说的,不然,我何至于如此。"项王当天就留沛公一同饮酒。项王、项伯面朝东坐,亚父面朝南坐。亚父就是范增。沛公面朝北坐,张良面朝西陪坐。范增向项王多次使眼色,再三举起佩带的玉玦向项王示意,项王默然不应。范增起身出去找来项庄,对他说:"君王为人不狠,你进去上前祝酒,祝酒完了,请求舞剑,乘机在座上袭击沛公,杀死他。不然的话,你们这些人都将被他俘虏。"项庄便进去祝酒。祝酒完了说:"君王和沛公饮酒,军中没有什么可供娱乐的,请允许我舞剑助乐。"项王说:"好吧。"项庄拔剑起舞。项伯也拔剑起舞,常常用身体掩蔽沛公,项庄得不到刺杀机会。这时张良来到军门,看见了樊哙。樊哙说:"今天的事情怎么样了?"张良说:"极为危急。此刻项庄正在舞剑,他的用意时时在沛公身上。"樊哙说:"这可紧急了,请让我进去,与沛公同生共死。"樊哙立即带着剑,手拥盾牌,进入军门。交戟守门的卫士打算阻拦,不让他进去,樊哙侧过他的盾牌撞击,卫士倒在地上,樊哙就进入了大帐,揭开帷帐,向西而立,圆睁怒目,看着项王,头发上指,眼眶破裂。项王按剑长跪说:"来客是干什么的?"张良说:"这是沛公的参乘樊哙。"项王说:"壮士!赏赐他一杯酒。"左右就给他一大杯酒。樊哙拜谢后起来,站着一饮而尽。项王说:"赏给他猪腿。"左右就给一只生猪腿。樊哙覆盾于地,把猪腿放在盾上,拔出剑来切肉吃。项王说:"壮士!能再喝酒吗?"樊哙说:"我死都不怕,一杯酒哪里值得推辞!秦王有虎狼之心,杀人唯恐杀不尽,用刑唯恐刑不重,天下人都反叛他。楚怀王和将领们约定说'先攻破秦地进入咸阳的做关中王'。现在沛公先攻破了秦地进入咸阳,丝毫利益不敢有所接近,封闭宫室,回军霸上,等待大王到来。所以遣将守关,是为了防备别的盗贼和意外事件。如此劳苦功高,没有得到封侯的赏赐,而听信闲言细语,要杀有功的人。

这是继承了已经灭亡的秦朝的道路,以我私见,大王这样做是不可取的。"项王无辞以对,只说:"坐。"樊哙在张良旁边坐下来。坐了不一会儿,沛公起来上厕所,乘机招呼樊哙出来。

沛公已出,项王使都尉陈平召沛公。〔1〕沛公曰:"今者出,未辞也,为之奈何?"樊哙曰:"大行不顾细谨,大礼不辞小让。如今人方为刀俎,〔2〕我为鱼肉,何辞为。"于是遂去。乃令张良留谢。良问曰:"大王来何操?"曰:"我持白璧一双,欲献项王,玉斗一双,〔3〕欲与亚父,会其怒,不敢献。公为我献之。"张良曰:"谨诺。"当是时,项王军在鸿门下,沛公军在霸上,相去四十里。沛公则置车骑,脱身独骑,与樊哙、夏侯婴、靳彊、纪信等四人持剑盾步走,〔4〕从郦山下,〔5〕道芷阳间行。〔6〕沛公谓张良曰:"从此道至吾军,不过二十里耳。度我至军中,〔7〕公乃入。"沛公已去,间至军中,张良入谢,曰:"沛公不胜桮杓,〔8〕不能辞。谨使臣良奉白璧一双,再拜献大王足下;〔9〕玉斗一双,再拜奉大将军足下。"项王曰:"沛公安在?"良曰:"闻大王有意督过之,脱身独去,已至军矣。"项王则受璧,置之坐上。亚父受玉斗,置之地,拔剑撞而破之,曰:"唉!竖子不足与谋。〔10〕夺项王天下者,必沛公也,吾属今为之虏矣。"沛公至军,立诛杀曹无伤。

【注释】〔1〕"陈平",阳武(今河南原阳县东南)人,最初在项羽部下,殷王司马卬反楚,陈平率兵击降,以功拜都尉。后逃归刘邦,成为刘邦的重要谋士,数出奇计,辅佐刘邦统一天下,封户牖侯、曲逆侯,惠帝时曾为左丞相,吕后时为右丞相,文帝时为左丞相,卒于文帝二年。事详本书《陈丞相世家》、《汉书·陈平传》。 〔2〕"俎",音 zǔ,割肉用的砧板。 〔3〕"玉斗",玉制的酒器。 〔4〕"夏侯婴",姓夏侯,名婴,随从刘邦起沛,长期为太仆,刘邦为帝后,以功封汝阴侯,卒于文帝八年。因早年随刘邦击秦时,曾为滕(今山东滕县西南)令,给刘邦驾车,所以号滕公。事详《史记》、《汉书》本传。"靳彊",刘邦的将领,曾为中尉,后封汾阳侯。"靳",音 jìn。"纪信",刘邦的将领,事见本篇下文。〔5〕"郦山",即骊山,在今陕西临潼县东南。其东北为鸿门，其南为霸上。"郦"，音lì。〔6〕"芷阳"，秦县，在今陕西西安市东北。"间"，音jiàn，乘间。"间行"，抄小路行走。〔7〕"度"，音duó，揣度，估计。〔8〕"桮"，与"杯"字同。"杓"，音sháo。"桮杓"，饮酒的杯子和舀酒的勺子，这里代指酒。"不胜桮杓"，意谓禁受不住酒力，已经醉了。〔9〕"足下"，对对方的敬辞。当时对上和同辈可以称之，犹言"左右"。〔10〕"竖子"，鄙贱之称，犹今言"小子"。范增表面上是骂项庄，实际在骂项羽寡断。

【译文】沛公出去后，项王派都尉陈平去叫沛公回来。沛公（对樊哙）说："我们现在出去，没有辞行，怎么办呢？"樊哙说："做大事不顾忌细枝节，行大礼不讲究小谦让。如今人家为刀俎，我们为鱼肉，还辞别什么！"于是就不辞别而去。（临走时，）叫张良留下道谢。张良问："大王来时带了什么？"沛公说："我带来一只白璧，想献给项王，一只玉斗，想送给亚父，正碰上他们生气，不敢进献。你替我献给他们。"张良说："遵命。"当时，项王的军队在鸿门，沛公的军队在霸上，相去四十里。沛公丢下车骑，一人骑马脱身而去，樊哙、夏侯婴、靳彊、纪信等四人握剑持盾步行，从郦山下取道芷阳，抄行小路。沛公对张良说："从这条路到我们军营，不过二十里而已。估计我到了军中，你再进去。"沛公走后，张良估计抄小路已经到达军中，就进去道谢说："沛公经受不了杯盏，不能亲自来辞行。谨使张良奉上白璧一只，拜献大王；玉斗一只，拜送大将军。"项王说："沛公在哪里？"张良说："听说大王有意责备他，独自脱身而去，已经回到军中了。"项王接过玉璧，放在坐席上。亚父接过玉斗，放在地上，拔剑一击而碎，说："唉！这小子不足以共谋大事。夺取项王天下的，一定是沛公，我们这些人就要被他俘虏了。"沛公回到军中，立刻杀了曹无伤。

居数日，项羽引兵西屠咸阳，杀秦降王子婴，烧秦宫室，火三月不灭；收其货宝妇女而东。人或说项王曰：〔1〕"关中阻山河四塞，〔2〕地肥饶，可都以霸。"项王见秦宫室皆以烧残破，又心怀思欲东归，曰："富贵不归故乡，如衣绣夜行，谁知之者！"说者曰："人言楚人沐猴而冠耳，〔3〕果然。"项王闻之，烹说者。

【注释】〔1〕"人或说项王"，据《汉书·项籍

传》，劝说项王的人是韩生。扬雄《法言·重黎篇》云："蔡生欲安项咸阳，不享之。"劝说项王的，此又记为蔡生。〔2〕"四塞"，指东面函谷关，南面武关，西面散关（在今陕西宝鸡市西南），北面萧关（在今宁夏固原县东南）。〔3〕"沐猴"，猕猴。"沐猴而冠"，猕猴性情好动多变，身着衣冠不能长久，这里用以譬喻楚人性格轻浮急躁，难成大事。

【译文】过了几天，项羽带兵西进，屠毁咸阳，杀死了秦朝已经投降的国王子婴，焚烧秦朝宫室，大火三个月不灭；搜罗了秦朝的财宝和妇女，率军东去。有人劝项王说："关中阻山带河，四面关塞，土地肥饶，可在这里建都，以定霸业。"项王看见秦朝宫室都已烧毁，残破不堪，又怀念故乡，心欲东归，就说："富贵了不回故乡，如同衣绣夜行，有谁能知道！"劝项王的人说："人们说楚国人是猕猴戴帽子，果然如此。"项王听到了这话，烹杀了劝说他的那个人。

项王使人致命怀王。怀王曰："如约。"乃尊怀王为义帝。〔1〕项王欲自王，先王诸将相。谓曰："天下初发难时，假立诸侯后以伐秦。〔2〕然身被坚执锐首事，暴露于野三年，〔3〕灭秦定天下者，皆将相诸君与籍之力也。义帝虽无功，〔4〕故当分其地而王之。"诸将皆曰："善。"乃分天下，立诸将为侯王。

【注释】〔1〕"义"，假。"义帝"，意谓假皇帝。〔2〕"假"，姑且，暂且。〔3〕"暴"，音pù，通"曝"。〔4〕"虽"，义与"唯"同。

【译文】项王派人向楚怀王报告请示。楚怀王说："按照约定办。"项羽就尊楚怀王为义帝。项王想自己称王，就先封诸侯将相为王。对他们说："天下最初发难的时候，暂时拥立诸侯后裔为王，以便讨伐秦朝。然而亲自身穿铠甲，手执兵器，率先起义，三年来风餐露宿，消灭秦朝，平定天下的，都是各位将相和我项籍的力量。只有义帝没有功劳，本来应该瓜分他的土地，封大家为王。"将领们都说："好。"项王就分割天下，封将领们为侯王。

项王、范增疑沛公之有天下，业已讲解，又恶负约，恐诸侯叛之，乃阴谋曰："巴、蜀道险，〔1〕秦之迁人皆居蜀。"乃曰："巴、蜀亦关

中地也。"〔2〕故立沛公为汉王,王巴、蜀、汉中,〔3〕都南郑。而三分关中,王秦降将以距塞汉王。

【注释】〔1〕"巴、蜀",都是秦郡。巴郡辖境在今四川东部,治所在江州(今四川重庆市北嘉陵江北岸)。蜀郡辖境在今四川中部,治所在成都(今四川成都市)。巴、蜀二郡僻远闭塞,地势险阻,秦常流放罪人于此。〔2〕"巴、蜀亦关中地",巴、蜀地处函谷关以西,自战国时即为秦地,所以项羽等人有此强词之语。〔3〕"汉中",秦郡,辖境在今陕西秦岭以南和湖北西北部,郡治在南郑(今陕西南郑县)。

【译文】项王、范增疑心沛公将来占有天下,(不想让他称王关中,)但既已和解,又怕违背原约,诸侯反叛,他们就暗中商量说:"巴、蜀道路险恶,秦朝被迁徙的罪人都居住蜀地。"于是就(扬言)说:"巴、蜀也是关中地区。"所以封沛公为汉王,称王于巴、蜀、汉中,建都南郑。而把关中分为三部分,封给秦朝降将为王,阻挡汉王,(防止他将来向东方出兵。)

项王乃立章邯为雍王,王咸阳以西,都废丘。〔1〕长史欣者,故为栎阳狱掾,尝有德于项梁;都尉董翳者,本劝章邯降楚。故立司马欣为塞王,〔2〕王咸阳以东至河,都栎阳;立董翳为翟王,〔3〕王上郡,〔4〕都高奴。〔5〕徙魏王豹为西魏王,〔6〕王河东,〔7〕都平阳。〔8〕瑕丘申阳者,〔9〕张耳嬖臣也,〔10〕先下河南郡,〔11〕迎楚河上,故立申阳为河南王,都雒阳。〔12〕韩王成因故都,〔13〕都阳翟。赵将司马卬定河内,〔14〕数有功,故立卬为殷王,〔15〕王河内,都朝歌。〔16〕徙赵王歇为代王,〔17〕赵相张耳素贤,又从入关,故立耳为常山王,〔18〕王赵地,都襄国。〔19〕当阳君黥布为楚将,常冠军,故立布为九江王,〔20〕都六。〔21〕鄱君吴芮率百越佐诸侯,〔22〕又从入关,故立芮为衡山王,〔23〕都邾。〔24〕义帝柱国共敖将兵击南郡,〔25〕功多,因立敖为临江王,〔26〕都江陵。〔27〕徙燕王韩广为辽东王。〔28〕燕将臧荼从楚救赵,〔29〕因从入关,故立荼为燕王,都蓟。〔30〕徙齐王田市为胶东王。〔31〕齐将田都从共救赵,因从入关,故立都为齐王,都临菑。〔32〕故秦所灭齐王建孙田安,〔33〕项羽方渡河救赵,田安下济北数城,〔34〕引其兵降项羽,故立安为济北王,都博阳。〔35〕田荣者,数负项梁,又不肯将兵从楚击秦,以故不封。成安君陈余弃将印去,〔36〕不从入关,然素闻其贤,有功于赵,闻其在南皮,〔37〕故因环封三县。番君将梅鋗功多,〔38〕故封十万户侯。项王自立为西楚霸王,〔39〕王九郡,〔40〕都彭城。

【注释】〔1〕"废丘",秦县,在今陕西兴平县东南。〔2〕"塞王",司马欣封地内有大河、华山为阸塞,故名。〔3〕"翟王",董翳封地春秋时是白翟之地,故取以为号。〔4〕"上郡",秦郡,辖境在今陕西北部和内蒙古自治区黄河河套以南一带。郡治肤施(在今陕西榆林县东南)。〔5〕"高奴",秦县,在今陕西延安市东北。〔6〕"魏王豹",魏公子宁陵君咎之弟。陈胜攻占魏地,立咎为魏王,后咎被秦章邯打败自杀。豹又再起,收复魏地,继立为魏王。项羽分封诸侯,自己想兼有楚、魏之地,于是徙封豹为西魏王,引起魏豹的不满,终于背楚降汉。事详《史记》、《汉书》本传。〔7〕"河东",秦郡,辖境在今山西西南部黄河以东。郡治安邑在今山西夏县西北。〔8〕"平阳",秦县,在今山西临汾市西南。〔9〕"瑕丘",秦县,在今山东兖州市东北。"申阳",张耳宠臣,曾为项羽将领,汉二年投降刘邦。〔10〕"嬖",音 bì,宠爱,亲狎。"嬖臣",宠幸之臣。〔11〕"先下河南郡",清梁玉绳《史记志疑》卷六认为"郡"字是衍文,《汉书·项籍传》无此字。河南郡秦时为三川郡,刘邦统一全国后改名河南郡,辖有今河南西北大部。〔12〕"雒阳",即洛阳,为三川郡治所,在今河南洛阳市东北。〔13〕"故都",指阳翟,战国时为韩国都城,秦置县,在今河南禹县。〔14〕"司马卬",姓司马,名卬。"卬",同"昂"。"河内",黄河以北地区的统称。古代帝王多定都在河东、河北,所以称河北为河内,河南为河外。此指今河南黄河以北,地域大体相当于楚、汉之际设置的河内郡。〔15〕"殷王",司马卬所封河内为殷商故地,故名。〔16〕"朝歌",曾为商代帝乙、帝辛别都,汉置为县,故地在今河南淇县。〔17〕"代王",秦有代郡,战国时为赵地,地域在今山西北部、河北西北部一带。项羽徙封赵王歇于代,而把赵的主要地区封给张耳。赵王歇徙代后,都代县,即今河北蔚县东北。〔18〕"常山王",辖境在河北中部、山西东部和中部，战国时为赵地。〔19〕"襄国"，即秦信都县，项羽改称襄国，故城在今河北邢台市。〔20〕"九江王"，九江本为秦郡，辖境在今江西和江苏、安徽两省长江以北、淮水以南一带。郡治寿春，在今安徽寿县。黥布所封不包括今江苏地，这一地区已划归西楚。〔21〕"六"，秦县，在今安徽六安县北。〔22〕"鄱君"，也作"番君"，吴芮曾为秦鄱阳（今江西波阳县）令，故号鄱君。秦末吴芮率越人举兵反秦，他的部将梅鋗曾随刘邦入武关，破秦有功。刘邦统一天下后，封吴芮长沙王。事详《汉书》本传。"鄱"，音pó。"芮"，音ruì。"百越"，春秋时越国的遗族，散处长江中下游以南广大地区。〔23〕"衡山王"，辖境在今湖北东部、湖南全部和安徽西部。境内有衡山，因以为国名。〔24〕"邾"，在今湖北黄冈县西北。〔25〕"柱国"，即上柱国。"共"，音gōng。"南郡"，秦郡，辖有今襄樊市以南的湖北地区和四川巫山以东地区。〔26〕"临江王"，所辖地域相当于南郡。〔27〕"江陵"，秦县，在今湖北江陵县。〔28〕"韩广"，原为秦上谷郡卒史，陈胜部将武臣到邯郸自立为赵王，遣韩广带兵攻取燕地，韩广便自立为燕王，见《陈涉世家》。"辽东王"，辽东本秦郡，故地在今辽宁大凌河以东。辽东王封国包有今辽宁和河北东北一带。〔29〕"臧荼"，曾为燕王韩广部将，因从项羽入关，项羽把燕地分割为二，徙故燕王韩广称王辽东，而以燕、蓟（今河北北部）封臧荼。后来臧荼背楚归汉，汉高祖五年反叛被俘。"荼"，音tú。〔30〕"蓟"，音jì，秦县，故地在今北京市西南。〔31〕"胶东王"，项羽把原齐国地区分割为三，东部为胶东王田市封国，都即墨（今山东平度县东南），辖有今山东东部。中部是故齐的中心地带，为齐王田都封国，西部为济北王田安封国。〔32〕"临菑"，即临淄，战国时齐国都城，秦为临淄郡治所，故城在今山东淄博市东北旧临淄县。〔33〕"齐王建"，齐襄王之子，公元前二六四年继位为齐王，立四十四年被秦俘虏，齐国遂亡。〔34〕"济北"，济水北岸。济水为古代四渎之一，发源于今河南济源县西王屋山，过黄河后曲折东流，在山东境内入海。古济水今已不复存在。〔35〕"博阳"，在今山东泰安市东南的博县故城。一说在今山东茌平县西博平镇。〔36〕"成安君"，陈余封号。成安，秦县，张守节《正义》云："成安县在颍川郡，属豫州。"在今河南临汝县东南。"弃将印去"，陈余和张耳本为刎颈之交，秦章邯围张耳、赵歇于巨鹿，陈余领兵驻扎巨鹿北。巨鹿解围后，张耳责怪陈余不肯救赵，又怀疑陈余杀了他的将领，两人关系破裂，陈余便把

将印交给张耳，带领数百人渔猎泽中。事见《史记》《汉书》张耳、陈余本传。〔37〕"南皮"，秦县，在今河北南皮县。〔38〕"鋗"，音juān。〔39〕"西楚"，据《货殖列传》所载，淮北沛、陈、汝南、南郡为西楚，彭城以东，东海、吴、广陵为东楚，衡山、九江、江南、豫章、长沙为南楚。是西楚包举今河南东部、安徽北部、江苏西北部一带。其实项羽自封的地域并不局限于此。项羽之都彭城在西楚界内，所以封国以西楚为号。又张守节《正义》引孟康云："旧名江陵为南楚，吴为东楚，彭城为西楚。"可备一说。"霸王"，诸侯王的盟主，与春秋时的霸主相同。〔40〕"九郡"，史书都没有具体列出九郡的名称，《汉书·项籍传》、《资治通鉴》皆云"王梁、楚地九郡"。清钱大昕《汉书考异》、梁玉绳《史记志疑》认为九郡是泗水、东阳、东海、砀、薛、郯、吴、会稽、东郡。但也有人不主此说。限于材料，今天已不能考定九郡的名称。

【译文】项王封章邯为雍王，称王于咸阳以西，建都废丘。长史司马欣，从前做栎阳狱掾，曾对项梁有过恩德；都尉董翳，最初劝说章邯降楚，所以封司马欣为塞王，称王于咸阳以东到黄河一带，建都栎阳；封董翳为翟王，称王于上郡，建都高奴。徙封魏王豹为西魏王，称王于河东，建都平阳。瑕丘申阳是张耳的宠臣，先攻下河南，在黄河岸边迎接楚军，所以立申阳为河南王，建都雒阳。韩王成仍以旧都城为都，建都阳翟。赵将司马卬平定河内，屡立战功，所以封司马卬为殷王，称王于河内，建都朝歌。徙封赵王歇为代王。赵相张耳一向贤能，又随从项王入关，所以封张耳为常山王，称王于赵地，建都襄国。当阳君黥布为楚军将领，常常勇冠全军，所以封黥布为九江王，建都于六。鄱君吴芮率领百越兵协助诸侯军，又随从入关，所以封吴芮为衡山王，建都于邾。义帝的柱国共敖率兵攻打南郡，功劳很多，于是封共敖为临江王，建都江陵。徙封燕王韩广为辽东王。燕将臧荼曾随楚军救赵，遂又跟从入关，所以封臧荼为燕王，建都于蓟。徙封齐王田市为胶东王。齐将田都曾随从项王共同救赵，遂又跟着入关，所以立田都为齐王，建都临淄。原来被秦朝灭亡的齐王建的孙子田安，正在项羽渡河救赵时，攻下济水北边几座城邑，率领他的军队投降了项羽，所以封田安为济北王，建都博阳。田荣多次有负项梁，又不愿率军随楚击秦，因此没有封王。成安君陈余丢弃将印离去，没有随从入关，然而一向听说他贤能，有功于赵，知道他在南皮，所以把环绕南皮的三个县封给他。番君的将领梅鋗

战功很多,所以封为十万户侯。项王自立为西楚霸王,封有九郡,建都彭城。

汉之元年四月,[1]诸侯罢戏下,[2]各就国。项王出之国,使人徙义帝,曰:"古之帝者地方千里,[3]必居上游。"乃使使徙义帝长沙郴县。[4]趣义帝行,[5]其群臣稍稍背叛之,乃阴令衡山、临江王击杀之江中。[6]韩王成无军功,项王不使之国,与俱至彭城,废以为侯,已又杀之。臧荼之国,因逐韩广之辽东,广弗听,荼击杀广无终,[7]并王其地。

【注释】〔1〕"汉元年",即公元前二〇六年。此年项羽分封诸侯,刘邦为汉王。〔2〕"戏",音huī,通"麾",用来指挥军队的大旗。"戏下",在主帅的旌麾之下。也有人认为"戏"指戏水,"戏下"即戏水旁,与"洛下"同例。〔3〕"方千里",千里见方,即东西千里,南北千里。〔4〕"长沙",秦郡,辖有今资水以东的湖南地区、广东西北和广西东北部分地区。"郴县",长沙郡属县,在今湖南郴县。"郴",音chēn。〔5〕"趣",音cù,催促。〔6〕"阴令衡山、临江王击杀之江中",本书《高祖本纪》云:"阴令衡山王、临江王击之,杀义帝江南。"与此稍异。本书《黥布列传》记载,高祖元年四月,项羽迁义帝于长沙郡,暗中派九江王黥布等攻击义帝。八月,黥布派部将追杀义帝于郴县。是奉项羽命令杀害义帝的有衡山王、临江王、九江王三人,直接杀死义帝的是九江王的部将。与此亦略有出入。〔7〕"无终",秦县,韩广王辽东,建都于此,故城在今天津市蓟县。

【译文】汉元年四月,在项王旌麾之下诸侯罢兵散归,各自回到封国。项王也出关回到封国,派人迁徙义帝,说:"古代做帝王的拥有千里见方的土地,必须住在上游。"于是就派遣使者把义帝迁往长沙郴县。项王催促义帝快些动身,义帝群臣渐渐背叛了他,项王就暗中命令衡山王、临江王把义帝击杀在江中。韩王成没有军功,项王不让他就国,一起到了彭城,废去王号,改封为侯,不久又杀死了。臧荼到了封国,就驱逐韩广去辽东,韩广不服从,臧荼在无终击杀了韩广,兼并了他的封地。

田荣闻项羽徙齐王市胶东,而立齐将田都为齐王,乃大怒,不肯遣齐王之胶东,因以齐反,迎击田都。田都走楚。齐王市畏项王,乃亡之胶东就国。田荣怒,追击杀之即墨。荣因自立为齐王,而西击杀济北王田安,并王三齐。[1]荣与彭越将军印,[2]令反梁地。陈余阴使张同、夏说说齐王田荣曰:[3]"项羽为天下宰,不平。今尽王故王于丑地,而王其群臣诸将善地。逐其故主,赵王乃北居代,余以为不可。闻大王起兵,且不听不义,愿大王资余兵,请以击常山,以复赵王,请以国为扞蔽。"[4]齐王许之,因遣兵之赵。陈余悉发三县兵,与齐并力击常山,大破之。张耳走归汉。陈余迎故赵王歇于代,反之赵。[5]赵王因立陈余为代王。

【注释】〔1〕"三齐",即田都所封齐,田市所封胶东,田安所封济北。〔2〕"彭越",字仲,昌邑(今山东金乡县西北)人。项羽分封诸侯王时,彭越率众万余人活动于巨野泽(即大野泽,在今山东巨野县北),所以田荣联络彭越,授与将军印,在梁地反叛项羽。事见《史记》、《汉书》本传。〔3〕"张同",全书仅此一见,事迹不详。"夏说",陈余为代王时,夏说为代相。汉高祖二年后九月,被韩信擒杀。"说",音yuè。〔4〕"扞",与"捍"字同,音hàn。"扞蔽",捍卫,掩护。〔5〕"反",通"返"。

【译文】田荣听说项羽把齐王市徙封胶东,而立齐将田都为齐王,十分气愤,不愿让齐王去胶东,就据齐反叛,迎击田都。田都逃往楚国。齐王市害怕项王,就潜往胶东就国。田荣大为生气,派兵追击,在即墨杀死了他。田荣便自立为齐王,向西进兵,击杀了济北王田安,兼并了三齐。田荣把将军印授予彭越,让他在梁地反楚。陈余秘密派遣张同、夏说劝告齐王田荣说:"项羽为天下的主宰,(分封侯王)不公平。如今把原来的诸侯王都封在坏地方称王,而他的群臣诸将都封在好地方称王。(因为要)赶走原来的诸侯王,赵王就(只好)到北方居住代地,我以为这样是不能答应的。听说大王已经起兵,而且不接受不道义的命令,希望大王援助我一些兵马,允许我用以攻打常山,恢复赵王的地位,愿把赵国作为齐国的屏障。"齐王答应了,就遣兵赴赵。陈余调动了三县的全部士卒,与齐军并力攻打常山,打垮了常山的军队。张耳逃走归服了汉王。陈余去代地迎接原来的赵王歇返归赵地。赵王就立陈余为代王。

是时，汉还定三秦。〔1〕项羽闻汉王皆已并关中，且东，齐、赵叛之，大怒。乃以故吴令郑昌为韩王，〔2〕以距汉。令萧公角等击彭越。〔3〕彭越败萧公角等。汉使张良徇韩，乃遗项王书曰："汉王失职，〔4〕欲得关中，如约即止，不敢东。"又以齐、梁反书遗项王曰："齐欲与赵并灭楚。"楚以此故无西意，而北击齐。征兵九江王布。布称疾不往，使将将数千人行。项王由此怨布也。

【注释】〔1〕"三秦"，即章邯、司马欣、董翳所封雍、塞、翟三国。这些地区原为秦国故地。据本书《高祖本纪》记载，汉元年八月，汉王采纳韩信的计策，从汉中回军关中，击破雍王章邯。次年，汉王东进略地，塞王司马欣、翟王董翳等皆降，平定了三秦。〔2〕"郑昌"，项羽早年在吴县时，郑昌为县令，见本书《韩王信列传》。〔3〕"萧公角"，名角，曾为萧县（今安徽萧县西北）令。楚、汉相争时期，楚官沿袭旧制，令称作公。〔4〕"失职"，失去职分。此指刘邦未能如约称王关中，而被项羽封在巴、蜀、汉中。

【译文】这时，汉王回军平定了三秦。项羽听说汉王已经兼并了关中，将要东进，齐、赵又反叛了他，非常愤怒。就以从前的吴令郑昌为韩王，来阻挡汉军。命令萧公角等人攻击彭越。彭越打败了萧公角等人。汉王派张良巡行招抚韩地，张良就给项王写信说："汉王（没有如约称王关中），有失职守，打算取得关中，实现了原来的约定就停止进军，不敢继续东进。"张良又把齐、梁的反叛文告送给项王，说："齐想和赵并力灭楚。"楚军因此无意西进，而向北攻打齐国。项王向九江王黥布征调兵力。黥布称病不往，派将领率兵几千人前去。项王从此怨恨黥布。

汉之二年冬，项羽遂北至城阳，田荣亦将兵会战。田荣不胜，走至平原，〔1〕平原民杀之。遂北烧夷齐城郭室屋，〔2〕皆阬田荣降卒，系房其老弱妇女。〔3〕徇齐至北海，〔4〕多所残灭。齐人相聚而叛之。于是田荣弟田横收齐亡卒得数万人，〔5〕反城阳。项王因留，连战未能下。

【注释】〔1〕"平原"，秦县，在今山东平原县西南。汉始置郡，以平原为郡治。〔2〕"烧夷"，焚烧平毁。〔3〕"系"，拘缚，捆绑。"系房"，俘获，俘房。〔4〕"北海"，指今山东寿光县以东、昌邑县以西、安丘县以北一带滨海地，汉景帝中二年于此置北海郡。〔5〕"田横"，秦末与从兄田儋起兵反秦，田儋死，田荣立儋子市为齐王，田横为将。田荣死，田横立荣子广为齐王，自为齐相。后来田广被汉军所房，田横自立为齐王。刘邦称帝，召田横至洛阳，离洛阳三十里自杀。事详本书《田儋列传》、《汉书·田儋传》。

【译文】汉二年冬，项羽北上到达城阳，田荣也率军到此与项羽会战。田荣兵败，逃到平原，平原百姓杀死了他。楚军北进，烧毁齐国房屋，夷平齐国城郭，坑杀田荣降卒，掳掠老弱妇女。在齐攻城略地，直至北海，到处烧杀掠夺。齐国人联合起来反抗项羽。田荣的弟弟田横收集齐国逃散的士卒，得到几万人，反于城阳。项王因此留下来，连续攻打几次都没有攻下城阳。

春，〔1〕汉王部五诸侯兵，〔2〕凡五十六万人，东伐楚。项王闻之，即令诸将击齐，而自以精兵三万人南从鲁出胡陵。〔3〕四月，汉皆已入彭城，收其货宝美人，日置酒高会。项王乃西从萧，晨击汉军而东，至彭城，日中，大破汉军。汉军皆走，相随入谷、泗水，〔4〕杀汉卒十余万人。汉卒皆南走山，楚又追击至灵壁东睢水上。〔5〕汉军却，为楚所挤，多杀，汉卒十余万人皆入睢水，睢水为之不流。围汉王三匝。〔6〕于是大风从西北而起，折木发屋，扬沙石，窈冥昼晦，〔7〕逢迎楚军。楚军大乱，坏散，而汉王乃得与数十骑遁去。欲过沛，收家室而西；楚亦使人追之沛，取汉王家。家皆亡，不与汉王相见。汉王道逢得孝惠、鲁元，〔8〕乃载行。楚骑追汉王，汉王急，推堕孝惠、鲁元车下，滕公常下收载之。〔9〕如是者三。曰："虽急，不可以驱！奈何弃之！"于是遂得脱。求太公、吕后不相遇。〔10〕审食其从太公、吕后间行，〔11〕求汉王，反遇楚军。楚军遂与归，报项王，项王常置军中。

【注释】〔1〕"春",汉二年春。当时沿用秦历,以十月为岁首,所以上面先叙述"汉之二年冬",然后按时序叙述汉二年春。〔2〕"部",部勒,统辖。本书《高祖本纪》《汉书·高帝纪》和《项羽传》皆作"劫"。"五诸侯",史书没有明确记载,《汉书·高帝纪》颜师古注认为是常山王张耳、河南王申阳、韩王郑昌、魏王豹、殷王司马卬。但前人和后人多持异说,今天已很难确指。〔3〕"鲁",秦县,在今山东曲阜县。〔4〕"谷、泗水",泗水流经彭城东北,谷水在彭城北注入泗水。项羽率军自萧而东,在彭城击破汉军,汉军向东北或北方撤退,便遇到谷水、泗水。〔5〕"灵壁",位于彭城西南,在今安徽淮北市西南,不是现在的灵璧县。"睢水",即濉河,自河南杞县流经河南东部、淮北市西南部,到江苏宿迁县西,注入泗水,今多淤断。"睢",音 suī。〔6〕"币",音 zā,与"匝"字同,环绕一周。"三币",环绕三周,即包围三重。〔7〕"窈冥",形容深幽阴暗。"窈",音 yǎo。〔8〕"孝惠",即刘盈,吕后所生,继刘邦后嗣位为帝,死谥孝惠,事迹附见本书《吕太后本纪》,又见《汉书·惠帝纪》。"鲁元",即鲁元公主,刘盈之姊,后嫁张耳之子张敖,生子张偃,为鲁王。〔9〕"滕公",即夏侯婴,曾为滕县令,故称"滕公"。当时为汉王御车。〔10〕"求",寻求,查访。"太公",刘邦的父亲。"吕后",刘邦的妻子,事见本书《吕太后本纪》《汉书·高后纪》。〔11〕"审食其",沛人,楚汉相争时,一直随侍吕后,以此封为辟阳侯。吕后执政,官至左丞相。文帝即位后免相,被淮南王刘长击杀。"食其",音 yì jī。

【译文】春天,汉王统率五路诸侯的军队,共五十六万人,东进伐楚。项王听到这个消息,即令诸将攻打齐国,而自己带领精兵三万人南下,由鲁越过胡陵。四月,汉军都已进入彭城,搜掠财物珍宝和美女,天天设筵会饮。项王向西进发,到达萧县,早晨攻击汉军,向东进发,到达彭城,中午,把汉军打得大败。汉军溃退,相继逃入谷水、泗水,楚军杀死了十多万汉军士卒。汉军向南往山里逃跑,楚军又追击到灵壁东面的睢水上。汉军退却,为楚军所逼,拥挤在一起,多被杀伤,汉军十多万人落入睢水,睢水为之不流。楚军把汉王包围了三层。这时大风从西北刮起,吹断了树木,掀毁了房屋,飞沙走石,天色昏昏沉沉,(狂风夹杂着沙石)向楚军迎面扑来。楚军大乱,阵形溃散,汉王才得以和几十个骑兵逃走。打算经过沛县,接取家眷西行;楚军也派人追往沛县,掠取汉王家眷。家眷都已逃亡,没有和汉王相见。汉王在路上遇到了孝惠、鲁元,就

用车拉着一块儿走。楚军骑兵追赶汉王,汉王着急了,把孝惠、鲁元推下车去,滕公便下车把他们抱上来,这样推下抱上了好几次。滕公说:"事虽危急,不是可以把车赶得快一些! 怎么能丢弃他们!"汉王终于脱身而出。他寻找太公、吕后,没有找到。审食其跟随太公、吕后从小路潜行,寻找汉王,反而碰上了楚军。楚军就带他们回到军营,报告了项王,项王把他们拘留在军营里。

是时吕后兄周吕侯为汉将兵居下邑,〔1〕汉王间往从之,稍稍收其士卒。至荥阳,〔2〕诸败军皆会,萧何亦发关中老弱未傅悉诣荥阳,〔3〕复大振。楚起于彭城,常乘胜逐北,与汉战荥阳南京、索间,〔4〕汉败楚,楚以故不能过荥阳而西。

【注释】〔1〕"周吕侯",即吕泽,汉高祖六年封周吕侯,立三年卒。当时吕泽尚未封周吕侯,这是作者追书之辞。"下邑",秦县,在今安徽砀山县。〔2〕"荥阳",秦县,在今河南荥阳县。〔3〕"萧何",沛人,曾为沛县吏,刘邦起义后,一直追随刘邦,辅成帝业,为汉开国名相,以功封酂侯。当时刘邦率军东出伐楚,萧何留镇关中。事详本书《萧相国世家》《汉书·萧何传》。"傅",即男子在成丁之年著名籍,国家据此无偿地征发劳役。从云梦秦简来看,秦朝规定十七岁傅籍。汉朝男子傅籍年龄初期为二十,后来放宽到二十三,五十六岁始免除徭役。"未傅",即未著名籍,这种人都是男子中尚未成丁或已年迈者。"诣",音 yì,到达。

【译文】这时吕后的哥哥周吕侯为汉率兵驻扎在下邑,汉王抄小路来到周吕侯那里,稍稍收集了一些逃散的士卒。到了荥阳,各路败军都会合在一起,萧何也征发关中没有著籍的老弱全部来到荥阳,声势又振作起来。楚军从彭城出发,常常乘胜追击败兵,与汉军在荥阳南面的京、索之间交战,汉军打败了楚军,楚军因此不能越过荥阳西进。

项王之救彭城,追汉王至荥阳,田横亦得收齐,立田荣子广为齐王。汉王之败彭城,诸侯皆复与楚而背汉。〔1〕汉军荥阳,筑甬道属之河,〔2〕以取敖仓粟。〔3〕

【注释】〔1〕"与",音 yù,亲附。〔2〕"属",音

zhǔ，接，连缀。"属之河"，连接到黄河岸边。〔3〕"敖仓"，秦在荥阳西北敖山上修建的粮仓，储有大量粟米，地当河水、济水分流处，故址在今河南郑州市西北邙山上。

【译文】项王解救彭城，追赶汉王到达荥阳，田横乘机收复了齐国，立田荣子田广为齐王。汉王在彭城战败，诸侯又都向楚背汉。汉军驻扎在荥阳，修筑了一条甬道，与黄河相连，以便运取敖仓的粮食。

汉之三年，项王数侵夺汉甬道，汉王食乏，恐，请和，割荥阳以西为汉。项王欲听之。历阳侯范增曰：〔1〕"汉易与耳，今释弗取，后必悔之。"项王乃与范增急围荥阳。汉王患之，乃用陈平计间项王。项王使者来，为太牢具，〔2〕举欲进之。见使者，详惊愕曰：〔3〕"吾以为亚父使者，乃反项王使者。"更持去，以恶食食项王使者。〔4〕使者归报项王，项王乃疑范增与汉有私，稍夺之权。范增大怒，曰："天下事大定矣，君王自为之。愿赐骸骨归卒伍。"〔5〕项王许之。行未至彭城，疽发背而死。〔6〕

【注释】〔1〕"历阳侯"，范增封爵。历阳为秦所置县，在今安徽和县。〔2〕"太牢"，古代祭祀或宴飨，牛、羊、豕三牲全备为太牢，只具羊、豕而无牛为少牢。"太牢具"，是待客时礼数最高的丰盛筵席。〔3〕"详"，通"佯"，假装。〔4〕"恶食食"，上一"食"字是名词，食物。下一"食"字音 sì，与"饲"字通，动词，给人吃。〔5〕"愿赐骸骨"，犹言乞身。臣子事君，即以身许人，所以自己辞官等于要求人君赐予躯体。"卒伍"，古代军队编制，五人为伍，百人为卒。"归卒伍"，即退身为普通士卒。〔6〕"疽"，音 jū，疽痈，是一种恶疮。

【译文】汉三年，项王屡次侵夺汉军的甬道，汉王粮食缺乏，恐慌起来，请求讲和，划分荥阳以西归汉。项王想要答应他。历阳侯范增说："汉军容易对付，现在放掉他们，不予以消灭，以后一定要懊悔。"项王就和范增加紧围攻荥阳。汉王深为忧虑，就采用陈平的计策离间项王和范增。项王的使者来了，给他准备了牛、羊、豕齐全的丰盛筵席，打算端上去。端饭菜的人一看使者，假装惊愕地说："我

以为是亚父的使者，没想到反而是项王的使者。"把饭菜又端了下去，拿粗菜恶饭给项王的使者吃。使者回来报告了项王，项王就怀疑范增私通汉军，渐渐剥夺他的权力。范增大怒，说："天下的形势，大局已定，君王好自为之。请赐还我的躯体，让我成为一个普通的士卒。"项王答应他。范增走了，还没有到彭城，因背上长毒疮死去了。

汉将纪信说汉王曰："事已急矣，请为王诳楚为王，〔1〕王可以间出。"于是汉王夜出女子荥阳东门被甲二千人，〔2〕楚兵四面击之。纪信乘黄屋车，〔3〕傅左纛，〔4〕曰："城中食尽，汉王降。"楚军皆呼万岁。汉王亦与数十骑从城西门出，走成皋。〔5〕项王见纪信，问："汉王安在？"信曰："汉王已出矣。"项王烧杀纪信。

【注释】〔1〕"诳"，与"诓"字同，欺骗。〔2〕"被"通"披"。〔3〕"黄屋车"，天子所乘，这种车用黄缯做盖里。〔4〕"傅"，附着。这里可解释为插着，张着。"左纛"，竖立在车衡左方的用犛牛尾或雉尾制成的装饰物。"纛"，音 dào，又音 dú。〔5〕"成皋"，即春秋郑国虎牢，汉代置为县，其地形势险要，故城在今河南荥阳县汜水镇。

【译文】汉军将领纪信劝汉王说："形势已经很危急了，请让我假装成大王替你去蒙骗楚军，大王可以乘机逃出城去。"于是汉王夜间从荥阳东门放出两千名身穿铠甲的妇女，楚军四面围击。纪信乘坐黄屋车，左边的车衡上竖立着大纛旗，（卫士大声地）说："城中粮食吃光了，汉王投降。"楚军都高呼万岁。汉王和几十名骑兵从西门出城，奔向成皋。项王见到纪信，问他："汉王在哪里？"纪信说："汉王已经出城了。"项王烧死了纪信。

汉王使御史大夫周苛、枞公、魏豹守荥阳。〔1〕周苛、枞公谋曰："反国之王，难与守城。"乃共杀魏豹。楚下荥阳城，生得周苛。项王谓周苛曰："为我将，我以公为上将军，封三万户。"周苛骂曰："若不趣降汉，〔2〕汉今虏若，若非汉敌也。"项王怒，烹周苛，并杀枞公。

【注释】〔1〕"御史大夫"，本为秦官，地位仅次于丞相，主要负责监察、执法。当时周苛在汉任此职。"周苛"，周昌从兄，秦时为泗水（秦郡，治所在沛县，汉初改为沛郡）卒史，后归属刘邦。事迹主要见本书《张丞相列传》所附《周昌列传》、《汉书·周昌传》。"枞公"，枞为姓，音 cōng，史书没有记载他的名字。"魏豹"，汉高祖元年二月，项羽封魏豹为西魏王，二年三月，魏豹降汉。五月背汉归楚。九月韩信俘虏魏豹，送至荥阳刘邦处。刘邦逃离荥阳，即令周苛、枞公与魏豹共守荥阳。〔2〕"若"，你。"趣"，音 cù，赶快。

【译文】汉王派御史大夫周苛、枞公、魏豹守卫荥阳。周苛、枞公商量说："魏豹这个叛国之王，很难和他共守城池。"就一起杀死了魏豹。楚军攻下荥阳城，活捉了周苛。项王对周苛说："做我的将领，我以你为上将军，封三万户。"周苛骂着说："你不赶快投降汉军，汉军就要俘虏你，你不是汉军的对手。"项王大怒，烹死了周苛，并杀了枞公。

汉王之出荥阳，南走宛、叶，〔1〕得九江王布，行收兵，复入保成皋。汉之四年，项王进兵围成皋。汉王逃，独与滕公出成皋北门，渡河走修武，〔2〕从张耳、韩信军。〔3〕诸将稍稍得出成皋，从汉王。楚遂拔成皋，欲西。汉使兵距之巩，〔4〕令其不得西。

【注释】〔1〕"宛"，音 yuān，秦县，为南阳郡治所，在今河南南阳市。"叶"，今读 yè，旧读 shè，秦县，在今河南叶县南。〔2〕"修武"，汉始置为县，在今河南获嘉县西南。县内有大、小修武，此为小修武。大修武在小修武西，位于今河南修武县界。〔3〕"从张耳、韩信军"，据本书《高祖本纪》记载，刘邦渡河后驰宿修武，自称汉王使者，早晨驰入张耳、韩信军营，夺了他们的军权，派张耳北收兵赵地，使韩信东击齐。〔4〕"巩"，秦县，在今河南巩县西南。

【译文】汉王逃出荥阳，南走宛、叶，收服了九江王黥布，一边走一边收集士卒，又进入成皋固守。汉四年，项王围攻成皋。汉王逃走了，单身一人与滕公出了成皋北门，渡河奔向修武，到了张耳、韩信军营。诸将陆续逃出成皋，追随汉王。楚军攻下成皋，想要向西进军。汉王派兵在巩县阻击，使楚军

不能西进。

是时，彭越渡河击楚东阿，杀楚将军薛公。项王乃自东击彭越。汉王得淮阴侯兵，〔1〕欲渡河南。郑忠说汉王，〔2〕乃止壁河内。〔3〕使刘贾将兵佐彭越，〔4〕烧楚积聚。项王东击破之，走彭越。汉王则引兵渡河，复取成皋。军广武，〔5〕就敖仓食。项王已定东海来，〔6〕西，与汉俱临广武而军，相守数月。

【注释】〔1〕"淮阴侯"，即韩信。当时韩信尚未封淮阴侯，这是修史者追书之辞。〔2〕"郑忠"，当时为汉郎中，他劝刘邦深沟高垒，不与楚交战，见本书《高祖本纪》。〔3〕"壁"，营垒，壁垒。这里用为动词，扎营。〔4〕"刘贾"，刘邦堂兄，汉高祖元年为将军，六年封荆王，十一年击黥布被杀。当时刘邦派卢绾、刘贾率领两万士卒，几百骑兵，渡过白马津，进入楚地，与彭越配合攻打楚军。事详本书《荆燕世家》、《汉书·荆燕吴传》。〔5〕"广武"，山名，在今河南荥阳县东北。山上有东西广武二城，东城为楚军所筑，西城为汉军所筑。下文云楚、汉俱临广武而军，即指分别驻扎在东西广武二城。〔6〕"东海"，泛指东方。

【译文】这时，彭越渡河在东阿攻击楚军，杀死了楚将军薛公。项王就亲自东去攻打彭越。汉王得到淮阴侯的军队，打算渡河南下。郑忠劝阻汉王，汉王就停留在河内筑起营垒。派刘贾领兵协同彭越，烧掉楚军的粮食。项王东进打败了刘贾和彭越，彭越逃走了。汉王率军渡河，又夺取了成皋，驻扎在广武，取食敖仓。项王已经平定了东海，率军回来，向西进发，与汉军都在广武驻扎，相持了好几个月。

当此时，彭越数反梁地，绝楚粮食，项王患之。为高俎，〔1〕置太公其上，告汉王曰："今不急下，吾烹太公。"汉王曰："吾与项羽俱北面受命怀王，〔2〕曰'约为兄弟'，吾翁即若翁，必欲烹而翁，〔3〕则幸分我一杯羹。"项王怒，欲杀之。项伯曰："天下事未可知，且为天下者不顾家，虽杀之无益，只益祸耳。"〔4〕项王从之。

【注释】〔1〕"高俎"，割肉用的高大砧板，俎多木制，也有用青铜铸成，长方形，两端有足。又古代祭祀时用以载牲的高几亦名俎。此"高俎"当指前者。把太公置高俎上表示将要烹杀。〔2〕"北面"，古代君王坐时面朝南，臣下面朝北而拜。所以"北面"即臣下之意。〔3〕"而"，汝，尔，你。〔4〕"只"，只能，只是。

【译文】当时，彭越在梁地多次反击楚军，断绝楚军的粮食，项王很忧虑。他设置了一个高大的砧板，把太公放在上面，告诉汉王说："现在不快快投降，我就烹杀太公。"汉王说："我和你项羽都是北面称臣，受命于怀王，说是'结为兄弟'，我的老子就是你的老子，一定要烹杀你的老子，那么希望你分给我一杯肉羹。"项王十分气愤，打算杀死太公。项伯说："天下大事还不能预料，而且打天下的人不顾念家眷，虽然杀了太公也没有好处，只能增加祸患。"项王听从了项伯的话。

楚汉久相持未决，丁壮苦军旅，老弱罢转漕。〔1〕项王谓汉王曰："天下匈匈数岁者，〔2〕徒以吾两人耳，愿与汉王挑战决雌雄，毋徒苦天下之民父子为也。"汉王笑谢曰："吾宁斗智，不能斗力。"项王令壮士出挑战。汉有善骑射者楼烦，〔3〕楚挑战三合，楼烦辄射杀之。〔4〕项王大怒，乃自被甲持戟挑战。楼烦欲射之，项王瞋目叱之，〔5〕楼烦目不敢视，手不敢发，遂走还入壁，不敢复出。汉王使人间问之，〔6〕乃项王也。汉王大惊。于是项王乃即汉王相与临广武间而语。〔7〕汉王数之，〔8〕项王怒，欲一战。汉王不听，项王伏弩射中汉王。〔9〕汉王伤，走入成皋。

【注释】〔1〕"罢"，通"疲"。"转漕"，陆运为"转"，水运为"漕"。〔2〕"匈匈"，字通"恟恟"，扰攘不安。〔3〕"楼烦"，当时我国北方少数族，春秋末生活在今山西宁武、岢岚等地，后移至今陕北和内蒙古自治区南部，秦末被匈奴征服，擅长骑射，因此把汉军中善骑射者称为"楼烦"。〔4〕"辄"，音zhé，即，就。〔5〕"瞋"，音chēn。"瞋目"，发怒时睁大眼睛。"叱"，音chì，大声呵斥。〔6〕"间问"，暗中探问，暗中打听。〔7〕"间"，"涧"的假借字。广武山上东广武城和西广武城相距二百步左右，中隔广武涧，涧中水后世谓之柳泉（见《水经注》卷七），

北流入济水，项羽和刘邦即临涧而语。〔8〕"数之"，历数项羽罪状。刘邦出项羽十条罪状，详见本书《高祖本纪》。〔9〕"弩"，装有机关的弓。

【译文】楚、汉长期相持，未决胜负，年青力壮的苦于行军作战，年老体弱的疲于水陆运输。项王对汉王说："几年来天下扰攘不安，只是由于我们两个人的缘故，愿意与你挑战，一决雌雄，不要使天下百姓空受痛苦。"汉王笑着拒绝说："我宁愿斗智，不愿斗力。"项王叫壮士出去挑战。汉军有个善长骑马射箭的人叫楼烦，楚军派壮士挑战三次，楼烦都把壮士射死了。项王大怒，就亲自披甲持戟出来挑战。楼烦想要射他，项王怒目呵叱，楼烦（被吓得）眼不敢正视，手不敢发箭，跑回营垒，不敢再出来。汉王派人暗中打听，才知道挑战的人原来是项王。汉王大为震惊。于是项王靠近汉王军营，和他隔着广武涧对话。汉王历数项王的罪状，项王非常气愤，要求决战。汉王没有答应，项王埋伏的弓弩射中了汉王。汉王受伤跑回成皋。

项王闻淮阴侯已举河北，破齐、赵，且欲击楚，乃使龙且往击之。淮阴侯与战，骑将灌婴击之，〔1〕大破楚军，杀龙且。韩信因自立为齐王。项王闻龙且军破，则恐，使盱台人武涉往说淮阴侯。〔2〕淮阴侯弗听。是时，彭越复反，下梁地，绝楚粮。项王乃谓海春侯大司马曹咎等曰："谨守成皋，则汉欲挑战，慎勿与战，毋令得东而已。我十五日必诛彭越，定梁地，复从将军。"乃东，行击陈留、外黄。

【注释】〔1〕"灌婴"，睢阳人，一直随从刘邦转战各地，以功封颍阴侯，文帝时尝为丞相，事详《史记》、《汉书》本传。〔2〕"武涉往说淮阴侯"，武涉游说之事见本书《淮阴侯列传》，大意是劝韩信叛汉联楚，与刘邦三分天下而王。

【译文】项王听说淮阴侯已经攻下河北，打垮了齐、赵军队，而且将要进攻楚军，就派龙且前往迎击。淮阴侯与龙且交战，骑兵将领灌婴也出击龙且，大破楚军，杀死了龙且。韩信就自立为齐王。项王听说龙且的军队垮了，大为恐慌，派遣盱台人武涉去游说淮阴侯。淮阴侯不肯听从。这时，彭越又起来反楚，攻下梁地，断绝楚军的粮道。项王就

对海春侯大司马曹咎等人说："小心守卫成皋,即使汉军挑战,千万不要和它交战,不要让它东进就行了。我十五天一定杀掉彭越,平定梁地,再与将军会合。"于是项王率军东去,进军过程中攻打陈留、外黄。

外黄不下。数日,已降,项王怒,悉令男子年十五已上诣城东,欲阬之。外黄令舍人儿年十三,[1]往说项王曰："彭越强劫外黄,外黄恐,故且降,待大王。大王至,又皆阬之,百姓岂有归心?从此以东,梁地十余城皆恐,莫肯下矣。"项王然其言,乃赦外黄当阬者。东至睢阳,[2]闻之皆争下项王。

【注释】〔1〕"舍人",门客。 〔2〕"睢阳",秦县,在今河南商丘县南。

【译文】外黄没有攻下。过了几天,外黄投降了,项王很生气,命令十五岁以上的男子全部到城东,准备坑杀他们。外黄令门客的儿子才十三岁,前去劝告项王说："彭越用武力逼迫外黄百姓,外黄百姓很害怕,所以暂时投降,等待大王到来。大王到了,又都坑杀他们,难道百姓还有归顺之心吗?从这儿往东,梁地十多个城邑都心怀恐惧,没有肯投降的了。"项王赞成他的话,就赦免了外黄应当坑杀的那些人。从外黄往东直至睢阳,听到这个消息,都争先恐后地向项王投降。

汉果数挑楚军战,楚军不出。使人辱之,五六日,大司马怒,渡兵汜水。[1]士卒半渡,汉击之,大破楚军,尽得楚国货赂。大司马咎、长史翳、塞王欣皆自刭汜水上。[2]大司马咎者,故蕲狱掾,长史欣亦故栎阳狱吏,两人尝有德于项梁,是以项王信任之。当是时,项王在睢阳,闻海春侯军败,则引兵还。汉军方围钟离眜于荥阳东,[3]项王至,汉军畏楚,尽走险阻。

【注释】〔1〕"汜水",发源于今河南巩县东南,流经荥阳县界,北经成皋注入黄河。"汜",音 sì。〔2〕"翳、塞王",此三字当是衍文。下文仅举"大司马咎"、"长史欣",未言翳,又翳未曾为长史。本书《高祖本纪》、《汉书·高帝纪》和《项籍传》皆无此三

字。说详梁玉绳《史记志疑》卷六。 〔3〕"钟离眜",姓钟离,名眜,为项羽部将。项羽死后,逃归故友韩信,刘邦下令捕眜,被迫自杀,见本书《淮阴侯列传》。"眜",音 mò。

【译文】汉军果然屡次向楚军挑战,楚军不出来应战。汉军派人在阵前辱骂楚军,骂了五六天,大司马十分气愤,让士卒渡过汜水,(迎击汉军。)士卒刚渡过一半,汉军出击,大败楚军,缴获了楚国全部物资。大司马曹咎、长史欣都自刭在汜水上。大司马曹咎原来是蕲县的狱掾,长史司马欣原来是栎阳的狱吏,两人曾对项梁有过恩德,因此项王信任他们。当时,项王在睢阳,听说海春侯的军队失败了,就率军返回。汉军正在荥阳东面围攻钟离眜,项王一到,汉军害怕楚军,全部撤走到险阻地带。

是时,汉兵盛食多,项王兵罢食绝。汉遣陆贾说项王,[1]请太公,项王弗听。汉王复使侯公往说项王,[2]项王乃与汉约,中分天下,割鸿沟以西者为汉,[3]鸿沟而东者为楚。项王许之,即归汉王父母妻子。军皆呼万岁。汉王乃封侯公为平国君。匿弗肯复见。曰:"此天下辩士,所居倾国,故号为平国君。"项王已约,乃引兵解而东归。

【注释】〔1〕"陆贾",楚人,刘邦的说客,常奉命出使,曾为太史大夫,著有《新语》十二篇。事详《史记》、《汉书》本传。 〔2〕"侯公",姓侯,本书未载其名。 〔3〕"鸿沟",战国魏惠王时开凿的运河,故道从现在的河南荥阳县北引黄河水,东经中牟县北,至开封市南流,经通许县东、太康县西,由淮阳县东南注入颍水。

【译文】这时,汉军兵多粮足,项王兵疲粮绝。汉王派遣陆贾劝说项王,请求释放太公,项王没有答应。汉王又派遣侯公前去劝说项王,项王就和汉约定,平分天下,划鸿沟以西归汉,鸿沟以东归楚。项王答应了侯公的要求,就把汉王的父母妻子送了回来。汉军都高呼万岁。汉王封侯公为平国君。侯公隐匿起来,不肯再见汉王。汉王说:"这个人是天下善辩之士,所到之处,可以使人国家覆灭,所以封号为平国君。"项王已经订立和约,就解除了军事对峙,率军东归。

汉欲西归,张良、陈平说曰:"汉有天下太半,〔1〕而诸侯皆附之。楚兵罢食尽,此天亡楚之时也,不如因其机而遂取之。今释弗击,此所谓'养虎自遗患'也。"汉王听之。

【注释】〔1〕"太半",一大半。当时汉占领的地域已包括巴、蜀、关中、燕、赵、韩、魏、齐、梁,比楚占领的鸿沟以东的地域广阔,所以说"汉有天下太半"。

【译文】汉王准备西归,张良、陈平劝汉王说:"汉占领了大半个天下,而诸侯都归服了我们。楚军兵疲粮尽,这是上天让楚灭亡的时候,不如乘这个机会消灭它。现在放走项王不去攻打他,这就是所谓'养虎自遗患'。"汉王同意了他们的建议。

汉五年,汉王乃追项王至阳夏南,〔1〕止军,与淮阴侯韩信、建成侯彭越期会而击楚军。至固陵,〔2〕而信、越之兵不会。楚击汉军,大破之。汉王复入壁,深堑而自守。谓张子房曰:"诸侯不从约,为之奈何?"对曰:"楚兵且破,信、越未有分地,其不至固宜。君王能与共分天下,今可立致也。即不能,事未可知也。君王能自陈以东傅海,〔3〕尽与韩信,睢阳以北至谷城,〔4〕以与彭越,使各自为战,则楚易败也。"汉王曰:"善。"于是乃发使者告韩信、彭越曰:"并力击楚。楚破,自陈以东傅海与齐王,睢阳以北至谷城与彭相国。"〔5〕使者至。韩信、彭越皆报曰:"请今进兵。"韩信乃从齐往,刘贾军从寿春并行,屠城父,〔6〕至垓下。〔7〕大司马周殷叛楚,以舒屠六,〔8〕举九江兵,〔9〕随刘贾、彭越皆会垓下,诣项王。

【注释】〔1〕"阳夏",秦县,在今河南太康县。"夏",音 jiǎ。〔2〕"固陵",聚落名,属阳夏县,故地在今河南太康县南。〔3〕"陈",秦县,故地在今河南淮阳县。"傅",贴近。"傅海",即谓到达海边。"自陈以东傅海",地域大体包括今河南东部、山东南部、安徽和江苏北部。〔4〕"谷城",聚邑名,东汉始置县,故地在今山东平阴县西南。"睢阳以北至谷城",地域大体包括今河南东北部和山东西部。〔5〕"彭相国",即彭越。彭越曾为魏王豹相国。

〔6〕"城父",聚邑名,汉始置县,故地在今安徽亳县东南。"父",音 fǔ。"屠城父",据本书《高祖本纪》,汉王四年,周殷、黥布"行屠城父"。刘贾从寿春进军垓下,不经过城父。〔7〕"垓下",聚邑名,故地在今安徽灵璧县东南沱河北岸。"垓",音 gāi。〔8〕"舒",春秋时为舒国地,秦为聚邑,汉始置县,在今安徽庐江县西南。〔9〕"九江兵",即黥布的军队。

【译文】汉五年,汉王追击项王到了阳夏南面,军队驻扎下来,与淮阴侯韩信、建成侯彭越约期会合进攻楚军。到达固陵,而韩信、彭越的军队不来会合。楚军攻击汉军,把汉军打得大败。汉王又进入营垒,挖深沟堑,自为固守。汉王对张子房说:"诸侯不遵守约定,怎么办呢?"张子房回答说:"楚军即将崩溃,韩信、彭越没有分到一块封地,他们不来会合是很自然的。君王能和他们共分天下,眼下可以使他们立刻前来。如果不能这样,局势的发展很难预料。君王能从陈县以东到海边的地区,全部划给韩信,睢阳以北到谷城,分给彭越,使他们各自为战,那么楚军是容易打败的。"汉王说:"好。"于是就派遣使者告诉韩信、彭越说:"合力攻打楚军。楚军崩溃后,从陈县以东到海边给予齐王,睢阳以北到谷城给予彭相国。"使者一到,韩信、彭越都回话说:"请让我们立刻进兵。"韩信就从齐地出发,刘贾的军队从寿春出发并行,屠毁了城父,到达垓下。大司马周殷背叛了楚国,利用舒地的兵力屠毁了六县,调动全部九江士卒,随同刘贾、彭越都会集在垓下,来到项王阵前。

项王军壁垓下,兵少食尽,汉军及诸侯兵围之数重。夜闻汉军四面皆楚歌,〔1〕项王乃大惊曰:"汉皆已得楚乎?是何楚人之多也!"项王则夜起,饮帐中。有美人名虞,〔2〕常幸从。骏马名骓,〔3〕常骑之。于是项王乃悲歌忼慨,〔4〕自为诗曰:"力拔山兮气盖世,时不利兮骓不逝。〔5〕骓不逝兮可奈何,虞兮虞兮奈若何!"歌数阕,〔6〕美人和之。〔7〕项王泣数行下,左右皆泣,莫能仰视。

【注释】〔1〕"楚歌",楚人之歌,犹如吴讴、越吟之类。〔2〕"虞",《汉书·项籍传》云:"有美人姓虞氏。"〔3〕"骓",音 zhuī,毛色青白相杂的马。〔4〕"忼慨",也作"慷慨",愤激悲叹的样子。〔5〕

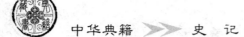

"逝",往,去。这里义为奔驰,行进。〔6〕"数阕",几遍。"阕",音què,乐曲终了。〔7〕"和",音hè,跟着唱。"美人和之",《楚汉春秋》载美人和歌,歌词云:"汉兵已略地,四方楚歌声。大王意气尽,贱妾何聊生。"此当出于假托。

【译文】项王的军队筑垒垓下,兵少粮尽,汉军和各路诸侯军队把它重重包围起来。夜晚听到四面的汉军都是唱的楚地歌曲,项王大为震惊地说:"汉军已经全部占领了楚国吗?为什么楚国人如此众多啊?"项王就夜间起来,在帐幕里饮酒。有一个名字叫虞的美人,得到项王的宠爱,常常带在身边。有一匹叫骓的骏马,项王经常骑着它。于是项王慷慨悲歌,自己作诗唱道:"力拔山兮气盖世,时不利兮骓不逝。骓不逝兮可奈何,虞兮虞兮奈若何!"唱了好几遍,美人跟着他一起唱。项王悲泣,泪下数行,左右侍从也都俯首哭泣,(悲痛得)不能抬头仰视。

于是项王乃上马骑,麾下壮士骑从者八百余人,直夜溃围南出,〔1〕驰走。平明,汉军乃觉之,令骑将灌婴以五千骑追之。项王渡淮,骑能属者百余人耳。〔2〕项王至阴陵,〔3〕迷失道,问一田父,田父绐曰"左"。〔4〕左,乃陷大泽中。〔5〕以故汉追及之。项王乃复引兵而东,至东城,〔6〕乃有二十八骑。汉骑追者数千人。项王自度不得脱,谓其骑曰:"吾起兵至今八岁矣,身七十余战,所当者破,所击者服,未尝败北,遂霸有天下。然今卒困于此,此天之亡我,非战之罪也。今日固决死,愿为诸君快战,必三胜之,〔7〕为诸君溃围,斩将,刈旗,令诸君知天亡我,非战之罪也。"乃分其骑以为四队,四向。汉军围之数重。项王谓其骑曰:"吾为公取彼一将。"令四面骑驰下,期山东为三处。〔8〕于是项王大呼驰下,汉军皆披靡,〔9〕遂斩汉一将。是时,赤泉侯为骑将,〔10〕追项王,项王瞋目而叱之,赤泉侯人马俱惊,辟易数里。〔11〕与其骑会为三处。汉军不知项王所在,乃分军为三,复围之。项王乃驰,复斩汉一都尉,杀数十百人,复聚其骑,亡其两骑耳。乃谓其骑曰:"何如?"骑皆伏曰:〔12〕"如大王言。"

【注释】〔1〕"直夜",当夜。一说半夜,中夜。《汉书·项籍传》作"夜直",当释为中夜。〔2〕"骑",音jì,骑兵,"属",音zhǔ,相从,跟随。〔3〕"阴陵",秦县,在今安徽定远县西北。〔4〕"绐",音dài,欺骗。〔5〕"大泽",大面积的沼泽地。相传在今安徽定远县西南迷沟。〔6〕"东城",秦县,在今安徽定远县东南。〔7〕"必三胜之",即指下面所说的"溃围"、"斩将"、"刈旗"。"刈",音yì,割,砍。〔8〕"山",相传即今安徽和县北四溃山,亦称四马山,石上尚有马迹。〔9〕"披靡",形容军队溃倒。〔10〕"赤泉侯",即杨喜,汉高祖二年为郎中骑将,隶属淮阴侯韩信。随从灌婴斩项羽后,始封赤泉侯。〔11〕"辟易",由于惊恐而后退。〔12〕"伏",通"服"。

【译文】于是项王上马(突围),部下壮士骑马随从的有八百多人,当夜冲破包围,向南飞驰而去。天亮,汉军才发觉,派骑兵将领灌婴率五千骑兵追赶项王。项王渡过淮水,能够跟从的骑兵只有一百多人。项王到阴陵,迷失了道路,询问一个种田的人,种田的人欺骗地说"往左"。项王往左去,结果陷入了一大片沼泽中。因此,汉军追上了项王。项王就又带兵向东,到了东城,只有二十八个骑兵了。追赶的汉军骑兵有几千人。项王自己估计不能脱身了,对他的骑兵说:"我起兵到现在八年了,亲身打过七十多次仗,谁抵挡我,我就打垮谁,我攻击谁,谁就降服,未曾打过败仗,因而霸有天下。然而现在终于被围困在这里,这是上天要灭亡我,不是我打仗的过错。今天固然要决心战死,愿意为各位痛痛快快地打一仗,一定要三次取胜,为各位突破重围,斩杀敌将,砍倒敌人军旗,让各位知道是上天灭亡我,不是我打仗的过错。"项王就把他的骑兵分为四队,面向四方。汉军把项王包围了好几层。项王对他的骑兵说:"我为你们斩他一个将领。"项王命令骑兵四面疾驰而下,约定在山的东面会合为三处。于是项王大声呼喊着,飞奔直下,汉军惊惶溃乱,项王就斩了一个汉军将领。当时,赤泉侯做骑兵将领,追赶项王,项王怒目大吼,赤泉侯人马俱惊,倒退了好几里。项王和他的骑兵会合为三处。汉军不知道项王在哪里,就把军队分为三部分,又把项王包围起来。项王骑马冲驰,又斩了汉军的一个都尉,杀死了百十来人,再把他的骑兵集合起来,只丧失了两个骑兵。项王就对他的骑兵说:"怎么样?"骑兵都佩服地说:"正像大王所说的那样。"

于是项王乃欲东渡乌江。[1]乌江亭长檥船待,[2]谓项王曰:"江东虽小,地方千里,众数十万人,亦足王也。愿大王急渡。今独臣有船,汉军至,无以渡。"项王笑曰:"天之亡我,我何渡为! 且籍与江东子弟八千人渡江而西,今无一人还,纵江东父兄怜而王我,我何面目见之? 纵彼不言,籍独不愧于心乎?"乃谓亭长曰:"吾知公长者。吾骑此马五岁,所当无敌,尝一日行千里,不忍杀之,以赐公。"乃令骑皆下马步行,持短兵接战。独籍所杀汉军数百人。项王身亦被十余创。顾见汉骑司马吕马童,[3]曰:"若非吾故人乎?"马童面之,[4]指王翳曰:[5]"此项王也。"项王乃曰:"吾闻汉购我头千金,邑万户,吾为若德。"乃自刎而死。王翳取其头,余骑相蹂践争项王,相杀者数十人。最其后,郎中骑杨喜,[6]骑司马吕马童,郎中吕胜、杨武各得其一体。[7]五人共会其体,皆是。故分其地为五:封吕马童为中水侯,[8]封王翳为杜衍侯,[9]封杨喜为赤泉侯,[10]封杨武为吴防侯,[11]封吕胜为涅阳侯。[12]

【注释】〔1〕"乌江",即今安徽和县东北长江北岸的乌江浦,其地有乌江亭。 〔2〕"亭长",秦、汉时,十里设一亭,筑有楼屋,内置兵器。亭有亭长一人,主管地方治安警卫,缉捕盗贼,调处民间争讼,止宿来往官吏,有时也宿留一般行人。"檥",音 yǐ,摆船靠岸。 〔3〕"顾见",回头看见。"骑司马",骑兵将领之衔。"吕马童",据本书《高祖功臣侯者年表》记载,汉高祖元年,以郎中骑将随从刘邦,又以骑司马击龙且。 〔4〕"面",有两说:(一)通"偭",以背相向。(二)面对。注者取前一说。〔5〕"王翳",据本书《高祖功臣侯者年表》记载,汉高祖三年,以郎中骑将随从刘邦,为淮阴侯韩信属下,后来跟从灌婴共斩项羽。 〔6〕"郎中骑",即郎中骑将,隶属郎中令,下统一定数量的郎中,当时为郎中骑者颇多。 〔7〕"郎中",为汉王守卫和扈从人员,无固定员额。"吕胜",据本书《高祖功臣侯者年表》记载,汉高祖二年,以骑士随从刘邦出关。"杨武",据本书《高祖功臣侯者年表》记载,汉高祖元年,以郎中骑将随从刘邦,曾击阳夏,斩项羽时为都尉。 〔8〕"中水侯",吕马童封于中水为侯,故地在

今河北献县西北。 〔9〕"杜衍侯",王翳所侯杜衍,在今河南南阳市西南。 〔10〕"赤泉侯",唐司马贞《索隐》云:"南阳有丹水县,疑赤泉后改。"丹水为秦所置县,在今河南淅川县西南,南有丹水流过。〔11〕"吴防侯",杨武所侯吴防,在今河南遂平县。〔12〕"涅阳侯",吕胜所侯涅阳,在今河南邓县东北,位于涅水(今赵河)北岸,故名。"涅",音 niè。

【译文】项王想要向东渡过乌江。乌江亭长把船靠在岸边等待着项王。他对项王说:"江东虽小,地方也纵横上千里,民众数十万,也足以称王。希望大王赶快渡江。现在只有我有船只,汉军来到这,没有船只渡江。"项王笑着说:"上天要灭亡我,我渡江干什么呢! 况且我和江东子弟八千人渡江西进,现在没有一个人回来,即使江东父兄怜悯我,让我称王,我有什么脸面去见他们? 即使他们不说什么,我项籍难道不于心有愧吗?"(最后)项王对亭长说:"我知道你是个忠厚长者。我骑这匹马五年了,所向无敌,曾经一天奔驰一千里,不忍心杀了它,把它送给你吧。"就叫骑兵都下马步行,用短兵接战。单单项籍一人就杀死汉军几百人。项王身上也受了十多处伤。他回头看见汉军的骑司马吕马童,说:"你不是我的老朋友吗?"吕马童背对项王,指给王翳说:"这就是项王。"项王说:"我听说汉军用一千斤黄金、一万户封邑来购买我的头,我给你做件好事吧。"就自刎而死。王翳割了项王的头,其他骑兵自相蹂躏践踏,争夺项王的尸体,互相残杀了几十人。最后,郎中骑杨喜,骑司马吕马童,郎中吕胜、杨武各自得到了项王的一段肢体。五个人把肢体合拢起来,都确实是项王的。所以把准备封赏的土地分为五部分:封吕马童为中水侯,封王翳为杜衍侯,封杨喜为赤泉侯,封杨武为吴防侯,封吕胜为涅阳侯。

项王已死,楚地皆降汉,独鲁不下。汉乃引天下兵欲屠之,为其守礼义,为主死节,乃持项王头视鲁,[1]鲁父兄乃降。始,楚怀王初封项籍为鲁公,及其死,鲁最后下,故以鲁公礼葬项王谷城。[2]汉王为发哀,泣之而去。

【注释】〔1〕"视",通"示"。 〔2〕"谷城",有两说,一谓东郡之谷城,在今山东平阴县西南。一谓鲁之小谷,即曲阜县西北小谷城。前一说较为通行。《水经注》卷八载,济水"北过谷城县西……城

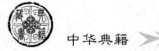

西北三里，有项王羽之冢，半许毁坏，石碣尚存，题云‘项王之墓’”。《水经注》所说为东郡之谷城。

【译文】项王死后，楚国各地都投降了汉军，只有鲁城不肯投降。汉王就带领天下士卒打算屠毁鲁城，因为他们坚守礼义，为主人以死守节，就拿项王的头给鲁城人看，鲁城父兄才投降了。最初，楚怀王曾封项籍为鲁公，等到项籍死了，鲁城又最后投降，所以用鲁公的礼仪把项王理葬在谷城。汉王为项王举哀，哭了一场，然后离开了鲁城。

诸项氏枝属，[1]汉王皆不诛。乃封项伯为射阳侯。[2]桃侯、平皋侯、玄武侯皆项氏，[3]赐姓刘。

【注释】〔1〕"枝属"，宗族。〔2〕"射阳侯"，项伯所封射阳，在今江苏宝应县东北，因位于射水之北，故名。〔3〕"桃侯"，名襄。据本书《高祖功臣侯者年表》，汉高祖十二年始封襄为桃侯。所封桃即桃丘，在汉东郡东阿县境内。"平皋侯"，名佗，又作它、他。据本书《高祖功臣侯者年表》，汉高祖七年封佗为平皋侯。所封平皋在今河南温县东北。"玄武侯"，名字不详。

【译文】各支项氏宗族，汉王都不诛杀。封项伯为射阳侯。桃侯、平皋侯、玄武侯都是项氏宗族，赐姓刘。

太史公曰：吾闻之周生曰"舜目盖重瞳子"，[1]又闻项羽亦重瞳子。羽岂其苗裔邪？何兴之暴也！夫秦失其政，陈涉首难，豪杰蜂起，相与并争，不可胜数。然羽非有尺寸，乘埶起陇亩之中，[2]三年，遂将五诸侯灭秦，[3]分裂天下，而封王侯，政由羽出，号为"霸王"，位虽不终，近古以来未尝有也。及羽背关怀楚，[4]放逐义帝而自立，怨王侯

叛己，难矣。自矜功伐，奋其私智而不师古，谓霸王之业，欲以力征经营天下，五年卒亡其国，身死东城，尚不觉寤而不自责，[5]过矣。乃引"天亡我，非用兵之罪也"，岂不谬哉！

【注释】〔1〕"周生"，汉代的儒家人物。从"吾闻之"一语来看，周生与司马迁耳目相接，曾生活在同一时代。"盖"，或然之辞，是一种不能肯定的语气。"重瞳子"，两个眸子。〔2〕"埶"，与"势"字同。"陇亩"，草野，民间。〔3〕"五诸侯"，指齐、赵、韩、魏、燕五国诸侯军。〔4〕"背关怀楚"，谓放弃关中形胜之地，而怀念楚地，建都彭城。〔5〕"寤"，通"悟"。

太史公说：我听周生说"舜的眼睛大概是两个瞳孔"，又听说项羽也是两个瞳孔。项羽难道是舜的后裔吗？为什么兴起得这么迅速啊！秦朝政治腐败，陈涉首先发难，豪杰蜂起，相互争夺，不可胜数。然而项羽毫无凭借，乘势起于民间，三年时间，就率领五路诸侯军消灭了秦朝，分割天下，封王建侯，政自己出，号为"霸王"，虽然没有始终保持他的地位，但近古以来，还未曾有过这样的事情。等到项羽放弃关中，怀恋楚地，放逐义帝而自立为王，抱怨王侯背叛自己，这时已经难以控制局势了。自我夸耀功勋，逞一己私智，不效法古人，以为创立霸王的事业，需要用武力来经营天下，终于五年时间覆灭了他自己的国家，身死东城，还没有觉悟，不自我谴责，这就不对了。竟然用"上天灭亡我，不是我用兵打仗的过错"为借口，难道不是太荒谬了吗！

史记卷八

高祖本纪第八

高祖，[1]沛丰邑中阳里人，[2]姓刘氏，字季。[3]父曰太公，[4]母曰刘媪。[5]其先刘媪尝息大泽之陂，[6]梦与神遇。是时雷电晦冥，太公往视，则见蛟龙于其上。已而有身，遂产高祖。

【注释】[1]"高祖"，封建社会皇帝死后在祖庙立室奉祀，并专立名号，称为"庙号"。高祖即为刘邦的庙号，取意于功劳最高，为汉代帝王之祖。[2]"沛"，秦县名，故地在今江苏沛县。"丰邑"，沛县所属的乡，其下又辖中阳里。汉时丰邑改置为县，故地在今江苏丰县。[3]"字季"，唐司马贞《索隐》认为"汉高祖长兄名伯，次名仲，不见别名，则季亦是名"。梁玉绳《史记志疑》卷六云："季乃是行，高祖长兄伯，次兄仲，亦行也。《史》以季为字，与《索隐》以季为名，并非。"古人兄弟以伯、仲、叔、季排行，刘邦在兄弟中最小，排行为"季"。[4]"太公"，对男性老年人的尊称。可能刘邦的父亲无名，或名失传。这说明刘邦的父亲地位低下。唐司马贞《索隐》引皇甫谧说认为太公名执嘉，又引王符说认为名端，均不可信。[5]"媪"，音 ǎo，老年妇人的通称，犹今言"老婆婆"。[6]"陂"，音 bēi，岸边。

【译文】高祖，沛县丰邑中阳里人。姓刘，字季。父亲叫太公，母亲叫刘媪。先前刘媪曾经休息于大湖岸边，睡梦中与神相交合。这时雷电交作，天昏地暗。太公去看刘媪，见到一条蛟龙在她身上。后来刘媪怀了孕，就生了高祖。

高祖为人，隆准而龙颜，美须髯，[1]左股有七十二黑子。仁而爱人，喜施，意豁如

也。常有大度，不事家人生产作业。[2]及壮，[3]试为吏，[4]为泗水亭长，[5]廷中吏无所不狎侮。好酒及色。常从王媪、武负贳酒，[6]醉卧，武负、王媪见其上常有龙，怪之。高祖每酤留饮，酒雠数倍。[7]及见怪，岁竟，此两家常折券弃责。[8]

【注释】[1]"须髯"，胡须。嘴巴下的称"须"，长在两颊上的称"髯"。"髯"，音 rán。[2]"家人"，《左传》哀公四年云："蔡昭公将如吴，诸大夫恐其又迁也，承公孙翩逐而射之，入于家人而卒。"是"家人"即民家。[3]"壮"，古人三十岁称"壮"。这里并非确指。[4]"吏"，职位低下的官员。[5]"泗水亭"，《汉书·高帝纪》作"泗上亭"，亭名，故地在今江苏沛县东。秦、汉时，十里设一亭，筑有楼屋，内置兵器。亭有亭长一人，主管地方治安警卫，缉捕盗贼，调处民间争讼，止宿来往官吏，有时也宿留一般行人。[6]"负"，旧说认为假借为"妇"，谓老年妇女。刘向《列女传》云："魏曲沃负者，魏大夫如耳之母也。"此"负"则指老母。"贳"，音 shì，赊欠。[7]"雠"，售。[8]"券"，双方作为凭证的契约，此指刘邦欠的酒帐。秦时以竹简或木札作书写材料，刘邦欠的酒帐，记在简札上。"折券"，即谓销毁记在简札上的酒账。"责"，通"债"。

【译文】高祖这个人，高鼻梁，像龙一样丰满的额角，漂亮的须髯，左腿上有七十二颗黑痣。仁厚爱人，喜欢施舍，胸襟开阔。常有远大的志向，不从事一般百姓的生产作业。到了壮年，试做官吏，当了泗水亭亭长，公廷中的官吏，没有一个不混得很熟，受他戏弄。爱好喝酒，喜欢女色。常常向王媪、武负赊酒，喝醉了卧睡，武负、王媪看见他上面

常有一条龙,感到很奇怪。高祖每次来买酒,留在酒店中饮酒,酒店的酒比平常多卖几倍。等到发现了奇怪的现象,年终时,这两家酒店常折毁帐目,放弃债权。

高祖常繇咸阳,[1]纵观,观秦皇帝,喟然太息曰:[2]"嗟乎,[3]大丈夫当如此也!"

【注释】〔1〕"常",通"尝"。"繇",通"徭",用作动词,服徭役。"咸阳",秦都,故地在今陕西咸阳市东北。 〔2〕"喟",音 kuì。"喟然",叹气的样子。〔3〕"嗟",音 juē。"嗟乎",感叹声。犹如今日的"啊呀"。

【译文】高祖曾经到咸阳服徭役,(有一次秦始皇车驾出巡,)纵任人们观看,他看到了秦始皇,喟然长叹说:"啊,大丈夫应当像这个样子!"

单父人吕公善沛令,[1]避仇从之客,因家沛焉。沛中豪桀吏闻令有重客,[2]皆往贺。萧何为主吏,[3]主进,[4]令诸大夫曰:[5]"进不满千钱,坐之堂下。"高祖为亭长,素易诸吏,乃绐为谒曰"贺钱万",[6]实不持一钱。谒入,吕公大惊,起,迎之门。吕公者,好相人,见高祖状貌,因重敬之,引入坐。萧何曰:"刘季固多大言,少成事。"高祖因狎侮诸客,遂坐上坐,无所诎。[7]酒阑,[8]吕公因目固留高祖。高祖竟酒,后。吕公曰:"臣少好相人,[9]相人多矣,无如季相,愿季自爱。臣有息女,愿为季箕帚妾。"[10]酒罢,吕媪怒吕公曰:"公始常欲奇此女,与贵人。沛令善公,求之不与,何自妄许与刘季?"吕公曰:"此非儿女子所知也。"卒与刘季。吕公女乃吕后也,生孝惠帝、鲁元公主。[11]

【注释】〔1〕"单父",音 shàn fǔ,县名,故地在今山东单县。"令",县的最高行政长官。此官在万户以上的大县称"令",少于万户的小县则称"长"。从云梦秦简来看,秦令、长又可称"县啬夫"、"大啬夫"。 〔2〕"桀",通"杰"。〔3〕"萧何",沛县丰邑人,佐刘邦统一天下,位至丞相,封酂侯。事详本书《萧相国世家》、《汉书·萧何传》。"主吏",县令下主

管一个方面的官吏。《集解》引孟康说和《萧相国世家》唐司马贞《索隐》都认为主吏即功曹。功曹掌管人事,负责考核官吏的政绩,根据优劣进行升黜。〔4〕"进",字本作"賮",会见之礼所用的财物。〔5〕"大夫",秦制爵二十级,由下而上,一公士,二上造,三簪袅,四不更,五大夫,六官大夫,七公大夫,八公乘,九五大夫,十左庶长,十一右庶长,十二左更,十三中更,十四右更,十五少上造,十六大上造,十七驷车庶长,十八大庶长,十九关内侯,二十彻侯。大夫为第五级。据《汉书·高帝纪》记载,公大夫与县令、丞抗礼,大夫爵级接近公大夫,其资格也可与县令、丞交接。这里"大夫"用以泛指尊贵的客人。 〔6〕"绐",音 dài,欺骗。"谒",音 yè,名帖,名刺。〔7〕"诎",音 qū,折屈。这里有谦让的意思。〔8〕"酒阑",喝酒殆尽,人渐稀少。"阑",稀少。〔9〕"臣",当时习用的谦称。 〔10〕"箕帚妾",管酒扫的女仆。此为把女儿嫁为人妻的谦虚之辞。〔11〕"孝惠帝",即刘盈,汉高祖死后,刘盈嗣立,公元前一九五年五月至前一八八年在位。在位期间,实权掌握在其母吕太后手中。"鲁元公主","鲁"为所食邑。"元",长。汉代制度,皇帝女儿称"公主",姊妹称"长公主"。鲁元公主是惠帝之姊,故以"元公主"称之。

【译文】单父人吕公与沛县县令相友好,为了躲避仇人到县令家做客,因而迁家到沛县。沛县中的豪杰官吏听说县令有贵客,都去送礼祝贺。萧何为县里的主吏,主管收礼物,对各位贵客说:"礼物不满一千钱的,坐在堂下。"高祖做亭长,向来轻视那些官吏,于是欺骗地在名刺上说"贺万钱",其实没有拿出一个钱。名刺递了进去,吕公大惊,站起来,到门口迎接高祖。吕公这个人,好给人相面,看到高祖的状貌,就特别敬重他,领他到堂上入座。萧何说:"刘季本来大话很多,很少成事。"(由于受到吕公的敬重,)高祖便戏辱堂上的客人,自己坐在上座,毫不谦让。酒席就要散尽,吕公以目示意高祖不要走。高祖喝完了酒,留在后面。吕公说:"我从年少时就好给人相面,相过的人多了,没有一个像你刘季这样的贵相,希望你刘季保重。我有一亲生女儿,愿意做为你刘季执帚酒扫的妻子。"酒席结束后,吕媪生吕公的气,说:"你最初常想使这个女儿与众不同,把她嫁给贵人。沛令与你相友好,求娶女儿,你不答应,为什么自己妄作主张许配给了刘季?"吕公说:"这不是妇孺之辈所能懂得的。"终于把女儿嫁给了刘季。吕公的女儿就是吕后,她生了孝惠帝、鲁元公主。

高祖为亭长时，常告归之田。[1]吕后与两子居田中耨，有一老父过请饮，吕后因铺之。[2]老父相吕后曰："夫人天下贵人。"令相两子，见孝惠，曰："夫人所以贵者，乃此男也。"相鲁元，亦皆贵。老父已去，高祖适从旁舍来，吕后具言客有过，相我子母皆大贵。高祖问，曰："未远。"乃追及，问老父。老父曰："乡者夫人婴儿皆似君，[3]君相贵不可言。"高祖乃谢曰："诚如父言，不敢忘德。"及高祖贵，遂不知老父处。[4]

【注释】[1]"常"，通"尝"，《汉书·高帝纪》作"尝"。"告"，古时官吏休假曰"告"。 [2]"铺"，音bǔ，以食与人。 [3]"乡"，通"向"。"乡者"，一般应解为"从前"。这里是"刚才"的意思。 [4]"遂"，王先谦《汉书补注》云："遂犹竟也。《史》、《汉》如此用者皆训竟。"

【译文】高祖作亭长时，曾经请假回家。吕后与两个孩子在田间除草，有一老人路过，要些水喝，吕后就请他吃了饭。老人给吕后相面，说："夫人是天下的贵人。"吕后让他给两个孩子看相。老人看了孝惠，说："夫人所以显贵，就是这个孩子的缘故。"看了鲁元，也是贵相。老人已经走了，高祖正好从别人家来到田间，吕后告诉他一位客人从这里经过，给我们母子看相，说将来都是大贵人。高祖问老父在哪儿，吕后说："走出不远。"高祖追上了老人，向他询问。老人说："刚才相过夫人和孩子，他们都跟你相似，你的相貌，贵不可言。"高祖便道谢说："如果真像老父所说，决不忘记对我的恩德。"等到高祖显贵，竟然不知道老人的去处了。

高祖为亭长，乃以竹皮为冠，令求盗之薛治之，[1]时时冠之，及贵常冠，所谓"刘氏冠"乃是也。

【注释】[1]"求盗"，亭长下面有两卒，一名叫亭父，掌管门户开闭和清扫；一名叫求盗，负责追捕盗贼。"薛"，秦县，故地在今山东滕县南。

【译文】高祖做亭长，以竹皮为帽，这帽子是他派求盗到薛县制做的，经常戴着它。等到显贵时，仍然常常戴着，所谓"刘氏冠"，就是指这种帽

子。

高祖以亭长为县送徒郦山，[1]徒多道亡，自度比至皆亡之。[2]到丰西泽中，止饮，夜乃解纵所送徒。曰："公等皆去，吾亦从此逝矣！"徒中壮士愿从者十余人。高祖被酒，夜径泽中，[3]令一人行前。行前者还报曰："前有大蛇当径，愿还。"高祖醉，曰："壮士行，何畏！"乃前，拔剑击斩蛇。蛇遂分为两，径开。行数里，醉，因卧。后人来至蛇所，有一老妪夜哭。[4]人问何哭，妪曰："人杀吾子，故哭之。"人曰："妪子何为见杀？"妪曰："吾子，白帝子也，[5]化为蛇，当道，今为赤帝子斩之，[6]故哭。"人乃以妪为不诚，欲告之。[7]妪因忽不见。后人至，高祖觉。后人告高祖，高祖乃心独喜，自负。诸从者日益畏之。

【注释】[1]"郦"，音lí，或作"骊"。"郦山"，在今陕西临潼县东南。秦始皇征发百姓为自己在这里修建陵墓，死后即葬此。 [2]"度"，音duó，揣测，估计。 [3]"径"，小路。这里用作动词，意谓抄小路走。 [4]"妪"，音yù，年老的女人。 [5]"白帝"，古代传说中的五天帝之一，位于西方，在五行中为金德。秦襄公认为是白帝子孙，祀白帝。 [6]"赤帝"，古代传说中的五天帝之一，位于南方，在五行中为火德。按照五德循环的理论，火克金，火德要代替金德，即赤帝的子孙要代替白帝的子孙，也就是汉要灭秦。 [7]"告"，告发。古本或作"苦"，《汉书·高帝纪》作"苦"，意谓困辱。"苦"字于义较长，可能原本作"苦"，译文即本此。

【译文】高祖因身任亭长，为县里送役徒去郦山，役徒多在途中逃亡。他估计，等走到郦山，大概都逃光了。到丰邑西面的沼泽地带，停下来喝酒，夜间高祖就释放了所押送的役徒。高祖说："各位都走吧，我也从此一去不返了！"役徒中有十多个年轻力壮的愿意跟随高祖。高祖带着酒意，当夜抄小路通过这片沼泽，派一人前行探路。前行探路的人回来报告说："前面有条大蛇横在路当中，请回去吧。"高祖醉醺醺的，说："好汉走路，何所畏惧！"于是，就走上前去，拔剑击蛇，斩为两段，道路打通了。走了几里地，酒性发作，便躺下睡觉。后面的人来到斩蛇的地方，见有一个老太太夜里哭泣。人们问

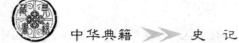

为什么啼哭,老太太说:"有人杀了我的儿子,所以我哭。"人们又说:"老太太,你的儿子为什么被杀了?"老太太说:"我儿子,是白帝的儿子,变为蛇,横在路当中,现在被赤帝的儿子杀了,所以我才哭。"人们以为老太太不诚实,想要给她点苦头吃,老太太忽然不见了。落在后面的人到了高祖休息的地方,高祖已经醒了。他们把刚才发生的事告诉了高祖,高祖听了暗自高兴,觉得自命不凡。那些跟随他的人对他日益敬畏。

秦始皇帝常曰"东南有天子气",〔1〕于是因东游以厌之。〔2〕高祖即自疑,亡匿,隐于芒、砀山泽岩石之间。〔3〕吕后与人俱求,常得之。高祖怪问之。吕后曰:"季所居上常有云气,故从往常得季。"高祖心喜。沛中子弟或闻之,多欲附者矣。

【注释】〔1〕"天子气",古人迷信,认为得到天命的皇帝出现时,会有某种祥瑞伴随。"天子气",即皇帝所在上空的特殊云气,即为祥瑞之一。《汉书·宣帝纪》载宣帝在襁褓时,遭巫蛊事,收系郡邸狱,武帝后元二年,望气者说长安狱中有天子气,所现祥瑞与刘邦相同。〔2〕"厌",通"压",镇压。〔3〕"芒、砀",两山名。砀山在今河南永城县东北,芒山在砀山北,两山相距八里。"砀",音 dàng。

【译文】秦始皇帝常说"东南有天子气",因而巡游东方,借以镇伏东南的天子气。高祖怀疑这件事与自己有关,就逃跑藏了起来,隐身在芒山、砀山一带的山泽岩石之间。吕后和别人一块儿寻找,常常一去就找到了高祖。高祖感到奇怪,就问吕后。吕后说:"你所处的地方上面常有云气,向着有云气的地方去找,常常可以找到你。"高祖心里非常高兴。沛县子弟有的听到这件事,很多人都想归附他。

秦二世元年秋,陈胜等起蕲,〔1〕至陈而王,〔2〕号为"张楚"。〔3〕诸郡县皆多杀其长吏以应陈涉。沛令恐,欲以沛应涉。掾、主吏萧何、曹参乃曰:〔4〕"君为秦吏,今欲背之,率沛子弟,恐不听。愿君召诸亡在外者,可得数百人,因劫众,众不敢不听。"乃令樊哙召刘季。〔5〕刘季之众已数十百人矣。

【注释】〔1〕"蕲",音 qí,秦县,故地在今安徽宿县南。〔2〕"陈",秦县,故地在今河南淮阳县。"王",音 wàng,称王。〔3〕"张楚",陈胜政权称号,义为张大楚国。〔4〕"掾",音 yuàn,古代官府属员的通称。"掾、主吏萧何、曹参",据《汉书·曹参传》载,曹参,秦时为沛县狱掾,是掌管刑狱的下级官吏。萧何为沛县主吏。〔5〕"樊哙",沛县人,以屠狗为业,终生追随刘邦,为将勇猛善战,曾任左丞相,以功封舞阳侯(舞阳在今河南舞阳县西北)。事详本书和《汉书》本传。

【译文】秦二世元年秋天,陈胜等在蕲县起义,到了陈县自立为王,号称"张楚"。各郡县都大多杀死长官,响应陈胜。沛县县令恐惧,想要以沛县响应陈胜。主吏萧何、狱掾曹参对他说:"您身为秦朝的官吏,如今要叛秦起事,率领沛县子弟,恐怕他们不愿听命。希望您召集逃亡在外面的人,可以得到几百人。利用这股力量胁持群众,群众不敢不听您的命令。"县令就派樊哙去召唤刘季,刘季的队伍已经近百人了。

于是樊哙从刘季来。沛令后悔,恐其有变,乃闭城城守,欲诛萧、曹。萧、曹恐,踰城保刘季。刘季乃书帛射城上,谓沛父老曰:"天下苦秦久矣。今父老虽为沛令守,诸侯并起,今屠沛。沛今共诛令,择子弟可立者立之,以应诸侯,则家室完。不然,父子俱屠,无为也。"〔1〕父老乃率子弟共杀沛令,开城门迎刘季,欲以为沛令。刘季曰:"天下方扰,诸侯并起,今置将不善,壹败涂地。吾非敢自爱,恐能薄,不能完父兄子弟。此大事,愿更相推择可者。"萧、曹等皆文吏,自爱,恐事不就,后秦种族其家,〔2〕尽让刘季。诸父老皆曰:"平生所闻刘季诸珍怪,当贵,且卜筮之,〔3〕莫如刘季最吉。"于是刘季数让。众莫敢为,乃立季为沛公。〔4〕祠黄帝,〔5〕祭蚩尤于沛庭,〔6〕而衅鼓旗。〔7〕帜皆赤,由所杀蛇白帝子,杀者赤帝子,故上赤。〔8〕于是少年豪吏如萧、曹、樊哙等皆为收沛子弟二三千人,攻胡陵、方与,〔9〕还守丰。

【注释】〔1〕"无为也",没有意思,不值得。〔2〕"种族",灭族。秦有夷三族之法,一人犯罪,诛及三族。〔3〕"卜筮",占卜以定吉凶。用火灼龟甲,根据灼开的裂缝预测吉凶叫"卜"。用蓍草茎预测吉凶叫"筮"。〔4〕"沛公",楚国旧制,县令称公。众人推刘邦为沛令,所以称他为沛公。〔5〕"黄帝",传说时代姬姓部族神化了的始祖,被奉为我国古史传说时期最早的一位宗祖神。华夏族形成后,公认他为全族的始祖。五帝说出现后,被尊为五帝之一。"祠黄帝",是为了求得始祖的福佑。〔6〕"蚩尤",神话传说中的东方九黎族首领,首先发明金属兵器,威震天下。《史记·五帝本纪》记载,黄帝时,蚩尤作乱,被黄帝擒杀。而张守节《正义》引《龙鱼河图》说,蚩尤好杀,被黄帝制服,派他主管兵事。蚩尤死后,天下扰乱,黄帝画蚩尤形像镇服天下。因为蚩尤在传说中的地位类似战神,所以刘邦祭以求福。"蚩",音 chī。〔7〕"衅",音 xìn,杀牲血祭。"衅鼓旗",杀牲把血涂在鼓的缝隙中和旗子上。〔8〕"上",通"尚",崇尚。〔9〕"胡陵",秦县,故地在今山东鱼台县东南。"方与",秦县,故地在今山东鱼台县西北。

【译文】于是樊哙跟着刘季来到沛县。沛县县令又后悔了,恐怕刘季发生变故,就关闭城门,派人防守,(不让刘季进城,)打算杀掉萧何、曹参。萧何、曹参恐惧,翻过城墙依附刘季。刘季用帛写了一封信,射到城上,告诉沛县父老说:"天下苦于秦朝的暴政已经很久了。现在父老为沛令守城,但各国诸侯都已起事,(一旦城破,)就要屠戮沛县。如果沛县父老共同起来杀死沛令,选择子弟中可以立为首领的做领导,以响应诸侯军,那就能保全身家性命。不然的话,父子全遭杀害,死得毫无意义。"父老们就率领子弟共同杀了沛令,打开城门,迎接刘季,想让他做沛县县令。刘季说:"天下正在混乱当中,诸侯都已起事,如果推选的将领不胜任,就会一败涂地。我不是吝惜自己的生命,只怕才劣力薄,不能保全父兄子弟。这是件大事,希望另外共同推选一位能够胜任的人。"萧何、曹参等都是文官,看重身家性命,怕事情不成,秦朝会诛灭他们的全族,所以都推让刘季。父老们都说:"我们平时听到刘季许多奇异的事情,看来刘季是该显贵的。而且又经过占卜,没有比刘季更吉利的。"这时刘季再三谦让,大家都不敢担任,最后还是立刘季为沛公。在沛县衙门的庭院里祭祀黄帝和蚩尤,又用牲血衅鼓旗。旗子一律红色,因为刘季所杀蛇是白帝的儿子,杀蛇的是赤帝的儿子,所以崇尚赤色。于是少年子弟和有势的官吏,如萧何、曹参、樊哙等人,都为沛公征集兵员,集合了两三千人,攻打胡陵、方

与,回军固守丰邑。

秦二世二年,陈涉之将周章军西至戏而还。〔1〕燕、赵、齐、魏皆自立为王。〔2〕项氏起吴。〔3〕秦泗川监平将兵围丰,〔4〕二日,出与战,破之。命雍齿守丰,〔5〕引兵之薛。泗川守壮败于薛,走至戚,〔6〕沛公左司马得泗川守壮,〔7〕杀之。沛公还军亢父,〔8〕至方与,〔9〕未战。陈王使魏人周市略地。〔10〕周市使人谓雍齿曰:"丰,故梁徙也。〔11〕今魏地已定者数十城。齿今下魏,魏以齿为侯守丰。不下,且屠丰。"雍齿雅不欲属沛公,及魏招之,即反为魏守丰。沛公引兵攻丰,不能取。沛公病,还之沛。沛公怨雍齿与丰子弟叛之,闻东阳宁君、秦嘉立景驹为假王,〔12〕在留,〔13〕乃往从之,欲请兵以攻丰。是时秦将章邯从陈,别将司马尼将兵北定楚地,〔14〕屠相,至砀。〔15〕东阳宁君、沛公引兵西,与战萧西,〔16〕不利。还收兵聚留,引兵攻砀,三日乃取砀。因收砀兵,得五六千人。攻下邑,〔17〕拔之。还军丰。闻项梁在薛,从骑百余往见之。项梁益沛公卒五千人,五大夫将十人。〔18〕沛公还,引兵攻丰。

【注释】〔1〕"周章",即周文,陈人,战国末年曾在楚国项燕军队里看时辰,定吉凶。后为陈胜将领,率兵攻入关中,战败自杀。其事主要见于《陈涉世家》。"戏",水名,源出骊山,流入渭水,在今陕西临潼县东。〔2〕"燕、赵、齐、魏",指战国时燕、赵、齐、魏四国故地。"燕",音 yān,疆域在今河北北部和辽宁西部。"赵",疆域在今山西中部、陕西东北角和河北西南部。"齐",疆域在今山东泰山以北黄河流域和胶东半岛地区。"魏",疆域在今河南北部和山西西南部。〔3〕"项氏",项梁、项羽。"起吴",起兵于吴。项氏世代为楚国将领。项梁杀人,与其侄项羽避仇于吴。陈胜起义后,二人在吴起兵。"吴",又称"吴中",春秋时吴国都城,秦置县,为会稽郡郡治,故地在今江苏苏州市。〔4〕"泗川",秦郡。据《汉书·地理志》,秦设泗水郡,"川"是"水"字之误。泗水郡治所在相县(在今安徽淮北市西北,因境内有相山得名),辖有今安徽北部和河南夏邑县、永城县,以及江苏西北部地区,汉改郡名为沛。"监",秦朝一般于郡设守、尉、监,守是行政长

官,尉掌兵事,辅佐郡守。监即监郡御史,负责监察官吏,直属中央的御史大夫。"平",泗水监的名字,姓氏已佚。下文"壮"是泗水守的名字,姓氏也不可考。〔5〕"雍齿",与刘邦同乡,汉封什方侯。〔6〕"戚",秦县,故地在今山东滕县南。〔7〕"左司马",司马是掌军政之官。有时分置左右。〔8〕"亢父",音 gēng fǔ,秦县,故地在今山东济宁市南。〔9〕"至方与",此句下有"周市来攻方与"一句,与下文"陈王使魏人周市略地"文意扞格,当是衍文。《汉书·高帝纪》无此句。〔10〕"陈王",陈胜。"周市",陈胜将领,曾奉命略取魏地,下魏后,迎魏咎为王,自任魏相。后被秦将章邯击杀。"市",音 fú,音义与"市"异,时人常以此为名。〔11〕"丰,故梁徙",战国时,魏惠王蒤从安邑(今山西夏县西北)迁都大梁(今河南开封市),所以魏又称梁。至魏王假,大梁被秦占领,又迁到丰。〔12〕"东阳",秦县,故地在今安徽天长县西北。"宁君",姓宁,名字已不可考。"秦嘉",凌(今江苏泗阳县西北)人,陈胜起义后,也起兵反秦,自立为大司马。"景驹",景氏原为楚国的王族,因为景驹为景氏之后,所以秦嘉立他为"假王",以便号召群众。"假王",暂时代理之王。〔13〕"留",秦县,故地在今江苏沛县东南。〔14〕"别将",主将部下另外率领一支军队的将领。"司马尼","尼","夷"的古体字。"尼"是司马之名,姓伏,为章邯司马。清王先谦《汉书补注》引周寿昌说,认为司马是姓,不是官称。〔15〕"砀",秦县,故地在今河南永城县东北。〔16〕"萧",秦县,故地在今安徽萧县西北。〔17〕"下邑",秦县,故地在今安徽砀山县。〔18〕"五大夫将",有五大夫爵位的将领。五大夫在秦爵二十级中为第九级。

【译文】秦二世二年,陈胜将领周章的军队西至戏水而还。燕、赵、齐、魏都自立为王。项梁、项羽起兵于吴。秦泗水郡郡监平率兵围丰,两天后,沛公出兵应战,打败了秦军。沛公命令雍齿守卫丰邑,自己引兵赴薛。泗水郡郡守壮在薛战败,逃到戚。沛公左司马擒获泗水郡郡守壮,杀死了他。沛公回军亢父,到了方与,没有交战。陈王陈胜派魏人周市攻城略地。周市使人对雍齿说:"丰,原来梁王曾迁徙到这里。如今魏地已经攻占的有数十城,你雍齿如果降魏,魏封你雍齿为侯,仍然驻守丰邑。不投降的话,就要血洗丰邑。"雍齿本来就很不愿意隶属沛公,等到魏国招降他,就背叛沛公,为魏防守丰邑。沛公引兵攻丰,没有攻下。沛公病了,回到沛县。沛公怨恨雍齿和丰邑子弟都背叛他,听说东

阳宁君、秦嘉立景驹为假王,住在留县,就去依附他们,想借兵攻打丰邑。这时,秦将章邯在追击陈王的部队,别将司马夷率军北向,攻占楚地,在相屠城,到了砀县。东阳宁君、沛公引兵西进,与司马夷在萧县西面交战,没有占着便宜。退回来收集散兵,屯聚留县,引兵攻砀,三天就攻下了砀县。收编砀县降兵,得到五六千人,进攻下邑,打了下来。回军丰邑。听说项梁在薛县,带了随从骑兵一百多人去见项梁。项梁给沛公增拨士兵五千人,五大夫一级的将领十人。沛公回来,引兵攻丰。

从项梁月余,项羽已拔襄城还。〔1〕项梁尽召别将居薛。闻陈王定死,因立楚后怀王孙心为楚王,〔2〕治盱台。〔3〕项梁号武信君。居数月,〔4〕北攻亢父,救东阿,〔5〕破秦军。齐军归,楚独追北,〔6〕使沛公、项羽别攻城阳,〔7〕屠之。军濮阳之东,〔8〕与秦军战,破之。

【注释】〔1〕"襄城",秦县,故地在今河南襄城县。〔2〕"怀王",楚怀王,楚威王之子,名槐,公元前三二八年继位,公元前二九九年,应秦昭王的邀请入秦被扣,死在秦国。楚人思念,项梁在民间找到了他的孙子心,立为楚王,仍旧称楚怀王,以顺从民望,号召反秦。〔3〕"盱台",音 xū yí,即"盱眙",故地在今江苏盱眙县东北。〔4〕"居数月",据本书《秦楚之际月表》和《资治通鉴》,秦二世二年六月立心为楚王,七月即救东阿。"月"或为"日"之误。〔5〕"东阿",秦县,故地在今山东阳谷县东北阿城镇,东与今东阿县接壤。"阿",音 ē。当时齐将田荣被秦将章邯围困在东阿。〔6〕"北",军败,战败。〔7〕"城阳",即成阳,秦县,故地在今山东鄄城县东南。〔8〕"军",用为动词,驻扎。"濮阳",秦县,故地在今河南濮阳县西南。

【译文】沛公跟随项梁一个多月,项羽已经攻克襄城回来。项梁把各路将领都召集到薛县,听说陈王确实死了,就立楚国后人、楚怀王的孙子心为楚王,建都盱台。项梁号为武信君。停了几个月,向北攻打亢父,救援东阿(被围的齐军),打败了秦军。齐军回齐,楚军单独追击败兵。派沛公、项羽另率军队攻打城阳,大肆杀戮城中军民。沛公、项羽驻军濮阳东面,与秦军接战,击破了秦军。

秦军复振,守濮阳,环水。楚军去而攻定陶,[1]定陶未下。沛公与项羽西略地至雍丘之下,[2]与秦军战,大破之,斩李由。[3]还攻外黄,[4]外黄未下。

【注释】[1]"定陶",秦县,故地在今山东定陶县西北。 [2]"雍丘",秦县,故地在今河南杞县。 [3]"李由",秦三川郡郡守,丞相李斯之子。 [4]"外黄",秦县,故地在今河南民权县西北。

【译文】秦军又振作起来,固守濮阳,决水自环。楚军离去,转攻定陶,定陶没有攻下。沛公和项羽向西略城地,到了雍丘城下,与秦军交战,大破秦军,杀了李由。回军攻打外黄,外黄没有攻克。

项梁再破秦军,有骄色。宋义谏,[1]不听。秦益章邯兵,夜衔枚击项梁,[2]大破之定陶,项梁死。沛公与项羽方攻陈留,[3]闻项梁死,引兵与吕将军俱东。[4]吕臣军彭城东,[5]项羽军彭城西,沛公军砀。

【注释】[1]"宋义",原为楚国令尹,后来参加项梁军。项梁死后,楚怀王心拜为上将军,号卿子冠军,被项羽杀死。其事主要见于《项羽本纪》。 [2]"衔枚",枚,状如筷子,横衔于口中,两头有绳,可系在脖子上。秘密行军时,衔枚防止喧哗,以便突然袭击敌人。 [3]"陈留",秦县,故地在今河南开封市东南陈留城。 [4]"吕将军",即吕臣,陈胜部将。陈胜死后,归于项梁。与项羽、刘邦联合抗秦,曾为楚怀王心的司徒。 [5]"彭城",秦县,故地在今江苏徐州市。

【译文】项梁又一次打败了秦军,有骄傲的神色。宋义劝诫他,他不听。秦派兵增援章邯,夜间衔枚偷袭项梁,大破项梁于定陶,项梁战死。沛公和项羽正在攻打陈留,听说项梁死了,带兵和吕将军一起向东进发。吕臣驻扎在彭城东面,项羽驻扎在彭城西面,沛公驻扎在砀。

章邯已破项梁军,则以为楚地兵不足忧,乃渡河,北击赵,大破之。当是之时,赵歇为王,[1]秦将王离围之巨鹿城,[2]此所谓河北之军也。

【注释】[1]"赵歇",赵国后裔。陈胜起义以后,派武臣招抚赵国故地,武臣至邯郸(今河北邯郸市),自立为赵王,旋被杀害。武臣的校尉陈余、张耳立赵歇为赵王。 [2]"王离",秦名将王翦之孙,封武城侯。"巨鹿",秦县,故地在今河北平乡县西南。

【译文】章邯已经打垮了项梁的军队,以为楚地的敌人不用担心了,就渡过黄河,北进攻打赵地,大破赵军。这个时候,赵歇为赵王,秦将王离围困赵歇于巨鹿城。(被围在巨鹿的军队,)这就是所谓的"河北之军"。

秦二世三年,楚怀王见项梁军破,恐,徙盱台,都彭城,并吕臣、项羽军自将之。以沛公为砀郡长,[1]封为武安侯,将砀郡兵。封项羽为长安侯,号为鲁公。吕臣为司徒,[2]其父吕青为令尹。

【注释】[1]"长",犹如秦郡守。 [2]"司徒",不是指通常所说的六卿之一的司徒。楚怀王心为楚国后人,所置官因袭楚国旧制,如吕青为令尹,令尹就是楚官,为执政首相。此司徒与令尹同属楚官,负责后勤军需之类。

【译文】秦二世三年,楚怀王看到项梁的军队被打垮了,心里恐惧,迁离盱台,建都彭城,合并吕臣、项羽的军队,亲自统率。以沛公任砀郡长,封为武安侯,统领砀郡的军队。封项羽为长安侯,号为鲁公。吕臣任司徒,他的父亲吕青作令尹。

赵数请救,怀王乃以宋义为上将军,[1]项羽为次将,[2]范增为末将,[3]北救赵。令沛公西略地入关。与诸将约,先入定关中者王之。[4]

【注释】[1]"上将军",诸将之首。 [2]"次将",地位次于上将军,犹如后世的副帅。 [3]"范增",居鄛(今安徽桐城南)人,善出奇计,为项梁、项羽谋士,事详《项羽本纪》。"末将",地位低于次将,高于统领一个方面军的别将。与后世偏裨将校自我谦称的末将义有不同。 [4]"关中",所指范围大小不一,一般指函谷关以西,散关以东。秦统一六国以前,长期占据关中一带,因此通称故秦地

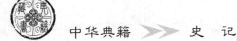

为关中。"王",用作动词。"之",代词,指关中。"王之",为王于关中。

【译文】 赵多次请求救援,楚怀王就以宋义为上将军,项羽为次将,范增为末将,北上救赵。命令沛公西出略地,打入关中。同将领们约定:先攻入关中的,就封在关中做王。

当是时,秦兵强,常乘胜逐北,[1]诸将莫利先入关。独项羽怨秦破项梁军,奋,愿与沛公西入关。怀王诸老将皆曰:"项羽为人僄悍猾贼。项羽尝攻襄城,襄城无遗类,皆阬之,诸所过无不残灭。且楚数进取,[2]前陈王、项梁皆败。不如更遣长者扶义而西,告谕秦父兄。秦父兄苦其主久矣,今诚得长者往,毋侵暴,宜可下。今项羽僄悍,今不可遣。独沛公素宽大长者,可遣。"卒不许项羽,而遣沛公西略地,收陈王、项梁散卒。乃道砀至成阳,与杠里秦军夹壁,[3]破秦二军。[4]楚军出兵击王离,大破之。[5]

【注释】〔1〕"逐北",追击败兵。〔2〕"楚",楚军,包括陈胜军和项梁军。〔3〕"杠里",在成阳西。〔4〕"破秦二军",原作"破魏二军","魏"是"秦"字之误。《汉书·高帝纪》云"攻秦军壁,破其二军",可证。〔5〕"楚军出兵击王离,大破之",秦二世三年十一月,项羽杀死上将军宋义,自为上将军,破釜沉舟,与秦军展开巨鹿之战。经多次激战,大败秦军,杀死秦将苏角,生擒王离,涉间自杀。不久,章邯率秦军二十余万投降,秦军土崩瓦解。这里所说楚军击王离,大破之,即指巨鹿之战。事详本书《项羽本纪》和《汉书·高帝纪》《项籍传》。

【译文】 这时候,秦军强盛,常常乘胜追击,众将领没有认为先入关的是有利的。唯独项羽痛恨秦打垮了项梁的军队,心中愤激,愿和沛公西进入关。怀王的老将都说:"项羽为人轻捷而凶猛,狡诈而残忍。项羽曾经攻打襄城,襄城没有留下一个活人,全都活埋了。所经过的地方,无不残杀毁灭。况且楚军多次进兵攻取,(没有获胜,)以前陈王、项梁都失败了。不如另派宽厚长者,以正义为号召,向西进发,把道理向秦父老兄弟讲清楚。秦父老兄弟苦于他们君主的统治很久了,现在如果真能得到宽厚长者去关中,不加欺凌暴虐,应该能够拿下关

中。而今项羽剽悍,不可派遣。只有沛公向来是宽大长者,可以派遣。"终于没有答应项羽,而派遣沛公西进攻取秦地。收集陈王、项梁的散兵,路经砀,到达成阳,与杠里的秦军对垒,打败了秦军的两支部队。楚军出兵攻击王离,把他的军队打得大败。

沛公引兵西,遇彭越昌邑,[1]因与俱攻秦军,战不利。还至栗,[2]遇刚武侯,[3]夺其军,可四千余人,并之。与魏将皇欣、魏申徒武蒲之军并攻昌邑,[4]昌邑未拔。西过高阳。[5]郦食其为监门,[6]曰:"诸将过此者多,吾视沛公大人长者。"乃求见说沛公。[7]沛公方踞床,[8]使两女子洗足。郦生不拜,长揖,曰:"足下必欲诛无道秦,不宜踞见长者。"于是沛公起,摄衣谢之,延上坐。食其说沛公袭陈留,得秦积粟。乃以郦食其为广野君,郦商为将,[9]将陈留兵,与偕攻开封,[10]开封未拔。西与秦将杨熊战白马,[11]又战曲遇东,[12]大破之。杨熊走之荥阳,[13]二世使使者斩以徇。南攻颍阳,[14]屠之。因张良遂略韩地辕。[15]

【注释】〔1〕"彭越",字仲,昌邑人,秦末在巨野泽(即大野泽,在今山东巨野县北)聚众千余人,响应陈胜、项梁起义,转战于梁地。因助刘邦消灭项羽,封梁王,后被族灭。事详本书《彭越列传》。"昌邑",秦县,故地在今山东金乡县西北。〔2〕"栗",秦县,故地在今河南夏邑县。〔3〕"刚武侯",姓名不详。〔4〕"皇欣",本书《秦楚之际月表》作"皇䜣"。"申徒",即司徒。〔5〕"高阳",聚邑名,故地在今河南杞县西南。〔6〕"郦食其",音 lì yì jī,高阳人,家贫,好读书,六十余见刘邦,为刘邦说客,常奉命出使诸侯,事详本书《郦生列传》。"为",原误作"谓",《郦生列传》、《汉书·高帝纪》皆作"为",今据改。"监门",本书《郦生列传》云"为里监门吏",《汉书·高帝纪》云"为里监门",此乃主管开闭里门的小吏。〔7〕"说",音 shuì,劝说。〔8〕"踞",古人席地而坐,两膝着地。踞则臀部着地,两脚向前岔开,是不礼貌的傲慢姿态。〔9〕"郦商",食其弟,陈胜起义时,商也聚众起事,归附刘邦为将,封信成君。入汉为右丞相,封涿侯,卒谥景侯。事详本书《郦商列传》。〔10〕"开封",故地在今河南开封县西南。〔11〕"白马",秦县,故地在今河南滑县东。〔12〕"曲遇",聚邑名,故地在今河南

中牟县东。 〔13〕"荥阳",故地在今河南荥阳县。〔14〕"颍阳",秦县,故地在今河南许昌市西南。〔15〕"张良",字子房,韩国贵族后裔。秦朝末年,聚众归刘邦,游说项羽立韩贵族成为韩王,张良任韩国司徒。韩王成被项羽杀害,又归刘邦,成为刘邦的重要谋士,以功封留侯,食邑于留。事详本书《留侯世家》。"辕辕",山名,在今河南偃师县东南,与巩县、登封县接界。山路险阻,周回盘曲,是有名的险道。

【译文】沛公引兵西进,在昌邑遇见彭越,就和他一起攻打秦军,这一仗没有打赢。回到栗县,遇到刚武侯,夺了他的军队,大约四千多人,(与沛公原来的队伍)合并在一起。沛公与魏将皇欣、魏申徒武蒲的军队联合攻打昌邑,昌邑没有攻下。西进路过高阳。郦食其为里监门,说:"将领们路过这里的很多,我看沛公是一个大人物,有仁厚长者的风度。"就去求见游说沛公。沛公正坐在床上,伸着两腿,让两个女子给他洗脚。郦生不下拜,深深地作了个揖,说:"足下一定要消灭残暴无道的秦朝,就不应该伸着两脚接见长者。"于是沛公站了起来,整理好衣服,向他道歉,请入上座。郦食其劝沛公袭击陈留,获得陈留积聚的粮米。沛公就以郦食其为广野君,郦商为将领,统率陈留的军队,和沛公一起攻打开封,开封没有攻下。向西与秦将杨熊在白马打了一仗,又接战于曲遇的东面,大破杨熊军。杨熊逃往荥阳,秦二世派使者斩首示众。沛公向南攻打颍阳,屠了颍阳城。依靠张良攻占了韩国的辕辕。

当是时,赵别将司马卬方欲渡河入关,〔1〕沛公乃北攻平阴,〔2〕绝河津,南,战雒阳东,〔3〕军不利,还至阳城,〔4〕收军中马骑,与南阳守齮战犨东,〔5〕破之。略南阳郡,南阳守齮走,保城守宛。沛公引兵过而西。张良谏曰:"沛公虽欲急入关,秦兵尚众,距险。〔6〕今不下宛,宛从后击,强秦在前,此危道也。"于是沛公乃夜引兵从他道还,更旗帜,黎明,围宛城三币。〔7〕南阳守欲自刭。其舍人陈恢曰:〔8〕"死未晚也。"乃逾城见沛公,曰:"臣闻足下约,先入咸阳者王之。今足下留守宛。宛,大郡之都也,连城数十,人民众,积蓄多,吏人自以为降必死,故皆坚守乘城。今足下尽日止攻,士死伤者必多,

引兵去宛,宛必随足下后,足下前则失咸阳之约,后又有强宛之患。为足下计,莫若约降,封其守,因使止守,引其甲卒与之西。诸城未下者,闻声争开门而待,足下通行无所累。"沛公曰:"善。"乃以宛守为殷侯,封陈恢千户,引兵西,无不下者。至丹水,〔9〕高武侯鳃、襄侯王陵降西陵。〔10〕还攻胡阳,〔11〕遇番君别将梅鋗,〔12〕与皆,降析、郦。〔13〕遣魏人宁昌使秦,使者未来。是时章邯已以军降项羽于赵矣。

【注释】〔1〕"司马卬",为赵将,后来项羽分封诸侯,卬为殷王,都朝歌(今河南淇县东北)。"卬","昂"的本字。〔2〕"平阴",秦县,故地在今河南孟津县东北。县境有平阴津,为黄河渡口。〔3〕"雒阳",即洛阳,故地在今河南洛阳市东北。〔4〕"阳城",故地在今河南登封县东南告成镇。〔5〕"南阳",秦郡,辖境在今河南西南部和湖北北部,在秦为大郡。治宛县,即今河南南阳市。"齮",音 yǐ,《史记》未载姓,据荀悦《汉记》姓吕。"犨",音 chōu,秦县,故地在今河南鲁山县东南。〔6〕"距",通"拒"。〔7〕"币",同"匝",环绕一周。〔8〕"舍人",战国、秦和汉初王公贵官都有舍人,为左右亲近的人,后来为私属官称。〔9〕"丹水",秦县,故地在今河南淅川县西南,南有丹水流过。〔10〕"鳃",音 sāi。姓氏不详。人们认为鳃姓戚。据本书《高祖功臣侯者年表》,戚鳃初期随从刘邦为郎,后为都尉守蕲城,以中尉封临辕侯,与刘邦至丹水投降的高武侯鳃不是一人。"王陵",刘邦同乡,早期聚众数千人,起兵南阳,后归附刘邦。入汉封安国侯,曾为右丞相。事详《汉书》本传。"西陵",汉有此县,属江夏郡,在今湖北新洲县西。南郡又有西陵,为楚要隘,在今湖北宜昌市西北。此西陵指前者。《汉书·高帝纪》《资治通鉴》二世皇帝三年皆无此二字。〔11〕"胡阳",即湖阳,故地在今河南唐河县西南湖阳镇。〔12〕"番君",又作"鄱君",即吴芮,曾为秦番阳(今江西波阳县)令,故称番君。后起义反秦,入汉封长沙王。事详《汉书》本传。"番",音 pó。"梅鋗",吴芮部将,曾跟刘邦入武关,因配合项羽作战有功,项羽分封诸侯王时,被封为十万户侯。"鋗",音 juān。〔13〕"析",聚邑名,故地在今河南西峡县。"郦",秦县,故地在今河南南阳市西北。

【译文】这时，赵将司马卬正要渡过黄河进入函谷关，沛公就北进攻打平阴，切断黄河渡口。向南进发，在雒阳东面交战，战斗不利，回到阳城，集中军中的骑兵，与南阳郡郡守齮战于犨东，打败了齮军。攻取南阳郡的城邑，南阳郡郡守齮逃走，退守宛县。沛公引兵绕过宛城西进。张良进谏说："沛公你虽然急于打入函谷关，但秦兵还很多，又据守险要。如今不拿下宛城，宛城守军从背后攻击，强大的秦军在前面阻挡，这是一种危险的战术。"于是沛公就在夜间率兵从另外一条道路返回，更换了旗帜，天亮时，把宛城包围了三层。南阳郡郡守想要自杀。他的舍人陈恢说："死的还早。"他就翻过城墙去见沛公，说："我听说足下接受楚怀王的约定，先攻入咸阳的称王关中。现在足下停留守在宛城。宛城是大郡的治所，连城数十，人多粮足，官吏和民众认为投降肯定被处死，所以都登城固守。如果足下整天的留在这里攻城，士卒死伤的一定很多，如果引兵离开攻城，宛城守军必然跟踪追击。足下向前则失去先入咸阳的约定，后退又有强大的宛城守军为患。为足下设想，不如约降招降，封南阳郡守官爵，让他留守，足下带领宛城士卒一道西进。许多没有攻下的城邑，听到这个消息，争先打开城门，等待足下，足下可以通行无阻。"沛公说："好。"就以南阳郡守为殷侯，封给陈恢一千户。引兵西进，没有不降服的。到达丹水，高武侯鳃、襄侯王陵在西陵投降。回军攻打胡阳，遇到番君的别将梅鋗，与他一起，迫使析县、郦县投降。派遣魏人宁昌出使秦关中，使者没有回来。这时章邯已经带领全军在赵地投降项羽了。

初，项羽与宋义北救赵，及项羽杀宋义，代为上将军，诸将黥布皆属，[1]破秦将王离军，降章邯，诸侯皆附。及赵高已杀二世，[2]使人来，欲约分王关中。沛公以为诈，乃用张良计，使郦生、陆贾往说秦将，[3]啖以利，[4]因袭攻武关，[5]破之。又与秦军战于蓝田南，[6]益张疑兵旗帜，[7]诸所过毋得掠卤，[8]秦人憙，[9]秦军解，[10]因大破之。又战其北，大破。乘胜，遂破之。

【注释】[1]"黥"，音qíng。"黥布"，即英布，六县（今安徽六安县北）人，因受过黥刑，故又称黥布。秦末率刑徒起兵，曾依附项羽，封九江王，后来归汉，封淮南王。高祖十二年，举兵反汉，战败被杀。

事详《史记》、《汉书》本传。[2]"赵高"，秦宦者，始皇时为车府令。始皇死于沙丘，赵高与丞相李斯谋立胡亥为二世皇帝。后又杀害李斯，自任丞相，专擅朝政，迫二世自杀，立子婴为秦王。子婴又杀死赵高。[3]"陆贾"，楚人，刘邦的说客，常衔命出使诸侯，著有《新语》十二篇。事详《史记》、《汉书》本传。[4]"啖"，音dǎn，引诱。[5]"武关"，在今陕西丹凤县东南。[6]"蓝田"，秦县，故地在今陕西蓝田县西。[7]"疑兵"，虚设的兵阵。"益张疑兵旗帜"，多设疑兵和旗帜，目的在于造成虚假的声势，用以迷惑敌人。[8]"卤"，通"掳"。[9]"憙"，通"喜"。[10]"解"，通"懈"。

【译文】起初，项羽和宋义北进援救赵，等到项羽杀死宋义，代替他为上将军，许多将领和黥布都从属项羽。打垮了秦将王离的军队，使章邯投降，诸侯都归附了他。等到赵高已经杀了秦二世，派人来见沛公，想要定约瓜分关中称王。沛公以为是诈骗，就采用张良的计策，派郦生、陆贾去游说秦军将领，用私利相诱，趁机袭击武关，攻破了关口。又和秦军在蓝田南面交战，增设疑兵，多树旗帜，所经过的地方不许掳掠。秦地的群众很高兴，秦军懈怠了，因此大破秦军。又在蓝田北面接战，再次打败秦军。乘胜追击，彻底打垮了秦军。

汉元年十月，[1]沛公兵遂先诸侯至霸上。[2]秦王子婴素车白马，[3]系颈以组，[4]封皇帝玺符节，[5]降轵道旁。[6]诸将或言诛秦王。沛公曰："始怀王遣我，固以能宽容；且人已服降，又杀之，不祥。"乃以秦王属吏，[7]遂西入咸阳。[8]欲止宫休舍，樊哙、张良谏，乃封秦重宝财物府库，还军霸上，召诸县父老豪桀曰："父老苦秦苛法久矣，诽谤者族，偶语者弃市。[9]吾与诸侯约，先入关者王之，吾当王关中。与父老约，法三章耳：杀人者死，伤人及盗抵罪。余悉除去秦法。诸吏人皆案堵如故。[10]凡吾所以来，为父老除害，非有所侵暴，无恐！且吾所以还军霸上，待诸侯至而定约束耳。"乃使人与秦吏行县乡邑，告谕之。秦人大喜，争持牛羊酒食献飨军士。[11]沛公又让不受，曰："仓粟多，非乏，不欲费人。"人又益喜，唯恐沛公不为秦王。

【注释】〔1〕"汉元年"，即公元前二〇六年。此年项羽分封诸侯，刘邦为汉王。"十月"，汉初沿用秦历，以十月为岁首。至汉武帝太初元年改革历法，始以正月为岁首。〔2〕"霸上"，亦作"灞上"，因地处霸水西高原上而得名，在今陕西西安市东，接蓝田县界，为古代军事要地。〔3〕"子婴"，本书《李斯列传》说是秦始皇之弟，《秦始皇本纪》说是二世之兄子。据《秦始皇本纪》记载，子婴为秦王后，和他的两个儿子谋杀赵高，可见子婴之子已是成年人。按年辈推算，秦始皇死后三年不可能有已成年的孙辈。《李斯列传》所说较为可信。子婴投降刘邦后，过了一个多月即被项羽杀死。"素车白马"，是一种丧人之服。〔4〕"组"，丝带。子婴素车白马，以组系颈，表示听命处死。〔5〕"玺"，音 xǐ，秦以前，为印的统称。自秦始，皇帝之印称"玺"。汉代皇帝、皇后、诸侯王之印皆称玺。"符"，以竹、木、铜等制成，上刻有文字，分成两半，双方各执一半，上面传达命令或调兵遣将时，双方合符以检验真假。"节"，古代使者所持，以作凭证。用竹木或金属制成，上有旄饰。〔6〕"轵"，音 zhǐ，"轵道"，亭名，在今陕西西安市东北。〔7〕"属"，音 zhǔ，交给，托付。〔8〕"咸阳"，秦都，故地在今陕西咸阳市东北。〔9〕"弃市"，一种刑法。云梦秦简记载："士五(伍)甲毋(无)子，其弟子以为后，与同居，而擅杀之，当弃市。"又载："同母异父相与奸，可(何)论？弃市。"可见秦代律令对弃市之刑有明文规定。所谓"弃市"，即在市场中当众处死，暴尸于市，表示被众人所弃。〔10〕"案堵"，即"安堵"，安居，安定。〔11〕"飨"，音 xiǎng，用酒食款待人。

【译文】汉元年十月，沛公的军队先于各路诸侯到达霸上。秦王子婴素车白马，用丝带系着脖子，封了皇帝的印玺和符节，在轵道旁投降。将领们有的主张杀死秦王。沛公说："当初楚怀王派遣我，本来是因为我能宽大容人。况且人家已经降服，又杀死人家，不吉利。"于是就把秦王交给了官吏，向西进入咸阳。沛公想要留在宫殿中休息，樊哙、张良劝说后，才封闭了秦宫的贵重珍宝、财物和库房，回军霸上。召集各县的父老、豪杰说："父老们苦于秦朝的严刑峻法已经很久了，诽谤朝政的要灭族，相聚议论的要在街市上处斩。我和诸侯们约定，先入关的在关中称王，我应当称王关中。同父老们约定，法律只有三章：杀人的处死，伤人和抢劫的处以与所犯罪相当的刑罚。其余的秦朝法律全部废除。官吏和百姓都要安居如故。我所以到这里来，是为父老们除害，不会有欺凌暴虐的行为，不

要害怕。我所以回军霸上，是等待诸侯们到来制定共同遵守的纪律。"沛公派人与秦朝官吏巡行县城乡间，告谕百姓。秦地的百姓大为高兴，争先恐后地拿出牛羊酒食款待士兵。沛公又谦让不肯接受，说："仓库的谷子很多，不缺乏，不愿破费百姓。"百姓更加高兴，唯恐沛公不做秦王。

或说沛公曰：〔1〕"秦富十倍天下，地形强。今闻章邯降项羽，项羽乃号为雍王，王关中。今则来，沛公恐不得有此。可急使兵守函谷关，〔2〕无内诸侯军，〔3〕稍征关中兵以自益，距之。"沛公然其计，从之。十一月中，项羽果率诸侯兵西，欲入关，关门闭。闻沛公已定关中，大怒，使黥布等攻破函谷关。十二月中，遂至戏。沛公左司马曹无伤闻项王怒，欲攻沛公，使人言项羽曰："沛公欲王关中，令子婴为相，珍宝尽有之。"欲以求封。亚父劝项羽击沛公。〔4〕方飨士，旦日合战。是时项羽兵四十万，号百万。沛公兵十万，号二十万，力不敌。会项伯欲活张良，〔5〕夜往见良，因以文谕项羽，〔6〕项羽乃止。沛公从百余骑，驱之鸿门，〔7〕见谢项羽。项羽曰："此沛公左司马曹无伤言之。不然，籍何以生此！"〔8〕沛公以樊哙、张良故，得解归。归，立诛曹无伤。

【注释】〔1〕"或说沛公曰"，据《楚汉春秋》，劝说沛公者为解先生。〔2〕"函谷关"，在今河南灵宝县东北，是通往关中的门户。汉武帝元鼎三年移至今新安县东，与故关相距三百里。关在谷中，深险如函，故名。〔3〕"内"，通"纳"。〔4〕"亚父"，即范增。项羽尊称范增为亚父，意谓对他的尊敬仅次于父，犹如管仲被齐桓公尊为仲父。〔5〕"项伯"，项羽的叔父，在项羽军中任左尹，入汉封为射阳侯，赐姓刘。"活张良"，使张良活下来。项伯与张良素有交谊，项伯秦时杀人，张良曾加营救，所以项伯要从刘邦宫中救出张良。〔6〕本书《项羽本纪》记载，项伯劝项羽说："沛公不先破关中，公岂敢入乎？今人有大功而击之，不义也，不如因善遇之。"这里所说"文谕项羽"即指此。〔7〕"鸿门"，在今陕西临潼县东北，现在当地人称项王营。〔8〕"生"，本书《项羽本纪》作"至"。

【译文】有人劝沛公说:"秦地比天下富足十倍,地势好。如今听说章邯投降了项羽,项羽就给了雍王的封号,称王于关中。现在即将来到关中就国,你沛公恐怕不能占有这个地方了。应赶快派兵把守函谷关,不让诸侯军进来,逐渐征集关中兵,以加强实力,抵抗诸侯兵。"沛公赞成他的计策,照着做了。十一月间,项羽果然率领诸侯军西进,想要入关,而关门闭着。听说沛公已经平定关中,大怒,派黥布等攻破了函谷关。十二月间,就到了戏水。沛公左司马曹无伤听说项王发怒,要攻打沛公,派人告诉项羽说:"沛公想要称王关中,令子婴为相,珍宝被他全部占有了。"打算以此求得封赏。亚父劝项羽进攻沛公。当时项羽饱餐士卒,准备明日会战。这时项羽兵四十万,号称百万。沛公兵十万,号称二十万,兵力敌不过项羽。恰巧项伯要救张良,夜间去见他。(回来后,)用道理劝说项羽,项羽取消了进攻沛公的计划。沛公带来了一百多骑兵,驰至鸿门,来见项羽,表示歉意。项羽说:"这是你沛公左司马曹无伤向我说的。不然,我项羽何至于做这样的事。"沛公因为樊哙、张良的缘故,得以脱身返回。回来后,立刻杀了曹无伤。

项羽遂西,屠烧咸阳秦宫室,所过无不残破。秦人大失望,然恐,不敢不服耳。
项羽使人还报怀王。怀王曰:"如约。"项羽怨怀王不肯令与沛公俱西入关,而北救赵,后天下约。乃曰:"怀王者,吾家项梁所立耳,非有功伐,何以得主约!本定天下,诸将及籍也。"乃详尊怀王为义帝,〔1〕实不用其命。

【注释】〔1〕"详",通"佯",假意,虚假。"义",名义上的。"义帝",意谓名义上的皇帝。

【译文】项羽向西进军,屠杀无辜,焚毁咸阳秦宫室,所过之处,无不遭到摧残破坏。秦地的百姓大失所望,然而心里恐惧,不敢不服从。
项羽派人回去报告楚怀王。楚怀王说:"按照原来的约定办。"项羽怨恨楚怀王不肯让他与沛公一起西进入关,而派他北上救赵,在天下诸侯争夺称王关中的约定中落在后面。他就说:"怀王这个人,我家项梁所立,没有什么功劳,凭什么主持约定。本来安定天下的,是诸位将领和我项籍。"就假意推尊楚怀王为义帝,实际上不听从他的命令。

正月,项羽自立为西楚霸王,〔1〕王梁、楚地九郡,〔2〕都彭城。负约,更立沛公为汉王,王巴、蜀、汉中,〔3〕都南郑。三分关中,立秦三将:章邯为雍王,〔4〕都废丘;〔5〕司马欣为塞王,〔6〕都栎阳;〔7〕董翳为翟王,〔8〕都高奴。〔9〕楚将瑕丘申阳为河南王,〔10〕都洛阳。赵将司马卬为殷王,〔11〕都朝歌。〔12〕赵王歇徙王代。〔13〕赵相张耳为常山王,〔14〕都襄国。〔15〕当阳君黥布为九江王,〔16〕都六。怀王柱国共敖为临江王,〔17〕都江陵。〔18〕番君吴芮为衡山王,〔19〕都邾。〔20〕燕将臧荼为燕王,〔21〕都蓟。〔22〕故燕王韩广徙王辽东。〔23〕广不听,臧荼攻杀之无终。〔24〕封成安君陈余河间三县,〔25〕居南皮。〔26〕封梅销十万户。

【注释】〔1〕"西楚",本书《货殖列传》云:"夫自淮北沛、陈、汝南、南郡,此西楚也。……彭城以东,东海、吴、广陵,此东楚也。……衡山、九江、江南、豫章、长沙,是南楚也。"西楚包举今河南东部、安徽北部、江苏西北部一带。实际上,当时项羽所占不限于这一地区。项羽建都彭城,属西楚,故以西楚为号。又《项羽本纪》张守节《正义》引孟康云:"旧名江陵为南楚,吴为东楚,彭城为西楚。"可备一说。"霸王",诸侯王的盟主,相当于春秋时期的霸王。〔2〕"九郡",历来说法不一,清梁玉绳《史记志疑》卷六认为九郡是泗水、东阳、东海、砀、薛、郯、吴、会稽、东郡。〔3〕"巴、蜀、汉中",都是秦郡。巴在今四川东部,治所在江州(故地在今四川重庆市北嘉陵江北岸)。蜀在今四川中部,治所在成都(即今四川成都市)。汉中在今陕西秦岭以南及湖北西北部,治所在南郑(即今陕西南郑县)。〔4〕"雍王",唐张守节《正义》认为"以岐州雍县为名"。〔5〕"废丘",秦县,故地在今陕西兴平县东南。〔6〕"司马欣",秦末任栎阳狱掾,帮助过项梁。曾为秦二世长史,率军从属章邯攻陈胜、项梁,后降项羽,为上将军。汉王四年,被汉军打败自杀。"塞王",司马欣封地有大河、华山为阨塞,故名。〔7〕"栎",音yuè。"栎阳",秦县,故地在今陕西临潼县东北。〔8〕"董翳",章邯的部将,曾为都尉,投降项羽。在楚、汉之争中,兵败自杀。"翳",音yì。"翟王",董翳所封,春秋时为白翟之地,故取以为号。〔9〕"高奴",秦县,故地在今陕西延安市东北。〔10〕"瑕丘",秦县，故地在今山东兖州市东北。"申阳"，原为项羽将领，汉二年投降刘邦。瑕丘申阳的封地在黄河之南，故名"河南王"。〔11〕"殷王"，司马卬封于殷商旧地，故名。〔12〕"朝歌"，为殷旧都，故地在今河南淇县。〔13〕"代"，秦郡，战国时为赵地，地域在今山西北部、河北西北部一带。项羽徙封赵王歇于代，而把赵的主要地区封给了张耳。赵王歇徙封后，都代县，即今河北蔚县东北。〔14〕"张耳"，大梁（即今河南开封市）人，陈胜起兵至陈，与陈余请兵北略赵地，先后拥立武臣、赵歇为赵王，自任丞相。项羽封他为常山王，后归附刘邦，封为赵王，汉五年卒。事详《史记》、《汉书》本传。"常山"，辖境在今河北中部、山西东部和中部。〔15〕"襄国"，即秦信都县，项羽改称襄国，故地在今河北邢台市。〔16〕"当阳君"，项梁拥立楚怀王心后，项梁号武信君，黥布号当阳君。当阳在今湖北当阳县东北。"九江"，秦郡，辖境在今江西和江苏、安徽两省长江以北、淮水以南一带。封黥布为九江王时，江苏一带已划归西楚。〔17〕"柱国"，即上柱国，战国楚国设置的官称，地位尊宠，相当于后世的相国。楚地义军沿袭楚制，仍设此官。"共"，音 gōng，姓。"临江"，地域相当于当时的南郡，即今襄樊市以南的湖北地区和四川巫山以东地区。〔18〕"江陵"，故地在今湖北江陵县。〔19〕"衡山"，吴芮封国衡山辖境在今湖北东部、湖南全部和安徽西部。境内有衡山，国名即由此而来。〔20〕"邾"，故地在今湖北黄冈县西北。〔21〕"臧荼"，初为燕王韩广部将，曾率军援赵，随项羽入关。项羽把燕地一分为二，徙故燕王韩广称王辽东，而以燕、蓟（今河北北部）封臧荼。后来臧荼背楚归汉，汉五年反叛被俘。"荼"，音 tú。〔22〕"蓟"，音 jì，秦县，故地在今北京市西南。〔23〕"韩广"，原为秦上谷郡卒史，陈胜部将武臣到邯郸自立为赵王，遣韩广带兵攻取燕地，韩广便自立为燕王，见本书《陈涉世家》。"辽东"，本秦郡，在今大凌河以东的辽宁地区。韩广所封包有今辽宁和河北东北一带。〔24〕"无终"，韩广辽东国国都，故地在今天津市蓟县。〔25〕"成安"，秦县，张守节《正义》云："成安县在颍川郡，属豫州。"故地在今河南临汝县东南。〔26〕"南皮"，故地在今河北南皮县。"成安君"，陈余封号。"陈余"，大梁人，陈胜义军到陈，与张耳请兵北略赵地，立武臣为赵王，自为大将军。后又拥立赵王歇为赵王。项羽分封诸侯王，由于陈胜在南皮，未随项羽入关，便仅以南皮旁三县封陈余。汉三年，陈余被韩信、张耳攻杀。事详《史记》、《汉书》本传。"河间"，汉高祖时为郡，郡治在乐成，即今河北献县

东南。

【译文】 正月，项羽自立为西楚霸王，在梁、楚地区的九个郡称王，建都彭城。背弃原来的约定，改立沛公为汉王，在巴、蜀、汉中称王，建都南郑。把关中瓜分为三，封立秦朝的三个将领：章邯为雍王，建都废丘；司马欣为塞王，建都栎阳；董翳为翟王，建都高奴。封楚将瑕丘申阳为河南王，建都洛阳。封赵将司马卬为殷王，建都朝歌。赵王歇迁徙代地称王。封赵将张耳为常山王，建都襄国。封当阳君黥布为九江王，建都六县。封楚怀王柱国共敖为临江王，建都江陵。封番郡吴芮为衡山王，建都邾县。封燕将臧荼为燕王，建都蓟县。原来的燕王韩广迁徙辽东称王。韩广不服从，臧荼攻杀韩广于无终。封成安君陈余河间三县，住在南皮。封给梅鋗十万户。

四月，兵罢戏下，〔1〕诸侯各就国。汉王之国，项王使卒三万人从，楚与诸侯之慕从者数万人，从杜南入蚀中。〔2〕去辄烧绝栈道，〔3〕以备诸侯盗兵袭之，〔4〕亦示项羽无东意。至南郑，诸将及士卒多道亡归，士卒皆歌思东归。韩信说汉王曰：〔5〕"项羽王诸将之有功者，而王独居南郑，是迁也。〔6〕军吏士卒皆山东之人也，〔7〕日夜跂而望归，〔8〕及其锋而用之，可以有大功。天下已定，人皆自宁，不可复用。不如决策东乡，〔9〕争权天下。"

【注释】〔1〕"戏"，音 huī，通"麾"，用以指挥军队的大旗。"戏下"，在主帅的旌麾之下。也有人认为"戏"即戏水。"戏下"即戏水之下，与"洛下"同例。〔2〕"杜"，秦县，故地在今陕西西安市东南。"蚀中"，杜县南通往汉中的谷道。有人认为就是子午谷，在今西安市南。〔3〕"栈道"，在悬崖绝壁上，凿石架木修成的通道，也叫阁道。〔4〕"盗兵"，盗贼之兵。〔5〕"韩信"，淮阴（今江苏淮阴市西南）人，先从项羽，后归刘邦，拜为大将军。曾自立为齐王，刘邦徙封他为楚王，后降封淮阴侯。高祖十一年，反汉被杀。事详《史记》、《汉书》本传。〔6〕"迁"，有罪被徙。秦时多把犯罪人迁处僻远的巴、蜀地，刘邦被封在巴、蜀，都南郑，所以韩信有"是迁也"之言。〔7〕"山东"，秦、汉时指崤山或华山以东，与关东所指地域略同。〔8〕"跂"，音 qǐ，

通"企",《汉书·高帝纪》作"企"。踮起脚跟,形容盼望殷切。〔9〕"乡",通"向"。

【译文】 四月,在项羽旌麾之下罢兵散归,诸侯各自回到封国。汉王回国,项王派兵三万跟随,楚国和其他诸侯国的士卒仰慕汉王而追从的有几万人。他们从杜县南面进入蚀中,离开后烧断栈道,以防备诸侯军和匪徒的袭击,也向项羽表示没有东进的意图。到达南郑,那些将领和士卒很多在中途逃亡回去,士卒都唱着歌,想要回到东方。韩信劝汉王说:"项羽封诸将有功的为王,而大王独自被封在南郑,这实际上是贬徙。军中官吏和士卒都是崤山以东的人,日夜跂踵盼望回家乡。乘他们气势旺盛时加以利用,可以建立大的功业。等到天下已经平定,人人都自然安下心来,就不能再利用了。不如决策向东进军,争夺天下大权。"

项羽出关,使人徙义帝。曰:"古之帝者地方千里,必居上游。"乃使使徙义帝长沙郴县,〔1〕趣义帝行,〔2〕群臣稍倍叛之,〔3〕乃阴令衡山王、临江王击之,杀义帝江南。〔4〕项羽怨田荣,〔5〕立齐将田都为齐王。〔6〕田荣怒,因自立为齐王,杀田都而反楚;〔7〕予彭越将军印,令反梁地。〔8〕楚令萧公角击彭越,〔9〕彭越大破之。陈余怨项羽之弗王己也,令夏说说田荣,〔10〕请兵击张耳。齐予陈余兵,击破常山王张耳,张耳亡归汉。迎赵王歇于代,复立为赵王。赵王因立陈余为代王。项羽大怒,北击齐。

【注释】 〔1〕"长沙",秦郡,辖境在今资水以东的湖南地区、广东西北和广西东北部分地区。"郴县",长沙郡属县,故地在今湖南郴县。"郴",音chēn。〔2〕"趣",音cù,催促。〔3〕"倍",通"背"。〔4〕"杀义帝江南",本书《项羽本纪》云杀义帝江中。又本书《黥布列传》记载,高祖元年四月,项羽把义帝迁至长沙郡,暗中派九江王黥布等攻击义帝。八月,黥布派部将追杀义帝于郴县。可见接受项羽命令杀害义帝的有衡山王、临江王、九江王三人,直接杀死义帝的是九江王部将,与此皆略有不同。〔5〕"田荣",齐国贵族后裔。陈胜起义后,田儋自立为齐王,被秦将章邯所杀。田假继立,田荣逐假,另立儋子市。假逃归楚,荣怨项梁保护田假,不肯发兵助楚。因此,"项羽怨田荣"。《项羽

本纪》也说,项羽分封诸侯王时,由于田荣"数负项梁,又不肯将兵从楚击秦,以故不封"。〔6〕"田都",田假部将,因随从项羽救赵,入关,所以被封为齐王。事详本书《项羽本纪》、《田儋列传》。〔7〕"杀田都而反楚",据本书《田儋列传》,项羽分封诸侯,以田市为胶东王,田安为济北王,田都为齐王,三分齐地。田荣未得为王,遂发兵击田都,田都逃归于楚。田荣所杀乃田市、田安。〔8〕"予彭越将军印,令反梁地",据《汉书·彭越传》,汉派人赐彭越将军印。项羽入关时,彭越率众居巨野泽(即大野泽,在今山东巨野县北)中,未随项羽入关。项羽分封诸侯,彭越不得封。因此,赐予彭越将军印,在梁地反楚。〔9〕"萧公角","角"是名,曾为萧县(即今安徽萧县西北)令,当时令称公。〔10〕"夏说",陈余为代王时,夏说为代相。汉高祖二年后九月,被韩信所擒杀。"说",音yuè。

【译文】 项羽出了函谷关,派人迁徙义帝。说:"古代做帝王的统辖千里见方的土地,必须居住上游。"就派使者把义帝迁徙到长沙郴县,催促义帝快走。群臣渐渐地背叛了义帝,项羽就暗地里让衡山王、临江王袭击他,把义帝杀死在江南。项羽怨恨田荣,封齐将田都为齐王。田荣恼怒,自立为齐王,杀死田都,反叛项楚,把将军印给予彭越,让他在梁地起兵反楚。楚派萧公角攻打彭越,彭越大败萧公角。陈余怨恨项羽不封自己为王,派夏说游说田荣,借兵攻打张耳。齐借兵给陈余,击败了常山王张耳,张耳逃跑归附了汉王。陈余从代接回赵王歇,又立为赵王,赵王就封陈余为代王。项羽大怒,出兵北向击齐。

八月,汉王用韩信之计,从故道还,〔1〕袭雍王章邯。邯迎击汉陈仓,雍兵败,还走;止战好畤,〔2〕又复败,走废丘。汉王遂定雍地。东至咸阳,引兵围雍王废丘,而遣诸将略定陇西、北地、上郡。〔3〕令将军薛欧、王吸出武关,〔4〕因王陵兵南阳,以迎太公、吕后于沛。楚闻之,发兵距之阳夏,〔5〕不得前。令故吴令郑昌为韩王,〔6〕距汉兵。

【注释】 〔1〕"故道",道路名,又称陈仓道。此道从陈仓(今陕西宝鸡市东)始,西南经散关,沿故道水(嘉陵江上游)谷道至凤县折向东南进入褒谷,出抵汉中。〔2〕"好畤",故地在今陕西乾县东。

"畤",音 zhì。〔3〕"陇西",秦郡,辖境在今甘肃东南部。"北地",秦郡,辖有今甘肃东北部、宁夏回族自治区东南部和内蒙古自治区、陕西的部分地区。"上郡",秦郡,辖境在今陕西北部和内蒙古自治区黄河河套以南一带。〔4〕"薛欧",以舍人身分随从刘邦在丰邑起兵,后为郎中。升任将军,由于击项羽、钟离眛有功,封为广平侯。"王吸",以中涓随从刘邦起兵丰邑,后为骑郎将、将军,因为击项羽有功,封清阳侯。均见本书《高祖功臣侯者年表》。〔5〕"阳夏",秦县,故地在今河南太康县。"夏",音 jiǎ。〔6〕"郑昌",项羽早年在吴县时,郑昌为县令,见本书《韩王信列传》。

【译文】八月,汉王用韩信的计策,从故道回军,袭击雍王章邯。章邯在陈仓迎击汉军,雍王兵败退走,在好畤停下来接战,又失败了,逃到废丘。汉王随即平定了雍地。向东到达咸阳,率军围困雍王于废丘,而派遣将领攻占了陇西、北地、上郡。派将军薛欧、王吸出武关,借助王陵驻扎在南阳的兵力,迎接太公、吕后于沛县。楚听到这一消息,出兵在阳夏阻挡,汉军不能前进。楚让原吴县县令郑昌为韩王,抵抗汉军。

二年,汉王东略地,塞王欣、翟王翳、河南王申阳皆降。韩王昌不听,使韩信击破之。〔1〕于是置陇西、北地、上郡、渭南、河上、中地郡;〔2〕关外置河南郡。〔3〕更立韩太尉信为韩王。〔4〕诸将以万人若一郡降者,封万户。缮治河上塞。〔5〕诸故秦苑囿园池,〔6〕皆令人得田之。正月,虏雍王弟章平。大赦罪人。

【注释】〔1〕"韩信",此为韩王信,与淮阴侯韩信不是一人。韩王信是战国韩襄王后裔,将兵随刘邦入武关。刘邦封汉王,又从入汉中。刘邦还定三秦,先拜信为韩太尉,击降韩王郑昌后,信被立为韩王。事详《史记》、《汉书》本传。〔2〕"渭南、河上、中地郡",即后来的京兆、左冯翊、右扶风三郡,位处西汉京畿地区,辖境在今陕西中部。〔3〕"河南郡",辖地在今河南西北部,治所在雒阳。〔4〕"太尉",掌管王国中的军事。〔5〕"河上塞",指河上郡北部与匈奴接壤处修筑的防御工事,用来防备匈奴。〔6〕"苑囿",畜养鸟兽,种植林木的地方,多用来供上层统治者游猎。"囿",音 yòu。

【译文】二年,汉王东出略取城邑,塞王司马欣、翟王董翳、河南王申阳都投降了。韩王郑昌不愿归附,汉王派韩信打败了他。于是设置了陇西、北地、上郡、渭南、河上、中地各郡,关外设置了河南郡。改立韩太尉信为韩王。将领中以一万人或一郡投降的,封给一万户。整修河上郡内的长城。各处原来的秦朝苑囿园池,都让百姓开垦耕种。正月,俘虏了雍王的弟弟章平。大赦有罪的人。

汉王之出关至陕,〔1〕抚关外父老,还,张耳来见,〔2〕汉王厚遇之。

【注释】〔1〕"陕",秦县,故地在今河南三门峡市西。〔2〕"张耳来见",据本书《张耳陈余列传》,张耳被陈余击败后,投奔刘邦,在废丘谒见刘邦。《资治通鉴》系此事于汉王二年十月。

【译文】汉王出函谷关到达陕县,抚慰关外父老,回来后,张耳来见,汉王给了他优厚的待遇。

二月,令除秦社稷,更立汉社稷。〔1〕

【注释】〔1〕"社稷",帝王祭奉的土神和谷神,作为国家的象征。古代新政权代替异姓旧政权时,都要更易社稷。

【译文】二月,下令废掉秦社稷,改立汉社稷。

三月,汉王从临晋渡,〔1〕魏王豹将兵从。〔2〕下河内,〔3〕虏殷王,置河内郡。〔4〕南渡平阴津,至雒阳。新城三老董公遮说汉王以义帝死故。〔5〕汉王闻之,袒而大哭。〔6〕遂为义帝发丧,临三日。〔7〕发使者告诸侯曰:"天下共立义帝,北面事之。〔8〕今项羽放杀义帝于江南,大逆无道。寡人亲为发丧,诸侯皆缟素。〔9〕悉发关内兵,收三河士,〔10〕南浮江汉以下,〔11〕愿从诸侯王击楚之杀义帝者。"

【注释】〔1〕"临晋",关名,又名蒲关、蒲津关、河关,在今陕西大荔县黄河西岸,关下有黄河渡口,自古以来为秦晋间山河要隘。〔2〕"魏王豹",魏公子宁陵君咎之弟。陈胜攻占魏地,立咎为魏王,后咎被秦章邯打败自杀。豹又再起,收复魏地,继立为魏王。项羽分封诸侯，自己想占有魏地，便徙封豹为西魏王，建都平阳，引起魏豹的不满，终于背楚降汉，汉王从临晋渡黄河，魏豹带兵跟随。事详《史记》《汉书》本传。〔3〕"河内"，黄河以北地区的统称，这里指今河南黄河以北的地域。〔4〕"河内郡"，辖有今河南北部，治怀县，即今河南武陟县西南。〔5〕"新城"，汉初所置县，故地在今河南伊川县西南。"三老"，掌管一乡教化的地方官吏。"遮说"，拦住游说。董公的游说之辞见《汉书·高帝纪》。〔6〕"袒"，音 tǎn，裸露。这里指脱去衣袖，裸露左臂，为古代丧礼中的一种仪节。〔7〕"临"，众人哭吊。〔8〕"北面"，古代人君南向而坐，臣子朝见则面向北。〔9〕"缟"，音 gǎo，未经染色的绢。"缟素"，服丧时穿的白色衣服。〔10〕"三河"，河南、河东、河内。〔11〕"江汉"，长江、汉水。

【译文】三月，汉王从临晋关渡过黄河，魏王豹率兵随从，攻下河内，俘虏了殷王，设置河内郡。向南渡过平阴津，到达雒阳。新城三老董公拦住汉王，用义帝死这件事游说汉王。汉王听了，袒臂大哭。于是为义帝发丧，哭吊三天。派遣使者通告诸侯说："天下共同拥立义帝，对他北面称臣。现在项羽把义帝放逐、击杀于江南，大逆无道。我亲自为他发丧，诸侯都要穿白色丧服。调发全部关内的兵力，征集三河的士卒，浮江汉南下，愿意跟随各诸侯王讨伐楚国杀害义帝的人。"

是时项王北击齐，田荣与战城阳。田荣败，走平原，〔1〕平原民杀之。齐皆降楚。楚因焚烧其城郭，系虏其子女。〔2〕齐人叛之。田荣弟横立荣子广为齐王，齐王反楚城阳。项羽虽闻汉东，既已连齐兵，欲遂破之而击汉。汉王以故得劫五诸侯兵，〔3〕遂入彭城。项羽闻之，乃引兵去齐，从鲁出胡陵，〔4〕至萧，与汉大战彭城灵壁东睢水上，〔5〕大破汉军，多杀士卒，睢水为之不流。乃取汉王父母妻子于沛，置之军中以为质。当是时，诸侯见楚强汉败，还皆去汉复为楚。塞王欣亡入楚。

【注释】〔1〕"平原"，县名，故地在今山东平原县西南。〔2〕"系"，縶缚。"係虏"，执缚掳掠。〔3〕"五诸侯"，史书没有明确记载，历来说法纷纭，《汉书·高帝纪》颜师古注认为是常山王张耳、河南

王申阳、韩王郑昌、魏王豹、殷王司马卬，后人多持有异议。〔4〕"鲁"，秦县，故地在今山东曲阜县。〔5〕"灵壁"，位于彭城西南，故地在今安徽淮北市西南，不是现在的灵璧县。"睢水"，即濉河，古代鸿沟支脉之一，故道自今河南开封县东从鸿沟分出，流经河南东部、安徽西北部，到江苏宿迁县西，注入泗水，今多淤断。"睢"，音 suī。

【译文】当时项王北进攻打齐国，田荣和他战于城阳。田荣兵败，逃到平原，平原的百姓杀了他，齐地都投降了楚国。楚兵焚烧齐人的城郭，掳掠他们的子女，齐人又反叛楚国。田荣的弟弟田横立田荣的儿子田广为齐王，齐王在城阳反楚。项羽虽然闻知汉军东进，但既然已经与齐军交战，就想打垮齐军之后迎击汉军。汉王利用这个机会劫取了五诸侯的兵力，进入彭城。项羽听到这一消息，就带兵离开齐，由鲁地出胡陵，抵达萧县，与汉军在彭城灵壁东面的睢水上激战，大败汉军，杀死了很多士卒，（由于尸体的堵塞，）睢水都不能流通了。楚军从沛县掳取了汉王的父母妻子，放在军中作为人质。这个时候，诸侯看到楚军强盛，汉军败退，又都离汉归楚。塞王司马欣也逃到楚国。

吕后兄周吕侯为汉将兵，〔1〕居下邑。汉王从之，稍收士卒，军砀。汉王乃西过梁地，至虞。〔2〕使谒者随何之九江王布所，〔3〕曰："公能令布举兵叛楚，项羽必留击之。得留数月，吾取天下必矣。"随何往说九江王布，布果背楚。楚使龙且往击之。〔4〕

【注释】〔1〕"周吕侯"，即吕泽，"周吕"是他的封号。汉高祖六年，吕泽始封周吕侯，立三年卒。当时吕泽尚未封周吕侯，这是修史者追书之辞。〔2〕"虞"，县名，故地在今河南虞城县北。〔3〕"谒者"，为国君掌管传达事务的官员，始设于春秋、战国时，秦、汉沿置。汉代郎中令下的属官谒者职掌宾赞礼仪。"随何"，刘邦手下的儒者，汉统一天下后，以游说黥布有功，任护军中尉。他游说黥布经过，本书《黥布列传》记述较详，可参阅。〔4〕"龙且"，项羽的骁将，被韩信所杀。"且"，音 jū。

【译文】吕后的哥哥周吕侯为汉带领一支军队，驻扎在下邑。汉王到他那里，渐渐收集士卒，驻军在砀县。汉王西行经过梁地，到了虞县，派谒者随何到九江王黥布那里，汉王说："你能让黥布举兵

叛楚,项羽必定留下来攻打他。如果能够滞留几个月,我一定可以取得天下。"随何去说服九江王黥布,黥布果然背叛了楚国,楚国派龙且去攻打他。

汉王之败彭城而西,行使人求家室,家室亦亡,不相得。败后乃独得孝惠,六月,立为太子,大赦罪人。令太子守栎阳,诸侯子在关中者皆集栎阳为卫。[1]引水灌废丘,废丘降,章邯自杀。更名废丘为槐里。于是令祠官祀天地四方上帝山川,以时祀之。兴关内卒乘塞。

【注释】[1]"诸侯子",谓诸侯国人。下文云,汉高祖五年,"诸侯子在关中者复之十二岁",所说"诸侯子"与此同义。

【译文】汉王兵败彭城后向西撤退,行军中派人寻找家属,家属也逃走了,没有互相碰见。战败后就只找到了孝惠帝,六月,立他为太子,太赦罪人。命令太子驻守栎阳,诸侯国人在关中的都集中在栎阳守卫。引水灌废丘,废丘投降,章邯自杀。把废丘改名为槐里。于是命令祠官祭祀天、地、四方、上帝、山川,以后按时致祭。征发关内士卒登城守卫边塞。

是时九江王布与龙且战,不胜,与随何间行归汉。[1]汉王稍收士卒,与诸将及关中卒益出,[2]是以兵大振荥阳,破楚京、索间。[3]

【注释】[1]"间",音 jiàn,小路。"间行",从小路走,秘密前往。 [2]"关中卒",《汉书·高帝纪》记载,五月,汉王屯荥阳,萧何把关中不符合服兵役年龄的老弱全部加以征调,去到荥阳作战。"关中卒"即指萧何这次征调的服役人员。 [3]"京",秦县,故地在今河南荥阳县东南。"索",即索亭,在京县境内,故地在今河南荥阳县。

【译文】这时九江王黥布与龙且作战,没有取胜,和随何潜行归汉。汉王渐渐地征集了一些士卒,加上各路将领和关中兵的增援,因此军势大振于荥阳,在京、索之间击破了楚军。

三年,魏王豹谒归视亲疾,至即绝河津,反为楚。汉王使郦生说豹,豹不听。汉王遣将军韩信击,大破之,虏豹。遂定魏地,置三郡,曰河东、太原、上党。[1]汉王乃令张耳与韩信遂东下井陉击赵,[2]斩陈余、赵王歇。其明年,立张耳为赵王。

【注释】[1]"河东",辖境在今山西沁水以西,霍山以南。"太原",辖境在今山西霍山以北,句注山以南。"上党",辖境在今山西和顺县、榆社县以南,沁水流域以东。 [2]"井陉",秦县,故地在今河北井陉县西北,境内井陉山上有井陉关,为军事要地。

【译文】三年,魏王豹请假回去省视父母的疾病,到了魏地就断绝了黄河渡口,叛汉归楚。汉王使郦生劝说魏豹,魏豹不听。汉王派遣将军韩信进攻魏豹,大破魏军,俘虏了魏豹,于是平定了魏地,设置了三个郡,名叫河东、太原、上党。汉王命令张耳和韩信向东攻下井陉,进击赵地,杀了陈余、赵王歇。第二年,封张耳为赵王。

汉王军荥阳南,筑甬道属之河,[1]以取敖仓。[2]与项羽相距岁余。项羽数侵夺汉甬道,汉军乏食,遂围汉王。汉王请和,割荥阳以西者为汉。项王不听。汉王患之,乃用陈平之计,[3]予陈平金四万斤,[4]以间疏楚君臣。于是项羽乃疑亚父。亚父是时劝项羽遂下荥阳,及其见疑,乃怒,辞老,愿赐骸骨归卒伍,[5]未至彭城而死。

【注释】[1]"甬道",两边筑有墙壁的通道,以防敌人劫夺。"属",音 zhǔ,连接,连缀。 [2]"敖仓",秦在荥阳西北敖山上修建的粮仓,储积数量庞大的粟米,地当河水、济水分流处,故址在今河南郑州市西北邙山上。 [3]"陈平",阳武(今河南原阳县东南)人,先从项羽,后归附刘邦,佐汉灭楚,以功封户牖侯、曲逆侯,惠帝、吕后、文帝时为丞相。其事详见本书《陈丞相世家》、《汉书·陈平传》。 [4]"斤",汉代一斤约等于今天的二百五十八克。 [5]"愿赐骸骨",犹言乞身。臣子事君,即以身许人,所以自己辞官等于要求人君赐予躯体。

【译文】汉王驻军在荥阳南面,修筑甬道与黄河相连,以便取用敖仓的粮食。与项羽对峙了一年多。项羽多次夺取了汉军的甬道，汉军缺少粮食，项羽于是围攻汉王。汉王请求讲和，划分荥阳以西的土地归汉。项王没有同意。汉王忧虑，就采取陈平的计策，给陈平黄金四万斤，用来离间楚国君臣。于是项羽对亚父产生了怀疑。亚父这时劝项羽乘势攻下荥阳，等到他知道已被怀疑，就很生气，推托自己年老，要求乞身引退，回家乡当老百姓。（项羽答应了，）亚父没有到达彭城就死了。

汉军绝食，乃夜出女子东门二千余人，被甲，[1]楚因四面击之。将军纪信乃乘王驾，诈为汉王，诳楚，楚皆呼万岁[2]，之城东观，以故汉王得与数十骑出西门遁。令御史大夫周苛、魏豹、枞公守荥阳。[3]诸将卒不能从者，尽在城中。周苛、枞公相谓曰："反国之王，难与守城。"因杀魏豹。

【注释】〔1〕"被"，"披"的假借字。 〔2〕"万岁"，永远存在之意。君王有嘉庆之事，臣下或民众呼"万岁"以示庆贺。 〔3〕"御史大夫"，本为秦官，地位仅次于丞相，主要负责监察、执法。当时周苛在汉任此职。"周苛"，周昌从兄，秦时为泗水（秦郡，治所在沛县，汉初改为沛郡）卒史，后归随刘邦。事迹主要见本书《张丞相列传》所附《周昌列传》、《汉书·周昌传》。"枞公"，枞为姓，音 cōng，史书未载他的名字。

【译文】汉军断绝了粮食，就在夜间从东门放出女子二千多人，披戴铠甲，楚军便四面围击。将军纪信乃坐汉王的车驾，伪装成汉王，欺骗楚军。楚军都高呼万岁，争赴城东观看，因此汉王能够与几十骑兵出西门潜逃。汉王命令御史大夫周苛、魏豹、枞公留守荥阳，将领和士卒不能随从的，都留在城中。周苛、枞公商量说："魏豹这个叛国之王，很难和他共守城池。"因此就杀死了魏豹。

汉王之出荥阳入关，收兵欲复东。袁生说汉王曰：[1]"汉与楚相距荥阳数岁，汉常困。愿君王出武关，项羽必引兵南走，王深壁，[2]令荥阳成皋间且得休。[3]使韩信等辑河北赵地，连燕齐，君王乃复走荥阳，未晚也。如此，则楚所备者多，力分，汉得休，复与之战，破楚必矣。"汉王从其计，出军宛叶间，[4]与黥布行收兵。

【注释】〔1〕"袁生"，"袁"姓，《汉书·高帝纪》作"辕"，名字不见史书。 〔2〕"壁"，营垒，"王深壁"，这是袁生劝汉王深沟高垒，不与楚战，争取时间休整部队。 〔3〕"成皋"，即春秋郑国的虎牢，汉代置为县，其地形势险要，故地在今河南荥阳县汜水镇。 〔4〕"叶"，秦县，今读 yè，旧读 shè，故地在今河南叶县南。

【译文】汉王逃出荥阳进入函谷关，收集士卒，想再次东进。袁生劝汉王说："汉与楚在荥阳相持了几年，汉军常处于困难。希望君王从武关出去，项羽肯定引兵向南行进，君王深沟高垒，让荥阳、成皋之间得到休息。派韩信等安辑黄河以北的赵地，联合燕、齐，君王再赴荥阳，也为时不晚。这样，楚军多方设防，军力分散，汉军得到休整，再与楚军作战，肯定可以打破楚军了。"汉王采纳了他的计策，出兵宛县、叶县之间，与黥布在进军中收集兵马。

项羽闻汉王在宛，果引兵南。汉王坚壁不与战。是时彭越渡睢水，与项声、薛公战下邳，[1]彭越大破楚军。项羽乃引兵东击彭越。汉王亦引兵北军成皋。项羽已破走彭越，闻汉王复军成皋，乃复引兵西，拔荥阳，诛周苛、枞公，而虏韩王信，遂围成皋。

【注释】〔1〕"项声"，项羽部将。"薛公"，楚汉相争时有两薛公。这里所说的薛公为项羽将领，被灌婴杀死。另一薛公曾为楚令尹，入汉后为夏侯婴门客。黥布反汉时，曾向汉高祖献策，封食千户，事见本书《黥布列传》、《汉书·黥布传》。"下邳"，秦县，故地在今江苏睢宁县西北。"邳"，音 pī。

【译文】项羽听说汉王在宛县，果然带兵南下。汉王坚壁固守，不和他交战。这时彭越渡过睢水，与项声、薛公战于下邳，彭越大败楚军。于是项羽率军向东攻打彭越，汉王也引兵向北驻军成皋。项羽已经取胜，赶走了彭越，得知汉军又驻扎在成皋，就又领兵西进，攻克荥阳，杀了周苛、枞公，俘虏了韩王信，于是进围成皋。

汉王跳，[1]独与滕公共车出成皋玉门，[2]北渡河，驰宿修武。[3]自称使者，晨驰入张耳、韩信壁，而夺之军。乃使张耳北益收兵赵地,使韩信东击齐。汉王得韩信军,则复振。引兵临河,南飨军小修武南,欲复战。郎中郑忠乃说止汉王,[4]使高垒深堑,勿与战。汉王听其计,使卢绾、刘贾将卒二万人,[5]骑数百,渡白马津,[6]入楚地,与彭越复击破楚军燕郭西,[7]遂复下梁地十余城。

【注释】[1]"跳",通"逃"。本书《项羽本纪》作"逃"。也有人认为"跳"是"跳跃"之"跳",义为快走。 [2]"滕公",即夏侯婴。沛县人,与刘邦一起起兵,以功封汝阴侯,高祖至文帝时,长期任太仆。早年曾为滕令,故称"滕公"。《史记》、《汉书》有传。"玉门",成皋北门。 [3]"修武",县名,故地在今河南获嘉县西南。县内有大、小修武,此为小修武,《汉书·高帝纪》云:"北渡河,宿小修武。"可为确证。大修武在小修武西,位于今河南修武县界。 [4]"郎中",侍卫官。 [5]"卢绾",沛县人,随从刘邦起兵,汉高祖五年封燕王,后投降匈奴,为东胡卢王,死在匈奴。《史记》、《汉书》有传。"绾",音wǎn。"刘贾",刘邦堂兄,汉高祖元年为将军,六年封荆王,十一年击黥布被杀。事详本书《荆燕世家》、《汉书·荆燕吴传》。 [6]"白马津",渡口名,为黄河分流处,在今河南滑县北,由于水道的变迁,现已淤塞。 [7]"燕",秦时南燕国故城,秦于此设置燕县,西汉改称南燕,故地在今河南延津县东北。"郭",外城。

【译文】汉王逃走了,单身一人与滕公同乘一辆车出了成皋的玉门,向北渡过黄河,驰至修武住了一夜。他自称为使者,早晨驰入张耳、韩信的营中,夺取了他们的军队,然后就派张耳去北边赵地更多地收集兵力,派韩信东进攻齐。汉王得到韩信的军队,军威又振作起来。率军来到黄河岸边,向南进发,在小修武南面让士卒吃饱喝足,打算与项羽再次交战。郎中郑忠劝阻汉王,让他深沟高垒,不要和项羽交锋。汉王采用了郑忠的计策,派卢绾、刘贾率兵两万人、几百个骑士,渡过白马津,进入楚地,与彭越在燕县城西又打败了楚军,随后又攻下梁地十多座城邑。

淮阴已受命东,未渡平原。[1]汉王使郦生往说齐王田广,广叛楚,与汉和,共击项羽。韩信用蒯通计,[2]遂袭破齐。齐王烹郦生,东走高密。[3]项羽闻韩信已举河北兵破齐、赵,且欲击楚,则使龙且、周兰往击之。韩信与战,骑将灌婴击,[4]大破楚军,杀龙且。齐王广犇彭越。[5]当此时,彭越将兵居梁地,往来苦楚兵,绝其粮食。

【注释】[1]"平原",黄河津渡名,通常称平原津,在今山东平原县境内。 [2]"蒯通"(即蒯彻,《史记》作者为避汉武帝刘彻讳,改"彻"作"通"),范阳(今河北定兴县南)人,是当时有名的谋士,曾为武信君武臣策划降服越地三十余城,事见《张耳列传》。"蒯通计",即劝韩信不要对齐停止进兵,应乘齐与汉讲和无备,进兵袭击,意见被韩信采纳,详见《淮阴侯列传》。 [3]"高密",县名,故地在今山东高密县西南。 [4]"灌婴",睢阳(今河南商丘县南)人,一直追随刘邦转战各地,以功封颍阴侯,文帝时曾为丞相,《史记》、《汉书》有传。[5]"犇",与"奔"字同。

【译文】淮阴侯已经接受命令向东进军,在平原没有渡过黄河。汉王派郦生去说服齐王田广,田广背叛了楚,与汉讲和,一起攻打项羽。韩信采用蒯通的计策,突然袭击,打败了齐国。齐王烹杀了郦生,向东逃到高密。项羽听到韩信已经利用黄河以北的全部兵力打垮了齐、赵,而且要攻打楚军,就派龙且、周兰前去阻击。韩信与楚交战,骑兵将领灌婴配合出击,大败楚军,杀了龙且。齐王田广投奔彭越。在这个时候,彭越领兵驻扎梁地,往来骚扰楚军,断绝它的粮食。

四年,项羽乃谓海春侯大司马曹咎曰:[1]"谨守成皋。若汉挑战,慎勿与战,无令得东而已。我十五日必定梁地,复从将军。"乃行击陈留、外黄、睢阳,下之。汉果数挑楚军,楚军不出,使人辱之五六日,大司马怒,度兵汜水。[2]士卒半渡,汉击之,大破楚军,尽得楚国金玉货赂。大司马咎、长史欣皆自刭汜水上。项羽至睢阳,闻海春侯破,乃引兵还。汉军方围钟离眜于荥阳东,[3]项羽至,尽走险阻。

【注释】[1]"曹咎",早年为蕲县狱掾,项梁因事受到栎阳县的逮捕,曹咎写信给栎阳狱掾司马欣,狱事得免,见《项羽本纪》。这时他在项羽部下

为大司马,封海春侯,与司马欣驻军成皋。〔2〕
"度",通"渡"。"汜水",发源于今河南巩县东南,流
经荥阳县界,北经成皋注入黄河。"汜",音 sì。
〔3〕"钟离眛",姓钟离,名眛,为项羽部将,项羽败死
后,逃归故友韩信,刘邦下令捕眛,被迫自杀,见《淮
阴侯列传》。"眛",音 mò。

【译文】四年,项羽对海春侯大司马曹咎说:
"谨慎防守成皋。如果汉军挑战,千万小心,不要应
战,不让汉军东进就行了。我十五天一定平定梁
地,再与将军会合。"于是就进军攻打陈留、外黄、睢
阳,都攻了下来。汉军果然屡次向楚军挑战,楚军
不肯出战。汉军派人辱骂了楚军五六天,大司马十
分气愤,让士卒渡过汜水。士卒渡过一半,汉军出
击,大败楚军,全部缴获了楚国的金玉财宝。大司
马曹咎、长史司马欣都自刎在汜水上。项羽到达睢
阳,听到海春侯兵败,就带兵返回。汉军正在荥阳
东面围攻钟离眛,项羽一到,全部撤走到险阻地带。

韩信已破齐,使人言曰:"齐边楚,权轻,
不为假王,恐不能安齐。"汉王欲攻之。留侯
曰:"不如因而立之,使自为守。"乃遣张良操
印绶立韩信为齐王。
项羽闻龙且军破,则恐,使盱台人武涉
往说韩信。〔1〕韩信不听。

【注释】〔1〕"武涉往说韩信",武涉游说之辞
见《淮阴侯列传》,大意是劝韩信叛汉联楚,与刘邦
三分天下而王。

【译文】韩信已经打垮了齐国,派人对汉王
说:"齐国靠近楚国,如果权力太小,不立为暂时代
理的国王,恐怕不能安定齐地。"汉王想要攻打韩
信。留侯说:"不如就此封他为王,让他自己防守齐
地。"汉王便派遣张良带着印绶立韩信为齐王。
项羽听到龙且的军队战败了,心里很恐惧,派
盱台人武涉前去游说韩信。韩信不肯听从。

楚汉久相持未决,丁壮苦军旅,老弱罢
转饷。〔1〕汉王项羽相与临广武之间而语。〔2〕
项羽欲与汉王独身挑战。汉王数项羽曰:
"始与项羽俱受命怀王,曰先入定关中者王
之,项羽负约,王我于蜀汉,罪一。项羽矫杀
卿子冠军而自尊,〔3〕罪二。项羽已救赵,当

还报,而擅劫诸侯兵入关,罪三。怀王约入
秦无暴掠,项羽烧秦宫室,掘始皇帝冢,〔4〕
私收其财物,罪四。又强杀秦降王子婴,罪
五。诈阬秦子弟新安二十万,〔5〕王其将,罪
六。项羽皆王诸将善地,而徙逐故主,〔6〕令
臣下争叛逆,罪七。项羽出逐义帝彭城,自
都之,夺韩王地,并王梁楚,多自予,罪八。
项羽使人阴弑义帝江南,罪九。夫为人臣而
弑其主,杀已降,为政不平,主约不信,天下
所不容,大逆无道,罪十也。吾以义兵从诸
侯诛残贼,使刑余罪人击杀项羽,何苦乃与
公挑战!"项羽大怒,伏弩射中汉王。〔7〕汉王
伤匈,〔8〕乃扪足曰:〔9〕"虏中吾指!"汉王病
创卧,张良强请汉王起行劳军,以安士卒,毋
令楚乘胜于汉。汉王出行军,病甚,因驰入
成皋。

【注释】〔1〕"罢",通"疲"。 〔2〕"广武",城
名,故址在今河南荥阳县东北广武山上。山上有东
西广武二城,相去二百步左右,中隔广武涧。
"间","涧"的假借字。 〔3〕"卿子冠军",即宋义。
"卿子"是当时人互相尊敬之辞。楚怀王派宋义率
兵救赵,为上将军,是全军中最高的将领,号为"卿
子冠军"。项羽矫杀卿子冠军事见《项羽本纪》。
〔4〕"掘始皇帝冢",经秦始皇陵考古队调查钻探,在
始皇陵只发现两个盗洞,位于陵西铜车马坑道部
位,直径九十厘米至一米,深不到九米,未能接近地
宫,整个封土的土层为秦时原状。与此处记载情况
不相符合。详见 1985 年 3 月 29 日《光明日报》。
〔5〕"新安",秦县,故地在今河南渑池县东。章邯率
军投降项羽后,在新安城南坑杀秦兵二十多万。分
封诸侯王时,降将章邯、司马欣、董翳都被裂土封
王。详见《项羽本纪》。 〔6〕"王诸将善地,而徙逐
故主",指迁徙燕王韩广为辽东王,而封燕将臧荼为
燕王;迁徙齐王田市为胶东王,而封齐将田都为齐
王;迁徙赵王歇为代王,而封张耳为常山王,称王赵
地。 〔7〕"弩",装有机关的弓。 〔8〕"匈",通
"胸"。 〔9〕"扪",音 mén,抚摸,按着。汉王伤胸
而扪足,意在稳定军心。

【译文】楚、汉长期相持,胜负未决,年青力壮
的苦于当兵打仗,年老体弱的疲于转运粮食。汉
王、项羽一同站在广武涧两边对话。项羽想跟汉王
单身挑战。汉王历数项羽的罪过说:"最初我和你

项羽都受命于怀王,说是先入关平定关中的,就在关中做王。你项羽违背约定,让我在蜀、汉做王,这是第一罪。你项羽假借怀王的命令,杀了卿子冠军,而自尊为上将军,这是第二罪。你项羽已经援救了赵地,应当返回复命,而你擅自胁迫诸侯的军队进入函谷关,这是第三罪。怀王约定到秦地不要残暴掠夺,你项羽火烧秦朝宫室,挖了始皇帝的坟墓,私自聚敛秦朝财物,这是第四罪。又硬是杀掉了秦朝投降的国王子婴,这是第五罪。在新安,用欺骗的手段坑杀了秦朝子弟二十万,而封他们的将领做王,这是第六罪。你项羽让自己的将领都在好地方做王,而迁走原来的诸侯王,使臣下争为叛逆,这是第七罪。你项羽把义帝驱逐出彭城,自己建都彭城,夺取韩王的土地,合并梁、楚称王,多划给自己土地,这是第八罪。你项羽派人在江南暗杀义帝,这是第九罪。为人臣下而杀害了他的君主,屠杀已经投降的人,执政不公允,主持约定不守信用,为天下人所不容,大逆无道,这是第十罪。我带领正义之师随从诸侯来诛除残暴的贼人,派受过刑的罪人杀死你项羽,我何苦与你挑战!"项羽大怒,埋伏的弓弩射中了汉王。汉王伤了胸部,却摸着脚说:"这个贼人射中了我的脚趾!"汉王身受创伤,卧床不起,张良请汉王勉强起来巡行慰劳士卒,以安定军心,不让楚军乘机取胜于汉。汉王出来巡视军队,伤势加重,就驱车进入成皋休养。

病愈,西入关,至栎阳,存问父老,置酒,枭故塞王欣头栎阳市。[1]留四日,复如军,军广武。关中兵益出。

【注释】〔1〕"枭",音 xiāo,砍头悬挂示众。"枭故塞王欣头栎阳市",塞王欣和大司马咎被汉军击败后,皆自刭汜水上。因为欣封塞王时,都城在栎阳,所以刘邦在栎阳市将塞王欣枭首示众。

【译文】汉王病好了,向西进入函谷关,来到栎阳,慰问父老,设酒招待。砍了塞王司马欣的脑袋,挂在栎阳街市上示众。停了四天,又回到军中,驻扎在广武。关中的兵力大举出动。

当此时,彭越将兵居梁地,往来苦楚兵,绝其粮食。田横往从之。项羽数击彭越等,齐王信又进击楚。项羽恐,乃与汉王约,中分天下,割鸿沟而西者为汉,[1]鸿沟而东者为楚。项王归汉王父母妻子,军中皆呼万岁,乃归而别去。

【注释】〔1〕"鸿沟",战国魏惠王时开凿的运河,故道从现在的河南荥阳县北引黄河水,东经中牟县北,至开封市南流,经通许县东、太康县西,由淮阳县东南注入颖水。

【译文】当时,彭越带兵驻扎梁地,来来往往地骚扰楚军,断绝它的粮食。田横前往依附彭越。项羽多次攻打彭越等人,齐王韩信又进攻楚军。项羽恐惧,就与汉王约定,平分天下,割鸿沟以西归汉,鸿沟以东归楚。项王送回了汉王的父母妻子,汉军全部高呼万岁,楚军告别汉军回到了驻地。

项羽解而东归。汉王欲引而西归,用留侯、陈平计,[1]乃进兵追项羽,至阳夏南止军,与齐王信、建成侯彭越期会而击楚军。至固陵,[2]不会。楚击汉军,大破之。汉王复入壁,深堑而守之。用张良计,[3]于是韩信、彭越皆往。及刘贾入楚地,[4]围寿春。[5]汉王败固陵,乃使使者召大司马周殷举九江兵而迎武王,[6]行屠城父,[7]随刘贾、齐梁诸侯皆大会垓下。[8]立武王布为淮南王。

【注释】〔1〕"留侯、陈平计",即劝汉王乘楚兵疲粮尽,消灭楚军,不要养虎遗患。详见本书《项羽本纪》、《汉书·高帝纪》。 〔2〕"固陵",聚落名,属阳夏县,故地在今河南太康县南。 〔3〕"张良计",即张良劝汉王答应破楚后,从陈县以东至海边分给韩信,睢阳以北至谷城分给彭越,使他们为自己的利益而作战。详见本书《项羽本纪》、《汉书·高帝纪》。 〔4〕"及",又。见吴昌莹《经词衍释》。 〔5〕"寿春",县名,故地在今安徽寿县。 〔6〕"周殷",原为楚大司马。汉高祖五年十一月,刘贾南渡淮水,围寿春,汉派人诱降周殷。见本书《项羽本纪》、《汉书·高帝纪》和《资治通鉴》。"武王",即黥布。"武王"上原有"之"字,《汉书·高帝纪》无,从文义看,当是衍文。 〔7〕"城父",聚落名,汉置县,故地在今安徽亳县东南。"父",音 fǔ。 〔8〕"随"字下原有"何"字,《汉书·高帝纪》无,根据文义,当是衍文,故删。"垓下",聚落名,故地在今安徽灵璧县东南沱河北岸。"垓",音 gāi。

【译文】项羽解兵东归。汉王想要领兵西还，后来采用留侯、陈平的计策，进兵追击项羽，到达阳夏南面收兵驻扎，与齐王韩信、建成侯彭越约定时间会合攻打楚军。到了固陵，韩信、彭越不来会合。楚军出击汉军，大败汉军。汉王又进入营垒，挖深了壕沟进行防守。汉王使用了张良的计策，于是韩信、彭越都前来会合。又有刘贾进入楚地，围攻寿春。汉王在固陵战败，就派使者去召大司马周殷，用全部的九江士卒迎接武王黥布，黥布、周殷在进军中攻下城父，大肆屠杀。他们随从刘贾和齐、梁的诸侯大会垓下。汉王封武王黥布为淮南王。

五年，高祖与诸侯兵共击楚军，与项羽决胜垓下。淮阴侯将三十万自当之，孔将军居左，[1]费将军居右，[2]皇帝在后，绛侯、柴将军在皇帝后。[3]项羽之卒可十万。淮阴先合，不利，却。孔将军、费将军纵，楚兵不利，淮阴侯复乘之，大败垓下。项羽卒闻汉军之楚歌，以为汉尽得楚地，项羽乃败而走，是以兵大败。使骑将灌婴追杀项羽东城，[4]斩首八万，遂略定楚地，鲁为楚坚守，不下。汉王引诸侯兵北，示鲁父老项羽头，鲁乃降。遂以鲁公号葬项羽谷城。[5]还至定陶，驰入齐王壁，夺其军。

【注释】[1]"孔将军"，即孔熙，韩信部将，以功封蓼侯。见本书《高祖功臣侯者年表》。《汉书·高惠高后文功臣表》作"孔聚"。张守节《正义》云："孔将军，蓼侯孔熙。"不知所据。 [2]"费将军"，即陈贺，韩信部将，以功封费侯。见本书《高祖功臣侯者年表》、《汉书·高惠高后文功臣表》。 [3]"绛侯"，即周勃，沛县人，早年随从刘邦起兵，转战四方，屡立军功，封为绛侯，食封绛县（今山西侯马市东北）八千余户。汉高祖、惠帝时曾为太尉，文帝时为丞相。其事详见本书《绛侯周勃世家》、《汉书·周勃传》。"柴将军"，即柴武，以功封棘蒲侯。 [4]"东城"，秦县，故地在今安徽定远县东南。 [5]"谷城"，聚邑名，故地在今山东平阴县西南。

【译文】五年，高祖和诸侯军一起攻打楚军，与项羽在垓下决一胜负。淮阴侯率兵三十万独当正面，孔将军布兵在左面，费将军布兵在右面，皇帝居后，绛侯、柴将军跟随在皇帝后面。项羽的士卒大约十万。淮阴侯首先会战，没有取胜，向后退却。

孔将军、费将军纵兵出击，楚军不利，淮阴侯又乘势反攻，大败项羽于垓下。项羽的士兵听到汉军中的楚国歌声，以为汉军全部占领了楚地，项羽就败退逃跑，因此楚兵全军溃败。汉王派骑兵将领灌婴追击项羽，在东城杀了他，斩首八万，于是平定了楚地。鲁县是楚国坚守城池，汉军没有攻下，汉王带领诸侯军北上，把项羽的头给鲁县父老们看，鲁县才投降了。于是就用鲁公的封号在谷城埋葬了项羽。汉王回到定陶，驰入齐王营垒，夺了他的军队。

正月，诸侯及将相相与共请尊汉王为皇帝。汉王曰："吾闻帝贤者有也，空言虚语，非所守也，吾不敢当帝位。"群臣皆曰："大王起微细，诛暴逆，平定四海，有功者辄裂地而封为王侯。大王不尊号，皆疑不信。臣等以死守之。"汉王三让，不得已，曰："诸君必以为便，便国家。"甲午，[1]乃即皇帝位泛水之阳。[2]

【注释】[1]"甲午"，二月甲午，即二月初三日。[2]"泛水"，故道在今山东曹县北，从古济水分流，东北经定陶县注入古菏泽，现已淤塞。"泛"，音 fàn。"阳"，水北和山南皆称"阳"。日本泷川资言《史记会注考证》云："今定陶西北有汉祖坛，高帝即位处。"这只是一种传说。

【译文】正月，诸侯和将相互相相约好一起请求尊崇汉王为皇帝。汉王说："我听说皇帝这一尊号属于有贤德的人，虚言浮语、空有其名的这种人是不能占有的，我不敢承受皇帝之位。"群臣都说："大王起于贫寒，诛暴讨逆，平定四海，有功的就割地封为王侯。大王不尊崇名号，大家对自己的封号都要疑虑，不敢信以为真。臣等誓死坚持大王尊称皇帝。"汉王再三谦让，迫不得已，说："大家一定以为这样有利于国家。为了对国家有利，（我只好做皇帝了。）"甲午，在泛水北面即皇帝位。

皇帝曰义帝无后，齐王韩信习楚风俗，徙为楚王，都下邳。立建成侯彭越为梁王，都定陶。故韩王信为韩王，都阳翟。[1]徙衡山王吴芮为长沙王，都临湘。[2]番君之将梅鋗有功，从入武关，故德番君。淮南王布、燕王臧荼、赵王敖皆如故。

【注释】〔1〕"阳翟",战国时曾为韩国都城,秦置县,故地在今河南禹县。 〔2〕"临湘",秦县,因临湘水得名,故地在今湖南长沙市。

【译文】皇帝说义帝没有后代,齐王韩信熟悉楚地风俗,迁徙为楚王,建都下邳。封建成侯彭越为梁王,建都定陶。原来的韩王信仍为韩王,建都阳翟。迁徙衡山王吴芮为长沙王,建都临湘。番君的将领梅铞立有战功,跟随入武关,所以皇帝感谢番君的恩德。淮南王黥布、燕王臧荼、赵王张敖都保持过去的封号。

天下大定。高祖都雒阳,诸侯皆臣属。故临江王驩为项羽叛汉,〔1〕令卢绾、刘贾围之,不下。数月而降,杀之雒阳。

【注释】〔1〕"驩",本书或作"尉",《汉书》皆作"尉"。临江王共敖之子。据本书《秦楚之际月表》和《汉书·高帝纪》记载,共尉于汉高祖五年十二月叛汉被俘。这里记为二月,不可信。"驩"字同"欢"。

【译文】天下基本平定。高祖建都雒阳,诸侯都成为高祖的属臣。原来的临江王共驩为了项羽起兵叛汉,命令卢绾、刘贾围攻共驩,没有攻克。几个月后投降了,在雒阳杀了共驩。

五月,兵皆罢归家。诸侯子在关中者复之十二岁,〔1〕其归者复之六岁,食之一岁。〔2〕

【注释】〔1〕"复",免除徭役赋税。 〔2〕"食",音 sì,供给饮食。

【译文】五月,士卒都解甲回家。诸侯国的士卒留在关中的免除徭役十二年,那些回家乡的免除徭役六年,发给粮食供养一年。

高祖置酒雒阳南宫。高祖曰:"列侯诸将无敢隐朕,〔1〕皆言其情。吾所以有天下者何?项氏之所以失天下者何?"高起、王陵对曰:〔2〕"陛下慢而侮人,项羽仁而爱人。然陛下使人攻城略地,所降下者因以予之,

与天下同利也。项羽妒贤嫉能,有功者害之,贤者疑之,战胜而不予人功,得地而不予人利,此所以失天下也。"高祖曰:"公知其一,未知其二。夫运筹策帷帐之中,决胜于千里之外,吾不如子房。〔3〕镇国家,抚百姓,给馈饷,不绝粮道,吾不如萧何。连百万之军,战必胜,攻必取,吾不如韩信。此三者,皆人杰也,吾能用之,此吾所以取天下也。项羽有一范增而不能用,此其所以为我擒也。"

【注释】〔1〕"朕",音 zhèn,我。秦以前上下都可以自称"朕",从秦始皇始规定专用作天子自称。〔2〕"高起",本书只此一见,《汉书》也仅见于《高帝纪》,事迹已不可考。有人怀疑"高起"二字是衍文。〔3〕"子房",张良的字。

【译文】高祖在雒阳南宫摆设酒席。高祖说:"各位诸侯和将领不要隐瞒我,都要说心里话。我所以能够得到天下是什么原因?项氏所以失去天下是什么原因?"高起、王陵回答说:"陛下傲慢而侮辱人,项羽仁慈而爱护人。然而陛下派人攻城略地,所招降攻占的地方就封给他,与天下人利益相共。项羽嫉贤妒能,有功的人加以陷害,贤能的人受到怀疑,打了胜仗而不论功行赏,取得了土地而不与分利,这就是他所以失去天下的原因。"高祖说:"你们知其一,不知其二。说到在帷帐中运筹划策,决胜于千里之外,我不如子房。镇守国家,安抚百姓,供给军粮,畅通粮道,我不如萧何。连兵百万,战必胜,攻必克,我不如韩信。这三个人,都是人中俊杰,我能任用他们,这是我所以取得天下的原因。项羽有一个范增而不能任用,这是他所以被我擒杀的原因。"

高祖欲长都雒阳,齐人刘敬说,〔1〕及留侯劝上入都关中,高祖是日驾,入都关中。六月,大赦天下。

【注释】〔1〕"刘敬",本姓娄,汉高祖五年,以戍卒身份求见高祖,建议西都关中,意见被高祖采纳,赐姓刘,拜为郎中,封奉春君,后又以谋议之功封为建信侯。曾主张与匈奴和亲,出使匈奴。又劝高祖徙山东六国强宗大族以充实关中。下文记载,九年徙楚昭氏、屈氏、景氏、怀氏和齐田氏于关中,

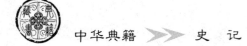

即根据刘敬的建议。《史记》《汉书》皆有传。

【译文】高祖想长期建都雒阳,齐人刘敬劝阻高祖,等到留侯说服高祖入都关中,当天高祖命驾起身,进入关中建都。六月,大赦天下。

十月,[1]燕王臧荼反,攻下代地。高祖自将击之,得燕王臧荼。即立太尉卢绾为燕王。使丞相哙将兵攻代。

【注释】[1]"十月",当作"七月"。《汉书·高帝纪》云:"秋七月,燕王臧荼反。上自将征之。九月,虏荼。"本书《秦楚之际月表》也记载:八月,"帝自将诛燕"。九月"虏荼"。《资治通鉴》与《汉书》相合。

【译文】十月,燕王臧荼反叛,攻下代地。高祖亲自统率军队攻打他,擒获了燕王臧荼,随即立太尉卢绾为燕王。派丞相樊哙领兵攻代。

其秋,利几反,[1]高祖自将兵击之,利几走。利几者,项氏之将。项氏败,利几为陈公,不随项羽,亡降高祖,高祖侯之颍川。[2]高祖至雒阳,举通侯籍召之,[3]而利几恐,故反。

【注释】[1]"利几",姓利,名几。为陈县(在今河南淮阳县)令。楚国县令称"公",所以下文云"利几为陈公"。 [2]"颍川",郡名,治阳翟。辖地在今河南中部。 [3]"举",所有,全部。"通侯",秦、汉封爵中最高的一级。本名彻侯,避汉武帝刘彻讳改称"通侯",又称"列侯"。

【译文】这年秋天,利几反叛,高祖亲自带兵攻打他,利几逃走了。利几这个人,是项氏的将领。项氏失败时,利几为陈县县令,没有跟随项羽,逃走投降了高祖,高祖封他在颍川为侯。高祖到达雒阳,根据全部通侯名籍遍召通侯,利几也被召。利几很慌惧,因此起兵反叛。

六年,高祖五日一朝太公,如家人父子礼。太公家令说太公曰:[1]"天无二日,土无二王。[2]今高祖虽子,人主也;太公虽父,

人臣也。奈何令人主拜人臣!如此,则威重不行。"后高祖朝,太公拥篲,[3]迎门却行。高祖大惊,下扶太公。太公曰:"帝,人主也,奈何以我乱天下法!"于是高祖乃尊太公为太上皇。心善家令言,赐金五百斤。

【注释】[1]"太公家令",负责服侍太公并为其掌管家事的官员。 [2]"天无二日,土无二王",孔子语,《礼记·曾子问》《坊记》都有记载。《孟子·万章上》引孔子语作"天无二日,民无二王",意思相同。 [3]"篲",音 huì,扫帚。"太公拥篲",太公手里拿着扫帚,表示亲自为高祖清扫执役,这是一种恭敬卑下的姿态。

【译文】六年,高祖五天朝见一次太公,(跪拜)如同一般百姓的父子礼节。太公家令劝诫太公说:"天无二日,地无二主。如今高祖虽然是你的儿子,但他是万民的君主;太公虽然是高祖的父亲,但属于臣下。怎么能让君主拜见臣下!这样,就使君主失去了威严和尊贵。"后来高祖朝拜太公,太公抱着扫帚,在门口迎接,倒退着行走。高祖大惊,下车搀扶太公。太公说:"皇帝是万民的君主,怎么能因为我的缘故破坏了天下的法纪!"于是高祖就尊奉太公为太上皇。高祖内心赞美家令的话,赏赐给他黄金五百斤。

十二月,人有上变事告楚王信谋反,上问左右,左右争欲击之。用陈平计,乃伪游云梦,[1]会诸侯于陈,楚王信迎,即因执之。是日,大赦天下。田肯贺,[2]因说高祖曰:"陛下得韩信,又治秦中。[3]秦,形胜之国,[4]带河山之险,县隔千里,[5]持戟百万,秦得百二焉。[6]地埶便利,[7]其以下兵于诸侯,譬犹居高屋之上建瓴水也。[8]夫齐,东有琅邪、即墨之饶,[9]南有泰山之固,西有浊河之限,[10]北有勃海之利。[11]地方二千里,持戟百万,县隔千里之外,齐得十二焉。故此东西秦也。非亲子弟,莫可使王齐矣。"高祖曰:"善。"赐黄金五百斤。

【注释】[1]"云梦",泽薮名,在南郡华容县(今湖北潜江县西南)南。 [2]"田肯",本书只此一见,《汉书》也仅见于《高帝纪》,事迹不详。 [3]

"秦中",秦朝故地,即关中。 〔4〕"形胜",地理形势优越。 〔5〕"县",通"悬"。"县隔千里",是说秦地与诸侯国隔越千里。 〔6〕"百二",百倍。古人谓"倍"为"二",《墨子·经上》云:"倍为二也。"意谓秦地比其他地方好一百倍。下文"十二",义与此同,只不过为了避免行文重复,使用了不同的说法。前人对"百二"还有各种不同的解释,如有人解为"百中之二",谓秦兵二万足当诸侯百万;又有人解为百分之二十,谓天下兵百万,秦有二十万;还有人解为一百的二倍,谓秦一百万可抵二百万,等等。 〔7〕"埶",与"势"字同。 〔8〕"建",音 jiàn,通"瀽",倾倒。"瓴",音 líng,盛水用的瓶子。"高屋之上建瓴水",从高大的屋顶上用瓶子往下倒水。另有一说,"瓴水",瓦沟。"高屋之上建瓴水",高大的屋顶上建有流水的瓦沟,水极易往下流。不论怎样解释,高屋建瓴都是用以形容居高临下的有利形势。 〔9〕"琅邪",音 láng yá,县名,故地在今山东胶南县琅邪台西北,秦时为琅邪郡郡治,汉把郡治移至东武,即今山东诸城县。"即墨",县名,故地在今山东平度县东南。琅邪、即墨近海,物产丰富。 〔10〕"浊河",即黄河。黄河水流浑浊,故称"浊河"。 〔11〕"勃",通"渤"。"勃海之利",指鱼盐之利。

【译文】十二月,有人上书告发楚王韩信谋反。高祖询问左右大臣,大臣们争着要去攻打韩信。高祖采用陈平的计策,假装巡游云梦泽,在陈县会见诸侯,楚王韩信去迎接,就乘机逮捕了他。这一天,大赦天下。田肯来祝贺,就劝高祖说:"陛下抓到韩信,又建都秦中。秦地是地理形势优越的地方,有山河之险,与诸侯国悬隔千里,持戟武士一百万,秦比其他地方好上一百倍。地势便利,从这里出兵诸侯,犹如高屋建瓴。要说那齐地,东有琅邪、即墨的富饶,南有泰山的险固,西有浊河这一天然界限,北有渤海鱼盐之利,地方二千里,持戟武士一百万,与各诸侯国悬隔千里之外,齐比其他地方好上十倍。所以这两个地方是东秦和西秦。不是陛下的亲子弟,不要派他在齐地做王。"高祖说:"好。"赏赐黄金五百斤。

后十余日,封韩信为淮阴侯,分其地为二国。高祖曰将军刘贾数有功,以为荆王,[1]王淮东。弟交为楚王,[2]王淮西。子肥为齐王,[3]王七十余城,民能齐言者皆属齐。乃论功,与诸列侯剖符行封。[4]徙韩王信太原。[5]

【注释】〔1〕"荆王",据《汉书·高帝纪》,汉高祖六年正月,把楚汉之际设置的东阳郡、鄣郡、吴郡五十三县封给刘贾,地域包括今安徽东部、浙江西北部、江苏大部。吴郡即秦会稽郡的一部分,属县阳羡(今江苏宜兴县南)境内有荆山,刘贾被封在吴地而称荆王,即取义于此。 〔2〕"交",高祖同母弟,字游。事见本书《楚元王世家》、《汉书·荆王刘贾传》。据《汉书·高帝纪》,高祖把原来的砀郡、薛县、郯郡三十六县封给刘交,地域包括今山东西南和南部、江苏东北部、安徽北部、河南东部,建都彭城。 〔3〕"肥",高祖的长子,庶出,母为曹氏。事见本书《齐悼惠王世家》、《汉书·齐悼惠王肥传》。据《汉书·高帝纪》,高祖把原来的胶东郡、胶西郡、临淄郡、济北郡、博阳郡、城阳郡七十三县封给刘肥,地域包括今山东大部。 〔4〕"列侯",彻侯。 〔5〕"太原",郡名,辖境在今山西中部。汉高祖五年,封韩王信于颍川为王,建都阳翟。因为他年壮雄武,又封在拥有劲兵的地方,高祖不放心。六年以太原郡三十一县为韩国,把韩王信迁徙于此,建都晋阳,即今山西太原市西南,由于韩王信的请求,改都马邑,即今山西朔县。见《史记》、《汉书》韩王信本传。

【译文】后来十多天,封韩信为淮阴侯,把他的封地分作两个国。高祖说将军刘贾屡建战功,封为荆王,称王淮东。弟弟刘交为楚王,称王淮西。儿子刘肥为齐王,封给七十余城,百姓中能讲齐地语言的都归属齐国。高祖论定功劳大小,与列侯剖符为信,封侯食邑。把韩王信迁徙到太原。

七年,匈奴攻韩王信马邑,[1]信因与谋反太原。白土曼丘臣、王黄立故赵将赵利为王以反,[2]高祖自往击之。会天寒,士卒堕指者什二三,遂至平城。[3]匈奴围我平城,七日而后罢去。令樊哙止定代地。立兄刘仲为代王。[4]

【注释】〔1〕"马邑",县名,为韩王信封国的都城,故地在今山西朔县。 〔2〕"白土",汉县,属上郡,故地在今陕西神木县西。"曼丘臣",姓曼丘,名臣,与王黄都是韩王信将领。韩王信以马邑降匈奴,起兵反汉,高祖率军击破韩王信,信逃入匈奴。曼丘臣、王黄立赵利为王,收集韩王信散兵,与汉为敌。事详本书《韩王信列传》。"曼",音 wàn。"赵将赵利",本书《韩王信列传》云"赵苗裔赵利",《汉书·高帝纪》云"赵后赵利",都没有说赵利为赵将。〔3〕"平城",汉县,故地在今山西大同市东北。县东北有白登山,是高祖破围之处。 〔4〕"刘仲",高祖兄弟四人,长兄伯,早卒,次兄仲,弟交。刘仲,《汉书·高帝纪》称代王喜,《史记·楚元王世家》、《吴王濞列传》、《集解》并引徐广说,云名喜,字仲。此以刘仲为代王系于七年,本书《高祖功臣侯者年表》云"六年正月立仲为代王"。

【译文】七年,匈奴在马邑攻打韩王信,韩王信就与匈奴在太原谋反。白土曼丘臣、王黄立原来的赵国将领赵利为王,反叛汉朝,高祖亲自前往讨伐。正遇上天气寒冷,士卒十人中有两三个都冻掉了手指头,终于到达了平城。匈奴在平城围困高祖,七天之后才撤兵离去。命令樊哙留下来平定代地。立哥哥刘仲为代王。

二月,高祖自平城过赵、雒阳,至长安。〔1〕长乐宫成,〔2〕丞相已下徙治长安。〔3〕

【注释】〔1〕"长安",汉高祖五年所置县,七年迁都于此,故地在今陕西西安市西北郊渭河南岸。〔2〕"长乐宫",在汉长安城内东南隅,为高祖经常视朝之处,惠帝后朝会移至未央宫,长乐宫改为太后居地。据近年考古测定,宫垣东西长约二千九百米,南北宽约二千三百米,是当时规模最宏伟的宫殿建筑。 〔3〕"已",与"以"字通。

【译文】二月,高祖从平城经过赵地、雒阳,到了长安。长乐宫已经建成,丞相以下迁到新都长安。

八年,高祖东击韩王信余反寇于东垣。〔1〕

【注释】〔1〕"东垣",秦县,汉高祖十一年改名真定,故地在今河北石家庄市东。

【译文】八月,高祖率军东去,在东垣攻打韩王信的残余叛贼。

萧丞相营作未央宫,〔1〕立东阙、北阙、前殿、武库、太仓。〔2〕高祖还,见宫阙壮甚,怒,谓萧何曰:"天下匈匈,〔3〕苦战数岁,成败未可知,是何治宫室过度也?"〔4〕萧何曰:"天下方未定,故可因遂就宫室。〔5〕且夫天子以四海为家,非壮丽无以重威,且无令后世有以加也。"高祖乃说。〔6〕

【注释】〔1〕"未央宫",在汉长安城内西南隅。《三辅黄图》卷二云:"未央宫周回二十八里。"〔2〕"阙",又称"象魏"。宫殿、祠庙、陵墓前的建筑物,通常左右各一,筑成高台,台上建造楼观。因两阙之间有空缺做为通道,故名"阙"。"前殿",据《三辅黄图》卷二记载,东西五十丈,深十五丈,高三十五丈,召见诸侯和群臣之处。"武库",主要用于储藏兵器的仓库。"太仓",储积粟谷的粮仓。 〔3〕"匈匈",字通"恟恟",扰攘不安。 〔4〕"度",法制,规定。 〔5〕"因遂",犹今言"就乘此机会"。《汉书·高帝纪》作"因以",辞义相同。"就",成。 〔6〕"说",通"悦"。

【译文】萧丞相修筑未央宫,建立东阙、北阙、前殿、武库、太仓。高祖回来,看见宫阙极为壮丽,非常生气,对萧何说:"天下喧扰不安,苦战数年,成败尚未可知,现在为什么要修建宫室过度呢?"萧何说:"正是因为天下没有安定,所以才乘这个时机建成宫室。况且天子以四海为家,宫室不壮观华丽,就不足以显示天子的尊贵和威严,并且也是为了不让后世的宫室有所超过。"于是高祖高兴了。

高祖之东垣,过柏人,〔1〕赵相贯高等谋弑高祖,〔2〕高祖心动,因不留。〔3〕代王刘仲弃国亡,〔4〕自归雒阳,废以为合阳侯。〔5〕

【注释】〔1〕"柏人",汉县,属赵国,故地在今河北隆尧县西。 〔2〕"贯高",张耳门客,后为赵王张敖丞相。汉高祖七年,高祖从平城过赵,无礼于张敖,贯高怒,密谋杀害高祖。八年,高祖率军出击韩王信余部于东垣,回军时路过赵国,贯高策划在柏人刺杀高祖未遂。事详本书《张耳列传》、《汉书·张耳传》。 〔3〕"高祖心动,因不留",据《张耳列传》记载,高祖想在柏人留宿,心脏跳动异常,问县名是什么,有人回答说是柏人。高祖说:"柏人者,迫于人也。"没有留宿就离开了柏人。这纯属附会。 〔4〕"代王刘仲弃国亡",当时匈奴攻代,刘仲不能坚守,弃国逃亡。见本书《吴王濞列传》。 〔5〕"合阳",本书《吴王濞列传》作"郃阳",县名,故地在今陕西合阳县东南。

【译文】高祖去东垣，经过柏人，赵相贯高等谋杀高祖，高祖心动异常，因而没有在柏人停留。代王刘仲弃国逃跑，自己回到雒阳，被废为合阳侯。

九年，赵相贯高等事发觉，夷三族。[1]废赵王敖为宣平侯。是岁，徙贵族楚昭、屈、景、怀、齐田氏关中。

【注释】[1]"三族"，历来解释不一，或以父族、母族、妻族为三族，或以父、子、孙为三族，或以父母、兄弟、妻子为三族。前一说较为通行。

【译文】九年，赵相贯高等策划谋杀高祖的事被发觉了，处死了他们的三族。废赵王张敖为宣平侯。这一年，把楚国贵族昭氏、屈氏、景氏、怀氏和齐国贵族田氏迁徙到关中。

未央宫成。高祖大朝诸侯群臣，置酒未央前殿。高祖奉玉卮，[1]起为太上皇寿，曰："始大人常以臣无赖，[2]不能治产业，不如仲力。今某之业所就孰与仲多？"殿上群臣皆呼万岁，大笑为乐。

【注释】[1]"卮"，音 zhī，盛酒的器具。 [2]"赖"，依恃。"无赖"，没有持以谋生的手段。

【译文】未央宫建成了。高祖大朝诸侯和群臣，在未央宫前殿摆设酒宴。高祖手捧玉制酒杯，起身给太上皇祝寿，说："当初大人常常认为我是无以谋生的二流子，不能料理产业，不如仲勤劳。如今我成就的事业与仲相比，谁的多呢？"殿上群臣都高呼万岁，大笑作乐。

十年十月，淮南王黥布、梁王彭越、燕王卢绾、荆王刘贾、楚王刘交、齐王刘肥、长沙王吴芮皆来朝长乐宫。春夏无事。

七月，太上皇崩栎阳宫。[1]楚王、梁王皆来送葬。赦栎阳囚。更命郦邑曰新丰。[2]

【注释】[1]"崩"，按照封建等级制，皇帝死称

"崩"，诸侯死称"薨"，大夫死称"卒"。"栎阳宫"，高祖为汉王时，建都栎阳，此地有秦献公修建的宫室。[2]"新丰"，汉高祖入都关中后，太上皇思念故乡，高祖就在故秦郦邑仿照丰邑营筑街巷，并迁故旧于此，求得太上皇的欢心。至此又改换了县名。故地在今陕西临潼县东北。

【译文】十年十月，淮南王黥布、梁王彭越、燕王卢绾、荆王刘贾、楚王刘交、齐王刘肥、长沙王吴芮都来长乐宫朝见。春夏无事。

七月，太上皇崩于栎阳宫，楚王、梁王都来送葬。赦免栎阳的囚犯。郦邑改名新丰。

八月，赵相国陈豨反代地。[1]上曰："豨尝为吾使，甚有信。代地吾所急也，故封豨为列侯，以相国守代，今乃与王黄等劫掠代地！代地吏民非有罪也，其赦代吏民。"九月，上自东往击之。至邯郸，上喜曰："豨不南据邯郸而阻漳水，[2]吾知其无能为也。"闻豨将皆故贾人也，[3]上曰："吾知所以与之。"乃多以金啖豨将，[4]豨将多降者。

【注释】[1]"陈豨"，宛朐（今山东菏泽县西南）人，汉高祖七年，韩王信叛入匈奴，高祖封陈豨为列侯，以赵相国身份监领赵、代边兵。赵相周昌向高祖告发陈豨招致宾客，多年拥兵在外，恐有不测。高祖召见陈豨，陈豨称病不至，自立为代王，起兵反汉。事详本书《卢绾列传》所附《陈豨列传》，又见《汉书·卢绾传》所附《陈豨传》。"豨"，音 xī。[2]"邯郸"，战国时为赵都城，汉初又为赵封国都城，故地在今河北邯郸市。"漳水"，今名漳河，源出今山西东南，流经今河北与河南交界处。 [3]"贾"，音 gǔ，商人。"商"与"贾"古代略有区别，居肆售货的叫"贾"，流动售货的叫"商"。 [4]"啖"，音 dàn，以利诱人。

【译文】八月，赵相国陈豨在代地反叛。高祖说："陈豨曾经做过我的使者，很遵守信用。代地是我所看重的地方，因此封陈豨为列侯，以相国名义守卫代地，如今竟和王黄等劫掠代地。代地的官吏和百姓并非有罪，赦免代地的吏民。"九月，高祖亲自东去攻打陈豨。到达邯郸，高祖高兴地说："陈豨不南去据守邯郸，而凭借漳水为阵，我知道他是没有本事的。"听说陈豨的将领都是过去的商人，高祖

说:"我知道该怎样对付他们了。"于是就多用黄金引诱陈豨的将领,陈豨的将领有很多投降的。

十一年,高祖在邯郸诛豨等未毕,豨将侯敞将万余人游行,王黄军曲逆,[1]张春渡河击聊城。[2]汉使将军郭蒙与齐将击,[3]大破之。太尉周勃道太原入,定代地。至马邑,马邑不下,即攻残之。

【注释】〔1〕"曲逆",汉县,故地在今河北完县东南。 〔2〕"张春",陈豨部将。"聊城",汉县,故地在今山东聊城市西北。 〔3〕"郭蒙",初为吕泽部下,入汉为将军,以功封东武侯。见本书《高祖功臣侯者年表》、《汉书·高惠高后文功臣表》。

【译文】十一年,高祖在邯郸讨伐陈豨等人还没有结束,陈豨的将领侯敞带领一万多人流动作战,王黄驻军曲逆,张春渡过黄河进攻聊城。汉派将军郭蒙与齐国的将领出击,把他们打得大败。太尉周勃从太原进军,平定代地。到了马邑,一时没有攻克,后来就把它攻打得城破人亡。

豨将赵利守东垣,高祖攻之,不下。月余,卒骂高祖,高祖怒。城降,令出骂者斩之,不骂者原之。于是乃分赵山北,[1]立子恒以为代王,都晋阳。[2]

【注释】〔1〕"分赵山北",高祖废代王刘仲为合阳侯后,封子刘如意为代王。赵王张敖因为贯高谋杀高祖事受到牵连,被废为宣平侯,徙刘如意为赵王,兼有代地。陈豨叛汉,根据当时的形势,下诏说:"代地在常山北面,与夷狄接境,赵却从山南兼有代地,相隔很远,屡遭匈奴侵犯,难以兼顾。现在划割山南太原郡的一部分土地归代国,代国云中县以西的地方为云中郡,那么代国受到匈奴的侵扰就减少了。"于是,又把赵、代分为二国,以刘恒,即后来的文帝为代王。事详《汉书·高帝纪》。 〔2〕"晋阳",故地在今山西太原市西南的晋源镇。

【译文】陈豨的将领赵利防守东垣,高祖攻打东垣,没有攻下。一个多月后,赵利的士卒辱骂高祖,高祖十分气愤。东垣投降了,命令交出辱骂高祖的人斩首处死,没有辱骂高祖的就宽恕了他们。于是划出赵国常山以北的地方,封儿子刘恒为代

王,建都晋阳。

春,淮阴侯韩信谋反关中,夷三族。

夏,梁王彭越谋反,废迁蜀;复欲反,遂夷三族。立子恢为梁王,[1]子友为淮阳王。[2]

【注释】〔1〕"恢",高祖第五子,初封梁王,吕后时徙封赵王,自杀。事见《汉书·高五王传》。〔2〕"友",高祖第六子,初封淮阳王,吕后时,赵王刘恢自杀后,徙为赵王,被吕后幽禁而死。事见《汉书·高五王传》。刘友所封淮阳国界域主要在今河南东部茨河上游南北一带。

【译文】春天,淮阴侯韩信谋反关中,处死了他的三族。

夏天,梁王彭越谋反,废除他的封号,迁徙蜀地。他又要反叛,于是就处死了他的三族。封儿子刘恢为梁王,儿子刘友为淮阳王。

秋七月,淮南王黥布反,东并荆王刘贾地,北渡淮,楚王交走入薛。高祖自往击之。立子长为淮南王。[1]

【注释】〔1〕"长",高祖第七字,汉文帝六年谋反,被废为庶人,迁徙蜀地,途中绝食身死。《史记》、《汉书》皆有传。

【译文】秋天七月,淮南王黥布反叛,向东兼并了荆王刘贾的土地,北进渡过淮水。楚王刘交跑到薛县。高祖亲自前往讨伐他,封儿子刘长为淮南王。

十二年,十月,高祖已击布军会甀,[1]布走,令别将追之。

〔1〕"会甀",音 kuài zhuì,乡名,在当时蕲县西。

【译文】十二年十月,高祖在会甀已经击败黥布的军队,黥布逃走。高祖命令别将追击他。

高祖还归,过沛,留。置酒沛宫,悉召故人父老子弟纵酒,发沛中儿得百二十人,教

之歌。酒酣，高祖击筑，[1]自为歌诗曰："大风起兮云飞扬，威加海内兮归故乡，安得猛士兮守四方！"令儿皆和习之。高祖乃起舞，慷慨伤怀，泣数行下。谓沛父兄曰："游子悲故乡。吾虽都关中，万岁后吾魂魄犹乐思沛。且朕自沛公以诛暴逆，遂有天下，其以沛为朕汤沐邑，[2]复其民，世世无有所与。"[3]沛父兄诸母故人日乐饮极驩，道旧故为笑乐。十余日，高祖欲去，沛父兄固请留高祖。高祖曰："吾人众多，父兄不能给。"乃去。沛中空县皆之邑西献。高祖复留止，张饮三日，[4]沛父兄皆顿首曰："沛幸得复，丰未复，唯陛下哀怜之。"高祖曰："丰吾所生长，极不忘耳，吾特为其以雍齿故反我为魏。"沛父兄固请，乃并复丰，比沛。于是拜沛侯刘濞为吴王。[5]

【注释】[1]"筑"，乐器。形似筝，颈细肩圆，十三弦，用竹尺击打演奏。今已失传。 [2]"汤沐邑"，据《礼记·王制》，周诸侯朝见天子，天子在王畿内赐给供住宿和斋戒沐浴的封邑叫汤沐邑。后来皇帝、皇后、公主等收取赋税的私邑也都叫汤沐邑，意谓所收赋税用汤沐之资的封邑。汉朝常赐皇后、公主汤沐邑。 [3]"与"，通"预"，参预。这里指参加服徭役。 [4]"张"，通"帐"。 [5]"刘濞"，刘仲之子，二十岁为骑将，随从高祖击破黥布，封为吴王。景帝时，他反对汉中央政府的削藩政策，发动吴、楚七国之乱，失败后逃入东越，被东越人所杀。事详《史记》、《汉书》本传。"濞"，音 bì。

【译文】高祖率军归还，路过沛县，停留下来。在沛宫摆设酒宴，把过去的朋友和父老子弟全部召集来纵情畅饮。挑选沛中儿童，得到了一百二十人，教他们唱歌。酒喝到酣畅，高祖击着筑，自己作了一首诗，唱起来："大风起兮云飞扬，威加海内兮归故乡，安得猛士兮守四方！"让儿童都跟着学唱。高祖又跳起舞，感慨伤怀，泪下数行，对沛县父兄们说："远游的人思念故乡。我虽然建都关中，千秋万岁后，我的魂魄还是愿意怀思沛县。我从做沛公开始，诛暴讨逆，终于取得了天下。用沛县作为我的汤沐邑，免除沛县百姓的徭役，世世代代不用服徭役。"沛县父老兄弟、长辈妇女、旧日朋友，天天开怀畅饮，极为欢欣，说旧道故，取笑作乐。过了十多天，高祖想要离去，沛县父老兄弟执意挽留高祖。

高祖说："我的随从人员众多，父兄们供养不起。"于是高祖就动身了。沛县百姓倾城而出，都到城西贡献牛酒。高祖又停留下来，搭起帐篷，饮宴三天。沛县父兄们都叩头请求说："沛县幸运地得到免除徭役，丰邑还没有获准免除，请陛下哀怜丰邑。"高祖说："丰邑是我生长的地方，绝不会忘记，我只是因为丰邑以雍齿的缘故反叛我而去帮助魏国，（所以才不免除它的徭役。）"沛县父兄们坚持请求，这才一并免除了丰邑的徭役，和沛县相同。封沛侯刘濞为吴王。

汉将别击布军洮水南北，[1]皆大破之，追得斩布鄱阳。[2]

【注释】[1]"洮水"，《水经注》卷三八载，洮水源出洮阳县西南大山，东北流经县南，又东流注入湘水。洮阳在今广西全州西北。"洮"，音 táo。[2]"追得斩布鄱阳"，据本书《黥布列传》，黥布与汉军交战，失败后，渡过淮水，与百余人逃至江南。黥布原与番君吴芮联姻。吴芮之子长沙哀王（哀王为吴芮之孙，哀王误，当是成王臣，成王臣系吴芮之子。《资治通鉴》卷一二尚不误）使人骗布，诱走越地。布信以为真，来到鄱阳，鄱阳人杀布。"鄱阳"，或作"番阳"。

【译文】汉军将领在洮水南北两路追击黥布的军队，都大破黥布军，在鄱阳追获杀死了黥布。

樊哙别将兵定代，[1]斩陈豨当城。[2]

【注释】[1]"樊哙别将兵定代"，此记事有误。《汉书·高帝纪》云："周勃定代。"本书《绛侯周勃世家》云："以将军从高帝击反韩王信于代。"《韩信卢绾列传》后附《陈豨列传》云："太尉勃入定太原、代地。"《资治通鉴》卷一二云："周勃悉定代郡、雁门、云中地。"是将兵定代者为周勃，而非樊哙。 [2]"斩陈豨当城"，斩陈豨者为周勃。《资治通鉴》卷一二司马光《考异》云："《卢绾传》云：'汉使樊哙击斩豨。'按斩豨者周勃，非樊哙也。""当城"，汉县，故地在今河北蔚县东北。

【译文】樊哙另带一支部队平定代地，在当城杀死了陈豨。

十一月，高祖自布军至长安。十二月，

高祖曰："秦始皇帝、楚隐王陈涉、魏安釐王、齐缗王、赵悼襄王皆绝无后，[1]予守冢各十家，秦皇帝二十家，魏公子无忌五家。"[2]赦代地吏民为陈豨、赵利所劫掠者，皆赦之。陈豨降将言豨反时，燕王卢绾使人之豨所，与阴谋。上使辟阳侯迎绾，[3]绾称病。辟阳侯归，具言绾反有端矣。[4]二月，使樊哙、周勃将兵击燕王绾。赦燕吏民与反者。立皇子建为燕王。[5]

【注释】〔1〕"楚隐王陈涉"，"隐"是陈涉的谥号。在高祖这一诏令中，诸王皆不称名，"陈涉"二字疑是后人注文窜入正文。《汉书·高帝纪》无此二字。"魏安釐王"，名圉，魏昭王之子，事详本书《魏世家》。"釐"，音 xī。"齐缗王"，名地，齐宣王之子，事详本书《田敬仲完世家》。"湣"。本书或作"缗"。"赵悼襄王"，名偃，赵孝成王之子，事详本书《赵世家》。〔2〕"魏公子无忌"，魏昭王之子，魏安釐王异母弟，封信陵君，礼贤下士，门下食客三千人，是战国著名的四公子之一。事详本书《魏公子列传》。〔3〕"辟阳侯"，即审食其，沛县人，楚汉相争时，一直随侍吕后，由此封为辟阳侯。吕后执政，官至左丞相。文帝即位后免相，被淮南王刘长击杀。〔4〕"端"，端兆，征兆。〔5〕"建"，高祖第八子，事见《汉书·高五王传》。

【译文】十一月，高祖从征讨黥布的军队中回到长安。十二月，高祖说："秦始皇帝、楚隐王陈涉、魏安釐王、齐缗王、赵悼襄王都绝嗣无后，分别给予十户人家看守坟墓，秦始皇帝二十家，魏公子无忌五家。"代地官吏和百姓被陈豨、赵利所胁迫的，全部赦免。陈豨的降将说陈豨反叛时，燕王卢绾派人去陈豨那里参预了阴谋策划。高祖派辟阳侯去接卢绾，卢绾称病不来。辟阳侯回来，详细说明了卢绾反叛已有征兆。二月，派樊哙、周勃率军出击燕王卢绾。赦免燕地官吏和百姓参加反叛的人。封皇子刘建为燕王。

高祖击布时，为流矢所中，行道病。病甚，吕后迎良医。医入见，高祖问医。医曰："病可治。"于是高祖嫚骂之曰：[1]"吾以布衣提三尺剑取天下，此非天命乎？命乃在天，虽扁鹊何益！"[2]遂不使治病，赐金五十斤罢之。已而吕后问："陛下百岁后，[3]萧相国即死，令谁代之？"上曰："曹参可。"问其次，上曰："王陵可。然陵少戆，[4]陈平可以助之。陈平智有余，然难以独任。周勃重厚少文，然安刘氏者必勃也，可令为太尉。"吕后复问其次，上曰："此后亦非而所知也。"[5]

【注释】〔1〕"嫚"，通"谩"。〔2〕"扁鹊"，姓秦，名越人，战国齐勃海鄚（今河北任丘县）人，学医于长桑君，为一代名医。张守节《正义》云："《黄帝八十一难序》云：秦越人与轩辕时扁鹊相类，仍号之为扁鹊。"本书有传。〔3〕"百岁"，古人认为人寿命长不过百岁，因此用"百岁"做为死的讳称。〔4〕"戆"，音 zhuàng，憨厚而刚直。〔5〕"而"，你。

【译文】高祖攻打黥布时，被流矢射中，行进途中得了病。病情严重，吕后请来好医生。医生进去见高祖，高祖询问医生，医生说："病可以治好。"于是高祖谩骂医生说："我以一个布衣平民，手提三尺剑取得天下，这不是天命吗？命运在天，虽有扁鹊，又有什么用处！"高祖不让医生治病，赏赐黄金五十斤，叫他离去。不久吕后问高祖："陛下百年以后，萧相国如果死了，让谁接替他？"高祖说："曹参可以。"又问其次，高祖说："王陵可以。然而王陵稍为憨直，陈平可以帮助他。陈平智慧有余，然而难以独任。周勃稳重厚道，缺少文才，但能安定刘氏天下的一定是周勃，可以让他做太尉。"吕后又问其次，高祖说："这以后也不是你所能知道的。"

卢绾与数千骑居塞下候伺，幸上病愈自入谢。

四月甲辰，[1]高祖崩长乐宫。四日不发丧。吕后与审食其谋曰："诸将与帝为编户民，[2]今北面为臣，此常怏怏，今乃事少主，非尽族是，天下不安。"人或闻之，语郦将军。[3]郦将军往见审食其，曰："吾闻帝已崩，四日不发丧，欲诛诸将。诚如此，天下危矣。陈平、灌婴将十万守荥阳，樊哙、周勃将二十万定燕、代，此闻帝崩，诸将皆诛，必连兵还乡以攻关中。大臣内叛，诸侯外反，亡可翘足而待也。"[4]审食其入言之，乃以丁未发丧，[5]大赦天下。

【注释】〔1〕"四月甲辰"，四月二十五日。此年为公元前一九五年。〔2〕"编户民"，编入户口簿籍的平民百姓。〔3〕"郦将军"，即郦商，郦食其之弟。〔4〕"翘足"，举足，抬起脚来，用以形容时间短暂。〔5〕"丁未"，四月二十八日。

【译文】卢绾和数千名骑兵停留在边塞等待着，希望高祖病好了，自己去向高祖请罪。

四月甲辰，高祖崩于长乐宫。过了四天不发丧。吕后和审食其商量说："将领们和皇帝同为编户平民，如今北面称臣，为此常常快快不乐。现在事奉年轻的皇帝，（心里会更不高兴，）不全部族灭这些人，天下不会安定。"有人听到了这个消息，告诉了郦将军。郦将军去见审食其，说："我听说皇帝已经驾崩，四天不发丧，想要诛杀将领们。如果真是这样，天下就危险了。陈平、灌婴统率十万士卒驻守荥阳，樊哙、周勃统率二十万士卒平定燕、代，这时他们听到皇帝驾崩，将领们全都被杀，必定连兵回来向关中进攻。大臣叛乱于内，诸侯造反于外，天下覆灭可以翘足而待了。"审食其进宫把这些话告诉了吕后，于是在丁未发丧，大赦天下。

卢绾闻高祖崩，遂亡入匈奴。
丙寅，〔1〕葬。己巳，〔2〕立太子〔3〕至太上皇庙。群臣皆曰："高祖起微细，〔4〕拨乱世反之正，〔5〕平定天下，为汉太祖，功最高。"上尊号为高皇帝。太子袭号为皇帝，孝惠帝也。令郡国诸侯各立高祖庙，以岁时祠。

【注释】〔1〕"丙寅"，五月十七日。《汉书·高帝纪》云"五月丙寅"。〔2〕"己巳"，五月二十日。〔3〕"立太子"，汉王二年六月已立刘盈为太子，此文有误。疑"立"字当作"皇"。"皇"字残去上半部，下半部"王"字与"立"形近易误。《汉书·高帝纪》云："五月丙寅，葬长陵。已下（谓已下棺），皇太子群臣皆反至太上皇庙。"可为佐证。〔4〕"高祖"，《汉书·高帝纪》作"帝"。梁玉绳《史记志疑》卷六云："此时群臣方议尊号，何得先称'高祖'，《汉书》作'帝'是也。"〔5〕"反"，通"返"。

【译文】卢绾听说高祖驾崩，就逃入匈奴。
丙寅，安葬了高祖。己巳，立太子为皇帝，来到太上皇庙。群臣都说："高祖起于细微平民，拨乱反

正，平定天下，是汉朝的开国始祖，功劳最高。"上尊号为高皇帝。太子袭号为皇帝，这就是孝惠帝。命令各郡和各国诸侯建立高祖庙，按照每年的时节祭祀。

及孝惠五年，思高祖之悲乐沛，以沛宫为高祖原庙。〔1〕高祖所教歌儿百二十人，皆令为吹乐，后有缺，辄补之。

【注释】〔1〕"原庙"，再立的宗庙。已在长安立庙，现又在沛立庙，故称为"原庙"。

【译文】到了孝惠帝五年，孝惠帝思念高祖回沛时的悲乐情景，就把沛宫作为高祖原庙。高祖所教唱歌的儿童一百二十人，都让他们做高祖原庙中演奏音乐的人员，以后有缺额，就立刻补上。

高帝八男：长庶齐悼惠王肥；〔1〕次孝惠，吕后子；次戚夫人子赵隐王如意；〔2〕次代王恒，已立为孝文帝，薄太后子；〔3〕次梁王恢，吕太后时徙为赵共王；次淮阳王友，吕太后时徙为赵幽王；次淮南厉王长；次燕王建。

【注释】〔1〕"庶"，庶孽，即姬妾之子。刘邦微贱时与外妇曹氏相通生刘肥，为庶出长子。〔2〕"戚夫人"，即戚姬，为高祖所宠幸。高祖死后，被吕后摧残，置于厕中，叫做"人彘"。事详本书《吕太后本纪》。〔3〕"薄太后"，即薄姬，文帝即位后，改称薄皇太后。《史记》、《汉书》皆有传。

【译文】高皇帝八个儿子：长子是庶出的齐悼惠王肥；其次是孝惠帝，吕后所生；再次是戚夫人生的赵隐王如意；再次是代王恒，已立为孝文帝，薄太后所生；再次是梁王恢，吕太后时徙为赵共王；再次是淮阳王友，吕太后时徙为赵幽王；再次是淮南厉王长；再次是燕王建。

太史公曰：夏之政忠。〔1〕忠之敝，小人以野，〔2〕故殷人承之以敬。敬之敝，小人以鬼，〔3〕故周人承之以文。〔4〕文之敝，小人以僿，〔5〕故救僿莫若以忠。三王之道若循环，终而复始。周秦之间，可谓文敝矣。秦政不

改,反酷刑法,岂不缪乎?[6]故汉兴,承敝易变,[7]使人不倦,得天统矣。朝以十月。车服黄屋左纛。[8]葬长陵。[9]

陵为名。

【注释】[1]"忠",质朴厚道。夏处于国家制度的草创时期,所以为政质朴。 [2]"野",缺少礼节。 [3]"鬼",多威仪,像服事鬼神一样。 [4]"文",文明,讲究尊卑等级。 [5]"僿",音 sài,不诚恳。 [6]"缪",通"谬"。 [7]"承敝易变",承受弊端而加以改变。此指汉初废除秦朝苛刻的法律,与民约法三章,注重恢复农业生产等措施。 [8]"黄屋",皇帝乘坐的用黄缯作车盖里子的车。"左纛",竖在车衡左方的用牦牛尾或雉尾制成的装饰物。"纛",音 dào,又音 dú。 [9]"葬长陵",梁玉绳《史记志疑》卷六云:"此是错简,当在'丙寅'句下。""长陵"为高祖的陵墓,在今陕西咸阳市秦都区窑店乡三义村。当时就陵墓所在设置新县,也以长

【译文】太史公说:夏朝的政治质朴厚道,质朴厚道的弊病在于使细民百姓粗野少礼,所以殷朝的人用恭敬而讲究威仪来承替它。恭敬而讲究威仪的弊病在于使细民百姓像奉事鬼神一样的威仪繁多,所以周朝人用讲究尊卑等级来承替它。讲究尊卑等级的弊病在于使细民百姓不能以诚相见,所以补救不能以诚相见的办法没有比以质朴厚道为政更好的了。夏、商、周三王的治国法则循环往复,终而复始。周朝和秦朝之间,可以说是讲究尊卑等级的弊病都暴露出来了。秦始皇嬴政不加以改变,反而使刑法残酷,难道不是荒谬的吗?所以汉朝兴起,面对过去的弊病,改变了治国法则,使百姓不疲倦,得到天道的规律了。规定每年十月诸侯王到京城朝见皇帝。车服有定制,皇帝的车子用黄缯做盖的里子,车衡左边竖立毛羽制成的幢。安葬高祖于长陵。

史记卷九

吕太后本纪第九

吕太后者,[1]高祖微时妃也,生孝惠帝、女鲁元太后。[2]及高祖为汉王,[3]得定陶戚姬,[4]爱幸,生赵隐王如意。[5]孝惠为人仁弱,高祖以为不类我,常欲废太子,立戚姬子如意,如意类我。戚姬幸,常从上之关东,[6]日夜啼泣,欲立其子代太子。吕后年长,常留守,希见上,益疏。[7]如意立为赵王后,几代太子者数矣,[8]赖大臣争之,[9]及留侯策,[10]太子得毋废。

【注释】〔1〕"吕太后",即汉高祖皇后,名雉。汉高祖死后,吕雉之子刘盈继位,是为惠帝,惠帝尊吕雉为太后。惠帝在位七年,其间吕雉掌握实际政权。惠帝死后,太子继位为皇帝,年幼无权,形同虚设,吕雉临朝称制。司马迁为帝王撰写本纪,吕雉虽无帝王之名,却有帝王之实,所以司马迁把吕雉列入本纪。〔2〕"鲁元太后",即鲁元公主。"鲁"为所食邑。"元",长。汉代制度,皇帝的女儿称"公主",姊妹称"长公主"。鲁元公主是惠帝之姊,故以"元公主"称之。惠帝时,齐悼惠王刘肥献城阳郡,尊鲁元公主为太后,故有鲁元太后之称。鲁元公主死后,又谥为鲁元太后,封其子张偃为鲁王。一般子封王后,母方得为太后,而鲁元公主是先为太后,子偃因母为太后而得封王。〔3〕"高祖为汉王",公元前二〇六年,项羽杀死秦王子婴后,分封诸侯,封刘邦为汉王,占有巴、蜀、汉中地区,建都南郑(今陕西南郑县)。〔4〕"定陶",在今山东定陶县西北。"戚姬","戚"为姓。"姬"为众妾之总称。〔5〕"赵隐王如意",汉高祖九年四月,刘如意立为赵王,惠帝元年为吕太后杀害。见《汉书·诸侯王表》。赵王死后谥"隐",封地赵在今河北南部,都于邯郸,在今河北邯郸市。〔6〕"关东",函谷关以

东地区。〔7〕"希",通"稀"。〔8〕"数",音 shuò,多次,屡次。〔9〕"大臣争之",汉高祖死前,围绕继承人问题,斗争颇为激烈,反对高祖废太子刘盈的有张良、叔孙通、周昌等。本书《樊哙列传》载哙欲将兵诛灭赵隐王如意和他母亲戚氏家族,可见樊哙也是反对废太子刘盈的。"争",通"诤",诤谏。〔10〕"留侯",即张良。汉初有东园公、角里先生、绮里季、夏黄公四贤人,年皆八十有余,逃匿山中,不为汉臣。汉高祖求之数岁,皆不肯至。张良为了确立刘盈的太子地位,让刘盈卑辞厚礼,迎此四贤人。后来汉高祖看到四贤人与刘盈相交游,认为刘盈羽翼已成,决定不再另立太子。这就是所谓的"留侯策"。详见本书《留侯世家》、《汉书·张良传》。

【译文】吕太后是高祖微贱时的妻子,生了孝惠帝和女儿鲁元太后。等到高祖做汉王时,在定陶得到戚姬,很是宠爱,生了赵隐王如意。孝惠帝为人仁慈柔弱,高祖认为不像自己,常常想废掉太子,另立戚姬的儿子如意,认为如意和自己相似。戚姬受到宠幸,常常跟随高祖前往关东,日夜哭泣,想立她的儿子为太子,取代原来的太子。吕后年龄大了,经常留守,很少见到高祖,关系日益疏远。如意封为赵王后,有好多次几乎取代太子,幸亏大臣们诤谏,再加上留侯的计策,太子才没有被废掉。

吕后为人刚强坚毅,辅助高祖平定天下,诛杀大臣,多是得力于吕后。吕后有两个哥哥,都是将军。大哥周吕侯殉职,封他的儿子吕台为郦侯,吕产为交侯;二哥吕释之封为建成侯。

吕后为人刚毅,佐高祖定天下,所诛大臣多吕后力。吕后兄二人,皆为将。长兄周吕侯死事,[1]封其子吕台为郦侯,[2]子产为

交侯;〔3〕次兄吕释之为建成侯。〔4〕

【注释】〔1〕"周吕侯",即吕泽,随从汉高祖起兵,汉高祖六年封周吕侯,立三年卒。惠帝元年,追谥令武侯。吕后元年,其子台为吕王,追尊周吕侯为悼武王。"周吕",封号,并非地名。梁玉绳《史记志疑》卷一一认为:"吕为姜姓,姜之先封于吕,子孙从其封姓,至周益显。意谓吕泽佐汉定天下,犹周有吕尚,故曰周吕。其后改封吕王,亦以此。""死事",死于战事或其他公事。本书仅此处云吕泽"死事"。 〔2〕"吕台为郦侯",吕台于汉高祖九年被封为郦侯。"郦",县名,在今河南南阳市西北。裴骃《集解》引徐广云:"一作'鄜'。"《汉书·外戚恩泽侯表》亦作"郦"。 〔3〕"产为交侯",吕后元年,封吕产为交侯。"交",本书《汉兴以来诸侯王年表》作"浌",《汉书·外戚恩泽侯表》作"汶"。浌为县,在今安徽固镇县东,北临浌水,即今沱河。 〔4〕"吕释之为建成侯",汉高祖六年,封吕释之为建成侯,立九年卒,谥"康",称"康王",又称"康侯"。吕后七年,其子吕禄为赵王,追尊吕释之为赵昭王。建成为县。西汉县以建成为名者有三,一属勃海郡,一属豫章郡,另一属沛郡。此为沛郡之建成,在今河南永城县东南。

【译文】吕后为人刚强坚毅,辅助高祖平定天下,诛杀大臣,多是得力于吕后。吕后有两个哥哥,都是将军。大哥周吕侯殉职,封他的儿子吕台为郦侯,吕产为交侯;二哥吕释之之封为建成侯。

高祖十二年四月甲辰,〔1〕崩长乐宫,〔2〕太子袭号为帝。是时高祖八子:长男肥,〔3〕孝惠兄也,异母,肥为齐王;余皆孝惠弟,戚姬子如意为赵王,薄夫人子恒为代王,〔4〕诸姬子子恢为梁王,〔5〕子友为淮阳王,〔6〕子长为淮南王,〔7〕子建为燕王。〔8〕高祖弟交为楚王,〔9〕兄子濞为吴王。〔10〕非刘氏功臣番君吴芮子臣为长沙王。〔11〕

【注释】〔1〕"四月甲辰",四月二十五日。〔2〕"崩",按照封建等级制度,皇帝死曰"崩",诸侯死曰"薨",大夫死曰"卒"。"长乐宫",在汉长安城内东南隅,为高祖经常视朝之处。据近年考古成果测定,宫垣东西长约二千三百米,是当时规模最宏伟的宫殿建筑。〔3〕"肥",母曹氏,汉高祖六年封

为齐王,惠帝六年卒,谥"悼惠",所以称"齐悼惠王"。事详本书《齐悼惠王世家》、《汉书·高五王传》。肥的封地齐在今山东北部、东部地区,凡七十余城。都于临淄,在今山东淄博市东北旧临淄县。 〔4〕"薄夫人",汉文帝刘恒之母。刘恒为代王时,薄夫人为王太后。刘恒后即皇帝位,薄夫人为皇太后。事详本书《外戚世家》、《汉书·外戚传》。汉代制度,皇帝的正妻称皇后,妾皆称夫人。"代王",汉高祖十一年,刘恒为代王,封地在今山西北部和河北西北部,都于中都,在今山西平遥县西南。 〔5〕"恢",汉高祖十一年,梁王彭越被诛,立刘恢为梁王。吕后七年,徙王赵,六月自杀。事详《汉书·高五王传》。恢的封地梁在今安徽北端和河南中部的东端,都于睢阳,在今河南商丘县南。 〔6〕"友",汉高祖十一年,刘友立为淮阳王。惠帝元年,赵王如意被吕后杀害,刘友徙王赵,吕后七年卒。事详《汉书·高五王传》。友的封地淮阳国界域主要在今河南东部茨河上游南北一带,都于陈,在今河南淮阳县。 〔7〕"长",汉高祖十一年,淮南王黥布反叛,立刘长为淮南王。汉文帝时,骄恣不法,因谋反被废徙蜀地,至雍(今陕西凤翔县南)而死。事详本书《淮南列传》、《汉书·淮南王传》。长的封地淮南国在今安徽中部地区,都于寿春,在今安徽寿县。 〔8〕"建",汉高祖十一年,燕王卢绾逃入匈奴。十二年,立刘建为燕王,吕后七年卒。事详《汉书·高五王传》。建的封地燕在今河北北部和中部部分地区,都于蓟,在今北京市西南。 〔9〕"交",字游,汉高祖同母弟。汉高祖六年,执楚王韩信,废为淮阴侯,分其地为二国,封刘贾为荆王,占有淮东,封刘交为楚王,占有淮西。汉文帝二年,刘交卒,谥"元",所以称"楚元王"。事详本书《楚元王世家》、《汉书·楚元王传》。 〔10〕"濞",汉高祖兄刘仲之子,初封沛侯,汉高祖十二年,立为吴王。景帝三年起兵反汉,兵败病死。事详本书《吴王濞列传》、《汉书·荆燕吴传》。 〔11〕"番君吴芮",吴芮秦时为番阳(今江西波阳县)令,故称"番君",亦作"鄱君"。项羽分封诸侯王,吴芮被封为衡山王。汉高祖五年,徙为长沙王,同年卒。事详《汉书·吴芮传》。"番",音 pó。"臣",汉高祖六年,吴臣嗣立为长沙王,惠帝元年卒。臣的封地长沙国主要辖有今湖南东部、南部。又包有湖南东北端与湖北交界处和湖南中部东端与江西交界处的小部分地区。都于临湘,在今湖南长沙市。

【译文】高祖十二年四月二十五日,死于长乐宫,太子继承皇帝这一名号,登上帝位,这时高祖有

八个儿子：长子刘肥，是孝惠帝的哥哥，与孝惠帝不同母，封为齐王；其余的都是孝惠帝的弟弟，戚姬的儿子刘如意封为赵王，薄夫人的儿子刘恒封为代王，其他姬妾生的儿子刘恢封为梁王，刘友封为淮阳王，刘长封为淮南王，刘建封为燕王。高祖的弟弟刘交封为楚王，哥哥的儿子刘濞封为吴王。非刘氏子弟功臣番君吴芮的儿子吴臣封为长沙王。

　　吕后最怨戚夫人及其子赵王，乃令永巷囚戚夫人，[1]而召赵王。使者三反，[2]赵相建平侯周昌谓使者曰：[3]"高帝属臣赵王，赵王年少。窃闻太后怨戚夫人，欲召赵王并诛之，臣不敢遣王。王且亦病，不能奉诏。"吕后大怒，乃使人召赵相。赵相征至长安，[4]乃使人复召赵王。王来，未到。孝惠帝慈仁，知太后怒，自迎赵王霸上，[5]与入宫，自挟与赵王起居饮食。太后欲杀之，不得间。孝惠元年十二月，帝晨出射。赵王少，不能蚤起。[6]太后闻其独居，使人持酖饮之。[7]犁明，[8]孝惠还，赵王已死。于是乃徙淮阳王友为赵王。夏，诏赐郦侯父追谥为令武侯。[9]太后遂断戚夫人手足，去眼，煇耳，[10]饮瘖药，[11]使居厕中，[12]命曰"人彘"。[13]居数日，乃召孝惠帝观人彘。孝惠见，问，乃知其戚夫人，乃大哭，因病，岁余不能起。使人请太后曰："此非人所为。臣为太后子，终不能治天下。"孝惠以此日饮为淫乐，不听政，故有病也。

　　【注释】[1]"永巷"，别宫名，宫内有长巷，故名。有令、丞主管其事。汉代妃嫔有罪者多幽禁于此。[2]"反"，与"返"字通。"三反"，言往返多次，不一定确指三次。[3]"周昌"，沛（今江苏沛县）人，秦时为泗水郡卒史，随从刘邦入关破秦，历任中尉、御史大夫，封汾阴侯、建平侯。周昌为人坚毅质直，汉高祖立刘如意为赵王，赵王年仅十岁，高祖担心自己死后赵王不能保全，特意以周昌为赵相，辅佐赵王。事迹附载本书《张丞相列传》、《汉书·张苍传》。[4]"长安"，西汉都城，在今陕西西安市西北郊渭河南岸。[5]"霸上"，亦作"灞上"，因地处霸水西高原上而得名，在今陕西西安市东，接蓝田县界。[6]"蚤"，与"早"字通。[7]"酖"，音zhèn，与"鸩"字通，是一种毒酒。相传鸩为毒鸟，

把它的羽毛放在酒中，饮之能令人致死。[8]"犁"，比及，等到。王念孙《读书杂志》认为"犁"下"明"字是衍字。因为孝惠帝"晨出射"，返回时不应是天明时刻。根据王念孙的说法，"犁"字则应与"孝惠还"三字作一句读。[9]"谥"，人死之后，根据此人生前的表现给予带有褒贬的称号。一般贫民百姓不得为谥。[10]"煇"，音xūn，用火烧灼。[11]"瘖"，音yīn，与"喑"字同，喑哑。[12]"厕"，猪圈。[13]"彘"，音zhì，猪。

　　【译文】吕后最怨恨戚夫人和她的儿子赵王，就下命令把戚夫人囚禁在永巷，而又召赵王来都城。使者往返了好几次，赵相建平侯周昌对使者说："高帝把赵王托付给我，赵王年龄还小。听说太后怨恨戚夫人，想把赵王召去一起杀死，我不敢遣送赵王。况且赵王也病了，不能奉诏前往。"吕后大怒，就派人召赵相来都城。赵相被召至长安，就派人再去召赵王。赵王来了，还没有到达都城。孝惠帝为人仁慈，知道太后发怒，亲自到霸上迎接赵王，和赵王一起回到宫里，与赵王同饮食，共起居。太后想要杀害赵王，找不到机会。孝惠帝元年十二月，孝惠帝早晨出去射猎。赵王年龄小，不能早起。太后听说赵王单独一人在家，就派人拿着毒酒给他喝。等到天亮，孝惠帝回来，赵王已经死了。于是就把淮阳王刘友迁为赵王。夏天，下诏追谥郦侯的父亲为令武侯。太后砍断了戚夫人的手脚，挖掉她的眼睛，用火熏烧她的耳朵，又给她喝哑药，让她住在猪圈里，起了个名字叫"人彘"。过了几天，就让孝惠帝去观看人彘。孝惠帝看到后，经过询问，才知道这是戚夫人，于是就放声大哭，由此得了病，一年多不能起来。他派人去见太后说："这不是人所做的事情。我作为太后的儿子，终究不能治理天下。"从此孝惠帝天天饮酒逸乐，不去听理朝政，所以身患疾病。

　　二年，楚元王、齐悼惠王皆来朝。十月，孝惠与齐王燕饮太后前，[1]孝惠以为齐王兄，置上坐，[2]如家人之礼。[3]太后怒，乃令酌两卮酖，[4]置前，令齐王起为寿。[5]齐王起，孝惠亦起，取卮欲俱为寿。太后乃恐，自起泛孝惠卮。[6]齐王怪之，因不敢饮，详醉去。[7]问，知其酖，齐王恐，自以为不得脱长安，忧。齐内史士说王曰：[8]"太后独有孝惠与鲁元公主。今王有七十余城，而公主乃

食数城。王诚以一郡上太后，为公主汤沐邑，〔9〕太后必喜，王必无忧。"于是齐王乃上城阳之郡，〔10〕尊公主为王太后。吕后喜，许之。乃置酒齐邸，〔11〕乐饮，罢，归齐王。

【注释】〔1〕"燕"，与"宴"字通。〔2〕"坐"，与"座"字通。〔3〕"家人"，犹言"民家"、"百姓"。〔4〕"卮"，音 zhī，古代一种盛酒的器具，与今天的酒杯用途相同。〔5〕"寿"，向年长者或尊贵者敬酒，并致颂词。〔6〕"泛"，音 fěng，与"覂"字通，翻覆。〔7〕"详"，通"佯"，假装。〔8〕"内史"，汉初诸侯国内的高级官员，掌管王国中的民政事务。"士"，裴骃《集解》引徐广云："一作'出'。"本书《齐悼惠王世家》作"勋"。〔9〕"汤沐邑"，周朝制度，诸侯朝见天子，天子在王畿内赐给供诸侯住宿和斋戒沐浴的封邑。后来皇帝、皇后、公主收取赋税供自己消费的私邑也称"汤沐邑"，意思是供浴身洗发之邑。〔10〕"城阳之郡"，治所在莒县，即今山东莒县。辖有今山东莒县、沂南县和蒙阴县东部地区。〔11〕"齐邸"，齐悼惠王在京城的官邸。汉代制度，诸侯王可以在京城修建官邸，作为诸侯王来京时的栖息之地。"邸"，音 dǐ。

【译文】二年，楚元王、齐悼惠王都来朝见。十月，孝惠帝和齐王在太后面前设宴饮酒，孝惠帝认为齐王是兄长，安排在上首的位置，如同普通百姓的礼节。太后很生气，就让人倒了两杯毒酒，放在前面，要齐王起来饮酒祝寿。齐王站起来，孝惠帝也站了起来，拿过酒杯想一起向太后祝寿。太后大为惊慌，亲自起来倒掉孝惠帝杯子里的酒。齐王感到奇怪，就不敢喝下这杯酒，假装酒醉走开了。后来一问，才知道是毒酒，齐王很害怕，自以为不能从长安脱身，心里非常忧虑。齐内史士劝齐王说："太后只生有孝惠帝和鲁元公主。如今你拥有七十多个城邑，而公主才食封数城。你如果把一个郡献给太后，作为公主的汤沐邑，太后一定会高兴，你也一定没有什么可忧虑的了。"于是齐王就献上了城阳郡，尊崇公主为王太后。吕后很高兴，答应了齐王的请求，就在齐王官邸摆酒设宴，高高兴兴地喝了一席酒，酒宴结束后，让齐王返回了封国。

三年，方筑长安城，四年就半，五年六年城就。〔1〕诸侯来会。十月朝贺。〔2〕

【注释】〔1〕"三年，方筑长安城，四年就半，五

年六年城就"，这里对修筑长安城的记载并不确切。据《汉书·惠帝纪》，长安城始筑于惠帝元年正月，三年春，调发长安六百里内男女十四万六千人城长安，修筑了三十天。六月，又调发诸侯王、列侯徒隶二万人城长安。五年正月，再次调发长安六百里内男女十四万五千人筑城三十天，九月，长安城最后竣工。六年所修，不是长安城，而是长安西市和敖仓。〔2〕"十月朝贺"，汉于武帝太初年间以前，沿用秦朝历法，以十月为岁首，规定此月群臣行朝贺礼。本书《高祖本纪》司马迁赞云："朝以十月。"

【译文】三年，开始修筑长安城，四年，修完了一半，五年六年，全部完工。诸侯来京城会聚。十月，诸侯向皇帝朝贺。

七年秋八月戊寅，〔1〕孝惠帝崩。发丧，太后哭，泣不下。留侯子张辟彊为侍中，〔2〕年十五，谓丞相曰：〔3〕"太后独有孝惠，今崩，哭不悲，君知其解乎？"丞相曰："何解？"辟彊曰："帝毋壮子，太后畏君等。君今请拜吕台、吕产、吕禄为将，〔4〕将兵居南北军，〔5〕及诸吕皆入宫，居中用事，如此则太后心安，君等幸得脱祸矣。"丞相乃如辟彊计。太后说，〔6〕其哭乃哀。吕氏权由此起。乃大赦天下。九月辛丑，〔7〕葬。太子即位为帝，〔8〕谒高庙。〔9〕元年，号令一出太后。

【注释】〔1〕"八月戊寅"，八月十二日。〔2〕"侍中"，无固定员额，在宫廷内随侍皇帝。由于接近皇帝，所以此职比较重要。〔3〕"丞相"，是全国最高的行政长宫，辅佐皇帝处理全国政务。秦时分置左右，汉高祖即位，只设一丞相。十一年改名相国。有人认为丞相与相国为两官，丞相权位低于相国。可参阅傅举有《汉代相国丞相为两官》一文，载《文史》第二十六辑。惠帝、吕后时期复置左右丞相。惠帝六年，王陵为右丞相，陈平为左丞相。此所云"丞相"，据《汉书·外戚传》是指陈平。〔4〕"吕禄"，吕释之之子，吕后元年封为胡陵侯，改封为武信侯，七年封为赵王，八年被诛。〔5〕"南北军"，西汉守卫京城长安的两支军队。南军驻扎在未央宫、长乐宫之内的城垣下，位于城南部，负责守卫宫城，兵员调自郡国。北军驻扎城北部，守卫京城，兵员调自三辅。〔6〕"说"，与"悦"字通。〔7〕"九月辛丑"，九月五日。〔8〕"太子"，惠帝后

宫所生子,《史记》、《汉书》均未载其名。《汉书·高后纪》《周勃传》称之为"少帝"。 〔9〕"谒高庙",祭拜高祖之庙。皇帝即位,都要到祖庙去祭拜,这是一种必行的礼仪。

【译文】七年秋天八月十二日,孝惠帝去世。发丧时,太后哭了,但不流眼泪。留侯的儿子张辟彊做侍中,当时十五岁,他对丞相说:"太后只有孝惠帝这么一个儿子,现在去世了,她哭得并不悲伤,你知道其中的缘故吗?"丞相说:"是什么缘故?"张辟彊说:"皇帝没有成年的儿子,太后惧怕你们这些大臣。你现在请求拜吕台、吕产、吕禄为将军,统帅南北军,等到吕氏一帮人都进入朝廷,在朝廷中掌握实权,你们这些大臣才能摆脱灾难。"丞相按照张辟彊的计策去做了。太后很高兴,她的哭声才哀痛起来。吕氏的权势从此开始崛起。对天下实行大赦。九月五日,安葬了孝惠帝。太子即位做了皇帝,拜谒高祖的陵庙。元年,朝廷的号令全部出自太后。

太后称制,〔1〕议欲立诸吕为王,问右丞相王陵。〔2〕王陵曰:"高帝刑白马盟曰'非刘氏而王,〔3〕天下共击之'。今王吕氏,非约也。"太后不说。问左丞相陈平、绛侯周勃。〔4〕勃等对曰:"高帝定天下,王子弟,今太后称制,王昆弟诸吕,无所不可。"太后喜,罢朝。王陵让陈平、绛侯曰:"始与高帝啑血盟,〔5〕诸君不在邪?今高帝崩,太后女主,欲王吕氏,诸君从欲阿意背约,〔6〕何面目见高帝地下?"陈平、绛侯曰:"于今面折廷争,臣不如君;夫全社稷,〔7〕定刘氏之后,君亦不如臣。"王陵无以应之。十一月,太后欲废王陵,乃拜为帝太傅,〔8〕夺之相权。王陵遂病免归。乃以左丞相平为右丞相,以辟阳侯审食其为左丞相。〔9〕左丞相不治事,令监宫中,如郎中令。〔10〕食其故得幸太后,常用事,公卿皆因而决事。乃追尊郦侯父为悼武王,欲以王诸吕为渐。

【注释】〔1〕"称制",临朝称制,代行皇帝的职权。 〔2〕"王陵",沛县人,秦末起兵反秦,后归附刘邦,封襄侯、安国侯,惠帝六年为右丞相。事迹附载本书《陈丞相世家》,又见《汉书·王陵传》。 〔3〕

"刑白马盟",杀白马订立盟约。古代盟誓,根据仪式的规定,要杀牲取血,用指蘸血,涂在嘴上,以表示恪守盟约。白马之盟在汉高祖末年,本书《汉兴以来诸侯王年表》云:"高祖末年,非刘氏而王者,若无功上所不置而侯者,天下共诛之。""王",音 wàng,用作动词,称王,立为王。下文"今王吕氏"、"王子弟"、"王昆弟诸吕"等句之"王"与此同。 〔4〕"陈平",阳武(今河南原阳县东南)人,最初在项羽部下,后逃归刘邦,成为刘邦的主要谋士之一,辅佐刘邦统一天下,封户牖侯、曲逆侯,惠帝六年为左丞相,卒于文帝二年。事详本书《陈丞相世家》、《汉书·陈平传》。"周勃",沛县人,早年随从刘邦起兵,转战四方,以功封绛侯,食封绛县(今山西侯马市东北)八千余户。汉高祖、惠帝时曾为太尉,文帝时为丞相。事详本书《绛侯周勃世家》、《汉书·周勃传》。 〔5〕"啑",音 shà,与"歃"字同。"啑血",盟誓时以牲血涂于口旁。"啑血盟",即上所云白马之盟。 〔6〕"从",与"纵"字同,纵使,即使。 〔7〕"社稷",古代帝王祭祀的土神和谷神,这里用作国家的代称。 〔8〕"太傅",始于周朝,为辅佐帝王之官。汉高祖、惠帝不设此官,吕后拜王陵为帝太傅,为汉置太傅之始。以王陵为帝太傅,表面上尊崇王陵,实际上是剥夺他右丞相的权力。 〔9〕"审食其",沛县人,楚汉相争时,一直随侍吕后,由此被封为辟阳侯。吕后任为左丞相,文帝即位后免相,被淮南王刘长击杀。"食其",音 yì jī。 〔10〕"郎中令",是宫内宿卫门户、在皇帝身边侍从左右的郎官的总首领。因为居于禁中,接近皇帝,所以地位比较重要。汉武帝元年,改称光禄勋。

【译文】太后代行皇帝的职权,打算封吕氏子弟为王,先询问右丞相王陵。王陵说:"高帝杀白马和大臣们盟誓说:'不是刘氏子弟而称王的,天下人一起消灭他。'现在封吕氏子弟为王,是违背盟誓的。"太后很不高兴。询问左丞相陈平、绛侯周勃。周勃等人回答说:"高帝平定天下,封子弟为王,如今太后临朝称制,封弟兄和吕氏子弟为王,没有什么不可以的。"太后高兴起来,退朝回宫。王陵责备陈平、绛侯说:"当初和高帝歃血盟誓,难道你们不在场吗?现在高帝死了,太后以女主临朝,意欲封吕氏子弟为王,你们纵使想要阿谀逢迎,背弃盟誓,但死后有什么脸面到九泉之下去见高帝?"陈平、绛侯说:"今天在太后面前公开反对,当朝力争,我们不如你;要说保全国家,安定刘氏后代的君王地位,你又不如我们了。"王陵无言以对。十一月,太后想要罢免王陵,就拜他为皇帝的太傅,剥夺了他的丞相职权。于是，王陵称说有病，免官回家。然后以左丞相陈平为右丞相，以辟阳侯审食其为左丞相。左丞相不管理政务，让他监督宫中的事情，好像郎中令一样。因此，审食其受到太后的宠幸，常常决断政务，公卿大臣都依靠他来决定重要的事情。接着又追尊郦侯的父亲为悼武王，打算以此作为封吕氏子弟为王的开端。

四月，太后欲侯诸吕，乃先封高祖之功臣郎中令无择为博城侯。[1]鲁元公主薨，赐谥为鲁元太后。子偃为鲁王。[2]鲁王父，宣平侯张敖也。[3]封齐悼惠王子章为朱虚侯，[4]以吕禄女妻之。齐丞相寿为平定侯。[5]少府延为梧侯。[6]乃封吕种为沛侯，[7]吕平为扶柳侯，[8]张买为南宫侯。[9]

【注释】[1]"无择"，姓冯，早年随从刘邦起兵，曾击项羽，属悼武王吕泽部下，吕后三年卒。事见本书《惠景间侯者年表》。"博城侯"，亦作"博成侯"。[2]"偃"，吕后死后，大臣诛杀诸吕，张偃被废除鲁王之封。文帝即位，封张偃为南宫侯，文帝十五年卒。事见本书《张耳陈余列传》、《高祖功臣侯者年表》和《汉书·张耳陈余传》、《高惠高后文功臣表》。[3]"张敖"，张耳之子。张耳为赵王，汉高祖五年卒，张敖嗣立为王，尚鲁元公主。赵相贯高谋害高祖，张敖受到牵连，于高祖九年被降为宣平侯，卒于吕后七年。事详本书《张耳陈余列传》、《汉书·张耳陈余传》。[4]"章"，当时刘章二十岁左右，有气力。吕后死后，大臣诛杀诸吕，刘章率兵入宫斩相国吕产，为消灭诸吕势力起了决定性的作用。文帝二年，以齐之城阳郡封刘章为城阳王，立二年卒。事详本书《齐悼惠王世家》、《汉书·高五王传》。封地朱虚本为县，在今山东临朐县东南。[5]"丞相"，汉代制度，王国也设置丞相，统率王国众官。景帝中五年，改丞相曰相。"寿"，本书《惠景间侯者年表》、《汉书·高惠高后文功臣表》作"受"，姓齐，以普通士卒身份随从刘邦反秦，曾为枭骑都尉，击项羽，文帝元年卒。[6]"少府"，为九卿之一，掌管全国山海池泽的税收和宫廷手工业，以供皇帝之用。"延"，姓阳成，《汉书·高惠高后文功臣表》作"阳城"。初为军匠，随从刘邦反秦，先后负责修筑长乐宫、未央宫、长安城，卒于吕后六年。事见本书《惠景间侯者年表》。[7]"吕种"，建成侯吕释之之子，先封沛侯，吕后七年，改封不其侯。八年吕后死，大臣铲除诸吕，吕种亦被诛杀。事见本书

《惠景间侯者年表》、《汉书·外戚恩泽侯表》。[8]"吕平"，吕后姊长姁之子，吕后死后被诛杀。事见本书《惠景间侯者年表》、《汉书·外戚恩泽侯表》。[9]"张买"，刘邦骑将张越人之子。吕后先封高祖功臣和刘氏子弟为侯，然后便封吕氏之弟为侯，把张买与吕种、吕平之封并提，可知张买为吕氏党羽。所以吕后死后大臣诛诸吕时，张买亦被杀。事见本书《惠景间侯者年表》、《汉书·高惠高后文功臣表》。

【译文】四月，太后打算封吕氏子弟为侯，就先封高祖的功臣郎中令冯无择为博城侯。鲁元公主死了，赐谥为鲁元太后。她的儿子被封为鲁王。鲁王的父亲就是宣平侯张敖。封齐悼惠王的儿子刘章为朱虚侯，把吕禄的女儿嫁给他。齐丞相齐寿被封为平定侯。少府阳成延被封为梧侯。接着就封吕种为沛侯，吕平为扶柳侯，张买为南宫侯。

太后欲王吕氏，先立孝惠后宫子彊为淮阳王，[1]子不疑为常山王，[2]子山为襄城侯，[3]子朝为轵侯，[4]子武为壶关侯。[5]太后风大臣，[6]大臣请立郦侯吕台为吕王，太后许之。建成康侯释之卒，嗣子有罪，废，立其弟吕禄为胡陵侯，[7]续康侯后。二年，常山王薨，以其弟襄城侯山为常山王，更名义。十一月，吕王台薨，谥为肃王，太子嘉代立为王。[8]三年，无事。四年，封吕婴为临光侯，[9]吕他为俞侯，[10]吕更始为赘其侯，[11]吕忿为吕城侯，[12]及诸侯丞相五人。[13]

【注释】[1]"彊"，卒于吕后五年八月。[2]"不疑"，明年七月卒。"常山"，不疑封国，地在今河北西南部，都于元氏，在今河北元氏县西北。[3]"山"，常山王刘不疑死后，徙封常山王，改名义。吕后四年，少帝被吕后杀害，立刘义为帝，又更名弘，史书也称之为少帝。刘弘为帝时，仍是吕后临朝称制。诸吕被诛，文帝从代入长安，刘弘即被杀害。"襄城"，本为县，在今河南襄城县。[4]"朝"，常山王刘义为帝后，徙封常山王。文帝从代入长安未央宫听政，刘朝即被杀害。"轵"，音zhǐ，本为县，在今河南济源县南。[5]"武"，淮阳王刘彊死后，无后嗣，刘武为淮阳王，与常山王刘朝同时被杀害。"壶关"，本为县，在今山西长治市北。[6]"风"，与"讽"字通，用委婉的语言暗示。吕后欲封吕氏为王，又不想明说，所以暗示大臣们首先提

出来。〔7〕"其弟",指上文"嗣子"之弟,不是吕释之之弟。"胡陵",本为县,在今山东鱼台县东南。〔8〕"嘉",立为吕王后,居处骄恣,吕后六年十月即被废黜。〔9〕"吕婴",吕后之妹,樊哙之妻。吕后死后,大臣诛杀诸吕,吕婴鞭笞致死。吕婴封临光侯,为中国历史上妇人封侯之始。"婴",音 xū,本书《高祖功臣侯者年表》作"须"。〔10〕"吕他",本书《惠景间侯者年表》作"吕它",其父吕婴,为汉高祖都尉。吕后八年,被大臣诛杀。"俞",字通"郇",音 shū。郇本为县,在今山东平原县西南。〔11〕"吕更始",先后为舍人、郎中、都尉、楚丞相,吕后八年,被大臣诛杀。据本书《惠景间侯者年表》、《汉书·外戚恩泽侯表》,吕更始所封乃滕侯,此云赘其侯,不可信。封赘其侯者乃吕胜。〔12〕"吕忿",吕后兄弟之子。吕后八年,被大臣诛杀。事见本书《惠景间侯者年表》、《汉书·外戚恩泽侯表》。"吕城",本书《惠景间侯者年表》、《汉书·外戚恩泽侯表》作"吕成",本为聚邑,在今河南南阳市西。〔13〕"及诸侯丞相五人",吕后四年四月封侯者除吕他、吕更始、吕忿等外,还有赘其侯吕胜、中邑侯朱通、山都侯王恬开、祝兹侯徐厉、醴陵侯越,这五人都曾为诸侯王丞相。此外同时封侯者还有乐平侯卫无择、成陶侯周信,卫无择是卫尉,周信是河南守。见本书《惠景间侯者年表》。

【译文】太后想要封吕氏子弟为王,先立孝惠帝后宫所生的儿子刘彊为淮阳王,刘不疑为常山王,刘山为襄城侯,刘朝为轵侯,刘武为壶关侯。太后以微言示意大臣,大臣请求封郦侯吕台为吕王,太后答应了。建成康侯吕释之去世,袭封的儿子有罪,被废黜了,封他的弟弟吕禄为胡陵侯,作为继承康侯的后代。二年,常山王死了,让他的弟弟襄城侯刘山为常山王,改名叫义。十一月,吕王吕台死了,谥为肃王,太子吕嘉代立为王。三年,没有发生重大的事情。四年,封吕婴为临光侯,吕他为俞侯,吕更始为赘其侯,吕忿为吕城侯,此外又封诸侯丞相五人为侯。

宣平侯女为孝惠皇后时,无子,详为有身,〔1〕取美人子名之,〔2〕杀其母,立所名子为太子。孝惠崩,太子立为帝。帝壮,〔3〕或闻其母死,非真皇后子,乃出言曰:"后安能杀吾母而名我?我未壮,壮即为变。"太后闻而患之,恐其为乱,乃幽之永巷中,言帝病甚,左右莫得见。太后曰:"凡有天下治为万民命者,〔4〕盖之如天,容之如地,上有欢心以安百姓,百姓欣然以事其上,欢欣交通而天下治。今皇帝病久不已,乃失惑惛乱,不能继嗣奉宗庙祭祀,不可属天下,其代之。"群臣皆顿首言:"皇太后为天下齐民计所以安宗庙社稷甚深,〔5〕群臣顿首奉诏。"帝废位,太后幽杀之。五月丙辰,〔6〕立常山王义为帝,更名曰弘。不称元年者,以太后制天下事也。以轵侯朝为常山王。置太尉官,〔7〕绛侯勃为太尉。五年八月,淮阳王薨,以弟壶关侯武为淮阳王。六年十月,太后曰吕王嘉居处骄恣,废之,以肃王台弟吕产为吕王。夏,赦天下。封齐悼惠王子兴居为东牟侯。〔8〕

【注释】〔1〕"详",通"佯"。〔2〕"美人",皇帝妃嫔的称号。汉元帝时规定美人视二千石,比少上造。〔3〕"帝壮",下文帝自言"我未壮",此不当言"壮"。〔4〕"凡有天下治为万民命者",此句《汉书·高后纪》无"为"、"命"二字,义较顺。有人认为此二字为衍文。〔5〕"齐民",《汉书·食货志》下颜师古注引如淳曰:"齐,等也。无有贵贱,谓之齐民,若今言平民矣。"〔6〕"五月丙辰",五月十一日。〔7〕"太尉",本为秦官,汉代沿置,汉武帝建元二年省,元狩四年改称大司马。为全国最高军政首脑,与丞相、御史大夫并称三公。〔8〕"兴居",朱虚侯刘章之弟,文帝二年,被封为济北王。三年,起兵反汉,失败自杀。事迹主要见于本书《齐悼惠王世家》、《汉书·高五王传》。"东牟",本为县,在今山东牟平县。

【译文】宣平侯的女儿为孝惠皇后的时候,没有儿子,假装怀孕在身,抱来一个美人生的儿子称作自己生的儿子,然后杀死了孩子的母亲,立这个孩子为太子。孝惠帝死了,太子即位为皇帝。皇帝长大了,听说他的亲生母亲已经死了,他不是皇后所生,便放出话来说:"母后怎么能杀死我的生身之母而把我称作她的儿子?我还没有长大,长大了就要造她的反。"太后听到这话,深为忧虑,怕他叛变,就把他幽禁在永巷中,说是皇帝病得很厉害,左右的侍臣也见不到皇帝。太后说:"凡是据有天下治理万民百姓的人,像天一样覆盖一切,像地一样容纳万物,皇帝怀有欢爱的心情来抚慰百姓,百姓快乐地事奉皇帝,上下感情欣然交融,天下就能大治。

现在皇帝久病不愈，以至于迷惑昏乱，不能作皇帝的继承人来奉祀宗庙，把天下托付给他是不可以的，应该找人取而代之。"大臣们都叩头说："皇太后为了天下百姓的利益，安定宗庙社稷，考虑得真是深远，我们全体叩头，奉行你的诏令。"皇帝被废除了，太后暗中杀害了他。五月十一日，立常山王刘义为皇帝，改名叫弘。（皇帝即位，）不改年号称元年，是因为太后专制天下大事。以轵侯刘朝为常山王。设置太尉这一官职，以绛侯周勃为太尉。五年八月，淮阳王死了，封他的弟弟壶关侯刘武为淮阳王。六年十月，太后说吕王吕嘉平常骄横放纵，废掉了他，以肃王吕台的弟弟吕产为吕王。夏天，大赦天下。封齐悼惠王的儿子刘兴居为东牟侯。

七年正月，太后召赵王友。友以诸吕女为后，弗爱，爱他姬。诸吕女妒，怒去，谗之于太后，诬以罪过，曰"吕氏安得王！太后百岁后，[1]吾必击之"。太后怒，以故召赵王。赵王至，置邸不见，令卫围守之，弗与食。其群臣或窃馈，[2]辄捕论之。赵王饿，乃歌曰："诸吕用事兮刘氏危，迫胁王侯兮强授我妃。我妃既妒兮诬我以恶，谗女乱国兮上曾不寤。我无忠臣兮何故弃国？自决中野兮苍天举直！于嗟不可悔兮宁蚤自财。[3]为王而饿死兮谁者怜之！吕氏绝理兮托天报仇。"丁丑，[4]赵王幽死，以民礼葬之长安民冢次。

【注释】〔1〕"百岁"，古人认为人的寿命以百岁为限，因此用"百岁"作为死的讳称。 〔2〕"馈"，音 kuì，进食于人。 〔3〕"于嗟"，感叹词，相当于现在的"唉呀"。"财"，与"裁"字同，杀，刎颈。 〔4〕"丁丑"，正月十八日。

【译文】七年正月，太后召赵王刘友来都城。刘友娶了吕氏的女儿为王后，不喜欢她，而喜欢其他的姬妾。这个吕氏的女儿心怀嫉妒，气愤地走了，到太后那里说他的坏话，诬告他犯了罪恶，说赵王说过"吕氏怎么能封王！太后百岁以后，我一定消灭他们"。太后大怒，因此召赵王来都城。赵王来到都城，把他安置在官邸，不接见他，命令卫士围困起来不给他吃的东西。他的臣属有的偷偷地给他送饭吃，就抓来论罪。赵王饿了，就唱起歌来："诸吕专权啊，刘氏岌岌可危；胁迫王侯啊，硬要我

娶吕氏女为妃。我妃嫉妒啊，诬蔑我犯了罪恶；谗女乱国啊，在上的人竟然不醒悟。我无忠臣啊，否则为什么我失去了自己的封国？自杀荒野啊，苍天办事可要公直！唉呀无可后悔啊，宁愿早点刎颈自裁。为王而饿死啊，有谁怜悯我！吕氏无理啊，只好托上天为我报仇。"十八日，赵王被幽禁致死，采用一般民众的礼仪把他埋葬在长安百姓的坟墓旁边。

己丑，[1]日食，昼晦。太后恶之，心不乐，乃谓左右曰："此为我也。"

【注释】〔1〕"己丑"，正月三十日。

【译文】三十日，日食，白天昏暗。太后很厌恶，心里闷闷不乐，就对左右随侍人员说："这是因为我的缘故吧。"

二月，徙梁王恢为赵王。吕王产徙为梁王，梁王不之国，为帝太傅。立皇子平昌侯太为吕王。[1]更名梁曰吕，吕曰济川。[2]太后女弟吕媭有女为营陵侯刘泽妻，[3]泽为大将军。太后王诸吕，恐即崩后刘将军为害，乃以刘泽为琅邪王，[4]以慰其心。

【注释】〔1〕"平昌侯"，据本书《惠景间侯者年表》《汉书·外戚恩泽侯表》当作"昌平侯"。昌平属上谷郡，在今北京市昌平县北。刘太封昌平侯在吕后四年，七年为吕王，旋即改为济川王。吕后卒，大臣诛诸吕，刘太被徙为梁王。文帝从代入长安后，刘太被杀害。 〔2〕"吕"，吕后元年，封吕台为吕王，割齐国的济南郡作为封地，此为吕国之始。 〔3〕"营陵"，本为县，在今山东昌乐县东南。"刘泽"，刘邦远房兄弟，汉高祖十一年，以击陈狶有功，封为营陵侯。吕后七年，封为琅邪王。文帝元年，徙为燕王，明年卒。事详本书《荆燕世家》《汉书·荆燕吴传》。 〔4〕"琅邪"，音 láng yá，在今山东半岛东南部，治所在东武，即今山东诸城县。

【译文】二月，迁徙梁王刘恢为赵王。吕王吕产迁徙为梁王，梁王不去封国就任，留在都城做皇帝的太傅。立皇帝的儿子昌平侯刘太为吕王。把梁改名为吕，吕改名为济川。太后的妹妹吕媭有一个女儿为营陵侯刘泽的妻子，刘泽为大将军。太后

封吕氏子弟为王，害怕自己死后刘将军作乱，便以刘泽为琅邪王，来宽慰他的心。

梁王恢之徙王赵，心怀不乐。太后以吕产女为赵王后。王后从官皆诸吕，擅权，微伺赵王，赵王不得自恣。王有所爱姬，王后使人酖杀之。王乃为歌诗四章，令乐人歌之。王悲，六月即自杀。太后闻之，以为王用妇人弃宗庙礼，[1]废其嗣。

【注释】[1]"用"，因，由。

【译文】梁王刘恢被迁徙到赵国称王，心里很不高兴。太后把吕产的女儿作为赵王的王后。王后的随侍官员都是吕氏家族的人，他们专权用事，暗中监视赵王，赵王不能为所欲为。赵王有一个宠爱的姬妾，王后派人使用毒酒把她杀害了。于是赵王作了诗歌四章，让乐工歌唱。赵王深为悲伤，在六月就自杀了。太后听到这件事，认为赵王为了女人背弃了祖宗的礼教，不再让他的后代继承王位。

宣平侯张敖卒，[1]以子偃为鲁王，敖赐谥为鲁元王。

【注释】[1]"张敖卒"，据本书和《汉书·张耳陈余传》，张敖卒于高后六年，此系于七年，有误。

【译文】宣平侯张敖死了，因为他的儿子张偃为鲁王，所以赐给张敖的谥号为鲁元王。

秋，太后使使告代王，欲徙王赵。代王谢，愿守代边。[1]

【注释】[1]"代边"，代国北接匈奴，为汉边境地区，故云"代边"。

【译文】秋天，太后派遣使者告诉代王，想要把他迁徙到赵地为王。代王谢绝了，希望守卫代国边地。

太傅产、丞相平等言，武信侯吕禄上侯，[1]位次第一，[2]请立为赵王。太后许之，追尊禄父康侯为赵昭王。九月，燕灵王建薨，有美人子，太后使人杀之，无后，国除。

八年十月，立吕肃王子东平侯吕通为燕王，[3]封通弟吕庄为东平侯。[4]

【注释】[1]"上侯"，位次在上之侯。[2]"位次第一"，汉高祖封侯，曾根据功劳大小依次确定侯位，如萧何第一，曹参第二，张敖第三，周勃第四，等等。吕后执政，又命陈平更定侯位。此时萧何、曹参已死，陈平阿顺吕后，把吕禄侯位排列在第一。[3]"东平侯吕通"，吕通于吕后六年曾封为锤侯，未曾封东平侯，封东平侯者是吕通的弟弟吕庄，此误。吕后死后，吕通受诸吕事牵连，被大臣诛杀。封地东平在今山东东平县东南。[4]"吕庄"，《汉书·外戚恩泽侯表》作"吕庀"。此表和本书《惠景间侯者年表》皆云吕庄于吕后八年五月封侯，此记为八年十月，不可信。吕庄为侯数月，大臣诛诸吕，吕庄亦被杀害。

【译文】太傅吕产、丞相陈平等人都说，武信侯吕禄的侯位在上，次序排列在第一，请立为赵王。太后答应了，追尊吕禄的父亲康侯为赵昭王。九月，燕灵王刘建死了，他有一个美人生的儿子，太后派人杀死了这个儿子，燕灵王没有后嗣，王国被废除了。八年十月，立吕肃王的儿子东平侯吕通为燕王，封吕通的弟弟吕庄为东平侯。

三月中，吕后祓，[1]还过轵道，[2]见物如苍犬，据高后掖，[3]忽弗复见。卜之，云赵王如意为祟。高后遂病掖伤。

【注释】[1]"祓"，音 fú，即被除，为除灾去邪而举行的一种仪式，通常于岁首在宗庙、社坛中举行，人们特别喜欢三月上巳日在水边祓除。[2]"轵道"，亭名，在今陕西西安市东北。"轵"，音 zhǐ。[3]"掖"，与"腋"字同。

【译文】三月，吕后举行祓祭，回来路过轵道，看见一个东西好像黑狗，盘踞在高后的腋下，忽然又看不到了。占卜后，说是赵王如意作祟。于是高后腋下得了毛病。

高后为外孙鲁元王偃年少，[1]蚤失父母，孤弱，乃封张敖前姬两子，侈为新都侯，[2]寿为乐昌侯，[3]以辅鲁元王偃。及封中大谒者张释为建陵侯，[4]吕荣为祝兹

侯。[5]诸中宦者令丞皆为关内侯,[6]食邑五百户。

【注释】[1]"鲁元王偃",偃父张敖谥"元",称"鲁元王",偃不得与父同谥,下文称"鲁王偃"是正确的。 [2]"侈为新都侯",张侈所封为信都侯,此作"新都侯",误,本书《惠景间侯者年表》《张耳陈余列传》和《汉书·高惠高后文功臣表》《张耳陈余传》皆不误。"信都",在河北冀县。张侈于汉文帝元年被废。 [3]"寿",本书《惠景间侯者年表》、《汉书·高惠高后文功臣表》皆作"受"。张寿于汉文帝元年被废。 [4]"大谒者",谒者之长。谒者掌宾赞受事。灌婴曾为中谒者,其后加"中"者,多为宦官。"张释",本书《惠景间侯者年表》作"张泽"。吕后死后,大臣诛诸吕,张释即被夺侯。 [5]"吕荣",吕后兄弟之子,吕后死后,大臣诛诸吕,吕荣亦被杀。 [6]"令丞",是两种官职,"令"为官署长官,"丞"为官署佐官。"关内侯",秦爵由下而上分为二十级:一公士,二上造,三簪袅,四不更,五大夫,六官大夫,七公大夫,八公乘,九五大夫,十左庶长,十一右庶长,十二左更,十三中更,十四右更,十五少上造,十六大上造,十七驷车庶长,十八大庶长,十九关内侯,二十彻侯。封关内侯者,一般封有食邑,享受食邑内所征收的赋税。但《汉书·百官公卿表》颜师古解释说:"言有侯号而居京畿,无国邑。"

【译文】高后因为外孙鲁元王张偃年幼,过早地失去了父母,孤零零的,势力薄弱,就封张敖前妾的两个儿子为侯,张侈封为新都侯,张寿封为乐昌侯,以此来辅助鲁元王张偃。又封中大谒者张释为建陵侯,吕荣为祝兹侯。那些在宫中由宦官担任的令、丞,都封为关内侯,每人食邑五百户。

七月中,高后病甚,乃令赵王吕禄为上将军,[1]军北军;吕王产居南军。吕太后诫产、禄曰:"高帝已定天下,与大臣约,曰'非刘氏王者,天下共击之'。今吕氏王,大臣弗平。我即崩,帝年少,大臣恐为变。必据兵卫宫,慎毋送丧,毋为人所制。"辛巳,[2]高后崩,遗诏赐诸侯王各千金,将相列侯郎吏皆以秩赐金。大赦天下。以吕王产为相国,以吕禄女为帝后。

【注释】[1]"上将军",汉代将军名目繁多,以大将军地位最为尊崇。上将军为汉代列将军之一。高后时无为大将军者,上将军已是最高武官,握有军权。 [2]"辛巳",八月一日。

【译文】七月,高后病情恶化,就命令赵王吕禄为上将军,统率北军;吕王吕产统率南军。吕太后告诫吕产、吕禄说:"高帝平定天下后,和大臣们约定,说是'不是刘氏子弟而称王的,天下人一起消灭他'。如今吕氏为王,大臣们愤愤不平。我就要死了,皇帝年龄还小,恐怕大臣们要发动叛乱。你们一定要掌握军队,保卫宫廷,千万别给我送丧,不要被人所制。"八月一日,高后死了,留下诏书赏赐诸侯王每人黄金一千斤,将、相、列侯、郎吏都根据秩位赏赐黄金。大赦天下。以吕王吕产为相国,以吕禄的女儿为皇后。

高后已葬,以左丞相审食其为帝太傅。[1]

【注释】[1]"审食其为帝太傅",《汉书·百官公卿表》记载:高后七年"七月辛巳,左丞相食其为太傅"。此系于高后卒后,不可信。

【译文】高后埋葬以后,以左丞相审食其为皇帝的太傅。

朱虚侯刘章有气力,东牟侯兴居其弟也,皆齐哀王弟,[1]居长安。当是时,诸吕用事擅权,欲为乱,畏高帝故大臣绛、灌等,[2]未敢发。朱虚侯妇,吕禄女,阴知其谋。恐见诛,乃阴令人告其兄齐王,欲令发兵西,诛诸吕而立。[3]朱虚侯欲从中与大臣为应。齐王欲发兵,其相弗听。八月丙午,[4]齐王欲使人诛相,相召平乃反,举兵欲围王,王因杀其相,遂发兵东,诈夺琅邪王兵,[5]并将之而西。语在《齐王》语中。

【注释】[1]"齐哀王",即刘襄,齐悼惠王刘肥之子。刘肥死后,刘襄于汉惠帝七年嗣立为齐王,卒于汉文帝元年。事详本书《齐悼惠王世家》、《汉书·高五王传》。 [2]"绛",绛侯周勃。"灌",灌婴,睢阳人,早年一直随从刘邦转战各地,以功封颍阴侯,汉文帝时曾为丞相。事详本书《灌婴列传》、

《汉书·灌婴传》。〔3〕"诛诸吕而立"，齐王刘襄之父刘肥是刘邦的长子，刘襄又为刘肥长子，于刘邦诸孙中为嫡长孙。并且齐国地域广阔，势力强大，所以刘章劝刘襄诛灭诸吕，自立为皇帝。〔4〕"八月丙午"，八月二十六日。〔5〕"诈夺琅邪王兵"，刘襄起事，遣郎中令祝午东诈琅邪王刘泽，让刘泽到齐都临淄计事。刘泽信以为真，去见刘襄，刘襄遂扣留刘泽，使祝午将琅邪国兵卒，由刘襄统一指挥。〔6〕《齐王》语中，即《齐悼惠王世家》的记载中。

【译文】朱虚侯刘章很有力气，东牟侯刘兴居是他的弟弟，他们都是齐哀王的弟弟，住在长安。当时，吕氏一伙人专权用事，想要作乱，但畏惧昔日高帝的大臣绛侯、灌婴等人，没有敢于发动。朱虚侯的妻子是吕禄的儿女，（因此，）暗中知道他们的阴谋。他怕被杀害，就私下派人告诉他的哥哥齐王，想让他发兵西进，诛除吕氏子弟而自立为帝。朱虚侯打算和大臣们在内与齐王相呼应。齐王想要发兵，他的丞相不肯相从。八月二十六日，齐王准备派人杀死丞相，丞相召平反叛，打算举兵围攻齐王，齐王乘机杀死了他的丞相，于是发兵东进，采用欺诈的方法夺取了琅邪王的军队，两支军队都由他统率着向西进军。这件事记载在《齐悼惠王世家》中。

齐王乃遗诸侯王书曰："高帝平定天下，王诸子弟，悼惠王王齐。悼惠王薨，孝惠帝使留侯良立臣为齐王。〔1〕孝惠崩，高后用事，春秋高，〔2〕听诸吕，擅废帝更立，又比杀三赵王，〔3〕灭梁、赵、燕以王诸吕，〔4〕分齐为四。〔5〕忠臣进谏，上惑乱弗听。今高后崩，而帝春秋富，未能治天下，固恃大臣诸侯。而诸吕又擅自尊官，聚兵严威，劫列侯忠臣，矫制以令天下，宗庙所以危。寡人率兵入诛不当为王者。"〔6〕汉闻之，相国吕产等乃遣颍阴侯灌婴将兵击之。〔7〕灌婴至荥阳，〔8〕乃谋曰："诸吕权兵关中，〔9〕欲危刘氏而自立。今我破齐还报，此益吕氏之资也。"乃留屯荥阳，使使谕齐王及诸侯，与连和，以待吕氏变，共诛之。齐王闻之，乃还兵西界待约。

【注释】〔1〕"良"，张良，刘邦的谋臣，汉高祖六年，以功封留侯。事详本书《留侯世家》、《汉书·

张良传》。〔2〕"春秋"，指年龄。〔3〕"三赵王"，指赵隐王刘如意、赵幽王刘友、赵王刘恢。〔4〕"灭梁、赵、燕"，指吕后先后把梁、赵、燕三刘姓王改立为吕姓王。吕后徙梁王刘恢为赵王，徙吕产为梁王；梁王刘恢被迫自杀，吕后废其嗣，封吕禄为赵王；燕王刘建死后，吕后杀其子，使他没有后代，封吕通为燕王。〔5〕"分齐为四"，汉惠帝二年，吕太后欲诛齐王刘肥，刘肥为了脱身，献出齐国城阳郡地，以为吕太后女鲁元公主汤沐邑。高后元年，割齐国济南郡地为吕王吕台封地。七年，立营陵侯刘泽为琅邪王，割齐国琅邪郡地给刘泽。这样，加上齐，便是裂齐为四。高后一再削减齐国，目的在于缩小齐的势力。〔6〕"寡人"，古代帝王或诸侯的自我谦称，义为寡德之人。〔7〕"颍阴侯"，汉高祖六年，灌婴封颍阴侯。颍阴本为县，在今河南许昌市。〔8〕"荥阳"，县名，在今河南荥阳县。〔9〕"关中"，所指范围大小不一，一般指函谷关以西，散关以东。

【译文】齐王写信给诸侯王说："高帝平定天下，封子弟为王，悼惠王封在齐地为王。悼惠王去世，孝惠帝派留侯张良立我为齐王。孝惠帝去世，高后执政，她年纪大了，听从吕氏一伙人的意见，擅自废立皇帝，又接连杀害了三个赵王，废除了梁国、赵国、燕国，用来封吕氏子弟为王，齐国也被瓜分为四。忠臣进言劝诫，高后迷惑昏乱，不肯接受。如今高后去世，而皇帝年龄还小，不能治理天下，只有依赖大臣、诸侯。而吕氏一伙人擅自尊崇自己的职位，聚集军队，以壮威严，胁迫列侯忠臣，假借诏命，号令天下，因此刘氏宗庙倾危。我率领军队到朝廷去除掉那些不应当为王的人。"汉朝廷听到了这一消息，相国吕产等人就派遣颍阴侯灌婴带领军队去攻打齐王。灌婴到了荥阳，就和人商量说："吕氏一伙人在关中控制了军队，想要消灭刘氏而自立为皇帝。如果现在我打垮齐国的军队回去复命，这就更加壮大了吕氏的势力。"于是灌婴屯兵荥阳，派使者告谕齐王和各国诸侯，要同他们联合在一起，等待吕氏叛乱，共同除掉吕氏。齐王听到这个消息后，就把军队撤回到齐国的西部边界，等待消息，按约行事。

吕禄、吕产欲发乱关中，内惮绛侯、朱虚等，外畏齐、楚兵，〔1〕又恐灌婴畔之，欲待灌婴兵与齐合而发，犹豫未决。当是时，济川王太、淮阳王武、常山王朝名为少帝弟，〔2〕

及鲁元王吕后外孙,皆年少未之国,居长安。赵王禄、梁王产各将兵居南北军,皆吕氏之人。列侯群臣莫自坚其命。

【注释】〔1〕"楚",楚国。此时楚王为刘交。〔2〕"少帝",指皇帝刘弘。"名为少帝弟",济川王太、淮阳王武、常山王朝都是惠帝后宫美人所生,而被孝惠张皇后视为己子,故云名义上为少帝弟。

【译文】吕禄、吕产想要在关中发动叛乱,但是在内害怕绛侯、朱虚侯等人,在外畏惧齐国、楚国的军队,又担心灌婴叛变,准备等到灌婴的军队与齐国的军队交兵后再发动叛乱。这时,名义上是少帝弟的济川王刘太、淮阳王刘武、常山王刘朝,和吕后外孙鲁元王,都因年幼没有就国,住在长安。赵王吕禄、梁王吕产各自统兵住在南北军,他们都是吕氏的人。列侯群臣没有人感到一定能保全自己的性命。

太尉绛侯勃不得入军中主兵。曲周侯郦商老病,〔1〕其子寄与吕禄善。〔2〕绛侯乃与丞相陈平谋,使人劫郦商,令其子寄往绐说吕禄曰:〔3〕"高帝与吕后共定天下,刘氏所立九王,〔4〕吕氏所立三王,〔5〕皆大臣之议,事已布告诸侯,诸侯皆以为宜。今太后崩,帝少,而足下佩赵王印,〔6〕不急之国守藩,〔7〕乃为上将,将兵留此,为大臣诸侯所疑。足下何不归将印,以兵属太尉?请梁王归相国印,与大臣盟而之国,齐兵必罢,大臣得安,足下高枕而王千里,此万世之利也。"吕禄信然其计,欲归将印,以兵属太尉。使人报吕产及诸吕老人,或以为便,或曰不便,计犹豫未有所决。吕禄信郦寄,时与出游猎。过其姑吕嬃,嬃大怒,曰:"若为将而弃军,〔8〕吕氏今无处矣。"乃悉出珠玉宝器散堂下,曰:"毋为他人守也。"

【注释】〔1〕"郦商",高阳(在今河南杞县西南)人,秦末聚众起事,归附刘邦为将,屡立战功,入汉为右丞相。汉高祖六年封为曲周侯,卒于吕后八年。事详本书《郦商列传》、《汉书·郦商传》。郦商封地曲周本为县,在今河北曲周县东北。〔2〕"寄",字况,汉文帝嗣封曲周侯,卒于汉景帝时。事

迹附载本书《郦商列传》、《汉书·郦商传》。〔3〕"绐",音 dài,欺骗。"说",音 shuì,劝告。〔4〕"九王",吴王刘濞、楚王刘交、齐王刘肥、淮南王刘长、琅邪王刘泽、代王刘恒、常山王刘朝、淮阳王刘武、济川王刘太。〔5〕"三王",梁王吕产、赵王吕禄、燕王吕通。〔6〕"足下",称对方的敬辞,下对上或同辈之间均可使用。〔7〕"守藩",守卫封国。诸侯封国为皇帝的藩篱,"藩"即代指诸侯国。〔8〕"若",你。

【译文】太尉绛侯周勃不能进入军营掌握兵权。曲周侯郦商年老多病,他的儿子郦寄和吕禄相友好。绛侯就和丞相陈平商量计策,派人劫持郦商去欺骗吕禄说:"高帝和吕后共同平定天下,刘氏被封了九个王,吕氏被封了三个王,都是大臣们议定的,这件事情已经向诸侯通告,诸侯都认为是妥当的。如今太后死了,皇帝年幼,而你佩带赵王印绶,不赶快回国守卫封土,却身为上将军,率领军队留在这里,被大臣和诸侯所猜疑。你何不归还将军印绶,把军队交给太尉?并请梁王归还相国印绶,和大臣们订立盟约,前往自己的封国,这样齐王必然息兵,大臣能够安定,你可以高枕无忧,称王千里,这有利于子孙万代。"吕禄很相信郦寄的建议,准备交还将军印绶,把军队归属太尉。派人去告诉吕产和吕氏宗族中的老人,他们有的认为妥当,有的说是不妥当,犹犹豫豫,主意没有决定下来。吕禄很相信郦寄,时常和他出去游猎。有一次经过姑母吕嬃家,吕嬃大怒,说:"你身为将军而放弃军队,吕氏宗族将无安身立命的地方了。"于是拿出全部珠玉宝器抛散堂下,说:"不要替别人看守这些东西了。"

左丞相食其免。

八月庚申旦,〔1〕平阳侯窋行御史大夫事,〔2〕见相国产计事。郎中令贾寿使从齐来,因数产曰:"王不蚤之国,今虽欲行,尚可得邪?"具以灌婴与齐楚合从,〔3〕欲诛诸吕告产,乃趣产急入宫。〔4〕平阳侯颇闻其语,乃驰告丞相、太尉。太尉欲入北军,不得入。襄平侯通尚符节,〔5〕乃令持节矫内太尉北军。〔6〕太尉复令郦寄与典客刘揭先说吕禄曰:〔7〕"帝使太尉守北军,欲足下之国,急归将印辞去,不然,祸且起。"吕禄以为郦兄不欺己,〔8〕遂解印属典客,而以兵授太尉。太尉将之入军门,行令军中曰:"为吕氏右

禧，〔9〕为刘氏左袒。"军中皆左袒为刘氏。太尉行至，将军吕禄亦已解上将印去，太尉遂将北军。

【注释】〔1〕"八月庚申"，以上文"八月丙午"推之，此当作"九月庚申"，本书《汉兴以来将相名臣年表》记载"九月，诛诸吕"。《资治通鉴》作"九月庚申"是正确的。"九月庚申"为九月十日。〔2〕"窋"，音 zhú，曹窋，曹参之子。曹参封平阳侯，卒后，曹窋在汉惠帝六年嗣立为平阳侯。平阳为县，在今山西临汾县西南。"御史大夫"，本为秦官，汉代沿置，地位仅次于丞相，主要负责监察、执法，与丞相、太尉合称三公。〔3〕"从"，与"纵"字通。"合从"，本来是战国时期诸侯国之间的一种斗争策略。战国后期，秦国势强盛，齐、楚、燕、赵、韩、魏联合抗秦，谓之"合从"。这里，"合从"就是联合的意思。〔4〕"趣"，音 cù，与"促"字通，催促。〔5〕"通"，纪通，其父纪成，以将军从刘邦平定秦关中地，死于战事，纪通继承了他父亲的功劳，于汉高祖八年封为襄平侯。襄平为县，在今辽宁辽阳市。本书《高祖功臣侯者年表》司马贞《索隐》云襄平属临淮郡，地在今江苏盱眙县西北。见本书《高祖功臣侯者年表》、《汉书·高惠高后文功臣表》。"尚"，主。"符"，以竹、木、铜等制成，上刻有文字，分成两半，双方各执一半，上面传达命令或调兵遣将时，双方合符以检验真假。"节"，古代使者所持，以作凭证。用竹木或金属制成，上端有旄饰。〔6〕"内"，与"纳"字通。"内太尉北军"，都城长安中的南北军，南军人数较少，一般在一两万人左右。北军人数较多，约有几万，是都城中最强大的军事力量。所以太尉周勃掌握了北军，诸吕便处于劣势。后来汉武帝时卫太子在长安城内发动武装政变，因得不到北军的支持而为丞相兵击败。〔7〕"典客"，秦官，汉代沿置，景帝中六年改名大行令，武帝太初元年改名大鸿胪，主要负责诸侯王、少数族首领、外国君主或使臣的来往礼仪、接待等事务。"刘揭"，在诛除诸吕的过程中有功，汉文帝元年封为阳信侯。事见本书《惠景间侯者年表》、《汉书·高惠高后文功臣表》。〔8〕"兄"，与"况"字通。〔9〕"禧"，与"袒"字同，裸露。

【译文】左丞相审食其被罢免。

八月十日早晨，代行御史大夫职务的平阳侯曹窋，会见相国吕产商量事情。郎中令贾寿去齐国出使回来，指责吕产说："你不早些去自己的封国，现

在即使想走，还能走得了吗？"他把灌婴与齐、楚联合起来，准备诛除吕氏宗族的事情全部告诉了吕产，催促吕产急速进入宫廷。平阳侯听到了这些话，就骑马跑去报告了丞相和太尉。太尉想要进入北军，但无法进去。襄平侯纪通主管符节，太尉就让他持节假传诏令，使太尉进入北军。太尉又让郦寄和典客刘揭先劝告吕禄说："皇帝派太尉统率北军想让你去自己的封国，赶快归还将军印绶，离开这里，不然的话，将要发生大祸。"吕禄认为郦况不会欺骗自己，就解下印绶交给了典客，把兵权送给了太尉。太尉掌握兵权后进入军门，下令军中说："拥护吕氏的祖露右臂，拥护刘氏的祖露左臂。"军中士卒都祖露左臂，拥护刘氏。太尉来到北军时，将军吕禄也已解下印绶离开了，于是太尉统率了北军。

然尚有南军。平阳侯闻之，以吕产谋告丞相平，丞相平乃召朱虚侯佐太尉。太尉令朱虚侯监军门。令平阳侯告卫尉：〔1〕"毋入相国产殿门。"吕产不知吕禄已去北军，乃入未央宫，〔2〕欲为乱，殿门弗得入，裵回往来。〔3〕平阳侯恐弗胜，驰语太尉。太尉尚恐不胜诸吕，未敢讼言诛之，〔4〕乃遣朱虚侯谓曰："急入宫卫帝。"朱虚侯请卒，太尉予卒千余人。入未央宫门，遂见产廷中。日铺时，〔5〕遂击产。产走。天风大起，以故其从官乱，莫敢斗。逐产，杀之郎中府吏厕中。〔6〕

【注释】〔1〕"卫尉"，秦官，汉代沿置，负责统领南军守卫宫殿，为九卿之一。西汉皇帝居未央宫，卫尉率卫士守卫，所以有未央卫尉之称。皇后居长乐宫，又有长乐卫尉。〔2〕"未央宫"，在汉长安城内西南隅。《三辅黄图》卷二云："未央宫周回二十八里。"汉高祖视朝经常在长乐宫，惠帝后移至未央宫。当时少帝在未央宫，所以吕产想要入内挟持少帝。〔3〕"裵回"，与"徘徊"二字同。〔4〕"讼言"，公开宣言。〔5〕"铺时"，黄昏的时候。"铺"，音 bǔ。〔6〕"郎中府"，汉代制度，守卫宫禁的除卫尉统率的南军卫士外，尚有郎中令管辖的郎官。前者称兵卫，后者称郎卫。所以宫禁中有郎中令的官府。

【译文】然而还有南军没有控制。平阳侯听

到了贾寿对吕产说的一些话，把吕产的阴谋告诉了丞相陈平，丞相陈平就找来朱虚侯协助太尉。太尉让朱虚侯监守营门。派平阳侯告诉卫尉："不要让相国吕产进入殿门。"吕产不知道吕禄已经离开北军，就进入未央宫，想要作乱，但是没有办法进入殿门，在那里来回徘徊。平阳侯担心不能取胜，骑马跑去，把情况告诉了太尉。太尉还怕战胜不了吕氏一伙人，因此没有敢公开宣言诛灭吕氏，就调遣朱虚侯，对他说："赶快进入宫廷保护皇帝。"朱虚侯要一些兵力，太尉拨给他士卒一千多人。朱虚侯进入未央宫大门，看见吕产在宫廷中。黄昏的时候，就进击吕产，吕产逃走了。天空刮起了大风，因此吕产的随从官吏一片混乱，不敢抵抗。朱虚侯追赶吕产，把他杀死在郎中令官府的厕所里面。

朱虚侯已杀产，帝命谒者持节劳朱虚侯。朱虚侯欲夺节信，谒者不肯，朱虚侯则从与载，因节信驰走，斩长乐卫尉吕更始。还，驰入北军，报太尉。太尉起，拜贺朱虚侯曰："所患独吕产，今已诛，天下定矣。"遂遣人分部悉捕诸吕男女，无少长皆斩之。辛酉，[1]捕斩吕禄，而笞杀吕嬃。[2]使人诛燕王吕通，而废鲁王偃。壬戌，[3]以帝太傅食其复为左丞相。戊辰，[4]徙济川王王梁，立赵幽王子遂为赵王。[5]遣朱虚侯章以诛诸吕氏事告齐王，令罢兵。灌婴兵亦罢荥阳而归。

【注释】〔1〕"辛酉"，九月十一日。 〔2〕"笞"，音 chī，鞭打，杖击。 〔3〕"壬戌"，九月十二日。 〔4〕"戊辰"，九月十八日。 〔5〕"遂"，王赵二十六年，汉景帝三年，与吴王刘濞、楚王刘戊等反汉，事败自杀。本书《楚元王世家》附载其事。

【译文】朱虚侯已经杀死了吕产，皇帝派谒者持节慰劳朱虚侯。朱虚侯想要把节信夺过来，谒者不答应，朱虚侯就和他一起乘车，利用节信驱车飞奔，杀了长乐宫卫尉吕更始。回来时，驱车进入北军，报告了太尉。太尉起身向朱虚侯拜贺说："我们所担心的只是吕产，现在已经把他杀死，天下大局已定。"随即派人分别把吕氏男男女女逮捕起来，无论老少，全部处死。九月十一日，捕获吕禄斩首，用鞭子和棍棒打死了吕嬃。派人诛杀了燕王吕通，废黜了鲁王张偃。九月十二日，又以皇帝的太傅审食

其为左丞相。九月十八日，迁徙济川王为梁王，立赵幽王的儿子刘遂为赵王。派遣朱虚侯刘章把诛除吕氏的事情告诉齐王，让他撤回军队。灌婴的军队也从荥阳罢兵到都城。

诸大臣相与阴谋曰："少帝及梁、淮阳、常山王，皆非真孝惠子也。吕后以计诈名他人子，杀其母，养后宫，令孝惠子之，立以为后，及诸王，以强吕氏。今皆已夷灭诸吕，而置所立，即长用事，吾属无类矣。[1]不如视诸王最贤者立之。"或言"齐悼惠王高帝长子，今其適子为齐王，推本言之，高帝適长孙，可立也"。[2]大臣皆曰："吕氏以外家恶而几危宗庙，乱功臣。今齐王母家驷钧，[3]驷钧，恶人也，即立齐王，则复为吕氏。"欲立淮南王，以为少，母家又恶。乃曰："代王方今高帝见子，最长，仁孝宽厚。太后家薄氏谨良。且立长故顺，以仁孝闻于天下，便。"乃相与共阴使人召代王。代王使人辞谢。再反，然后乘六乘传。[4]后九月晦日己酉，[5]至长安，舍代邸。大臣皆往谒，奉天子玺上代王，[6]共尊立为天子。代王数让，群臣固请，然后听。

【注释】〔1〕"无类"，无遗类，言被诛戮无一幸免。 〔2〕"適"，音 dí，通"嫡"。 〔3〕"驷钧"，张文虎《校刊史记集解索隐正义札记》云："'钧'字涉下而衍，南宋本、中统本并无。"从文义看，"驷钧"二字似皆为衍文，连下读作"今齐王母家驷钧，恶人也"。《汉书·高五王传》云："大臣议欲立齐王，皆曰'母家驷钧恶戾，虎而寇者也'。"此可作为《史记》衍文之证。"驷钧"，齐王刘襄的舅父，汉文帝元年封为清郭侯。 〔4〕"传"，音 zhuàn，古代驿站的一种专用车辆。"六乘传"，驾有六匹马的传车。传车驾六马，目的在于提高车速。也有人认为是六辆传车。 〔5〕"后九月"，即闰九月。当时以十月为岁首，九月为一年中的最后一个月，遇有闰月，即置于九月之后，谓之"后九月"。"晦日"，阴历月终。"己酉"，九月二十九日。 〔6〕"玺"，音 xǐ，秦以前，为印的统称。自秦始皇始，皇帝之印称"玺"。

【译文】大臣们私下互相商量说："少帝和梁王、淮阳王、常山王，都不真正是孝惠帝的儿子。吕

后使用诈骗手段把别人的儿子称作孝惠帝的儿子，杀掉孩子的母亲，养育在后宫，让孝惠帝当作自己的儿子，立为皇帝的继承人和封为诸王，以此来加强吕氏的势力。现在已经全部消灭了吕氏宗族，如果让他们所立的人当皇帝，等到长大掌权，我们这些人就要被杀戮无遗。不如从诸王中选择一个最贤明的立为皇帝。"有的说"齐悼惠王是高帝的长子，现在他的嫡子为齐王，从亲疏嫡庶方面探本求源，齐王是高帝的嫡长孙，可以立为皇帝"。大臣们都说："吕氏以外戚的身份作恶，几乎倾危刘氏宗庙，摧残功臣。现在齐王母亲娘家的驷钧，是个坏人，如果立齐王为皇帝，就会再出现一个吕氏。"想立淮南王，又认为他年轻，母亲的娘家也很凶恶。大家就说："代王是高帝现今在世的儿子之一，行次最长，为人仁孝宽厚。太后薄氏的家族谨慎善良。而且立行次最长的本来就是名正言顺，再加上代王以仁孝播闻天下，立为皇帝是完全妥当的。"于是就一起暗地里使人召代王来都城。代王派人辞谢。使者第二次去迎接，然后代王才乘着六匹马拉着传车，(开始起程。)闰九月月底己酉这一天，到达了长安，住在代王的官邸。大臣们都前往拜见，向代王献上天子印玺，一致尊立代王为天子。代王一再推让，大臣们坚持自己的请求，代王终于答应了。

东牟侯兴居曰："诛吕氏吾无功，请得除宫。"[1]乃与太仆汝阴侯滕公入宫，[2]前谓少帝曰："足下非刘氏，不当立。"乃顾麾左右执戟者掊兵罢去。[3]有数人不肯去兵，宦者令张泽谕告，[4]亦去兵。滕公乃召乘舆车载少帝出。少帝曰："欲将我安之乎？"[5]滕公曰："出就舍。"舍少府。[6]乃奉天子法驾，[7]迎代王于邸。报曰："宫谨除。"代王即夕入未央宫。有谒者十人持戟卫端门，[8]曰："天子在也，足下何为者而入？"代王乃谓太尉。太尉往谕，谒者十人皆掊兵而去。代王遂入而听政。夜，有司分部诛灭梁、淮阳、常山王及少帝于邸。[9]

【注释】〔1〕"除宫"，清理宫廷。诸吕虽然已经诛灭，但少帝尚居宫中。把少帝从宫中清除出去，代王才能入宫主政。〔2〕"太仆"，秦官，汉代沿置，负责掌管皇帝的舆马，为九卿之一。"滕公"，姓夏侯，名婴，随从刘邦起沛，长期为太仆。汉高祖六年，以功封汝阴侯，卒于汉文帝八年。因早年随

刘邦击秦时，曾为滕(今山东滕县西南)令，给刘邦驾车，所以号为滕公。事详本书《夏侯婴列传》、《汉书·夏侯婴传》。滕公封地汝阴本为县，在今安徽阜阳市。〔3〕"麾"，与"挥"字通，指挥。"掊"，音 bó，与"踣"字通，放倒。〔4〕"张泽"，即上文中大谒者张释。"泽"、"释"二字古通。〔5〕"之"，往。〔6〕"少府"，指少府的官府。〔7〕"法驾"，天子的车驾有不同的规格，"法驾"为其中的一种，举行典礼时乘坐。可参阅晋司马彪《续汉书·舆服志》。〔8〕"端门"，宫殿正门。〔9〕"有司"，古代设官分职，人人各有所司，所以称主管官员为"有司"。

【译文】东牟侯刘兴居说："诛除吕氏我没有功劳，请让我来清理宫廷。"他就和太仆汝阴侯滕公进入宫内，上前对少帝说："你不是刘氏的人，不应当立为皇帝。"于是回头命令少帝左右执戟的侍卫放下武器离开。有几个人不肯放下武器，宦官的首领张泽去讲了讲，他们也放下了武器。滕公就叫来车驾载着少帝出了宫廷。少帝说："想把我拉到哪里去？"滕公说："出去住。"少帝被安置在少府住宿。接着使用天子的法驾，去代王官邸迎接代王。向代王报告说："宫内已经清理过了。"代王当天晚上进入未央宫。有十名谒者持戟守卫正门，说："天子在这里，你进去干什么？"代王把情况告诉了太尉。太尉前往作了说明，十名谒者都放下武器走开了。代王随即入宫听理政事。夜间，官吏分头把梁王、淮阳王、常山王和少帝杀死在官邸。

代王立为天子。二十三年崩，谥为孝文皇帝。

【译文】代王立为天子。在位二十三年去世，谥为孝文皇帝。

太史公曰：孝惠皇帝、高后之时，黎民得离战国之苦，君臣俱欲休息乎无为，[1]故惠帝垂拱，[2]高后女主称制，政不出房户，天下晏然。刑罚罕用，罪人是希。[3]民务稼穑，衣食滋殖。

【注释】〔1〕"无为"，汉初统治者采取的一种统治人民的方法。这种统治方法的哲学指导思想是黄老的顺应自然，清静无为，表现在经济方面则

实行"与民休息"的政策,它对汉初恢复和发展生产起了积极作用。 〔2〕"垂拱",垂衣拱手。形容无所事事,不费力气。 〔3〕"希",与"稀"字通,稀少。

【译文】太史公说:孝惠皇帝和高后时期,百姓脱离了战国年代的苦难,皇帝和大臣们都想休养生息,无为而治,所以孝惠皇帝垂衣拱手,(清静无为,)高后以女主代行皇帝职权,政事不出门户,天下安宁。很少使用刑罚,罪人寥寥无几。百姓勤于耕种,衣食不断增多。

史记卷十

孝文本纪第十

孝文皇帝,[1]高祖中子也。高祖十一年春,已破陈豨军,[2]定代地,[3]立为代王,都中都。[4]太后薄氏子[5]即位十七年,高后八年七月,[6]高后崩[7]九月,诸吕吕产等欲为乱,[8]以危刘氏,大臣共诛之,谋召立代王,事在《吕后》语中。[9]

【注释】[1]"孝文皇帝",名恒。汉高祖刘邦生有八子,孝文皇帝为第四子。公元前一八〇年至前一五七年在位,死后谥孝文。 [2]"陈豨",宛朐(今山东菏泽县西南)人,汉高祖七年,韩王信叛入匈奴,高祖封陈豨为列侯,以赵相身份监领赵、代边兵。赵相周昌向高祖告发陈豨招致宾客,多年拥兵在外,恐有不测。高祖召见陈豨,陈豨称病不至,自为代王,于十年八月起兵反汉。九月,高祖亲自将兵击陈豨,明年春陈豨兵败被杀。事详本书《卢绾列传》所附《陈豨列传》,又见《汉书·卢绾传》所附《陈豨传》。"豨",音 xī。 [3]"代",本为秦郡,汉高祖二年,以此地为国,封韩王信。五年,国除为郡。十一年,复置为国,封刘恒为代王。所辖地域包括今山西北部和河北西北部。 [4]"中都",县名,在今山西平遥县西南。 [5]"太后",皇帝的母亲称"皇太后",封国之王的母亲称"王太后"。"薄氏",即薄姬,刘邦的妃嫔。史书中根据她地位的变化又称薄夫人、王太后、孝文太后。事详本书《外戚世家》、《汉书·外戚传》。 [6]"高后",即吕后,事详本书《吕太后本纪》、《汉书·高后纪》。 [7]"崩",按照封建等级制度,皇帝及其父母、皇后死曰"崩"。 [8]"吕产",吕后长兄吕泽之子。吕后元年,封为交侯,六年封为吕王,七年徙为梁王,为帝太傅,八年为相国。吕太后死后,在与宗室刘氏和拥护刘氏的功臣势力的斗争中失败被杀。事迹主要散见本书《吕太后本纪》、《汉书·高后纪》。 [9]"《吕后》语",指本书《吕太后本纪》。

【译文】孝文皇帝是高祖的中子。高祖十一年春打垮陈豨的军队,平定了代地,孝文皇帝被立为代王,建都中都。他是太后薄氏的儿子。做代王的第十七年,时值高后八年,这年七月,高后去世。九月,吕后的家族吕产等人想要叛乱,推翻刘氏政权,大臣们一起诛灭了吕氏家族,商量召代王来都城,立为皇帝,这件事情记载在《吕太后本纪》中。

丞相陈平、太尉周勃等使人迎代王。[1]代王问左右郎中令张武等。[2]张武等议曰:"汉大臣皆故高帝时大将,习兵,多谋诈,此其属意非止此也,特畏高帝、吕太后威耳。今已诛诸吕,新喋血京师,[3]此以迎大王为名,实不可信。愿大王称疾毋往,以观其变。"中尉宋昌进曰:[4]"群臣之议皆非也。夫秦失其政,诸侯豪桀并起,[5]人人自以为得者以万数,然卒践天子之位者,刘氏也,天下绝望,一矣。高帝封王子弟,[6]地犬牙相制,此所谓盘石之宗也,[7]天下服其强,二矣。汉兴,除秦苛政,约法令,施德惠,人人自安,难动摇,三矣。夫以吕太后之严,立诸吕为三王,[8]擅权专制,然而太尉以一节入北军,[9]一呼士皆左袒,[10]为刘氏,叛诸吕,卒以灭之。此乃天授,非人力也。今大臣虽欲为变,百姓弗为使,其党宁能专一邪?方今内有朱虚、东牟之亲,[11]外畏吴、楚、淮南、琅邪、齐、代之强。[12]方今高帝子独淮南王与大王,大王又长,贤圣仁孝,闻于天下,故大臣因天下之心而欲迎立大王,大王勿疑也。"代王报太后计之,犹与未定。〔13〕卜之龟,〔14〕卦兆得大横。〔15〕占曰:〔16〕"大横庚庚,〔17〕余为天王,夏启以光。"〔18〕代王曰:"寡人固已为王矣,又何王?"卜人曰:"所谓天王者乃天子。"于是代王乃遣太后弟薄昭往见绛侯,〔19〕绛侯等具为昭言所以迎立王意。薄昭还报曰:"信矣,毋可疑者。"代王乃笑谓宋昌曰:"果如公言。"乃命宋昌参乘,〔20〕张武等六人乘传诣长安。〔21〕至高陵休止,〔22〕而使宋昌先驰之长安观变。

【注释】〔1〕"丞相",是全国最高的行政长官,辅佐皇帝处理全国政务。秦时分置左右,汉高祖即位,只设一丞相。十一年改名相国。惠帝、吕后时期复置左右丞相。也有人认为丞相与相国为两官,相国位在丞相之上,可阅傅举有《汉代相国丞相为两官》一文,载《文史》第二十六辑。"陈平",阳武(今河南原阳县东南)人,是汉高祖的主要谋士之一,惠帝六年为左丞相,吕后元年,徙为右丞相,卒于文帝二年。事详本书《陈丞相世家》、《汉书·陈平传》。"太尉",本为秦官,汉代沿置,汉武帝建元二年省,元狩四年改称大司马。是全国最高军政首脑,与丞相、御史大夫并称三公。"周勃",沛县(今江苏沛县)人,早年随从刘邦起兵,转战各地,以功封绛侯。汉高祖、惠帝、吕后时曾为太尉,文帝时为丞相。事详本书《绛侯周勃世家》、《汉书·周勃传》。〔2〕"郎中令",汉中央和诸侯王国均设有此官,为皇帝或诸侯王的宿卫之臣,负责守护宫殿门户,主管诸郎在宫殿上侍卫。"张武",代王刘恒即皇帝位后,长期为汉中央郎中令。〔3〕"喋血",盟誓时以牲血涂于口旁。喋,音 shà,与"歃"字同。高祖功臣诛诸吕时,并没有喋血盟誓。"喋血",据《汉书·文帝纪》当作"喋血",义为血流满地,沾污脚足,形容杀人很多。"喋",音 dié。"京师",即长安。汉高祖初都雒阳(今河南洛阳市东北),高祖七年,迁都长安,从此长安成为西汉一代的都城,治所在今陕西西安市西北郊渭河南岸。〔4〕"中尉",汉中央和诸侯王国均设有此官,负责都城治安。此为王国都尉。"宋昌",早年随从刘邦起事,曾为都尉。文帝即位,拜为卫将军,镇抚南北军,以功封壮武侯,景帝中四年,有罪,夺爵一级,为关内侯。见本篇下文和《汉书·高惠高后文功臣表》。〔5〕"桀",与"杰"字通。〔6〕"王",音 wàng,称王,君临一国。

〔7〕"盘",与"磐"字通。"盘石",厚重的石头,譬喻坚固不动。 〔8〕"三王",指梁王吕产、赵王吕禄、燕王吕通。吕产于吕后六年封吕王,七年徙为梁王。吕禄、吕通之封均在吕后七年。见本书《吕太后本纪》。〔9〕"节",古代使者出外传达命令,或办理政务时所持,作为自己身份的一种凭证,一般用竹木或金属制成,上端有旄饰。"北军",西汉守卫都城长安的军队有北军、南军。北军驻扎城北,守卫都城,兵员调自三辅。南军驻扎城南,守卫宫城,兵员调自郡国。北军人数多于南军,是京城最强大的军事力量。太尉周勃以一节入北军事详见本书《吕太后本纪》。 〔10〕"左袒",裸露左臂。"袒",裸露。〔11〕"朱虚",朱虚侯刘章,齐悼惠王刘肥之子,吕后二年封为朱虚侯。封地朱虚本为县,在今山东临朐县东南。"东牟",东牟侯刘兴居,朱虚侯刘章之弟,吕后六年封为东牟侯。封地东牟本为县,在今山东牟平县。当时二人都居住长安,宿卫宫廷。〔12〕"吴",吴王刘濞,刘邦兄刘仲之子。事详本书《吴王濞列传》、《汉书·吴王濞传》。"楚",楚王刘交,刘邦之弟。事详本书《楚元王世家》、《汉书·楚元王传》。"淮南",淮南王刘长,刘邦的第七个儿子。事详本书《淮南厉王长列传》、《汉书·淮南厉王长传》。"琅邪",琅邪王刘泽,刘邦的远房兄弟。事详本书《荆燕世家》、《汉书·荆燕吴传》。"齐",齐王刘襄,齐悼惠王刘肥之子。事详本书《齐悼惠王世家》、《汉书·高五王传》。"代",代王刘恒。诸王封地大体如下:吴领有东阳、鄣、会稽三郡,包有今安徽、江苏、浙江三省部分地区,都于广陵,在今江苏扬州市西北。楚辖有今江苏、安徽二省部分地区,都于彭城,在今江苏徐州市。淮南辖有今安徽中部地区,都于寿春,在今安徽寿县。琅邪辖有今山东半岛东南部,都于东武,在今山东诸城县。齐辖有今山东东北部、东部地区,凡七十余城,都于临淄,在今山东淄博市东北旧临淄县。代辖地见本篇前注。 〔13〕"犹与",与"犹豫"二字同。〔14〕"卜之龟",古人迷信,用龟甲占卜。占卜的方法是用火灼龟甲,然后根据上面的裂纹预测吉凶。〔15〕"大横",卜兆之名。这是根据烧灼龟甲后的征兆观察出来的。〔16〕"占",卜兆的占词。 〔17〕"庚庚",犹言更更,意思是说代王的地位要有所变更,由诸侯王更位为皇帝。 〔18〕"夏启以光",传说中的五帝黄帝、颛顼、帝喾、唐尧、虞舜都是年老时传位贤人,从夏禹开始才把帝位传给自己的儿子夏启,而夏启继帝位后,发扬光大了夏禹的基业。这句卦词的本意在于指出代王会像夏启承袭夏禹的帝位一样,继承高祖刘邦的天子地位,光大先帝

的事业。〔19〕"薄昭",汉高祖七年为郎,文帝元年封轵侯,十年自杀。事见《汉书·外戚恩泽侯表》。〔20〕"参乘",古人乘车制度,尊者居左,御者居中,又有一人居右陪乘,防备意外事故。居右陪乘者称为"参乘"。〔21〕"传",音zhuàn,古代驿站的一种专用车辆。〔22〕"高陵",县名,在今陕西高陵县,位于京师长安东北。

【译文】丞相陈平、太尉周勃等派人去迎接代王。代王询问左右近臣郎中令张武等人的意见。张武等人建议说:"汉朝廷中的大臣都是过去高帝时的大将,熟悉军事,多谋善诈,他们的真正意图并不止于此,(这样做,)只是畏惧高帝、吕太后的威势罢了。如今已经诛灭了吕氏宗族,血洗京城,来这里名义上是迎接大王,实际上不可信赖。希望大王佯称有病,不要前往京城,坐观事态的变化。"中尉宋昌进言说:"群臣的意见都是不对的。当秦朝腐败瓦解的时候,诸侯豪杰同时并起,自认为能得到天下的人数以万计,然而最终登上天子之位的是刘氏,天下逐鹿的人断绝了做皇帝的希望,这是第一点。高帝封子弟为王,封国领土犬牙交错,这就是人们所说的磐石一样坚固的宗族,天下的人都屈服于刘氏的强大,这是第二点。汉朝兴起,废除秦朝苛刻的政令,简化法令,施德惠于民,人人都生活安宁,难以动摇,这是第三点。以吕太后的威严,立吕氏子弟三人为王,擅权专制,然而太尉持节进入北军,一声呼唤,士卒都袒露左臂拥护刘氏,背叛吕氏,结果消灭了吕氏宗族。这是上天所授,不是人力所能做到的。现在即使大臣想要叛变,百姓也不肯被他们所驱使,他们的党羽难道能一心一意地团结在一起吗?当今京城内有朱虚侯、东牟侯这样的亲族,京城外又畏惧吴王、楚王、淮南王、琅邪王、齐王、代王的强大。目前高帝的儿子仅有淮南王和大王,大王又年长、贤能、圣德、仁爱、孝顺,闻名天下,所以大臣们顺应天下百姓的心愿,而想迎接大王立为皇帝,大王不要疑虑。"代王报告了太后,进行磋商,犹犹豫豫,没有拿定主意。用龟甲来占卜,卦的兆象得到大横。兆辞说:"大横预示着更替,我成为天王,像夏启一样发扬光大先帝的事业。"代王说:"我本来已经是诸侯王了,还要做什么王?"占卜的人说:"所说的天王是天子。"于是代王就派遣太后的弟弟薄昭前往京城会见绛侯,绛侯等人把所以要迎接代王的意图全部告诉了薄昭。薄昭回来报告说:"情况是真实的,没有什么可怀疑的。"代王于是笑着对宋昌说:"果然像你说的一样。"就让宋昌在车的右面陪乘,张武等六人乘传车(随同代王)前往

长安。到达高陵停息下来,派宋昌先驱车去长安观察局势的变化。

昌至渭桥,〔1〕丞相以下皆迎。宋昌还报。代王驰至渭桥,群臣拜谒称臣。代王下车拜。太尉勃进曰:"愿请间言。"〔2〕宋昌曰:"所言公,公言之。所言私,王者不受私。"太尉乃跪上天子玺符。〔3〕代王谢曰:"至代邸而议之。"〔4〕遂驰入代邸。群臣从至。丞相陈平、太尉周勃、大将军陈武、御史大夫张苍、宗正刘郢、朱虚侯刘章、东牟侯刘兴居、典客刘揭皆再拜言曰:〔5〕"子弘等皆非孝惠帝子,〔6〕不当奉宗庙。臣谨请与阴安侯、列侯顷王后与琅邪王、宗室、大臣、列侯、吏二千石议曰:〔7〕'大王高帝长子,宜为高帝嗣。'愿大王即天子位。"代王曰:"奉高帝宗庙,重事也。寡人不佞,〔8〕不足以称宗庙。愿请楚王计宜者,〔9〕寡人不敢当。"群臣皆伏固请。代王西乡让者三,〔10〕南乡让者再。〔11〕丞相平等皆曰:"臣伏计之,大王奉高帝宗庙最宜称,〔12〕虽天下诸侯万民以为宜。臣等为宗庙社稷计,〔13〕不敢忽。愿大王幸听臣等。臣谨奉天子玺符再拜上。"代王曰:"宗室将相王列侯以为莫宜寡人,寡人不敢辞。"遂即天子位。

【注释】〔1〕"渭桥",秦始皇在京城咸阳渭水上架设的桥梁,连接渭水南北两岸的长乐宫和咸阳宫。桥在西汉京城长安之北。〔2〕"间",音jiàn,空隙。"间言",屏退众人,得一空隙,单独谈话。〔3〕"玺",音xǐ,秦以前,为印的统称。自秦始,皇帝之印称"玺"。"符",以竹、木、铜等制成,上刻有文字,分成两半,双方各执一半,上面传达命令或调兵遣将时,双方合符以验真假。〔4〕"代邸",代王在都城的官邸。汉制,诸侯王在都城都有自己的官邸。〔5〕"大将军",汉代将军名目繁多,大将军是将军中权力最大、地位最尊崇者。"陈武",即柴武,汉高祖六年,以军功封棘蒲侯,卒于文帝后元年。事迹散见本篇和《高祖功臣侯者年表》等处。"御史大夫",秦时为最高的监察官,位仅次于丞相。汉代沿置,为丞相之副。国家大事,皇帝多同丞相、御史大夫协商。所掌侧重于执法和监察。与丞相、太尉合称三公。"张苍",阳武人,初为秦御史,后归刘

邦,曾为赵王张耳和张敖丞相、代王刘恒丞相、淮南王刘长丞相。吕后八年为御史大夫,文帝四年为丞相。事详本书《张丞相列传》、《汉书·张苍传》。"宗正",秦官,汉代沿置,负责皇族事务,一般以皇族中的人员充任,为九卿之一,秩为二千石。"刘郢",即刘郢客,楚元王刘交之子,吕后二年为宗正,文帝二年为楚王,五年卒。"郢",音 yǐng。"典客",秦官,汉代沿置,景帝六年改名大行令,武帝太初元年改名大鸿胪,主要负责诸侯王、少数族君长、外国君主或使臣的来往礼仪、接待等事务,为九卿之一。"刘揭",因诛诸吕有功,文帝元年封阳信侯。事见本书《惠景间侯者年表》、《汉书·高惠高后文功臣表》。〔6〕"弘",即刘山。吕后元年,封刘山为襄城侯。二年,封为常山王,改名刘义。四年,吕后杀害少帝,立刘义为帝,改名刘弘,史书亦称少帝。文帝从代入长安后,刘弘即被杀害。与刘弘同时被杀的还有梁王刘太、淮阳王刘武、常山王刘朝,这四个人是惠帝后宫所生子,大臣们认为他们都不是惠帝所生,只是一种托辞。〔7〕"请"字下的"与"字,《汉书·文帝纪》无,有人认为是衍文。"阴安侯",汉高祖长兄刘伯的妻子,阴安本为县,在今河南清丰县西南。"顷王后",汉高祖二哥代顷王刘仲的妻子。也有人认为阴安侯与顷王后为一人,顷王后封阴安侯。大臣言皇帝废立大事,首列妇女二人,这是因为阴安侯和顷王后在当时皇族中辈分最高。"二千石",汉代官秩的一个等级,一年的俸禄为一千一百四十石。官秩为二千石的有郡守、将作少府、詹事、典属国、内史、主爵中尉等。这里泛指九卿、郡守一级的各类官员。〔8〕"佞",音 nìng,有才能。"不佞",不才。自我谦词。〔9〕"愿请楚王计宜者",在当时刘氏诸侯王中,楚王刘交为汉高祖的弟弟,年辈最高,所以代王提出请楚王考虑最适宜的皇帝人选。〔10〕"乡",与"向"字通。"西乡",面朝西。古人宾主相见,一般是主人在东,面朝西,宾在西,面朝东。代王"西乡",是用宾主之礼对待群臣。"三",三次。〔11〕"南乡",面朝南。古代帝王见群臣,无论坐或立皆南向。代王接待群臣时,先是"西乡",然后"南乡",表明了地位的变化。"再",二次,又一次。〔12〕"称",音 chèn,与"宜"义同,适宜,合适。〔13〕"社稷",古代帝王祭祀的土神和谷神,这里用作国家的代称。

【译文】 宋昌到了渭桥,丞相以下的各级官员都前来迎接。宋昌回来向代王作了汇报。代王驱车来到渭桥,大臣们都来拜见,自称为臣。代王下车答拜。太尉周勃进见说:"希望单独跟你说话。"

宋昌说:"所说的属于公事,就公开说。所说的属于私事,为王的人不接受私情。"太尉就跪下奉上天子印玺和符节。代王辞谢说:"到代国官邸去商议。"于是驱车进入代国官邸。大臣们也都相随来到代国官邸。丞相陈平、太尉周勃、大将军陈武、御史大夫张苍、宗正刘郢、朱虚侯刘章、东牟侯刘兴居、典客刘揭都再拜后进言说:"皇子刘弘等都不是孝惠帝的儿子,不应做皇帝,奉祀宗庙。我们和阴安侯、顷王后,以及琅邪王、宗室、大臣、列侯、二千石以上官员商议说:'大王现在是高帝最大的儿子,适合做高帝的继承人。'希望大王即位为天子。"代王说:"奉祀高帝宗庙,是一件重大的事情。我没有才能,不足以奉祀宗庙。希望请楚王考虑一个合适的人,我不敢当此重任。"大臣们都拜伏于地,坚决地请求。代王面朝西谦让了三次,面朝南又谦让了两次。丞相陈平等人都说:"我们在下商议,大王奉祀高帝宗庙是最适宜的,就是天下的诸侯和万民百姓也认为是妥当的。我们为宗庙和国家考虑,不敢轻忽从事。希望大王听从我们的建议。我们郑重而又恭敬地奉上天子玺印和符节。"代王说:"宗室、将相、诸王、列侯都以为没有比我更适宜的人选,那么我就不敢再推辞了。"于是即位为天子。

群臣以礼次侍。乃使太仆婴与东牟侯兴居清宫,〔1〕奉天子法驾,〔2〕迎于代邸。皇帝即日夕入未央宫。〔3〕乃夜拜宋昌为卫将军,〔4〕镇抚南北军。以张武为郎中令,行殿中。还坐前殿。于是夜下诏书曰:"间者诸吕用事擅权,谋为大逆,欲以危刘氏宗庙,赖将相列侯宗室大臣诛之,皆伏其辜。朕初即位,〔5〕其赦天下,赐民爵一级,〔6〕女子百户牛酒,〔7〕酺五日。"〔8〕

【注释】〔1〕"太仆",秦官,汉代沿置,负责掌管皇帝舆马,为九卿之一。"婴",姓夏侯,随从刘邦起沛,长期为太仆。因曾为滕(今山东滕县西南)令,所以号滕公。卒于文帝八年。事详本书《夏侯婴列传》、《汉书·夏侯婴传》。〔2〕"法驾",天子的车驾根据礼仪有不同的规格,"法驾"为其中的一种,举行典礼时乘坐。可参阅晋司马彪《续汉书·舆服志》。〔3〕"未央宫",在汉长安城内西南隅。汉高祖视朝经常在长乐宫,惠帝后移至未央宫。〔4〕"卫将军",临时设置的将军。京师长安的南军由卫尉统领,北军由中尉统领。卫将军在卫尉、中尉之上,总领南北军,守卫宫禁和京师。《汉书·张安世传》载,安世于宣帝地节年间为卫将军,统领两宫卫尉、城门北军兵,守卫宫禁和京师。〔5〕"朕",音 zhèn,古人自称,秦始皇规定为皇帝的自称。〔6〕"赐民爵一级",汉代赐民爵有多种情况,皇帝即位、立皇太子、立皇子为王、皇太子举行冠礼、改元、郊祀、祥瑞、灾异等,都可赐爵。所赐爵由男户主接受。〔7〕"女子",指为户主的女子。"百户牛酒",女子不赐民爵,所以对女户主按百户为单位赐予牛和酒。〔8〕"酺",音 pú,欢聚宴饮。汉代法律规定,百姓不得三人以上群饮,大酺需要有国家的命令。

【译文】大臣们按照礼仪,依秩位高下列侍。派太仆夏侯婴和东牟侯刘兴居清除宫廷,用天子法驾去代邸迎接皇帝。皇帝当天晚上进入未央宫。夜里任命宋昌为卫将军,镇服和安辑南北军。以张武为郎中令,巡行殿中。皇帝回到前殿坐朝。于是当夜下诏说:"近来吕氏子弟专权用事,阴谋叛逆,想要倾危刘氏宗庙,幸亏将相、列侯、宗室、大臣消灭了他们,使他们都得到了应有的惩罚。我刚刚即位,大赦天下,赐予百姓中的男户主爵一级,女户主每百户给予牛和酒,允许相聚宴饮五天。"

孝文皇帝元年十月庚戌,〔1〕徙立故琅邪王泽为燕王。〔2〕

【注释】〔1〕"十月庚戌",十月一日。〔2〕"燕",燕王刘泽封地,在今河北北部和中部部分地区,都于蓟,在今北京市西南。

【译文】孝文皇帝元年十月一日,徙封原来的琅邪王刘泽为燕王。

辛亥,〔1〕皇帝即阼,〔2〕谒高庙。〔3〕右丞相平徙为左丞相,太尉勃为右丞相,大将军灌婴为太尉。〔4〕诸吕所夺齐楚故地,〔5〕皆复与之。

【注释】〔1〕"辛亥",十月二日。〔2〕"即阼",贵族的庙堂前的东阶为主人之阶,亦名阼阶。堂上东侧南当阼阶数米处叫做阼,为一国之主、一家之主行礼坐立的地方。非一国之主、一家之主则不能登阼阶。而升堂,更不能处阼而坐立。这里"即阼"谓天子即位。"阼",音 zuò。〔3〕"高庙",

汉高祖刘邦的庙。谒祖庙是皇帝即位时必须举行的礼仪。〔4〕"灌婴",睢阳(今河南商丘县南)人,早年一直随刘邦转战各地,以功封颍阴侯。吕后死后,齐王刘襄起兵欲诛诸吕,丞相吕产派灌婴率兵,出击齐王,以灌婴为大将军。事迹详见本书《灌婴列传》、《汉书·灌婴传》。〔5〕"诸吕所夺齐楚故地",吕后封吕台为吕王,得梁地,又割取齐国、楚国的土地扩大吕台的封土。

【译文】二日,皇帝即位,拜谒高庙。右丞相陈平迁徙为左丞相,太尉周勃担任右丞相,大将军灌婴担任太尉。吕氏夺取的齐国、楚国旧地,又都归还齐、楚。

壬子,〔1〕遣车骑将军薄昭迎皇太后于代。〔2〕皇帝曰:"吕产自置为相国,〔3〕吕禄为上将军,〔4〕擅矫遣灌将军婴将兵击齐,欲代刘氏。婴留荥阳弗击,〔5〕与诸侯合谋以诛吕氏。吕产欲为不善,丞相陈平与太尉周勃谋夺吕产等军。朱虚侯刘章首先捕吕产等。太尉身率襄平侯通持节承诏入北军。〔6〕典客刘揭身夺赵王吕禄印。〔7〕益封太尉勃万户,赐金五千斤。〔8〕丞相陈平、灌将军婴邑各三千户,金二千斤。朱虚侯刘章、襄平侯通、东牟侯刘兴居邑各二千户,金千斤。封典客揭为阳信侯,〔9〕赐金千斤。"

【注释】〔1〕"壬子",十月三日。〔2〕"车骑将军",汉代列将军之一,位在大将军之下。〔3〕"相国",即丞相。吕产为相国在吕后八年吕后死后。〔4〕"吕禄",吕后次兄吕释之之子,吕后七年封为赵王。吕后死后被大臣诛杀。"上将军",吕后八年七月,吕禄为上将军。上将军为当时最高武官,握有军权。〔5〕"荥阳",县名,在今河南荥阳县。〔6〕"襄平",县名,在今辽宁辽阳市。本书《高祖功臣侯者年表》司马贞《索隐》云襄平属临淮郡,地在今江苏盱眙县西北。"通",纪通,其父纪成,以将军随从刘邦平定秦关中地,死于战事,纪通袭父功,于汉高祖八年封为襄平侯。见本书《高祖功臣侯者年表》、《汉书·高惠高后文功臣表》。〔7〕"典客刘揭身夺赵王吕禄印",以上所述大臣诛诸吕经过,详见本书《吕太后本纪》。〔8〕"斤",汉代一斤约等于今天的二百五十八克。〔9〕"阳信",刘揭封地,本为县,在今山东阳信县。

【译文】三日，派遣车骑将军薄昭到代国迎接皇太后。皇帝说："吕产自任为相国，吕禄自任为上将军，擅自假托诏令派遣将军灌婴统率军队出击齐国，想要取代刘氏。灌婴停留在荥阳，按兵不动，与诸侯合谋诛除吕氏。吕产企图发动叛乱，丞相陈平和太尉周勃使用计策夺取了吕产等人的军权。朱虚侯刘章首先捕获吕产等人。太尉亲自率领襄平侯纪通持节奉诏进入北军。典客刘揭亲手夺下了赵王吕禄的印信。（因此，）加封太尉周勃食邑一万户，赐予黄金五千斤。加封丞相陈平、将军灌婴每人食邑三千户，赐予黄金二千斤。加封朱虚侯刘章、襄平侯纪通、东牟侯刘兴居每人食邑二千户，赐予黄金一千斤。封典客刘揭为阳信侯，赐予黄金一千斤。"

十二月，上曰："法者，治之正也，所以禁暴而率善人也。今犯法已论，而使毋罪之父母妻子同产坐之，[1]及为收帑，[2]朕甚不取。其议之。"有司皆曰：[3]"民不能自治，故为法以禁之。相坐坐收，所以累其心，使重犯法，所从来远矣。如故便。"上曰："朕闻法正则民悫，[4]罪当则民从。且夫牧民而导之善者，吏也。其既不能导，又以不正之法罪之，是反害于民为暴者也。何以禁之？朕未见其便，其孰计之。"[5]有司皆曰："陛下加大惠，德甚盛，非臣等所及也。请奉诏书，除收帑诸相坐律令。"

【注释】〔1〕"同产"，同母兄弟姊妹。"坐"，古刑法术语，入罪曰"坐"。"毋罪之父母妻子同产坐之"，这是"连坐"。本人没有触犯法律，因为亲人有罪而被牵连获罪入狱。秦孝公时商鞅变法，就实行连坐之法，一家有罪，邻伍相坐。这里所说的情况，是一人有罪，本家成员相坐。〔2〕"帑"，音 nǔ，与"孥"字通，妻子儿女。"收帑"，把妻子儿女收没为官府奴婢。同时，对于衣服器物也予抄没。秦朝有收帑法，汉代沿袭了秦朝的这一法律。〔3〕"有司"，古代设官分职，各有所司，所以称主管一方面事务的官吏为"有司"。〔4〕"悫"，音 què，诚实，忠厚。〔5〕"孰"，与"熟"字通，深入，精细。

【译文】十二月，皇帝说："法律是治理国家的准则，用它来禁绝残暴，引导人们向善。现在犯法定罪后，而使无罪的父母、妻子、兄弟连坐，收没妻子儿女为官府奴婢，我非常不赞成这种做法。大家讨论一下。"官员们都说："百姓不能治理自己，所以制定法律来约束他们。互相连坐，收没妻子儿女为官府奴婢，以此来束缚百姓的心理，使他们不敢轻易触犯法律，这种做法由来已久。像从前一样的做法是适宜的。"皇帝说："我听说法律公正则百姓忠厚，论罪量刑得当则百姓顺从。况且管理百姓而引导他们向善的，是官吏（的职责）。官吏既不能加以引导，又采用不公正的法律去论罪，这反而有害于百姓，使他们为暴作乱，法律怎么能禁止得了呢？我看不出这种法律有什么方便的地方。你们再深思熟虑。"官员们都说："皇帝加于民众的恩惠浩荡，德泽非常深厚，不是我们臣下所能赶得上的。让我们谨奉诏书，废除一人有罪，妻室收没为官府奴婢和一些互相连坐的法令。"

正月，有司言曰："蚤建太子，[1]所以尊宗庙。请立太子。"上曰："朕既不德，上帝神明未歆享，[2]天下人民未有嗛志。[3]今纵不能博求天下贤圣有德之人而禅天下焉，[4]而曰豫建太子，[5]是重吾不德也。谓天下何？其安之。"有司曰："豫建太子，所以重宗庙社稷，不忘天下也。"上曰："楚王，季父也，[6]春秋高，[7]阅天下之义理多矣，明于国家之大体。吴王于朕，兄也，惠仁以好德。淮南王，弟也，秉德以陪朕。[8]岂为不豫哉！诸侯王宗室昆弟有功臣，多贤及有德义者，若举有德以陪朕之不能终，是社稷之灵，天下之福也。今不选举焉，而曰必子，人其以朕为忘贤有德者而专于子，非所以忧天下也。朕甚不取也。"有司皆固请曰："古者殷周有国，治安皆千余岁，古之有天下者莫长焉，用此道也。立嗣必子，所从来远矣。高帝亲率士大夫，始平天下，建诸侯，为帝者太祖。诸侯王及列侯始受国者皆亦为其国祖。子孙继嗣，世世弗绝，天下之大义也，故高帝设之以抚海内。今释宜建而更选于诸侯及宗室，非高帝之志也。更议不宜。子某最长，[9]纯厚慈仁，请建以为太子。"上乃许之。因赐天下民当代父后者爵各一级。封将军薄昭为轵侯。[10]

【注释】〔1〕"蚤"，与"早"字通。〔2〕"歆享"，祭礼时,祭品馨香上升,神灵享受祭品香气。"歆",音 xīn。〔3〕"嗛",音 qiè,与"慊"字通,满意。〔4〕"禅",音 shàn,禅让,把天子之位让于他人。〔5〕"豫",与"预"字通。〔6〕"季父",叔父。古代以伯、仲、叔、季为兄弟行次,所以"季父"也用来指最小的叔父。〔7〕"春秋",指年龄。〔8〕"陪",辅佐。〔9〕"子某",指刘启,即后来的汉景帝。修史者避讳,不便直书"启",所以用"某"字代替。文帝居代时,王后生有四子,窦姬生有二子,长子刘启,次子刘武。王后四子相继病死,代王子以刘启为最长。〔10〕"轵",音 zhǐ,薄昭封地,本为县,在今河南济源县南。

【译文】正月,官员们进言说:"早些确定太子,是为了尊崇宗庙。请现在置立太子。"皇帝说:"我已是德薄之人,上帝的神灵没有享受我的祭礼,天下人民没有感到心满意足。现在我既不能广泛地寻求天下贤圣有德的人而禅让天下,却说什么要预先确立太子,这是使我更加德薄,叫我向天下人如何交待呢?这件事还是慢一些。"官员们说:"预先确立太子,是以宗庙和国家为重,(表示)不忘怀天下。"皇帝说:"楚王是我的叔父,年岁大,阅历丰富,懂得很多天下的道理,明了国家大体。吴王是我的哥哥,为人仁惠,喜欢以德待人。淮南王是我的弟弟,身怀美德来辅佐我。这难道不是预先解决了皇帝的继承人吗!诸侯王、宗室、弟兄、有功的大臣,很多是贤明和有德义的人。如果推举有道德的人来帮助和继承我这(因德薄而)不能终位的人,这是社稷神明有灵,天下人的福分。现在不举,而认为一定要传位于儿子,人们会以为我忘记了贤明有德的人,而专意于自己的儿子,不为天下着想。我很不赞成这种做法。"官员们都坚决地请求说:"古代殷朝、周朝立国,安治天下都有一千多年,古时拥有天下的人都没有比殷、周立国更长远的了,这是因为殷、周采取了传位于子的方法。一定以自己的儿子为继承人,很久以前就是这样做的。高帝亲自率领军士将佐,平定天下,封建诸侯,成为诸帝的太祖。最初接受封国的诸侯王和列侯也成为自己封国的始祖。子孙相继嗣位,世世不绝,这是天下大义所在,所以高帝建立传位于子的制度来安定海内。现在放弃应当立为继承人的人选,而另从诸侯和宗室里面挑选,这不是高帝的想法。再议论立谁为继承人是不合适的。子某是长子,纯厚仁慈,请立为太子。"皇帝答应了。并因此赐予天下百姓应当为父后嗣的长子每人爵一级。封将军薄昭为轵侯。

三月,有司请立皇后。〔1〕薄太后曰:"诸侯皆同姓,〔2〕立太子母为皇后。"〔3〕皇后姓窦氏。上为立后故,赐天下鳏寡孤独穷困及年八十已上孤儿九岁已下布帛米肉各有数。〔4〕上从代来,初即位,施德惠天下,填抚诸侯四夷皆洽驩,〔5〕乃循从代来功臣。〔6〕上曰:"方大臣之诛诸吕迎朕,朕狐疑,皆止朕,唯中尉宋昌劝朕,朕以得保奉宗庙。已尊昌为卫将军,其封昌为壮武侯。〔7〕诸从朕六人,官皆至九卿。"〔8〕

【注释】〔1〕"有司请立皇后",文帝为代王时,王后去世,所以官员们请求确立皇后。〔2〕"诸侯皆同姓",诸侯王都与皇帝同姓。古代天子必以贵姓之女为后,如周天子迎后于妫姜之国。这句话的意思在于指出诸侯王与皇帝同姓,不能从王国贵姓中选择皇后。〔3〕"太子母",即窦姬,最初随侍吕后,后来为代王姬妾,景帝时为窦太后。事详本书《外戚世家》、《汉书·外戚传》。〔4〕"鳏",音 guān,老年丧偶的男子。"寡",丧偶的女子。"孤",幼年丧父的人。"独",老而无子的人。〔5〕"填",与"镇"字通,安定。"驩",与"欢"字同。〔6〕"循",以次赏赐。"乃循从代来功臣",此句《汉书·文帝纪》作"乃修代来功",于义较长。〔7〕"壮武",宋昌封地,本为县,在今山东即墨县西北。〔8〕"九卿",汉代九卿为太常(初称奉常)、光禄勋(初称郎中令)、卫尉、太仆、廷尉、大鸿胪(初称典客、大行令)、宗正、大司农(初称治粟内史、大农令)、少府。

【译文】三月,官员们请求封立皇后。薄太后说:"诸侯王都是同姓,(不能从同姓那里选择皇后,)就立太子的母亲为皇后吧。"皇后姓窦。皇帝由于立皇后的缘故,赐予天下鳏寡孤独和贫穷困苦的人,以及年龄八十以上的老人、九岁以下的孤儿一定数量的布、帛、米、肉。皇帝从代国来到都城,即位不久,就对天下百姓广施德惠,安抚诸侯和四方少数民族,他们都很欢欣而又融洽,于是依次赏赐从代国跟随来都城的功臣。皇帝说:"当大臣诛灭吕氏子弟迎接我的时候,我犹豫不决,大家都阻拦我,只有中尉宋昌劝我(不要怀疑),这样我才能够事奉宗庙。已经尊崇宋昌为卫将军,再封宋昌为壮武侯。那些随从我来都城的六个人,官职都升到九卿。"

上曰："列侯从高帝入蜀、汉中者六十八人皆益封各三百户,〔1〕故吏二千石以上从高帝颍川守尊等十人食邑六百户,〔2〕淮阳守申徒嘉等十人五百户,〔3〕卫尉定等十人四百户。〔4〕封淮南王舅父赵兼为周阳侯,〔5〕齐王舅父驷钧为清郭侯。"〔6〕秋,封故常山丞相蔡兼为樊侯。〔7〕

【注释】〔1〕"蜀、汉中",都是秦郡。蜀在今四川中部,治所在成都(今四川成都市)。汉中在今陕西秦岭以南以及湖北西北部,治所在南郑(今陕西南郑县)。项羽杀死秦王子婴后,自立为西楚霸王,分封天下,刘邦被立为汉王,封给巴(今四川东部)、蜀、汉中地。 〔2〕"颍川",秦郡,汉代沿置,辖地在今河南登封县、宝丰县以东,尉氏县、鄢城县以西,密县以南,舞阳县、叶县以北。治所在阳翟(今河南禹县)。"守",郡守,负责全郡政务和军事。"尊",史书未载其姓,全书仅此一见。 〔3〕"淮阳",汉高祖十一年置淮阳国,惠帝时改为郡,辖有今河南淮阳、扶沟、太康、柘城、鹿邑等县地。治所在陈县(今河南淮阳县)。"申徒",亦作"申屠",是复姓。"申徒嘉",早年随从刘邦击项羽、黥布,惠帝时为淮阳郡守,文帝时先后为御史大夫、丞相,封故安侯,卒于景帝二年。事迹详见本书《张丞相列传》所附《申屠嘉列传》、《汉书·申屠嘉传》。 〔4〕"卫尉",秦官,汉代沿置,负责统领南军守卫宫殿,为九卿之一。西汉皇帝居未央宫,卫尉率卫士守卫,所以有未央卫尉之称。皇后居长乐宫,又有长乐卫尉。"定",姓不详,本书只此一见。《汉书·文帝纪》《百官公卿表》皆作"足"。二字形近,必有一误。 〔5〕"赵兼",淮南王刘长母亲的弟弟,文帝元年封周阳侯,六年因罪被夺去封邑。其子由,改姓周阳,为武帝时著名的酷吏。事迹散见本书《惠景间侯者年表》、《酷吏列传》等篇。赵兼封地周阳本为聚邑,在今山西闻喜县东北。 〔6〕"驷钧",文帝元年封为清郭侯,六年即因罪被夺去封邑。事见本书《惠景间侯者年表》、《汉书·外戚恩泽侯表》。"清郭侯",本书《惠景间侯者年表》作"清都侯",《汉书·文帝纪》作"靖郭侯"。裴骃《集解》引如淳云:"清,音静。"与"靖"音同字通。"都"为误字。战国齐有靖郭邑,在今山东滕县境,清郭或即其地。 〔7〕"常山",汉高祖三年置常山郡,辖有今河北中部、山西东部和中部。治所在元氏(今河北元氏县西北)。吕后元年,封刘不疑为常山王,不久刘不疑卒,吕后二年改封刘山为常山王,四年又改封刘朝为常山

王。在这一短暂时期,常山郡一度改置为国。"丞相",汉代制度,诸侯王国也设置丞相,统率王国众官。景帝中五年,改丞相曰相。这里所说的"常山丞相",当是指吕后时期的常山王丞相。"蔡兼",早年曾以县令身份随从刘邦。据本书《惠景间侯者年表》和《汉书·高惠高后文功臣表》,蔡兼封侯后十四年卒。"樊",县名,在今山东兖州市西南。

【译文】皇帝说:"列侯中跟随高帝去蜀、汉中的六十八个人都各加封食邑三百户,过去随从高帝二千石以上的官吏颍川郡郡守尊等十人,各封给食邑六百户,淮阳郡郡守申徒嘉等十人各封给食邑五百户,卫尉定等十人各封给食邑四百户。封淮南王舅父赵兼为周阳侯,齐王舅父驷钧为清郭侯。"秋天,封原来常山国的丞相蔡兼为樊侯。

人或说右丞相曰:〔1〕"君本诛诸吕,迎代王,今又矜其功,〔2〕受上赏,处尊位,祸且及身。"〔3〕右丞相勃乃谢病免罢,左丞相平专为丞相。

【注释】〔1〕"说",音shuì,劝说,告诫。 〔2〕"矜",音jīn,自我夸耀,自尊自大。 〔3〕"且",将要。

【译文】有人劝告右丞相说:"你本来是诛除吕氏子弟,迎接代王为天子,现在却又居功自傲,接受最大的赏赐,处在尊显的地位,不久就要灾难临头。"右丞相周勃就推托有病,罢免了右丞相职务,左丞相陈平一人专任丞相。

二年十月,丞相平卒,复以绛侯勃为丞相。〔1〕上曰:"朕闻古者诸侯建国千余,〔2〕各守其地,以时入贡,民不劳苦,上下驩欣,靡有遗德。今列侯多居长安,邑远,吏卒给输费苦,而列侯亦无由教驯其民。〔3〕其令列侯之国,〔4〕为吏及诏所止者,遣太子。"

【注释】〔1〕"复以绛侯勃为丞相",本书《汉兴以来将相名臣年表》载,周勃文帝时第二次为丞相在二年十一月乙亥。《资治通鉴》卷一三亦系于十一月乙亥。 〔2〕"建国千余",此四字下原有"岁"字。从文义来看,此文当是言诸侯建国数量,不是说建国时间,不应有"岁"字。《汉书·文帝纪》无此

字，今据删。〔3〕"驯"，与"训"字同。〔4〕"之"，往。

【译文】二年十月，丞相陈平死了，又以绛侯周勃为丞相。皇帝说："我听说古代诸侯建国数量有一千多个，每人守卫着自己的封土，按规定时间向天子纳贡，百姓不劳苦，上下欢欢喜喜，没有丧失道德的地方。现在列侯大多数住在长安，距离封邑遥远，那里的官吏和士卒供给输送所需物资，费力而又劳苦，列侯也无从教育训导他的民众。命令列侯回到封国去，在朝廷担任官职和有诏留下的，派遣太子前往封国。"

十一月晦，〔1〕日有食之。〔2〕十二月望，〔3〕日又食。上曰："朕闻之，天生蒸民，〔4〕为之置君以养治之。人主不德，布政不均，则天示之以菑，〔5〕以诫不治。乃十一月晦，日有食之，适见于天，〔6〕菑孰大焉！朕获保宗庙，以微眇之身托于兆民君王之上，〔7〕天下治乱，在朕一人，唯二三执政犹吾股肱也。〔8〕朕下不能理育群生，上以累三光之明，〔9〕其不德大矣。令至，其悉思朕之过失，及知见思之所不及，匄以告朕。〔10〕及举贤良方正能直言极谏者，〔11〕以匡朕之不逮，〔12〕因各饬其任职，〔13〕务省繇费以便民。朕既不能远德，故恫然念外人之有非，〔14〕是以设备未息。今纵不能罢边屯戍，而又饬兵厚卫，其罢卫将军军。太仆见马遗财足，〔15〕余皆以给传置。"〔16〕

【注释】〔1〕"晦"，阴历每月的最后一日。〔2〕"日有食之"，古人缺乏日食的科学知识，认为日食是一种重大灾异，所以史书常常加以记载，有时君主还要下诏自谴，并实行一些善政。〔3〕"望"，望日，即阴历每月十五日。〔4〕"蒸"，与"烝"字通，众。〔5〕"菑"，与"灾"字同。〔6〕"适"，与"谪"字通，谴责，责备。"见"，与"现"字通，显现。〔7〕"眇"，音 miǎo，渺小，微小。"兆"，《太平御览》卷七五〇引应劭《风俗通义》云："十万谓之亿，十亿谓之兆。""兆民"，犹言万民、众民。〔8〕"股"，大腿。"肱"，手臂从肘到腕的部分。"股肱"是人体的重要组成部分，如果用人体来譬喻君臣的关系，君主犹如首脑，辅佐大臣犹如股肱。〔9〕"三光"，日、月、星。〔10〕"匄"，音 gài，与"丐"字同，乞求。〔11〕

"贤良方正"，是汉代选拔官吏的科目之一，始于文帝的这次诏书。武帝时或称"贤良方正"，或称"贤良文学"，也称"贤良"或"文学"，名称虽异，实质相同。被举为"贤良方正"的一般都是通古今，善文墨，能对策，有才学的知识分子。〔12〕"匡"，纠正。"逮"，及。〔13〕"饬"，音 chì，整顿。下文"而又饬兵厚卫"句中的"饬"字，是命令的意思。〔14〕"恫"，音 xiàn。"恫然"，不安的样子。〔15〕"见"，义与上文"适见于天"句中的"见"字同。"见马"，现存的马匹。"遗"，留下。"财"，与"才"字通。〔16〕"传置"，古代交通线上按段设置的备有车马的驿站。

【译文】十一月的最后一天，发生日食。十二月十五日，又发生日食。皇帝说："我听说上天生育了万民，为他们设置君主来抚养和治理他们。君主不仁德，施政不公平，上天就以灾异相示，来告诫他天下没治理好。（出乎意料，）竟然在十一月最后一天，发生了日食，上天向我显示了谴责之意，灾异没有比这更为严重的了。我能够守护宗庙，以渺小的个人处于亿万民众和诸侯王之上，天下治乱，在我一人，只有两三个执政大臣如同我的左右手。我对下不能治理和养育万物生灵，对上有损于日、月、星辰的光辉，我的不仁德实在是太严重了。我的命令到达时，都要思考一下我的错误，以及我所知、所见、所想都达不到的地方，请求你们告诉我。并且推选贤良方正，能够直言极谏的人，来纠正我的过失。趁此机会各自整顿自己担负的职责，力求减少徭役和费用，以便利百姓。我既然不能远施德泽，所以心里很不安，担心边远地区的人们有为非作歹的，由于这一缘故没有解除军事戒备。现在纵然不能罢除边塞的屯戍，而又命令士卒严严实实地保卫我，（是没有必要的，）撤掉卫将军统率的军队。太仆现存的马匹留下仅仅够用的，多余的都送给驿站。"

正月，上曰："农，天下之本，其开籍田，〔1〕朕亲率耕，以给宗庙粢盛。"〔2〕

【注释】〔1〕"籍田"，或作"藉田"，名义上是天子亲自耕种，实际上是借助民力耕种的农田。古代以农为本，天子为表示对农业生产的重视，划出一块耕地作为籍田，每逢春耕前，举行籍田之礼，由天子在籍田上亲自扶犁三推，象征率先天下，亲自耕种。籍田上的耕播收获，则由农民承担。〔2〕

"粢",音 zī,谷类的总称。"盛",音 chéng,以器受物,引申为受物的器皿,这里指盛在祭器中的黍稷。"粢盛",谓盛在祭器内用来祭祀的谷物。

【译文】正月,皇帝说:"农业是国家的基础,我要开垦籍田,亲自率领耕种,以供给祭祀宗庙时所用的谷物。"

三月,有司请立皇子为诸侯王。上曰:"赵幽王幽死,〔1〕朕甚怜之,已立其长子遂为赵王。〔2〕遂弟辟彊及齐悼惠王子朱虚侯章、东牟侯兴居有功,〔3〕可王。"乃立赵幽王少子辟彊为河间王,以齐剧郡立朱虚侯为城阳王,〔4〕立东牟侯为济北王,〔5〕皇子武为代王,〔6〕子参为太原王,〔7〕子揖为梁王。〔8〕

【注释】〔1〕"赵幽王",刘友,刘邦的第六个儿子,卒后谥"幽"。汉高祖十一年,封为淮阳王。惠帝元年,徙封赵王。吕后七年,召赵王到长安,由于受到王后吕氏之女的诬陷,吕后派兵把他围困在赵国官邸,断绝饮食,被幽禁致死。事详本书《吕太后本纪》、《汉书·高五王传》。刘友封国赵在今河北南部,都城邯郸,在今河北邯郸市。〔2〕"遂",文帝元年,立为赵王。景帝三年,与吴王刘濞、楚王刘戊等反汉失败自杀。事迹附载于本书《楚元王世家》,又附载于《汉书·高五王传》。〔3〕"辟彊",文帝二年,立为河间王,封有河间郡,卒于文帝十四年,谥"文"。事迹附载于本书《楚元王世家》,又附载于《汉书·高五王传》。刘辟彊封国河间在今河北境内献县、武强县以东地域,都于乐成,在今献县东南。〔4〕"剧郡",谓事务繁多、难于治理之郡。这种郡一般地位都比较重要。"城阳",朱虚侯刘章封地,在今山东莒县、沂南县一带,都于莒,在今莒县。〔5〕"济北",东牟侯刘兴居封地,在今山东长清、肥城、平阴诸县一带,都于卢,在今长清县西南。〔6〕"武",文帝的第二个儿子,景帝的同母弟。先封代王,文帝四年,改封淮阳王,十二年,又徙封为梁王,卒于景帝中元六年,谥"孝"。事迹详本书《梁孝王世家》、《汉书·文三王传》。〔7〕"参",文帝的第三个儿子,景帝的异母弟。先封太原王,文帝四年,改封代王,卒于文帝后元二年,谥"孝"。事迹《汉书·文三王传》有简略记载。刘参封国太原在今山西中部地区,都于晋阳,在今山西太原市西南晋源镇。〔8〕"揖",文帝的第四个儿子,景帝的异母弟。文帝十一年,堕马而死。事迹《汉书·文三王传》有简略

记载。刘揖封国梁在今河南中部东端和与其相邻的安徽边界地区,都于睢阳,在今河南商丘县南。

【译文】三月,官员们请求立皇子为诸侯王。皇帝说:"赵幽王被幽禁而死,我非常怜悯他,已经立他的大儿子刘遂为赵王。刘遂的弟弟刘辟彊以及齐悼惠王的儿子朱虚侯刘章、东牟侯刘兴居立有功劳,可以封王。"于是就立赵幽王的小儿子刘辟彊为河间王,以齐国重要的郡地立朱虚侯为城阳王,立东牟侯为济北王,立皇子刘武为代王,皇子刘参为太原王,皇子刘揖为梁王。

上曰:"古之治天下,朝有进善之旌,〔1〕诽谤之木,〔2〕所以通治道而来谏者。今法有诽谤妖言之罪,〔3〕是使众臣不敢尽情,而上无由闻过失也。将何以来远方之贤良?其除之。民或祝诅上以相约结而后相谩,〔4〕吏以为大逆,其有他言,而吏又以为诽谤。此细民之愚无知抵死,朕甚不取。自今以来,有犯此者勿听治。"

【注释】〔1〕"进善之旌",相传这是唐尧鼓励人们广开言路的一种做法。他在交通要道置立旌旗,人们有意见,可以站在旌旗下公开提出。〔2〕"诽谤之木",相传唐尧在桥头四边设立木柱,让批评朝政的人在上面书写意见。《淮南子·主术训》记载虞舜也立有诽谤之木。〔3〕"今法有诽谤妖言之罪",据《汉书·高后纪》记载,吕后元年,废除妖言令,可能后来实际上没有废除,或废除后又复设此令,所以文帝有此语。〔4〕"祝诅",祈求神灵加害于人。以言告神谓之"祝",请神殃害他人谓之"诅"。"谩",欺骗。

【译文】皇帝说:"古代治理天下,朝廷设有进献善言的旌旗和供书写批评言论的木柱,以此来保持治国之道的畅通,使直言正谏的人前来发表意见。现在法律上有诽谤妖言之罪,这就使大臣们不敢畅所欲言,皇帝无从听到自己的过失。这怎么能够使远方的贤良人士来到朝廷呢?应该废除这一法令。百姓当中有人咒诅皇帝,约定互相隐瞒,而后来又相互欺蒙揭发,官吏就认为是大逆不道,如果还有其他言论,官吏又以为是诽谤。这些都是小民的愚昧无知,据此治以死罪,我非常不赞成。从今以后,有犯这种罪行的,不要审理和治罪。"

九月，初与郡国守相为铜虎符、竹使符。[1]

【注释】[1]"郡国守相"，郡守和封国丞相。郡守为一郡最高的行政和军事长官。

【译文】九月，开始把调兵遣将用的铜虎符和使者出入征发的竹使符给与郡守和封国丞相。

三年十月丁酉晦，[1]日有食之。十一月，上曰："前日诏遣列侯之国，[2]或辞未行。丞相朕之所重，其为朕率列侯之国。"绛侯勃免丞相就国，以太尉颍阴侯婴为丞相。罢太尉官，属丞相。四月，城阳王章薨。淮南王长与从者魏敬杀辟阳侯审食其。[3]

【注释】[1]"十月丁酉"，十月三十日。 [2]"诏"，原误作"计"，文义不通。《汉书·文帝纪》作"诏"，今据改。 [3]"长"，刘长，刘邦的第七个儿子，汉高祖十一年封为淮南王。他的母亲原为赵王张敖的姬妾，汉高祖八年，刘邦路过赵地，张敖把她献给刘邦，得幸怀孕。张敖的丞相贯高等人谋害刘邦，阴谋被发觉，刘长的母亲受牵连被捕。刘长母亲的弟弟赵兼通过辟阳侯审食其把情况告诉了吕后，吕后不肯向刘邦反映，审食其也不肯力劝吕后加以营救。刘长母亲生下刘长后自杀身亡。文帝三年，刘长为他的母亲报仇，和随从魏敬一起杀死了审食其。后因谋反被贬为庶人，绝食而死。事详本书《淮南王列传》、《汉书·淮南王传》。"审食其"，沛县(今江苏沛县)人，楚汉相争时，一直随侍吕后，被封为辟阳侯。吕后元年，任左丞相，文帝即位后免相。"食其"，音 yì jī。审食其封地辟阳本为县，在今河北冀县东南。

【译文】三年十月三十日，发生日食。十一月，皇帝说："前些时候下诏让列侯前往自己的封国，有的托词不走。丞相是我所器重的，应该率领列侯前往封国。"绛侯周勃免除丞相职务，回到自己的封国，以太尉颍阴侯灌婴为丞相。废除太尉这一官职，把它的权限归属丞相。四月，城阳王刘章去世。淮南王刘长和随从人员魏敬杀死了辟阳侯审食其。

五月，匈奴入北地，[1]居河南为寇。[2]帝初幸甘泉。[3]六月，帝曰："汉与匈奴约为昆弟，毋使害边境，所以输遗匈奴甚厚。今右贤王离其国，[4]将众居河南降地，非常故，往来近塞，捕杀吏卒，驱保塞蛮夷，[5]令不得居其故，陵轹边吏，[6]入盗，甚敖无道，[7]非约也。其发边吏骑八万五千诣高奴，[8]遣丞相颍阴侯灌婴击匈奴。"匈奴去，发中尉材官属卫将军军长安。[9]

【注释】[1]"北地"，郡名，主要辖有今甘肃东北部和宁夏回族自治区东南部，治所在马领，即今甘肃庆阳县西北。 [2]"河南"，指今内蒙古自治区境内黄河南岸的伊克昭盟西部地域。 [3]"甘泉"，宫名，筑于秦代。宫在甘泉山上，故名。故址在今陕西淳化县西北。 [4]"右贤王"，匈奴官名。单于为匈奴最高首领，其下设左右贤王。匈奴尚左，右贤王在左贤王之下。"贤"匈奴曰"屠耆"，"右贤王"即"右屠耆王"。 [5]"保"，本书《匈奴列传》作"葆"。"保"、"葆"二字与"堡"字古通。小城曰保。《汉书·匈奴传》颜师古注把"保"字解释为"保守"，今人均采颜说，有失《史记》本义。 [6]"陵"，欺侮。"轹"，音 lì，欺凌。 [7]"敖"，与"傲"字通，倨慢，傲慢。 [8]"高奴"，县名，在今陕西延安市东北延河北岸。 [9]"中尉"，此为中央的中尉，本篇上文有"中尉周昌"，所为中尉系王国中尉。中央的中尉负责京城治安，凡巡察、禁暴、督奸等皆归其职掌。卫尉统领南军，负责宫禁之内；中尉统领北军，负责宫禁之外，两者相为表里。汉武帝太初元年改名为执金吾。"材官"，勇敢善战的步卒，是西汉时期的兵种之一。西汉政府命令天下郡国选送武猛善射的人，分成轻车、骑士、材官、楼船几个兵种，依时训练。打仗时，平地用轻车、骑士，江湖用楼船，山阻则用材官。

【译文】五月，匈奴进入北地郡，占据黄河以南，寇掠为害。皇帝初次幸临甘泉宫。六月，皇帝说："汉朝和匈奴结为兄弟，不让它侵害边境，为此输送匈奴的礼物非常丰厚。现在右贤王离开他的国土，带领部众驻扎在黄河以南已经降服汉朝的地区，改变了原来的状态，在边塞地区出入往来，捕杀官吏和士卒，驱逐城堡要塞上的蛮夷，不让他们居住在原地，欺凌边地官吏，进入内地抢劫，非常傲慢无道，违背了过去的约定。(现在)调发边境地区的官吏和骑兵八万五千人到高奴，派遣丞相颍阴侯灌婴出击匈奴。"匈奴撤离了边塞。调遣中尉材官归

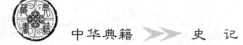

属卫将军,驻扎在长安。

辛卯,〔1〕帝自甘泉之高奴,因幸太原,见故群臣,皆赐之。举功行赏,诸民里赐牛酒。复晋阳、中都民三岁。〔2〕留游太原十余日。

【注释】〔1〕"辛卯",六月二十七日。 〔2〕"复",免除徭役和赋税。

【译文】二十七日,皇帝从甘泉宫去高奴,顺路驾临太原,接见原来代国的群臣,全都加以赏赐。又选取有功劳的大臣另行奖赏,那些里中百姓赐给牛和酒。免除晋阳、中都民众三年的徭役和赋税。在太原停留巡游了十多天。

济北王兴居闻帝之代,欲往击胡,〔1〕乃反,发兵欲袭荥阳。于是诏罢丞相兵,遣棘蒲侯陈武为大将军,〔2〕将十万往击之。祁侯贺为将军,〔3〕军荥阳。七月辛亥,〔4〕帝自太原至长安。乃诏有司曰:"济北王背德反上,诖误吏民,〔5〕为大逆。济北吏民兵未至先自定,及以军地邑降者,皆赦之,复官爵。与王兴居去来,亦赦之。"八月,破济北军,虏其王。赦济北诸吏民与王反者。

【注释】〔1〕"胡",古代中原地区对我国北方和西方各族的泛称。这里指匈奴。 〔2〕"棘蒲",古今学者多数认为今地不可考。《左传》哀公元年载,齐、卫等联合伐晋,取棘蒲。本书《赵世家》载敬侯六年,借兵于楚伐魏,取棘蒲。本书《靳歙传》载歙攻安阳以东,至棘蒲。由这些记载看来,棘蒲当在汉代魏郡(包有今河北南部和河南北部,以及山东与河北东南部接壤的少数地区,治所在邺县,即今河北临漳县西南)境内。本书《赵世家》张守节《正义》云:"今赵州平棘县,古棘蒲邑。"平棘在今河北赵县,今人有的相信《正义》的见解,其实是不对的。平棘与棘蒲是两个地方,不能混为一地。 〔3〕"祁",本为县,在今山西祁县东南。"贺",姓缯名贺,汉高祖三年在晋阳起事,归属刘邦,从击项羽,六年封祁侯,卒于文帝十一年。事见本书《高祖功臣侯者年表》、《汉书·高惠高后文功臣表》。 〔4〕"七月辛亥",七月十八日。 〔5〕"诖误",贻误,连累。"诖",音 guà。

【译文】济北王刘兴居听说皇帝前往代地,准备出击匈奴,就趁机反叛,调遣军队打算袭击荥阳。于是皇帝下诏让丞相停止进攻匈奴,派遣棘蒲侯陈武为大将军,统率十万军队去攻打济北王。祁侯缯贺为将军,驻扎在荥阳。七月十八日,皇帝从太原回到长安,就对官员们下诏说:"济北王违背道德,反叛皇帝,连累了官吏和民众,大逆不道。如果大军未至,济北官吏和民众自己先安定下来,以及以军队和地方城邑投降的人,一律赦免,恢复原来的官职和爵位。与济北王刘兴居一起反叛又回来的,也予赦免。"八月,打垮了济北封国的军队,俘虏了济北王。赦免济北封国跟随济北王起来造反的官吏和民众。

六年,有司言淮南王长废先帝法,不听天子诏,居处毋度,出入拟于天子,擅为法令,与棘蒲侯太子奇谋反,遣人使闽越及匈奴,〔1〕发其兵,欲以危宗庙社稷。群臣议,皆曰"长当弃市"。〔2〕帝不忍致法于王,赦其罪,废勿王。群臣请处王蜀严道、邛都,〔3〕帝许之。长未到处所,行病死,上怜之。后十六年,〔4〕追尊淮南王长谥为厉王,立其子三人为淮南王、衡山王、庐江王。〔5〕

【注释】〔1〕"闽越",古越族的一支,秦时活动在闽中郡(今浙江南部、福建大部)。楚、汉相争时,闽越郡长无诸、摇率越人佐汉。汉高祖五年,立无诸为闽越王,建都东冶(今福建福州市)。惠帝三年,立摇为诸海王,建都东瓯(今浙江温州市)。这里所说的"闽越",是指以东冶为中心的越族。 〔2〕"弃市",一种较为残酷的刑罚。把罪人在街市上处死,并暴尸街头,表示为众人所弃。 〔3〕"蜀",蜀郡。蜀郡僻远,地势险阻,交通不便,秦、汉时常把罪犯流放于此。淮南王刘长作为罪犯迁处蜀郡,也是当时的惯例。"严道",县名,在今四川荥经县。"邛都",据本书《淮南王列传》、《汉书·淮南王传》当作"邛邮"。"邛",音 qióng,为严道县地,其地有官方为传递文书讯息而设立的邮置,所以称"邛邮"。 〔4〕"后十六年",指文帝十六年。人们往往误解为十六年以后。 〔5〕"立其子三人为淮南王、衡山王、庐江王",淮南王刘长有四子,文帝八年,封长子安为阜陵侯,勃为安阳侯,赐为阳周侯,良为东成侯。十六年,封安为淮南王,勃为衡山王,赐为庐江王。景帝四年,勃徙为济北王,赐徙为衡山王。事详本书《淮南衡山列传》《汉书·淮南衡山济北王传》。衡山原为郡，为刘勃封国后，所辖之地狭于郡，其地在今湖北、安徽、河南三省交界处，都于邾县，在今湖北黄冈县西北。刘赐封国庐江包有今安徽南部西端、湖北东部和河南商城县一带，都于舒县，在今安徽庐江县西南。

【译文】六年，官员们报告淮南王刘长废弃先帝的法令，不听从天子的诏命，居住的宫室不合乎法度，出入时军马仪仗仿照天子的规格，擅自制定法令，和棘蒲侯的太子陈奇阴谋反叛，派人出使闽越和匈奴，征发他们的军队，想要危害宗庙和国家。大臣们讨论，都说"刘长应当处死街头，暴尸示众"。皇帝不忍心按法律处理淮南王，赦免了他的罪过，废除了他的王位。大臣们要求把淮南王安置在蜀郡严道县邛邮，皇帝答应了。刘长没有到达安置他的地方，就病死在路上，皇帝很怜悯他。后来第十六年，追尊淮南王刘长，谥号为厉王，封他的三个儿子为淮南王、衡山王、庐江王。

十三年夏，上曰："盖闻天道祸自怨起而福繇德兴。[1]百官之非，宜由朕躬。今祕祝之官移过于下，[2]以彰吾之不德，朕甚不取。其除之。"

【注释】[1]"繇"，与"由"字通。[2]"祕祝之官"，宫廷中掌管为皇帝秘密祷告祈福消灾的官员。这种官员向神灵祷告时都把人事过错和自然灾异的责任推在大臣身上。

【译文】十三年夏天，皇帝说："我听说祸患起自怨恨，幸福生于美德，这是上天的规律。百官的过错，应该由我亲身负责。现在秘密祷祝的官员把过错委于下面的大臣，这使我的不道德更加昭彰，我非常不赞成这种做法。应该予以废除。"

五月，齐太仓令淳于公有罪当刑，[1]诏狱逮徙系长安。[2]太仓公无男，有女五人。太仓公将行会逮，骂其女曰："生子不生男，有缓急非有益也！"其少女缇萦自伤泣，[3]乃随其父至长安，上书曰："妾父为吏，齐中皆称其廉平，今坐法当刑。妾伤夫死者不可复生，刑者不可复属，[4]虽复欲改过自新，其道无由也。妾愿没入为官婢，赎父刑罪，

使得自新。"书奏天子，天子怜悲其意，乃下诏曰："盖闻有虞氏之时，[5]画衣冠异章服以为僇，[6]而民不犯。何则？至治也。今法有肉刑三，[7]而奸不止，其咎安在？非乃朕德薄而教不明欤？吾甚自愧。故夫驯道不纯而愚民陷焉。[8]《诗》曰'恺悌君子，[9]民之父母'。今人有过，教未施而刑加焉，或欲改行为善而道毋由也。朕甚怜之。夫刑至断支体，[10]刻肌肤，终身不息，[11]何其楚痛而不德也，[12]岂称为民父母之意哉！其除肉刑。"

【注释】[1]"太仓令"，管理都城粮仓的长官。"淳于公"，姓淳于，名意，因为担任齐国太仓令，所以又称仓公、太仓公。临淄（在今山东淄博市东北旧临淄县地）人，精于医术。事详本书《仓公列传》。[2]"诏狱"，汉代的一种牢狱，为奉诏系治罪犯的地方。《汉书·文帝纪》记载："绛侯周勃有罪，逮诣廷尉诏狱。"可见文帝时诏狱由廷尉系统控制。[3]"缇萦"，音 tí yíng，其事又见本书《仓公列传》。[4]"属"，音 zhǔ，连接。这里是说肢体受刑被断裂后，不能再连接起来。[5]"有虞氏"，远古传说中的部落，舜为这个部落的酋长。活动于蒲孤一带，即今山西永济县西蒲州镇。[6]"章服"，本为有等级标志的礼服，这里泛指衣服。"僇"，音 lù，侮辱。据《晋书·刑法志》记载，五帝时期，罪犯应受黥刑的就染黑他的头巾，应受劓刑的就染红他的衣服，应受宫刑的就让他穿两只不一样的鞋子，这就是"画衣冠异章服以为僇"。[7]"肉刑三"，指黥刑、劓刑、刖刑。黥刑即脸上刺字，劓刑即割鼻子，刖刑即断足。有人认为指劓刑、刖刑、宫刑。宫刑即破坏生殖器。[8]"驯"，与"训"字通。"道"，与"导"字通。[9]"恺悌"，和易近人，和乐简易。此所引《诗》出自《大雅·泂酌》。[10]"支"，与"肢"字通。[11]"息"，生长。[12]"楚"，痛苦。

【译文】五月，齐国的太仓令淳于公犯有罪行，应当遭受刑罚，诏狱把他逮捕后拘系在长安。太仓公没有男孩子，有五个女儿。太仓公被捕临走时，骂他的女儿说："生孩子而没有生男的，（全是女孩，）有个缓急事情，一点用处也没有！"他的小儿女缇萦独自伤心地哭起来，跟随他的父亲到了长安。她上书说："我父亲为官，齐国地区的人都称赞他廉洁公平，如今犯法应当受刑。我悲伤已经死去的人

不能复活,身受刑罚的人不能再把肢体连接起来,虽然想改过自新,也无路可走。我愿意被收入官府为奴婢,来抵赎父亲的刑罪,使父亲能改过自新。"缇萦的上书送给了皇帝,皇帝哀怜她的心意,就下诏说:"听说有虞氏时期,图画罪犯的衣帽,使与一般人不同,以此来羞辱罪犯,而民众不违犯法令。这是什么原因呢?是因为政治极端清明。现在法律规定有三种肉刑,而奸邪犯法的事情而不能禁止,过错在哪里呢?不就是我的德薄,教化不显著的缘故吗?我自己深感惭愧。所以训导不善,愚昧无知的民众就要陷入刑网。《诗》中说'和易近人的君子,是民众的父母'。现在人们有了过错,没有进行教育就刑罚加身,有的人想要改过向善,也没有途径可行。我非常怜悯这些人。刑罚之重,至于断裂肢体,刻肌刺肤,终身不能恢复,这是多么痛苦而又不道德啊,哪里符合为民众父母的意思呢!应该废除肉刑。"

上曰:"农,天下之本,务莫大焉。今勤身从事而有租税之赋,是为本末者毋以异,〔1〕其于劝农之道未备。其除田之租税。"

【注释】〔1〕"末",我国封建社会把农业当作本业,而商业被看作末业。

【译文】皇帝说:"农业是天下的根本,各项事情没有比这更为重要的了。现在辛勤从事农业生产的人反而要交纳租税,这是把务本和逐末的人没有加以区别,对于劝民务农的方法未能完备。应该免除农田的租税。"

十四年冬,匈奴谋入边为寇,攻朝那塞,〔1〕杀北地都尉卬。〔2〕上乃遣三将军军陇西、北地、上郡,〔3〕中尉周舍为卫将军,〔4〕郎中令张武为车骑将军,〔5〕军渭北,〔6〕车千乘,骑卒十万。帝亲自劳军,勒兵申教令,赐军吏卒。帝欲自将击匈奴,群臣谏,皆不听。皇太后固要帝,〔7〕帝乃止。于是以东阳侯张相如为大将军,〔8〕成侯赤为内史,〔9〕栾布为将军,〔10〕击匈奴。匈奴遁走。

【注释】〔1〕"朝那",县名,在今宁夏固原县东南。"朝",音 zhū。"那"。"塞",指萧关。本书《匈

奴列传》云:"汉孝文皇帝十四年,匈奴单于十四万骑入朝那、萧关。"〔2〕"都尉",即郡尉,景帝中元二年始改名都尉,辅佐郡守掌管全郡军事。"卬",姓孙。〔3〕"三将军",指陇西将军隆虑侯周灶、北地将军宁侯魏遬、上郡将军昌侯卢卿。见本书《匈奴列传》。"陇西",郡名,辖境在今甘肃东南部。治所在狄道,即今甘肃临洮县。"上郡",辖境在今陕西北部和内蒙古自治区黄河河套以南一带。治所在肤施,即今陕西榆林县东南。〔4〕"周舍",事又见本书《汉兴以来将相名臣年表》、《匈奴列传》。据《汉书·百官公卿表》,周舍于文帝十四年至后元七年为中尉。"卫将军",临时设置的将军。本篇上文提到宋昌为卫将军,负责镇抚北军。此周舍任卫将军,为汉将军一个方面的统帅。〔5〕"车骑将军",与卫将军一样,也是临时设置的将军。权限和地位因人、因事、因时而有所差异。两汉时期,有时车骑将军的职掌颇为重要,地位很高。如西汉宣帝时张安世以车骑将军领尚书事,为宣帝重臣(详见《汉书·张安世传》)。东汉章帝时马防为车骑将军,位在九卿之上,位比三公(详见拙著《东观汉记校注》卷一二)。和帝以窦宪为车骑将军,赐金印紫绶,位比司空(详见《汉官仪》)。〔6〕"渭北",渭水北岸。渭水发源于今甘肃渭源县,蜿蜒东流,在今陕西潼关县注入黄河。〔7〕"固",坚决,坚持。"要",与"邀"字通,遮留,拦截。〔8〕"东阳",汉有两东阳,皆为县,一属清河郡,一属临淮郡。《汉书·地理志》清河郡下云:"东阳,侯国。"张相如所封当即此,在今山东武城县东北。本书《高祖功臣侯者年表》司马贞《索隐》认为张相如所封东阳"属临淮",即今安徽天长县西北,不可信。"张相如",汉高祖六年为中大夫,曾与河间郡守击陈豨有功,十一年封东阳侯,为侯三十二年卒。事见本书《高祖功臣侯者年表》、《汉书·高惠高后文功臣表》。〔9〕"成",《汉书·地理志》涿郡有成县,云为"侯国",董赤所封即此,在今河北保定市境内。前人有的认为董赤所封的是郕邑,则当在今山东宁阳县东北,不可信。"赤",姓董。汉高祖六年,其父董渫以军功封成侯,惠帝元年,董赤嗣立为侯,成侯曾一度因罪国绝,后来又封为节氏侯。事见本书《高祖功臣侯者年表》、《汉书·高惠高后文功臣表》。"内史",掌管京畿地区,景帝时分置左右内史,武帝时右内史改名京兆尹,左内史改名左冯翊。〔10〕"栾布",梁地人,早年与彭越相友善。彭越为梁王,以栾布为梁大夫。汉高祖杀彭越后,拜栾布为都尉。文帝时为燕相,由燕相至将军。景帝时因平定吴、楚七国之乱有功,封为俞侯。事详本书《栾布列传》、《汉书·栾布

传》。

【译文】十四年冬天，匈奴策划入边寇掠，攻打朝那塞，杀死了北地郡的都尉孙卬。皇帝就派遣三位将军驻扎在陇西、北地、上郡，中尉周舍为卫将军，郎中令张武为车骑将军，驻扎在渭水北面，统率战车一千辆，骑兵十万。皇帝亲自慰劳士卒，训练军队，申明教令，赏赐官兵。皇帝准备亲自带兵出击匈奴，大臣们出来劝阻，他一律不采纳。皇太后坚决拦阻皇帝，皇帝才取消了原来的计划。于是以东阳侯张相如为大将军，成侯董赤为内史，栾布为将军，出兵攻打匈奴。匈奴逃走了。

春，上曰："朕获执牺牲珪币以事上帝宗庙，[1]十四年于今，历日县长，[2]以不敏不明而久抚临天下，朕甚自愧。其广增诸祀墠场珪币。[3]昔先王远施不求其报，望祀不祈其福，[4]右贤左戚，[5]先民后己，至明之极也。今吾闻祠官祝釐，[6]皆归福朕躬，不为百姓，朕甚愧之。夫以朕不德，而躬享独美其福，百姓不与焉，是重吾不德。其令祠官致敬，毋有所祈。"

【注释】[1]"牺"，宗庙祭祀用的纯色牲畜。"牲"，宗庙祭祀用的体全的牛、羊、豕等牲畜。"珪"，玉器，呈长条形状，为祭祀时的一种礼器，贵族丧葬也用此物。"币"，祭神之帛。"珪币"，犹言玉帛，泛指祭祀用的礼物。[2]"县"，王念孙《读书杂志》认为是误字，当作"绵"。从文义看，"绵"字是对的。《汉书·文帝纪》作"弥"，"弥"、"绵"二字义同。[3]"墠场"，供祭祀用的场地。"墠"，音 shàn。[4]"望祀"，祭名，遥望致祭。祭祀对象主要是山川地祇，祭祀时有牺牲粢盛。[5]"右贤左戚"，古代以右为上，左为下。此句意思是说尊贤才，卑亲戚。[6]"祠官"，主管祭祀的官员。"釐"，音 xī，福。"祝釐"，祈求神灵福佑。

【译文】春天，皇帝说："我能够用牺牲玉帛来祭祀上帝和宗庙，到现在已有十四年。经过了漫长的岁月，以我这样一个不聪敏不圣明的人而长期抚临天下，深感自愧。应该扩大各种祭祀用的墠场和增多祭祀用的玉帛。过去先王远施恩德而不求报答，举行祭祀而不祈求福佑自己，尊崇贤才，不重亲戚，先民后己，圣明到了极点。现在我听说主管祭祀的官员向神灵祈求福佑时，都只为我一人祈福，不为百姓祈福，我非常惭愧。以我这样不德的人，而单独享受神灵的福佑，百姓不能分享，这就加重了我的不德。现在命令主管祭祀的官员按时向神灵表示敬意，不要为我有所祈祷。"

是时北平侯张苍为丞相，[1]方明律历，[2]鲁人公孙臣上书陈终始传五德事，[3]言方今土德时，土德应黄龙见，[4]当改正朔服色制度。[5]天子下其事与丞相议。丞相推以为今水德，始明正十月上黑事，[6]以为其言非是，请罢之。

【注释】[1]"北平"，张苍封地，本为县，在今河北满城县北。[2]"律历"，乐律和历法。"明律历"，张苍善律历，致力于订正历法。他认为汉高祖在十月到达霸上，所以应沿袭以十月为岁首的秦历。他又根据五德终始的学说，认为汉为水德，应该崇尚黑色。他又调整乐律，并由此推广到法令的修订和各种器物标准的制定。事详本书《张丞相列传》、《汉书·张苍传》。[3]"鲁"，指春秋时鲁国旧地，疆域包括今山东泰山以南的汶水、泗水、沂水、沐水流域。"公孙臣"，后为博士，其事又见本书《历书》、《封禅书》、《张丞相列传》。"终始传五德"，战国阴阳家邹衍提出的一种学说。他认为，土、木、金、火、水五种物质各代表一德，彼此之间相胜而又终而复始的循环变化，历史上的朝代即根据这一规律兴替。每个朝代在五德中都有相应的一德，以及与德相应的各种制度。[4]"黄龙"，黄色的龙。黄色与土色相近，所以言五德终始的人认为得土德者应有黄龙出现。本书《封禅书》记载秦始皇时上书言事的人也说"黄帝得土德，黄龙地螾见"。"见"，与"现"字通。[5]"正"，一年的开始。"朔"，一月的开始。"正朔"，一年第一天开始的时候。这里用来指历法制度。"服色"，所服用的颜色。言五德终始学说的人认为统治者崇尚的服色应与所得之德相适应。"制度"，泛指各种制度，如法律制度、度量衡制度、车舆制度等。[6]"正十月"，即以十月为一岁首月。"上"，与"尚"字通，崇尚。

【译文】这时北平侯张苍为丞相，正在制定乐律和历法。鲁地人公孙臣上书讲述五德终始的学说，提出现在是土德时期，土德就会有黄龙出现，应当改变历法正朔、官服颜色和各种制度。皇帝把这件事交下去,让大臣们与丞相讨论。丞相研究后以为当今是水德,就开始把十月为岁首和崇尚黑色这件事明确下来。由于他认为公孙臣上书所说是不正确的,所以要求不采纳公孙臣的建议。

十五年,黄龙见成纪,〔1〕天子乃复召鲁公孙臣,以为博士,〔2〕申明土德事。于是上乃下诏曰:"有异物之神见于成纪,无害于民,岁以有年。〔3〕朕亲郊祀上帝诸神。〔4〕礼官议,毋讳以劳朕。"有司礼官皆曰:"古者天子夏躬亲礼祀上帝于郊,故曰郊。"于是天子始幸雍,〔5〕郊见五帝,〔6〕以孟夏四月答礼焉。〔7〕赵人新垣平以望气见,〔8〕因说上设立渭阳五庙,〔9〕欲出周鼎,〔10〕当有玉英见。〔11〕

【注释】〔1〕"成纪",县名,在今甘肃秦安县北。 〔2〕"博士",是一种学官。秦和汉初,因为博士通晓古今,掌管《诗》、《书》百家语,所以主要任务是备皇帝咨询,议论政事。汉武帝前,儒学没有获得统治地位,所以,通晓儒学的博士具官待问,未能获取高位。汉武帝时,独尊儒术,采纳公孙弘的建议,设立五经博士,置弟子员,从此博士制度为之一变。博士负责传授经学和专议典礼,由博士可以得到高官厚爵。 〔3〕"有年",丰年,好收成。〔4〕"郊祀",在郊外祭天、地诸神。 〔5〕"雍",县名,在今陕西凤翔县南。 〔6〕"五帝",青帝、赤帝、白帝、黑帝、黄帝。秦在雍立白帝、赤帝、黄帝、青帝畤,汉高祖又增立黑帝畤,所以雍有五帝畤。 〔7〕"孟夏",夏季有三个月,即四、五、六月。四月为孟夏,五月为仲夏,六月为季夏。 〔8〕"赵",指战国时赵国旧地,疆域包括今山西中部和北部、陕西东北部、河北西部和西南部。"新垣平",姓新垣,名平,方士,以欺骗文帝贵幸,后骗术败露被诛。"望气",是方士的一种诈术,借观望天空云气来附会人间的事情。本书《封禅书》记载,新垣平以望气之术来见文帝,他说长安东北有一团神气,形成五彩,像人的冠冕。既然天降祥瑞,就应该祠祭上帝,以与符瑞相应。文帝相信了新垣平的话,在渭阳修筑了五帝庙。 〔9〕"渭阳",邑名,在渭城境内。渭城在今陕西咸阳市东北。"五庙",即五帝庙。此处五帝指东方青帝、南方赤帝、西方白帝、北方黑帝、中央黄帝。据本书《封禅书》记载,所筑五帝庙在同一庙宇内分设五殿,每殿居一帝,各依其方位,殿门颜色与各帝本色相同。 〔10〕"周鼎",周朝传国宝鼎,为最高统治权力的象征。传说夏禹铸九鼎,象征九

州。成汤把九鼎移至商邑,周武王又迁至洛邑。秦掠取九鼎,其一沉没于泗水,其余八鼎下落不可考知。历代帝王都企图获得周鼎,所以新垣平以发现周鼎来欺骗文帝。 〔11〕"玉英",玉石的精华。"见",与"现"字通。

【译文】十五年,黄龙出现在成纪,皇帝又一次召见鲁地的公孙臣,任命他担任博士,阐明当今应为土德的道理。于是皇帝下达诏令说:"有一个奇异的神物出现在成纪,无害于民,今年会有好收成。我亲自到郊外去祭祀上帝和其他各神。掌管礼仪的官员讨论一下所应举行的礼仪,不要怕我劳累而有所隐讳。"大臣和掌管礼仪的官员都说:"古时候天子在夏天亲自到郊外依礼祭祀上帝,所以称为'郊'。"于是皇帝初次幸临雍县,郊祀五帝,以夏季四月举行祭礼。赵地人新垣平以望气之术进见皇帝,趁机劝说皇帝在渭阳修建五帝庙。并说要想发现周朝的传国宝鼎,应当有玉石的精华出现。

十六年,上亲郊见渭阳五帝庙,亦以夏答礼而尚赤。〔1〕

【注释】〔1〕"尚赤",崇尚赤色。按照五德终始学说,夏是火,色赤。因为文帝是"以夏答礼",所以"尚赤"。

【译文】十六年,皇帝亲自郊祀渭阳五帝庙,也在夏天举行祭礼,决定崇尚赤色。

十七年,得玉杯,刻曰"人主延寿"。于是天子始更为元年,〔1〕令天下大酺。其岁,新垣平事觉,夷三族。〔2〕

【注释】〔1〕"更为元年",文帝十七年改为后元元年。在文帝以前,已使用过后元纪年法,如秦惠文王把十四年更为元年,魏惠王把三十六年改为后元元年。 〔2〕"夷",消灭。"三族",说法不一,或以父族、母族、妻族为三族,或以父、子、孙为三族,或以父母、兄弟、妻子为三族。前一种说法较为通行。

【译文】十七年,得到了一个玉杯,上面刻"人主延寿"。于是皇帝开始把这一年改为后元元年,下令天下百姓举行盛大的聚会,设宴饮酒。就在同

年,新垣平诈骗行为被察觉,处死了他的三族。

后二年,上曰:"朕既不明,不能远德,是以使方外之国或不宁息。〔1〕夫四荒之外不安其生,〔2〕封畿之内勤劳不处,〔3〕二者之咎,皆自于朕之德薄而不能远达也。间者累年,匈奴并暴边境,多杀吏民,边臣兵吏又不能谕吾内志,以重吾不德也。夫久结难连兵,中外之国将何以自宁?今朕夙兴夜寐,〔4〕勤劳天下,忧苦万民,为之怛惕不安,〔5〕未尝一日忘于心。故遣使者冠盖相望,〔6〕结辙于道,〔7〕以谕朕意于单于。〔8〕今单于反古之道,〔9〕计社稷之安,便万民之利,亲与朕俱弃细过,偕之大道,结兄弟之义,以全天下元元之民。〔10〕和亲已定,始于今年。"

【注释】〔1〕"方外",汉王朝疆域以外的地区。〔2〕"四荒",四方荒远的地区。〔3〕"封畿",天子畿内。"畿",音 jī,在帝王都城附近的千里地面。〔4〕"夙",音 sù,早。"寐",音 mèi,睡。"夙兴夜寐",早起晚睡,形容终日勤劳,不敢懈怠。〔5〕"怛惕",音 dá tì,忧惧。〔6〕"冠",帽子。"盖",车盖。"冠盖相望",这里用来形容使者众多,往来频繁,以至于冠盖可以互相看得见。〔7〕"辙",音 yì,车辙。"结辙",车辙回旋纠结,形容车辆往返不绝。〔8〕"单于",匈奴的社会组织以部落联盟为主,联盟的首领称为"单于",全称为"撑犁孤涂单于"。《汉书·匈奴传》云:"匈奴谓天为'撑犁',谓子为'孤涂',单于者,广大之貌也,言其象天单于然也。"〔9〕"反",与"返"字通。〔10〕"元",善。"元元之民",善良的黎民百姓。

【译文】后元二年,皇帝说:"我并不英明,不能远施德泽,所以致使中原以外的国家不得安宁。四方荒远地区的百姓不能平平稳稳地生活,国内的百姓辛勤劳苦,不得安居,这两种过错,都是由于我缺少道德,不能使德泽流布远方。最近匈奴连年为害边境,杀死很多官吏和民众,边区的官员和将领又不能理解我内在的心意,以致加重了我的不德。这样长期交兵,灾难不解,中原内外的国家如何能得到安宁?如今我早起晚睡,辛苦操劳天下大事,为千千万万的百姓感到愁苦,心里忧惧不安,没有一天能够把这件事情忘却。所以派出的使者(络绎不绝),道路上冠盖相望,车辙盘结,让它们去向匈奴单于说明我的想法。现在单于回到了古代正确的道路上,考虑国家安宁,为千万民众谋求利益,亲自和我一起抛弃那些细小的过失,在正确的原则上团结一致,结下兄弟般的情谊,来保全天下善良的民众。和亲的事情已经确定下来,以今年为开端。"

后六年冬,匈奴三万人入上郡,三万人入云中。〔1〕以中大夫令勉为车骑将军,〔2〕军飞狐;〔3〕故楚相苏意为将军,〔4〕军句注;〔5〕将军张武屯北地;河内守周亚夫为将军,〔6〕居细柳;〔7〕宗正刘礼为将军,〔8〕居霸上;〔9〕祝兹侯军棘门:〔10〕以备胡。数月,胡人去,亦罢。

【注释】〔1〕"云中",郡名,辖有今内蒙古自治区中部,治所在云中,即今内蒙古自治区托克托县东北。〔2〕"中大夫",郎中令属官,无固定员额,掌论议,为朝廷的顾问官。武帝太初元年改名光禄大夫,秩比二千石。"令勉",姓令,名勉,本书《汉兴以来将相名臣年表》作"令免"。〔3〕"飞狐",要隘名,是内地郡县与北方边郡的交通要道,在今河北涞源县北蔚县南。其地两崖峭立,通道夹置其间,蜿蜒百余里。〔4〕"楚",指汉代初期的封国。"苏意",又见本书《汉兴以来将相名臣年表》。刘交于汉高祖六年至文帝元年为楚王,刘郢于文帝二年至五年为楚王,刘戊于文帝六年至景帝三年为楚王。这里说苏意为"故楚相",从时间上看,应为刘交或刘郢、刘戊之相。〔5〕"句注",山名,又名陉岭、雁门山、西陉山,为北方著名的军事要地。山形勾转,水势流注,故名"句注"。在今山西代县西北。"句",音 gōu。〔6〕"河内",郡名,辖有今河南林县、济源县以东,淇县、新乡市以西,安阳市以南,孟县以北。治所在怀县,即今河南武陟县西南。"周亚夫",绛侯周勃之子,文帝封他为条侯,景帝时为太尉,率兵平定吴、楚七国之乱,迁为丞相,后下狱不食而死。事迹附见本书《绛侯周勃世家》、《汉书·周勃传》。〔7〕"细柳",地名,在今陕西咸阳市西南渭河北岸。〔8〕"刘礼",楚元王刘交之子,先封平陆侯,后嗣封为楚王。事迹附见本书《楚元王世家》、《汉书·楚元王传》。〔9〕"霸上",亦作"灞上",为古代军事要地,因地处霸水西高原上而得名,在今陕西西安市东,接蓝田县界。〔10〕"祝兹侯",本书《汉兴以来将相名臣年表》、《绛侯周勃世家》并云"祝兹侯徐厉",《汉书·文帝纪》《高惠高后文功臣表》《周勃传》同，皆不可信。据本书《吕太后本纪》、《惠景间侯者年表》，高后八年封吕荣为祝兹侯，《汉书·外戚恩泽侯表》同，只是吕荣作吕莹。徐厉之封在高后四年，传国至武帝建元六年。吕荣已封于祝兹，徐厉便不可能再封于祝兹。徐厉所封，当是松兹，本书《惠景间侯者年表》作"松兹"，尚不误。松兹为县，属庐江郡。《汉书·地理志》庐江郡下云："松兹，侯国。"在今安徽宿松县东北。据本书《惠景间侯者年表》，徐厉传子悼，悼以文帝前七年嗣立，悼卒后，以景帝中六年传子僵。而屯兵棘门在文帝后六年，此处所载祝兹侯当是松兹侯徐悼。"棘门"，地名，在今陕西咸阳市东北。

【译文】后元六年冬天，匈奴三万人进入上郡，三万人进入云中。皇帝以中大夫令勉为车骑将军，驻扎在飞狐；以从前的楚国丞相苏意为将军，驻军句注；将军张武屯守北地；以河内郡郡守周亚夫为将军，驻扎在细柳；以宗正刘礼为将军，屯兵霸上；祝兹侯驻军棘门，来共同防备匈奴。过了几个月，匈奴人撤走了，各路军队也撤了回来。

天下旱，蝗。帝加惠：令诸侯毋入贡，弛山泽，[1]减诸服御狗马，损郎吏员，[2]发仓庾，以振贫民，[3]民得卖爵。

【注释】[1]"弛山泽"，汉政府对山海池泽进行管制，并实行收税，中央一级由少府负责。文帝下令"弛山泽"，即谓废弛当时有关山林池泽的法令。　[2]"损"，减少。"郎吏"，即郎、郎官。汉代初期郎中令下有中郎、郎中，武帝以后又有侍郎、议郎，统称为郎或郎官。郎负责守卫宫廷门户，朝会时在殿阶两侧侍卫，皇帝出行则扈从车驾。只有议郎不负责宿卫，而主要从事议政得失。郎无固定员数，多时可达千人。　[3]"仓庾"，贮藏谷米的仓库。在城邑者曰"仓"，在郊野者曰"庾"。"振"，与"赈"字通。

【译文】全国发生了旱灾，蝗虫为害。皇帝加恩天下，命令诸侯不要向朝廷进贡，废弛对山林湖泽的禁令，减少皇帝的服饰、用具和游玩的狗马，裁减郎官的员数，打开粮仓，赈济贫苦百姓，民间可以买卖爵位。

孝文帝从代来，即位二十三年，宫室苑囿狗马服御无所增益，[1]有不便，辄弛以利民。尝欲作露台，[2]召匠计之，直百金。[3]上曰："百金中民十家之产，吾奉先帝宫室，常恐羞之，何以台为！"上常衣绨衣，[4]所幸慎夫人，[5]令衣不得曳地，[6]帏帐不得文绣，以示敦朴，为天下先。治霸陵皆以瓦器，[7]不得以金银铜锡为饰，不治坟，[8]欲为省，毋烦民。南越王尉佗自立为武帝，[9]然上召贵尉佗兄弟，以德报之，佗遂去帝称臣。与匈奴和亲，匈奴背约入盗，然令边备守，不发兵深入，恶烦苦百姓。吴王诈病不朝，[10]就赐几杖。[11]群臣如袁盎等称说虽切，[12]常假借用之。[13]群臣如张武等受赂遗金钱，觉，上乃发御府金钱赐之，以愧其心，弗下吏。专务以德化民，是以海内殷富，兴于礼义。

【注释】[1]"苑囿"，畜养鸟兽，种植林木的地方，多用来供上层统治者游猎。"囿"，音 yòu。[2]"露台"，露天之台，供休息游乐之用。有人认为即是灵台。灵台是用来观察天象的，与露台不能混同。从上"宫室苑囿狗马服御无所增益"云云来看，露台当属供游乐的无益之物。　[3]"直"，与"值"字通。"百金"，汉代以一斤黄金为一金，一金值万钱。"百金"就是一百斤黄金。　[4]"绨"，一种比较粗厚的丝织物。　[5]"慎夫人"，邯郸（今河北邯郸市）人，其事散见本书《外戚世家》、《袁盎列传》、《张释之列传》。皇帝的正妻称"皇后"，姬妾皆称"夫人"。　[6]"曳"，音 yè，拖。　[7]"霸陵"，文帝的陵墓，位于灞水西岸，因取水名以为陵号。陵在今陕西西安市东郊白鹿原东北隅，即今灞桥区毛西乡杨家圪塔村，当地百姓称为凤凰嘴。陵西北五十七公里处即为汉长安城未央宫前殿遗址。　[8]"坟"，葬人之处，筑土为"坟"，穴地为"墓"。文帝陵墓在白鹿原原头断崖上凿洞为玄宫，以石砌筑，比起有坟的汉高祖陵长陵要省工一些。　[9]"尉佗"，即赵佗，真定（今河北正定县南）人，秦时为南海龙川县令，二世时为南海尉，因此又称尉佗。秦亡，尉佗占据桂林郡、象郡、南海郡，自立为南越武王。吕后时，又自尊为南越武帝。文帝即位，对尉佗实行安抚政策，尉佗表示愿意废除帝号，为汉藩臣。至景帝时，遂臣服于汉。事详本书《南越列传》、《汉书·西南夷两粤朝鲜传》。"佗"，音 tuō。[10]"吴王诈病不朝"，吴王刘濞的太子在都城长安被文帝太子杀死，吴王遂有怨恨之心，诈言有病，不到长安朝见。事详本书《吴王濞列传》、《汉书·吴王濞传》。〔11〕"几杖"，木几和手杖。老人居则凭几，行则持杖。文帝以几杖赐给吴王刘濞，是为了表示优礼，并示意吴王可不进京朝见。〔12〕"袁盎"，又作"爰盎"，楚地人，字丝，吕后时为吕禄舍人，文帝即位，被任为中郎，后为齐、吴、楚诸侯国丞相，景帝时被梁孝王刘武的刺客暗杀。在朝中以敢言直谏闻名，言事辞语激烈。事详本书《袁盎列传》、《汉书·爰盎传》。"切"，急切而尖锐。〔13〕"假借"，宽容。

【译文】孝文帝从代国来到都城，在位二十三年，宫室、苑囿、狗马、服饰、用具，没有增加过什么，有对百姓不方便的地方，就进行改易，以利百姓。曾经打算修建露台，叫工匠计算费用，需要黄金一百斤。皇帝说："一百斤黄金相当于中等百姓十家的产业，我奉守先帝的宫室，常常担心给它带来羞辱，修建这露台干什么呢！"皇帝经常穿着粗丝衣服，他所宠爱的慎夫人，也不准衣服拖至地面，帏帐不得织文绣锦，以此来表示敦厚质朴，为天下先做出一个表率。修建霸陵全部采用瓦器，不许使用金、银、铜、锡作装饰，不修高大的坟墓，想要节省一些，不去烦扰百姓。南越王尉佗自称为武帝，而皇帝却叫来尉佗的兄弟，赐予高官厚禄，以德相报，尉佗取消了帝号，向汉朝称臣。与匈奴和亲。匈奴违背盟约，入边寇掠，然而皇帝只是命令边塞加强守备，不出兵深入匈奴腹地，害怕烦扰百姓。吴王假装有病，不去都城朝见，皇帝立刻赏赐给他坐几和手杖。群臣当中如袁盎等人论述事情虽然尖锐而又急切，但皇帝常常以宽容的态度采用他们的建议。大臣中间如张武等人接受金钱贿赂，发觉后，皇帝就拿出自己府库中的金钱赏赐给他们，使他们内心感到惭愧，不交给官吏治罪。皇帝一心一意地致力于用道德教化百姓，因此，四海之内，殷实富足，兴起了讲究礼义的风气。

后七年六月己亥，〔1〕帝崩于未央宫。遗诏曰："朕闻盖天下万物之萌生，靡不有死。死者天地之理，物之自然者，奚可甚哀。当今之时，世咸嘉生而恶死，厚葬以破业，重服以伤生，〔2〕吾甚不取。且朕既不德，无以佐百姓；今崩，又使重服久临，〔3〕以离寒暑之数，〔4〕哀人之父子，伤长幼之志，损其饮食，绝鬼神之祭祀，以重吾不德也，谓天下

何！朕获保宗庙，以眇眇之身托于天下君王之上，〔5〕二十有余年矣。赖天地之灵，社稷之福，方内安宁，〔6〕靡有兵革。朕既不敏，常畏过行，以羞先帝之遗德；维年之久长，惧于终。今乃幸以天年，〔7〕得复供养于高庙，朕之不明与嘉之，〔8〕其奚哀悲之有！其令天下吏民，令到出临三日，皆释服，毋禁取妇嫁女祠祀饮酒食肉者。〔9〕自当给丧事服临者，皆无践，〔10〕绖带无过三寸，〔11〕毋布车及兵器，〔12〕毋发民男女哭临宫殿。宫殿中当临者，皆以旦夕各十五举声，礼毕罢。非旦夕临时，禁毋得擅哭。已下，服大红十五日，〔13〕小红十四日，〔14〕纤七日，〔15〕释服。佗不在令中者，〔16〕皆以此令比率从事。布告天下，使明知朕意。霸陵山川因其故，毋有所改。归夫人以下至少使。"〔17〕令中尉亚夫为车骑将军，属国悍为将屯将军，〔18〕郎中令武为复土将军，〔19〕发近县见卒万六千人，〔20〕发内史卒万五千人，藏郭穿复土属将军武。〔21〕

【注释】〔1〕"六月己亥"，六月一日。〔2〕"重服"，服重丧之服。〔3〕"临"，音lín，哭吊死者。〔4〕"离"，经历，经过。《国语·晋语一》载郭偃言："非天不离数"。韦昭注："离，历也。"〔5〕"眇"，音miǎo。"眇眇"，微小。〔6〕"方内"，四方之内，指汉王朝境内。〔7〕"天年"，上天所给予的年寿，即谓自然寿命。〔8〕"朕之不明与嘉之"，意谓我不贤明，却有这样好的结果。"与"，语助词。〔9〕"取"，与"娶"字通。〔10〕"践"，与"剪"字通，谓剪斩衣末，这是斩衰之服。斩衰是五服中最重的一种，其服用粗麻制成，不缉边，直接剪断衣末，使断处外露，表示不加修饰。有人把"践"解释为"跣"，义为赤足履地，可备一说。〔11〕"绖带"，服丧系的麻带。在首为首绖，在腰为腰绖。"绖"，音dié。"无过三寸"，绖带粗细之围不要超过三寸，古制，为天子服斩衰，斩衰首绖之围九寸；斩衰腰绖之围是首绖的五分之四，是次粗的。文帝欲一切从简，所以规定绖带之围无过三寸。这与五服中最轻的缌麻服大体相同。"无过三寸"，容易误解为绖的长度或宽度。〔12〕"布车及兵器"，出丧时陈设车骑和兵器，以壮丧仪。〔13〕"大红"，又作"大功"，丧服名，为五服之一。其服用熟麻布制成，细于齐衰，粗

于小功。旧制服期九月，文帝改为十五日。〔14〕"小红"，又作"小功"，丧服名，为五服之一。其服用熟麻布制成，较大红为细。旧制服期五月，文帝改为十四日。〔15〕"纤"，丧服名，细布制成，为五服中最轻的一种。原称缌麻，用细麻布制成。旧制服期三月，文帝改为七日。文帝要求在他既葬之后，大红至小红，再至纤，所服渐轻。"纤七日"之后，即释服即吉。汉文帝改创的丧服制度，影响深远，为尔后的两汉帝王所奉行。司马彪《续汉书·礼仪志下》载天子丧制云："故事：百官五日一会临，故吏二千石、刺史、在京都郡国上计掾史皆五日一会。天下吏民发丧临三日。先葬二日，皆旦晡临。既葬，释服，无禁嫁娶祠祀。佐史以下，布衣冠帻，绖带无过三寸，临庭中。武吏布帻大冠。大司农出见谷钱，给六丈布直。以葬，大红十五日，小红十四日，纤七日，释服。"〔16〕"佗"，与"他"字同。〔17〕"夫人以下至少使"，皇帝后宫夫人以下，尚有美人、良人、八子、七子、长使、少使。"少使"，主管后宫役使者，位视四百石，爵比公乘。〔18〕"属国"，官名，即典属国，始设于秦，西汉沿置，掌管少数民族事务。成帝时并入大鸿胪。"悍"，本书《汉兴以来将相名臣年表》作"捍"。有人认为即《惠景间侯者年表》记载的松兹康侯徐悼，"悼"字乃"悍"字之讹。"将屯将军"，掌管各方屯卫的军队，以备非常。〔19〕"复土将军"，因葬事临时设置的将军。主管穿圹出土，下棺填土。〔20〕"见卒"，现役士卒。"见"，与"现"字通。〔21〕"郭"，字亦作"椁"，套在棺外的外棺。

【译文】后元七年六月一日，皇帝在未央宫去世。临终前遗诏说："我听说天下万物生长，没有不死亡的。死亡是天地间的常理，万物的自然现象，何必过分悲哀。现在，世人都好生恶死，大量财物用于安葬，以致倾家荡产，长期服丧，以致伤害了身体，这些做法我是不赞成的。况且我生前不德，无益于百姓，如今死了，又让人们长期服丧哭吊，经历寒暑的变化，使人家的父子悲哀，损伤老幼的心灵，减少饮食，断绝对鬼神的祭祀，这加重了我的不德，怎么能对得起天下百姓呢！我能够奉守宗庙，以一个渺小的人凌驾于天下诸侯王之上，至今已有二十多年了，依赖天地的神灵，社稷的福祉，国内安宁，没有战乱。我并不聪敏，常常担心有错误的行为，使先帝的遗德蒙受耻辱；时间长了，更是害怕不能善终。如今幸运地凭着天年能够供养侍奉高祖于地下，以我这样的不贤明，而有如此好的结果，还有什么可悲哀的呢！向天下官吏和百姓下达命令，命

令到达后哭丧三天，然后全部脱掉丧服。不要禁止娶妻嫁女、祭祀鬼神和饮酒食肉。应该服丧哭吊的人，都不要穿斩衰的丧服，绖带之围不要超过三寸，不要陈设战车和兵器，不要发动男女民众到宫殿里哭丧。宫中应当哭丧的人，在每天的早晨和晚上各哭十五声，尽礼之后就停止。不是早晨和晚上哭丧的时候，不许擅自哭泣。下葬以后，穿大功丧服十五天，小功丧服十四天，细布丧服七天，然后脱去丧服。其他没有规定在遗命中的事项，全部根据这一遗命，参照从事。布告天下，使人们明了我的心意。霸陵地方的山川保持原样，不要有所改变。后宫夫人以下至少使，都遣散回家。"任命中尉周亚夫为车骑将军，典属国悍为将屯将军，郎中令张武为复土将军，调发附近各县现有的士卒一万六千人，调发内史现役士卒一万五千人，归将军张武指挥，负责安葬棺椁，穿圹掩埋。

乙巳，〔1〕群臣皆顿首上尊号曰孝文皇帝。

【注释】〔1〕"乙巳"，六月七日。

【译文】六月七日，大臣们都叩首至地，对去世的皇帝共上尊号为孝文皇帝。

太子即位于高庙。丁未，〔1〕袭号曰皇帝。

【注释】〔1〕"丁未"，六月九日。

【译文】太子在高庙即位，六月九日袭号为皇帝。

孝景皇帝元年十月，制诏御史：〔1〕"盖闻古者祖有功而宗有德，〔2〕制礼乐各有由。闻歌者，所以发德也；舞者，所以明功也。高庙酎，〔3〕奏《武德》、《文始》、《五行》之舞。〔4〕孝惠庙酎，奏《文始》、《五行》之舞。孝文皇帝临天下，通关梁，〔5〕不异远方。除诽谤，去肉刑，赏赐长老，收恤孤独，以育群生。减嗜欲，不受献，不私其利也。罪人不帑，不诛无罪。除肉刑，〔6〕出美人，重绝人之世。朕既不敏，不能识。此皆上古之所不及，而孝

文皇帝亲行之。德厚侔天地，[7]利泽施四海，靡不获福焉。明象乎日月，而庙乐不称，朕甚惧焉。其为孝文皇帝庙为《昭德》之舞，[8]以明休德。然后祖宗之功德著于竹帛，[9]施于万世，永永无穷，朕甚嘉之。其与丞相、列侯、中二千石、礼官具为礼仪奏。"[10]丞相臣嘉等言：[11]"陛下永思孝道，立《昭德》之舞以明孝文皇帝之盛德，皆臣嘉等愚所不及。臣谨议：世功莫大于高皇帝，德莫盛于孝文皇帝，高皇庙宜为帝者太祖之庙，孝文皇帝庙宜为帝者太宗之庙。天子宜世世献祖宗之庙。郡国诸侯宜各为孝文皇帝立太宗之庙。诸侯王列侯使者侍祠天子，岁献祖宗之庙。请著之竹帛，宣布天下。"制曰："可。"

【注释】〔1〕"制诏"，皇帝的命令。本书《秦始皇本纪》载秦制说，皇帝之命为"制"，令为"诏"。"御史"，汉御史大夫主要属官有御史中丞、侍御史、治书御史、符玺御史等。汉代文献中所说的御史，多指御史大夫，或侍御史，有时也指御史大夫的其他属官。此处"御史"是指御史大夫，下文云"其与丞相、列侯、中二千石、礼官具为礼仪奏"，是让御史大夫与丞相等官一起商议。汉制，皇帝的制书和诏书，多由御史大夫承转，而后下达丞相。这里也是景帝直接"制诏御史"。〔2〕"祖"，开国创业的人称"祖"，如刘邦称高祖。"宗"，继开国皇帝之后治理天下有功的人称"宗"，如文帝称太宗。〔3〕"酎"，音 zhòu，经过两次或更多次酿过的醇酒。这种酒酒质醇厚，所以用来荐享宗庙。〔4〕"《武德》、《文始》、《五行》"，皆为舞蹈名。据《汉书·礼乐志》记载，《武德舞》，汉高祖四年制作，舞蹈象征着天下百姓欢庆高祖行武除乱。舞者执干戚（即盾与斧）。《文始舞》，相传是虞舜时期的《招舞》，高祖六年改名叫《文始》，表示朝代变异，舞蹈也不相袭。舞者执羽籥（即雉羽与管乐器）。《五行舞》，即周代的《武舞》，秦始皇二十六年改名叫《五行舞》。舞者执干戚，穿五行色衣服。〔5〕"关"，关口。"梁"，津梁。"通关梁"，据《汉书·文帝纪》记载，文帝十二年，下令出入关口不必使用符信，可以自由通行。〔6〕"除肉刑"，上面已经提到"去肉刑"，这里不应复出。《汉书·景帝纪》作"除宫刑"，当据改。〔7〕"侔"，音 móu，齐等，相等。〔8〕"《昭德》"，舞蹈名，景帝吸取《武德舞》制作而成。汉代诸帝庙舞，

可参阅《汉书·礼乐志》。〔9〕"竹帛"，用于书写的竹简和白绢。〔10〕"中二千石"，是汉代官秩的一个等级。秩中二千石者，一年俸禄为二千一百六十石，秩二千石者，一年俸禄为一千四百四十石，中二千石高于二千石这一官秩所得的岁俸。官秩为中二千石的有太常、郎中令、卫尉、太仆、廷尉、典客、宗正、大农令、少府、中尉等。〔11〕"嘉"，即申徒嘉。

【译文】孝景皇帝元年十月，对御史下诏说："听说古代帝王称祖的是有功的人，称宗的是有德的人，制礼作乐各有一定的原因。又听说乐歌是用来发扬道德的；舞蹈是用来显示功业的。以醇酒祭祀高庙，表演《武德》、《文治》、《五行》之舞。以醇酒祭祀孝惠庙，表演《文始》、《五行》之舞。孝文皇帝君临天下，使关塞津梁畅通无阻，远处近处同等对待。废除诽谤罪，去掉肉刑，赏赐老人，收养孤独，抚育众生。减少嗜欲，不接受进贡的物品，不私自占有这些利益。犯罪的人，不收没他的妻子儿女，不诛杀无罪的人。废除宫刑，放出后宫美人，很重视绝人后嗣这件事。我并不聪敏，对这些不能完全认识。（实际上，）这些事情都是上古帝王所赶不上的，而孝文皇帝却亲自做到了。圣德的浩大如同天地，惠泽流及四海，没有一个人不得到幸福。光明宛如日月，而庙中的乐舞并不相称，我很恐惧不安。应该为孝文皇帝庙制作《昭德舞》，用来表彰他那美好的道德。然后把祖宗的功德记载在史册上，流传万世，永无穷尽，（这种做法，）我是很称赞的。应与丞相、列侯、秩为中二千石的官员和掌管礼制的官员拟定礼仪奏上。"丞相申徒嘉等人说："陛下永远想着孝敬先帝，制作了《昭德舞》来显示孝文皇帝盛大的功德，这都是臣子申徒嘉等人由于愚昧而想不到的。臣子郑重而又恭敬地建议：一代的功劳没有大过高皇帝的，德业没有盛过孝文皇帝的，高皇帝庙应该成为皇帝的太祖庙，孝文皇帝庙应该成为皇帝的太宗庙。天下应当世世代代的献祭祖宗之庙。各郡国诸侯应当为孝文皇帝建立太宗庙。诸侯王、列侯的使者随从天子祭祀，天子每年献祭祖宗之庙。请把这些规定明文记载下来，向全国公布。"景帝下令说："可以。"

太史公曰：孔子言"必世然后仁。[1]善人之治国百年，亦可以胜残去杀"。诚哉是言！汉兴，至孝文四十有余载，德至盛也。廪廪乡改正服封禅矣，[2]谦让未成于今。

呜呼,岂不仁哉!

【注释】〔1〕"世",三十年为一世。此所引孔子语见《论语·子路篇》。 〔2〕"廪廪",渐近的意思。"乡",与"向"字通。"正服",正朔和服色。"封禅",古代帝王为宣扬功绩而举行的祭祀天地的典礼,始倡于战国时齐、鲁儒生。在五岳中泰山最高,所以帝王登泰山筑坛祭天,此为"封"。在泰山南面的梁父山辟基祭地,称为"禅"。改正朔、定服色、封泰山、禅梁父,都是帝王盛世的重要标志。

【译文】太史公说:孔子说"一定要经过三十年,然后仁政才能成功。一个品德好的人治理国家一百年,也可以战胜残暴,废除刑杀"。这话说的真是正确啊!从汉朝建国到孝文皇帝四十多年,德业兴盛到了极点。渐渐地向修改历法、确定服色、举行封禅这一目标接近了,可是由于谦让,至今没有完成。啊!这难道不是仁德吗!

史记卷十一

孝景本纪第十一

孝景皇帝者,[1]孝文之中子也。母窦太后。[2]孝文在代时,[3]前后有三男,[4]及窦太后得幸,前后死,及三子更死,故孝景得立。

【注释】[1]"孝景皇帝",名启,在孝文皇帝刘恒元年被立为太子,公元前一五七年继承帝位,卒于公元前一四一年。死后谥孝景。 [2]"窦太后",最初在宫中为吕后侍女。文帝做代王时,吕后把她赐给代王,得到宠幸。代王即帝位后,她被立为皇后,生有两子,长子刘启,次子刘武。景帝即位,尊为皇太后。事详本书《外戚世家》、《汉书·外戚传》。 [3]"代",在今山西中部、北部和河北西北部。汉高祖二年,以此地为国,封韩王信。五年,国除为郡。十一年,复置为国,封刘恒为代王,刘恒居代十八年。刘恒居代时,以中都(在今山西平遥县西南)为都。 [4]"前后有三男",据本书《外戚世家》记载,最早的代王王后生有四男,《汉书·外戚传》也说生有四男,与此记载歧异。

【译文】孝景皇帝是孝文皇帝的中子。母亲是窦太后。孝文皇帝在代国的时候,前一个王后生有三个男孩,等到窦太后得到宠幸,前一个王后死了,三个儿子也相继死亡,所以孝景皇帝能够嗣位。

元年四月乙卯,[1]赦天下。乙巳,[2]赐民爵一级。[3]五月,除田半租。[4]为孝文立太宗庙。[5]令群臣无朝贺。匈奴入代,与约和亲。

【注释】[1]"四月乙卯",此月甲午朔,乙卯为四月二十二日。 [2]"乙巳",四月十二日。此二字不是误字,就是衍文。本纪记事,均以时间早晚为序,"乙巳"在"乙卯"前十日,不应颠倒在后。又汉代皇帝赦天下和赐民爵往往同时进行,所下诏令中一般都是赦天下列在赐民爵之前,如文帝即位后下诏说:"朕初即位,其赦天下,赐民爵一级。"景帝后元元年三月丁酉,下诏"赦天下,赐爵一级"。武帝建元元年二月命令"赦天下,赐民爵一级"。宣帝本始元年五月也赦天下和赐爵并举,先言赦天下,后言赐民爵。这里记载景帝赦天下与赐民爵相隔十天,又赐民爵在赦天下之前,同汉代制度不相符合。 [3]"赐民爵一级",汉代遇到皇帝即位、立皇太子、立皇子为王、皇太子举行冠礼、改元、郊祀、祥瑞、灾异等情况,都可以赐民爵。所赐爵由男户主接受。 [4]"除田半租",减免一半的田租。文帝时田税十五而税一,景帝减免一半,即三十而税一。 [5]"太宗",继太祖之后的庙号。开国创业的人称"祖",继开国皇帝之后治理天下有功的人称"宗"。

【译文】元年四月二十二日,大赦天下,赐予民众爵一级。五月,减免一半的田租。为孝文皇帝建立太宗庙。命令大臣们不要上朝拜贺。匈奴进入代地,与匈奴签约和亲。

二年春,封故相国萧何孙系为武陵侯。[1]男子二十而得傅。[2]四月壬午,[3]孝文太后崩。[4]广川、长沙王皆之国。[5]丞相申屠嘉卒。[6]八月,以御史大夫开封侯陶青为丞相。[7]彗星出东北。[8]秋,衡山雨雹,[9]大者五寸,[10]深者二尺。荧惑逆行,[11]守北辰。[12]月出北辰间。岁星逆行天廷中。[13]置南陵及内史、祋祤为县。[14]

【注释】〔1〕"相国",即丞相,典领百官,辅佐皇帝治理国家政务。"萧何",沛县(今江苏沛县)人,汉高祖刘邦的开国大臣,刘邦为汉王时,以萧何为丞相,后来改为相国。事详本书《萧相国世家》、《汉书·萧何传》。"系",此字可能有误,本书《高祖功臣侯者年表》、《汉书·高惠高后文功臣表》和《萧何传》皆作"嘉"。"武陵侯",当作"武阳侯"。武陵为郡,在今湖南西部、贵州东部,不可能把一郡之地作为萧嘉的侯国。"武阳"为县,在今山东郯城县,萧嘉所封即此。《汉书·萧何传》明确记载,景帝二年下诏,"以武阳县户二千封何孙嘉为列侯"。本书《高祖功臣侯者年表》、《汉书·高惠高后文功臣表》皆云萧嘉封武阳侯。 〔2〕"傅",男子成丁之年在簿籍上进行登记。汉代规定,男子在簿籍上登记后,就要开始向国家无偿地提供劳役,直到五十六岁才得免除。今人多据旧注认为汉初傅籍是在二十三岁,旧注不可信。秦代傅籍是在十七岁,景帝延至二十岁,政策有所放松。据《盐铁论·未通篇》,武帝时又曾宽延到二十三岁。 〔3〕"四月壬午",四月二十五日。 〔4〕"孝文太后",孝文皇帝的母亲薄太后。事详本书《外戚世家》、《汉书·外戚传》。"崩",按照封建等级制,皇帝及其父母、皇后死曰"崩"。 〔5〕"广川、长沙王",这时的广川王为景帝子刘彭祖,长沙王为景帝子刘发。刘彭祖封广川王和刘发封长沙王皆在景帝二年三月。二人事迹详见本书《五宗世家》、《汉书·景十三王传》。广川原为信都国,辖有今河北枣强县、景县以南,南宫县、故城县以北,滏阳河西岸以东,山东德州市以西,都于信都,在今河北冀县。长沙王封地主要在今湖南东部、南部,又包有湖南东北端与湖北交界处和湖南中部东端与江西交界处的小部分地区,都于临湘,在今湖南长沙市。 〔6〕"申屠嘉",又作"申徒嘉",姓申屠,名嘉,早年随从刘邦击项羽、黥布,惠帝时为淮阳郡守,文帝四年为御史大夫,后元二年为丞相。事详本书《张丞相列传》所附《申屠嘉列传》、《汉书·申屠嘉传》。 〔7〕"御史大夫",为丞相之副,国家大事,皇帝多与丞相、御史大夫协商。所掌侧重于执法和监察。"陶青",陶舍之子,汉高祖十一年,舍以军功为开封侯,十二年,陶青袭封,景帝二年,任丞相,七年被罢免。 〔8〕"彗星",即通常所说的扫帚星。古人缺乏天文科学知识,误认为彗星出现,预示着某种灾祸,史书中常把它作为重大的天象变异记载下来。 〔9〕"衡山",汉初为郡,文帝十六年置以为国,封淮南王刘长之子刘勃为衡山王,所辖之地较郡为狭。景帝二年,衡山仍为刘勃封国。其地在今湖北、安徽、河南三省交界

处,都于邾县,在今湖北黄冈县西北。境内有衡山,即今安徽霍山。"雨",音 yù,比喻如雨一样落下。 〔10〕"五寸",秦、汉时一寸约等于今天二点三二厘米。 〔11〕"荧惑",即火星。火星荧荧像火,运行轨道多变,令人迷惑,故名"荧惑"。 〔12〕"守",侵入其他星宿的位置。"北辰",即北极星。 〔13〕"岁星",即木星。因为它在黄道带里每年经过一宫,十二岁运行一周天,故名岁星,并用它来纪年。"天廷",即太微垣,在北斗之南,轸宿和翼宿之北,围绕五帝座有星十颗。古人认为,岁星运行失次,则百姓多有疾病。 〔14〕"南陵",县名,在今陕西西安市东,薄太后陵墓南陵在其境内。《汉书·地理志》云文帝七年置南陵县,与此记载歧异。"内史",政区名,始设于秦,西汉沿置,辖有京畿地区,由内史掌理。政区名内史即出自官名。景帝二年,把内史分为左、右内史。"祋祤",音 duì xǔ,在今陕西耀县。

【译文】二年春天,封原来的相国萧何的孙子萧系为武陵侯。男子二十岁时要登记在簿上。四月二十五日,孝文太后去世。广川王、长沙王都前往自己的封国。丞相申屠嘉死了。八月,以御史大夫开封侯陶青担任丞相。彗星出现在东北方。秋天,衡山冰雹如雨,最大的冰雹有五寸,最深的地方有二尺。荧惑倒着运行,进入北辰的位置。月亮出现在北辰中间。岁星在天廷中倒着运行。把南陵和内史祋祤设置为县。

三年正月乙巳,〔1〕赦天下。长星出西方。〔2〕天火燔雒阳东宫大殿城室。〔3〕吴王濞、楚王戊、赵王遂、胶西王卬、济南王辟光、菑川王贤、胶东王雄渠反,〔4〕发兵西乡。〔5〕天子为诛晁错,〔6〕遣袁盎谕告,〔7〕不止,遂西围梁。〔8〕上乃遣大将军窦婴、太尉周亚夫将兵诛之。〔9〕六月乙亥,〔10〕赦亡军及楚元王子蓺等与谋反者。〔11〕封大将军窦婴为魏其侯。〔12〕立楚元王子平陆侯礼为楚王。〔13〕立皇子端为胶西王,〔14〕子胜为中山王。〔15〕徙济北王志为菑川王,〔16〕淮阳王余为鲁王,〔17〕汝南王非为江都王。〔18〕齐王将庐、燕王嘉皆薨。〔19〕

【注释】〔1〕"正月乙巳",景帝三年正月甲申朔,乙巳为二十二日。 〔2〕"长星",光芒较长的

星,当是彗星或流星。〔3〕"燔",音 fán,焚烧。"雒阳",当作"淮阳",裴骃《集解》引徐广云:"雒,一作'淮'。"是古本有不误者。指淮阳国,地在今河南东部茨河上游南北一带,都于陈,在今河南淮阳县。《汉书·景帝纪》记载,景帝三年"春正月,淮阳王宫正殿灾"。与《史记》所载为同一事。这时的淮阳王为景帝子刘余,在宫殿被焚毁的同年,徙为鲁王。〔4〕"吴王濞",汉高祖兄刘仲之子,高祖十二年,封刘濞为吴王。发生在景帝三年的吴、楚等七国叛乱中,刘濞为乱首。事详本书《吴王濞列传》、《汉书·吴王濞传》。"楚王戊",汉高祖弟楚元王刘交之孙,刘郢之子,文帝六年袭封为楚王。事详本书《楚元王世家》、《汉书·楚元王传》。"赵王遂",汉高祖子赵幽王刘友之子,文帝元年,被封为赵王。事详本书《楚元王世家》、《汉书·高五王传》。"胶西王卬、济南王辟光、菑川王贤、胶东王雄渠",皆为汉高祖长子齐悼惠王刘肥之子,于文帝十六年同时封王。事详本书《齐悼惠王世家》。"卬",音 áng。"菑",音 zī。诸王封地,大体如下:吴领有东阳、鄣、会稽三郡,包有今安徽、江苏、浙江三省部分地区,都于广陵,在今江苏扬州市东北。楚辖有今江苏、安徽二省部分地区,都于彭城,在今江苏徐州市。赵辖有今河北南部,都于邯郸,在今河北邯郸市。胶西辖有今山东胶河以西,高密以北,都于高密,在今高密县西南。济南辖有今山东济南市、历城县、章丘县、邹平县、济阳县一带,都于东平陵,在今章丘县西。菑川辖有今山东淄博市、寿光县、益都县部分地区,都于剧,在今寿光县南。胶东辖有今山东平度、莱西、莱阳等县及迤南一带,都于即墨,在今平度县东南。〔5〕"乡",与"向"字通。〔6〕"晁错",颍川(今河南禹县)人,早年学申商刑名之学,文帝时曾为太子家令,得幸于太子刘启,号称"智囊"。景帝时,历任内史、御史大夫,曾上《削藩策》,极力主张削夺同姓诸侯王的封地,加强中央集权。景帝采纳他的建议,直接激起了吴、楚七国之乱。他们借口诛晁错以清君侧,联合攻汉。曾任吴国丞相的袁盎和外戚窦婴与晁错有隙,乘机劝说景帝斩晁错,换取七国罢兵。景帝听从了这一建议,处死了晁错。事详本书《袁盎晁错列传》、《汉书·爰盎晁错传》。〔7〕"袁盎",或作"爰盎",楚地人,文帝时为中郎,后来历任齐、吴、楚诸侯国丞相,景帝时被梁孝王刘武的刺客暗杀。晁错被诛后,袁盎以太常身份奉诏出使吴国,想劝说吴王刘濞罢兵。刘濞自认为已取得东帝的地位,拒不受诏,继续进兵。事详本书《袁盎列传》、《吴王濞列传》和《汉书·爰盎传》《吴王濞传》。〔8〕"梁",景帝同母弟刘武的封

国,在今河南中部东端和与其相邻的安徽边界地区,建都睢阳(今河南商丘县南)。吴、楚七国叛乱后,向西攻取洛阳途中,必须经过梁国,受到梁国的抵御。吴、楚军队先围攻梁棘壁(今河南拓城西北),杀梁军数万人,刘武据守睢阳,与吴、楚军相抗。事见本书《梁孝王世家》、《汉书·文三王传》。〔9〕"大将军",汉代将军名目繁多,大将军是诸将军中权力最大、地位最尊崇者。"窦婴",景帝母窦太后的侄子,文帝时为吴国丞相。吴、楚七国乱起,被景帝任为大将军,以功封为魏其侯。武帝时任丞相,因罪被杀。事详本书《魏其侯列传》、《汉书·窦婴传》。"太尉",汉中央掌管军事的最高官员。西汉初期,多根据军事需要临时设置,事后即罢。"周亚夫",绛侯周勃之子,文帝时封条侯。景帝三年为太尉,率兵平定吴、楚七国之乱,七年迁为丞相,后下狱不食而死。事迹附载本书《绛侯周勃世家》、《汉书·周勃传》。〔10〕"六月乙亥",景帝三年六月辛亥朔,乙亥为六月二十五日。〔11〕"楚元王",汉高祖弟刘交于高祖六年封楚王,文帝元年卒,谥元。事详本书《楚元王世家》、《汉书·楚元王传》。"蓺",本书《惠景间侯者年表》作"埶",皆与"艺"字同。刘蓺于景帝元年封宛朐侯。〔12〕"魏其",本为县,在今山东临沂县东南。"其",音 jī。〔13〕"礼",景帝元年封平陆侯,三年为楚王,六年卒,谥文。曾任宗正。事迹散见本书《楚元王世家》、《汉书·楚元王传》等篇。刘礼所封平陆,今地众说不一。《水经注》卷二二渠水下云:"长明沟水又东径尉氏县故城南……沟渎自是分三,北分为康沟,东径平陆县故城北。高后元年,封楚元王子礼为侯国。建武元年,以户不满三千,罢为尉氏县之陵树乡,又有陵树亭。……故《陈留风俗传》曰:陵树乡,故平陵县也。"陵树乡在今河南尉氏县东北,其地当即礼所封,西汉谓之平陆,属陈留郡。《汉书·地理志》陈留郡漏载此县。〔14〕"端",为胶西王凡四十七年,武帝元封三年卒,谥于,无后,国除为郡。事详本书《五宗世家》、《汉书·景十三王传》。〔15〕"胜",为中山王凡四十二年,武帝元鼎四年卒,谥靖。事详本书《五宗世家》、《汉书·景十三王传》。刘胜所封中山在今河北狼牙山以南,无极县、深泽县以北,唐县、新乐县以东,保定市、安国县以西,都于卢奴,在今河北定县。〔16〕"志",齐悼惠王刘肥之子,文帝十六年封济北王,景帝三年徙为菑川王。为菑川王凡二十五年,武帝元光五年卒,谥懿。事迹附载本书《齐悼惠王世家》和《汉书·高五王传》。刘志原来的封国济北在今山东长清、肥城、平阴诸县一带,都于卢,在今长清县西南。〔17〕

"余",景帝之子,景帝二年封为淮阳王,三年徙为鲁王。为鲁王凡二十六年,武帝元光六年卒,谥共。事详本书《五宗世家》、《汉书·景十三王传》。刘余所封鲁在今山东曲阜、泗水、邹、滕等县一带,都于鲁县,在今曲阜县。〔18〕"非",景帝之子,景帝二年封为汝南王,三年徙为江都王。为江都王凡二十七年,武帝元朔元年卒,谥易。事详本书《五宗世家》、《汉书·景十三王传》。刘非原来的封国汝南在今河南东南端,以及相邻的安徽边界地区,都于上蔡,在今河南上蔡县西南。新的封国江都在今江苏长江以北,射阳湖西南,仪征县和安徽天长县以东地区。武帝元狩年间改置为广陵郡,旋又更为广陵国。都于广陵,在今江苏扬州市西北。〔19〕"将庐",又作"将闾",齐悼惠王刘肥之子,文帝十六年封为齐王,卒谥孝。事迹略见本书《齐悼惠王世家》、《汉书·高五王传》。"嘉",燕敬王刘泽之子,文帝三年袭封燕王,卒谥康。据本书《汉兴以来诸侯王年表》,刘嘉卒于景帝五年。

【译文】三年正月二十二日,大赦天下。一颗光芒很长的星出现在西方。天火烧毁了淮阳东宫大殿和城楼。吴王刘濞、楚王刘戊、赵王刘遂、胶西王刘卬、济南王刘辟光、菑川王刘贤、胶东王刘雄渠反叛,出兵向西进发。天子因为这件事处死了晁错,派袁盎谕告七国,七国仍不停止进军,向西围攻梁国。于是,皇帝派遣大将军窦婴、太尉周亚夫率兵消灭了他们。六月二十五日,赦免七国败亡的士卒和楚元王的儿子刘艺等参加叛乱的人。封大将军窦婴为魏其侯。立楚元王的儿子平陆侯刘礼为楚王。立皇子刘端为胶西王,皇子刘胜为中山王。迁徙济北王刘志为菑川王,淮阳王刘余为鲁王,汝南王刘非为江都王。齐王刘将庐、燕王刘嘉都死了。

四年夏,立太子。〔1〕立皇子彻为胶东王。〔2〕六月甲戌,〔3〕赦天下。后九月,〔4〕更以弋阳为阳陵。〔5〕复置津关,〔6〕用传出入。〔7〕冬,以赵国为邯郸郡。〔8〕

【注释】〔1〕"立太子",所立太子为刘荣,母为栗姬,景帝七年,废为临江王,中元三年,自杀。事详本书《五宗世家》、《汉书·景十三王传》。〔2〕"彻",即武帝刘彻,母为王夫人。刘彻封胶东王时年仅四岁。事详《汉书·武帝纪》。〔3〕"六月甲戌",景帝四年六月丙午朔,甲戌为六月二十九日。

〔4〕"后九月",西汉初期沿用秦历,以十月为岁首,遇闰月则置于全年最后一个月九月之后,称作"后九月"。〔5〕"弋阳",县名,在今陕西高陵县西南。因为景帝在县境修筑了他的陵墓阳陵,所以把县名改为阳陵。景帝陵阳陵在今高陵县西南马家湾乡,西南距未央宫前殿遗址三十四公里。"弋",音 yì。〔6〕"津关",渡口和关卡。文帝十二年,曾下令允许人们自由出入关口。由于发生了吴、楚七国之乱,为了加强防备,景帝又下令设置关卡。〔7〕"传",音 zhuàn,出入关口的符信。〔8〕"以赵国为邯郸郡",因为赵王刘遂参加了吴、楚七国之乱,所以废除赵国,以其地设置邯郸郡,治所在邯郸,即今河北邯郸市。把赵国改为邯郸郡的时间,据本书《汉兴以来诸侯王年表》是在景帝三年,《汉书·地理志》也说是在景帝三年。这里记载在景帝四年,不可信。

【译文】四年夏天,立皇太子。封皇子刘彻为胶东王。六月二十九日,大赦天下。闰九月,把弋阳改为阳陵。又在渡口和关口设置哨卡,凭符信出入。冬天,把赵国设置为邯郸郡。

五年三月,作阳陵、渭桥。〔1〕五月,募徙阳陵,予钱二十万。江都大暴风从西方来,坏城十二丈。丁卯,〔2〕封长公主子蟜为隆虑侯。〔3〕徙广川王为赵王。

【注释】〔1〕"渭桥",秦始皇曾在都城咸阳渭水上架渭桥,连接渭水南北的长乐宫和咸阳宫。景帝所造渭桥在今陕西西安市东北渭水上,架设此桥是为了连接都城长安和阳陵。〔2〕"丁卯",景帝五年五月庚子朔,丁卯为二十八日。〔3〕"长公主",汉代制度,皇帝的女儿称"公主",姊妹称"长公主",姑姑称"大长公主"。这里的"长公主"是指景帝的姐姐刘嫖。"蟜",本书《惠景间侯者年表》云景帝中元五年封隆虑侯,武帝元鼎元年自杀。隆虑本为县,在今河南林县。

【译文】五年三月,修建阳陵和渭桥。五月,招募百姓迁徙阳陵,给予钱币二十万。江都地区从西方刮来大风暴,毁坏了城墙十二丈。二十八日,封长公主的儿子蟜为隆虑侯。徙封广川王为赵王。

六年春,封中尉绾为建陵侯,〔1〕江都丞相嘉为建平侯,〔2〕陇西太守浑邪为平曲

侯，〔3〕赵丞相嘉为江陵侯，〔4〕故将军布为鄃侯。〔5〕梁楚二王皆薨。〔6〕后九月，伐驰道树，〔7〕殖兰池。〔8〕

【注释】〔1〕"中尉"，秦官，西汉沿置，负责巡察京城，防备盗贼，武帝改名执金吾。秩为中二千石。"绾"，原误作"赵绾"。此绾姓卫，大陵(今山西文水县东北)人，善于驾车，文帝、景帝时为中郎将，又任河间王刘德的太傅。吴、楚七国之乱，以军功拜为中尉，后又历任御史大夫、丞相。事详本书《万石张叔列传》所附《卫绾列传》、《汉书·卫绾传》。"绾"，音 wǎn。"建陵"，本为县，在今江苏新沂县南。〔2〕"丞相"，汉代制度，诸侯王国也设丞相，由中央委任，负责统率百官。此丞相指江都王刘非的丞相。"嘉"，姓程，曾以将军身份参加平定吴、楚七国之乱，卒于武帝元光元年。事见本书《惠景间侯者年表》、《汉书·景武昭宣元成功臣表》。"建平"，本为县，在今河南夏邑县西南。〔3〕"陇西"，郡名，辖有今甘肃东南部。治所在狄道，即今甘肃临洮县。"太守"，为一郡的长官，掌管全郡的政务和军事。"浑邪"，又作"昆邪"，姓公孙，曾为将军，参加平定吴、楚七国之乱，其子公孙贺，武帝时为丞相。事迹散见本书《惠景间侯者年表》和《汉书·景武昭宣元成功臣表》《公孙贺传》。"平曲"，本为县，在今江苏东海县东南。〔4〕"嘉"，姓苏，曾为将军，参加平定吴、楚七国之乱，任赵王刘彭祖的丞相。"江陵"，本为县，在今湖北江陵县。据本书《惠景间侯者年表》，苏嘉封为江阳侯，《汉书·景武昭宣元成功臣表》同，又"嘉"作"息"。〔5〕"布"，姓栾，文帝时曾任丞相，官至将军。景帝时，参加平定吴、楚七国之乱，以功封鄃侯。事详本书《栾布列传》、《汉书·栾布传》。"鄃"，音 shū，字通"俞"。本为县，在今山东平原县西南。〔6〕"梁楚二王皆薨"，此时刘氏为梁王。本篇下文载，景帝中六年，梁孝王薨，梁孝王即刘武，与本书《汉兴以来诸侯王年表》、《梁孝王世家》、《汉书·诸侯王表》和《资治通鉴》卷一六所载相吻合。此处记载有误。这里所说的楚王，指楚文王刘礼，事详本书《楚元王世家》。"薨"，音 hōng。按照封建等级制，诸侯死曰"薨"。〔7〕"驰道"，秦始皇时修筑的专供皇帝行驰车马的道路。据文帝时贾山所说，秦驰道东穷燕、齐，南极吴、楚，道宽五十步，道旁隔三丈远植树一棵。见《汉书·贾山传》。〔8〕"殖"，裴骃《集解》引徐广云："一作'填'。"从文义来看，应作"填"。"兰池"，秦始皇在咸阳境内开凿，东西二百里，南北

三十里，池中刻石为鲸鱼，长二百丈。池水引自渭水。故址在今陕西咸阳市东北。

【译文】六年春天，封中尉卫绾为建陵侯，江都丞相程嘉为建平侯，陇西太守公孙浑邪为平曲侯，赵国丞相苏嘉为江陵侯，原来的将军栾布为鄃侯。梁王、楚王都死了。闰九月，砍伐驰道旁的树木，填平兰池。

七年冬，废栗太子为临江王。〔1〕十一月晦，〔2〕日有食之。春，免徒隶作阳陵者。丞相青免。二月乙巳，〔3〕以太尉条侯周亚夫为丞相。〔4〕四月乙巳，〔5〕立胶东王太后为皇后。〔6〕丁巳，〔7〕立胶东王为太子。名彻。

【注释】〔1〕"七年冬，废栗太子为临江王"，太子刘荣之废，本书《汉兴以来诸侯王年表》载在景帝七年十一月乙丑，《汉书·景帝纪》载于景帝七年春正月，《诸侯王表》和《资治通鉴》卷一六载于景帝七年十一月己酉。梁玉绳《史记志疑》卷七认为太子之废在景帝七年三月乙丑。本书《汉兴以来诸侯王年表》云：景帝中元三年，临江王荣"自杀，国除为南郡"。《汉书·地理志》云："南郡，高帝元年更为临江郡，五年复故。景帝二年复为临江，中二年复故。"可见刘荣封国临江即为南郡地，在今湖北洪湖县以西湖北境内长江南北一带，都于江陵。〔2〕"十一月晦"，原作"十二月晦"，《汉书·景帝纪》《五行志》并作"十一月庚寅晦"，当以《汉书》为是。"晦"，阴历每月的最后一天。〔3〕"二月乙巳"，景帝七年二月庚寅朔，乙巳为十六日。〔4〕"条"，本为县，在今河北景县南。〔5〕"四月乙巳"，景帝七年四月己丑朔，乙巳为十七日。〔6〕"胶东王太后"，诸侯王的母亲称"太后"。胶东王刘彻的母亲姓王，景帝初即位时为夫人，景帝七年立为皇后。"皇后"即皇帝的正妻。事详本书《外戚世家》、《汉书·外戚传》。〔7〕"丁巳"，二十九日。

【译文】七年冬天，废掉栗太子，改封为临江王。十一月的最后一天，发生了日食。春天，赦免修筑阳陵的刑徒。丞相陶青被免除职务。二月十六日，以太尉条侯周亚夫为丞相。四月十七日，立胶东王太后为皇后。二十九日，立胶东王为皇太子。皇太子的名叫彻。

中元年,封故御史大夫周苛孙平为绳侯,[1]故御史大夫周昌孙左车为安阳侯。[2]四月乙巳,[3]赦天下,赐爵一级。除禁锢。[4]地动。衡山、原都雨雹,[5]大者尺八寸。

【注释】[1]"周苛",周昌从兄,秦时为泗水卒史,后归随刘邦为内史,楚、汉相争时为御史大夫。替刘邦坚守荥阳,城破,被项羽烹杀。事迹主要见本书《张丞相列传》所附《周昌列传》、《汉书·周昌传》。"平",据本书《高祖功臣侯者年表》,景帝中元年所封者为应,应是周苛的曾孙。裴骃《集解》引徐广云:"一作'应'。"可见古本有作"应"的。"绳",今地不可确考。 [2]"周昌",秦时为泗水(秦郡在今沛县,汉初改为沛郡)卒史,后归附刘邦,被任为中尉。周苛死后,周昌继任御史大夫。事详本书《张丞相列传》所附《周昌列传》、《汉书·周昌传》。"孙左车",原误作"子左车",本书《高祖功臣侯者年表》和《汉书·高惠高后文功臣表》《周昌传》皆云左车为周昌之孙。又本书和《汉书》二《表》皆云左车封安阳侯在景帝中元二年。"安阳",本为县,在今河南安阳市西南。 [3]"四月乙巳",景帝中元年四月癸未朔,乙巳为二十三日。 [4]"禁锢",禁止做官。当时被禁止做官的人有商贾、入赘的女婿、犯有赃罪的官吏。 [5]"原都",县名,属上郡,在今山西东南部,具体地点不详。

【译文】中元元年,封原来的御史大夫周苛的孙子周平为绳侯,原来的御史大夫周昌的孙子周左车为安阳侯。四月二十三日,大赦天下,赐予百姓爵位一级。取消禁锢的规定。发生地震。衡山、原都下冰雹,最大的有一尺八寸。

中二年二月,匈奴入燕,[1]遂不和亲。三月,召临江王来,即死中尉府中。[2]夏,立皇子越为广川王,[3]子寄为胶东王。[4]封四侯。[5]九月甲戌,[6]日食。

【注释】[1]"燕",燕国,辖境在今河北北部和中部,治所在蓟县,即今北京城西南隅。景帝中元二年时期的燕王是刘泽之孙刘定国。 [2]"死中尉府中",临江王刘荣因为侵占宗庙内太宗庙庙地来扩建自己的宫殿而得罪,景帝征召他来都城。刘荣到都城后,在中尉府受到中尉郅都的审讯和责问,刘荣畏罪自杀。事详本书《五宗世家》、《汉书·景十三王传》。 [3]"越",为广川王凡十二年,武帝建元四年卒,谥惠。事见本书《五宗世家》、《汉书·景十三王传》。 [4]"寄",为胶东王凡二十八年,武帝元狩二年卒,谥康。事详本书《五宗世家》、《汉书·景十三王传》。 [5]"封四侯",楚王刘戊、赵王刘遂反叛时,楚丞相张尚、太傅赵夷吾和赵丞相建德、内史王悍不肯相从,被杀。所以景帝封张尚之子张当居为山阳侯,赵夷吾之子赵周为商陵侯,建德之子横为遽侯,王悍之子弃为新市侯。见本书《惠景间侯者年表》、《汉书·景武昭宣元成功臣表》。 [6]"九月甲戌",景帝中二年九月乙巳朔,甲戌为三十日。

【译文】中元二年二月,匈奴进入燕地,于是不再同匈奴和亲。三月,叫临江王到都城来,不久就死在中尉府中。夏天,立皇子刘越为广川王,皇子刘寄为胶东王。封四人为侯。九月三十日,发生日食。

中三年冬,罢诸侯御史中丞。[1]春,匈奴王二人率其徒来降,皆封为列侯。[2]立皇子方乘为清河王。[3]三月,彗星出西北。丞相周亚夫免,[4]以御史大夫桃侯刘舍为丞相。[5]四月,地动。九月戊戌晦,日食。军东都门外。[6]

【注释】[1]"罢诸侯御史中丞",据《汉书·景帝纪》《百官公卿表》,景帝所罢为王国御史大夫官。中丞为御史大夫属官,既然省去了御史大夫,中丞之官也就自然取消。汉代初年,诸侯王得自除御史大夫群卿以下众官,中央只是为诸侯王置丞相。发生吴楚七国之乱后,罢诸侯王御史大夫官,目的在于削弱诸侯王的权力。 [2]"列侯",汉爵二十级,最高者为彻侯。汉武帝名彻,为避武帝讳,彻侯改名通侯,也称列侯。获爵列侯者,只有少数功臣贵戚。 [3]"方乘",除此处外,《史记》、《汉书》其他各处所载皆作"乘","方"字是衍文。刘乘为清河王凡十三年,武帝建元五年卒,谥哀,无后嗣,国除为郡。事见本书《五宗世家》、《汉书·景十三王传》。清河封国在今河北南宫县、威县以东,山东高唐县以西,北至河北故城县,南至山东临清县。都于清阳,即今河北清河县东南。 [4]"免",原误作"死"。周亚夫死于景帝中元五年。 [5]"桃",即桃丘,《汉书·百官公卿表》云"姚丘侯刘舍为太仆",

可证,只是"桃"字《汉书》误为"姚"。地在汉东郡东阿县境内。汉东阿在今山东阳谷县东北阿城镇,东与今阿城县接壤。本书《高祖功臣侯者年表》司马贞《索隐》云桃"县名,属信都",地当在今河北冀县西北,可备一说。"刘舍",桃侯刘襄之子,文帝十年袭封为侯。景帝七年为御史大夫。见本书《高祖功臣侯者年表》、《汉兴以来将相名臣年表》。〔6〕"东都门",都城长安东面北头第一门叫宣平门,民间称作东都门,王莽时改名春王门,东汉又称青门。汉人出都城东去霸上送往迎来,即由此门。

【译文】中元三年冬天,废除诸侯王国中御史中丞这一官职。春天,匈奴的两个王率领他的徒属前来投降,都被封为列侯。立皇子刘方乘为清河王。三月,彗星出现在西北方。丞相周亚夫被免除职务,以御史大夫桃侯刘舍为丞相。四月,发生地震。九月的最后一天,发生日食。军队驻扎在都城的东都门外。

中四年三月,置德阳宫。〔1〕大蝗。秋,赦徒作阳陵者。

【注释】〔1〕"德阳宫",即景帝为自己修筑的庙,故址在今陕西咸阳市东北。"宫"与"庙",古代通称。

【译文】中元四年三月,建造德阳宫。发生严重的蝗灾。秋天,赦免修建阳陵的刑徒。

中五年夏,立皇子舜为常山王。〔1〕封十侯。〔2〕六月丁巳,〔3〕赦天下,赐爵一级。天下大潦。〔4〕更命诸侯丞相曰相。秋,地动。

【注释】〔1〕"舜",刘舜为常山王凡三十二年,武帝元鼎三年卒,谥宪。事详本书《五宗世家》、《汉书·景十三王传》。封国常山在今河北西南部,都于元氏,在今河北元氏县西北。〔2〕"封十侯",据本书《惠景间侯者年表》,中五年封卢它父为亚谷侯、陈蟜为隆虑侯、刘买为乘氏侯、刘明为恒邑侯、王信为盖侯。"卢它父",《汉书·景武昭宣元成功臣表》作"卢它之","陈蟜"之"蟜",《汉书·高惠高后文功臣表》作"融"。《史记》、《汉书》所载均为五侯,"十"乃"五"之误。〔3〕"六月丁巳",景帝中元五年六月己丑朔,丁巳为二十九日。〔4〕"潦",与"涝"字

同。

【译文】中元五年夏天,立皇子刘舜为常山王。封十人为侯。六月二十九日,大赦天下,赐予百姓爵位一级。全国发生严重的涝灾。把诸侯王国的丞相改名为相。秋天,发生地震。

中六年二月己卯,〔1〕行幸雍,〔2〕郊见五帝。〔3〕三月,雨雹。四月,梁孝王、城阳共王、汝南王皆薨。〔4〕立梁孝王子明为济川王,〔5〕子彭离为济东王,〔6〕子定为山阳王,〔7〕子不识为济阴王。〔8〕梁分为五。〔9〕封四侯。更命廷尉为大理,〔10〕将作少府为将作大匠,〔11〕主爵中尉为都尉,〔12〕长信詹事为长信少府,〔13〕将行为大长秋,〔14〕大行为行人,〔15〕奉常为太常,〔16〕典客为大行,〔17〕治粟内史为大农。〔18〕以大内为二千石,〔19〕置左右内官,属大内。七月辛亥,〔20〕日食。八月,匈奴入上郡。〔21〕

【注释】〔1〕"二月己卯",景帝中元六年二月乙卯朔,己卯为二十五日。〔2〕"雍",县名,在今陕西凤翔县南。〔3〕"郊",祭名,在郊外祭祀天、地诸神。"五帝",青帝、赤帝、白帝、黑帝、黄帝。秦在雍立白帝、赤帝、黄帝、青帝畤,汉高祖又增立黑畤,所以雍有五帝畤。〔4〕"梁孝王",景帝同母弟刘武,文帝二年,封为代王。三年,徙为淮阳王。十二年,徙为梁王,卒谥孝。事详本书《梁孝王世家》、《汉书·文三王传》。"城阳共王",城阳景王刘章之子刘喜,文帝四年,袭封城阳王。十二年,徙封淮南王。十六年,复为城阳王,卒谥共。事迹略载本书《齐悼惠王世家》、《汉书·高五王传》。封国城阳在今山东莒县、沂南县一带,都于莒,在今山东莒县。"汝南王",景帝中元六年无汝南王。景帝二年,以刘非为汝南王,四年,徙为江都王,汝南入汉为郡。刘非死于武帝元朔元年,而非死于景帝中元六年。这里记载有错误。〔5〕"明",刘明为济川王凡七年,武帝建元三年因罪废为庶民,国除为郡。〔6〕"彭离",刘彭离为济东王凡二十九年,武帝元鼎元年,因罪废为庶民,国除为郡。〔7〕"定",刘定为山阳王凡九年,武帝建元五年卒,谥哀。无后嗣,国除为郡。〔8〕"不识",刘不识为济阴王只有一年就死去了,谥哀。无后嗣,国除为郡。以上四王事迹皆附载本书《梁孝王世家》、《汉书·文三王传》。

〔9〕"梁分为五",梁孝王刘武死后,长子刘买袭封为梁王,梁加上济川、济东、山阳、济阴,共为五国。〔10〕"廷尉",掌管司法刑狱的最高官员,秩为中二千石。 〔11〕"将作少府",掌管宫室、宗庙、陵寝、京师城垣和其他重要的土木建筑工程,秩为二千石。 〔12〕"主爵中尉",始设于秦朝,西汉沿置,掌管列侯封爵。继景帝之后,武帝又改名为右扶风,管辖右内史西半部地区,列侯封爵之事归大鸿胪执掌,秩为二千石。 〔13〕"长信詹事",掌管皇太后宫内事务的长官,秩为二千石。"长信",即长信宫,为皇太后经常居处之地。 〔14〕"将行",秦官,西汉沿置,掌管皇后宫内事务的长官,多用宦官担任,秩为二千石。 〔15〕"大行",是典客下的属官,主要掌管接待来都城的诸侯。 〔16〕"奉常",秦官,西汉沿置,负责祭祀社稷、宗庙和朝会、丧葬的礼仪,主管皇帝的陵庙。因所掌事务为皇家大事,所以汉代把此官列为诸卿之首,秩为中二千石。〔17〕"典客",秦官,西汉沿置,景帝改名大行令,武帝又改名大鸿胪。汉朝廷的少数民族事务和来都城的诸侯王的有关事务均由此官执掌,秩为中二千石。 〔18〕"治粟内史",秦官,西汉沿置,为主管全国农业经济的最高官员,租赋的收取和支出都由此官负责,秩为中二千石。据《汉书·百官公卿表》记载,景帝后元元年把治粟内史改称大农令,武帝时又改称大司农。 〔19〕"大内",裴骃《集解》引韦昭云:"大内,京师府藏。"谓大内是掌管京城内国家府库的长官。景帝时期,治粟内史和大内是平行的机构,大内掌管财货,治粟内史掌管农业。景帝以前的西汉时代,情况也是如此。武帝改大农令为大司农,裁大内之官,大内之下的左右内官之名也一并撤销,别设均输、平准、都内之官,负责旧时大内和它的属官左右内官的职掌,隶属于大司农。这时的大司农既管农业,又管财政,其下的都内之官,分掌财货。所以有人把大内解释为都内之官。大内或都内,相当于近现代的国库。〔20〕"七月辛亥",景帝中元六年七月癸未朔,辛亥为二十九日。〔21〕"上郡",辖有今陕西北部和内蒙古自治区黄河河套以南地区。治所在肤施,即今陕西榆林县东南。

【译文】中元六年二月二十五日,皇帝来到雍县,郊祭五帝。三月,下冰雹。四月,梁孝王、城阳共王、汝南王都死了。立梁孝王的儿子刘明为济川王,刘彭离为济东王,刘定为山阳王,刘不识为济阴王。原来的梁国分割为五国。封四人为侯。改名廷尉为大理,将作少府为将作大匠,主爵中尉为都

尉,长信詹事为长信少府,将行为大长秋,大行为行人,奉常为太常,典客为大行,治粟内史为大农。把大内的官秩确定为二千石,设置左内官和右内官,隶属于大内。七月二十九日,发生日食。八月,匈奴进入上郡。

后元年冬,更命中大夫令为卫尉。〔1〕三月丁酉,〔2〕赦天下,赐爵一级,中二千石、诸侯相爵右庶长。〔3〕四月,大酺。〔4〕五月丙戌,〔5〕地动,其蚤食时复动。〔6〕上庸地动二十二日,〔7〕坏城垣。七月乙巳,〔8〕日食。丞相刘舍免。八月壬辰,〔9〕以御史大夫绾为丞相,〔10〕封为建陵侯。〔11〕

【注释】〔1〕"中大夫令",秦时称卫尉,景帝初改称中大夫令,后元元年又恢复旧名。汉初京师的卫戍部队有南军和北军,卫尉统率南军,守卫宫门和宫内,秩为中二千石。 〔2〕"三月丁酉",景帝后元元年三月己卯朔,丁酉为十九日。 〔3〕"中二千石",汉代官秩的一个等级,一年俸禄为二千一百六十石,高于官秩为二千石的官员所得的俸禄。二千石者一年俸禄为一千四百四十石。"右庶长",汉代爵位自下而上有二十级,从第七级公大夫、第八级公乘以上即为高级爵位,右庶长为第十一级。〔4〕"酺",音 pú,欢聚宴饮。汉代法律规定,百姓不许三人以上无故群饮,得到国家允许才能聚饮。〔5〕"丙戌",景帝后元元年五月戊寅朔,丙戌为九日。 〔6〕"蚤",与"早"字通。 〔7〕"上庸",县名,在今湖北竹山县西南。 〔8〕"七月乙巳",景帝后元元年七月丁丑朔,乙巳为二十九日。 〔9〕"八月壬辰",景帝后元元年八月丁未朔,八月无壬辰,壬辰在九月,即九月十七日。 〔10〕"绾",卫绾。卫绾于景帝中元三年为御史大夫。 〔11〕"封为建陵侯",本篇上文已说卫绾在景帝六年春封为建陵侯,此处记载有误。

【译文】后元元年冬天,改名中大夫令为卫尉。三月十九日,大赦天下,赐予百姓爵位一级,中二千石的官员和诸侯王国的相都赐爵为右庶长。四月,允许百姓欢聚宴饮。五月九日,发生地震,早饭时又有地震。上庸地震持续了二十二天,毁坏了城墙。七月二十九日,出现日食。丞相刘舍被免除职务。八月,以御史大夫卫绾为丞相,封为建陵侯。

后二年正月,地一日三动。郅将军击匈奴。[1]酺五日。令内史郡不得食马粟,[2]没入县官。[3]令徒隶衣七缌布。[4]止马舂。[5]为岁不登,禁天下食不造岁。[6]省列侯遣之国。三月,匈奴入雁门。[7]十月,[8]租长陵田。[9]大旱。衡山国、河东、云中郡民疫。[10]

【注释】〔1〕"郅将军",张守节《正义》认为是郅都。本书《酷吏列传》记载:"郅都死,后长安左右宗室多暴犯法,于是上召宁成为中尉。"据《汉书·百官公卿表》,宁成于景帝中元六年为中尉。可见郅都在景帝中元六年以前就已死去,景帝后元二年的郅将军当是另外一人。〔2〕"食",音 sì,与"饲"字通。"粟",谷子。这里泛指粮食。〔3〕"县官",指官府,朝廷。〔4〕"七缌布",布尺尺二寸的布有五百六十根经线,这种布显然是很粗劣的。"缌",音 zōng。〔5〕"止马舂",禁止用马舂米,目的在于使贫民有舂米的机会,可以得到一些粮食。也有人认为用马舂米,米质较精细。禁止用马舂米,是为了让人们食用粗米,可以节约粮食。还有人把"止马舂"解释为禁止人为马舂粟,皆可备一说。〔6〕"禁天下食不造岁",前人对此句解释纷纭,有人怀疑字有讹误。这句的意思大概是说禁止天下百姓吃粮食不知节省,不到一年就把当年的粮食吃完了。"造",至,到。"造岁",到一年,满一年。〔7〕"雁门",郡名,辖有今山西北端和与此相连的内蒙古自治区黄旗海、岱海以南地带。治所在善无,即今山西右玉县南。〔8〕"十月",此为首月,按本纪体例应当置前。列于三月后,可能"十"是"七"的误字。〔9〕"长陵",汉高祖陵墓,在今陕西咸阳市秦都区窑店乡三义村附近,当地出土过西汉时代的"长陵东当"、"长陵西当"、"长陵西神"等文字瓦当,说明长陵确实在其地。陵墓所在地设县,也以长陵为名。〔10〕"河东",郡名,辖境在今山西沁水以西,霍山以南,西、南两面均以黄河为界。治所在安邑,即今山西夏县西北。"云中郡",辖有今内蒙古自治区中部,治所在云中,即今内蒙古自治区托克托县东北。

【译文】后二年正月,一天发生三次地震。郅将军出击匈奴。允许百姓欢聚宴饮五天。命令内史郡不得用粮食喂马,(否则)要把马匹收归官府。让刑徒穿极粗劣的衣服。禁止用马舂米。因为收成不好,禁止天下百姓不到一年就把当年收获的粮食提前吃完。减少在京城的列侯数量,派遣他们前

往自己的封国。三月,匈奴进入雁门。十月,出租长陵周围的耕地。发生严重的旱灾。衡山国、河东郡、云中郡的百姓流行瘟疫。

后三年十月,日月皆食,赤五日。十二月晦,雷。[1]日如紫。五星逆行守太微。[2]月贯天廷中。正月甲寅,[3]皇太子冠。[4]甲子,[5]孝景皇帝崩。遗诏赐诸侯王以下至民为父后爵一级,天下户百钱。出宫人归其家,复无所与。[6]太子即位,是为孝武皇帝。[7]三月,封皇太后弟蚡为武安侯,[8]弟胜为周阳侯。[9]置阳陵。

【注释】〔1〕"雷",与"雷"字同。〔2〕"五星",金星、木星、水星、火星、土星。"太微",星垣名,即太微垣,其中包括有五帝座。古人认为,月或五星犯五帝座,必定是大臣图谋不轨。如果犯五帝座的是金星、火星,为祸尤甚。〔3〕"正月甲寅",景帝后元三年正月戊戌朔,甲寅为十七日。〔4〕"冠",举行冠礼。古代男子年满二十时,举行加冠的礼仪,表示已经成年。〔5〕"甲子",二十七日。〔6〕"复",免除徭役和赋税。〔7〕"孝武皇帝",即皇帝位时为公元前一四一年,卒于公元前八七年,谥孝武。司马迁于武帝时期撰《史记》,所以称武帝为"今上"、"今帝"、"今天子"、"今皇帝",不以谥号相称。本书中凡称孝武谥号者,均为后人所改。〔8〕"蚡",田蚡,是下文提到的田胜的哥哥。田蚡、田胜两人都是武帝的母亲王太后的异父同母弟。事详本书《武安侯列传》、《汉书·田蚡传》。"武安",本为县,在今河北武安县西南。〔9〕"周阳",本为聚邑,在今山西闻喜县东北。

【译文】后元三年十月,发生日食和月食,太阳和月亮有五天出现红色。十二月的最后一天,有雷震。太阳呈现紫色。五星逆行,侵入太微垣。月亮横穿天廷。正月十七日,皇太子举行冠礼。二十七日,孝景皇帝去世。遗诏赐予诸侯王以下至百姓中作为父亲后嗣的每人爵位一级,天下百姓每户一百钱。放出宫女,让他们回到自己家里,免除赋役,不再参加任何杂徭。太子即位,这就是孝武皇帝。三月,封皇太后的弟弟田蚡为武安侯,田胜为周阳侯。设置阳陵作为景帝的陵园。

太史公曰:汉兴,孝文施大德,天下怀

安。至孝景,不复忧异姓,而晁错刻削诸侯,遂使七国俱起,合从而西乡,[1] 以诸侯太盛,而错为之不以渐也。及主父偃言之,[2] 而诸侯以弱,卒以安。安危之机,岂不以谋哉?

【注释】[1]"合从",指吴、楚等七国联合反汉。"从",通"纵"。 [2]"主父偃","主父"为复姓,"偃"为名。临淄(在今山东淄博市东北旧临淄县)人,武帝时为中大夫,多次献策,被武帝所采纳。他曾建议武帝允许诸侯王推恩子弟,分封子弟为侯,使诸侯王国的土地日益缩小,改变诸侯王连城数十,地方千里的局面。武帝采用了他的计策,削弱了诸侯王国势力,加强了中央集权。事详本书《主父列传》、《汉书·主父偃传》。

【译文】太史公说:汉兴以来,孝文皇帝广施大德,天下百姓怀恩而安。到了孝景皇帝,不再忧虑异姓诸侯王。然而晁错削夺同姓诸侯王的封地,导致七国共同起兵,联合西向。这是由于诸侯王的势力太强大,而晁错在行动的时候不是采取渐渐削弱的方法。等到主父偃提出建议,(被孝武帝所采纳,)诸侯王的势力才衰弱下来,终于国家得到了安定。(由此看来,)安危的关键,难道不是运用谋略吗?

史记卷十二

孝武本纪第十二[1]

孝武皇帝者,[2]孝景中子也。[3]母曰王太后。孝景四年,以皇子为胶东王。[4]孝景七年,栗太子废为临江王,[5]以胶东王为太子。孝景十六年崩,太子即位,为孝武皇帝。孝武皇帝初即位,尤敬鬼神之祀。

【注释】[1]"《孝武本纪》",原缺,后人截取《封禅书》而成,又稍有增改。有人认为是汉元帝、成帝时的博士褚少孙增补。首段六十字不见于《封禅书》,为后人增入。本篇《太史公自序》称《今上本纪》。司马迁于汉武帝时撰修《史记》,不得以谥号"孝武"名篇,此必后人所为。[2]"孝武皇帝",名彻。景帝元年(公元前一五六年)生,十六岁即位,在位五十四年,后元二年(公元前八七年)逝世。"武皇帝",是死后由礼官根据他生前事迹议上的称号,取意于能平定祸乱,一说威力强大而有圣德。[3]"孝景中子",汉景帝有子十三人,武帝是他的第九子,故称为中子。孝景事详本书《孝景本纪》。[4]"胶东",刘彻的封国,在今山东平度县、莱西县和莱阳市及迤南一带,都于即墨,在今平度县东南。[5]"栗太子",景帝子刘荣。景帝四年,刘荣被立为太子,七年,废为临江王,中四年,自杀。"临江",原为南郡,战国秦置,汉高祖元年更为临江郡,景帝时期两度为临江国,辖境在今湖北粉青河及襄樊市以南,长江、青江流域以北,洞庭湖以西,四川巫山县以东。都于江陵,在今湖北江陵县。

【译文】孝武皇帝是孝景帝的中子,母亲是王太后。孝景四年,武帝以皇子受封为胶东王。孝景七年,栗太子被废为临江王,胶东王立为太子。孝景在位十六年崩逝,太子即位,立为孝武皇帝。他即位之初,就特别敬重对鬼神的祭祀。

元年,[1]汉兴已六十余岁矣,天下乂安,[2]荐绅之属皆望天子封禅改正度也。[3]而上乡儒术,[4]招贤良,[5]赵绾、王臧等以文学为公卿,[6]欲议古立明堂城南,[7]以朝诸侯。草巡狩封禅、改历服色事未就。[8]会窦太后治黄、老言,[9]不好儒术,使人微得赵绾等奸利事,[10]召案绾、臧,[11]绾、臧自杀,诸所兴为者皆废。

【注释】[1]"元年",建元元年,公元前一四〇年。[2]"乂",音 yì,治理。"乂安",太平无事。[3]"荐",通"搢",插。"绅",束在衣外的大带。"荐绅",古代高级官员皆搢笏垂绅,故称官员为"搢绅"。"封禅",表示帝王受命有天下的典礼,在今山东泰山举行。封是在泰山上祭天,禅是在泰山下的梁父山祭地。"改",改革。"正",正朔。正即一年的开始,朔即一月的开始。言"正"或"正朔",皆指历法。"度",制度,如服色等制度。根据阴阳五行说而创立的五德终始说,认为每个王朝得五行中的一德,由此来确定正朔服色制度。新王朝的德不同于旧王朝的德,所以新王朝必须改定正朔和服色制度。[4]"乡",通"向",向往。[5]"贤良","贤良文学"的简称,或简称"文学",汉代选拔官吏的科目名称。始于汉武帝时。[6]"赵绾、王臧",绾,音 wǎn,代(今河北蔚县东北)人,臧,音 zāng,兰陵(今山东苍山县西南兰陵镇)人,均受《诗》申公。经窦婴、田蚡的推荐,赵绾为御史大夫,王臧为郎中令。"公卿",御史大夫为三公之一,郎中令为九卿之一,赵绾、王臧分任二职,故合称"公卿"。[7]"明堂",始见《孟子·梁惠王》,经秦汉儒者及方士鼓吹,遂相传为古时帝王进行政教活动的地方,朝会、祭祀、庆赏、选士、养老、教学等大典,都在此举行。

武帝重儒术,所以想让赵绾等议立明堂。〔8〕"巡狩",传说古时帝王五年一巡狩,视察诸侯所守的地方。故汉武帝欲根据传说,草拟巡狩制度。"服色",根据阴阳五行学说规定的古时每一朝代的服饰车马旗帜、祭牲的颜色。如夏尚黑,商尚白,周尚赤之类。"就",完成。〔9〕"窦太后",观津(今河北武邑县东南)人,皇甫谧说名猗房,文帝后,景帝母,好黄帝、老子言。事详本书《外戚世家》。"黄、老言",黄帝、老子的学说。黄帝本是传说中的人物,经过道家学派的塑造,尊奉为道家始祖。老子即老聃,姓李名耳,春秋时期思想家,著有《老子》一书,是道家学派的创始人。黄老学派崇尚清静无为,与汉初统治者为恢复生产而采取的"与民休息"政策相适应,所以为窦太后所喜欢。〔10〕"微得",暗中伺察得知。"奸利",用非法的手段取得的利益。〔11〕"召案",传闻有罪,但没有人告发,召来追究案情。

【译文】元年,汉开国已六十余年,天下太平无事,官员们都希望天子举行封禅大典并改定新的岁首和服色制度。而皇上也偏爱儒家的学术,招纳有才学的人,赵绾、王臧等人就以有学问而做了公卿,他们想效法古代在城南建立明堂,作为诸侯朝见天子的地方,所草拟的巡狩、封禅、改革历法服色的计划还没完成。遇上窦太后喜好黄、老的学说,不喜欢儒家的学术,派人暗中伺察得赵绾等人的非法谋利的事迹,召赵绾、王臧来追究案情,赵绾、王臧自杀,他们兴办的许多事情都被废除。

后六年,〔1〕窦太后崩。其明年,〔2〕上征文学之士公孙弘等。〔3〕

【注释】〔1〕"后六年",建元六年,公元前一三五年。〔2〕"其明年",元光元年,公元前一三四年。〔3〕"公孙弘",薛县(今山东滕县南)人。学"春秋"杂说,熟悉文法吏事,用儒家的学说来解释法令。元朔中,由御史大夫升任丞相,封平津侯。事详本书《平津侯列传》。

【译文】此后六年,窦太后崩逝。第二年,武帝征召文学之士公孙弘等人。

明年,〔1〕上初至雍,〔2〕郊见五畤。〔3〕后常三岁一郊。是时上求神君,〔4〕舍之上林中蹏氏观。〔5〕神君者,长陵女子,〔6〕以子死悲哀,故见神于先后宛若。〔7〕宛若祠之其室,民多往祠。平原君往祠,〔8〕其后子孙以尊显。及武帝即位,则厚礼置祠之内中,闻其言,不见其人云。

【注释】〔1〕"明年",元光二年,公元前一三三年。〔2〕"雍",县名,故城在今陕西凤翔县南。〔3〕"郊",于郊外祭祀天地。"畤",音 zhì,古代祭天地五帝的地方。"五畤":鄜畤,秦文公作,祭白帝;密畤,秦宣公作,祭青帝;吴阳上畤、下畤,秦灵公作,祭赤帝、黄帝;北畤,汉高祖作,祭黑帝。〔4〕"求",寻找。〔5〕"舍",房屋,这里用作动词,居住,安置。"上林",苑名。秦都咸阳时置,汉初荒废,武帝扩建,周围至二百多里,有离宫、观、馆数十处。苑中放养禽兽,供皇帝射猎。故址在今陕西西安市西周至、户县界。"蹏氏观",《汉书·郊祀志》作"蹏氏馆"。"蹏",音 tí,古"蹄"字。〔6〕"长陵",汉县,筑高帝陵墓时设置的县,故地在今陕西咸阳市东北。〔7〕"见神",显现神灵。"先后",妯娌。〔8〕"平原君",武帝外祖母,名臧儿。

【译文】明年,皇上初次到雍县,郊祭时拜见五帝于五畤。以后经常隔三年举行一次郊祭。此时皇上请来神君,安置在上林苑中的蹏氏观。神君是长陵女子,因儿子死了悲哀而死,死后显现神灵于妯娌宛若身上。宛若就在自己的居室中供奉她,很多人去祭祀。平原君也去祭祀,以后子孙因此作了显赫的大官。武帝即位后,用厚礼延请至宫中立祠供奉。可是只听到她说话的声音,而看不到她的人。

是时而李少君亦以祠灶、谷道、却老方见上,〔1〕上尊之。少君者,故深泽侯入以主方。〔2〕匿其年及所生长,〔3〕常自谓七十,能使物,却老。〔4〕其游以方徧诸侯。无妻子。人闻其能使物及不死,更馈遗之,〔5〕常余金钱帛衣食。人皆以为不治产业而饶给,〔6〕又不知其何所人,愈信,争事之。少君资好方,〔7〕善为巧发奇中。〔8〕尝从武安侯饮,〔9〕坐中有年九十余老人,少君乃言与其大父游射处,老人为儿时从其大父行,识其处,一坐尽惊。少君见上,上有故铜器,问少君。少

君曰："此器齐桓公十年陈于柏寝。"〔10〕已而
案其刻，〔11〕果齐桓公器。一宫尽骇，以少君
为神，数百岁人也。

【注释】〔1〕"李少君"，《汉武内传》说，字云
翼，齐国临淄人。"祠灶"，祭祀灶神以求福。灶神
的出现，来源于对火的崇拜。在上古传说中，炎帝
为火德之神，祝融为火官之神，所以炎帝、祝融都曾
被塑造成灶神。后人还塑造其他男女形象尊为灶
神，但都与人们对火的幻觉有关。"谷道"，解释有
三：一、辟谷不食的长生之道；二、辟谷导引，不火食
五谷之外，又导引神气，以养形魄，延年益寿；三、钱
大昭以为"谷道"即是"谷仙"，是方士的种谷得金的方
术。"却老"，防止衰老。 〔2〕"深泽侯"，赵将夜孙
夷侯胡。"入以主方"，进纳于天子主管方药。
"入"，《封禅书》作"舍人"，《汉书·郊祀志》作"人"，
意为深泽侯家人主管方药的。 〔3〕"匿"，不让人
知道。"生长"，出生的地方。 〔4〕"使物"，驱使鬼
物。 〔5〕"更"，更迭，相继。"馈遗"，音 kuì wèi，赠
送。 〔6〕"治"，经营。"饶给"，富裕。 〔7〕"资"，
凭借。"好方"，善于方术。 〔8〕"发"，发覆，猜度
隐盖的事物。"奇中"，令人惊奇地猜中了。 〔9〕
"武安侯"，景帝王皇后同母弟田蚡，生于长陵。武
帝时封为武安侯。详见本书《武安侯列传》。
〔10〕"齐桓公"，春秋时齐国君主，姓姜，名小白，是
春秋第一个霸主。公元前六八五年即位，在位四十
三年。事详本书《齐太公世家》、《管晏列传》。
"陈"，陈列。"柏寝"，春秋时齐国台名，在今山东广
饶县东北。齐景公后于齐桓公一百余年，可见"齐
桓公十年陈于柏寝"为方士信口开河的妄说。
〔11〕"案"，查考。

【译文】这时李少君因懂得祠灶致福，辟谷不
火食，导引神气和长生不老之术谒见皇上，皇上非
常尊敬他。少君是已故深泽侯推荐来主持方药的。
他隐瞒自己真实的年龄和出生的地方，常说自己年
纪七十，能驱使鬼物，使人长生不老。他到各处游
历，靠着方术广交诸侯。他没有妻儿。人家听说他
能驱使鬼物使人长生不老，争相赠送物品给他，因
此他常常有多余的金钱、丝织品、衣服、食物。人人
都以为他不治理产业而富裕，又不知他是什么地方
人，就更加相信他，争相侍奉他。少君凭借着善于
方术，擅于巧妙地猜度隐盖的事物，令人惊奇地猜
中了。他曾随从武安侯田蚡宴饮。同座中有一位
九十多岁的老人，少君于是说自己和老人的祖父游

览射箭的地方，老人在童年时跟从他的祖父步行，
认得那个地方，这使满座宾客都很惊讶。有一次，
少君见到皇上，皇帝藏有一件旧铜器，问少君。少
君说："这件铜器齐桓公十年陈列在柏寝台。"随即
察看铜器上所刻的字，果然是齐桓公时代的器物。
整个宫中的人都非常惊讶，以为少君是神，是有几
百岁的人。

少君言于上曰："祠灶则致物，〔1〕致物
而丹沙可化为黄金，〔2〕黄金成以为饮食器
则益寿，益寿而海中蓬莱仙者可见，〔3〕见之
以封禅则不死，黄帝是也。臣尝遊海上，见
安期生，〔4〕食臣枣，〔5〕大如瓜。安期生仙
者，通蓬莱中，合则见人，不合则隐。"于是天
子始亲祠灶，而遣方士入海求蓬莱安期生之
属，而事化丹沙诸药齐为黄金矣。〔6〕

【注释】〔1〕"致物"，招来鬼神。《东观汉记》
和《后汉书·阴兴传》记载，汉宣帝时，阴子方至孝，
又仁义，喜欢祭祀灶神，腊日晨炊，灶神就出现了。
这就是所谓的"致物"。 〔2〕"丹沙"，即硫化汞，一
般称作朱砂。古代方士认为丹沙可炼冶长生不老
药或黄金。 〔3〕"蓬莱"，古人传说东海有蓬莱、方
丈、瀛洲三山，上有神仙，以金银为宫，有不死之药。
〔4〕"安期生"，《列仙传》说他是琅邪阜乡亭人，卖药
东海边，当时人都说他是千岁翁。〔5〕"食"，这里用
作动词，音 sì，拿食物给人吃。 〔6〕"事"，从事，
做。"药齐"，配合而成的药。"齐"，音 jì，通"剂"，
调合。

【译文】少君对皇上说："祀灶就可以招来鬼
神，就能使丹砂变成黄金，黄金炼成后，用来制造饮
食器具，可以长寿，长寿了就可会见海中蓬莱山上
的仙人，见到仙人后举行封禅大典，就能长生不老，
黄帝就是这样的。我曾游历海上，见到安期生，他
拿了枣子给我吃，像瓜那样大。安期生是仙人，能
来往蓬莱山中，他只见跟他的道术相合的人，不合
的人就隐匿不见。"于是天子亲自祭祀灶神，派遣方
士到东海访求蓬莱山及安期生一类人，并做化丹砂
等药剂为黄金的事。

居久之，李少君病死，天子以为化去不
死也，〔1〕而使黄锤史宽舒受其方。〔2〕求蓬莱
安期生莫能得，而海上燕、齐怪迂之方士多

相效,〔3〕更言神事矣。

【注释】〔1〕"化",变化飞升成仙。〔2〕"黄锤史宽舒",有三说:一、"黄",秦县,故治在今山东龙口市东。"锤",亦作"腄",秦县名,在今山东福山县。意为黄、锤间人史宽舒。二、"史"为官名,意为黄、锤之史宽舒。三、二方士名,意为黄锤、史宽舒。《秦始皇本纪》有东巡"过黄、腄"之文,又后文皆云"祠官宽舒",当以第二说为是。〔3〕"燕",周分封的诸侯国,在今河北北部和辽宁西端。"齐",周分封的诸侯国,在今山东北部。

【译文】过了很久,李少君患病死去。天子以为他是变化飞升而不是死去,便叫黄、锤之人史宽舒等继承少君的方术,寻求蓬莱山及安期生,未能觅得,而沿海一带燕国和齐国怪诞迂阔的方士们争相效仿,相继地上书谈论神仙的事。

亳人薄诱忌奏祠泰一方,〔1〕曰:"天神贵者泰一,〔2〕泰一佐曰五帝。〔3〕古者天子以春秋祭泰一东南郊,用太牢具,〔4〕七日,为坛开八通之鬼道。"〔5〕于是天子令太祝立其祠长安东南郊,〔6〕常奉祠如忌方。其后人有上书,言"古者天子三年一用太牢具祠神三一:天一,地一,泰一"。天子许之,令太祝领祠之忌泰一坛上,如其方。后人复有上书,言"古者天子常以春秋解祠,〔7〕祠黄帝用一枭破镜;〔8〕冥羊用羊;祠马行用一青牡马;泰一、皋山山君、地长用牛;武夷君用干鱼;阴阳使者以一牛"。〔9〕令祠官领之如其方,而祠于忌泰一坛旁。

【注释】〔1〕"亳",音 bó,通"薄"。亳地共有三处:南亳,在今河南商丘市东南;北亳,汉于此置薄县,在今河南商丘市北;西亳,在今河南偃师县西。下文省称"亳人谬忌"为"薄忌",可知此亳是汉改为薄县的北亳。"薄诱忌",《封禅书》《汉书·郊祀志》作"谬忌"。此处衍"薄"字,"谬"误作"诱","谬"与"缪"同。"方",方法。〔2〕"天神贵者泰一",汉代方士所说的天神有三:天一、地一、泰一,是从秦的天皇、地皇、泰皇演变来的。天一是阳神,地一是阴神,泰一在阴阳之前,为阴阳所从出,所以说它最贵。"泰一",也作"太一"。〔3〕"五帝",西汉时方士所说的东、南、西、北、中五方天帝,为青、赤、白、

黑、黄五色帝,位在泰一之下,分管五方的天。以后的纬书又为五帝增加了名字,苍帝(即青帝)名灵威仰,赤帝名赤熛怒(一名文祖),白帝名白招矩(一名显纪),黑帝名叶光纪("叶"或作"汁",一名玄矩),黄帝名含枢纽(一名神斗)。汉武帝时期,在人们的五帝观念中,尚没有这些名称。司马贞《索隐》和张守节《正义》用纬书编造的说法解释武帝时代的五帝,是错误的。〔4〕"太牢",祭祀时牛、羊、豕三牲全备。后专指牛为太牢。〔5〕"为坛开八通之鬼道",建泰一坛开辟八条鬼神的通道。〔6〕"太祝",常管祭祀祈祷的官员。〔7〕"春秋",《封禅书》《汉书·郊祀志》无"秋"字。"解",消除。"解祠",除灾求福的祭祀。〔8〕"枭",音 xiāo,古时传说中食母的恶鸟。"破镜",一名獍,古时传说中食父的恶兽。祭祀黄帝用枭和破镜为祭品,意欲灭绝这两种凶恶的禽兽,消除灾害。〔9〕"冥羊",与下文的"马行"、"泰一"、"皋山山君"、"地长"、"武夷君"、"阴阳使者"皆为神名。

【译文】亳县人谬忌上奏祭祀泰一神的方法,说:"天神中最尊贵的是泰一神,泰一的辅佐是五帝。古时天子春、秋二季在东南郊祭泰一神,用牛、羊、猪三牲全备的太牢祭祀七日,在祭坛上开辟八条鬼神的通道。"于是天子令太祝在长安东南郊建立他说的这种祠坛,常常依照谬忌的方法祭祀。以后有人上书,说"古时天子每三年用太牢祭三一之神:天一、地一、泰一"。天子允许了,命太祝依照这种方法领祠于谬忌奏建的泰一坛上。后来又有人上书,说"古时天子常在春、秋二季举行除灾求福的祭祀,祭祀黄帝用一枭及一破镜;祭冥羊神用羊;祭马行神用一青牡马;祭泰一、皋山山君及地长神用牛;祭武夷君用干鱼;祭阴阳使者用一牛"。天子命令祠官依照这个方法领祭,在谬忌奏建的泰一坛旁边祭祀。

其后,天子苑有白鹿,以其皮为币,〔1〕以发瑞应,〔2〕造白金焉。〔3〕

【注释】〔1〕"以其皮为币",武帝为了增加财政收入,于元狩四年(公元前一一九年)以宫苑中的白鹿皮制成皮币,每张一方尺,饰以彩画,值四十万钱或黄金一斤。规定王侯、宗室朝觐皇帝或相互聘享,必须用它垫璧。〔2〕"发",显示。"瑞应"古人以为帝王修德,天下太平,天就有以祥瑞为征兆的感应。〔3〕"造白金焉",以银锡合金铸成的白金

币,有三个品级,一为重八两,圆形,边孔皆圆,其文隐起为龙形,值三千钱;二为以重差小(六两),方形,边孔皆方,其文隐起为马形,值五百钱;三为复小(四两),椭圆,边椭圆孔方,其文隐起为龟甲文,值三百钱。

【译文】 以后,天子宫苑中有白鹿,以其皮制作皮币,为了宣扬祥瑞感应,铸造白金币。

其明年,[1]郊雍,获一角兽,若麃然。[2]有司曰:[3]"陛下肃祗郊祀,[4]上帝报享,[5]锡一角兽,[6]盖麟云。"于是以荐五畤,[7]畤加一牛以燎。[8]赐诸侯白金,以风符应合于天地。[9]

【注释】 [1]"其明年",元狩元年,公元前一二二年。 [2]"麃",音 páo,鹿属,形似獐,牛尾,一角。 [3]"有司",古代设官分职,事有专司,故称专管其事的有关官员为有司。 [4]"肃祗",恭敬。 [5]"报享",对祭祀予以报答。 [6]"锡",赐与。 [7]"荐",进献。 [8]"燎",祭祀上天的礼仪,举行这种祭礼时,要焚柴,以表示报答上天的赐与。 [9]"风",通"讽",示意。"符应",古人把天上的自然现象视作符合于地上人事的反应,称为"符应"。《汉书·天文志》说:"其本在地,而上发于天。"帝王失政,则出现变异,以示警告。若修德,则"祸除而福至",有祥瑞的反应,所以有时"符应",也叫"符瑞"、"瑞应"。"地",当从《封禅书》《汉书·郊祀志》作"也"。

【译文】 第二年,在雍县郊祭,获得一独角兽,像麃的样子,主管官员说:"陛下恭敬地举行郊祀,上帝回报你的祭祀,赐与一独角兽,大概是麒麟啊!"于是把它进献五畤,每畤添加一头牛,予以焚烧,以报答天赐。为此,赐给诸侯白金,示意这符应合于天地之意。

于是济北王以为天子且封禅,[1]乃上书献泰山及其旁邑。天子受之,更以他县偿之。常山王有罪,[2]迁,[3]天子封其弟于真定,[4]以续先王祀,而以常山为郡。然后五岳皆在天子之郡。[5]

【注释】 [1]"济北王",汉高祖曾孙刘胡。封

国济北,辖境无确切记载,在"献泰山及其旁邑"前,大致辖有今山东长清、平阴以东,莱芜、新泰以西,济南、章丘以南,宁阳以北地区。都于卢县,在今山东长清县西南。"且",将要。 [2]"常山王",汉景帝孙刘勃。封国常山辖有今河北唐河以南,京广铁路以西,内丘以北地区,都于元氏,在今河北元氏县西北。 [3]"迁",常山王刘勃于武帝元鼎三年(公元前一一四年)有罪被废黜,国除,迁于房陵。 [4]"封其弟于真定",元鼎四年(公元前一一三年)封勃弟平为真定王,封国辖境在今河北石家庄、藁城、正定等县地。都于真定,在今河北正定县南。 [5]"然后五岳皆在天子之郡",武帝时的五岳是:河南的太室为中岳,山东的泰山为东岳,安徽的天柱山为南岳,陕西的华山为西岳(据《汉书·郊祀志》,宣帝时明定),河北的恒山为北岳。其中泰山在济北国,恒山在常山国。因此济北王献泰山,常山国改为郡后,五岳就都在天子的郡内了。

【译文】 于是济北王以为天子将要举行封禅大典,就上书献泰山及旁边的县邑,天子接受了,再用其他县邑来偿还他。常山王以有罪被废黜。迁于房陵,皇帝封他的弟弟为真定王,以延续对祖先的祭祀,把常山国改为郡。此后,五岳都在天子直接管辖的郡内了。

其明年,[1]齐人少翁以鬼神方见上。上有所幸王夫人,[2]夫人卒,少翁以方术盖夜致王夫人及灶鬼之貌云,天子自帷中望见焉。[3]于是乃拜少翁为文成将军,赏赐甚多,以客礼礼之。文成言曰:"上即欲与神通,[4]宫室被服不象神,神物不至。"乃作画云气车,[5]及各以胜日驾车辟恶鬼。[6]又作甘泉宫,[7]中为台室,画天、地、泰一诸神,而置祭具以致天神。居岁余,其方益衰,神不至。乃为帛书以饭牛,[8]详弗知也,[9]言此牛腹中有奇。杀而视之,得书,书言甚怪,天子疑。有识其手书,问之人,果伪书。于是诛文成将军而隐之。[10]

【注释】 [1]"其明年",元狩二年,公元前一二一年,李少翁事《资治通鉴》列在元狩四年,乃据卒年。 [2]"王夫人",《汉书·郊祀志》《外戚传》作"李夫人",桓谭《新论》作"王夫人"。 [3]"帷",音 wéi,帐子。 [4]"即",如果。 [5]"画云气车",画

五色云气以表示五行的车子,青色为木,赤色为火,黄色为土,白色为金,黑色为水。〔6〕"胜日",五行相胜之日。五行相胜是木胜土,金胜木,火胜金,水胜火,土胜水。以天干和五行相配来纪日,则甲乙是木日,丙丁是火日,戊己是土日,庚辛是金日,壬癸是水日。"以胜日",西汉的方士以为各种事物分别属于金、木、水、火、土五类,如所作的事属于金,按照五行相胜的说法,就应在丙丁火日来做,这就是火日胜金的"以胜日"。"各以胜日驾车除恶鬼",这就是在甲乙日驾青色车,丙丁日驾赤色车,戊己日驾黄色车,庚辛日驾白色车,壬癸日驾黑色车来驱除属于金、木、水、火、土的各种恶鬼。如有属于水的恶鬼,就要在戊己日驾黄色的云气车来驱除它。〔7〕"甘泉宫",本秦林光宫,一名云阳宫,故址在今陕西淳化县西北甘泉山。〔8〕"饭",喂食。〔9〕"详",音 yáng,通"佯",假装。〔10〕"隐",隐秘。

【译文】第二年,齐人少翁以通鬼神的方术进见皇上,皇上最宠爱的王夫人死了,少翁用方术在夜间招致王夫人及灶鬼的容貌,天子从帷帐中看见了王夫人。于是授予少翁为文成将军,赏赐很多东西,用宾客的礼节接待他。文成说:"皇上如果想要与神交往,宫室、被服和神用的不一样,神仙是不会来的。"于是制造画有云气的车子,各用胜日驾车驱除恶鬼,又兴建甘泉宫,中间是台室,画着天一、地一、泰一等神,摆置祭器用具以招致天神。过了一年多,少翁的方术越来越不行了,神仙不到来。少翁于是作帛书以喂牛,假装不知道,说这头牛腹中有怪异,杀牛观看,取得帛书,书上所说甚为怪诞,天子怀疑,又从字体认出执笔书写的人,考问此人,果然是伪书,于是诛杀文成将军,而把这事隐秘起来。

其后则又作柏梁、铜柱、承露仙人掌之属矣。〔1〕

【注释】〔1〕"柏梁",台名,武帝元鼎二年(公元前一一五年)建。服虔说是用百头梁作台而得名。《三辅旧事》说是以香柏为殿而得名。台高二十丈,于太初中焚毁,故址在今陕西长安县西北长安故城北阙内。"承露仙人掌",武帝好神仙,于建章宫作承露盘,高三十丈,大七围,上有仙人掌承甘露,以为食后可以延年。

【译文】以后又营建柏梁台、铜柱及承露仙人掌等。

文成死明年,〔1〕天子病鼎湖甚,〔2〕巫医无所不致,不愈。游水发根乃言曰:〔3〕"上郡有巫,〔4〕病而鬼下之。"〔5〕上召置祠之甘泉。及病,使人问神君。神君言曰:"天子毋忧病。病少愈,强与我会甘泉。"于是病愈,遂幸甘泉,病良已。大赦天下,置寿宫神君。〔6〕神君最贵者太一,其佐曰大禁、司命之属,皆从之。〔7〕非可得见,闻其音,与人言等。时去时来,来则风肃然也。〔8〕居室帷中。时昼言,然常以夜。天子祓,〔9〕然后入。因巫为主人,关饮食。所欲者言行下。〔10〕又置寿宫、北宫,〔11〕张羽旗,设供具,以礼神君。神君所言,上使人受书其言,命之曰"画法"。其所语,世俗之所知也,毋绝殊者,而天子独喜。其事祕,世莫知也。

【注释】〔1〕"文成死明年",元狩五年,公元前一一八年。〔2〕"鼎湖",宫名,《三辅黄图》以为在蓝田,即今陕西蓝田县西。〔3〕"游水发根",姓游水,名发根。也有人认为游水是县名或水名。〔4〕"上郡",战国魏文侯置,汉辖境约当今陕西北部及内蒙古自治区乌审旗等地,郡城肤施,在今陕西榆林市东南。〔5〕"病而鬼下之",病后鬼神下附在他身上。〔6〕"寿宫",宫名,故址在今陕西西安市西北长安故城中。"置寿宫神君",建立寿宫以奉祀神君。张文虎以为此句当作"置神君寿宫",则意为安置神君于寿宫中。〔7〕"从之",跟随着他。〔8〕"肃然",飒飒的风声。〔9〕"祓",音 fú,祓除,除灾去邪的一种仪式,其方式或举火,或熏香沐浴,或用牲血涂身。〔10〕"所欲者言行下",这句话的意思,李奇以为是神君所想要的,说了就交与下面办理。晋灼、颜师古以为是神君所想说想做的,就下令给巫师。〔11〕"北宫",宫名,故址在今陕西西安市西北长安故城中。

【译文】文成死后第二年,天子在鼎湖病得很厉害,巫医各种方药无所不用,都无法治愈他的病。游水发根就说:"上郡有一巫师,病中鬼神下附在他身上。"皇上把他召来,安置在甘泉宫祭祀。病时,使人问神君。神君说:"天子不用忧虑病,等病好了一些,振作精神和我在甘泉相会。"于是病愈,遂至甘泉，病体完全康复，大赦天下，安置神君于寿宫。神君中最尊贵的是泰一，辅佐叫大禁、司命等，都跟随着他。这些神人不能看到，但能听到他讲话的声音，和人们说话一样。有时去有时来，来时有飒飒的风声。神君居住在室内帐帷中，有时白天讲话，但常常是在晚上。天子举行了除灾去邪的仪式，然后进入室中。把巫师当为主人，让他关照神君的饮食。神君所想要的东西说出来后，就交与下面办理。又建寿宫、北宫，张挂羽旗，陈设供神用具，以尊贵的礼节厚接神君。神君所说的话，皇上命人纪录下来，命名为"画法"。神君所说的话，世俗人都知道，没有什么特殊的地方，而天子却独自喜欢。这种事很秘密，世人都不知道。

其后三年，[1]有司言元宜以天瑞命，[2]不宜以一二数。[3]一元曰建元，二元以长星曰元光，[4]三元以郊得一角兽曰元狩云。[5]

【注释】[1]"其后三年"，承上"文成死明年"为元狩五年计算，其后三年为元鼎二年，不可通。王先谦疑为"后一年"之误，若是，则当为元狩六年（公元前一一七年）。《汉纪》《通鉴》以不能定于何年，即将下文"有司言"列于获麟的元狩元年。[2]"元"，纪元，纪年起算的开始。我国纪元始于西周共和元年（公元前八四一年）。汉武帝建元元年（公元前一四〇年）以后，历代帝王都立年号纪元。"天瑞"，上天显示祥瑞。"命"，命名。[3]"一二数"，以一、二的数字顺序纪年。[4]"长星"，有一直指光芒的彗星，《汉书·五行志》载："建元六年八月，长星出于东方。"此星出现，预示"王者征伐四方"，故为天瑞。[5]"三元"，自建元、元光、元朔至元狩应为四元。以"朔"非天瑞，故略去元朔，以元狩为三元。

【译文】这以后的第三年，主管官员建议应该用上天所降的祥瑞来命名年号，不应用一二来计数。一元称为建元，二元因有长星流光的天瑞，称为元光，第三元因郊祭得一角兽的符应，称为元狩。

其明年冬，[1]天子郊雍，议曰："今上帝朕亲郊，而后土毋祀，[2]则礼不答也。"[3]有司与太史公、祠官宽舒等议：[4]"天地牲角茧栗。[5]今陛下亲祀后土，后土宜于泽中圜丘为五坛，[6]坛一黄犊太牢具，已祠尽瘗，[7]而从祠衣上黄。"[8]于是天子遂东，始立后土祠汾阴脽上，[9]如宽舒等议。上亲望拜，[10]如上帝礼。礼毕，天子遂至荥阳而还。[11]过雒阳，[12]下诏曰："三代邈绝，[13]远矣难存。其以三十里地封周后为周子南君，[14]以奉先王祀焉。"是岁，天子始巡郡县，侵寻于泰山矣。[15]

【注释】[1]"其明年"，元鼎四年，公元前一一三年。[2]"后土"，土地神。[3]"答"，报答。[4]"太史公"，司马谈。《汉书·郊祀志》作"太史令谈"。[5]"天地牲角茧栗"，古时祭祀天地用的牛以小为贵，幼牛的角要像蚕茧和栗子那样小。[6]"圜"，音yuán，通"圆"。"圜丘"，圆形的高地。[7]"瘗"，音yì，埋葬。[8]"从祠"，此指陪祭者。"上"，通"尚"，崇尚。[9]"汾阴"，古县名，在今山西万荣县西南。"脽"，音shuí，高丘。[10]"望拜"，遥望拜祭。[11]"荥阳"，县名，在今河南荥阳县东北。[12]"雒阳"，县名，河南郡治所，在今河南洛阳市东北。[13]"三代"，指夏、商、周。"邈绝"，年代久远。[14]"周子南君"，周后裔姬嘉。子南为封邑名，在今河南临汝县东。[15]"侵寻"，逐渐扩展。

【译文】第二年冬天，天子到雍县郊祭，与群臣议论说："现在我亲自郊祭上帝，而不祭后土，这在礼上是不报答它的恩德。"主管官员与太史公、祠官宽舒等议论说："祭天地的小牛，角要像蚕茧、栗子那样的小。现在陛下亲祭后土，后土应在泽中圆形的高地上建五个坛，每一个坛要用一头小黄牛为太牢进行祭祀，祭完后，祭品都埋掉，陪祭的人穿上黄色的衣服。"于是天子驾车东行，依照宽舒等人议定的办法，在汾阴高丘上立后土祠，皇帝亲自望后土而拜，用祭上帝的礼仪。礼毕，天子就到荥阳，返回长安。经过雒阳时，下诏书说："三代距现在已经很久远了，远了就难以保存下来，以三十里的地区封给周的后代为周子南君，以祭祀周先王。这年，天子开始巡视各郡县，逐渐扩展到泰山。

其春，乐成侯上书言栾大。[1]栾大，胶东宫人，[2]故尝与文成将军同师，已而为胶东王尚方。[3]而乐成侯姊为康王后，[4]毋子。康王死，他姬子立为王。而康后有淫行，与王不相中，相危以法。康后闻文成已死，而欲自媚于上，乃遣栾大因乐成侯求见言方。天子既诛文成，后悔恨其早死，惜其方不尽，及见栾大，大悦。大为人长美，言多方略，[5]而敢为大言，处之不疑。[6]大言曰："臣尝往来海中，见安期、羡门之属。顾以为臣贱，[7]不信臣。又以为康王诸侯耳，不足予方。臣数言康王，康王又不用臣。臣之师曰：'黄金可成，而河决可塞，不死之药可得，仙人可致也。'臣恐效文成，则方士皆掩口，[8]恶敢言方哉！"上曰："文成食马肝死耳。[9]子诚能修其方，我何爱乎！"大曰："臣师非有求人，人者求之。陛下必欲致之，则贵其使者，令有亲属，以客礼待之，勿卑，使各佩其信印，乃可使通言于神人。神人尚肯邪不邪。致尊其使，然后可致也。"于是上使先验小方，[10]斗旗，旗自相触击。[11]

【注释】[1]"乐成侯"，姓丁，名义。后与栾大俱被诛。　[2]"胶东"，指胶东王刘寄，景帝子，以与淮南王谋反事有牵连，发病而死。事详本书《五宗世家》。　[3]"尚方"，官名，中央和诸侯王国皆设此官，掌管制造供应帝王和诸侯王所用器物。此为诸侯王国尚方。　[4]"康王"，胶东王刘寄谥"康"，故称"康王"。　[5]"大为人长美，言多方略"，此句《汉书·郊祀志》颜师古注从大的为人来解释，当读为"大为人，长美言，多方略"，意为大的为人，长于甜言蜜语，并多计谋策略。　[6]"处之不疑"，意谓栾大说大话而神色自若。　[7]"顾"，却，但。　[8]"掩口"，闭口不谈。　[9]"马肝"，古时误传马肝有毒，人食之即死。　[10]"小方"，小的方术。　[11]"旗自相触击"，《汉武故事》说栾大曾于殿前树旌旗数百枚，使旗自相触击。"旗"，通"棋"，《封禅书》、《汉书·郊祀志》、《汉纪》均作"棋"，《正义》引《淮南子》高诱注说取鸡血与针磨捣，再和磁石拌在一起，涂在棋上晒干，置棋盘上，棋子即互相触击。今高诱注无此记载。

【译文】这年的春天，乐成侯上书推荐栾大。栾大是胶东王的宫人，原先和文成将军同学于一个师傅，后来为胶东王主管方药，乐成侯的姐姐是康王的王后，没有儿子。康王死后，别的姬妾的儿子立为王。康后有淫乱的行为，和新王不和，互相用法律来危害对方。康后听说文成将军已死，自己想讨好皇上，便派栾大靠着乐成侯的关系求见皇上谈论方术。天子自从杀了文成侯，也后悔他早死，他的方术没有完全传下来，等到看见栾大时，大为高兴。栾大为人修长漂亮，说话周到而有策略，又敢说大话，神色自若。他说："我曾往来于海中，看见安期生及羡门等仙人。但以为我低贱而不相信我。又以为康王只是诸侯，不值得给予方术。我曾数次向康王进言，可是康王又不肯用我。我的师傅曾说：'黄金可以炼成，河堤溃决可以堵塞，不死的药可以得到，仙人也可以招致。'我只是怕得到像文成那样的结局。那么方士们都闭上嘴，怎么敢说方术呢！"皇帝说："文成是吃了马肝而死的。你如真能研究出神仙的方术，我有什么可以吝惜的呢！"栾大说："我师傅并不是有求于人，而是人去求他。陛下一定要请他来的话，就要让使者有尊贵的身份，使他有亲眷，用宾客的礼对待他们，不要鄙视他们，让各人佩戴他的印信，这样才能使之和神人交谈。神人尚有肯来或不肯来的可能。尊重使者，然后可以请来神人。"于是皇帝叫他试验小方术，斗棋，这些棋子就自己互相碰击。

是时上方忧河决，而黄金不就，[1]乃拜大为五利将军。居月余，得四金印，[2]佩天士将军、地士将军、大通将军、天道将军印。制诏御史：[3]"昔禹疏九江，[4]决四渎。[5]间者河溢皋陆，[6]堤繇不息。[7]朕临天下二十有八年，[8]天若遗朕士而大通焉。《乾》称'蜚龙'，'鸿渐于般'，[9]意庶几与焉。[10]其以二千户封地士将军大为乐通侯。"[11]赐列侯甲第，[12]僮千人，乘舆斥车马帷帐器物以充其家。[13]又以卫长公主妻之，[14]赍金万斤，[15]更名其邑曰当利公主。[16]天子亲如五利之第。使者存问所给，[17]连属于道。[18]自大主将相以下，[19]皆置酒其家，献遗之。[20]于是天子又刻玉印曰"天道将军"，使使衣羽衣，[21]夜立白茅上，五利将军亦衣羽衣，立白茅上受印，以示弗臣也。而佩"天道"者，且为天子道天神也。[22]于是五利常夜祠其家，欲以下神。神未至而百鬼集矣，然颇能使之。其后治装行，东入海，求其师云。大见数月，佩六印，贵振天下，[23]而海上燕、齐之间，莫不搤捥而自言有禁方，[24]能神仙矣。

【注释】〔1〕"不就"，未炼成。〔2〕"四金印"，指五利将军、天士将军、地士将军、大通将军四金印。下所云"天道将军"是衍文。〔3〕"制诏"，皇帝的命令。秦始皇时规定，皇帝的命为"制"，令为"诏"。"御史"，指御史大夫，《史记》《汉书》中常称御史大夫为御史。御史大夫为丞相之副，所掌侧重执法和监察。汉代皇帝的诏令，有时先下达给御史大夫，再由御史大夫转达丞相，丞相再转达诸卿。〔4〕"疏"，疏浚。"九江"，《汉书·郊祀志》作"九河"。《尔雅·释水》说是徒骇、太史、马颊、覆釜、胡苏、简、絜、钩盘、鬲津等九条河。近人多主张九河不一定是九条河，而是古代黄河下游许多支流的总称。〔5〕"决"，开通。"四渎"，古人对四条独流入海的大河的总称，《尔雅·释水》说是长江、黄河、淮河和济水。〔6〕"间者"，近来。"皋陆"，水边高地和广阔的平原。〔7〕"堤繇"，筑堤的徭役。"繇"，音 yáo，通"徭"，徭役。〔8〕"临"，君主统治其所属臣民。〔9〕"《乾》"，《周易·乾卦》，八卦之一，代表天、圜、君、父、阳性、刚健等。"蜚"，通"飞"。"蜚龙"，《周易·乾卦》九五爻辞有"飞龙在天"之语，因以飞龙借指帝王。旧时以为这是有圣德的人居于王位的征兆。"鸿渐于般"，《渐卦》六二爻辞。"般"，今《周易》作"磐"，大石，磐石。这是说有圣德的帝王居于王位，得到了贤才之士后，渐渐地进于磐石似的安定。〔10〕"庶几"，差不多。"与"，类似。〔11〕"其"，相当现代口语中的"应当"。"乐通"，裴骃《集解》引韦昭云："临淮高平也。"在今江苏泗洪县东南。〔12〕"列侯"，原为秦代的彻侯，取意爵位上通于皇帝，位最尊，是二十等爵的最高一级，后避武帝讳，改为通侯，或称列侯。"甲第"，封侯者中的甲级住宅，后泛指显贵的宅第。〔13〕"乘舆"，天子、诸侯乘坐的车子。"斥"，斥去不用。〔14〕"卫长公主"，武帝后卫子夫长女。〔15〕"赍"，音 jī，送与。〔16〕"当利"，汉县名，在今山东掖县西南。〔17〕"存问"，慰问，问候。"所给"，供给。〔18〕"属"，音 zhǔ，连接，连缀。〔19〕"大主"，大长公主的简称，皇帝的姑母，这里指武帝的姑母，窦太后之女。〔20〕"遗"，音 wèi，赠送。〔21〕"羽衣"，以鸟羽为衣，取神仙飞翔之意。〔22〕"道"，音 dǎo，通"导"，引导。〔23〕"振"，通"震"，震惊。《封禅书》《汉书·郊祀志》作"震"。〔24〕"搤捥"，同"扼腕"，手握其腕以表示激动、兴奋、惋惜。"禁方"，秘方。

【译文】当时，皇上正担心黄河决堤，而黄金又未炼成，就拜栾大为五利将军。过了一个多月，栾大就得了四个金印，佩戴天士将军、地士将军、大通将军、天道将军印。皇上下诏书给御史："从前禹疏浚九江，开通四渎。近来黄河泛滥，从水边高地淹到广阔的平原，修堤的劳役不能停息。我统治天下二十八年，上天或者赐我贤才之士，而栾大就是能通天意的人。《易经·乾卦》说的'飞龙'，是说君主居于王位；'鸿渐于般'，是说渐渐地达到磐石似的安定。这意思和我得到五利是差不多相似的。为此将二千户之地封给地士将军栾大，为乐通侯。"赐予列侯甲等第宅，僮仆千人，天子所坐的车子，不用的车马、帷帐、器具充满了他的家。又将女儿卫长公主嫁给他，送黄金一万斤，更改她的封邑名称为当利公主。天子亲自到五利家去。派去慰问和询问他所需物品的使者，络绎不绝于道路。从皇帝姑母和将相以下的人，都在家中置酒款待，献赠礼物。于是天子又刻"天道将军"的玉印，派使者穿羽衣，夜晚站在白茅上，五利将军也穿羽衣，站在白茅上来接受此玉印，表示他不是臣子。而所以佩戴"天道将军"印，意思是将要为天子引导天神。于是五利常在家中夜晚祭祀，想使神仙下临。神仙未到，百鬼却来聚集。他颇能驱使这些聚集来的百鬼。以后他就整治行装，往东入海，寻求他的师傅去了。栾大见皇上不过几个月，就佩戴六印，高贵的地位，震动天下，使得沿海燕、齐之间的方士都兴奋起来，说自己有秘方，能招来神仙。

其夏六月中，汾阴巫锦为民祠魏脽后土营旁，〔1〕见地如钩状，掊视得鼎。〔2〕鼎大异于众鼎，文镂毋款识，〔3〕怪之，言吏。吏告河东太守胜，〔4〕胜以闻。天子使使验问巫锦得鼎无奸诈，〔5〕乃以礼祠，迎鼎至甘泉，从行，上荐之。至中山，〔6〕晏温，〔7〕有黄云盖焉。有麃过，上自射之，因以祭云。至长安，公卿大夫皆议请尊宝鼎。天子曰："间者河溢，岁数不登，〔8〕故巡祭后土，祈为百姓育谷。今年丰庑未有报，〔9〕鼎曷为出哉？"有司皆曰："闻昔大帝兴神鼎一，〔10〕一者一统，天地万物所系终也。〔11〕黄帝作宝鼎三，象天地人也。禹收九牧之金，〔12〕铸九鼎，皆尝鬺烹上帝鬼神。〔13〕遭圣则兴，迁于夏、商。周德衰，宋之社亡，〔14〕鼎乃沦伏而不见。〔15〕《颂》云'自堂徂基，〔16〕自羊徂牛；鼐鼎及鼒，〔17〕不虞不骜，〔18〕胡考之休'。〔19〕今鼎至甘泉，光润龙变，承休无疆。合兹中山，有黄白云降盖,若兽为符,路弓乘矢,〔20〕集获坛下,〔21〕报祠大飨。〔22〕惟受命而帝者心知其意而合德焉。鼎宜见于祖祢,〔23〕藏于帝廷,以合明应。"制曰:"可。"

【注释】〔1〕"魏脽",即汾阴脽。汾阴原为魏地,因此称汾阴脽为魏脽。"营",营域,祭坛的界域。〔2〕"掊",音 póu,用手扒土。〔3〕"文镂",雕刻的花纹。"款识",钟鼎彝器上铸刻的文字。分开来说,阴文谓之"款",阳文谓之"识"。"识",音 zhì。〔4〕"河东",郡名,战国秦昭王置。郡城安邑,在今山西夏县西北。汉代辖今山西阳城、沁水、浮山以西,永和、隰县、霍县以南地区。"太守",本为战国时郡守的尊称。汉景帝时,改郡守为太守,为一郡的最高行政长官。〔5〕"验问",考验查问,调查。〔6〕"中山",即仲山,在今陕西淳化县东南。"中",音 zhòng。〔7〕"晏温",《封禅书》作"曛暚",天晴而闷热。一说"晏温""曛暚"与"氤氲"音近义通,为黄云垂覆的样子。〔8〕"登",收成。〔9〕"庇",茂盛。"报",报祠,报答上帝鬼神的恩德而举行的祭祀,这里指收获后报答社稷神的恩德而举行的祭祀。〔10〕"大帝",《封禅书》《汉书·郊祀志》作"泰帝"。按当时方士用阴阳五行思想编排出来的伪古史系统,说是太昊伏羲氏,一说是黄帝。〔11〕"系终",归终。〔12〕"九牧",九州。"牧",原指州长。〔13〕"鬺",音 shāng。"鬺烹",烹煮牲畜以祭祀。〔14〕"宋",周成王时,周公平定武庚的反叛后,把商的旧都周围地区分封给商纣的庶兄微子启,创建了宋国,地域在今河南东部和山东、江苏、安徽间,建都商丘,在今河南商丘县南。宋王偃四十七年(公元前二八六年)为齐所灭。详见本书《宋微子世家》。〔15〕"沦伏",埋没隐藏。〔16〕"《颂》",指《诗经·周颂·丝衣篇》。"徂",音 cú,往,到。"基",墙基。这里指门塾(正门两侧的堂屋)的墙基。〔17〕"鼐",音 nài,大鼎。"鼒",音 zī,小鼎。〔18〕"虞",《丝衣》作"吴","虞"与"吴"声近假借,喧哗,大声说笑。"骜",音 ào,傲慢。〔19〕"胡考",寿考,长寿。"休",美,福禄。〔20〕"路弓",大弓。"乘",古时战车一乘四马,因以乘为四的代称。"乘矢",四枝箭。〔21〕"集获",集矢射获。〔22〕"大飨",丰盛的祭品。〔23〕"祖祢",祖先。"祢",音 nǐ,父死以神主入庙供奉后称"祢"。

【译文】这年夏天六月中,汾阴有个叫锦的巫师,在魏脽后土祭坛界址旁边为民家祭祠,看见地上隆起如钩的样子,就扒开土地来看,得到一个鼎。这个鼎比一般鼎大得多,上面有花纹,但没有文字,觉得奇怪,报告官吏。官吏报告河东太守胜,胜就将此事上奏于天子。天子派遣使者调查巫师锦所得的鼎,没有发现虚假诡诈,于是按礼祭祀,把鼎迎接到甘泉宫,百官从行,皇上献祭。到中山时,天气晴热,有黄云覆盖。有一鹿经过,皇上亲自射获,就用它来祭祀。回到长安时,公卿大夫纷纷议论请求尊奉宝鼎。天子说:"近来黄河泛滥,已有好几年谷物收成不好,所以我巡视各地祭祀后土,为百姓祈求丰收。今年丰收了尚未报祭,鼎为什么出现呢?"主管官员都说:"听说从前太帝造一个神鼎,一表示一统,意思是天地万物归终于一。黄帝造三个宝鼎,象征天、地、人。大禹收集九州的金属,铸成九个鼎,这些鼎都曾经烹饪牲牢而祭祀上帝和鬼神。逢圣世才出现,以后鼎迁于夏、商,周德衰,宋社稷亡后,鼎就埋没隐藏而不见了。《周颂》所谓'察看自堂上到门墙的祭器有否洗濯,检查自羊到牛的祭牲是否肥壮,审视大鼎和小鼎里外是否洁净,不喧哗,不傲慢,虔敬地祭祀,就能得到福禄和长寿'。现在鼎到了甘泉,光辉和润,有如飞龙变幻,承受的吉祥会无穷无尽。这与在中山时出现的黄白祥云相合,车盖上空的黄白云气,形如兽,实为祥瑞,又大弓四箭射中鹿兽,都集中在祭坛下,为报谢天恩陈列丰盛的祭品。只有受命统治天下的帝王,才能心知天意,所做的事情合于上天的德行,这个鼎应进献于宗庙的祖先,藏于甘泉天帝之廷,以符合明显的瑞应。"天子下诏说:"可。"

入海求蓬莱者,言蓬莱不远,而不能至者,殆不见其气。〔1〕上乃遣望气佐候其气云。〔2〕

【注释】〔1〕"气",云气。〔2〕"望气",方士的一种占候术,观察云气,附会人事,预测吉凶。"佐"辅佐官员。"候",伺望,观察。

【译文】往海中寻求蓬莱的人,都说蓬莱不远,而不能到达的原因,大概是因不曾看见岛上的云气,皇上于是派望气的官员观察云气出现。

其秋,上幸雍,且郊。或曰"五帝,泰一之佐也,宜立泰一而上亲郊之"。上疑未定。齐人公孙卿曰:"今年得宝鼎,其冬辛巳朔旦冬至，[1]与黄帝时等。"卿有札书曰：[2]"黄帝得宝鼎宛朐，[3]问于鬼臾区。[4]区对曰：'帝得宝鼎神策，[5]是岁己酉朔旦冬至，得天之纪，[6]终而复始。'于是黄帝迎日推策，[7]后率二十岁得朔旦冬至，凡二十推，[8]三百八十年，黄帝仙登于天。"卿因所忠欲奏之。[9]所忠视其书不经，疑其妄书，谢曰："宝鼎事已决矣，尚何以为！"卿因嬖人奏之。[10]上大说，[11]召问卿。对曰："受此书申功，申功已死。"上曰："申功何人也？"卿曰："申功，齐人也。与安期生通，受黄帝言，无书，[12]独有此鼎书。曰'汉兴复当黄帝之时。汉之圣者在高祖之孙且曾孙也。[13]宝鼎出而与神通，封禅。封禅七十二王，唯黄帝得上泰山封'。申功曰：'汉主亦当上封，上封则能仙登天矣。黄帝时万诸侯，而神灵之封居七千。[14]天下名山八，而三在蛮夷，五在中国。中国华山、首山、太室、泰山、东莱，[15]此五山黄帝之所常游，与神会。黄帝且战且学仙，[16]患百姓非其道，[17]乃断斩非鬼神者。[18]百余岁然后得与神通。黄帝郊雍上帝，宿三月。鬼臾区号大鸿，死葬雍，故鸿冢是也。其后黄帝接万灵明廷。[19]明廷者，甘泉也。所谓寒门者，谷口也。[20]黄帝采首山铜，铸鼎于荆山下。[21]鼎既成，有龙垂胡䫇下迎黄帝。[22]黄帝上骑，群臣后宫从上龙七十余人，龙乃上去。余小臣不得上，乃悉持龙䫇，龙䫇拔，堕黄帝之弓。百姓仰望黄帝既上天，乃抱其弓与龙胡䫇号，故后世因名其处曰鼎湖，其弓曰乌号。'"于是天子曰："嗟呼！吾诚得如黄帝，吾视去妻子如脱躧耳。"[23]乃拜卿为郎，[24]东使候神于太室。

【注释】[1]"朔旦冬至"，古人治历，以夜半为一日的开始，朔旦为一月的开始，冬至为一年的开始，因此以甲子那天是夜半朔旦冬至作为纪年起算的开始。〔2〕"札"，书写用的木简。"札书"，写在木简上的书。〔3〕"宛朐"，音 yuān qú，《汉书·地理志》作"冤句"，汉县名，故城在今山东菏泽市西南。〔4〕"鬼臾区"，《汉书·艺文志》作"鬼容区"，传说中的黄帝大臣。〔5〕"策"，司马贞释为蓍草。蓍草

是用来占卜预测祸福的，不是用来推算历数的，故非是。这里的"策"当指推算历数用的算策。《汉书·律历志》："其算法用竹，径一分，长六寸，二百七十一枚而成六觚，为一握。"〔6〕"纪"，纪元，纪年的起算年代。"得天之纪"，得日月星辰的天象作为纪年起算的规律。〔7〕"迎日推策"，未来的日子用算策来推算。〔8〕"推"，即古代历法中的"章"。这里说大致二十年得朔旦和冬至同在一天，这和一章的周期为十九年相近；又说二十推为三百八十年，则一推为十九年，正与一章为十九年相符。〔9〕"所忠"，武帝的近臣。〔10〕"嬖"，音 bì。"嬖人"，受宠爱的人。〔11〕"说"，音 yuè，通"悦"，喜悦。〔12〕"书"，记载。〔13〕"且"，或者。〔14〕"神灵"，这里指山川的神灵。"居"，占。〔15〕"华山"，在陕西华阴县南。"首山"，顾颉刚《秦汉的方士与儒生》以为在山西，当指今永济县南的首山，即首阳山，又名雷首山；顾祖禹《读史方舆纪要》说或为在今河南襄城县的首山。"太室"，即嵩山，有三高峰，中为峻极山，东西两山下各有石室，故谓东为太室山，西为少室山。太室最高，故为嵩山的别称。在今河南登封县北。"泰山"，又名岱宗、岱山、岱岳、泰岱，在山东省中部，主峰玉皇顶在今泰安市北。"东莱"，即莱山，在今山东龙口市东南。〔16〕"且战且学仙"，一边作战一边学神仙之道。〔17〕"患"，忧虑。"非"，非议，反对。〔18〕"断"，断然，坚决，或释为判决，断手足。〔19〕"万灵"，传说黄帝时万诸侯，神灵之数与诸侯数相当，故为万灵。"明廷"，即"明堂"。〔20〕"谷口"，以地当泾水出仲山山谷处得名，在今陕西醴泉县东北。仲山之北寒冷，故又名寒门。〔21〕"荆山"，在今河南灵宝县阌乡南。〔22〕"胡䫇"，胡须。"䫇"，音 rán。〔23〕"躧"，音 xǐ，鞋子。〔24〕"郎"，帝王侍从官的通称，有议郎、中郎、侍郎、郎中等，掌管护卫、陪从、提建议、备顾问及出使等。

【译文】这年秋天，皇上到雍县，将要举行郊祭。有人说"五帝是泰一的辅佐，应该立泰一祠，由皇上亲自郊祭"。皇上迟疑不决。齐人公孙卿说："今年得宝鼎，冬天辛巳日初一早晨冬至，这和黄帝得宝鼎的时间相同。"卿有木简书，上面说："黄帝得宝鼎于宛朐，问鬼臾区。区回答说：'黄帝得宝鼎神策，是在己酉年初一早晨冬至，得到天象来纪元，它终而复始的。'于是黄帝计算未来的日子，用算策推算朔望，以后大概每二十年得初一早晨冬至，总共二十推，三百八十年，黄帝成仙升天。"公孙卿想通过所忠的关系上奏皇上，但所忠看他的书荒诞不

经，疑心是他胡乱写成的，婉言谢绝说："关于宝鼎的事，早已解决了，这书还有什么用呢？"公孙卿又托皇上的宠爱小臣奏上，皇上大为喜悦，召见公孙卿询问。公孙卿回答说："我从申功那里得到此书，他已经死了。"皇上问："申功是什么人？"公孙卿说："申功是齐人，和安期生有往来，亲受黄帝面教，这没有记载，只有这个鼎有记载。上面说：'汉朝兴起，又相当于黄帝得鼎之际。汉代圣君应在高祖的孙子或曾孙。宝鼎出土时就能和神人交往，要举行封禅。以前封禅的有七十二王，只有黄帝能上泰山封禅。'申功说：汉皇帝也应上泰山封禅，上去封禅就能成仙升天。黄帝时有一万诸侯，神灵得封的占七千。天下名山有八座，而三座在蛮夷境内，五座在中国。中国的五座是华山、首山、太室、泰山和东莱山，都是黄帝时常游息和神仙相会的地方。黄帝一面作战一面学神仙的道术。恐怕百姓反对他的神仙之道，所以坚决斩杀反对鬼神的人。一百多岁后，才得与神仙相通。黄帝到雍县郊祀上帝，住了三个月。鬼臾区号大鸿，死后葬在雍县，所以鸿冢就是他的墓。以后黄帝在明廷迎接上万的神灵。明廷就是现在的甘泉。寒门就是现在的谷口。黄帝开采首山的铜，在荆山下铸鼎。鼎铸成后，有垂着须髯的龙从天上下来迎接黄帝。黄帝骑上后，群臣和后宫后妃跟着骑上龙的有七十余人，龙即飞上天去。其余的小臣不能上，都抓着龙须不放，龙须被拔落，黄帝的弓也掉下来。百姓们仰望着黄帝已经上天，就抱着弓和龙须号啕大哭，所以后世把那个地方叫做鼎湖，那张弓叫乌号。'"于是天子说："唉！如果我能像黄帝那样，我看离开妻子像脱鞋一样容易。"于是拜公孙卿为郎官，叫他往东去，在太室山等候神仙。

上遂郊雍，至陇西，[1]西登空桐，[2]幸甘泉。令祠官宽舒等具泰一祠坛，[3]坛放薄忌泰一坛，[4]坛三垓。[5]五帝坛环居其下，各如其方，[6]黄帝西南，[7]除八通鬼道。[8]泰一所用，如雍一畤物，而加醴枣脯之属，[9]杀一犛牛以为俎豆牢具。[10]而五帝独有俎豆醴进。其下四方地，为馂食群神从者及北斗云。[11]已祠，胙余皆燎之。[12]其牛色白，鹿居其中，彘在鹿中，[13]水而洎之。[14]祭日以牛，祭月以羊彘特。[15]泰一祝宰则衣紫及绣。五帝各如其色，日赤，月白。

【译文】皇上接着去雍县郊祀上帝，到了陇西，再西行登上空桐山，然后到甘泉。命祠官宽舒等筹建泰一祠坛，仿照薄忌泰一坛的形式，坛有三层。五帝坛列在泰一坛的下面，各自依照它们所属方位，黄帝在西南，修筑八条鬼神通道。泰一所用的祭品，和雍地的一个畤相同，再加甜酒、枣子、干肉一类的东西，杀一头牦牛，作为俎豆牢具礼器中盛着的祭品，而五帝只有用俎豆盛着进献的祭品和甜酒，五帝坛下面四周的地方，连续祭礼随从的群神和北斗。祭毕后，剩余的供祭祀用的肉全部用柴焚烧。祭祀用的牛是白色的，鹿放在牛的肚中，猪又放在鹿的肚中，浸泡在水里。祭日用牛，祭月用羊或猪，只用一牲。祭祀泰一的司祝官员穿紫衣和绣花的衣服，祭祀五帝穿着每帝所代表的颜色的衣服，祭日穿赤色衣，祭月穿白色衣。

十一月辛巳朔旦冬至，昧爽，[1]天子始郊拜泰一。朝朝日，[2]夕夕月，[3]则揖；[4]而见泰一如雍礼。其赞飨曰：[5]"天始以宝鼎神策授皇帝，朔而又朔，终而复始，皇帝敬拜见焉。"而衣上黄。其祠列火满坛，坛旁烹炊具。有司云"祠上有光焉"。公卿言"皇帝始郊见泰一云阳，[6]有司奉瑄玉嘉牲荐飨。〔7〕是夜有美光,及昼,黄气上属天"。〔8〕太史公、祠官宽舒等曰:"神灵之休,祐福兆祥,宜因此地光域立泰畤坛以明应。〔9〕令太祝领,秋及腊间祠。〔10〕三岁天子一郊见。"

【注释】〔1〕"昧爽",黎明。 〔2〕"朝",音zhāo,早晨。下"朝",音cháo,祀日。 〔3〕"夕",夜晚。下"夕",祀月。 〔4〕"揖",音yī,拱手礼。〔5〕"赞飨",祀神的祝辞。 〔6〕"云阳",汉宫名,即甘泉宫,故址在今陕西淳化县西北甘泉山。 〔7〕"瑄",音xuān,祭天用的大璧,大六寸。 〔8〕"太史公",这里指司马迁的父亲司马谈。〔9〕"地",一作"夜"。 〔10〕"腊",夏历十二月。

【译文】十一月辛巳朔日早晨冬至,黎明时,天子开始郊祭泰一。早晨祭日,夜晚祭月,行拱手礼;而祭拜泰一则如同雍的郊祀礼。祭祀的祝词说:"上天开始将宝鼎神策授与皇帝,一个月接着一个月,终而复始,皇帝恭敬地拜见。"祭服是黄色的。祭祠时火炬排列满坛,坛旁放着烹炊用具。主管官员说"祠坛上有光芒"。公卿们说"皇帝开始在云阳宫郊祀祭拜泰一,主管官员捧上六寸的大璧,献上肥壮的牛,供众神享用。那天夜晚有美丽的光彩,到了白天,有黄色云气上升,与天空连成一片"。太史公、祠官宽舒等说:"神灵显示的美丽的光彩,是保佑多福的征兆,应该在这光彩照耀的区域内建立泰畤坛,作为天降祥瑞的明显应验。命令太祝掌管秋天和腊月间祭祀。三年天子郊祭一次。"

其秋,为伐南越,〔1〕告祷泰一,以牡荆画幡日月北斗登龙,〔2〕以象天一三星,为泰一锋,〔3〕名曰"灵旗"。为兵祷,则太史奉以指所伐国。而五利将军使不敢入海,之泰山祠,上使人微随验,实无所见,五利妄言见其师,其方尽,多不雠。〔4〕上乃诛五利。

【注释】〔1〕"南越",汉初建立的诸侯王国,辖境包有今广东、广西和越南部分地区。元鼎五年(公元前一一二年)四月,南越王相吕嘉反。秋,遣伏波将军路博德伐南越。明年即平定吕嘉之乱,废除南越王国,在其地设置南海、郁林、苍梧、合浦、儋耳、珠崖、交趾、九真、日南九郡。 〔2〕"牡荆",一种无刺的落叶灌木,以之作为旗柄。"幡",长条形的旗子。"北斗登龙",幡上画着北斗星的斗柄连接

着东方苍龙的角星,像登上苍龙。 〔3〕"以象天一三星,为泰一锋",天一三星在斗口,又在紫垣前,故称为泰一的前锋。天一主战斗,画于幡上,希望战争中得到神佑。 〔4〕"雠",音chóu,应验。

【译文】这年秋天,为了征伐南越,向泰一祷告,用牡荆做旗柄,在长条形的旗子上画日月北斗飞龙,象征天一三星,为祭祀泰一的前导旗帜,称之为"灵旗"。为兵事而祷告时,太史手捧灵旗指向所要征伐的国家。五利将军的使者不敢入海,往泰山祭祀,皇上派人暗中尾随检察,实际上没见到什么。五利谎称见到他的老师,他的方术已穷尽,多数不能应验。皇上于是杀了五利。

其冬,〔1〕公孙卿候神河南,〔2〕见仙人迹缑氏城上,〔3〕有物若雉,〔4〕往来城上。天子亲幸缑氏城视迹。问卿:"得毋效文成、五利乎?"卿曰:"仙者非有求人主,人主求之。其道非少宽假,〔5〕神不来。言神事,事如迂诞,积以岁乃可致。"于是郡国各除道,缮治宫观名山神祠所,〔6〕以望幸矣。

【注释】〔1〕"其冬",当言"明年冬",即元鼎六年,公元前一一一年。下所载公孙卿候神事,《汉书·武帝纪》、《资治通鉴》卷二〇均载于元鼎六年。〔2〕"河南",郡名,汉高帝二年改秦三川郡置。辖今河南黄河以南洛水、伊水下游,双伯河、贾鲁河上游地区,以及黄河以北原阳县。 〔3〕"缑氏",古县名,在今河南偃师县东南。"缑",音gōu。 〔4〕"雉",音zhì,野鸡。 〔5〕"宽假",放宽。 〔6〕"缮",修补。

【译文】这年冬天,公孙卿在河南等候神灵,在缑氏城上看到仙人的脚印,有一种像野鸡的动物,在城上走来走去。天子亲自到缑氏城察看脚印。问公孙卿:"你该不会仿效文成、五利吧?"公孙卿说:"仙人不是有求于人主,而是人主有求于他。求仙人之道如果不稍为放宽延长些时日,神仙是不会来的。谈神仙这种事,事情好像很迂阔荒诞,要好几年的时间才可请来。"于是各郡国都修筑街道,修建宫观和名山上的神祠,期望天子驾临。

其年,既灭南越,上有嬖臣李延年以好音见。〔1〕上善之,下公卿议,曰:"民间祠尚

有鼓舞之乐,今郊祠而无乐,岂称乎?"〔2〕公卿曰:"古者祀天地皆有乐,而神祇可得而礼。"〔3〕或曰:"泰帝使素女鼓五十弦瑟,〔4〕悲,帝禁不止,故破其瑟为二十五弦。"于是塞南越,〔5〕祷祠泰一、后土,始用乐舞,益召歌儿,作二十五弦及箜篌瑟自此起。〔6〕

【注释】〔1〕"李延年",中山(今河北定县)人,善歌,又善创造新声,武帝时在乐府中任协律都尉。〔2〕"称",音 chèn,相称,合适。〔3〕"神祇",天神和地神。"祇",音 qí。"礼",以礼祭祀。〔4〕"素女",传说中的素女与黄帝同时,长于音乐,知阴阳天道。〔5〕"塞",音 sài,同"赛",酬神的祭祀。〔6〕"箜篌瑟",武帝时乐人侯调作,形似瑟而小,七弦。

【译文】这年,已经消灭了南越,皇上的宠臣李延年以美妙的音乐来进见。皇上很赞赏,下交公卿讨论,说:"民间祭祀尚且有鼓舞音乐,现在郊祀却没有乐章,难道这样合适吗?"公卿们说:"古时祭祀天地都有乐章,这样才能以礼祭祀神灵。"又有人说:"泰帝使素女弹五十弦瑟,音调悲切,泰帝忍不住悲泣起来,所以破开她的瑟为二十五弦。"于是为讨伐南越的胜利而举行赛祭,祷告祭祀泰一、后土,开始用乐舞,又增招歌童,制作二十五弦的瑟及箜篌瑟是从此开始的。

其来年冬,〔1〕上议曰:"古者先振兵泽旅,〔2〕然后封禅。"乃遂北巡朔方,〔3〕勒兵十余万,〔4〕还祭黄帝冢桥山,〔5〕泽兵须如。〔6〕上曰:"吾闻黄帝不死,今有冢,何也?"或对曰:"黄帝已仙上天,群臣葬其衣冠。"既至甘泉,为且用事泰山,先类祠泰一。〔7〕

【注释】〔1〕"其来年冬",元封元年,公元前一一〇年。〔2〕"振兵",振奋军队,指用兵。"泽旅",用兵后以酒食犒赏士兵。"泽",音 yì,通"醳"。〔3〕"朔方",郡名,武帝元朔二年(公元前一二七年)置。辖境相当今内蒙古自治区河套西北部及后套地区。郡城朔方县,在今内蒙古自治区杭锦旗西北黄河南岸。〔4〕"勒",统率。〔5〕"桥山",在今陕西黄陵县西北。相传山上有黄帝墓。〔6〕"须如",地名,不详所在。〔7〕"类",通"禷",以特别事故祭祀上帝。这里指将在泰山封禅。

【译文】第二年冬天,皇上提议说:"古人先用兵犒赏军队,然后封禅。"于是北出巡视朔方,统率十余万士卒,回来时在桥山祭黄帝墓,在须如以酒食犒赏军队。皇上问:"我听说黄帝没有死,为什么现在有坟墓?"有人回答说:"黄帝已成仙上天,他的臣子们把他的衣服帽子埋葬了。"到了甘泉,为了将在泰山举行封禅,先将这一特别事件祭告泰一。

自得宝鼎,上与公卿诸生议封禅。〔1〕封禅用希旷绝,〔2〕莫知其仪礼,〔3〕而群儒采封禅《尚书》、《周官》、《王制》之望祀射牛事。〔4〕齐人丁公年九十余,曰:"封者,合不死之名也。〔5〕秦皇帝不得上封。〔6〕陛下必欲上,稍上即无风雨,〔7〕遂上封矣。"上于是乃令诸儒习射牛,草封禅仪。数年,至且行。天子既闻公孙卿及方士之言,黄帝以上封禅,皆致怪物与神通,欲放黄帝以尝接神仙人蓬莱士,〔8〕高世比德于九皇,〔9〕而颇采儒术以文之。〔10〕群儒既以不能辩明封禅事,又牵拘于《诗》、《书》古文而不敢骋。〔11〕上为封祠器示群儒,群儒或曰"不与古同",徐偃又曰"太常诸生行礼不如鲁善",〔12〕周霸属图封事,〔13〕于是上绌偃、霸,〔14〕尽罢诸儒弗用。〔15〕

【注释】〔1〕"诸生",儒生。〔2〕"旷绝",荒废断绝。〔3〕"仪礼",典礼的秩序和形式。〔4〕《尚书》,我国上古历史文件和追述古代史事的著作汇编,相传为孔子编选。《周官》,即《周礼》,搜集周王室官制和战国时各国制度,增减排比而成的汇编。《王制》,《礼记》中的一篇,记述有关封国、爵禄、朝觐、丧祭、巡狩、刑政、学校等典章制度。"望祀",祭祀山川,遥望而祭,故称为望祀。"射牛",帝王祭天地宗庙时,必亲自射牛以示隆重。〔5〕"合",应该。《汉书·郊祀志》作"古",意为古代,较为通顺。〔6〕"秦皇帝",指秦始皇,曾于二十八年(公元前二九年)上泰山封禅,中途遇风雨,遭到儒生讥讽。〔7〕"稍",缓慢地。〔8〕"放",通"仿",仿效。〔9〕"高世",高于世俗。"九皇",有三种说法:一、张晏说:三皇之前有人皇,九首。二、韦昭说:上古人皇有九人。三、董仲舒说:从当代往上数,数到第九代就是九皇。他以为最近的三代为"王",稍远的五代为"帝",最远的一代为"皇"。从汉代往上推,神农就是九皇。〔10〕"文",文饰。

〔11〕"牵拘",牵制拘泥。"骋",放开思想。〔12〕"太常",九卿之一,掌宗庙礼仪,兼掌选试博士。〔13〕"属",音 zhǔ,聚会。"图",计划。"封事",封禅之事。〔14〕"绌",通"黜",贬退。〔15〕"罢",罢免。

【译文】 自从得了宝鼎后,皇上就和公卿、儒生讨论封禅的事。封禅典礼由于用得稀少而荒废断绝了,没有人知道它的礼仪,儒生们就采取《尚书》《周官》《王制》等书上所记载的望祭、射牛的事情作为封禅的仪式。齐人丁公九十多岁了,对皇上说:"封,应该是不死的意思,秦皇帝不得上泰山封祀,陛下一定要上去,先缓慢地上去,如果没有风雨,就可以上去封了。"皇上于是命令儒生们练习射牛,草拟封禅的仪式。几年后,到了将要举行封禅典礼的时候。天子既已听了公孙卿和方士的话,黄帝以上的封禅,都引来怪物和神仙相通,所以想仿效黄帝接神仙人蓬莱方士,让自己的德行高于世俗,与九皇相媲美,又采用儒家的说法来文饰外表。儒生们既不能辩明封禅之事,又牵扯拘泥于《诗》《书》古文的记载而不敢自由发挥。皇上把封禅用的器物给儒生们看,儒生们有的说"和古代不同",徐偃又说"太常诸生行礼不如鲁人好"。周霸会集儒生计划封禅的事情,皇帝便贬退了徐偃、周霸,罢黜全部儒生,不予任用。

三月,遂东幸缑氏,礼登中岳太室。从官在山下闻若有言"万岁"云。〔1〕问上,上不言,问下,下不言。〔2〕于是以三百户封太室奉祠,命曰崇高邑。〔3〕东上泰山,山之草木叶未生,乃令人上石立之泰山颠。〔4〕

【注释】〔1〕"从官",随从的官员。"山下",《汉书·郊祀志》作"山上"。〔2〕"上不言……下不言",上、下皆不说,暗示从官所闻"若有万岁"是神的声音,这是为印合武帝心意编造出来的阿谀奉承之辞。〔3〕"崇高邑",为了崇奉嵩高山,故命名嵩山封邑为崇高邑。〔4〕"上石",将石刻连上去。据《风俗通义·正失篇》,石刻高一丈二尺,文曰:"事天以礼,立身以义,事父以孝,成民以仁。四守之内,莫不为郡县,四夷八蛮,咸来贡职。与天无极,人民蕃息,天禄永得。"《汉书·武帝纪》颜师古注引应劭说、司马彪《续汉书·祭祀志》刘昭注所载与此文字略有出入。

【译文】 三月,皇上东行到缑氏,依礼登上中岳太室山举行祭祀,随从的官员在山下听到好像有人呼喊"万岁"的声音。询问山上的人,山上的人不说;问山下的人,山下的人也不说。皇帝就以三百户封给太室作为供奉祭祀之用,命名为崇高邑。接着东行登上泰山,山上花草树木的叶子还没有长出来,就派人把石碑运上山,立在泰山顶上。

上遂东巡海上,行礼祠八神。〔1〕齐人之上疏言神怪奇方者以万数,然无验者。乃益发船,令言海中神山者数千人求蓬莱神人。公孙卿持节常先行候名山,〔2〕至东莱,言夜见一人,长数丈,就之则不见,见其迹甚大,类禽兽云。群臣有言见一老父牵狗,言"吾欲见巨公",〔3〕已忽不见。〔4〕上既见大迹,未信,及群臣有言老父,则大以为仙人也。宿留海上,〔5〕与方士传车及间使求仙人以千数。〔6〕

【注释】〔1〕"八神",有三说:文颖以为就是上文所说的"八通鬼道",又说或是八方之神;韦昭以为是天、地、阴、阳、日、月、星辰主和四时主;《汉书·郊祀志》以为是一、天主祠天齐,二、地主祠泰山、梁父,三、兵主祠蚩尤,四、阴主祠三山,五、阳主祠之罘山,六、月主祠东莱山,七、日主祠盛山,八、四时主祠琅邪。〔2〕"节",符节,古代使者所持以作凭证。"候",伺望。〔3〕"巨公",暗指天子。〔4〕"已忽",随即。〔5〕"宿留",逗留。〔6〕"传车",驿车。"间使",伺机行事的使者。

【译文】 皇上接着东巡海上,依礼祭祀八神。齐人上疏谈论神怪奇方的人数以万计,可是都没有效验。于是又增派船只,命令谈说海中神仙的几千人访求蓬莱的神人。公孙卿拿着使者符节,曾先去名山等候,到了东莱,说在夜间看见一个人,身长数丈,接近他时就不见了,只看到他脚印特别大,类似禽兽。群臣中有的说看见一个老人牵着狗,说"我要见巨公",忽然不见了。皇帝看见大脚印,不相信,等到群臣中有人说到老人时,则又深信是仙人。因此,皇帝逗留在海滨,拨给方士们驿车,又派遣数以千计的使者访求仙人。

四月,还至奉高。〔1〕上念诸儒及方士言封禅人人殊,不经,难施行。天子至梁父，〔2〕礼祠地主。乙卯，令侍中儒者皮弁荐绅，〔3〕射牛行事。封泰山下东方，如郊祠泰一之礼。封广丈二尺，高九尺，其下则有玉牒书，书秘。礼毕，天子独与侍中奉车子侯上泰山，〔4〕亦有封。其事皆禁。〔5〕明日，下阴道。〔6〕丙辰，禅泰山下阯东北肃然山，〔7〕如祭后土礼。天子皆亲拜见，衣上黄而尽用乐焉。江、淮间一茅三脊为神藉，〔8〕五色土益杂封。纵远方奇兽蜚禽及白雉诸物，〔9〕颇以加祠，兕旄牛犀象之属弗用。〔10〕皆至泰山然后去。封禅祠，其夜若有光，昼有白云起封中。

【注释】〔1〕"奉高"，古县名。汉武帝元封元年(公元前一一〇年)置，以奉祀泰山，故名，故城在今山东泰安市东。〔2〕"梁父"，泰山下的一座小山，在山东泰安市东南。"父"，音 fǔ，通"甫"。〔3〕"侍中"，官名，皇帝左右侍从，出入宫廷，应对顾问。"皮弁"，皮帽，用白鹿皮制成，是一种行猎和行射的礼服。"弁"，音 biàn。〔4〕"奉车"，官名，即奉车都尉，掌御乘舆马。"子侯"，霍去病子嬗的表字。〔5〕"禁"，禁止泄露。〔6〕"阴道"，背阳的道路。〔7〕"阯"，同"址"，基址。此可理解为山脚下。"肃然山"，泰山东麓，在今山东莱芜市西北。〔8〕"一茅三脊"，有三条脊骨的茅草，即菁茅，也叫灵茅。《管子·轻重丁》说，跟随天子封禅的人，都要抱菁茅一束，以为禅藉。"藉"，用灵茅做铺垫。〔9〕"纵"，放出。"白雉"，白色羽毛的野鸡，古人认为是祥瑞之物。〔10〕"兕"，音 sì，犀牛一类的动物，皮厚，可以制甲。"犀"，音 xī，犀牛。《风俗通义·正失篇》载："纵远方奇兽飞禽及白雉，加祠兕牛犀象之属。"与此不同。

【译文】四月，回到奉高，皇上考虑儒生和方士议论的封禅，各人的说法不同，都不符合常理，难以施行。天子到梁父，依礼祭祀地主。乙卯那天，命令任侍中的儒生头戴皮帽，穿插笏的官服，行射牛事。在泰山下的东方设坛祭天，和郊祀泰一的礼仪相同。祭坛宽一丈二尺，高九尺，下面放着玉牒书，书的内容是秘密的。行礼完毕，天子单独带了侍中奉车霍子侯上泰山，也有封祭。这些事都禁止外传。第二天从山北的阴道下来。丙辰，在泰山脚下东北角的肃然山禅祭，和祭后土的礼仪相同。天子都亲自拜祭，穿黄色祭服，并且都用音乐伴奏。

用江、淮一带出产的有三条脊骨的茅草作为神灵的荐席，用五色土填满祭坛。放出远方进贡的奇兽飞禽和白色野鸡等物，祭仪格外隆重。兕牛、旄牛、犀、象之类都不使用。皇帝一行又都回到泰山，然后离去。封禅祭祀的地方，晚上好像有光芒射出，白天有白云从祭坛中升起。

天子从封禅还，坐明堂，〔1〕群臣更上寿。〔2〕于是制诏御史："朕以眇眇之身承至尊，〔3〕兢兢焉惧弗任。〔4〕维德菲薄，不明于礼乐。修祀泰一，若有象景光，〔5〕屑如有望，〔6〕依依震于怪物，〔7〕欲止不敢，遂登封泰山，至于梁父，而后禅肃然。自新，〔8〕嘉与士大夫更始，赐民百户牛一酒十石，加年八十孤寡布帛二匹。复博、奉高、蛇丘、历城，〔9〕毋出今年租税。其赦天下，如乙卯赦令，〔10〕行所过毋有复作。〔11〕事在二年前，〔12〕皆勿听治。"〔13〕又下诏曰："古者天子五载一巡狩，用事泰山，〔14〕诸侯有朝宿地。〔15〕其令诸侯各治邸泰山下。"〔16〕

【注释】〔1〕"明堂"，此谓武帝初封泰山时的明堂，在泰山东北麓。〔2〕"更"，更番，相继。"上寿"，敬酒表示祝颂。〔3〕"眇眇"，音 miǎo，微小。"至尊"，至高无上的地位，多指皇位，因而用为皇帝的代称。〔4〕"任"，担当。〔5〕"景光"，吉祥的光。〔6〕"屑"，"屑"的本字。倏忽。〔7〕"依依"，深深。〔8〕"自新"，修德自新。〔9〕"复"，免除赋税或劳役。"博"，县名，又名博阳，故城在今山东泰安市东南。"蛇丘"，县名，故城在今山东肥城县东南。"蛇"，音 yí。"历城"，县名，在今山东济南市。〔10〕"乙卯赦令"，元朔三年(公元前一二六年)发布的大赦令。〔11〕"复作"，汉刑律名，不戴刑具，不穿罪犯衣服，在监外服徒役。服徒役的时间，一般要满其本罪。也有人认为，犯有轻罪者，男子为罚作，守边一年；女子为复作，为官府服役一年。〔12〕"事"，凶事，犯罪之事。〔13〕"听"，听讼、审讯。"治"，治罪。〔14〕"用事"，行事，多指祭祀之事。〔15〕"朝宿地"，诸侯朝见天子在京师住宿的地方。此指诸侯随着天子封禅，在泰山下住宿的地方。〔16〕"邸"，汉诸郡王侯为朝见天子而在京都设置的住所，后泛指高级官员办事或居住的地方。

【译文】天子从封禅回来,坐在明堂上,群臣相继祝颂,于是下诏给御史说:"我以卑微之体继承了至高无上的权位,兢兢业业,恐怕不能胜任。德行浅薄,不懂得礼乐。祭祀泰一以后,好像有祥光,我忽然看到了,被奇异的景象所震惊,想停止祭祀而又不敢,所以登上泰山祭天,到梁父,然后于肃然山祭地。从此修德自新,希望与士大夫共同有个新的开始,赐给庶民一百户人家牛一头、酒十石,八十岁的老人和孤儿寡妇加赐布帛二匹。免除博、奉高、蛇丘、历城四个地方的徭役,不缴纳今年的租税。大赦天下,和乙卯年的赦令一样。凡我经过的地方,免除监外执行的劳役。两年以前犯罪的,都不要再审讯治罪。"又下诏说:"古时天子五年巡狩一次,到泰山祭祀,诸侯有朝拜住宿的地方,命令诸侯各自在泰山下修建官邸。"

天子既已封禅泰山,无风雨菑,[1]而方士更言蓬莱诸神山若将可得,于是上欣然庶几遇之,乃复东至海上望,冀遇蓬莱焉。奉车子侯暴病,一日死。上乃遂去,并海上,[2]北至碣石,[3]巡自辽西,[4]历北边至九原。[5]五月,返至甘泉。有司言宝鼎出为元鼎,以今年为元封元年。

【注释】[1]"菑",同"灾",灾害。 [2]"并",音 bàng,通"傍",沿着。 [3]"碣石",山名,在今河北昌黎县西北。 [4]"辽西",郡名,战国时燕置。辖境相当今河北迁西县、乐亭县以东、长城以南,辽宁松岭山以东,大凌河下游以西地区。秦汉郡城在阳乐,在今辽宁义县西。 [5]"九原",秦郡,辖境相当今内蒙古自治区后套及其以东至包头市,黄河南岸的伊克昭盟北部地。郡治汉县亦有名九原者,在今内蒙古自治区包头市西。

【译文】天子既然已经在泰山封禅,没有遇上风雨灾害,方士们又说蓬莱各神山似乎可以寻到,皇上高兴地认为或许能够遇到神仙,于是又东行到海滨看望,希望看到蓬莱仙岛。这时奉车都尉霍子侯突然患病,当日死去。皇上这才离去,沿着海滨,北到碣石,从辽西巡视,经过北边,到了九原。五月,回到甘泉。主管官员说,宝鼎出现那年定为元鼎,今年封禅,应为元封元年。

其秋,有星茀于东井。[1]后十余日,有星茀于三能。[2]望气王朔言:"候独见其星出如瓠,[3]食顷复入焉。"[4]有司言曰:"陛下建汉家封禅,天其报德星云。"[5]

【注释】[1]"茀",音 bèi,通"孛",星的光芒之气四射。"东井",星名,即井宿,在参星东,故称东井。 [2]"三能",能音 tái,即三台,也作"三阶",又称泰阶,在北斗星下,共六星,分上台、中台、下台,两两相对。 [3]"瓠",音 hǔ 或 hù,葫芦。 [4]"食顷",吃一顿饭的时间,形容时间很短。 [5]"德星",也称为景星、瑞星,是显示吉祥的星,而孛星则是显示灾异的妖星。王朔不敢直说,而含糊地说星的形状如葫芦,主管官员就说是德星。其实当时认为这是预示灾异的妖星,《汉书·五行志》说:"元封元年五月,有星孛于东井,又孛于三台。其后江充作乱,京师纷然。"颜师古以为德星是镇星,司马贞以为是岁星,均非是。

【译文】这年秋天,有颗光芒四射的星出现在东井。后来十余日,又有颗光芒四射的星出现在三能。望气官员王朔说:"我观察天象时,只看到此星出现时像葫芦一样,一顿饭的工夫就又隐没了。"主管官员说:"陛下建立了汉朝的封禅制度,上天出现德星作为报答。"

其来年冬,[1]郊雍五帝,还,拜祝祠泰一。赞飨曰:"德星昭衍,[2]厥维休祥。[3]寿星仍出,[4]渊耀光明。[5]信星昭见,[6]皇帝敬拜泰祝之飨。"[7]

【注释】[1]"其来年",元封二年,公元前一〇九年。 [2]"昭衍",光明广布。 [3]"休祥",吉祥。 [4]"寿星",即老人星,也称南极老人星,在弧矢东南,古时以为寿星出现,预示天下安宁。 [5]"渊耀","渊"为"炫"的声转,即"炫耀",光亮耀眼。 [6]"信星",土星在仁、义、礼、智、信五常中为"信",所以又称信星。信星出现,是国家有得土的预兆,出现得长久,预示国家福运深厚。 [7]"泰",据本书《集解》引徐广说,古本有无此字的。

【译文】第二年冬天,郊祀雍县五帝,回来时,以拜谢祝祷的仪式祭祀泰一。祝词说:"德星光芒四射,是吉祥的征兆。寿星一再出现,显示天下安宁,灿烂光明。信星明白显示了国运长久,皇帝恭敬地拜谢祝祷,请享用进献的祭品。"

其春,公孙卿言见神人东莱山,若云"见天子"。[1]天子于是幸缑氏城,拜卿为中大夫。[2]遂至东莱,宿留之数日,毋所见,见大人迹。复遣方士求神怪采芝药以千数。[3]是岁旱。于是天子既出毋名,[4]乃祷万里沙,[5]过祠泰山。还,至瓠子,[6]自临塞决河,[7]留二日,沈祠而去。[8]使二卿将卒塞决河,[9]河徙二渠,[10]复禹之故迹焉。[11]

【注释】[1]"见天子",《封禅书》《汉书·郊祀志》作"欲见天子"。 [2]"中大夫",郎中令属官,无固定员额,掌论议,备顾问。武帝太初元年,改名为光禄大夫,秩比二千石。 [3]"芝",即灵芝,真菌的一种,古人以为是预示吉祥的瑞草,又认为是服后可以长生的仙草。 [4]"名",正当的理由。 [5]"祷",向神祈求。此处指求雨。"万里沙",地名,在今山东掖县北。 [6]"瓠子"地名,亦称"瓠子口",在今河南濮阳市。 [7]"塞",堵塞。 [8]"沈",音chén,同"沉"。"沈祠",沉祭具于水中,据《河渠书》是沉白马、玉璧子河,以祭河神。 [9]"二卿",指将军汲仁和郭昌。"将",音jiàng,率领。 [10]"二渠",两千年来众说纷纭,据近人考订,为故大河和漯川。 [11]"禹之故迹",周定王五十年(一说为贞定王五年或六年),黄河改道从邺都故大河和漯川流入大海,司马迁把禹治水的神话当作史实,遂以为此二渠是禹导河的河道古迹。

【译文】这年春天,公孙卿说在东莱山看到神人,好像说"要见天子"。于是天子来到缑氏城,任命公孙卿为中大夫。随后来到东莱,住了好几天,什么也没看见,只看到了大人的脚印。又派遣数以千计的方士访求神怪,采集灵芝药草。这年干旱,天子这次出巡没有正当的理由,便祷祀于万里沙,经过泰山时,祭祀了泰山。回去时,到瓠子口,亲自去部署堵塞黄河的决口,逗留了两天,沉下祭品祭祀河神后离去。派两个将军率兵堵塞河道的决口,使河水迁徙,从另外两条河道流过,恢复大禹治水时河道的原貌。

是时既灭南越,越人勇之乃言"越人俗信鬼,而其祠皆见鬼,数有效。昔东瓯王敬鬼,[1]寿至百六十岁。后世谩怠,[2]故衰

耗"。[3]乃令越巫立越祝祠,安台无坛,[4]亦祠天神上帝百鬼,而以鸡卜。[5]上信之,越祠鸡卜始用焉。

【注释】[1]"东瓯王",越人摇曾佐刘邦击项羽,惠帝三年(公元前一九二年)立摇为越东海王,都东瓯(今浙江永嘉县西南),世俗称为东瓯王。"瓯",音ōu。 [2]"谩",音màn,通"慢",怠慢。 [3]"耗",音hào,同"耗",消耗。 [4]"安台无坛",只安置高而上平的台,而没有阶陛以区分所祀的天神上帝百鬼的等级的坛。 [5]"鸡卜",用活鸡、活狗各一只祭祀,祝愿毕后,即杀鸡、狗煮熟,又祭,取鸡两眼,骨上有孔裂,似人物形则吉利,不足以成人物形则凶。

【译文】当时已灭南越,越人勇之说"越人风俗相信鬼,他们祭祀时都能见到鬼,往往有效验。从前东瓯王敬鬼,寿高一百六十岁。后世子孙对鬼怠慢了,所以衰败下来"。于是命令越巫建立越式祠庙,只有祭台,没有祭坛,也祭祀天神、上帝、百鬼,用鸡骨卜问吉凶。皇上相信这些,越祠鸡卜开始使用起来。

公孙卿曰:"仙人可见,而上往常遽,以故不见。今陛下可为观,[1]如缑氏城,置脯枣,神人宜可致。且仙人好楼居。"于是上令长安则作蜚廉桂观,[2]甘泉则作益延寿观,[3]使卿持节设具而候神人。[4]乃作通天台,[5]置祠具其下,将招来神仙之属。于是甘泉更置前殿,始广诸宫室。夏,有芝生殿防内中。[6]天子为塞河,兴通天台,若有光云,乃下诏曰:"甘泉防生芝九茎,赦天下,毋有复作。"

【注释】[1]"观",楼观,用以登高望远,招致仙人。 [2]"蜚廉",传说中的神禽,其形身如鹿,头如雀,有角而蛇尾,豹纹,西安出土的飞廉画瓦就是这样。"蜚",同"飞"。"蜚廉桂观",《汉书·武帝纪》作"长安飞廉馆"。有人认为蜚廉、桂观为两观。 [3]"益延寿观",梁玉绳《史记志疑》卷一六认为衍"益"字。有人认为此是益寿、延寿两观。 [4]"具",指祠具。 [5]"通天台",台名,在甘泉宫内,高三十丈(一说百余丈),可以望见二百里外的长安城。 [6]"殿防内中",据《汉书·礼乐志》,指甘泉斋房。

【译文】公孙卿说:"仙人可以见到,只是皇上去时常常匆促,因此见不到。现在陛下可修建楼观,像缑氏城那样,供设肉脯、枣子,应该可以请来神人。而且仙人喜欢住在楼上。"于是皇上命令在长安建造蜚廉桂观,在甘泉建造益延寿观,派公孙卿手持符节,陈设供品,等候神人。然后又建造通天台,把祭祀用的器具放置台下,准备招来神仙之类。这时在甘泉又修建前殿,开始扩建许多宫室。夏天,有芝草生在斋房中。天子因为堵塞了黄河决口,兴建通天台,天上似有神光的瑞应,于是下诏说:"甘泉宫中生出九茎灵芝,大赦天下,免除监外服徒刑的劳役。"

其明年,[1]伐朝鲜。夏,旱。公孙卿曰:"黄帝时封则天旱,干封三年。"[2]上乃下诏曰:"天旱,意干封乎?其令天下尊祠灵星焉。"[3]

【注释】[1]"其明年",元封三年,公元前一〇八年。 [2]"干封三年",天旱三年,使筑坛的封土干燥。公孙卿的话是为了讨好武帝而编造出来的。 [3]"灵星",即龙星,它的左角为天田星,主农事。灵星祠在今陕西西安市西北长安故城东十里。

【译文】第二年,征伐朝鲜。夏天干旱。公孙卿说:"黄帝时举行封祀,就有天旱,为了使封祀坛的土干燥,旱了三年。"皇上于是下诏说:"天旱,意思是天要使封祀坛的土干燥吧?为此,命令天下的百姓隆重地祭祀灵星。"

其明年,[1]上郊雍,通回中道,[2]巡之。春至鸣泽,[3]从西河归。[4]

【注释】[1]"其明年",元封四年,公元前一〇七年。 [2]"回中",在今陕西陇县西北。 [3]"鸣泽",泽名,在今河北涿州市西。 [4]"西河",古称西部地区南北流向的黄河为西河。此指今山西、陕西界上自北而南一段。

【译文】明年,皇上到雍县郊祭,开通回中道,在那里巡视。春天,到达鸣泽,然后从西河回来。

其明年冬,[1]上巡南郡,至江陵而东。登礼潜之天柱山,[2]号曰南岳。浮江,自寻阳出枞阳,[3]过彭蠡,[4]祀其名山川。北至琅邪,[5]并海上。四月中,至奉高修封焉。

【注释】[1]"其明年",元封五年,公元前一〇六年。 [2]"潜",即"灊",汉县,故城在今安徽霍山县东北。"天柱山",在汉灊县境,位于今霍山县西南。 [3]"寻阳",汉县,故城在今湖北黄梅县西南。"枞阳",汉县,故城在今安徽枞阳县西南。"枞",音zōng。 [4]"彭蠡",古泽薮名,约当今湖北东部安徽西部一带滨江诸湖。"蠡",音lí。 [5]"琅邪",秦郡,郡治在琅邪(今山东胶南县琅邪台西北),西汉迁至东武(今山东诸城县),辖境相当今山东半岛东南部。"邪",音yá。

【译文】明年冬天,皇上巡视南郡,到江陵而东行,登上潜县天柱山,依礼祭祀,号为南岳。顺江而行,从寻阳出发,到达枞阳,经过彭蠡,祭祀这些地方的著名山川。往北到达琅邪,沿着海边而行。四月中旬,到达奉高,举行封祀。

初,天子封泰山,泰山东北阯古时有明堂处,处险不敞。上欲治明堂奉高旁,未晓其制度。济南人公玉带上黄帝时明堂图。[1]明堂图中有一殿,四面无壁,以茅盖,通水,圜宫垣为复道,[2]上有楼,从西南入,命曰昆仑,[3]天子从之入,以拜祠上帝焉。于是上令奉高作明堂汶上,[4]如带图。及五年修封,则祠泰一、五帝于明堂上坐,[5]令高皇帝祠坐对之。[6]祠后土于下房,以二十太牢。天子从昆仑道入,始拜明堂如郊礼。礼毕,燎堂下。[7]而上又上泰山,有祕祠其颠。而泰山下祠五帝,各如其方,黄帝并赤帝,而有司侍祠焉。泰山上举火,[8]下悉应之。

【注释】[1]"济南",郡名,辖境相当于今山东济南市和章丘、济阳、邹平等县地。郡城东平陵,在今山东章丘县西北。"公玉带",人名,姓公玉,名带。"玉",音sù,或xiù。 [2]"圜",通"环",环绕。"复道",高楼或山间架空的通道,以其和地面的通道重复,故称。 [3]"昆仑",神话中的昆仑山,始见于《山海经》,为西方的灵山仙境,不能确指在何处。其奇闻传说颇多。汉代方士说山上有黄帝时

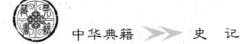

五城十二楼。武帝按公王带所上黄帝时明堂图修筑的明堂，颇似昆仑五城十二楼，所以取名为"昆仑"。〔4〕"汶上"，在奉高县（今山东泰安市东南）西南四里。"上令奉高作明堂汶上"，事在元封二年（公元前一〇九年）。〔5〕"坐"，通"座"。〔6〕"高皇帝"，汉高祖刘邦。"祠坐"，祭祀时的座位。〔7〕"燎"，焚祭余的牲肉。〔8〕"举火"，燃火于高处，擎举以告四方。

【译文】当初，武帝在泰山封祀，泰山脚下的东北方有古时明堂遗址，所处位置险峭而不开阔。皇上想在奉高旁修建明堂，却不知道明堂的制度。济南人公王带献上黄帝时的明堂图。明堂图中有一殿，四面没有墙壁，用茅草盖顶，下面通水，环绕宫墙的是复道，上有楼，从西南进入殿堂，称为昆仑，天子从这里进入，拜祭上帝。于是皇上命令奉高县依照公王带的图样，在汶上建立明堂。到元封五年举行封祀，就在明堂的上座祭祀泰一、五帝，高皇帝的灵位设在对面。用二十头牛祀后土于下房。天子从昆仑道进去，开始按照郊祀的礼仪在明堂拜祭。祭礼完毕，在堂下焚祭余的牲肉。皇上又登上泰山，在山顶上有秘密祭祀。在泰山下祭祀五帝，依照他们各自的方位，黄帝和赤帝在一起，由主管官员侍祭。在泰山上燃火，山下也都燃火相应。

其后二岁，〔1〕十一月甲子朔旦冬至，推历者以本统。〔2〕天子亲至泰山，以十一月甲子朔旦冬至日祠上帝明堂，每修封禅。〔3〕其赞飨曰："天增授皇帝泰元神策，〔4〕周而复始。皇帝敬拜泰一。"东至海上，考入海及方士求神者，莫验，然益遣，冀遇之。

【注释】〔1〕"其后二岁"，太初元年，公元前一〇四年。〔2〕"本统"，即"元统"，以甲子那天恰好是夜半朔旦冬至，作为起算的开始。所以这年夏改历为太初元年。〔3〕"每修封禅"，"每"为"毋"之误，《封禅书》作"毋"，当据改。封禅五年举行一次，太初元年距元封五年的封禅只二年，所以只祠上帝于明堂，而不举行封禅。〔4〕"泰元"，即泰一，天帝的别名。

【译文】此后二年，正是十一月甲子朔旦冬至，推算历数的人以这一天作为起点。天子亲自到泰山，十一月甲子朔旦冬至那天，在明堂祭祀上帝，

不举行封禅。祝词说："上天增授皇帝泰元神策，周而复始。皇帝恭敬地拜谢泰一。"皇上东到海边，考查入海和方士求神仙的人们，没有效验，然而派遣更多的人前往，希望能遇到神仙。

十一月乙酉，柏梁栽。〔1〕十二月甲午朔，上亲禅高里，〔2〕祠后土。临渤海，将以望祠蓬莱之属，冀至殊庭焉。〔3〕

【注释】〔1〕"栽"，同"灾"，自然发生的火灾。〔2〕"高里"，又名"亭禅山"，在今山东泰安市西南。一说为"死人之里"。〔3〕"殊庭"，异域。此指神仙居住的地方。

【译文】十一月乙酉，柏梁台发生火灾。十二月甲午初一，皇上亲临高里禅祀，祭祀后土。到达渤海，想以望祀遥祭蓬莱神仙之属，希望到达神仙异域。

上还，以柏梁栽故，朝受计甘泉。〔1〕公孙卿曰："黄帝就青灵台，〔2〕十二日烧，黄帝乃治明庭。明庭，甘泉也。"方士多言古帝王有都甘泉者。其后天子又朝诸侯甘泉，甘泉作诸侯邸。勇之乃曰："越俗有火栽，复起屋必以大，用胜服之。"〔3〕于是作建章宫，〔4〕度为千门万户。〔5〕前殿度高未央。〔6〕其东则凤阙，〔7〕高二十余丈。其西则唐中，〔8〕数十里虎圈。〔9〕其北治大池，渐台高二十余丈，〔10〕名曰泰液池，〔11〕中有蓬莱、方丈、瀛洲、壶梁，象海中神山龟鱼之属。其南有玉堂、璧门、大鸟之属。〔12〕乃立神明台、〔13〕井幹楼，〔14〕度五十余丈，辇道相属焉。〔15〕

【注释】〔1〕"受计"，接受郡国的会计簿册。汉制，岁终郡国守、相派遣官吏到京城上计。西汉时，上计人为丞或长史，东汉有专职的上计掾、史。上计时，郡国向中央呈交计簿，计簿内容为一年中的租赋、刑狱、选举等情况。郡国上计，一般由皇帝或丞相亲自接受计簿。西汉末到东汉，多由大司徒受计。中央根据计簿对郡国守、相的政绩进行考核。〔2〕"就"，建成。〔3〕"胜服"，以大胜小，制服灾殃。〔4〕"建章宫"，位于未央宫西，周围二十余里，故址在今陕西西安市西北。〔5〕"度"，计

量,设计。〔6〕"未央",宫名,汉高帝七年(公元前二〇〇年)丞相萧何主持修筑,周围二十八里,遗址在今陕西西安市西北郊汉长安故城内西南隅。〔7〕"凤阙",又名别凤阙、嶕峣阙,在建章宫圆阙门内二百步,阙圜上有铜凤凰,故名。〔8〕"唐中",池名,旧址在今陕西西安市西北。〔9〕"虎圈",圈养虎的地方,在今陕西西安市偏西。〔10〕"渐台",在泰液池中,以浸在池水中,故名。"渐",浸。〔11〕"泰液池",亦称蓬莱池,周围十顷。旧址在今陕西西安市西北。〔12〕"玉堂",建章宫殿名,阶陛用玉砌成,故名。"璧门",建章宫的正门,亦称"闾阖",高二十五丈。〔13〕"神明台",在建章宫内,台上立铜仙人,有承露盘。〔14〕"井幹楼",在建章宫内,积木为楼,筑累万木,转相交架,如井以四边为幹(井阑),故名。〔15〕"辇道",推辇车的楼阁间的空中通道。"辇",音 niǎn。

【译文】皇上回来后,因为柏梁台遭火灾,就在甘泉上朝,接受郡国的会计簿册。公孙卿说:"黄帝建成青灵台,十二天被烧,黄帝又建造明庭。明庭就是甘泉。方士多说古帝王有建都甘泉的。此后天子又在甘泉上朝接见诸侯,在甘泉建造诸侯官邸。勇之又说:"越人习俗,火灾后再建的房屋必须大些,用来制服灾殃。"于是建造建章宫,设计千门万户,前殿高度超过未央宫。东面是凤阙,高二十多丈。西面是唐中池,周围数十里的虎圈。北面挖了一个大水池,池中的渐台高二十余丈,池名叫泰液池,池中有蓬莱、方丈、瀛洲、壶梁,类似海中的神山、龟、鱼之类的石刻。南面有玉堂、璧门和大鸟等。还建立神明台、井幹楼,高五十余丈,楼阁间有空中道相连接。

夏,汉改历,以正月为岁首,而色上黄,官名更印章以五字,〔1〕因为太初元年。〔2〕是岁,西伐大宛。〔3〕蝗大起。丁夫人、雒阳虞初等以方祠诅匈奴、大宛焉。〔4〕

【注释】〔1〕"官名更印章以五字",方士认为汉为土德,土数五,故官名印章的字数更改为五字。诸卿及守、相印文不足五字,则加"之"字补足。〔2〕"因为",因而定为。〔3〕"大宛",古西域国名,在今苏联中亚费尔干纳盆地。"宛",音 yuān。〔4〕"丁夫人",姓丁,名夫人,阳都侯丁复后裔。"虞初",以方士为侍郎,号黄车使者,《汉书·艺文志》载其有《虞初周说》九百四十三篇。"诅",祈祷鬼神加

祸于所恨的人。"匈奴",古代我国北方民族之一,也称胡。先后名鬼方、混夷、猃狁、山戎等。秦、汉时称匈奴,散居在大漠南北。

【译文】夏天,汉朝改革历法,以正月为一年的开始,颜色尚黄,官名印章更改为五个字,以当年改为太初元年。这年,西伐大宛。蝗祸大起。丁夫人和雒阳虞初等人用方术在祭祀时乞请鬼神加祸于匈奴和大宛。

其明年,〔1〕有司言雍五畤无牢熟具,〔2〕芬芳不备。〔3〕乃命祠官进畤犊牢具,五色食所胜,〔4〕而以木禺马代驹焉。〔5〕独五帝用驹,行亲郊用驹。〔6〕及诸名山川用驹者,悉以木禺马代。行过,乃用驹。〔7〕他礼如故。

【注释】〔1〕"其明年",太初二年,公元前一〇三年。〔2〕"雍五畤无牢熟具",时武帝用兵西域,太初二年五月,登记吏民的马,补车骑马,因此雍五畤无煮熟的马供祭祀。〔3〕"芬芳",香气,这里指芳香的祭品。〔4〕"五色食所胜",按五行相克说,祠五帝时选择祭牲的颜色,使五帝各食自所胜颜色的祭牲,如火胜金,则祠赤帝以白牲。〔5〕"木禺马",木刻的马。"禺",通"偶"。"驹",小马。〔6〕"独五帝用驹,行亲郊用驹",《汉书·郊祀志》无此二语。〔7〕"行过,乃用驹",《汉书·郊祀志》作"独行过亲祠,乃用驹"。

【译文】第二年,主管官员说,雍县五畤祭祀时没有熟牲,芬芳的祭品不齐备。皇上便命令祠官将熟牛犊进献五畤,五帝食所用颜色的祭品,以木偶马代替小马。只有五帝用小马,天子亲自郊祀用小马。祭祀著名山川用小马的,都以木偶马代替。天子经过的地方,祭祀才用小马。其他的礼节和过去一样。

其明年,〔1〕东巡海上,考神仙之属,未有验者。方士有言"黄帝时为五城十二楼,以候神人于执期,〔2〕命曰迎年"。〔3〕上许作之如方,名曰明年。〔4〕上亲礼祠上帝,衣上黄焉。

【注释】〔1〕"其明年",太初三年,公元前一〇二年。〔2〕"执期",古代神话中的地名,不详所

在。〔3〕"迎年",楼名,意为祈求延长年寿。张守节《正义》引颜师古注云:"迎年,若言祈年。"即祈求丰年。此说是错误的。方士所说黄帝封禅、候神,都是为了成仙,长生不老,而不是为了祈求丰年,所以《汉书·郊祀志》颜师古注释"明年"云:"言明其得延年也。"〔4〕"明年",楼名,意为明示得延长年寿。

【译文】次年,皇上东行,巡视海滨,考查有关神仙一类的事,没有应验的。有的方士说"黄帝时建造五城十二楼,在执期等候神人,称为迎年"。皇帝允许依照所说的样子去兴建,称为明年。皇上穿了黄色衣服,亲自依礼祭祀上帝。

公王带曰:"黄帝时虽封泰山,然风后、封钜、岐伯令黄帝封东泰山,〔1〕禅凡山合符,〔2〕然后不死焉。"天子既令设祠具,至东泰山,东泰山卑小,不称其声,乃令祠官礼之,而不封禅焉。其后令带奉祠候神物。〔3〕夏,遂还泰山,修五年之礼如前,而加禅祠石闾。〔4〕石闾者,在泰山下阯南方,方士多言此仙人之闾也,〔5〕故上亲禅焉。

【注释】〔1〕"风后、封钜、岐伯",分别为神话中黄帝的相、师和太医。"东泰山",即今山东的沂山,在今山东临朐县南。沂山主峰高一千零三十二米,而泰山高一千五百三十二点八米,故武帝以为"卑小,不称其声"。〔2〕"凡山",即丸山,在今山东临朐县朱虚故县西北。〔3〕"奉祠",供奉祭祀。〔4〕"石闾",山名,在今山东泰安市南。〔5〕"闾",闾里,乡里。

【译文】公王带说:"黄帝时虽在泰山封祀,但风后、封巨、岐伯要黄帝在东泰山封祀,在凡山禅祀,以与符瑞相合;然后才能长生不死。"天子便命令准备祭祀用具,来到东泰山,东泰山矮小,与它的声名不相称,就命祠官依礼祭祀,而不举行封禅。以后命令公王带在那里供奉祭祀,等候神灵。夏天,皇上便回到泰山,举行五年一次的封禅典礼,礼节同以前一样,而增加了在石闾禅祀。石闾在泰山脚下的南面,方士多说这是仙人居住的地方,所以皇上亲自禅祀。

其后五年,〔1〕复至泰山修封,还过祭常山。〔2〕

【注释】〔1〕"其后五年",天汉三年,公元前九八年。〔2〕"常山",本名"恒山",避汉文帝刘恒讳改名,为五岳中的北岳,在今河北曲阳县西北。

【译文】以后五年,又到泰山封禅,回来时祭祀了路过的常山。

今天子所兴祠,泰一、后土,三年亲郊祠,建汉家封禅,五年一修封。薄忌泰一及三一、冥羊、马行、赤星,〔1〕五,宽舒之祠官以岁时致礼。〔2〕凡六祠,皆太祝领之。至如八神诸神,明年、凡山他名祠,〔3〕行过则祠,去则已。方士所兴祠,各自主,〔4〕其人终则已,祠官弗主。他祠皆如其故。今上封禅,其后十二岁而还,遍于五岳、四渎矣。而方士之候祠神人,入海求蓬莱,终无有验。而公孙卿之候神者,犹以大人迹为解,无其效。天子益怠厌方士之怪迂语矣,然终羁縻弗绝,〔5〕冀遇其真。自此之后,方士言祠神者弥众,然其效可睹矣。

【注释】〔1〕"薄忌泰一",根据亳(通"薄")人谬忌的建议修建的泰一祠。其下"三一"、"冥羊"、"马行"、"赤星"皆为祠名。"赤星",即灵星。〔2〕"宽舒之祠官",宽舒为祠官。〔3〕"名祠",著名山川的祭祀。〔4〕"自主",自己主持。〔5〕"羁縻",笼络。

【译文】当今天子所兴建的神祠,泰一、后土,三年天子亲自郊祀一次,所建立的汉家封禅制度,五年举行一次。薄忌泰一和三一、冥羊、马行、赤星五祠,由祠官宽舒按规定的时间举行祭祀典礼。这五祠和泰一、后土祠合起来共六祠,都由太祝总领其事。至于像八神等神和明年、凡山等其他著名山川的祭祀,天子经过时就祭祀,离去后就停止。方士们所兴建的神祠,各自主持祭祀,本人死了就停止,祠官不负责,其他神祠都如同原来的那样。当今皇上封禅,此后十二年再来回顾,会遍遍了五岳、四渎。而方士等候和祭祀神仙,入海访求蓬莱,终究没有效验。而公孙卿等候神仙,还以巨人脚印来解说,也没有效果。天子日益厌倦方士的奇异迂阔的谈论,然而始终笼络他们,期望遇到真正的神仙。从那以后,方士谈论祭祀神仙的更多了,可是效果如何,是可以看到的。

太史公曰:余从巡祭天地诸神名山川而封禅焉。入寿宫侍祠神语,究观方士祠官之言,[1]于是退而论次自古以来用事于鬼神者,[2]具见其表里。后有君子,得以览焉。至若俎豆珪币之详,[3]献酬之礼,[4]则有司存焉。

【注释】〔1〕"究观",推究审察。 〔2〕"论次",论定编次。 〔3〕"珪币",祭祀用的玉帛。〔4〕"献酬",献祭酬神。

【译文】太史公说:我跟从皇上出巡、祭祀天地诸神和著名山川,参加了封禅。我进入寿宫侍祠听到祭神的祝祠,观察研究方士、祠官的言论,于是坐下来按照时间顺序叙述自古以来从事祭祀鬼神的事情,具体地揭示它的表面现象和内在的实际情况,后来有见识的人,得以观览。至于俎豆珪玉币帛的详细情形,献祭酬神的礼仪,则由主管官员保存着。

史记卷十三

三代世表第一[1]

太史公曰:五帝、三代之记,[2]尚矣。[3]自殷以前诸侯不可得而谱,周以来乃颇可著。[4]孔子因史文次《春秋》,[5]纪元年,正时日月,盖其详哉。至于序《尚书》则略,[6]无年月;或颇有,然多阙,不可录。故疑则传疑,盖其慎也。

【注释】[1]"《三代世表》",《史记》设《表》,是司马迁的创举,探其源头,当昉之于周代的谱牒。它把大量的历史内容,归类条析,采用表格形式,简明扼要地谱列出来,揭示隐微,增补《纪》、《传》,与《纪》、《传》互相经纬,相辅相成。《本纪》以王朝为体系,《表》则以时代的重大变革为临界点。三代史料缺略,史事模糊,所以依"世"为《表》。后世史料渐丰,史事有明确的时间性,则设《年表》、《月表》。本表以"三代"名篇,而《表》中所载起自五帝,对此,唐司马贞《索隐》解释说:此《表》"其实叙五帝、三代,而篇唯名《三代世表》者,以三代代世长远,宜以名篇。且三代皆出自五帝,故叙三代要从五帝而起也。"[2]"五帝",根据本书《五帝本纪》和本《表》,五帝是指黄帝、颛顼、帝喾、帝尧、帝舜。但汉代人说法不一,《礼记·月令》、《淮南子·天文训》、《汉书·魏相传》魏相奏议认为太皞、炎帝、黄帝、少皞、颛顼为五帝,孔安国《尚书序》以少皞、颛顼、高辛、唐尧、虞舜为五帝,郑玄注《中侯勒省图》又把黄帝、金天氏、高阳氏、高辛氏、陶唐氏、有虞氏合称五帝,实际上六人而称五,是因为六人道德与五帝星座相称。"三代",指夏朝、商朝、周朝。 [3]"尚",久远。[4]"颇",稍微,略微。[5]"史文",孔子是鲁国人,他修《春秋》根据的"史文"主要是鲁国收藏的历史材料。"次",编次,编排。"《春秋》","春秋"本为国史的泛称,孔子修成《春秋》后,才成为专名。此书为编年体,记事以春秋时代鲁国历史为主,兼及列国,时限起自鲁隐公元年(前七二二年),止于鲁哀公十四年(前四八一年),前后共鲁国十二君。它记事的上下时间断限,后人称为春秋时代。由于此书出于孔子,所以儒家尊奉为经典。 [6]"序",按次编排。"《尚书》",最初名《书》,《尚书》之称起于汉代。它是上古文献汇编,基本内容是商、周君王的讲话、文告和根据传说追记的夏、商史事。相传经孔子删定为百篇。秦始皇下令焚书,此书被焚毁。汉代初期,伏生从墙壁中寻出收藏的《尚书》,仅存二十九篇,拿它在齐、鲁地域教授。因为使用当时通行的文字隶书书写,所以称为《今文尚书》。汉武帝末年,从孔子故居的墙壁中发现用古文书写的《尚书》,称作《古文尚书》。西晋永嘉之乱以后,《古文尚书》失传。东晋初年,豫章内史梅赜向朝廷献出孔安国的《孔传古文尚书》,一直流传至今。但它实际上是伪作。《尚书》与《春秋》一样,同为儒家经典。

【译文】太史公说:五帝、三代的记载,很久远了。自殷以前的诸侯国史事,不能够编次,周以来的史事才稍略可以著录。孔子根据历史文献编次《春秋》,记录了纪元年代,订正了时间日月,是很详尽的了。至于按顺序编排《尚书》却很简略,没有年月;有的略有年月,则多所缺遗,不可著录。所以,疑则传疑,是很谨慎的。

余读谍记,[1]黄帝以来皆有年数。稽其历谱谍终始五德之传,[2]古文咸不同,乖异。夫子之弗论次其年月,岂虚哉!于是以《五帝系谍》、《尚书》集世纪黄帝以来讫共和为《世表》。[3]

【注释】〔1〕"谍记",唐司马贞《索隐》认为是"纪系谥之书",即记载帝王世系和谥号之书。《汉书·艺文志》历谱类著录有《帝王诸侯世谱》二十卷、《古来帝王年谱》五卷等书,这些书产生于司马迁之前还是以后,均无从确知,但诸书都应属于谍记。〔2〕"稽",校核,考察。"历谱谍","历"与"谱谍"不同,前者属于历数类,记载年月,后者属于谱系类,记载世系和谥号。"终始五德之传",五德终始是阴阳家的一种历史学说。这种学说认为每一个王朝的更替,是按金、木、水、火、土五行的规律进行的,一个王朝受五行中一行的支配,而这一行也就是这个王朝所应具有的"德"。五德周而复始,王朝也就相应地兴衰轮回。五德终始学说的代表人物是战国时期齐国的邹衍、邹奭,以及传邹奭之学的公梼生。《汉书·艺文志》阴阳家著录的《公梼生始终》十四篇、《邹子终始》五十六篇、《邹奭子》十二篇都是"终始五德"学说之作。"传",与"转"字同。〔3〕"《五帝系谍》",指《五帝德》和《帝系姓》。"集世",谓编述世系。"共和",公元前八四一年,西周国人把暴虐的周厉王驱逐到汾水旁的彘邑(今山西霍县境内),周公、召公两卿执掌王室政权,史称"共和"。也有人认为,厉王出奔时期,诸侯推共伯和代行天子事,故称"共和"。共和持续了十四年,厉王在彘去世,厉王之子被拥立为王,是为周宣王,由天子执政,共和结束。从共和元年始,我国历史上有了确切的纪年。司马贞《索隐》说:《大戴礼》有《五帝德》及《帝系》篇,盖太史公取此二篇之谍及《尚书》,集而纪黄帝以来为系表也。"

【译文】我阅读谍记,黄帝以来都有年数。考察那些年历、谱牒和五德终始循环转换的情况,古代文献记载全都不一样,乖违差异。孔子没有论列那些年月,难道是没有道理的吗!于是,我利用《五帝系谍》、《尚书》编列的世系,记载黄帝以来到共和这一时期,撰成《三代世表》。

帝王世国号	黄帝号有熊。[5]	帝颛顼,黄帝孙。起黄帝,至颛顼三世,号高阳。	帝喾,[9]黄帝曾孙。起黄帝,至帝喾四世。号高辛。	帝尧。[14]起黄帝,至喾子五世。号唐。[15]
颛顼属[1]	黄帝生昌意。[6]	昌意生颛顼。为高阳氏。		
喾属[2]	黄帝生玄嚣。	玄嚣生蛟极。[7]	蛟极生高辛,为帝喾。	
尧属[3]	黄帝生玄嚣。	玄嚣生蛟极。	蛟极生高辛。高辛生放勋。[10]	放勋为尧。
舜属[4]	黄帝生昌意。	昌意生颛顼。颛顼生穷蝉。[8]	穷蝉生敬康。敬康生句望。[11]	句望生蛟牛。[16]蛟牛生瞽叟。[17]
夏属	黄帝生昌意。	昌意生颛顼。		
殷属	黄帝生玄嚣。	玄嚣生蛟极。蛟极生高辛。	高辛生禼。[12]	禼为殷祖。
周属	黄帝生玄嚣。	玄嚣生蛟极。蛟极生高辛。	高辛生后稷,[13]为周祖。	后稷生不窋。[18]

帝王世国号	帝舜,黄帝玄孙之玄孙,号虞。[19]	帝禹,[24]黄帝耳孙,[25]号夏。	帝启,[28]伐有扈,作《甘誓》。[29]	帝太康[30]
颛顼属				
俈属				
尧属				
舜属	瞽叟生重华,[20]是为帝舜。			
夏属	颛顼生鲧。[21]鲧生文命。[22]	文命,是为禹。		
殷属	离生昭明。	昭明生相土。[26]	相土生昌若。	昌若生曹圉。[31]曹圉生冥。[32]
周属	不窋生鞠。[23]	鞠生公刘。[27]	公刘生庆节。	庆节生皇仆。皇仆生差弗。

帝王世国号	帝仲康，[33]太康弟。	帝相[37]	帝少康[41]	帝予[44]	帝槐[46]
颛顼属					
俈属					
尧属					
舜属					
夏属					
殷属	冥生振。[34]	振生微。[38]微生报丁。	报丁生报乙。报乙生报丙。[42]	报丙生主壬。主壬生主癸。	主癸生天乙，[47]是为殷汤。
周属	差弗生毁渝。[35]毁渝生公非。[36]	公非生高圉。[39]高圉生亚圉。[40]	亚圉生公祖类。[43]	公祖类生太王亶父。[45]	亶父生季历。[48]季历生文王昌。[49]益《易卦》。

帝王世国号	帝芒[50]	帝泄52]	帝不降[53]	帝扃,[54]不降弟。	帝廑[55]	帝孔甲,[56]不降子。好鬼神,淫乱不好德,二龙去。[57]
颛顼属						
告属						
尧属						
舜属						
夏属						
殷属						
周属	文王昌生武王发。[51]					

帝王世国号	帝皋[58]	帝发[59]	帝履癸,[60]是为桀。从禹至桀十七世。从黄帝至桀二十世。[61]	殷汤代夏氏。[62]从黄帝至汤十七世。[63]	帝外丙,[64]汤太子。太丁蚤卒,[65]故立次弟外丙。
颛顼属					
告属					
尧属					
舜属					
夏属					
殷属					
周属					

帝王世国号	帝仲壬,[66]外丙弟。	帝太甲,[67]故太子太丁子。淫,伊尹放之桐宫。[68]三年,悔过自责,伊尹乃迎之复位。[69]	帝沃丁。[70]伊尹卒。[71]	帝太庚,[72]沃丁弟。
颛顼属				
俈属				
尧属				
舜属				
夏属				
殷属				
周属				

帝王世国号	帝小甲,[73]太庚弟。殷道衰,诸侯或不至。[74]	帝雍己,[75]小甲弟。	帝太戊,[76]雍己弟。以桑穀生,称中宗。[77]	帝中丁[78]
颛顼属				
俈属				
尧属				
舜属				
夏属				
殷属				
周属				

帝王世国号	帝外壬,[79]中丁弟。	帝河亶甲,[80]外壬弟。	帝祖乙[81]	帝祖辛[82]	帝沃甲,[83]祖辛弟。
颛顼属					
诰属					
尧属					
舜属					
夏属					
殷属					
周属					

帝王世国号	帝祖丁,[84]祖辛子。	帝南庚,[85]沃甲子。	帝阳甲,[86]祖丁子。	帝盘庚,[87]阳甲弟。徙河南。[88]	帝小辛,[89]盘庚弟。	帝小乙,[90]小辛弟。
颛顼属						
俈属						
尧属						
舜属						
夏属						
殷属						
周属						

帝王世国号	帝武丁。[91]雉升鼎耳雊。[92]得傅说。[93]称高宗。[94]	帝祖庚[95]	帝甲,[96]祖庚弟。淫。[97]	帝廪辛[98]	帝庚丁,[99]廪辛弟。殷徙河北。[100]	帝武乙。[101]慢神震死。[102]
颛顼属						
俈属						
尧属						
舜属						
夏属						
殷属						
周属						

帝王世国号	帝太丁[103]	帝乙。[104]殷益衰。	帝辛，是为纣。[105]弑。[106]从汤至纣二十九世。[107]从黄帝至纣四十六世。[108]	周武王代殷。从黄帝至武王十九世。[109]
颛顼属				
俈属				
尧属				
舜属				
夏属				
殷属				
周属				

成王诵[110]	康王钊。[123] 刑错四十余年。[124]	昭王瑕。[133] 南巡不返。[134] 不赴，讳之。[135]	穆王满。[146] 作《甫刑》。[147] 荒服不至。[148]
鲁周公旦，[111] 武王弟。初封。	鲁公伯禽[125]	考公[136]	炀公，[149] 考公弟。
齐太公尚，[112] 文王、武王师。初封。	丁公吕伋[126]	乙公[137]	癸公[150]
晋唐叔虞，[113] 武王子。初封。	晋侯燮	武侯[138]	成侯[151]
秦恶来，助纣。[114] 父飞廉，[115] 有力。	女防[127]	旁皋[139]	大几[152]
楚熊绎。[116] 绎父鬻熊，事文王。初封。	熊乂[128]	熊黮[140]	熊胜[153]
宋微子启，[117] 纣庶兄。初封。	微仲，[129] 启弟。	宋公[141]	丁公[154]
卫康叔，[118] 武王弟。初封。	康伯[130]	孝伯[142]	嗣伯[155]
陈胡公满，[119] 舜之后。初封。	申公[131]	相公[143]	孝公[156]
蔡叔度，[120] 武王弟。初封。	蔡仲[132]	蔡伯[144]	宫侯[157]
曹叔振铎，[121] 武王弟。初封。		太伯[145]	仲君[158]
燕召公奭，[122] 周同姓。初封。	九世至惠侯。		

恭 王 伊 扈[159]	懿王坚。[170]周道衰,诗人作刺。[171]	孝王方,[182]懿王弟。[183]	夷王燮,[192]懿王子。	厉王胡。[199]以恶闻过乱,出奔,遂死于彘。[200]	共和,二伯行政。[205]
幽公[160]	魏公[172]	厉公[184]	献公,[193]厉公弟。	真公[201]	武公,真公弟。
哀公[161]	胡公[173]	献公弑胡公。[185]	武公[194]		
厉侯[162]	靖侯[174]				
大骆[163]	非子[175]	秦侯[186]	公伯[195]	秦仲[202]	
熊炀[164]	熊渠[176]	熊无康[187]	熊鸷红[196]	熊延,[203]红弟。	熊勇[206]
湣公,[165]丁公弟。	炀公,[177]湣公弟。	厉公[188]	釐公[197]		
疌伯[166]	靖伯[178]	贞伯[189]	顷侯[198]	釐侯[204]	
慎公[167]	幽公[179]	釐公[190]			
厉侯[168]	武侯[180]				
宫伯[169]	孝伯[181]	夷伯[191]			

【注释】〔1〕"颛顼"，音 zhuān xū。相传为黄帝的后裔。据本书《五帝本纪》，为五帝之一。《国语·楚语下》观射父对楚昭王之问，云颛顼继东方鸟夷族少皞氏之后主政，可见他是东方的某一部落宗神，又变为该部落的首领名。所居之地在帝丘(今河南濮阳县东南)，号高阳氏。〔2〕"俈"，音 kù，字或作"喾"。相传为黄帝的后裔，本书《五帝本纪》列为五帝之一。张守节《正义》引《帝王纪》，云俈姬姓，名发，年十五辅佐颛顼，三十登位。居于西亳(今河南偃师县)。据说他有四妻，生四子：姜原生弃，为周祖先；简狄生契，为商祖先；庆都生尧；常仪生挚。卜辞证明，商朝奉俈为高祖，祭礼隆重，或许俈确有其人。《大戴礼记·五帝德》载孔子之言帝俈云："玄嚣之孙，蛴极之子也，曰高辛。生而神灵，言言其名。博施利物，不于其身，聪以知远，明以察微。顺天之义，知民之急。仁而威，惠而信，修身而天下服。"参阅《五帝本纪》。〔3〕"尧"，相传为黄帝的后裔，本书《五帝本纪》列为五帝之一。据传说，尧号陶唐氏，居于平阳(今山西临汾县西南)，居住在西方。最初为部落首领，后来被推选为部落联盟领袖。《五帝本纪》云："帝喾娶陈锋氏女，生放勋。娶娵訾氏女，生挚。帝喾崩，而挚代立。帝挚立，不善，而弟放勋立，是为帝尧。"《大戴礼记·五帝德》孔子言帝尧云："高辛之子也，曰放勋。其仁如天，其知如神，就之如日，望之如云。富而不骄，贵而不豫。黄黼黻衣，丹车白马，伯夷主礼，龙、夔教舞，举舜、彭祖而任之，四时先民治之。流共工于幽州，以变北狄；放驩兜于崇山，以变南蛮；杀三苗于三危，以变西戎；殛鲧于羽山，以变东夷。其言不贰，其行不回，四海之内，舟舆所至，莫不说夷。"正因为帝尧仁智而又战功卓著，所以博得了各部落的崇敬，《尚书·尧典》说尧死时，"百姓如丧考妣"。〔4〕"舜"，相传为黄帝的后裔，本书《五帝本纪》列为五帝之一。据传说，舜号有虞氏，《孟子·离娄下》说他生于诸冯(今山东诸城县，有人认为在今山东菏泽县南五十里)，卒于鸣条(今河南开封市附近。《尚书·汤誓》序云汤伐桀，"遂与桀战于鸣条之野"，此鸣条在今山西运城县安邑镇北，与舜卒之鸣条并非一地)，为东夷之人。而《大戴礼记·五帝德》、本书《五帝本纪》等书皆云舜卒于苍梧之野(在今湖南宁远县境)。舜原为部落首领，尧老，各部落首领推举舜嗣位。尧对舜进行了各种考验，遂摄位行政。尧死，舜正式即位，成为部落联盟的领袖。可参阅《五帝本纪》。〔5〕"黄帝号有熊"，远古时代，我国有许多不同祖先的氏族和部落。据传说，其中黄帝族居于西北方，号轩辕氏，又号有熊氏。居于中部地

区的炎帝族欺凌其他部族，黄帝得到各部族的支持，在阪泉(今河北涿鹿县东南，也有人认为在今河北怀来县)与炎帝三次交战，取得了胜利。九黎族蚩尤暴乱，黄帝又率各部落在涿鹿(今河北涿鹿县，也有人认为即今河北怀来县)擒杀蚩尤。于是，黄帝由本部落的首领被拥戴为部落联盟首领，其势力进入中部地区。由于他功劳赫赫，被尊奉为中原各族的共同祖先。可参阅本书《五帝本纪》。〔6〕"昌意"，据《世本》和《大戴礼记·帝系》，黄帝产玄嚣、昌意二系。本书《五帝本纪》亦云："黄帝居轩辕之丘，而娶于西陵之女，是为嫘祖。嫘祖为黄帝正妃，生二子，其后皆有天下。其一曰玄嚣，是为青阳，青阳降居江水。其二曰昌意，降居若水。"司马贞《索隐》认为若水在蜀地，如是昌意族则生息于西南。但吕思勉《先秦史》第七章第二节认为："青阳降居江水，昌意降居若水，其地皆当在东。"当以吕说为是。〔7〕"蛴极"，《大戴礼记·帝系》云："黄帝产玄嚣，玄嚣产蛴极，蛴极产高辛，是为帝喾。帝喾产放勋，是为帝尧。"据本书《五帝本纪》，"自玄嚣与蛴极皆不得在位"，是蛴极只为部落首领，而没有取得部落联盟大酋长的地位。〔8〕"穷蝉"，《大戴礼记·帝系》云："黄帝产昌意，昌意产高阳，是为帝颛顼。颛顼产穷蝉，穷蝉产敬康，敬康产句芒，句芒产蛴牛，蛴牛产瞽叟，瞽叟产重华，是为帝舜，及产象、敖。"据司马贞《索隐》，"穷蝉"《世本》作"穷系"。〔9〕"帝俈"，俈之称"帝"，与下文尧、舜、禹之称"帝"，皆系司马迁袭用战国后称谓所误加。春秋以前，在人们的观念中，"帝"指超越人世的上帝，不指人王。俈、尧、舜、禹之称"帝"，只是神话系统中特有的现象。从夏禹之子夏后启开始，结束了部落联盟领袖的选举"禅让"制，实行父传子的世袭制，当时的君主称"后"，也不称"帝"。本表下文称"帝启"，也是司马迁误用了后世对君主的称谓。〔10〕"放勋"，有人认为是尧名，有人认为是尧字，皆系传说。"放勋"取仿效前世勋业之义。〔11〕"句望"，《大戴礼记·帝系》作"句芒"。"句"，音 gōu。〔12〕"离"，音 xiè，本书《五帝本纪》、《殷本纪》、《司马相如列传》等篇皆作"契"，二字通。离为殷的始祖。据传母曰简狄，有娀氏之女，为帝喾次妃。离的功业兴起于尧、舜、禹之际。他曾佐禹治水有功，舜又让他做主管民事的司徒一官，封于商(过去人们认为在今陕西商县，近人多认为在今河南商丘)。参阅《殷本纪》。〔13〕"后稷"，周的始祖。据传名弃，母姜原，有邰氏女，为帝喾元妃。"稷"是北方种植广泛的谷子，古人把掌管农事的官称作"后稷"或"稷"。弃善于农业，尧举以为主管农业的长官。因

所职有功,封于邰(音 tái,今陕西武功县西南),号曰"后稷"。 〔14〕"帝尧",上文云:"帝颛顼,黄帝孙。"又云:"帝喾,黄帝曾孙。"下文亦云:"帝舜,黄帝玄孙之玄孙。"又云:"帝禹,黄帝耳孙。"皆明言与始祖黄帝的辈次。此下当有"黄帝玄孙"四字,与上下文同例。此四字系后人传写脱漏。 〔15〕"唐",即陶唐氏。据说尧初封于陶,后封于唐。 〔16〕"蛟牛",本书《五帝本纪》作"桥牛"。汉刘耽《吕梁碑》又作"乔牛"。 〔17〕"瞽叟",音 gǔ sǒu。无目谓之"瞽",有目而好恶不辨亦谓之"瞽"。据《五帝本纪》记载,舜父瞽叟目盲,舜母死,瞽叟娶妻生象。瞽叟爱象,欲杀舜。舜有小的过错则受责罚。 〔18〕"后稷生不窋",本书《周本纪》云:"后稷卒,子不窋立。"又司马贞《索隐》引《帝王世纪》云:"后稷纳姞氏,生不窋。"皆以不窋为后稷之子。实际上不窋亦为后稷以后的一代稷官,并非后稷之子。不窋上距后稷代数,不能确考。《国语·周语上》载祭公谋父之言云:"及夏之衰也,弃稷不务,我先王不窋用失其官,而自窜于戎狄之间。"韦昭注认为不窋失去稷官是在夏太康失政之时。"窋",音 zhú。 〔19〕"虞",即有虞氏。 〔20〕"重华",本书《五帝本纪》云:"虞舜者,名曰重华。"《尚书·舜典》孔安国《传》释"重华"含义云:"华谓文德,言其光文重合于尧。" 〔21〕"鲧",音 gǔn。本书《夏本纪》云:"禹之父曰鲧,鲧之父曰帝颛顼。"鲧本是夏部落联盟中姜姓族宗神,为颛顼族的一支后裔,其部落活动于崇(今山西襄汾、翼城、曲沃之间的崇山),故有崇伯之称。古人或以为鲧为颛顼之子,或以为鲧为颛顼五代孙,皆为古史传说。从这些不同传说中可以看出,颛顼族先于鲧,并有相同的血缘纽带联系着。 〔22〕"文命",本书《夏本纪》云:"夏禹,名曰文命。"但《尚书·大禹谟》赞美禹云:"文命敷于四海,祗承于帝。"孔安国《传》释云:"言其外布文德教命,内则敬承尧、舜。"是"文命"本不是禹名,乃是颂扬禹德行之辞。但古人多以"文命"为禹名,如《正义》引《帝王纪》云:"父鲧妻修己……胸坼而生禹,名文命,字密。"又《大戴礼记·五帝德》云:"孔子曰:'高阳之孙,鲧之子也,曰文命。……'"此皆系传说。 〔23〕"鞠",音 jū,《世本》和《诗·豳风谱》引本书《周本纪》作"鞠陶"。 〔24〕"禹",又称神禹、大禹、戎禹、夏禹,为部落联盟的领袖,亦为夏代的第一位君主。在他以前,我国为"天下为公"的大同社会。在他以后,我国进入"天下为家"的小康之世,即财产私有的阶级社会。其事详见本书《夏本纪》。 〔25〕"耳孙",远孙,亦谓"仍孙"。《汉书·惠帝纪》颜师古注云:"据《尔雅》'曾孙之子为玄孙,玄孙之子

为来孙,来孙之子为昆孙,昆孙之子为仍孙',从己而数,是为八叶。……'仍'、'耳'声相近,盖一号也。" 〔26〕"相土",在商族的先公中,相土是很有作为的,《诗·商颂·长发》颂扬说:"相土烈烈,海外有截。"相土有烈烈之威,使远至海外的人们都一致服从。 〔27〕"公刘",是周族先公中继后稷之后出现的一个功烈卓著的人物,不窋失去了世代相传的稷官后,奔入戎狄之间。公刘虽然仍处戎狄之间,但复修后稷之业,勤于农耕,民众富庶,百姓归服,周族势力崛起。他率领周族迁居泾水中游的豳(音 bīn,在今陕西旬邑县西南),营建居邑。《诗·大雅·公刘》全篇歌颂了公刘迁居豳地的活动和在农业等方面做出的贡献。 〔28〕"帝启",禹子,其母涂山氏之女。启继禹之后成为夏后的说法不一,《孟子·万章上》载孟子之言云:"禹荐益于天,七年,禹崩,三年之丧毕,益避禹之子于箕山之阴。朝觐讼狱者不之益而之启,曰:'吾君之子也。'讴歌者不讴歌益而讴歌启,曰:'吾君之子也。'"启遂有天下。本书《夏本纪》所载略同。但《竹书纪年》云:"益干启位,启杀之。"《战国策·燕策一》亦云:"禹授益,而以启为吏。及老,而以启为不足任天下,传之益也。启与支党攻益,而夺之天下。是禹名传天下于益,其实令启自取之。"本书《燕召公世家》所载略同,屈原《天问》中亦有所反映。两说之中,启以武力诛杀益而夺取天下的说法较为可信。 〔29〕"伐有扈,作《甘誓》","有扈",即有扈氏,是与夏同姓姒的部落,活动在今陕西中部和东部,势力之盛仅次于夏。启取得君主之位,有扈氏不服,起兵反抗。启亲自率领军队征伐有扈氏,大战于甘(今河南洛阳市西南,因近甘水而得名)。启在战前发布了誓师词《甘誓》,载于《尚书》,又见于《墨子·明鬼下》和本书《夏本纪》。《甘誓》大意是宣告有扈氏上则轻蔑五行天象,下则怠慢三正大臣,上天要灭绝它,现在要奉行上天的意志去惩罚它。全军要听从命令。听从命令的在祖庙里给予奖赏,不奉行命令的在社坛里杀死,家属也处死或充当奴隶。双方交战结果,启消灭了有扈氏。 〔30〕"帝太康",启卒,子太康继位。太康淫奢无度,不恤民事,《潜夫论·五德志》说他"兄弟五人,皆有昏德,不堪帝事",《逸周书·尝麦篇》又说启之五子志禹之命,兴乱而凶其国。这时东夷有穷氏的首领后羿乘夏之衰乱,赶走了太康,"因夏民以代夏政"(《左传》襄公四年魏绛引《夏训》之语),做了君主,太康失去了统治权,这就是夏朝历史上有名的"太康失国"。 〔31〕"曹圉",《世本》作"粮圉"。"圉",音 yǔ,同"圉"。 〔32〕"冥",《礼记·祭法》云:"殷人禘喾而郊冥,祖契而宗汤。"郑玄

注:"禘、郊、祖、宗,谓祭祀以配食也。"又注:"祭上帝于南郊曰郊。"按照古人的思想,受得后人祭祀的要有某种功业,其中以勤于官事而以身殉职的人可以得到祭祀。而冥为司空,对公事勤勤恳恳,死于水中,所以殷人在南郊行祭天之礼时,以冥配食。可参阅本书《殷本纪》裴骃《集解》宋忠注、《礼记·祭法》及孔颖达《疏》。 〔33〕"帝仲康",又作"帝中康",太康之弟。本书《夏本纪》云:"太康崩,弟中康立,是为帝中康。" 〔34〕"振",《世本》作"核",殷墟甲骨卜辞、《山海经·大荒东经》、《古本竹书纪年》皆作"王亥",《初学记》卷二〇引《世本·作篇》作"胲",《楚辞·天问》作"该",《汉书·古今人表》作"垓"。综合各种材料,可以看出"振"字有误,字当作"亥"或有"亥"旁诸字,"亥"与"亥"旁诸字音近互通。 〔35〕"毁渝",本书《周本纪》、《汉书·古今人表》作"毁隃",司马贞《索隐》引《世本》作"伪榆",《尚书·酒诰》《疏》作"毁揄",或作"毁榆"。 〔36〕"公非",本书《周本纪》《索隐》引《世本》云"公非辟方"。《汉书·古今人表》以公非与辟方分作二人,辟方为公非子。梁玉绳《人表考》卷六云:"辟方惟见《周纪·索隐》及《路史·发挥·周世考》引《世本》。" 〔37〕"帝相",仲康之子。本书《夏本纪》云:"中康崩,子帝相立。" 〔38〕"微",本书《殷本纪》司马贞《索隐》云:"皇甫谧云:'微字上甲,其母以甲日生故也。'商家生子,以日为名,盖自微始。"在甲骨卜辞中,微称上甲。微为名,上甲为号。 〔39〕"高圉",《左传》昭公七年、《国语·鲁语上》皆曾言及。古人把高圉与其子亚圉合称二圉。本书《周本纪》《索隐》引《世本》云"高圉侯侔"。《汉书·古今人表》"侯侔"作"夷竢"("竢"、"俟"二字通),把高圉、夷竢分作二人,认为夷竢为高圉子。"圉",音 yǔ。 〔40〕"亚圉",本书《周本纪》《集解》引《世本》云亚圉云都。《汉书·古今人表》分亚圉、云都为二人,认为云都是亚圉弟。 〔41〕"帝少康",相子。本书《夏本纪》云:"帝相崩,子帝少康立。"少康是一个有作为的君主,他在位时期,夏的势力得到巩固,史称"少康中兴"。据《左传》襄公四年魏绛之言和本书《夏本纪》张守节《正义》引《帝王世纪》,后羿夺取夏政权后,依仗他的射箭技术,不修民事,沉溺于打猎,抛弃了贤臣武罗、伯因、熊髡、龙圉,而任用伯明氏的奸诈子弟寒浞。寒浞扶植邪恶,笼络人心。有一次后羿畋猎归来,被下属杀死,寒浞篡取了政权,并霸占了后羿的妻妾,生下浇和豷。当时相投奔斟灌氏和斟寻氏,(此据《水经·巨洋水注》引《竹书纪年》:"相居斟灌。"《太平御览》卷八二引《帝王世纪》:"帝相一名相安,自太康以来,夏政凌迟,为羿

所逼,乃徙商丘,依同姓诸侯斟灌、斟寻氏。")寒浞派浇带领军队灭了斟灌氏和斟寻氏,让浇住在过地,让豷住在戈地。最初,夏的遗臣靡事羿,羿死后,逃于有鬲氏,收罗斟灌氏、斟寻氏的残余势力,杀死了寒浞,扶持相子少康掌握了政权。少康又在过消灭了浇,少康子后杼又在戈消灭了豷,夏朝走上了新的发展道路。 〔42〕"报乙生报丙",据本《表》与本书《殷本纪》所载,报丁生报乙,报乙生报丙,《汉书·古今人表》同。但依甲骨卜辞,这三代的世系顺序是报乙、报丙、报丁,司马迁所述与实际情况不符。 〔43〕"公祖类",本书《周本纪》云"公叔祖类",《索隐》引《世本》云"太公组绀诸盩",《汉书·古今人表》云"公祖"。"公祖类"、"公祖"皆"公叔祖类"之省文。 〔44〕"帝予",少康之子。本书《夏本纪》云:"帝少康崩,子帝予立。"《左传》襄公四年作"后杼",《国语·鲁语上》作"杼",《世本》作"帝杼"、"季佇",《太平御览》卷八二引《竹书纪年》作"帝宁",《墨子·非儒下》作"仔"。"予"、"杼"、"佇"、"宁",皆音 zhù。史书上赞美他能修夏禹之道,《国语·鲁语上》即云:"杼,能帅禹者也,夏后氏报焉。"张守节《正义》亦云少康"子予复禹绩"。 〔45〕"太王亶父",即古公亶父,又常省称"大王"("大"、"太"二字古通)、"古公"、"亶父",是周人崛起的奠基者。他继承了后稷、公刘的事业,率领周族从豳迁移到岐山南麓的周原(其地域主要包有今陕西扶风、岐山、凤翔、武功等县),在这里营建都邑,设官分职,发展农业,取得了民众的拥护。《诗·鲁颂》说:"后稷之孙,实维太王,居岐之阳,实始剪商。"歌颂了古公亶父在周人灭商过程中的奠基之功。周武王时追尊古公亶父为"太王"。事详本书《周本纪》。 〔46〕"帝槐",予子。本书《夏本纪》云:"帝予崩,子帝槐立。"《世本》作"帝芬",《竹书纪年》作"后芬发"。《后汉书·东夷传》李贤注引《竹书纪年》云:"后芬发即位三年,九夷来御。"所谓"九夷",即畎夷、于夷、方夷、黄夷、白夷、赤夷、玄夷、风夷、阳夷。帝槐时九夷宾服,反映了帝槐时代的兴盛。 〔47〕"天乙",即汤,商王朝的建立者。在甲骨卜辞和古书中又分别有"唐"、"大乙"、"履"等称。"唐"与"汤"音近字通。本书《殷本纪》司马贞《索隐》云:"汤名履。"又引谯周云:"天亦帝也,殷人尊汤,故曰天乙。" 〔48〕"季历",又称公季、王季。古公亶父有三子,长子太伯,次子虞仲,季历为少子,其母太姜。季历生昌,太王亶父欲立季历传位于昌,太伯、虞仲知其意,遂逃往荆蛮,以便让季历嗣位。事详本书《周本纪》。 〔49〕"文王昌",据本书《周本纪》记载,昌卒,"谥为文王"。"昌"为文王之名。文王

昌为殷的西方伯,故又称"西伯"。文王时期,已经三分天下有其二,形成了灭商的形势。事详本书《周本纪》。〔50〕"帝芒",槐子。本书《夏本纪》云:"帝槐崩,子帝芒立。"司马贞《索隐》云"芒""一作'荒'"。《北堂书钞》卷八九、《初学记》卷一三引《竹书纪年》皆作"后荒"。〔51〕"武王发",武王名发,他继承其父文王遗业,消灭了商王纣,创建了西周。据《竹书纪年》,西周"自武王灭殷,以至幽王,凡二百五十七年"。幽王之亡在公元前七七一年,武王灭纣,建立西周,当在公元前一○二七年。此为有关武王灭纣年代众说中较为通行的说法。〔52〕"帝泄",芒子。本书《夏本纪》云:"帝芒崩,子帝泄立。"《后汉书·东夷传》《西羌传》李贤注引《竹书纪年》作"后泄"。《东夷传》注引《竹书纪年》云:"后泄二十一年,命畎夷、白夷、赤夷、玄夷、风夷、阳夷。"〔53〕"帝不降",泄子。本书《夏本纪》云:"帝泄崩,子帝不降立。"《世本》作"帝降"。《太平御览》卷八二引《竹书纪年》云:"不降即位,六年,伐九苑。立十九年。其弟立,是为帝扃。"九苑当为部落名,居地不详。《逸周书·王会篇》提到九菌,明本作"九菌",或即九苑。〔54〕"帝扃",本书《夏本纪》云:"帝不降崩,弟帝扃立。""扃",音 jiōng。〔55〕"帝廑",扃子。本书《夏本纪》云:"帝扃崩,子帝廑立。""廑",音 jǐn。《太平御览》卷八二引《竹书纪年》云:"帝廑一名胤甲,即位居西河,天有祅孽,十日并出。"又引《帝王世纪》云:"帝廑一名顼,或曰董江,在位二十年。"诸异名皆系传闻。〔56〕"帝孔甲",不降子。本书《夏本纪》云:"帝廑崩,立帝不降之子孔甲,是为帝孔甲。"〔57〕"二龙去",《左传》昭公二十九年记载蔡墨之言云:"董父善于驯养龙,让龙伺候帝舜。帝舜赐姓董,氏豢龙。到了孔甲时,天帝赐予驾车的龙,黄河和汉水各两条,各有一雌一雄。孔甲不能饲养,没有找到世代养龙的豢龙氏。陶唐氏衰落后,后裔刘累曾向豢龙氏学习驯龙,以此奉事孔甲。孔甲嘉奖他,赐氏御龙。一条雌龙死了,刘累偷着剁成肉酱给夏后吃。夏后吃了。后来又让刘累再找来吃,刘累由于惧怕而徙居鲁县。所谓"二龙去"即谓此。本书《夏本纪》也有记载,略于《左传》。在古人心目中,"二龙去"是夏德没落的象征。据《夏本纪》所述,自孔甲始,"夏后氏德衰,诸侯畔之"。《国语·周语下》则云:"孔甲乱夏,四世而陨。"〔58〕"帝皋",孔甲子。本书《夏本纪》云:"孔甲崩,子帝皋立。"《太平御览》卷八二引《竹书纪年》云:"后昊立三年。"注云:"帝皋也。"是帝皋又称后昊。〔59〕"帝发",皋子。本书《夏本纪》云:"帝皋崩,子帝发立。"帝发古书或称"后发",《竹书纪年》

云:"后发一名后敬,或曰发惠。"〔60〕"帝履癸",司马贞《索隐》引《世本》云:"帝皋生发及履癸。履癸一名桀。"而本书《夏本纪》云:"帝发崩,子帝履癸立,是为桀。"所述世系不同。桀是夏的最后一个君主。据史书记载,他为政荒淫,百姓无法忍受,恨不得与他同归于尽。他终于被成汤灭掉。事详本书《夏本纪》、《殷本纪》。〔61〕"从黄帝至桀二十世",从黄帝至桀,由于缺乏可信的史料,世数无法确切计算。以本表所列,从黄帝至桀当为二十一世。〔62〕"殷汤代夏氏",商族在汤时,势力开始强大。夏桀无道,汤利用民众对夏桀的痛恨,先征服了夏的盟国韦(在今河南滑县)、顾(在今河南范县东南)、昆吾(在今河南濮阳西南),剪除了夏桀的羽翼。接着,发布讨伐夏桀的誓师词《汤誓》,亲自率军在有娀之墟(约在今山西西南)打败夏桀,夏桀逃往鸣条(在今山西运城县安邑镇北),双方再战,夏桀又遭惨败,向东逃窜,汤追至三朡(在今山东定陶县。"朡",音 zōng),大胜而归,登上君主之位,建立商朝,定都于亳(音 bó,故地在今河南商丘县东南,相传为汤所居。今河南偃师县西也有古亳城,相传汤灭夏桀后都于此。今河南商丘县北又有亳城,据说是汤进攻夏桀过程中的居住之地)。可参阅本书《殷本纪》。〔63〕"从黄帝至汤十七世",这是据历史传说统计出的世数,不可信据。依本书记载,从黄帝至汤为十八世。〔64〕"帝外丙",汤子。本书《殷本纪》云:"汤崩,太子太丁未立而卒,于是乃立太丁之弟外丙,是为帝外丙。"商朝的王位,以长子继承制为主,以弟继为辅,但也有变例。汤长子太丁早死,太丁弟外丙、仲壬相继嗣位,就属于变例。人世君主称帝始于战国,本书殷王皆称"帝某某",有违历史真实。〔65〕"蚤",与"早"字同。〔66〕"帝仲壬",外丙弟。本书《殷本纪》云:"帝外丙即位三年,崩,立外丙之弟中壬,是为帝中壬。""仲"、"中"二字同,音 zhòng。〔67〕"帝太甲",太丁子。本书《殷本纪》云:"帝中壬即位四年,崩,伊尹乃立太丁之子太甲。太甲,成汤適长孙也,是为帝太甲。"〔68〕"伊尹放之桐宫",伊尹名阿衡,汤的贤臣,辅佐汤消灭了夏桀。本书《殷本纪》云:"帝太甲既立三年,不明,暴虐,不遵汤法,乱德,于是伊尹放之于桐宫。三年,伊尹摄行政当国,以朝诸侯。"《孟子·万章上》亦云:"太甲颠覆汤之典刑,伊尹放之于桐。三年,太甲悔过,自怨自艾,于桐处仁迁义,三年,以听伊尹之训己也,复归于亳。"但《尚书·咸有一德》《正义》引《竹书纪年》却说:"仲壬崩,伊尹放太甲于桐而自立也。伊尹即位于太甲七年,太甲潜出自桐,杀伊尹,乃立其子伊陟、伊奋,命复其父之田宅而中分之。"这种说法不可信。在今天所见卜辞中，屡次提到致祭伊尹，他的地位介于殷先公与先王之间。后世儒家经典《诗》、《书》皆颂扬他辅佐商王的业绩。《竹书纪年》之说，只可视为一种传闻，不能当作信史。"桐宫"，桐地的宫室。本书《殷本纪》张守节《正义》引《晋太康地记》认为桐宫在尸乡南之亳阪，尸乡地在今河南偃师县西南。有人认为桐与汉代虞县南的桐亭为一地，在今河南虞城县南，与商丘之亳邻近。 〔69〕"伊尹乃迎之复位"，据本书《殷本纪》记载，帝太甲居桐宫三年，悔过自责，回心向善，于是伊尹就迎回帝太甲，把政权交还给他。帝太甲修德，诸侯都归服于殷，百姓安宁。伊尹很赞赏，作《太甲训》三篇来褒美帝太甲，尊称他为太宗。 〔70〕"帝沃丁"，太甲子。本书《殷本纪》云："太宗崩，子沃丁立。"甲骨文有"丂丁"，郭沫若《殷虚书契后编》认为即沃丁。 〔71〕"伊尹卒"，本书《殷本纪》云："帝沃丁之时，伊尹卒。"伊尹死后，葬于亳。 〔72〕"帝太庚"，沃丁弟。本书《殷本纪》云："沃丁崩，弟太庚立，是为帝太庚。""太庚"，甲骨文作"大庚"。"大"，读作"太"。《竹书纪年》云："小庚辩即位，居亳。""小庚辩"即太庚。 〔73〕"帝小甲"，此《表》认为小甲是太庚弟，但本书《殷本纪》和《世本》皆以小甲为太庚子。 〔74〕"殷道衰，诸侯或不至"，本书《殷本纪》说殷道衰微，诸侯或不至是在帝雍己时，与此《表》所载有所不同。 〔75〕"帝雍己"，小甲弟。本书《殷本纪》云："帝小甲崩，弟雍己立，是为帝雍己。" 〔76〕"帝太戊"，雍己弟。本书《殷本纪》云："帝雍己崩，弟太戊立，是为帝太戊。" 〔77〕"以桑穀生，称中宗"，本书《殷本纪》云："帝太戊立伊陟（伊尹子）为相。亳有祥桑穀共生于朝，一暮大拱（意谓一晚上长得有两手围握那么粗）。帝太戊惧，问伊陟。伊陟曰：'臣闻妖不胜德，帝之政其有阙与？帝其修德。'太戊从之，而祥桑枯死而去。……殷复兴，故称中宗。""穀"，音 gǔ，是一种树木，又名楮（音 chǔ）。桑、穀本应生在野外，太戊时两树连在一起，长在朝廷上，是不祥之兆。但太戊修德，不祥之兆消失了，殷朝统治得到巩固，商人尊太戊为中宗。但在甲骨卜辞中，出现过"中宗祖乙"、"中宗祖丁、祖甲"，未见称太戊为中宗的。《竹书纪年》云："祖乙胜即位，是为中宗。"《晏子春秋·内篇谏上》云："汤、太甲、武丁、祖乙，天下之盛君也。"也没有提到太戊。司马迁以太戊为中宗，当另有所本，《尚书·无逸》伪孔《传》、《诗·商颂·烈祖》郑玄《笺》皆以太戊为中宗。 〔78〕"帝中丁"，太戊子。本书《殷本纪》云："中宗崩，子帝中丁立。"中丁时把都城从亳迁于隞

（音 áo，或作"嚣"、"敖"，地在今河南荥阳县北）。 〔79〕"帝外壬"，中丁弟。本书《殷本纪》云："帝中丁崩，弟外壬立，是为帝外壬。" 〔80〕"帝河亶甲"，外壬弟。本书《殷本纪》云："帝外壬崩，弟河亶甲立，是为帝河亶甲。河亶甲时，殷复衰。"河亶甲时自隞迁都于相（在今河南内黄县东南）。"亶"，音 dǎn。 〔81〕"帝祖乙"，本书《殷本纪》云："河亶甲崩，子帝祖乙立。帝祖乙立，殷复兴。"根据商祭祀先王的甲骨卜辞，祖乙是中丁之子，与司马迁所记不同。祖乙时迁都于邢。"邢"，音 gěng，亦作"耿"，在今河南温县东。《竹书纪年》记载祖乙都庇，在今山东定陶县。 〔82〕"帝祖辛"，祖乙子。本书《殷本纪》云："祖乙崩，子帝祖辛立。" 〔83〕"帝沃甲"，祖辛弟。本书《殷本纪》云："帝祖辛崩，弟沃甲立，是为帝沃甲。""沃甲"《世本》、《竹书纪年》皆作"开甲"。 〔84〕"帝祖丁"，祖辛子。本书《殷本纪》云："帝沃甲崩，立沃甲兄祖辛之子祖丁，是为帝祖丁。" 〔85〕"帝南庚"，沃甲子。本书《殷本纪》云："帝祖丁崩，立弟沃甲之子南庚，是为帝南庚。"据《竹书纪年》，南庚自庇迁都于奄（在今山东曲阜县）。 〔86〕"帝阳甲"，祖丁子。本书《殷本纪》云："帝南庚崩，立帝祖丁之子阳甲，是为帝阳甲。""阳甲"，甲骨文作"象甲"。殷至阳甲在位时期，国势衰弱，《殷本纪》记载："自中丁以来，废適（通"嫡"）而更立诸弟子，弟子或争相代立，比九世乱，于是诸侯莫朝。""比九世乱"，就是从中丁至阳甲接连九世混乱。 〔87〕"帝盘庚"，阳甲弟。本书《殷本纪》云："帝阳甲崩，弟盘庚立，是为帝盘庚。" 〔88〕"徙河南"，据本书《殷本纪》，是谓盘庚把都城从黄河北的邢迁至黄河南的亳。而《竹书纪年》则记载"盘庚即位，自奄迁于北蒙，曰殷"。奄处黄河东南，南庚、阳甲所居。殷处黄河北，在今河南安阳市西北。今人多主《竹书纪年》之说。在甲骨文中，盘庚所居新邑称"大邑商"。盘庚徙都的原因，学者有多种解释，主要原因当是商自中丁以后出现"比九世乱"，王权削弱，贵族势力膨胀。盘庚到新都殷之后，强化王权，刷新政治。又加上新都地处黄河中游冲积平原，土质肥沃，利于农耕。因此，盘庚迁都，使商朝国势中兴。 〔89〕"帝小辛"，盘庚弟。本书《殷本纪》云："帝盘庚崩，弟小辛立，是为帝小辛。帝小辛立，殷复衰。" 〔90〕"帝小乙"，小辛弟。本书《殷本纪》云："帝小辛崩，弟小乙立，是为帝小乙。" 〔91〕"帝武丁"，小乙子。本书《殷本纪》云："帝小乙崩，子帝武丁立。"武丁在位时期是商后期鼎盛阶段，历史上有"武丁中兴"之誉。 〔92〕"雊升鼎耳雊"，"雊"，音 zhì，野鸡。"雊"，音 gòu，雄鸡鸣叫。本书《殷本纪》记载："帝武

丁祭成汤,明日,有飞雉登鼎耳而呴(通"雊"),武丁惧。祖己曰:'王勿忧,先修政事。'"祖己乃训诫王说:"上天考察下民,主要看他们做事是否合乎义理,上天赐给人的寿命有长有不长,不是天使人早死,断绝他的生命。有的人不顺义理,又不服罪,等到上天惩罚他,端正他的品德,才说该怎么办呢。唉!王应该尊敬臣民,他们都是上天的后代,祭祀时不要礼仪违背常规。"于是,"武丁修政行德,天下咸欢,殷道复兴"。祭祀时,野鸡飞至祭器鼎耳之上鸣叫,是不祥之兆。武丁从贤臣祖己之言,实行德政,不但无灾,反而使殷振兴。司马迁所述本于《尚书·高宗肜日》。高宗即武丁。但有人认为《高宗肜日》记载的不是武丁祭成汤,而是武丁之子祖庚祭武丁,司马迁对《高宗肜日》理解有误。 〔93〕"傅说",辅佐武丁中兴的贤臣。武丁即位,想复兴殷朝,但没有找到辅佐之臣。因此三年不说话,政事由冢宰决定,暗中观察国家风习。武丁夜里做梦得到了圣人,名说。根据梦中所见去观察群臣百吏,都不是梦中见到的。于是就派百官到民间寻找,在傅险之地找到了说。当时说为刑徒,在傅险服事建筑劳役。说被送到武丁那里,武丁说就是他。武丁跟说交谈,起用为宰相,殷朝治理得十分好。于是就以傅险这个地名给他确定姓氏,称为傅说。见本书《殷本纪》。古书中常见对傅说的记述,如《墨子·尚贤中》、《孟子·告子下》、《帝王世纪》等书皆有记载。"说",音 yuè。 〔94〕"称高宗",据本书《殷本纪》记载:"帝武丁崩,子帝祖庚立。祖己嘉武丁之以祥雉为德,立其庙为高宗。" 〔95〕"帝祖庚",甲骨文作"且庚","且"即"祖"字。《竹书纪年》云:"祖庚跃居殷。" 〔96〕"帝甲",祖庚弟。本书《殷本纪》云:"帝祖庚崩,弟祖甲立,是为帝甲。"甲骨文有"且(祖)甲",《尚书·无逸》有"祖甲","祖甲"即帝甲。"帝甲"和下文帝乙、帝辛之称殷世已经出现,与司马迁根据后世君主称号虚构的帝祖庚、帝武丁等不同。可参阅《殷本纪》"是为帝甲"句注。 〔97〕"淫",本书《殷本纪》云:"帝甲淫乱,殷复衰。"《国语·周语下》也说:"帝甲乱之,七世而陨。"从帝甲至殷亡国之君纣为七世。 〔98〕"帝廪辛",帝甲子。本书《殷本纪》云:"帝甲崩,子帝廪辛立。"《帝王世纪》、《汉书·古今人表》作"冯辛"。司马贞《索隐》云:"或作'冯辛'。"是唐代传本《史记·三代世表》亦有作"冯辛"的。 〔99〕"帝庚丁",廪辛弟。本书《殷本纪》云:"帝廪辛崩,弟庚丁立,是为帝庚丁。""庚丁"为"康丁"之误。郭沫若《卜辞通纂·世系》考释云:"康祖丁或作康丁,罗振玉云:'《史记》作庚丁,为康丁之讹,商人以日为名,无一人兼用两日

者。'" 〔100〕"殷徙河北",据《竹书纪年》,自盘庚把都城从奄迁往黄河以北的殷以后,一直到纣亡国都未再徙都。此《表》说庚丁徙都河北,本书《殷本纪》又说"帝庚丁崩,子帝武乙立。殷复去亳,徙河北",大多数学者都认为记载有误。 〔101〕"帝武乙",甲骨文作"武且(祖)乙"。 〔102〕"慢神震死",武乙无道,做个假人,称作天神,跟他玩博戏,叫人代替他走博棋。天神输了,就侮辱他。又做皮囊,装入血,仰脸射之,称为"射天"。武乙在河、渭二水之间打猎,天忽然打雷,武乙被雷震死。事见本书《殷本纪》。 〔103〕"帝太丁",武乙子。本书《殷本纪》云:"武乙震死,子帝太丁立。"甲骨文作"文武丁",《晋书·束皙传》、《史通·疑古》《杂说》引《竹书纪年》及《汲冢书》皆作"文丁"。《太平御览》卷八三引《帝王世纪》云:"帝文丁,一曰大丁。""大丁"之"大",读作"太"。 〔104〕"帝乙",太丁子。本书《殷本纪》云:"帝太丁崩,子帝乙立。帝乙立,殷益衰。" 〔105〕"帝辛,是为纣",帝乙长子曰微子启,其母身份低下,不得嗣位。帝乙少子辛,其母是正妻,所以辛继承了帝乙的王位。辛是取于天干的称号,纣是帝辛之名。至纣,商朝灭亡。 〔106〕"弑",臣杀君,子杀父母曰"弑"。周武王率诸侯伐纣,战于牧野(在今河南淇县西南,为纣别都朝歌的郊野地区),纣大败,登上鹿台(是朝歌的重要建筑,纣藏财货于其中),投火而死。周武王至纣死的地方,砍下纣头,悬挂起来。周武王为商臣,杀其君纣,故曰"弑"。 〔107〕"从汤至纣二十九世",根据此《表》计算,从汤至纣为三十世。 〔108〕"从黄帝至纣四十六世",从黄帝至纣,由于缺乏可靠的史料,世次不可确考。根据本《表》所列,乃为四十七世,司马迁少计一世。 〔109〕"从黄帝至武王十九世",自黄帝至武王世次无从指实,此言十九世,不可信据。 〔110〕"成王诵",周武王太子。武王卒,太子诵继位。事详本书《周本纪》。 〔111〕"鲁周公旦",周武王之弟,其采邑在周(故地在今陕西岐山北),故称"周公"。"旦",名,又称叔旦。武王时,周公辅佐武王灭商。成王初立年幼,周公摄王位,代行国政。他的兄弟管叔、蔡叔、霍叔等人不服,联合商纣王之子武庚和以奄为首的诸部落,武装反叛。周公东征,取得胜利,杀武庚、管叔,流蔡叔、霍叔,攻灭奄等十七国。并营建洛邑(在今河南洛阳)作为东都,加强对东方的控制。与此同时,又大封诸侯,以藩屏周室。据《史记》所载,周公旦封于鲁是在武王灭商后。《周本纪》云:武王灭商,"于是封功臣谋士,而师尚父为首封。封尚父于营丘(今山东淄博市东北旧临淄县),曰齐。封弟周公旦于曲

阜(在今山东曲阜县),曰鲁"。《鲁周公世家》云:"已杀纣……封周公旦于少昊之虚曲阜,是为鲁公。周公不就封,留佐武王。《史记》所载武王首封太公于齐、周公于鲁,不一定可信。〔112〕"齐太公尚",即吕尚,又称太公望、师尚父。姜姓,吕氏,名望。"太公"与"尚"均为尊崇之称。据本书《齐太公世家》载:"武王已平商而王天下,封师尚父于齐营丘。"〔113〕"晋唐叔虞",周武王之子,周成王之弟。名虞,字子于,周成王封叔虞于唐,唐在河北、汾水之东,方百里,今山西翼城西是其故地。至其子燮,改国号为晋。〔114〕"秦恶来,助纣",恶来亦称恶来革、来革。本书《秦本纪》记载,中潏生飞廉,飞廉生恶来,"恶来有力,飞廉善走,父子俱以材力事殷纣。周武王之伐纣,并杀恶来"。〔115〕"飞廉",别号处父,事纣,天赐石棺而死,葬于霍太山。《孟子·滕文公下》则云:"驱飞廉于海隅而戮之。"〔116〕"楚熊绎",据本《表》为鬻熊之子,但本书《楚世家》云:"周文王之时,季连之苗裔曰鬻熊。鬻熊子事文王,蚤卒。其子曰熊丽。熊丽生熊狂,熊狂生熊绎。"《楚世家》所述较为可信。周成王时,举用周文王、周武王时功臣的后代,封熊绎于楚蛮,食子男之田,姓芈氏,居丹阳(在今湖北秭归县东南)。〔117〕"宋微子启",汉代避景帝讳改"启"作"开",故本书《宋微子世家》作"微子开"。殷帝乙之长子,纣之庶兄。封于微(在今山东梁山西北)。周成王时,管叔、蔡叔与武庚作乱,周公平息叛乱,以微子启代殷后,奉其先祀,封于宋。〔118〕"卫康叔",名封,周武王同母弟,初封于康(在今河南禹县西北)。周公杀死武庚后,把殷民七族陶氏、施氏、繁氏、樊氏、饥氏、终蔡氏和商故都周围地区封赐给康叔,国号卫。〔119〕"陈胡公满",姓妫,故又称妫满,舜的后裔,周武王灭商后,封之于陈,以奉舜祀。〔120〕"蔡叔度",周武王弟,武王灭纣后,封叔度于蔡(都上蔡,在今河南上蔡西南),与管叔鲜共相纣子武庚,治殷遗民。后因反叛被周公放逐。〔121〕"曹叔振铎",周武王弟,武王灭纣,封叔振铎于曹,都陶丘(在今山东定陶西南)。〔122〕"燕召公奭",姬姓,为周支族。初封于召(在今陕西岐山县西南)。周武王灭纣,封召公奭于燕,都蓟(在今北京)。周成王时为太保,与周公旦分陕而治,陕以西由召公治理。〔123〕"康王钊",周成王太子。本书《周本纪》云:"成王将崩,惧太子钊之不任,乃命召公、毕公率诸侯以相太子而立之。成王既崩,二公率诸侯,以太子钊见于先王庙,申告以文王、武王之所以为王业之不易,务在节俭,毋多欲,以笃信临之,作《顾命》(《尚书》中的一篇,以司马迁之说,

作于周成王、周康王之际,为成王遗嘱)。太子钊遂立,是为康王。"〔124〕"刑错四十余年","刑错",把刑罚搁置起来而不用。一般用来形容社会清明,无人触犯法禁。《竹书纪年》云:"成、康之际,天下安宁,刑措四十余年不用。"本书《周本纪》也有相同记载。〔125〕"鲁公伯禽",亦称禽父,周公旦长子。鲁之封始自伯禽,周公旦东征获胜,周成王把殷民六族和旧奄国地分封给伯禽,建立了鲁国。〔126〕"丁公吕伋",本书《齐太公世家》载:"太公之卒百有余年,子丁公吕伋立。"〔127〕"女防",或作"女妨",恶来之子。〔128〕"熊乂",熊绎之子。"乂",音yì,本书《楚世家》作"艾",二字古通。〔129〕"微仲",微子启之弟,名衍。〔130〕"康伯",卫康叔之子,《世本》云康伯名髡。〔131〕"申公",陈胡公满之子,名犀侯。〔132〕"蔡仲",蔡叔度之子,名胡,周公举为鲁卿士,鲁国大治。于是周公言于周成王,后封蔡仲于蔡。〔133〕"昭王瑕",康王子。本书《周本纪》云:"康王卒,子昭王瑕立。"〔134〕"南巡不返",此指昭王南伐荆楚事。昭王伐荆楚有两次。《初学记》卷七引《竹书纪年》云:"周昭王十六年,伐楚荆,涉汉,遇大兕。"此为第一次伐荆楚。同书卷七又引《竹书纪年》云:"周昭王十九年,天大曀,雉兔皆震,丧六师于汉。"又《太平御览》卷八七四引《竹书纪年》云:"周昭王末年,夜有五色光贯紫微。其年,王南巡不返。"此为第二次伐荆楚。第二次伐荆楚时,《帝王世纪》云昭王溺死汉水,而本书《周本纪》云"卒于江(即今长江)上"。前说与《竹书纪年》相合,较为可信。〔135〕"不赴,讳之",本书《周本纪》云:"昭王之时,王道微缺。昭王南巡狩不返,卒于江上。其卒不赴,讳之也。""不赴",不把死的消息通报各诸侯,即不发讣告。"讳之",昭王溺死,周人以为是耻辱之事,所以有意隐讳。〔136〕"考公",鲁公伯禽之子,名酋,在位四年。〔137〕"乙公",名得,齐丁公之子。〔138〕"武侯",晋侯燮之子,名宁族,《世本》作"曼期",谯周作"曼旗"。〔139〕"旁皋",女防之子。〔140〕"熊䵣",熊乂之子。本书《楚世家》作"熊黵",古本或作"熊亶"。"黵"、"亶"二字同。"䵣"与"黵"、"亶",皆音dǎn。〔141〕"宋公",微仲之子,名稽。死后没有谥号,故径称"宋公"。〔142〕"孝伯",卫康伯之子。本书《卫康叔世家》讹作"考伯"。〔143〕"相公",陈申公之弟,名皋羊。〔144〕"蔡伯",蔡仲之子,名荒。〔145〕"太伯",曹叔振铎之子,名脾。〔146〕"穆王满",昭王子。本书《周本纪》云:昭王卒,"立昭王子满,是为穆王"。穆王即位时,年岁已有五十。〔147〕"《甫刑》",即《吕

刑》,为《尚书》中的一篇。穆王以甫侯为相,当时诸侯不和睦,甫侯建议穆王制定国家刑律,于是有《甫刑》之作。全篇记载了周天子对法度重要性的看法,说明了刑律的条目和处理案件的方法,并提出运用刑律时要谨慎从事。〔148〕"荒服不至",据《国语·周语上》和本书《周本纪》,古代统治者以王畿为中心,按地域远近分成许多"服"("服"为职守之义),王畿之内叫甸服,王畿之外叫侯服,侯服之外叫宾服,宾服之外叫要服,要服之外叫荒服。《尚书·禹贡》五服则称甸服、侯服、绥服、要服、荒服。荒服之地,距王畿最远,为戎狄所居。按规定,属荒服的以王者之礼事奉天子。终世朝见一次天子。周穆王要征讨犬戎,祭公谋父谏阻,认为犬戎没有违背荒服之礼。穆王不从,出兵征伐犬戎,得四白狼、四白鹿以归。从此,荒服者不再朝见天子,犬戎与周产生矛盾,后来竟成为周的主要威胁。事见《国语·周语上》、本书《周本纪》。〔149〕"炀公",名熙,古本《史记》或作"怡",在位六年。"炀",音yàng。〔150〕"癸公",《世本》作"庮公",名慈母,齐乙公之子。〔151〕"成侯",晋武侯之子,名服人。〔152〕"大几",旁皋之子,或作"太几","大"、"太"二字古通。〔153〕"熊胜",熊黵之子。〔154〕"丁公",宋公稽之子,名申。〔155〕"嗣伯",卫孝伯之子。〔156〕"孝公",陈申公之子,名奕。〔157〕"宫侯",蔡伯之子。〔158〕"仲君",曹太伯之子,名平。〔159〕"恭王伊扈",穆王子,本书《周本纪》作"共王繄扈",司马贞《索隐》引《世本》作"伊扈"。〔160〕"幽公",鲁炀公之子,名宰,《世本》名圉,在位十四年。〔161〕"哀公",名不辰,《世本》作"不臣",齐癸公之子。〔162〕"厉侯",晋成侯之子,名福,《世本》作"辐"。〔163〕"大骆",大几之子。"骆",或作"雒",二字古通。〔164〕"熊炀",熊胜之弟。"炀",本书《楚世家》作"杨"。中华书局点校本《汉书·古今人表》作"锡",乃"锡"字之讹。〔165〕"湣公",宋丁公之子,名共。〔166〕"建伯",卫嗣伯之子。"建",音jié,本书《卫康叔世家》作"庱",二字通。《世本》作"挚"。〔167〕"慎公",陈孝公之子,名圉戎。〔168〕"厉侯",蔡宫侯之子。〔169〕"宫伯",曹仲君之子,名侯。〔170〕"懿王坚",共(恭)王子。"坚",本书《周本纪》作"囏",司马贞《索隐》引《世本》作"坚"。〔171〕"周道衰,诗人作刺",本书《周本纪》云:"懿王之时,王室遂衰,诗人作刺。"《汉书·匈奴传》亦云:"至穆王之孙懿王时,戎狄交侵,暴虐中国,中国被其苦,诗人始作,疾而歌之曰:'靡室靡家,猃允之故。''岂不日戒,猃允孔棘。'"诗前二句是说没有室,没有家,是因为猃允的缘故。后二句是说难道不要天天警戒,猃允之难太紧急了。这些诗句出自《诗·小雅·采薇》。从《匈奴传》来看,班固是认为"诗人作刺",即产生于周穆王时代的《采薇》一诗。这本于《鲁诗》之说和《齐诗》之说。但《诗序》又认为《采薇》是文王时期的作品。此诗诉说边防士兵出征思归,爱国恋家的苦闷,从内容上很难断定它的创作时代。〔172〕"魏公",本书《鲁周公世家》载:"幽公十四年,幽公弟禑杀幽公而自立,是为魏公。"《世本》"魏公"作"微公",名弗其。"魏"字古或作"微"。魏公在位五十年。〔173〕"胡公",名静,齐哀公之弟。胡公时徙都薄姑(在今山东博兴县东南)。〔174〕"靖侯",晋厉侯之子,名宜臼。〔175〕"非子",大骆之子,居犬丘(今甘肃天水境内),善养马畜,为周孝王养马,汧渭之间(在今陕西扶风、眉县一带)。〔176〕"熊渠",熊炀之子。楚至熊渠时势力得到扩充,立其子为王。〔177〕"炀公",宋湣公之弟,名熙。〔178〕"靖伯",卫建伯之子。〔179〕"幽公",陈慎公之子,名宁,在位二十三年。〔180〕"武侯",蔡厉侯之子。〔181〕"孝伯",曹宫伯之子,名云。〔182〕"孝王方",据本书《周本纪》、《汉书·古今人表》,孝王名辟方,此脱"辟"字。〔183〕"懿王弟",本书《周本纪》云:"懿王崩,共王弟辟方立,是为孝王。"《汉书·古今人表》云:"孝王辟方,共王弟。"是孝王为共王弟,这里说是"懿王弟",不可信。〔184〕"厉公",鲁魏公之子,名擢,《世本》作"翟",在位三十七年。〔185〕"献公弑胡公",本书《齐太公世家》载,齐哀公同母弟山怨恨胡公,率其党袭杀胡公而自立,是为献公,都城徙治临淄(在今山东淄博市东北旧临淄县),在位九年。〔186〕"秦侯",非子之子,在位十年。〔187〕"熊无康",熊渠之子。〔188〕"厉公",宋湣公之子,名鲋祀。〔189〕"贞伯",卫靖伯之子。《世本》作"箕伯"。〔190〕"釐公",陈幽公之子,名孝。〔191〕"夷伯",曹孝伯之子,名喜。〔192〕"夷王燮",懿王太子。本书《周本纪》云:"孝王崩,诸侯复立懿王太子燮,是为夷王。"《后汉书·西羌传》李贤注引《竹书纪年》称"夷王衰弱,荒服不朝"。〔193〕"献公",名具,在位三十二年。〔194〕"武公",齐献公之子,名寿,在位二十六年。〔195〕"公伯",秦侯之子,在位三年。〔196〕"熊鸷红",熊渠之子,熊无康之弟。本书《楚世家》作"熊挚红"。〔197〕"釐公",宋厉公之子,名举。〔198〕"顷侯",卫贞侯之子,在位十二年。〔199〕"厉王胡",夷王子。本书《周本纪》云:"夷王崩,子厉王胡立。"〔200〕"恶闻过乱,出奔,遂死于彘",厉王暴虐,奢侈傲慢,国都中人都骂他。厉王卿士召穆公虎劝告说："民众忍受不了你的政令了。"厉王怒，找到一个卫国巫师，让他察视谤毁王的人，发现谤毁者就上告，厉王便杀掉他。这样一来，谤语很少了，诸侯也不再来朝觐。在位的第三十四年，厉王更加严苛，都城中的人都不敢说话，路上相遇，以目示意。厉王高兴起来，告诉召穆公虎说："我能消弭谤言，使人们不敢说话。"召穆公虎劝导厉王，要让民众畅所欲言，了解下情。厉王不听。国内的民众没有敢讲话的，过了三年，一起发动叛乱，袭击厉王，厉王逃亡到彘。共和十四年，厉王死于彘。事见《国语·周语上》、本书《周本纪》。这是周王朝历史上著名的国人暴动。据宣王时铜器《逬篹》铭文，暴动人员有"邦人、正人、师氏人"。"邦人"即国人，"正人"即隶属于工正的工匠，"师氏人"即军中士卒。"彘"，音 zhì，邑名，在今山西霍县东北。〔201〕"真公"，古本或作"慎公"，"真"与"慎"二字通。鲁献公之子，名濞，《世本》作"挚"，在位三十年。〔202〕"秦仲"，公伯之子，在位二十三年。〔203〕"熊延"，熊渠之子，熊鸷红之弟。〔204〕"釐侯"，卫顷侯之子，在位四十二年。〔205〕"共和，二伯行政"，本书《周本纪》云：厉王逃亡彘后，"召公（指召穆公虎）、周公（指周定公）二相行政，号曰'共和'"。本《表》司马贞《索隐》云："周、召二公共相王室，故曰'共和'。"《国语·周语上》韦昭注云："彘之乱，公卿相与和而修政事，号曰'共和'。"此皆以"共和"取义于周公、召公摄行天子事，实行贵族共和政治。此说之外，"共和"另有一说。本书《周本纪》张守节《正义》引《鲁连子》云："共伯名和，好行仁义，诸侯贤之。周厉王无道，国人作难，王奔于彘，诸侯奉和以行天子事，号曰'共和'元年。"司马贞《索隐》引《竹书纪年》云："共伯和干王位。"《吕氏春秋·开春》云："共伯和修其行，好贤仁，而海内皆以来为稽矣。"皆以"共和"取义于共伯和摄行天子事。两说之中，人们多采纳后一种说法。〔206〕"熊勇"，熊延之子，在位十年。

张夫子问褚先生曰：〔1〕"《诗》言契、后稷皆无父而生。〔2〕今案诸传记咸言有父，〔3〕父皆黄帝子也，〔4〕得无与《诗》谬乎？"

【注释】〔1〕"张夫子"，名长安，字幼君。汉元帝、成帝时人，与褚少孙师事王式，为儒学经师。先为博士，后官至淮阳中尉。事详《汉书·儒林传》。"褚先生"，名少孙，颍川（在今河南禹县）人，汉元帝、成帝时为博士，曾增补《史记》，《史记》中标明

"褚先生曰"的文字都是他的补作。另外他还有整篇的增补。"夫子"、"先生"都是尊称。 〔2〕《诗》言契、后稷皆无父而生"，"契"，音 xiè，为商的始祖。母简狄，相传契辅助禹治水有功，舜以契为司徒，封于商地。《诗·商颂·玄鸟》说："天命玄鸟，降而生商。"意谓天命令玄鸟（即燕子）降下来而生了商。《诗》言契无父即指此。《史记·殷本纪》记载："殷契，母曰简狄，有娀氏之女，为帝喾次妃。三人行浴，见玄鸟堕其卵，简狄取吞之，因孕生契。"与《玄鸟》所记相同。后稷为周的始祖。《诗·大雅·生民》说："厥初生民，时维姜嫄。生民如何？克禋克祀，以弗无子。履帝武敏歆，攸介攸止，载震载夙，载生载育，时维后稷。"据此所载，姜嫄精心祭祀，以祓除无子之不祥。她踏上了上帝脚迹的大拇指，就怀孕了，生下了周族的始祖后稷。《鲁颂》也记载说，"赫赫姜嫄"，"上帝是依"，"是生后稷"。后稷无父之说即由此而来。 〔3〕"案"，考察。 〔4〕"黄帝子"，相传契与后稷皆帝喾之子，帝喾是黄帝曾孙，契与后稷当是黄帝玄孙。此"子"是子孙之义。

【译文】张夫子问褚先生说：《诗经》说契、后稷都是没有父亲就诞生了。现在考察各种传记，都说有父亲，父亲都是黄帝的子孙，这是不是与《诗经》相乖谬啊？"

褚先生曰："不然。《诗》言契生于卵，后稷人迹者，欲见其有天命精诚之意耳。鬼神不能自成，须人而生，奈何无父而生乎！一言有父，一言无父，信以传信，疑以传疑，故两言之。尧知契、稷皆贤人，天之所生，故封之契七十里，〔1〕后十余世至汤，〔2〕王天下。〔3〕尧知后稷子孙之后王也，故益封之百里，〔4〕其后世且千岁，〔5〕至文王而有天下。《诗传》曰：〔6〕'汤之先为契，无父而生。契母与姊妹浴于玄丘水，有燕衔卵堕之，契母得，故含之，误吞之，即生契。〔7〕契生而贤，尧立为司徒，〔8〕姓之曰子氏。〔9〕子者兹；兹，益大也。诗人美而颂之曰"殷社芒芒，〔10〕天命玄鸟，〔11〕降而生商"。商者质，〔12〕殷号也。文王之先为后稷，后稷亦无父而生。后稷母为姜嫄，〔13〕出见大人迹而履践之，知于身，则生后稷。姜嫄以为无父，贱而弃之道中，牛羊避不践也。抱之山中，〔14〕山

者养之。又捐之大泽，鸟覆席食之。〔15〕姜嫄怪之，于是知其天子，乃取长之。〔16〕尧知其贤才，立以为大农，〔17〕姓之曰姬氏。〔18〕姬者，本也。诗人美而颂之曰"厥初生民"，〔19〕深修益成，而道后稷之始也。'孔子曰：〔20〕'昔者尧命契为子氏，〔21〕为有汤也。命后稷为姬氏，〔22〕为有文王也。大王命季历，〔23〕明天瑞也。〔24〕太伯之吴，〔25〕遂生源也。'〔26〕天命难言，非圣人莫能见。舜、禹、契、后稷皆黄帝子孙也。黄帝策天命而治天下，〔27〕德泽深后世，故其子孙皆复立为天子，是天之报有德也。人不知，以为泛从布衣匹夫起耳。〔28〕夫布衣匹夫安能无故而起王天下乎？其有天命然。"

【注释】〔1〕"封之契七十里"，指商地，商在今河南商丘南。 〔2〕"后十余世至汤"，据本书《殷本纪》，从契卒后，经过了昭明、相土、昌若、曹圉、冥、振、微、报丁、报乙、报丙、主壬、主癸，传至汤，共十三世。而据学者研究，契后十三世为昭明、相土、昌若、曹圉、冥、王亥（"亥"，《世本》作"核"，与《殷本纪》中的振当是一人）、王恒（王亥弟，与王亥算为一世）、上甲微、报乙、报丙、报丁、示壬（与《殷本纪》中的主壬为一人）、示癸（与《殷本纪》中的主癸为一人）、汤。 〔3〕"王"，音 wàng，为王。 〔4〕"益封之百里"，指邰（音 tái），在今陕西武功县西南。相传尧封后稷于邰。 〔5〕"且"，将近。 〔6〕《诗传》，汉代的解《诗》之作，今佚。 〔7〕"即生契"，这里所述生育契和下文所述生育后稷的传说都本于《鲁诗》之说。 〔8〕"尧立为司徒"，本书《殷本纪》记载舜命契为司徒。此皆出于传说，难免歧异。司徒掌管土地和民众。《殷本纪》云："帝舜乃命契曰：'百姓不亲，五品不训，汝为司徒而敬敷五教，五教在宽。'"从帝舜之命看来，掌管对民众的教化是司徒的主要任务。 〔9〕"姓之曰子氏"，契姓子。姓与氏有别，这里把姓与氏混为一了。 〔10〕"殷社芒芒"，此下三句见《诗·商颂·玄鸟》，今本作"天命玄鸟，降而生商，宅殷土芒芒"。《诗》郑玄《笺》："自契至汤八迁，始居亳之殷地而受命，国日以广大芒芒然。""社"本指土地之神或祀土地神之所。这里所云"殷社"，是指殷的国土。 〔11〕"玄鸟"，燕子，其色黑，所以称"玄鸟"。契母吞食玄鸟卵后孕而生契，这本是传说，说明商族是以玄鸟作为自己的氏族图腾。 〔12〕"质"，质朴。 〔13〕

"姜嫄"，本书《周本纪》作"姜原"，相传为有邰氏之女，帝喾之妃。 〔14〕"抱"，通"抛"，遗弃。 〔15〕"覆席"，意谓鸟以羽翼覆盖和作为铺垫。本书《周本纪》云："飞鸟以其翼覆荐之。""覆席"与"覆荐"意思相同。"食"，音 sì，通"饲"。 〔16〕"长"，养育。 〔17〕"大农"，主管农业的官员。后稷善于农耕，故被尧举为大农。 〔18〕"姓之曰姬氏"，姓姬，姬并非氏。 〔19〕"厥初生民"，《诗·大雅·生民》云："厥初生民，时维姜嫄。"意谓当初周族的诞生，是由于姜嫄。"厥"，其。 〔20〕"孔子曰"，此下所引孔子语为汉人纬书之说，纯系伪托。 〔21〕"尧命契为子氏"，这是汉代的说法之一，司马迁认为命契为子氏的是帝舜。本书《殷本纪》载："帝舜乃命契曰：'百姓不亲，五品不训，汝为司徒而敬敷五教，五教在宽。'封于商，赐姓子氏。" 〔22〕"命后稷为姬氏"，这里说尧命后稷为姬氏，而本书《周本纪》记载："帝舜曰：'弃，黎民始饥，尔后稷播时百谷。'封弃于邰，号曰后稷，别姓姬氏。" 〔23〕"大王"，即古公亶父，相传为后稷十二代孙。商朝末年，他率领周族从豳（今陕西彬县东北）迁至岐下（今陕西岐山北），营建城郭，设置官吏，规划土田，革除戎狄习俗，周族开始强盛，奠定了灭商的基础。所以后代追尊他为"太王"。 〔24〕"明天瑞"，古公亶父有三子，长曰太伯，次曰虞仲，少子季历。季历之子昌，即周文王，生时有表示天意的圣瑞。古公亶父说："我这个时代应该有兴盛的，大概是昌吧？"太伯、虞仲知道古公亶父想立季历，传位给昌，二人逃亡到荆蛮，让位给季历。"明天瑞"即指此。见本书《周本纪》、《吴太伯世家》。 〔25〕"大伯之吴"，大伯逃往荆蛮，自号句吴，被荆蛮归服者千余家立为首领。据说大伯居于梅里（在今江苏无锡市东南，又名泰伯城、吴城）。 〔26〕"生源"，产生本源。司马贞《索隐》云："言太伯之让季历居吴不反者，欲使传文王、武王拨乱反正，成周道，遂天下生生之源本也。" 〔27〕"策"，依持。 〔28〕"泛"，普遍。

【译文】褚先生说："不是的。《诗经》说契生于卵，后稷生于人的脚印，这是想表示天命精诚的意思。鬼神不能自己生成，必须靠人产生，怎么会没有父亲就诞生呢！一种说法认为有父亲，一种说法认为没有父亲，信者传信，疑者传疑，所以有两种说法。尧知道契、稷都是贤明的人，是上天所生，所以封给契七十里土地，后来经过十多代传到汤，称王天下。尧知道后稷子孙后来称王，所以后稷的封地增加到一百里，他的后代历经近千年，到了文王便拥有了天下。《诗传》说：'汤的先祖是契，没有父亲就诞生了。契的母亲和她的姐妹在玄丘水洗澡，有一只燕子嘴里叼卵，卵掉落下来，契的母亲得到了，本来含着，却误吞了它，就生下了契。契生下后很贤明，尧任命他为司徒，赐姓子氏。子就是兹；兹，日益强大的意思。诗人赞美歌颂他说："殷的土地茫茫无际，上天命令燕子，降下来生商。"商就是质朴，是殷的美号。文王的先祖是后稷，后稷也是没有父亲就降生了。后稷的母亲是姜嫄，出外看见巨人的脚印而踏在上面，知道有了身孕，就生下了后稷。姜嫄认为后稷没有父亲，轻视他，把他抛弃在道路上，牛羊却避开，不去践踏他。把他抛弃山中，山里人喂养他。又把他遗弃大泽中，鸟覆盖着，铺垫着，并喂养他。姜嫄感到奇怪，由此知道他是上天之子，便把他抱回来抚养。尧知道他贤德有才，任命他为大农，赐姓姬氏。姬，根本的意思。诗人赞美歌颂他说"当初诞生这个人"，深加修炼愈益有所成就，这是称道后稷是周族的开端。'孔子说：'以前尧赐契为子氏，是因为有汤。赐后稷为姬氏，是因为有文王。太王命令季历继承王位，是显示上天的祥瑞。太伯前往吴地，(使文王、武王拥有天下，)于是产生了周朝世代蕃衍的源头。'上天的意旨是很难说的，不是圣人谁也不能知晓。舜、禹、契、后稷都是黄帝的子孙后代。黄帝秉承天意治理天下，德泽深远地流传后世，所以他的子孙后代又都立为天子，这是天下报答有德行的人。人们不了解，以为帝王都是从平民百姓兴起的。平民百姓怎么能无缘无故地兴起而称王天下呢？他们是得到了天意才能这样的。"

"黄帝后世何王天下之久远邪？"

曰："《传》云天下之君王为万夫之黔首，[1]请赎民之命者帝，[2]有福万世，黄帝是也。五政明则修礼义，[3]因天时举兵征伐而利者王，[4]有福千世。蜀王，[5]黄帝后世也，至今在汉西南五千里，常来朝降，输献于汉，[6]非以其先之有德，泽流后世邪？行道德岂可以忽乎哉！人君王者举而观之。汉大将军霍子孟名光者，[7]亦黄帝后世也。[8]此可为博闻远见者言，固难为浅闻者说也。何以言之？古诸侯以国为姓。[9]霍者，[10]国名也。武王封弟叔处于霍，[11]后世晋献公灭霍公，[12]后世为庶民，往来居平阳。平阳在河东，[13]河东晋地，分为卫国。[14]以《诗》言之，亦可为周世。[15]周起

后稷，后稷无父而生。以三代世传言之，[16]后稷有父名高辛；高辛，黄帝曾孙。《黄帝终始传》曰：[17]'汉兴百有余年，[18]有人不短不长，[19]出白燕之乡，[20]持天下之政，时有婴儿主，[21]却行车。'[22]霍将军者，本居平阳白燕。臣为郎时，[23]与方士考功会旗亭下，[24]为臣言。岂不伟哉！"

【注释】[1]"黔首"，日本泷川资言《史记会注考证》："中井积德云：'黔首'句不通。愚按'黔首'盖元首之义。"也有人把"黔首"理解为平民。秦始皇统一全国后，更名民为黔首。中华书局出版的标点本《史记》把"黔首"与下句连读，在这里"黔首"当解为元首，到"黔首"处为一句。此句意谓天下的君王是万民的首领。 [2]"赎"，延续。《后汉书·赵壹传》："昔原大夫赎桑下绝气，传称其仁。"李贤注："赎即续也。" [3]"五政"，五种为政的措施。具体内容，各家解释不一，《管子·四时》认为："春三月以甲乙之日发五政，一政曰论幼孤，舍有罪。二政曰赋爵列，授禄位。三政曰冻解修沟渎，复亡人。四政曰端险阻，修封疆，正千伯。五政曰无杀麑夭，毋塞华绝芓。""夏三月以丙丁之日发五政，一政曰求有功，发劳力者而举之。二政曰开久坟，发故屋，辟故窌，以假贷。三政曰令禁扇去笠，毋报免，除急漏田庐。四政曰求有德赐布施于民者而赏之。五政曰令禁置设禽兽，毋杀飞鸟。""秋三月以庚辛之日发五政，一政曰禁博塞，圉小辩，斗译踦。二政曰毋见五兵之刃。三政曰慎旅农，趣聚收。四政曰补缺塞坏。五政曰修墙垣，周门闾。""冬三月以壬癸之日发五政，一政曰论孤独，恤长老。二政曰善顺阴，修神祀，赋爵禄，授备位。三政曰效会计，毋发山川之藏。四政曰捕奸遁，得盗贼者有赏。五政曰禁迁徙止，流民圉分异。"《后汉书·荀悦传》载荀悦《申鉴》五政之说，认为"兴农桑以养其生，审好恶以正其俗，宣文教以章其化，立武备以秉其威，明赏罚以统其法，是谓五政"。纬书《孝经钩命决》以春政、初夏政、季夏政、秋政、冬政为五政。 [4]"因"，顺应，依据。 [5]"蜀王"，张守节《正义》据旧时谱谍云："蜀之先肇于人皇之际。黄帝与子昌意娶蜀山氏女，生帝喾，立，封其支庶于蜀，历虞、夏、商。周衰，先称王者蚕丛，国破，子孙居姚、嶲等处。"而司马贞《索隐》说，朱提有男子杜宇从天而下，自称望帝，他也是蜀王。杜姓出自陶唐氏，是陆终氏的后裔，也属于黄帝的后代。蜀王管辖的区域，大体在今四川西部。 [6]"输献"，缴纳贡献。 [7]"霍

子孟",名光,字子孟,西汉河东郡平阳(今山西临汾市西南)人,霍去病的异母弟,武帝后元二年(前八七年),立年仅八岁的弗陵为太子,拜霍光为大司马大将军。弗陵即位后,霍光以大司马大将军领尚书事决断朝政,辅佐少主昭帝弗陵,继续实行武帝末年"与民休息"的政策,对稳定政治局面,发展经济做出了重大贡献。宣帝时,霍光仍秉朝政,地节二年(前六八年)卒。《汉书》卷六八有传。〔8〕"亦黄帝后世也",《汉书·霍光传赞》载:"昔霍叔封于晋,晋即河东,光岂其苗裔乎?"霍叔是周文王之子,周武王之弟,周族为黄帝后世,霍光又是霍叔后裔,所以说霍光是黄帝后世。这是汉代通行的看法。〔9〕"古诸侯以国为姓",《太平御览》卷三六二引《风俗通义》论姓氏云:"盖姓有九,或氏于号,或氏于谥,或氏于爵,或氏于国,或氏于官,或氏于字,或氏于事,或氏于职。……以国,曹、鲁、宋、卫也。"是古代以国名为姓,是常见的现象。〔10〕"霍",本为商邑,周武王封弟叔处于此,遂变为侯国,其地在今山西霍县西南。〔11〕"武王封弟叔处于霍",据本书《管蔡世家》记载,武王灭纣,平定天下分封功臣昆弟,叔处被封于霍。〔12〕"晋献公灭霍公",《春秋左传》闵公元年(前六六一年)载:"晋侯作二军,公将上军,大子申生将下军。赵夙御戎,以灭耿,灭霍,灭魏。"《国语·晋语一》载:晋献公十六年(前六六一年),"公作二军,公将上军,太子申生将下军以伐霍。……太子遂行,克霍而反。"本书《晋世家》也记载晋献公十六年伐灭霍。〔13〕"河东",郡名,辖境在今山西沁水以西,霍山以南,西、南两面均以黄河为界,治所在安邑(在今山西夏县西北)。〔14〕"分为卫国",此当作"分为魏国"。原属于晋的河东之地,韩、赵、魏三家分晋后,归于魏,河东郡治所安邑曾为魏都。所以,这里说"河东晋地,分为魏国"。至于卫,远在东方,从未辖有河东地。历代刻本皆误,独《史记会注考证》本作"分为魏国",尚不误。〔15〕"以《诗》言之,亦可为周世",《毛诗·魏风释文》引《诗谱》云,魏地,"周以封同姓"。又《左传》襄公二十九年与本书《魏世家》也都认为魏与周同为姬姓。所以,这里说魏也可以说是周的后代。"世",后代,后嗣。〔16〕"世传",世代相传的宗系。本书《匈奴列传》说:"自淳维至头曼千有余岁,时大时小,别散分离,尚矣,其世传不可得而次云。"于此可以体会"世传"之义。〔17〕"《黄帝终始传》",司马贞《索隐》:"盖谓五行谶纬之说,若今之童谣言。"此为阴阳家书,早期道家、阴阳家撰著,喜假托黄帝,如道家书《黄帝四经》、《黄帝铭》、《黄帝君臣》、《杂黄帝》,阴阳家书《黄帝泰素》等即是其

例。《汉书·艺文志》未著录《黄帝终始传》,清姚振宗《汉书艺文志拾补》卷二说:"此必是昭、宣时方士所作而托之黄帝。褚尝言好观外家传记,此即外家传记之一欤?"姚氏之说是有道理的,下文载《黄帝终始传》语有"汉兴百有余年"一句,又提到"婴儿主"昭帝,此书只能产生在昭帝时或稍后。〔18〕"汉兴百有余年",刘邦即皇帝位在公元前二〇二年,至昭帝、宣帝时已经过一百余年。〔19〕"有人不短不长",此指霍光,《汉书·霍光传》记载,光身长"七尺三寸"。据一九五九年河南洛阳中州大渠十九号东汉墓出土玉尺,东汉一尺合二十二点九厘米,霍光身长应是一百六十七点一七厘米。古人身材矮于今人,霍光身长在当世应算中等偏下,所以《黄帝终始传》说"不短不长"。〔20〕"白燕",张守节《正义》:"一作'白鼍'。按:霍光,平阳人,平阳今晋州霍邑,本秦时霍伯国,汉为彘县,后汉改彘曰永安,隋又改为霍邑。遍检记传,无'白燕'之名,疑'白鼍'是乡之名。"〔21〕"婴儿主",指汉昭帝弗陵。武帝于后元二年(前八七年)二月病危,遂立弗陵为太子,年仅八岁。次日,武帝去世,戊辰(二月十五日)弗陵即位。因昭帝年幼即位,所以《黄帝终始传》以"婴儿主"暗指昭帝。〔22〕"却",退却。"却行车",霍光执掌朝政,使昭帝前行之车向后退行。这里以此表明霍光权力之大。〔23〕"郎",汉代初期有郎中、中郎,后来又有侍郎、议郎,诸郎总称为"郎"或"郎官"。郎主要职司殿门、殿廊的宿卫,大朝会时立于殿阶两旁,皇帝出行则充车骑扈从。议郎则职司谏议。郎的主管官员为郎中令,武帝太初元年(前一〇四年),改称光禄勋。〔24〕"方士",战国、秦、汉时代,有一种文化人掌握医卜星相、遁甲、堪舆和神仙之术,他们利用自然界的变异现象和阴阳五行说来推测、解释人和国家的吉凶祸福、气数命运,这种人便是方士。秦始皇、汉武帝时,方士尤好神仙之术。汉武帝以后,一部分方士与儒生合流,编造图谶,用阴阳五行说诠释儒家学说。"考功",日本泷川资言《史记会注考证》引中井积德说:"盖方士之官衔。"张守节《正义》云:"谓年老为方士最功也。"又有人解释为考核功绩。在《史记》、《汉书》、《后汉书》等有关秦、汉典籍中,"方士考功"仅此一见,这里的"考功"之义,可能中井积德的解释是正确的。"旗亭",集市上建立楼亭,其上立有旗帜。这种旗亭是集市上的行政机构,对集市有督察管理之权。

【译文】"黄帝的后世为什么称王天下那么久远?"

褚先生回答说:"《经传》上说,天下的君王是万民首领,求得延续民众生命的可以称帝,有福泽万代,黄帝就是这样的人。五政修明了就讲求礼义,顺应天时兴兵征伐而胜利的可以称王。蜀王是黄帝的后代,至今在汉西南五千里外的地方,常来朝见汉天子,表示降服,献纳于汉,这难道不是因为他的祖先有德行,德泽流延到后世吗? 行道布德怎么可以轻视啊! 为人君主称王天下的人都要以此省察自己。汉大将军霍子孟,名光,也是黄帝的后代。这件事能对博闻远见的人讲述,本来就难对孤陋寡闻的人谈论。为什么这样说呢? 古代的诸侯以国名作为姓氏。霍即为国名。周武王分封弟弟叔处于霍,传到后世,晋献公灭掉了霍公,霍公后代成为平民,往来居住于平阳。平阳在河东郡,河东郡原为晋国地域,划分出卫国。根据《诗经》所说,也可以作为周族的后代子孙。周族兴起于后稷,后稷没有父亲便生了下来。根据三代相传的世系来说,后稷有父亲,名叫高辛;高辛是黄帝的曾孙。《黄帝终始传》说:'汉朝兴起一百多年,有个人不矮不高,出自白燕之乡,掌握天下的政权。当时有个幼小的君主,这个人使幼主前进的辇车退却行走。'霍将军原本居住在平阳白燕乡。我做郎官时,与方士考功相会于市楼下,他们对我说了霍光这些情况。难道不是很伟大吗!"

史记卷十四

十二诸侯年表第二[1]

太史公读春秋、历、谱谍，[2]至周厉王，[3]未尝不废书而叹也。[4]曰：呜呼，师挚见之矣![5]纣为象箸而箕子唏。[6]周道缺，诗人本之衽席，[7]《关雎》作。[8]仁义陵迟，[9]《鹿鸣》刺焉。[10]及至厉王，以恶闻其过，公卿惧诛而祸作，厉王遂奔于彘，[11]乱自京师始，[12]而共和行政焉。[13]

【注释】[1]按本篇题作《十二诸侯年表》，实列周及鲁、齐、晋、秦、楚、宋、卫、陈、蔡、曹、郑、燕、吴等十三诸侯国。前人于此多有解说。《史记索隐》云："贱夷狄不数吴，又霸在后故也。"或谓"十二"系泛指之数。明傅占衡《十二诸侯年表辨》云："太史公表共和以后诸侯，实十三国也。而称十二者……其不数者盖鲁也。吾尝并《六国表》而观之。按《表》首周次鲁……其曰十二者，以鲁为主也。犹《六国表》首周次秦……其不曰七国者，以秦为主也。夫《十二诸侯表》，据《春秋》而次者也。《六国表》，据《秦纪》而次者也。"所言甚是，可为定谳。[2]"春秋"，泛指古代按时记事的官修史书，与专指鲁国史书的"《春秋》"含义有别。"历"，历书，关于岁时节气月日编排的历法典籍。《汉书·艺文志》数术略历谱类有《黄帝五家历》、《颛顼历》、《夏殷周鲁历》等。《汉书·律历志》谓古有《黄帝历》、《颛顼历》、《夏历》、《殷历》、《周历》、《鲁历》。"谱谍"，即谱牒，记载帝王诸侯卿大夫名谥世系的典籍。《大戴礼记·五帝德》、《帝系》、《汉书·艺文志》六艺略春秋类的《世本》及数术略历谱类的《帝王诸侯世谱》、《古来帝王年谱》，皆属此类。[3]"周厉王"，名胡，周夷王之子，任用荣夷公执政，实行专利加重剥削；起用卫巫监视言论，严厉镇压不同政见者，促使国内矛盾激化，导致公元前八四一年国人暴动，被

迫出逃。国都无主，由大臣执政，号称"共和"。次年，即共和元年，为本表起始之年，亦为我国有确切纪年之始。共和十四年（公元前八二八年）厉王死于彘地。其在位年代，史载不一，本书《周本纪》作二十七年，即公元前八七八年至前八四二年。详见本书《周本纪》。[4]"废"，停止，放下。[5]"师挚"，师，官名，乐师；挚，人名。师挚所处时代，各书记载不一。《汉书·古今人表》《礼乐志》《董仲舒传》等以为殷纣时人，《论语·泰伯》《微子》以为春秋末与孔子同时。此似以为周厉王时人。[6]"纣"，音 zhòu，一作受，即商纣王，亦称帝辛，帝乙之子，商朝末代君王。详见本书《殷本纪》。"箸"，音 zhù，筷子。"箕子"，商纣王诸父，封于箕（今山西太谷县东北），故称箕子，官太师。曾因劝谏纣王而被囚禁，周武王灭商后获释。"唏"，音 xī，哀叹。《韩非子·喻老》《说林上》作"怖"。"纣为象箸而箕子唏"，事亦见《韩非子·喻老》《说林上》、《淮南子·说山》等。《韩非子·喻老》云："昔者纣为象箸而箕子怖。以为象箸必不加于土铏，必将犀玉之杯。象箸玉杯必不羹菽藿，则必旄象豹胎。旄象豹胎必不衣短褐而食于茅屋之下，则锦衣九重，广室高台。吾畏其卒，故怖其始。居五年，纣为肉圃，设炮烙，登糟丘，临酒池，纣遂以亡。故箕子见象箸以知天下之祸，故曰：'见小曰明。'"言之较详。[7]"衽"，音 rèn，寝卧之席。"衽席"，卧席，床席，引申为寝居之所，指房中男女之事。[8]"关雎"，《诗·周南》篇名，为《诗》首篇。《鲁诗》谓刺周康王好色耽于房事晏起之作。本书《孔子世家》云："至幽、厉缺，始于衽席，故曰《关雎》之乱以为风始。"《儒林传》云："夫周室衰而《关雎》作。"此云："周道缺，诗人本之衽席，《关雎》作。"可见司马迁是用《鲁诗》说。[9]"陵迟"，逶迤渐平，引申为衰颓，败坏。[10]《鹿鸣》，《诗·小雅》篇名，为二《雅》首篇，记上层贵族的宴饮聚

会。《鲁诗》谓刺周王沉溺于宴饮娱乐而疏远贤人之作。司马迁本之。按本书《三代世表》云："懿王坚。周首衰，诗人作刺。"或即指此。〔11〕"彘"，音zhì，地名，在今山西霍县东北。〔12〕"京师"，京都，指西周都城宗周，亦称镐京，在今陕西长安县西南。〔13〕"共和行政"，本书《周本纪》云："召公、周公二相行政，号曰'共和'。"则言大臣召公、周公共同执政。然考《竹书纪年》及《庄子·让王》《吕氏春秋·开春》等，实当指共国(在今河南辉县)国君和摄行国政。

【译文】太史公阅读春秋、历书、谱谍这些古史材料，每当读到周厉王时，没有不放下书册而叹息的。说：唉，(周朝的衰败，)师挚已经预见到了！商纣王使用象牙筷子，箕子便发出叹息。周代政治有缺失，诗人就从夫妇之道出发，写作《关雎》。仁义道德日益颓败，诗人又作《鹿鸣》加以讥刺。到了周厉王，由于他厌恶听到自己的过失，公卿大臣惧怕被诛罚，因而祸乱发生，厉王就只得出奔到彘地。乱子从京城开始，于是就由大臣周公、召公来共同执政。

是后或力政，〔1〕强乘弱，〔2〕兴师不请天子。然挟王室之义，〔3〕以讨伐为会盟主。政由五伯，〔4〕诸侯恣行，淫侈不轨，贼臣篡子滋起矣。〔5〕齐、晋、秦、楚，〔6〕其在成周微甚，〔7〕封或百里或五十里。〔8〕晋阻三河，〔9〕齐负东海，〔10〕楚介江淮，〔11〕秦因雍州之固，〔12〕四海迭兴，〔13〕更为伯主，文、武所褒大封，〔14〕皆威而服焉。

【注释】〔1〕"或"，有的，有人。"政"，通"征"。〔2〕"乘"，凌驾，欺凌。〔3〕"挟"，音xié，挟持，胁持。〔4〕"伯"，音bà，通"霸"。"五伯"，即"五霸"，春秋时代先后称霸的五个诸侯。具体所指，说法不一。或谓齐桓公、晋文公、楚庄王、吴王阖闾、越王勾践，或谓齐桓公、晋文公、秦穆公、楚庄王、吴王阖闾，或谓齐桓公、晋文公、秦穆公、宋襄公、楚庄公。〔5〕"滋"，增益，愈加。〔6〕"齐"，国名，姜姓，始封君吕尚，周武王灭商后所封，在今山东北部，建都营丘(后改称临淄，在今山东淄博市东北)。春秋时期，齐桓公称霸诸侯，疆域逐渐拓展到今山东东部、河北南部。春秋末年，君权实际转入大臣陈氏(即田氏)之手。公元前三九一年，姜齐最后一位国君

齐康公被迁于海上。公元前三八一年，周安王正式承认田和为齐侯。田齐于公元前二二一年被秦国所灭。"晋"，国名，姬姓，始封君为周成王之弟叔虞，在今山西南部，建都于唐(今山西翼城县西)。春秋时期，晋献公迁都于绛(亦称翼，今山西翼城县东南)，陆续攻灭周围小国；晋文公成为继齐桓公之后的霸主；晋景公迁都新田(今山西侯马市西)，亦称新绛，兼并赤狄，疆域逐渐扩展到今山西大部、河北西南部、河南北部和陕西一角。春秋后期，公室衰微，六卿强大。战国初，为执政的韩、赵、魏三家所瓜分。公元前三六九年，最后一位国君晋桓公被废为庶人，国灭祀绝。"秦"，国名，嬴姓，传说是伯益的后代。原为游牧部落，善于养马。周孝王封非子于秦(今甘肃张家川东，或说今陕西宝鸡市东)。周宣王命秦仲为大夫。周平王东迁，秦襄公护送有功，被封为诸侯。襄公子秦文公击退犬戎，占有岐山以西之地。春秋时期，建都于雍(今陕西凤翔县东南)，约有今陕西中部、甘肃东南部。秦穆公攻灭十二国，称霸西戎，疆域不断向东扩展。战国中期秦孝公起用商鞅变法，国力大盛，迁都咸阳(今陕西咸阳市东北)。公元前二二一年，秦王政统一六国，建立秦朝。公元前二〇六年，被刘邦率领的起义军推翻。"楚"，国名，芈姓，始祖鬻熊。西周时立国于荆山(在今湖北西部武当山东南、汉江西岸)一带。周成王时，熊绎正式受封，建都丹阳(今湖北秭归县东南)。春秋初，迁都于郢(今湖北江陵市西北纪南城)。楚庄王曾为霸主。陆续兼并周围国家，至战国时期，成为疆域最大的国家，约有今四川东部、河南南部、湖北全部及安徽、江西、江苏、浙江、湖南等地。公元前二二三年被秦国所灭。〔7〕"成周"，亦称雒邑，为西周东都、东周都城，在今河南洛阳市东。按此不当作地名解。或指东都成周落成之时；或指西周建成之时；或系"周成"之误倒，指周成王之时。要之，当指西周立国初期。〔8〕"封"，封地，封疆，疆域。〔9〕"阻"，恃，依仗。"三河"，指晋国西、南、东三面所环之黄河，亦称西河、南河、东河。西河指黄河在今陕西、山西界上自北而南的一段。南河指黄河在今陕西潼关以下自西向东的一段。东河指黄河故道在今河南浚县西自南向北的一段。〔10〕"东海"，齐国东部之海，相当于今渤海南部和黄海西北部。〔11〕"介"，介居，处于二者之间。"江"，长江。"淮"，淮河。〔12〕"雍州"，古九州之一。相当于今陕西中部和甘肃东北角。《尚书·禹贡》云："黑水、西河惟雍州。"《尔雅·释地》云："河西曰雍州。"《周礼·夏官·职方氏》云："正西曰雍州。"〔13〕"四海"，古人认为中国四周被大海

环绕,因以指称天下、四方。　〔14〕"文、武",周文王、周武王。此泛指西周初期。"褒",音 bāo,嘉奖,赏赐。

【译文】这以后有的诸侯以武力相征伐,强大的欺凌弱小的,举兵不向周天子请示。然而却挟仗周王室的名义,来征讨攻伐,充当会合诸侯的盟主。政令出自五霸,诸侯恣意横行,骄奢淫逸,不守法度,乱臣贼子层出叠起。齐国、晋国、秦国、楚国在周朝建成之初都微弱得很,封疆有的方圆百里,有的方圆五十里。晋国依恃三河,齐国背靠东海,楚国居于长江、淮河之间,秦国依靠雍州的险固,在四方相继兴起,交替充当霸主,周文王、周武王所褒奖封建的大国,都慑于威势而服从他们。

是以孔子明王道,〔1〕干七十余君,〔2〕莫能用,〔3〕故西观周室,〔4〕论史记旧闻,〔5〕兴于鲁而次《春秋》,〔6〕上记隐,〔7〕下至哀之获麟,〔8〕约其辞文,去其烦重,以制义法,王道备,人事浃。〔9〕

【注释】〔1〕"明",彰明,发扬。　〔2〕"干",干求,谒见。"七十余君",孔子所之国不足十个,此为夸张之语。　〔3〕"莫",没有谁,没有哪个人。〔4〕"周室",指东周都城成周。　〔5〕"论",音 lún,汇辑,集录。　〔6〕"兴",兴起,起始,开始。"鲁",国名,姬姓,始封君为周公旦,周武王灭商后所封。周公因辅政留宗周,由其长子伯禽就封。在今山东西南部,建都曲阜(今山东曲阜市)。或谓初封之鲁在今河南鲁山,后伯禽受命徙封于今山东曲阜。保存西周礼乐制度、文化典籍较多。春秋末期,公室实际上为大夫季孙氏、孟孙氏、叔孙氏所操纵、瓜分。公元前二五八年被楚国所灭。"次",编次,整理。"《春秋》",鲁国官修史书,是我国今存最早的编年体史籍,被儒家和汉以后统治者奉为经典。司马迁认为由孔子整理编定。记事起自鲁隐公元年(公元前七二二年),迄于鲁哀公十四年(公元前四八一年),《左传》之《春秋》经文多出二年,至哀公十六年。　〔7〕"隐",即鲁隐公,鲁国君,姬姓,名息姑(一作"息")。鲁惠公与其继室声子所生,鲁桓公庶兄。公元前七二二年至前七一二年在位。详见本书《鲁周公世家》。　〔8〕"哀",即鲁哀公,鲁国君,姬姓,名蒋(一作"将"),鲁定公之子。公元前四九四年至前四六八年在位。详见本书《鲁周公世家》。"麟",即麒麟,古代传说中的一种动物,常被

当作吉祥的象征。"获麟",《春秋》哀公十四年云:"春,西狩获麟。"《谷梁》、《公羊》之经文皆终于此。〔9〕"浃",音 jiá,周匝,周全。

【译文】因此孔子要彰明王道,但干求拜谒了七十多位君主,却没有一个能用他,所以孔子便西行到周王室所在地考察,汇辑史书记载、旧日传闻,在鲁国开始整理《春秋》,上起鲁隐公,下至鲁哀公猎获麒麟之年,精炼文字,删除烦复,以此制定修史的义理法度,达到王道赅备,人事周全。

七十子之徒口受其传指,〔1〕为有所刺讥褒讳挹损之文辞不可以书见也。〔2〕鲁君子左丘明惧弟子人人异端,〔3〕各安其意,失其真,故因孔子史记具论其语,〔4〕成《左氏春秋》。〔5〕

【注释】〔1〕"七十子之徒",指孔子的高足弟子。"七十"系约略之数。本书《孔子世家》云:"孔子以《诗》、《书》、《礼》、《乐》教,弟子盖三千焉,身通六艺者七十有二人。"又《仲尼弟子列传》云:"孔子曰:'受业身通者七十有七人。'""指",通"旨",意旨。　〔2〕"刺讥",讽刺,谴责。"讳",避讳,忌讳。"挹",音 yì,抑制,贬抑。　〔3〕"左丘明",春秋、战国之际人。关于其姓氏、年世,异说甚多,未能落实。按此及本书《太史公自序》,认为他是《左传》和《国语》的作者。"异端",互异其趣,各执一端。〔4〕"具",备,详尽。　〔5〕"《左氏春秋》",本书或省称为《春秋》。后多称作《春秋左氏传》或《左传》。约成书于战国初期,记载春秋一代历史,始于鲁隐公元年(公元前七二二年),终于鲁哀公二十七年(公元前四六八年),叙事及于鲁悼公二十四年(公元前四五四年),以大量史实解释、补充《春秋》,文字典雅,材料可靠,内容弘富,是我国今存先秦时代的史学巨著。关于作者,众说纷纭,未有定论。司马迁认为是左丘明。

【译文】七十来名高足弟子凭口述来接受孔子传授《春秋》的旨意,因为其中有谴责讽刺褒奖忌讳贬抑之处,不便用文字写出来给人看。鲁国君子左丘明害怕弟子们人人执持不同的见解,各以所理解的意思为是,以至丧失孔子的本意,所以根据孔子的史书记载详尽地纂辑有关的事语,写成《左氏春秋》。

铎椒为楚威王傅，[1]为王不能尽观《春秋》，采取成败，卒四十章，[2]为《铎氏微》。[3]赵孝成王时，[4]其相虞卿上采《春秋》，[5]下观近势，[6]亦著八篇，为《虞氏春秋》。[7]吕不韦者，[8]秦庄襄王相，[9]亦上观尚古，删拾《春秋》，集六国时事，[10]以为八览、六论、十二纪，为《吕氏春秋》。[11]及如荀卿、孟子、公孙固、韩非之徒，[12]各往往捃摭《春秋》之文以著书，[13]不可胜纪。[14]汉相张苍历谱五德，[15]上大夫董仲舒推《春秋》义，[16]颇著文焉。

【注释】[1]"铎椒"，楚人，曾传习《左传》。孔颖达《春秋左氏经传集解序疏》引刘向《别录》云："左丘明授曾申，申授吴起，起授其子期，期授楚人铎椒，椒作《抄撮》八卷。"陆德明《经典释文序录》云："左丘明作《传》以授曾申。申传卫人吴起。起传其子期。期传楚人铎椒。椒传赵人虞卿。""楚威王"，名熊商，楚宣王之子，公元前三三九年至前三二九年在位。详见本书《楚世家》。"傅"，官名，《汉书·艺文志》作"太傅"，职掌教育太子、辅佐国君等。[2]"卒"，完成，编成。[3]"铎氏微"，《汉书·艺文志》六艺略春秋类云："《铎氏微》三卷。"《别录》作《抄撮》八卷。[4]"赵孝成王"，名丹，赵惠文王之子，公元前二六五年至前二四五年在位。详见本书《赵世家》。[5]"虞卿"，赵人，氏虞，任赵国上卿，故称虞卿。曾从铎椒学习《左传》，后又授于荀卿。详见本书《平原君虞卿列传》。[6]"势"，《史记会注考证校补》引别本或作"世"。本书《平原君虞卿列传》作"世"。[7]"虞氏春秋"，本书《平原君虞卿列传》云："不得意，乃著书，上采《春秋》，下观近世，曰《节义》、《称号》、《揣摩》、《政谋》，凡八篇，以刺讥国家得失。世传之曰《虞氏春秋》。"孔颖达《春秋左氏经传集解序疏》引刘向《别录》云："虞卿作《抄撮》九卷授荀卿。"《汉书·艺文志》六艺略春秋类云："《虞氏微传》二篇。"又诸子略儒家类云："《虞氏春秋》十五篇。"[8]"吕不韦"，卫国濮阳（今河南濮阳县西南）人，为阳翟（今河南禹县）富商。扶立秦庄襄王即位，被任为相国，封文信侯。秦王政继位，仍任相国，号称"仲父"。后因权力之争，被免职逐出国都，居于封地河南，旋又被迁往蜀郡，于公元前二三五年自杀。详见本书《吕不韦列传》。[9]"秦庄襄王"，原名异人，后改子楚，秦孝文王与夏姬所生，公元前二四

九年至前二四七年在位。详见本书《秦本纪》。[10]"六国"，即齐、楚、燕、韩、赵、魏六国。此用以指称战国时代。[11]"《吕氏春秋》"，为吕不韦在任相期间招集门下宾客所作，约成书于公元前二三九年左右，今存。全书二十六卷，分为八览：《有始》、《孝行》、《慎大》、《先识》、《审分》、《审应》、《离俗》、《时君》，六论：《开春》、《慎行》、《贵直》、《不苟》、《似顺》、《士容》，十二纪：《孟春》、《仲春》、《季春》、《孟夏》、《仲夏》、《季夏》、《孟秋》、《仲秋》、《季秋》、《孟冬》、《仲冬》、《季冬》。《汉书·艺文志》著录于诸子略杂家类。[12]"荀卿"，名况，时人尊称为"卿"，汉人避宣帝刘询讳而称作孙卿，赵国人。曾游学齐国，三为稷下学宫祭酒。后至楚，任兰陵（今山东苍山县兰陵镇）令。晚年潜心撰作。有《荀子》传世，今存，《汉书·艺文志》著录于诸子略儒家类。约生活于公元前三一三年至前二三八年。详见本书《孟子荀卿列传》。"孟子"，名轲，字子舆，邹（今山东邹县东南）人。曾受业于子思门人。游说各国诸侯，皆不见纳。晚年与弟子万章等专事撰作。约生活于公元前三七二年至前二八九年。有《孟子》传世，今存，《汉书·艺文志》著录于诸子略儒家类。详见本书《孟子荀卿列传》。"公孙固"，齐闵王（公元前三〇〇年至前二八四年在位）时人。《汉书·艺文志》诸子略儒家类有《公孙固》一篇，自注云："十八章。齐闵王失国，问之，固因为陈古今成败也。""韩非"，韩国公族。曾与李斯同师事荀卿。屡次上书劝说韩王改革图强，不被采纳。公元前二三三年出使秦国，因遭李斯、姚贾诬陷入狱自杀。有《韩非子》传世，今存，《汉书·艺文志》著录于诸子略法家类。详见本书《老子韩非列传》。[13]"捃摭"，音jùn zhí，摘取，搜集。[14]"胜"，音shēng，尽。"纪"，通"记"。[15]"张苍"，阳武（今河南原阳县东南）人。曾任秦御史。后从刘邦反秦。汉初，任代相、赵相，封北平侯。迁为计相，以列侯居相府，主持郡国上计。任淮南相，迁御史大夫。拥立汉文帝即位，任丞相十余年。修习《左传》，熟悉历律。信奉阴阳五行说，主持改定汉初音律历法，谓汉当水德，袭秦以十月为岁首。有阴阳律历方面的撰作。《汉书·张周赵任申屠传》云："著书十八篇，言阴阳律历事。"《艺文志》诸子略阴阳类云："《张苍》十六篇。"《史记索隐》云："案张苍著《终始五德传》也。"死于公元前一五二年，谥文侯。详见本书《张丞相列传》。"五德"，五行之德，战国秦汉时阴阳五行家术语。他们用水、火、木、金、土来代表不同的事物，认为其间有相生相克的序列关系和周而复始的运动规律。以此来说明朝代更替的原

因,论证诸如礼仪、音律、历法、服饰、度量等各种制度选定的依据。〔16〕"上大夫",泛指秩禄为二千石之官。董仲舒曾任王国相,秩二千石。"董仲舒",广川(今河北枣强县东)人,生于公元前一七九年。汉景帝时为博士。汉武帝时举贤良文学之士,以贤良对策。历官江都相、中大夫、胶西王相。晚年返归故里专事撰作。死于公元前一〇四年。专治《春秋公羊传》,为今文经学大师,创立以儒家宗法思想为中心,杂糅阴阳五行学说的哲学体系,有《春秋繁露》传世,今存。《汉书·董仲舒传》云:"仲舒所著,皆明经术之意,及上疏条教,凡百二十三篇。而说《春秋》事得失,《闻举》、《玉杯》、《蕃露》、《清明》、《竹林》之属,复数十篇,十余万言,皆传于后世。"《艺文志》诸子略儒家类云:"《董仲舒》百二十三篇。"详见本书《儒林列传》。

【译文】铎椒任楚威王的太傅,由于楚王不能全部读完《春秋》,便摘取其中关于兴亡成败的内容,写成四十章,这就是《铎氏微》。赵孝成王的时候,国相虞卿上采《春秋》,下观近代时势,也著成八篇,这就是《虞氏春秋》。吕不韦是秦庄襄王的相邦,也上观前代古史,删削掇拾《春秋》的内容,汇集战国时代的事情,编成八览、六论、十二纪,这就是《吕氏春秋》。至于像荀卿、孟子、公孙固、韩非等人,往往各自摘拾《春秋》的文辞来著书立说,无法一一详录。汉初丞相张苍根据五德终始编排历法,上大夫董仲舒推演《春秋》大义,都有不少著作文章。

太史公曰:儒者断其义,〔1〕驰说者骋其辞,〔2〕不务综其终始;历人取其年月,〔3〕数家隆于神运,〔4〕谱谍独记世谥,〔5〕其辞略,欲一观诸要难。〔6〕于是谱十二诸侯,〔7〕自共和讫孔子,〔8〕表见《春秋》、《国语》,〔9〕学者所讥盛衰大指著于篇,〔10〕为成学、治古文者要删焉。〔11〕

【注释】〔1〕"儒者",指崇奉、传习孔子学说和儒家经典的文人。此似主要指董仲舒为代表的今文学《公羊》家。"断",截断,截取。〔2〕"驰说者",泛指儒家以外利用《春秋》来著书立说、宣扬自己主张的文人学士。"骋",驰骋,引申为任意发挥。〔3〕"历人",专门研治历法的人。〔4〕"数家",数术家。此指阴阳五行家之流。"隆",崇尚,推重。〔5〕"世谥",世系和称号。〔6〕"一",《史记索隐》引作"壹",一切,全部。〔7〕"谱",用作动词,编排记录。〔8〕"讫",通"迄",到,至。"讫孔子",指到孔子去世。按本表实止于孔子死后第二年。〔9〕"《国语》",后人亦称《春秋外传》。我国今存最早的按国分篇、以记言为主的国别史。全书二十一卷,记周王室和鲁、齐、晋、郑、楚、吴、越七国史事。起自周穆王十二年(约公元前九九〇年),讫于周贞定王十六年(公元前四五三年)。司马迁以为左丘明所作。〔10〕"讥",稽查,考察。〔11〕"古文",古文字,此指用古文抄写的典籍。汉人所谓古文,实为战国时代的东方六国文字。"治古文者",《史记集解》云:"徐广曰:'一云"治国闻者"也。'""要删",要约删削,指删繁取要。

【译文】太史公说:儒家学者截取其中义理,辩说家发挥其中文辞,都不注意综观其中的整个历史过程;历法学家专取其中的年月,数术方士推重其中的神意气运,谱谍学家只记录其中的世系称号,他们的文辞都很简略,想要全面了解这段历史的各个重要方面很困难。因此我编排十二诸侯的世系年代,从共和元年直到孔子去世,列表反映《春秋》、《国语》的主要内容,学者所注意考察的兴盛衰亡的大端宏旨也写在这一篇中,为成就学业、研治古文的人删烦取要。

	公元前 841	840	839	838
	庚申[9]			
周	共和元年　厉王子居召公宫,[10]是为宣王。[11]王少,大臣共和行政。	二	三	四
鲁	真公濞[12]十五年,一云十四年[13]	十六	十七	十八
齐	武公寿[14]十年	十一	十二	十三
晋	靖侯宜臼[15]十八年	晋釐侯司徒[24]元年	二	三
秦	秦仲[16]四年	五	六	七
楚	熊勇[17]七年	八	九	十
宋[1]	釐公[18]十八年	十九	二十	二十一
卫[2]	釐侯[19]十四年	十五	十六	十七
陈[3]	幽公宁[20]十四年	十五	十六	十七
蔡[4]	武侯[21]二十三年	二十四	二十五	二十六
曹[5]	夷伯[22]二十四年	二十五	二十六	二十七
郑[6]				
燕[7]	惠侯[23]二十四年	二十五	二十六	二十七
吴[8]				

837	836	835	834	833	832	831	830
甲子							
五	六	七	八	九	十	十一	十二
十九	二十	二十一	二十二	二十三	二十四	二十五	二十六
十四	十五	十六	十七	十八	十九	二十	二十一
四	五	六	七	八	九	十	十一
八	九	十	十一	十二	十三	十四	十五
楚熊严[25]元年	二	三	四	五	六	七	八
二十二	二十三	二十四	二十五	二十六	二十七	二十八	宋惠公覵[29]元年
十八	十九	二十	二十一	二十二	二十三	二十四	二十五
十八	十九	二十	二十一	二十二	二十三	陈釐公孝[28]元年	二
蔡夷侯[26]元年	二	三	四	五	六	七	八
二十八	二十九	三十	曹幽伯强[27]元年	二	三	四	五
二十八	二十九	三十	三十一	三十二	三十三	三十四	三十五

	829	828	827	826	825	824	823
			甲戌				
周	十三	十四 宣王即位,共和罢。	宣王元年	二	三	四	五
鲁	二十七	二十八	二十九	三十	鲁武公敖[32]元年	二	三
齐	二十二	二十三	二十四	二十五	二十六	齐厉公无忌[34]元年	二
晋	十二	十三	十四	十五	十六	十七	十八
秦	十六	十七	十八	十九	二十	二十一	二十二
楚	九	十	楚熊霜[30]元年	二	三	四	五
宋	二	三	四	五	六	七	八
卫	二十六	二十七	二十八	二十九	三十	三十一	三十二
陈	三	四	五	六	七	八	九
蔡	九	十	十一	十二	十三	十四	十五
曹	六	七	八	九	曹戴伯鲜[33]元年	二	三
郑							
燕	三十六	三十七	三十八	燕禧侯庄[31]元年	二	三	四
吴							

822	821	820	819	818	817	816	815	814
						甲申		
六	七	八	九	十	十一	十二	十三	十四
四	五	六	七	八	九	十	鲁懿公戏[38]元年	二
三	四	五	六	七	八	九	齐文公赤[39]元年	二
晋献侯籍[35]元年	二	三	四	五	六	七	八	九
二十三	秦庄公其[36]元年	二	三	四	五	六	七	八
六	楚熊徇[37]元年	二	三	四	五	六	七	八
九	十	十一	十二	十三	十四	十五	十六	十七
三十三	三十四	三十五	三十六	三十七	三十八	三十九	四十	四十一
十	十一	十二	十三	十四	十五	十六	十七	十八
十六	十七	十八	十九	二十	二十一	二十二	二十三	二十四
四	五	六	七	八	九	十	十一	十二
五	六	七	八	九	十	十一	十二	十三

	813	812	811	810	809	808	807
							甲午
周	十五	十六	十七	十八	十九	二十	二十一
鲁	三	四	五	六	七	八	九
齐	三	四	五	六	七	八	九
晋	十	十一	穆侯弗生[41]元年	二	三	四 取齐女为夫人。[43]	五
秦	九	十	十一	十二	十三	十四	十五
楚	九	十	十一	十二	十三	十四	十五
宋	十八	十九	二十	二十一	二十二	二十三	二十四
卫	四十二	卫武公和[40]元年	二	三	四	五	六
陈	十九	二十	二十一	二十二	二十三	二十四	二十五
蔡	二十五	二十六	二十七	二十八	蔡禧侯所事[42]元年	二	三
曹	十三	十四	十五	十六	十七	十八	十九
郑							
燕	十四	十五	十六	十七	十八	十九	二十
吴							

806	805	804	803
二十二	二十三	二十四	二十五
鲁孝公称元年〔44〕 伯御立为君,称为诸公子云。伯御,武公孙。〔45〕	二	三	四
十	十一	十二	齐成公说〔49〕元年
六	七 以伐条生太子仇。〔48〕	八	九
十六	十七	十八	十九
十六	十七	十八	十九
二十五	二十六	二十七	二十八
七	八	九	十
二十六	二十七	二十八	二十九
四	五	六	七
二十	二十一	二十二	二十三
郑桓公友〔46〕元年 始封。周宣王母弟。〔47〕	二	三	四
二十一	二十二	二十三	二十四

	802	801
周	二十六	二十七
鲁	五	六
齐	二	三
晋	十 以千亩战。〔50〕生仇弟成师。〔51〕二子名反,〔52〕君子讥之。〔53〕后乱。	十一
秦	二十	二十一
楚	二十	二十一
宋	二十九	三十
卫	十一	十二
陈	三十	三十一
蔡	八	九
曹	二十四	二十五
郑	五	六
燕	二十五	二十六
吴		

800	799	798	797	796
			甲辰	
二十八	二十九	三十	三十一	三十二
七	八	九	十	十一 周宣王诛伯御,立其弟称,是为孝公。
四	五	六	七	八
十二	十三	十四	十五	十六
二十二	二十三	二十四	二十五	二十六
二十二	楚熊鄂[55]元年	二	三	四
三十一 宋惠公薨。[54]	宋戴公立。[56]元年	二	三	四
十三	十四	十五	十六	十七
三十二	三十三	三十四	三十五	三十六
十	十一	十二	十三	十四
二十六	二十七	二十八	二十九	三十
七	八	九	十	十一
二十七	二十八	二十九	三十	三十一

	795	794	793	792	791	790	789
周	三十三	三十四	三十五	三十六	三十七	三十八	三十九
鲁	十二	十三	十四	十五	十六	十七	十八
齐	九	齐庄公赎[59]元年	二	三	四	五	六
晋	十七	十八	十九	二十	二十一	二十二	二十三
秦	二十七	二十八	二十九	三十	三十一	三十二	三十三
楚	五	六	七	八	九	楚若敖[60]元年	二
宋	五	六	七	八	九	十	十一
卫	十八	十九	二十	二十一	二十二	二十三	二十四
陈	陈武公灵[57]元年	二	三	四	五	六	七
蔡	十五	十六	十七	十八	十九	二十	二十一
曹	曹惠伯雉[58]元年	二	三	四	五	六	七
郑	十二	十三	十四	十五	十六	十七	十八
燕	三十二	三十三	三十四	三十五	三十六	燕顷侯[61]元年	二
吴							

788	787	786	785	784	783
	甲寅				
四十	四十一	四十二	四十三	四十四	四十五
十九	二十	二十一	二十二	二十三	二十四
七	八	九	十	十一	十二
二十四	二十五	二十六	二十七 穆侯卒,弟殇叔自立,太子仇出奔。	晋殇叔元年	二
三十四	三十五	三十六	三十七	三十八	三十九
三	四	五	六	七	八
十二	十三	十四	十五	十六	十七
二十五	二十六	二十七	二十八	二十九	三十
八	九	十	十一	十二	十三
二十二	二十三	二十四	二十五	二十六	二十七
八	九	十	十一	十二	十三
十九	二十	二十一	二十二	二十三	二十四
三	四	五	六	七	八

	782	781	780	779	778	777
						甲子
周	四十六	幽王[62]元年	二 三川震。[63]	三 王取褒姒。[66]	四	五
鲁	二十五	二十六	二十七	二十八	二十九	三十
齐	十三	十四	十五	十六	十七	十八
晋	三	四 仇攻杀殇叔,立为文侯。	晋文侯仇[64] 元年	二	三	四
秦	四十	四十一	四十二	四十三	四十四	秦襄公[67] 元年
楚	九	十	十一	十二	十三	十四
宋	十八	十九	二十	二十一	二十二	二十三
卫	三十一	三十二	三十三	三十四	三十五	三十六
陈	十四	十五	陈夷公说[65] 元年	二	三	陈平公 燮[68]元年
蔡	二十八	二十九	三十	三十一	三十二	三十三
曹	十四	十五	十六	十七	十八	十九
郑	二十五	二十六	二十七	二十八	二十九	三十
燕	九	十	十一	十二	十三	十四
吴						

776	775	774	773	772	771
六	七	八	九	十	十一 幽王为犬戎所杀。〔69〕
三十一	三十二	三十三	三十四	三十五	三十六
十九	二十	二十一	二十二	二十三	二十四
五	六	七	八	九	十
二	三	四	五	六	七 始列为诸侯。〔70〕
十五	十六	十七	十八	十九	二十
二十四	二十五	二十六	二十七	二十八	二十九
三十七	三十八	三十九	四十	四十一	四十二
二	三	四	五	六	七
三十四	三十五	三十六	三十七	三十八	三十九
二十	二十一	二十二	二十三	二十四	二十五
三十一	三十二	三十三	三十四	三十五	三十六 以幽王故，为犬戎所杀。
十五	十六	十七	十八	十九	二十

	770	769	768	767	766
				甲戌	
周	平王[71]元年　东徙雒邑。[72]	二	三	四	五
鲁	三十七	三十八	鲁惠公弗涅[76]元年	二	三
齐	二十五	二十六	二十七	二十八	二十九
晋	十一	十二	十三	十四	十五
秦	八　初立西畤,[73]祠白帝。[74]	九	十	十一	十二　伐戎至岐而死。[77]
楚	二十一	二十二	二十三	二十四	二十五
宋	三十	三十一	三十二	三十三	三十四
卫	四十三	四十四	四十五	四十六	四十七
陈	八	九	十	十一	十二
蔡	四十	四十一	四十二	四十三	四十四
曹	二十六	二十七	二十八	二十九	三十
郑	郑武公滑突[75]元年	二	三	四	五
燕	二十一	二十二	二十三	二十四	燕哀侯[78]元年
吴					

765	764	763	762	761	760
六	七	八	九	十	十一
四	五	六	七	八	九
三十	三十一	三十二	三十三	三十四	三十五
十六	十七	十八	十九	二十	二十一
秦文公[79]元年	二	三	四	五	六
二十六	二十七	楚霄敖[82]元年	二	三	四
宋武公司空[80]元年	二	三	四	五	六
四十八	四十九	五十	五十一	五十二	五十三
十三	十四	十五	十六	十七	十八
四十五	四十六	四十七	四十八	蔡共侯兴[83]元年	二
三十一	三十二	三十三	三十四	三十五	三十六
六	七	八	九	十 娶申侯女武姜。[84]	十一
二	燕郑侯[81]元年	二	三	四	五

	759	758	757	756	755
			甲申		
周	十二	十三	十四	十五	十六
鲁	十	十一	十二	十三	十四
齐	三十六	三十七	三十八	三十九	四十
晋	二十二	二十三	二十四	二十五	二十六
秦	七	八	九	十 作鄜畤。[89]	十一
楚	五	六	楚蚡冒[87]元年	二	三
宋	七	八	九	十	十一
卫	五十四	五十五	卫庄公杨[88]元年	二	三
陈	十九	二十	二十一	二十二	二十三
蔡	蔡戴侯[85]元年	二	三	四	五
曹	曹穆公[86]元年	二	三	曹桓公终生[90]元年	二
郑	十二	十三	十四 生庄公寤生。	十五	十六
燕	六	七	八	九	十
吴					

754	753	752	751	750	749
十七	十八	十九	二十	二十一	二十二
十五	十六	十七	十八	十九	二十
四十一	四十二	四十三	四十四	四十五	四十六
二十七	二十八	二十九	三十	三十一	三十二
十二	十三	十四	十五	十六	十七
四	五	六	七	八	九
十二	十三	十四	十五	十六	十七
四	五	六	七	八	九
陈文公圉[91]元年　生桓公鲍、厉公他。[92]他母蔡女。	二	三	四	五	六
六	七	八	九	十	蔡宣侯楷论[94]元年
三	四	五	六	七	八
十七 生大叔段,[93]母欲立段,公不听。	十八	十九	二十	二十一	二十二
十一	十二	十三	十四	十五	十六

	748	747	746
		甲午	
周	二十三	二十四	二十五
鲁	二十一	二十二	二十三
齐	四十七	四十八	四十九
晋	三十三	三十四	三十五
秦	十八	十九 作祠陈宝。[96]	二十
楚	十	十一	十二
宋	十八 生鲁桓公母。[95]	宋宣公力[97]元年	二
卫	十	十一	十二
陈	七	八	九
蔡	二	三	四
曹	九	十	十一
郑	二十三	二十四	二十五
燕	十七	十八	十九
吴			

745	744	743	742
二十六	二十七	二十八	二十九
二十四	二十五	二十六	二十七
五十	五十一	五十二	五十三
晋昭侯[98]元年 封季父成师于曲沃,[99]曲沃大于国,君子讥曰:[100]"晋人乱自曲沃始矣。"	二	三	四
二十一	二十二	二十三	二十四
十三	十四	十五	十六
三	四	五	六
十三	十四	十五	十六
十 文公卒。	陈桓公元年	二	三
五	六	七	八
十二	十三	十四	十五
二十六	二十七	郑庄公寤生元年 祭仲相。[101]	二
二十	二十一	二十二	二十三

	741	740	739	738
周	三十	三十一	三十二	三十三
鲁	二十八	二十九	三十	三十一
齐	五十四	五十五	五十六	五十七
晋	五	六	潘父杀昭侯,〔104〕纳成师,不克。昭侯子立,是为孝侯。〔105〕	二
秦	二十五	二十六	二十七	二十八
楚	十七	武王立。〔103〕	二	三
宋	七	八	九	十
卫	十七 爱姜子州吁,州吁好兵。〔102〕	十八	十九	二十
陈	四	五	六	七
蔡	九	十	十一	十二
曹	十六	十七	十八	十九
郑	三	四	五	六
燕	二十四	二十五	二十六	二十七
吴				

737	736	735	734	733
甲辰				
三十四	三十五	三十六	三十七	三十八
三十二	三十三	三十四	三十五	三十六
五十八	五十九	六十	六十一	六十二
三	四	五	六	七
二十九	三十	三十一	三十二	三十三
四	五	六	七	八
十一	十二	十三	十四	十五
二十一	二十二	二十三 夫人无子，〔106〕桓公立。〔107〕	卫桓公完元年	二 弟州吁骄，桓黜之，〔108〕出奔。
八	九	十	十一	十二
十三	十四	十五	十六	十七
二十	二十一	二十二	二十三	二十四
七	八	九	十	十一
二十八	二十九	三十	三十一	三十二

	732	731	730
周	三十九	四十	四十一
鲁	三十七	三十八	三十九
齐	六十三	六十四	齐禧公禄父〔110〕元年
晋	八	九 曲沃桓叔成师卒,子代立,〔109〕为庄伯。	十
秦	三十四	三十五	三十六
楚	九	十	十一
宋	十六	十七	十八
卫	三	四	五
陈	十三	十四	十五
蔡	十八	十九	二十
曹	二十五	二十六	二十七
郑	十二	十三	十四
燕	三十三	三十四	三十五
吴			

729	728	727	726	725
		甲寅		
四十二	四十三	四十四	四十五	四十六
四十	四十一	四十二	四十三	四十四
二 同母弟夷仲年生公孙毋知也。〔111〕	三	四	五	六
十一	十二	十三	十四	十五
三十七	三十八	三十九	四十	四十一
十二	十三	十四	十五	十六
十九 公卒，命立弟和，为穆公。	宋穆公和元年	二	三	四
六	七	八	九	十
十六	十七	十八	十九	二十
二十一	二十二	二十三	二十四	二十五
二十八	二十九	三十	三十一	三十二
十五	十六	十七	十八	十九
三十六	燕穆侯〔112〕元年	二	三	四

	724	723
周	四十七	四十八
鲁	四十五	四十六
齐	七	八
晋	十六 曲沃庄伯杀孝侯,晋人立孝侯子郄为鄂侯。〔113〕	晋鄂侯郄元年　曲沃强于晋。〔114〕
秦	四十二	四十三
楚	十七	十八
宋	五	六
卫	十一	十二
陈	二十一	二十二
蔡	二十六	二十七
曹	三十三	三十四
郑	二十	二十一
燕	五	六
吴		

722	721	720
四十九	五十	五十一
鲁隐公息姑[115]元年。母声子。[116]	二	三二月，日蚀。[119]
九	十	十一
二	三	四
四十四	四十五	四十六
十九	二十	二十一
七	八	九公属孔父立殇公。[120]冯奔郑。[121]
十三	十四	十五
二十三	二十四	二十五
二十八	二十九	三十
三十五	三十六	三十七
二十二段作乱，奔。[117]	二十三公悔，思母不见，穿地相见。[118]	二十四侵周，取禾。[122]
七	八	九

719

周	桓王元年
鲁	四
齐	十二
晋	五
秦	四十七
楚	二十二
宋	宋殇公与夷元年
卫	十六 州吁弑公自立。
陈	二十六 卫石碏来告，〔123〕故执州吁。〔124〕
蔡	三十一
曹	三十八
郑	二十五
燕	十
吴	

718 717

	甲子
二 使虢公伐晋之曲沃。[125]	三
五 公观鱼于棠,[126]君子讥之。[127]	六 郑人来渝平。[132]
十三	十四
六 鄂侯卒。[128]曲沃庄伯复攻晋。立鄂侯子光为哀侯。	晋哀侯光元年
四十八	四十九
二十三	二十四
二 郑伐我。我伐郑。	三
卫宣公晋[129]元年　共立之。[130]讨州吁。[131]	二
二十七	二十八
三十二	三十三
三十九	四十
二十六	二十七 始朝王,王不礼。[133]
十一	十二

	716	715	714
周	四	五	六
鲁	七	八 易许田,〔134〕君子讥之。〔135〕	九 三月,〔138〕大雨雹,〔139〕电。〔140〕
齐	十五	十六	十七
晋	二 庄伯卒,子称立,为武公。	三	四
秦	五十	秦宁公〔136〕元年	二
楚	二十五	二十六	二十七
宋	四	五	六
卫	三	四	五
陈	二十九	三十	三十一
蔡	三十四	三十五	蔡桓侯封人〔141〕元年
曹	四十一	四十二	四十三
郑	二十八	二十九 与鲁祊,〔137〕易许田。	三十
燕	十三	十四	十五
吴			

713

712

七	八
十	十一 大夫翟请杀桓公,〔143〕求为相,〔144〕公不听,即杀公。
十八	十九
五	六
三	四
二十八	二十九
七 诸侯败我。〔142〕我师与卫人伐郑。	八
六	七
三十二	三十三
二	三
四十四	四十五
三十一	三十二
十六	十七

	711	710
周	九	十
鲁	鲁桓公允[145]元年　母宋武公女,[146]生手文为鲁夫人。[147]	二 宋赂以鼎,[149]入于太庙,[150]君子讥之。[151]
齐	二十	二十一
晋	七	八
秦	五	六
楚	三十	三十一
宋	九	华督见孔父妻好,[152]悦之。华督杀孔父,及杀殇公。 宋公冯元年[153]华督为相。
卫	八	九
陈	三十四	三十五
蔡	四	五
曹	四十六	四十七
郑	三十三 以璧加鲁,易许田。[148]	三十四
燕	十八	燕宣侯[154]元年
吴		

709	708	707
		甲戌
十一	十二	十三 伐郑。〔158〕
三 翬迎女,齐侯送女,君子讥之。〔155〕	四	五
二十二	二十三	二十四
晋小子〔156〕元年〔157〕	二	三
七	八	九
三十二	三十三	三十四
二	三	四
十	十一	十二
三十六	三十七	三十八 弟他杀太子免。代立,国乱,再赴。〔159〕
六	七	八
四十八	四十九	五十
三十五	三十六	三十七 伐周,〔160〕伤王。〔161〕
二	三	四

	706	705
周	十四	十五
鲁	六	七
齐	二十五 山戎伐我。[162]	二十六
晋	曲沃武公杀小子。[163]周伐曲沃,[164]立晋哀 侯弟湣为晋侯。[165]晋侯湣元年[166]	二
秦	十	十一
楚	三十五 侵随,[167]随为善政,得止。	三十六
宋	五	六
卫	十三	十四
陈	陈厉公他[168]元年	二 生敬仲完。[171]周史卜完后世王齐。[172]
蔡	九	十
曹	五十一	五十二
郑	三十八 太子忽救齐,[169]齐将妻之。[170]	三十九
燕	五	六
吴		

704	703	702	701
十六	十七	十八	十九
八	九	十	十一
二十七	二十八	二十九	三十
三	四	五	六
十二	秦出 子[174]元年	二	三
三十七 伐随,弗拔,但盟,[173]罢兵。	三十八	三十九	四十
七	八	九	十 执祭仲。[175]
十五	十六	十七	十八 太子伋弟寿争死。[176]
三	四	五	六
十一	十二	十三	十四
五十三	五十四	五十五	曹庄公射姑[177]元年
四十	四十一	四十二	四十三
七	八	九	十

	700	699
周	二十	二十一
鲁	十二	十三
齐	三十一	三十二 釐公令毋知秩服如太子。〔180〕
晋	七	八
秦	四	五
楚	四十一	四十二
宋	十一	十二
卫	十九	卫惠公朔〔181〕元年
陈	七 公淫蔡,蔡杀公。〔178〕	陈庄公林〔182〕元年　桓公子。
蔡	十五	十六
曹	二	三
郑	郑厉公突〔179〕元年	二
燕	十一	十二
吴		

698	697
	甲申
二十二	二十三
十四	十五 天王求车,〔187〕非礼。〔188〕
三十三	齐襄公诸儿元年　贬毋知秩服,毋知怨。
九	十
六 三父杀出子,〔183〕立其兄武公。〔184〕	秦武公元年　伐彭,〔189〕至华山。〔190〕
四十三	四十四
十三	十四
二	三 朔奔齐,立黔牟。〔191〕
二	三
十七	十八
四	五、
三 诸侯伐我,〔185〕报宋故。〔186〕	四 祭仲立忽,公出居栎。〔192〕
十三	燕桓侯〔193〕元年

	696	695
周	庄王〔194〕元年　生子颓。〔195〕	二 有弟克。〔200〕
鲁	十六 公会曹,谋伐郑。〔196〕	十七 日食,不书日,官失之。〔201〕
齐	二	三
晋	十一	十二
秦	二	三
楚	四十五	四十六
宋	十五	十六
卫	卫黔牟元年〔197〕	二
陈	四	五
蔡	十九	二十
曹	六	七
郑	郑昭公忽元年　忽母邓女,〔198〕祭仲取之。〔199〕	二 渠弥杀昭公。〔202〕
燕	二	三
吴		

694

三
十八 公与夫人如齐,〔203〕齐侯通焉,〔204〕使彭生杀公于车上。〔205〕
四 杀鲁桓公,诛彭生。
十三
四
四十七
十七
三
六
蔡哀侯献舞〔206〕元年
八
郑子亹〔207〕元年　齐杀子亹,昭公弟。
四

	693	692
周	四 周公欲杀王而立子克,〔208〕王诛周公,克奔燕。	五
鲁	鲁庄公同〔209〕元年	二
齐	五	六
晋	十四	十五
秦	五	六
楚	四十八	四十九
宋	十八	十九〔211〕
卫	四	五
陈	七	陈宣公杵臼〔212〕元年　杵臼,庄公弟。
蔡	二	三
曹	九	十
郑	郑子婴〔210〕元年　子亹之弟。	二
燕	五	六
吴		

691	690
六	七
三	四
七	八 伐纪，[214]去其都邑。[215]
十六	十七
七	八
五十	五十一 王伐随，告夫人心动，[216]王卒军中。[217]
宋湣公捷[213]元年	二
六	七
二	三
四	五
十一	十二
三	四
七	燕庄公[218]元年

	689	688
周	八	九
鲁	五 与齐伐卫,[219]纳惠公。[220]	六
齐	九	十
晋	十八	十九
秦	九	十
楚	楚文王赀[221]元年 始都郢。[222]	二 伐申,过邓,邓甥曰楚可取,[223]邓侯不许。[224]
宋	三	四
卫	八	九
陈	四	五
蔡	六	七
曹	十三	十四
郑	五	六
燕	二	三
吴		

687	686
甲午	
十	十一
七 星陨如雨,〔225〕与雨偕。	八 子纠来奔,〔227〕与管仲俱避毋知乱。〔228〕
十一	十二 毋知杀君自立。
二十	二十一
十一	十二
三	四
五	六
十 齐立惠公,黔牟奔周。〔226〕	卫惠公朔复入。〔229〕十四年
六	七
八	九
十五	十六
七	八
四	五

685

周	十二
鲁	九 鲁欲与纠入,〔230〕后小白,〔231〕齐距鲁,〔232〕使生致管仲。〔233〕
齐	齐桓公小白元年　春,齐杀毋知。〔234〕
晋	二十二
秦	十三
楚	五
宋	七
卫	十五
陈	八
蔡	十
曹	十七
郑	九
燕	六
吴	

十三
十 齐伐我，为纠故。
二
二十三
十四
六 息夫人，〔235〕陈女，过蔡，蔡不礼，恶之。楚伐蔡，获哀侯以归。〔236〕
八
十六
九
十一 楚虏我侯。
十八
十
七

	683	682
周	十四	十五
鲁	十一 臧文仲吊宋水。[237]	十二
齐	三	四
晋	二十四	二十五
秦	十五	十六
楚	七	八
宋	九 宋大水,公自罪。[238]鲁使臧文仲来吊。	十 万杀君,[239]仇牧有义。[240]
卫	十七	十八
陈	十	十一
蔡	十二	十三
曹	十九	二十
郑	十一	十二
燕	八	九
吴		

681   680

釐王〔241〕元年	二
十三 曹沫劫桓公。〔242〕反所亡地。〔243〕	十四
五 与鲁人会柯。〔244〕	六
二十六	二十七
十七	十八
九	十
宋桓公御说〔245〕元年　庄公子。	二
十九	二十
十二	十三
十四	十五
二十一	二十二
十三	十四
十	十一

679

周	三
鲁	十五
齐	七 始霸,会诸侯于鄄。〔246〕
晋	二十八〔247〕 曲沃武公灭晋侯湣,以宝献周,周命武公为晋君,〔248〕并其地。
秦	十九
楚	十一
宋	三
卫	二十一
陈	十四
蔡	十六
曹	二十三
郑	郑厉公元年〔249〕　厉公亡后十七岁复入。
燕	十二
吴	

678	677
	甲辰
四	五
十六	十七
八	九
晋武公称并晋,已立三十八年,不更元,因其元年。	三十九 武公卒,子诡诸立,[253]为献公。
二十 葬雍,[250]初以人从死。[251]	秦德公元年　武公弟。
十二 伐邓,灭之。	十三
四	五
二十二	二十三
十五	十六
十七	十八
二十四	二十五
二 诸侯伐我。[252]	三
十三	十四

	676	675
周	惠王[254]元年　取陈后。[255]	二 燕、卫伐王,[260]王奔温,[261]立子颓。
鲁	十八	十九
齐	十	十一
晋	晋献公诡诸元年	二
秦	二 初作伏祠社,[256]磔狗邑四门。[257]	秦宣公[262]元年
楚	楚堵敖囏[258]元年[259]	二
宋	六	七 取卫女。文公弟。[263]
卫	二十四	二十五
陈	十七	十八
蔡	十九	二十
曹	二十六	二十七
郑	四	五
燕	十五	十六 伐王,王奔温,立子颓。[264]
吴		

674	673	672
三	四 诛颓,入惠王。	五 太子母早死。[267]惠后生叔带。[268]
二十	二十一	二十二
十二	十三	十四 陈完自陈来奔,田常始此也。[269]
三	四	五 伐骊戎,[270]得姬。[271]
二	三	四 作密畤。[272]
三	四	五[273] 弟恽杀堵敖自立。[274]
八	九	十
二十六	二十七	二十八
十九	二十	二十一 厉公子完奔齐。
蔡穆侯肸[265]元年	二	三
二十八	二十九	三十
六	七 救周乱,入王。	郑文公捷[275]元年
十七 郑执我仲父。[266]	十八	十九

	671	670	669
周	六	七	八
鲁	二十三 公如齐观社。〔276〕	二十四	二十五
齐	十五	十六	十七
晋	六	七	八 尽杀故晋侯群公子。〔278〕
秦	五	六	七
楚	楚成王恽元年	二	三
宋	十一	十二	十三
卫	二十九	三十	三十一
陈	二十二	二十三	二十四
蔡	四	五	六
曹	三十一	曹釐公夷〔277〕元年	二
郑	二	三	四
燕	二十	二十一	二十二
吴			

668	667	666
	甲寅	
九	十 赐齐侯命。[281]	十一
二十六	二十七	二十八
十八	十九	二十
九 始城绛都。[279]	十	十一
八	九	十
四	五	六
十四	十五	十六
卫懿公赤[280]元年	二	三
二十五	二十六	二十七
七	八	九
三	四	五
五	六	七
二十三	二十四	二十五

665

周	十二
鲁	二十九
齐	二十一
晋	十二 太子申生居曲沃,重耳居蒲城,[282]夷吾居屈。[283]骊姬故。[284]
秦	十一
楚	七
宋	十七
卫	四
陈	二十八
蔡	十
曹	六
郑	八
燕	二十六
吴	

664	663	
十三	十四	
三十	三十一	
二十二	二十三 伐山戎,为燕也。[285]	
十三	十四	
十二	秦成公[286]元年	
八	九	
十八	十九	
五	六	
二十九	三十	
十一	十二	
七	八	
九	十	
二十七	二十八	

662

周	十五
鲁	三十二 庄公弟叔牙鸩死。〔287〕庆父弑子般。〔288〕季友奔陈,〔289〕立湣公。〔290〕
齐	二十四
晋	十五
秦	二
楚	十
宋	二十
卫	七
陈	三十一
蔡	十三
曹	九
郑	十一
燕	二十九
吴	

661

十六
鲁湣公开〔291〕元年
二十五
十六 灭魏、〔292〕耿、〔293〕霍。〔294〕始封赵夙耿,〔295〕毕万魏,〔296〕始此。
三
十一
二十一
八
三十二
十四
曹昭公〔297〕元年
十二
三十

660

周	十七
鲁	二 庆父杀湣公。季友自陈立申,〔298〕为釐公。〔299〕杀庆父。
齐	二十六
晋	十七 申生将军,〔300〕君子知其废。〔301〕
秦	四
楚	十二
宋	二十二
卫	翟伐我。〔302〕公好鹤,士不战,灭我国。国怨惠公乱,灭其后,更立黔牟弟。〔303〕卫戴公〔304〕元年〔305〕
陈	三十三
蔡	十五
曹	二
郑	十三
燕	三十一
吴	

659	658
十八	十九
鲁釐公申元年　哀姜丧自齐至。〔306〕	二
二十七 杀女弟鲁庄公夫人,淫故。〔307〕	二十八 为卫筑楚丘。〔310〕救戎狄伐。
十八	十九 荀息以币假道于虞以伐虢,〔311〕灭下阳。〔312〕
秦穆公任好〔308〕元年	二
十三	十四
二十三	二十四
卫文公燬〔309〕元年　戴公弟也。	二 齐桓公率诸侯为我城楚丘。
三十四	三十五
十六	十七
三	四
十四	十五
三十二	三十三

	657	656
	甲子	
周	二十	二十一
鲁	三	四
齐	二十九 与蔡姬共舟,荡公,公怒,归蔡姬。	三十 率诸侯伐蔡,蔡溃,遂伐楚,责包茅贡。[314]
晋	二十	二十一 申生以骊姬谗自杀。重耳奔蒲,夷吾奔屈。
秦	三	四 迎妇于晋。[315]
楚	十五	十六 齐伐我,至陉,[316]使屈完盟。[317]
宋	二十五	二十六
卫	三	四
陈	三十六	三十七
蔡	十八 以女故,齐伐我。	十九
曹	五	六
郑	十六	十七
燕	燕襄公[313]元年	二
吴		

655	654	653
二十二	二十三	二十四
五	六	七
三十一	三十二 率诸侯伐郑。〔319〕	三十三
二十二 灭虞、虢。重耳奔狄。〔318〕	二十三 夷吾奔梁。〔320〕	二十四
五	六	七
十七	十八 伐许，〔321〕许君肉袒谢，〔322〕楚从之。〔323〕	十九
二十七	二十八	二十九
五	六	七
三十八	三十九	四十
二十	二十一	二十二
七	八	九
十八	十九	二十
三	四	五

652

周	二十五[324] 襄王立,畏太叔。[325]
鲁	八
齐	三十四
晋	二十五 伐翟,以重耳故。[326]
秦	八
楚	二十
宋	三十 公疾,太子兹父让兄目夷贤,[327]公不听。
卫	八
陈	四十一
蔡	二十三
曹	曹共公[328]元年
郑	二十一
燕	六
吴	

651

襄王元年　诸侯立王。[329]
九 齐率我伐晋乱,[330]至高梁还。[331]
三十五 夏,会诸侯于葵丘。[332]天子使宰孔赐胙,[333]命无拜。
二十六 公卒,立奚齐,[334]里克杀之,[335]及卓子。[336]立夷吾。
九 夷吾使郤芮赂,[337]求入。
二十一
三十一 公薨,[338]未葬,齐桓会葵丘。
九
四十二
二十四
二
二十二
七

	650	649
周	二	三 戎伐我,〔343〕太叔带召之。欲诛叔带,叔带奔齐。〔344〕
鲁	十	十一
齐	三十六 使隰朋立晋惠公。〔339〕	三十七
晋	晋惠公夷吾元年　诛里克,倍秦约。〔340〕	二
秦	十 丕郑子豹亡来。〔341〕	十一 救王伐戎,戎去。
楚	二十二	二十三 伐黄。〔345〕
宋	宋襄公兹父元年　目夷相。〔342〕	二
卫	十	十一
陈	四十三	四十四
蔡	二十五	二十六
曹	三	四
郑	二十三	二十四 有妾梦天与之兰,〔346〕生穆公兰。〔347〕
燕	八	九
吴		

648	647
	甲戌
四	五
十二	十三
三十八 使管仲平戎于周，欲以上卿礼，让，受下卿。〔348〕	三十九 使仲孙请王，〔349〕言叔带，王怒。〔350〕
三	四 饥，〔351〕请粟，秦与我。
十二	十三 丕豹欲无与，公不听，输晋粟，起雍至绛。
二十四	二十五
三	四
十二	十三
四十五	陈穆公款〔352〕元年
二十七	二十八
五	六
二十五	二十六
十	十一

	646	645
周	六	七
鲁	十四	十五 五月，日有食之。[356]不书，[357]史官失之。
齐	四十	四十一
晋	五 秦饥，请粟，晋倍之。[353]	六 秦虏惠公，复立之。
秦	十四	十五 以盗食善马士得破晋。[358]
楚	二十六 灭六、[354]英。[355]	二十七
宋	五	六
卫	十四	十五
陈	二	三
蔡	二十九	蔡庄侯甲午[359]元年
曹	七	八
郑	二十七	二十八
燕	十二	十三
吴		

644	643	642
八	九	十
十六	十七	十八
四十二 王以戎寇告齐，[360]齐征诸侯戍周。[361]	四十三	齐孝公昭[366]元年
七 重耳闻管仲死，[362]去翟之齐。[363]	八	九
十六 为河东置官司。[364]	十七	十八
二十八	二十九	三十
七 陨五石。六鹢退飞，[365]过我都。	八	九
十六	十七	十八
四	五	六
二	三	四
九	十	十一
二十九	三十	三十一
十四	十五	十六

	641	640
周	十一	十二
鲁	十九	二十
齐	二	三
晋	十	十一
秦	十九 灭梁。梁好城,不居,民罢,〔367〕相惊,故亡。〔368〕	二十
楚	三十一	三十二
宋	十	十一
卫	十九	二十
陈	七	八
蔡	五	六
曹	十二	十三
郑	三十二	三十三
燕	十七	十八
吴		

639	638	637
		甲申
十三	十四 叔带复归于周。	十五
二十一	二十二	二十三
四	五 归王弟带。	六 伐宋,以其不同盟。
十二	十三 太子圉质秦亡归。〔369〕	十四 圉立,为怀公。
二十一	二十二	二十三 迎重耳于楚,厚礼之,妻之女。〔371〕重耳愿归。
三十三 执宋襄公,复归之。	三十四	三十五 重耳过,厚礼之。
十二 召楚盟。	十三 泓之战,〔370〕楚败公。	十四 公疾死泓战。〔372〕
二十一	二十二	二十三 重耳从齐过,〔373〕无礼。
九	十	十一
七	八	九
十四	十五	十六 重耳过,〔374〕无礼,僖负羁私善。〔375〕
三十四	三十五 君如楚,宋伐我。	三十六 重耳过,无礼,叔詹谏。〔376〕
十九	二十	二十一

	636	635
周	十六 王奔氾。[377]氾,郑地也。	十七 晋纳王。
鲁	二十四	二十五
齐	七	八
晋	晋文公[378]元年　诛子圉。魏武子为魏大夫,[379]赵衰为原大夫。[380]咎犯曰:[381]"求霸莫如内王。"[382]	二
秦	二十四 以兵送重耳。	二十五 欲内王,军河上。[384]
楚	三十六	三十七
宋	宋成公王臣[383]元年	二
卫	二十四	二十五
陈	十二	十三
蔡	十	十一
曹	十七	十八
郑	三十七	三十八
燕	二十二	二十三
吴		

十八	十九
二十六	二十七
九	十 孝公薨,弟潘因卫公子开方杀孝公子,[386]立潘。
三 宋服。	四 救宋,报曹、卫耻。[387]
二十六	二十七
三十八	三十九 使子玉伐宋。[388]
三 倍楚亲晋。	四 楚伐我,我告急于晋。
卫成公郑[385]元年	二
十四	十五
十二	十三
十九	二十
三十九	四十
二十四	二十五

632

周	二十 王狩河阳。[389]
鲁	二十八 公如践土会朝。[390]
齐	齐昭公潘元年　会晋败楚,朝周王。
晋	五 侵曹伐卫,取五鹿,[391]执曹伯。诸侯败楚而朝河阳,周命赐公土地。[392]
秦	二十八 会晋伐楚朝周。
楚	四十 晋败子玉于城濮。[393]
宋	五 晋救我,楚兵去。
卫	三 晋伐我,取五鹿。公出奔,立公子瑕,[394]会晋朝,复归卫。
陈	十六 会晋伐楚,[395]朝周王。
蔡	十四 会晋伐楚,[396]朝周王。
曹	二十一 晋伐我,执公,复归之。
郑	四十一
燕	二十六
吴	

中华典籍 史 记

631	630	629
二十一	二十二	二十三
二十九	三十	三十一
二	三	四
六	七 听周归卫成公。[399]与秦围郑。	八
二十九	三十 围郑,有言即去。[400]	三十一
四十一	四十二	四十三
六	七	八
四 晋以卫与宋。[397]	五 周入成公,复卫。	六
陈共公朔[398]元年	二	三
十五	十六	十七
二十二	二十三	二十四
四十二	四十三 秦、晋围我,以晋故。[401]	四十四
二十七	二十八	二十九

410

	628	627
		甲午
周	二十四	二十五
鲁	三十二	三十三 僖公薨。
齐	五	六 狄侵我。
晋	九 文公薨。	晋襄公骦〔403〕元年　破秦于殽。〔404〕
秦	三十二 将袭郑,蹇叔曰不可。〔402〕	三十三 袭郑,晋败我殽。
楚	四十四	四十五
宋	九	十
卫	七	八
陈	四	五
蔡	十八	十九
曹	二十五	二十六
郑	四十五 文公薨。	郑穆公兰元年　秦袭我,弦高诈之。〔405〕
燕	三十	三十一
吴		

626

二十六
鲁文公兴[406]元年
七
二 伐卫,卫伐我。
三十四 败殽将亡归,[407]公复其官。[408]
四十六 王欲杀太子立职,[409]太子恐,与傅潘崇杀王。[410]王欲食熊蹯死,[411]不听。自立为王。
十一
九 晋伐我,我伐晋。
六
二十
二十七
二
三十二

	625	624
周	二十七	二十八
鲁	二	三 公如晋。
齐	八	九
晋	三 秦报我殽,败于汪。[412]	四 秦伐我,取王官,[415]我不出。
秦	三十五 伐晋报殽,败我于汪。	三十六 以孟明等伐晋,晋不敢出。
楚	楚穆王商臣元年 以其太子宅赐崇,[413]为相。[414]	二 晋伐我。
宋	十二	十三
卫	十	十一
陈	七	八
蔡	二十一	二十二
曹	二十八	二十九
郑	三	四
燕	三十三	三十四
吴		

623	622
二十九	三十
四	五
十	十一
五 伐秦,围邧、〔416〕新城。〔417〕	六 赵成子、〔419〕栾贞子、〔420〕霍伯、〔421〕臼季皆卒。〔422〕
三十七 晋伐我,围邧、新城。	三十八
三 灭江。〔418〕	四 灭六、蓼。〔423〕
十四	十五
十二 公如晋。	十三
九	十
二十三	二十四
三十	三十一
五	六
三十五	三十六

621

周	三十一
鲁	六
齐	十二
晋	七 公卒。赵盾为太子少，〔424〕欲更立君。恐诛，遂立太子，为灵公。〔425〕
秦	三十九 缪公薨。葬殉以人，从死者百七十人，〔426〕君子讥之，故不言卒。
楚	五
宋	十六
卫	十四
陈	十一
蔡	二十五
曹	三十二
郑	七
燕	三十七
吴	

620 619

三十二	三十三 襄王崩。
七	八 王使卫来求金以葬,〔430〕非礼。
十三	十四
晋灵公夷皋〔427〕元年　赵盾专政。	二 秦伐我,取武城,〔431〕报令狐之战。〔432〕
秦康公罃〔428〕元年	二
六	七
十七 公孙固杀成公。〔429〕	宋昭公杵臼〔433〕元年　襄公之子。〔434〕
十五	十六
十二	十三
二十六	二十七
三十三	三十四
八	九
三十八	三十九

	618	617
		甲辰
周	顷王〔435〕元年	二
鲁	九	十
齐	十五	十六
晋	三 率诸侯救郑。	四 伐秦,拔少梁。〔436〕秦取我北徵。〔437〕
秦	三	四 晋伐我,取少梁。我伐晋,取北徵。
楚	八 伐郑,以其服晋。	九
宋	二	三
卫	十七	十八
陈	十四	十五
蔡	二十八	二十九
曹	三十五	曹文公寿〔438〕元年
郑	十 楚伐我。	十一
燕	四十	燕桓公〔439〕元年
吴		

616	615
三	四
十一 败长翟于咸而归,〔440〕得长翟。〔441〕	十二
十七	十八
五	六 秦取我羁马。〔443〕与秦战河曲,〔444〕秦师遁。
五	六 伐晋,取羁马。怒,〔445〕与我大战河曲。
十	十一
四 败长翟长丘。〔442〕	五
十九	二十
十六	十七
三十	三十一
二	三
十二	十三
二	三

	614	613
周	五	六 顷王崩。公卿争政,[447]故不赴。
鲁	十三	十四 彗星入北斗,[448]史曰:[449]"七年,[450]宋、齐、晋君死。"
齐	十九	二十 昭公卒。弟商人杀太子自立,[451]是为懿公。
晋	七 得随会。[446]	八 赵盾以车八百乘纳捷菑,[452]平王室。[453]
秦	七 晋诈得随会。	八
楚	十二	楚庄王侣[454]元年
宋	六	七
卫	二十一	二十二
陈	十八	陈灵公平国[455]元年
蔡	三十二	三十三
曹	四	五
郑	十四	十五
燕	四	五
吴		

612	611	610
匡王〔456〕元年	二	三
十五 六月辛丑,日蚀,〔457〕齐伐我。	十六	十七 齐伐我。
齐懿公商人元年	二 不得民心。	三 伐鲁。
九 我入蔡。	十	十一 率诸侯平宋。〔463〕
九	十	十一
二	三 灭庸。〔459〕	四
八	九 襄夫人使卫伯杀昭公。〔460〕弟鲍立。〔461〕	宋文公鲍元年昭公弟。 晋率诸侯平我。
二十三	二十四	二十五
二	三	四
三十四 晋伐我。庄侯薨。	蔡文侯申〔462〕元年	二
六 齐入我郚。〔458〕	七	八
十六	十七	十八
六	七	八

609

周	四
鲁	十八 襄仲杀嫡,[464]立庶子,为宣公。[465]
齐	四 公刖邴歜父而夺阎职妻,[466]二人共杀公,立桓公子惠公。[467]
晋	十二
秦	十二
楚	五
宋	二
卫	二十六
陈	五
蔡	三
曹	九
郑	十九
燕	九
吴	

608

五
鲁宣公倭[468]元年　鲁立宣公,不正,公室卑。[469]
齐惠公元年　取鲁济西之田。[470]
十三 赵盾救陈、宋,伐郑。
秦共公和[472]元年
六 伐宋、陈,以倍我服晋故。
三 楚、郑伐我,以我倍楚故也。
二十七
六
四
十
二十 与楚侵陈,遂侵宋。晋使赵盾伐我,以倍晋故。
十